MILITÄR
HISTORISCHES
MUSEUM

SANDSTEIN VERLAG

SCHLACHTHOF 5

DRESDENS ZERSTÖRUNG
IN LITERARISCHEN ZEUGNISSEN

Eine Ausstellung zum 13. Februar 1945

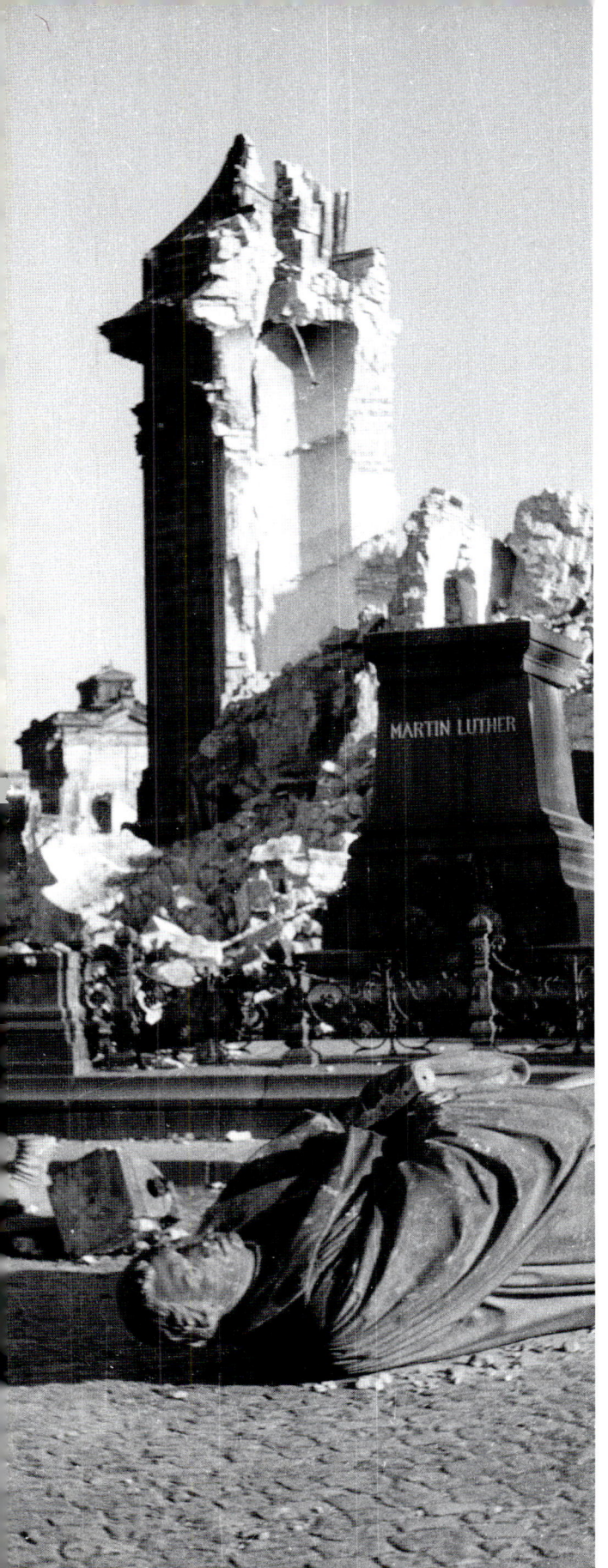

MIT TEXTEN VON
GÜNTER KUNERT, MARCEL BEYER
UND DURS GRÜNBEIN

Herausgegeben von Gorch Pieken,
Matthias Rogg und Ansgar Snethlage

INHALT

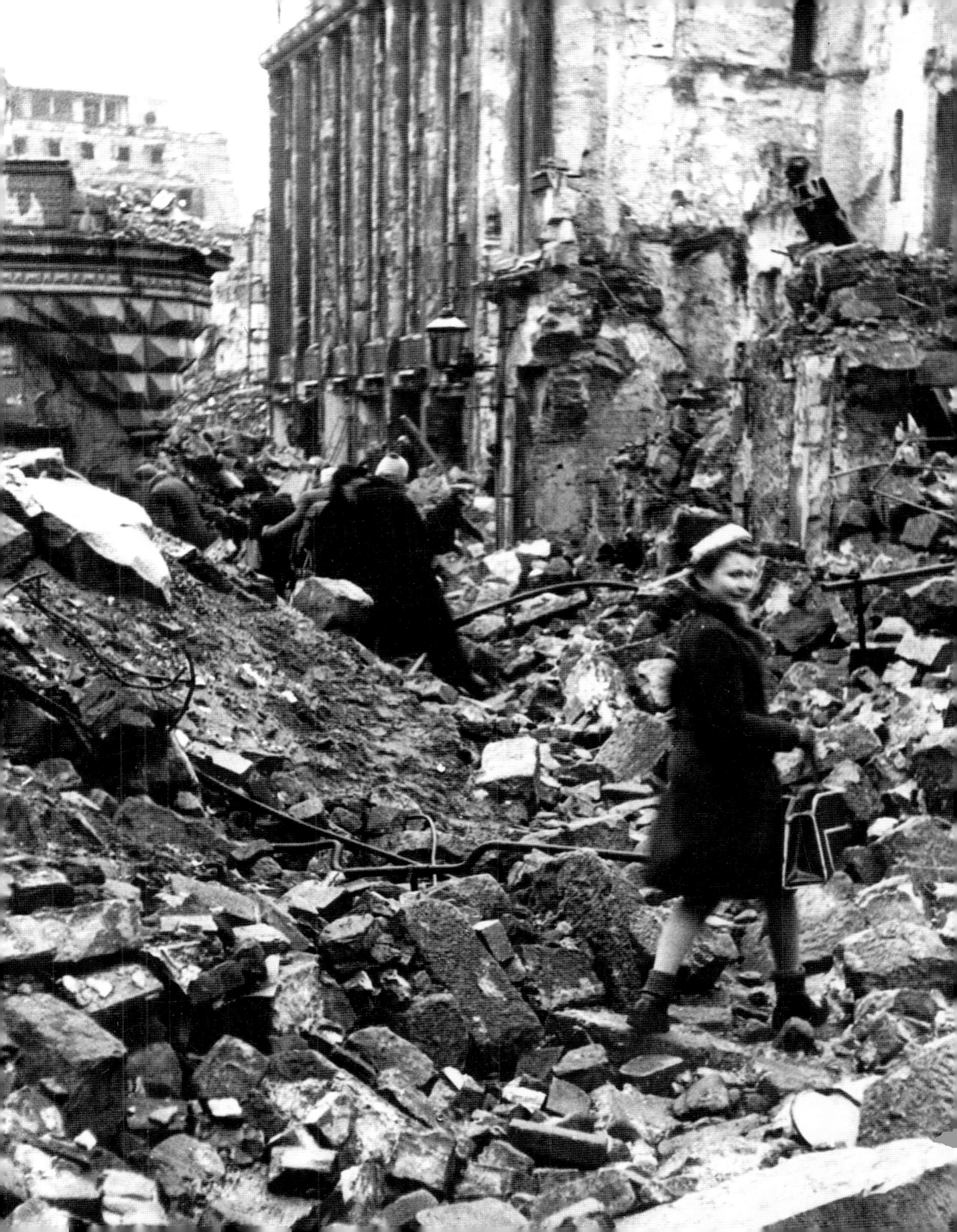

GAST BEIM TOTENTANZ

Geleitwort von Günter Kunert

Man kann alles, selbst das Ungeheuerlichste, beschreiben und benennen, ohne mehr als eine schwache Ahnung dessen zu vermitteln, wie das Beschriebene eigentlich gewesen ist. Auch die Bilder des Verderbens sind im Grunde nur Andeutungen, Schattenspiele, bei denen man als Akteur mitgewirkt haben muss, um zu begreifen, was da vor sich gegangen ist. Selbst die einstmals unmittelbar Beteiligten (wie ich etwa) haben nur Worte, hilflose Worte, um den Aufenthalt in einem Inferno zu schildern.

Jegliche Erzählung von schwarzen, ebenholzähnlichen Figuren auf der Straße, von einstigen Menschen, bleibt hinter der Realität zurück. Dabei begann das Unheil fast karnevalesk. 1939 ging in den Straßen deutscher Städte das Licht aus. Eilig kaufte man Rollos aus schwarzem Zeug, nagelte sie an die Oberteile der Fensterrahmen und zog bei einsetzender Dämmerung die Abschirmung zu, damit kein Licht nach außen dringe. Wer das nur nachlässig tat, hatte mit schweren Strafen zu rechnen, gar damit, als feindliches Element, als Verräter, endbehandelt zu werden. Anfänglich schaltete man bei Fliegeralarm die Lampen aus, ließ das Rollo aufwärts schnellen, um neugierig das Spektakel am Nachthimmel bestaunen zu können. Scheinwerfer streckten gigantische Lichtsäulen nach oben, überkreuzten einander, um ein aufblinkendes Sternchen zu erhaschen: ein Flugzeug. Dann schoss die Flak. Die berstenden Granaten zeigten sich als kurzlebige Sternchen. Nach einer Weile die Entwarnung. Man dichtete die Fenster erneut ab und ging zu Bett. War das alles gewesen? Ein rasches, kaum interessantes Schauspiel, wenig bedeutsam. Am folgenden Tag begann etwas, was damals noch nicht »Katastrophentourismus« hieß und doch einer war. Hier und da Schäden, ein zerbombtes Haus, davor die Schar der Neugierigen. In einem dieser abrupt beseitigten Häuser hatte mein Vater als sein eigener Chef und Handarbeiter eine Schreibblockproduktion betrieben, von der nun nichts mehr übrig war.

Mit der Zeit mehrten sich auch die Tagesangriffe. Kaum war man im Kino, ertönte die Sirene. Das Publikum verließ die Vorführung, man stand auf der Straße und blickte in den blauen Sommerhimmel, über den ein Pulk von »Mosquitos«, von Schnellbombern, zog. Dumpfe Abschüsse von Geschützen, Rauchwölkchen, Entwarnung: Der Film lief nach der Unterbrechung weiter, als wäre der Vorgang normal gewesen. Man gewöhnte sich unmerklich an Erlebnisse dieser Art. Man staunte auch nicht länger über die seltsamen Dekorationen in den Treppenhäusern: Wassereimer, Eimer mit Sand, besenartige Stiele mit Scheuerlappen am Ende, sogenannte »Feuerpatschen« zur Brandbekämpfung: Wer sich sowas ausgedacht hatte, ahnte noch nichts vom entfesselten, vom »totalen Krieg«.

Als Großstadtbewohner hatte man jetzt ständig sein Kellergepäck parat, schleppte das Notwendigste an Dokumenten, Kleidungsstücken und sonstigem wertvollen oder wertlosen Kleinkram mit sich in die Unterwelt. Aufgereiht auf Stühlen oder Bänken sitzend, harrte man der Dinge, die da von oben kommen sollten – und sie kamen ja auch. Bombeneinschläge, näher und näher. Manchmal erlosch die Beleuchtung, waren Leitungen getroffen. Nahe Treffer brachten Kellerräume zum ungemütlichen Schunkeln. Kein Wort fiel. Die Angst verschloss die Münder. Ob wohl einer in diesem Moment an Guernica dachte, an Warschau, an Rotterdam, an Coventry? Eher nicht. Die Wenigsten stellten eine Verbindung zwischen den Untaten der eigenen Kriegführung und der Rückkoppelung her. Man hatte dem Reichsmarschall und Oberherrn der Luftwaffe, Hermann Göring, aufs Wort geglaubt, der seinem Volk zugesagt hatte, er wolle Meier heißen, wenn ein einziges feindliches Flugzeug über Deutschland erschiene. Das nun zu erwähnen, wagte niemand. Nach der Entwarnung stieg man in seine Wohnung zurück, so sie noch vorhanden und betretbar war, versuchte noch etwas auszuruhen, ging zur Arbeit, falls es die noch gab, und nahm wortlos hin, was rundum geschah.

Das Leben ging eben weiter, falls es nicht zufällig und heftig beendet worden war. Es ging zwar weiter, doch nach einem anderen Rhythmus, den der Luftkrieg bestimmte. Die Nächte wurden kürzer, die Wege in den Städten immer länger, weil zerstörte oder wegen Blindgängergefahr abgesperrte Straßen Umwege nötig machten. Oder weil die öffentlichen Verkehrsmittel durch Trümmer blockiert oder lädiert worden waren. Dennoch und trotz allem blieb, soweit es ging, der Alltagsablauf gewahrt. Der »Katastrophentourismus« der Anfangszeit aber hatte aufgehört. Man brauchte nicht mehr weit zu laufen, um Ruinen zu besichtigen: Die kamen vermehrt in die eigene Wohngegend und mahnten täglich: Morgen bist du dran!

Die Atmosphäre jener Tage wiederzugeben, ist schwierig. Ein Fatalismus breitete sich aus, jedoch verbunden mit einer gesteigerten Lebenslust. Als drängte die Umgebung, jede Stunde, die man noch existierte, voll auszunutzen. Man ignorierte, was verstören konnte. Die Inschriften an den rauchgeschwärzten Fassadenresten: WIR LEBEN! ERNA WO BIST DU? MELDET EUCH BEI MÜLLERS! Der Funkenflug von den Bränden verursachte auf der Kleidung Spuren, und auch die ertrug und trug man gleichgültig weiter – so wie man seine eigene Haut zu Markte trägt.

Andere moralische Barrieren fielen. Frauen und Männer, deren Anzahl ständig abnahm, fanden sich zusammen, als gelte es, ein letztes Mal die Lust zu genießen, Augenblicke, in denen man nicht an das ständige Elend denken musste. Es herrschte eine Stimmung wie bei einem Tanz auf dem Vulkan, und ein ungeheuerlicher Spruch machte die Runde: Genießt den Krieg, der Friede wird fürchterlich! Der besagte Fatalismus paarte sich mit Zynismus, ein Mittel der Verdrängung dessen, was man mitzuerleben und mitanzusehen gezwungen war. Was konnte man denn sonst schon tun! Nichts. Machtlos, wehrlos, dem heimatlichen Terror ausgeliefert, würde ein falsches, also wahres Wort selbstmörderisch wirken. Also schwieg

man. Insofern ging die Rechnung von »Bomber-Harris« nicht auf, jenes Oberkommandierenden der alliierten Luftflotte, der meinte, durch das Flächenbombardement Deutschland zur Kapitulation zwingen zu können. Aber wer wohl sollte kapitulieren? Hitler und seine Clique waren sich des Umstandes bewusst, dass die Sieger sie vor Gericht stellen würden. Für sie kam es nur noch darauf an, ihr Leben auf Kosten von Tausenden und Abertausenden Leben zu verlängern, um noch einen Monat, noch eine Woche, noch einen Tag. Und die oftmals beschworene »Volksgemeinschaft«? Eine comestizierte Masse Mensch, die ihrem Dompteur weiterhin anhing und entgegen besserer Einsicht seinen Versprechungen von »Wunderwaffen« und »Endsieg« glauben wollte; nicht zu vergessen die Angst vor der Rache der Sieger, geschürt von der Propaganda, einem Bindemittel des Regimes. Von all dem wusste »Bomber-Harris« nichts; ein Militär wie alle, die ihre Kriege vom Schreibtisch her führten und siegten oder verloren. Menschenkunde ist solchen Personen immer fremd gewesen. Nun steht Harris als bronzenes Denkmal in London, freilich ohne die passende Inschrift, die darauf hinweisen müsste, dass dieser Mann die Verkörperung eines schrecklichen Irrtums gewesen ist.

Günter Kunert
Schirmherr der Ausstellung
»Schlachthof 5 – Dresdens Zerstörung
in literarischen Zeugnissen«

GRUSSWORT

Matthias Rogg

Der 13. Februar ist eine Chiffre, ein mit vielfachen Deutungen beladenes Symbol für Krieg und Gewalt im 20. Jahrhundert. Für die Dresdnerinnen und Dresdner markiert der 13. Februar einen archimedischen Punkt, von dem aus sie die Geschichte ihrer Stadt begreifen und deuten. Wohl in keiner anderen deutschen Stadt steht ein einziges Datum für eine historische Zäsur, die scharf trennt in eine Zeit des Davor und des Danach.

Der 13. Februar ist heute das wohl wichtigste Referenzdatum für die Auseinandersetzung Dresdens mit seiner eigenen historischen Identität. Dass die Bombardierung Dresdens nicht nur für das kollektive Gedächtnis der Stadt, sondern auch für die Erinnerung an das Ende des Zweiten Weltkriegs in Deutschland und weit darüber hinaus von so großer Bedeutung ist, verleiht dem Gedenken eine besondere Wirkungsmacht. Die schon früh einsetzende Mehrdeutigkeit in der Bewertung des historischen Ereignisses, die emotionale Aufladung und vor allem der Wirkungshorizont haben den 13. Februar 1945 zu einem Mythos werden lassen.

Nur langsam und mit großer Mühe ist es in der jüngeren Vergangenheit gelungen, das Ereignis aus dem Dunkel der Fehldeutungen und der historischen Verdrehungen zu rücken. Dabei überrascht, wie scheinbar einfach der 13. Februar unter ganz unterschiedlichen politischen Vorzeichen instrumentalisiert werden konnte. Das Ende der eigenen Herrschaft schon vor Augen, lancierte das NS-Regime unmittelbar nach den Bombenangriffen völlig aus der Luft gegriffene und dramatisch überhöhte Opferzahlen und begründete mit Blick auf die vermeintliche militärische Sinnlosigkeit den Opfermythos Dresdens. In der DDR knüpfte man an diese Sichtweise an. Die Zerstörung der Kulturme-

tropole wurde nicht nur als Höhepunkt des »imperialistischen Bombenterrors« gedeutet. Man unterstellte sogar, dass die Westalliierten durch Zerstörung der zivilen Infrastruktur ganz bewusst eine Schwächung des künftigen sowjetischen Machtbereichs angestrebt hätten.

Seit der Wiedervereinigung Deutschlands haben rechtsextreme und rechtsradikale Gruppierungen den 13. Februar schrittweise für sich entdeckt. Sie versuchen, mit ihrem Gefasel vom »Bombenholocaust« durch die unhaltbare Gleichsetzung und Vermengung von Bombenkrieg und Shoa die Fragen nach den Ursachen des Krieges, von Verantwortung und Schuld in gefährlicher Weise zu verschleiern. Allen ideologischen Strömungen ist die obsessive und vor allem vollkommen undifferenzierte Auseinandersetzung mit der Geschichte und eine schamlose Instrumentalisierung der Opfer gemeinsam.

Viele andere Bürger der Stadt Dresden haben indes eine Antwort darauf gefunden. Hervorzuheben ist dabei das Engagement und Interesse der immer größer werdenden Gruppe der Nachgeborenen, junger Menschen, die zur Enkel- und Urenkelgeneration der Zeitzeugen gehören und im Rahmen der Erinnerungsarbeit eine wichtige Leistung erbringen. Die vielfältigen Aktivitäten in Dresden zum 13. Februar, wie der »Dresden-Preis« als internationaler Friedenspreis und nicht zuletzt die alljährliche Menschenkette, sind der weithin sichtbare Ausdruck einer souveränen Auseinandersetzung mit der Geschichte und eine Absage an Intoleranz und Gewalt. Erinnerung und Versöhnung, Demokratie und Menschenwürde bilden das tragende Fundament einer neu entstandenen Erinnerungskultur.

In diesem Kontext einer kritischen und reflektierten Auseinandersetzung mit der Zerstörung Dresdens spielt auch das Militärhistorische Museum der Bundeswehr eine wichtige Rolle. Schon dessen Architektur nimmt unmittelbar Bezug auf das Ereignis, indem die Spitze des Keils genau auf jenes Areal zeigt, über dem die britischen Bomber in der Nacht des 13. Februar 1945 ihre Lichtmarkierungen abwarfen, um den nachfolgenden Bomberströmen das Ziel ihrer todbringenden Last anzuzeigen. Mit einem Winkel von knapp über 40 Grad zitiert der Keil die Flugformation der angreifenden Bomber und er greift auch den Raum der Zerstörung der Dresdner Altstadt auf, der sich vom Ostragehege ausgehend wie ein Trichter zur Innenstadt hin öffnet. Vielfältige Bezüge finden sich auch in der Dauerausstellung, die beispielsweise mit dem »Dresden-Blick« im vierten Stockwerk des Museums die Zerstörung der Stadt im Kontext der Geschichte des Bombenkriegs erzählt. Dresden, das wird hier einmal mehr deutlich, steht mit seinem Schicksal nicht allein – weder in der deutschen noch in der europäischen Geschichte.

Und schließlich sind es die vielfältigen Programme und Sonderausstellungen rund um den 13. Februar, mit denen das Militärhistorische Museum der Bundeswehr unmittelbar nach seiner Neueröffnung 2011 begonnen hat, seinen Beitrag zur historischen und politischen Bildung zu leisten. Nach den viel beachteten Sonderausstellungen »Krieg« mit Fotografien von James Nachtwey (2012), »Rechtsextreme Gewalt in Deutschland 1990–2013« (2013) und »Schuhe von Toten« zu Dresden und dem Schicksal seiner jüdischen Bürger in der NS-Zeit (2014) widmen wir uns nun aus Anlass des 70. Jahrestags der Bombardierung mit »Schlachthof 5« der Zerstörung Dresdens in literarischen Zeugnissen.

Erinnerung, verstanden als Ausdruck einer gelebten subjektiven und kollektiven Auseinandersetzung mit Vergangenheit, schließt die persönliche und kritisch deutende Reflexion und die damit einhergehenden öffentlichen Diskurse ein. Die Betrachtung des Ereignisses in geschriebener Form – aus der Perspektive von Zeitzeugen oder in der literarischen Verarbeitung späterer Autoren – eröffnet deshalb die Chance, den Wirkungskreis und die Bedeutung der Erinnerung an das Ereignis vor 70 Jahren sichtbar zu machen. Sie liefert zugleich all jenen Anregungen und Argumente, die den Geschichtsrevisionisten entgegentreten und sich für Demokratie, Menschenrechte und Frieden einsetzen.

Matthias Rogg
Oberst und Direktor des Militärhistorischen Museums der Bundeswehr

VORWORT

Gorch Pieken

Als Wilfried Schulz, Intendant des Staatsschauspiels Dresden, am 4. Oktober 2014 im Parkett-Foyer eine Tafel zum Gedenken an alle ehemaligen Ensemblemitglieder und Mitarbeiter enthüllte, die »ab 1933 aufgrund ihrer jüdischen Herkunft oder politischen Überzeugung aus den Dresdner Staatstheatern oder Privattheatern der Stadt vertrieben wurden«, erinnerten sich viele Bürger der Stadt erstmals an die nach der nationalsozialistischen Machtübernahme ausgegrenzten Schauspieler, Sänger, Tänzer, Musiker, Regisseure und Bühnentechniker, von denen viele später ermordet wurden. Der gute Ruf und Ruhm der Stadt als bedeutende Kulturmetropole Europas war auch ihr Verdienst gewesen. Zusammen mit vielen verfolgten Schriftstellern, Journalisten, Verlegern, Universitätsdozenten, bildenden Künstlern, Kuratoren, Galeristen und Impresarios hatten sie ihren Beitrag in den Avantgarde-Labors der Stadt geleistet und ihren Anteil daran gehabt, die berühmten Repräsentationsbauten Dresdens mit Leben zu erfüllen: Häuser, die in der DDR und nach der deutschen Vereinigung wiederaufgebaut wurden, sodass heute alle Baulücken geschlossen sind, die der Zweite Weltkrieg gerissen hatte. Der Verlust an Kreativität, schöpferischen Impulsen und Anziehungskraft, die den Bauwerken erst ihren Sinn gaben, ist hingegen unersetzlich. Bereits seit 1933 war die Kulturstadt Dresden zerstört, waren ihre Gebäude von innen her ausgehöhlt worden, sodass man nur noch die Fassade aufrechterhielt.

Die Kultur im nationalsozialistischen Deutschland war nicht mehr die natürliche Gegenwelt, das zivilisatorische Gegengewicht zur NS-Barbarei, sondern hatte zusammen mit den meisten Lebensbereichen der Gesellschaft einen Pakt mit dem Terror geschlossen. Die Motive dafür konnten unterschiedlich sein. Der Historiker Götz Aly nennt den NS-Staat eine mehrheitsfähige »Gefälligkeitsdiktatur«[1], von der jeder deutsche »Volksgenosse« Vorteile erwarten konnte, auch auf Kosten der Ausgestoßenen und Getöteten.[2] Mancher mochte sich eine Revision der Friedensordnung von Versailles und eine außenpolitische Renaissance erhofft haben. Für Max Weber sei »der Aufstieg des Deutschen« der »letzte Maßstab« geblieben, schrieb Karl Jaspers und zitierte den 1920 verstorbenen Freund 1932, am Vorabend des Sieges der nationalsozialistischen Glaubensdiktatur über den demokratischen Verfassungsstaat: »Zur Wiederaufrichtung Deutschlands in seiner alten Herrlichkeit würde ich mich mit jeder Macht der Erde und auch mit dem Teufel verbünden.«[3]

Der 1933 emigrierte Schriftsteller und Literaturnobelpreisträger Thomas Mann beschreibt in seinem 1947 erschienenen Roman »Doktor Faustus«, wie sich ein Komponist dem Teufel verschreibt, um ein großes Werk zu schaffen. Das Leben und Verderben dieses Tonsetzers mit Namen Adrian Leverkühn, den am Ende der Teufel holt, wird mit dem Untergang Deutschlands nach zwölf Jahren NS-Herrschaft und fünfeinhalb Jahren Krieg parallelisiert. »Alles drängt und stürzt dem Ende entgegen, in Endes Zeichen steht die Welt, – steht darin wenigstens für uns Deutsche, deren tausendjährige Geschichte, widerlegt, ad absurdum geführt, als unselig verfehlt, als Irrweg erwiesen durch dieses Ergebnis, ins Nichts, in die Verzweiflung, in einen Bankerott ohne Beispiel, in eine von donnernden Flammen umtanzte Höllenfahrt mündet. Wenn es wahr ist, was der deutsche Spruch wahrhaben will, daß ein jeder Weg zu rechtem Zwecke auch recht ist in jeder seiner Strecken, so will eingestanden sein, daß der Weg, der in dies Unheil ging – und ich gebrauche das Wort in seiner strengsten, religiösesten Bedeutung –, heillos war überall, an jedem seiner Punkte und Wendungen [...].«[4]

Der Krieg ist der Nucleus der nationalsozialistischen Weltanschauung. Die NS-Ideologie ging aus dem Krieg hervor und führte seit 1933 unweigerlich wieder auf diesen zu. Die Gewaltherrschaft der Nationalsozialisten etablierte die Herrschaft der Gewalt in Deutschland. In den frühen Konzentrationslagern, den Bücher-Scheiterhaufen und der Mordbrennerei des Novemberpogroms 1938[5] war der Weltenbrand schon angelegt,[6] den die Wehrmacht mit dem Überfall auf Polen am 1. September 1939 entfachte. Dabei kämpften nicht nur Armeen gegeneinander. Noch mehr als eine Geschichte von Schlachten ist der Zweite Weltkrieg eine Geschichte kriegführender Gesellschaften. Nicht erst seit der Rede des Propagandaministers Joseph Goebbels 1943 im Berliner Sportpalast anlässlich der verlorenen Schlacht von Stalingrad war der Zweite Weltkrieg ein »totaler Krieg«. Von Anfang an standen sich die Volkswirtschaften der kämpfenden Staaten gegenüber, mit ihren Arbeitern, Unternehmern, Wissenschaftlern, Ärzten, Geistlichen und Landwirten. Die ganze Gesellschaft wurde für den Krieg mobilisiert. Gleichzeitig geriet die Zivilgesellschaft in das Fadenkreuz des Militärs, weil sich viele Generalstäbler von der Bekämpfung der Bevölkerung eine größere Wirkung auf den Kriegsverlauf versprachen als von Offensiven an der Front. Schon in einem Manöverbericht der Royal Air Force aus dem Jahr 1923 war zu lesen, dass es in einem modernen Krieg als »Wettstreit der Moral«[7] darum gehen werde, die Arbeitskraft und den Durchhaltewillen der Bevölkerung zu treffen.

Um die Kampfmoral der deutschen Bevölkerung zu stärken und Erschöpfungsrevolten vorzubeugen, wie sie für das Ende des Ersten Weltkriegs kennzeichnend gewesen waren, stellte die NS-Führung die Lebensmittelversorgung der Deutschen in allen Kriegsjahren sicher, allerdings auf Kosten anderer Zivilgesellschaften. Insbesondere osteuropäische Staaten wurden rücksichtslos ausgebeutet, aber auch in Griechenland verhungerten Zehntausende Menschen, weil die deutschen Besatzer Produktions- und Nahrungsmittel einzogen.[8]

Die erste lange währende Bomberoffensive der Militärgeschichte ging 1940/41 vom Deutschen Reich aus. Sie war gegen britische Städte gerichtet und sollte vor allem Hafenanlagen, Stätten der Nahrungsmittelproduktion und -lagerung sowie größere Wirtschaftsbe-

triebe treffen. Indirekt zielte die Luftwaffe damit auch auf die Moral der Bevölkerung. Die mangelhafte Treffergenauigkeit beim Bombenabwurf führte zudem zu zahlreichen Flächenzerstörungen auch in Wohnvierteln.

Lehnte die Luftwaffe am Anfang des Krieges ein direktes »moral bombing« aus militärischen Gründen ab, weil sie am Erfolg dieser Strategie zweifelte, fanden die britischen Befürworter großflächiger Bombardierungen von Wohngebieten immer mehr Zuspruch. Allmählich wurden die noch vor dem Krieg bestehenden ethischen Vorbehalte gegen die Tötung von Zivilisten beiseitegeschoben.[9] Der sogenannte Blitz der deutschen Luftwaffe gegen britische Städte hatte »endgültig alle Skrupel über die moralische Berechtigung von Bombenangriffen auf die Zivilbevölkerung eines Staates, dessen Luftwaffe in vier Monaten beinahe 30 000 britische Zivilisten getötet hatte, zerstreut«.[10] Die Bomberflotte ermöglichte eine vergleichsweise kostengünstige Form der Kriegführung, die unter Einsatz einer verhältnismäßig geringen Zahl von Soldaten beträchtlichen Schaden in großer Reichweite anrichten konnte. Dies machte die Royal Air Force in den Augen der britischen Regierung und britischer Militärs zu einer bedeutenden Waffe, besonders in einer Zeit, als sie noch nicht über andere militärische Mittel gegen die Wehrmacht in Europa verfügten.[11]

Als Muster für die Angriffe des britischen Bomber Commands auf deutsche und von Deutschen besetzte Städte diente die Bombardierung der Londoner Innenstadt am 29. Dezember 1940. In dieser Nacht hatte die Luftwaffe in großer Masse Brandbomben abgeworfen, deren Zerstörungskraft fünfmal höher war als die der bis dahin bevorzugt verwendeten Sprengbomben. Erst im Jahr 1943 war die Royal Air Force jedoch so weit aufgerüstet, dass sie zu massiven Bombenschlägen fähig war. Die britischen, auch wegen des Einsatzes von 1000 Bombern sogenannten Millenniumsangriffe sollten die deutschen Städte in ein Harmagedon des Krieges verwandeln. Über 140 deutsche

Städte mit mehr als 30 000 Einwohnern waren von Flächenschäden betroffen.[12] Mindestens 360 000 Menschen starben in den Trümmern.[13] Auch in den vom Deutschen Reich annektierten Gebieten und den von der Wehrmacht besetzten Staaten Europas starben Menschen infolge von Stadtbombardierungen. Bisher kaum beachtet sind etwa die jeweils rund 60 000 Luftkriegstoten in Italien[14] und in Frankreich[15] zur Zeit der deutschen Okkupation und der Kämpfe um Frankreich im Sommer 1944.

Eine andere Luftkriegsstrategie als die Royal Air Force verfolgte die Armee der USA, die den Einfluss des »moral bombings« auf den Kampfwillen der Bürger in Abrede stellte. Sollte es auch zutreffend sein, dass das deutsche Volk »entmutigt, desillusioniert und verwirrt« war, wie die Geheimdienste berichteten, so hielten die Amerikaner die Furcht der Deutschen vor staatlichem Terror für größer als ihre Angst vor weiteren Bombenangriffen.[16]

Während das Bomber Command der Royal Air Force vorwiegend Nachteinsätze flog, bombardierten die United States Army Air Forces ihre Ziele bei Tag, um die Treffgenauigkeit zu erhöhen – auch wenn sie dadurch ein erhöhtes Risiko für die Bomberbesatzungen auf sich nahmen. Ihr Auftrag war, militärisch und wirtschaftlich wichtige Ziele zu bekämpfen. Rund drei Viertel aller amerikanischen Luftangriffe fanden jedoch unter schlechten Sichtbedingungen statt. Da die Besatzungen dann durch geschlossene Wolkendecken oder Rauchschwaden zielen mussten, ähnelte das Ergebnis dieser Angriffe den Verwüstungsbombardements der Royal Air Force.

Das »moral bombing« der Royal Air Force hatte zwar keine wahrnehmbare Wirkung auf den Kriegswillen der deutschen Bevölkerung, als Abnutzungskrieg führten die Teppichbombardements jedoch zu einer erheblichen Beeinträchtigung der deutschen Kriegführung. Wenngleich 80 Prozent der Hamburger Industrieanlagen schon zweieinhalb Monate nach der verheerenden

Bombardierung vom 25. Juli bis 3. August 1943 wieder funktionsfähig waren, wurden infolge dieses Angriffs 45 Prozent aller deutschen Jagdflugzeuge im Reich stationiert, die dann an der Front fehlten.[17] Die Konsumgüterindustrie musste zu Lasten der Kriegsrüstung Hausrat für ausgebombte Familien herstellen, und durch den permanenten Alarmzustand in vielen Städten fielen ungleich mehr Arbeitsstunden in den Betrieben aus als aufgrund von Bombenschäden.[18] Die Zerstörung von Arbeiterwohngebieten führte zu erheblichen Produktionseinbußen selbst bei Rüstungsbetrieben, die nicht von Gebäude- oder Maschinenschäden betroffen waren.[19] Dass schon die ersten Attacken der Royal Air Force auf deutsche Innenstädte das NS-Regime empfindlich trafen, belegen die als Reaktion gedachten sogenannten Baedeker-Angriffe auf die im bekannten Reiseführer mit drei Sternen ausgezeichneten Sehenswürdigkeiten britischer Metropolen.[20] Auf die britischen Flächenbombardierungen reagierte die Wehrmacht mit der Entwicklung und Produktion der als Vergeltungswaffen konzipierten Flugbombe V1 und der ballistischen Rakete V2. Diese Waffen wurden anstelle anderer dringender Rüstungsprojekte finanziert. Die geringe militärische Wirkung der V1 und der V2 steht in keinem Verhältnis zu den enormen Planungs- und Herstellungskosten, die annähernd so hoch waren wie die für das amerikanische »Manhattan«-Projekt zum Bau der ersten Atombombe.[21]

Unmittelbare und dabei erhebliche und nachhaltige Konsequenzen für die deutsche Kriegführung hatten hingegen die gezielten Luftangriffe der United States Army Air Forces auf die Treibstoffversorgung der Wehrmacht.

Lange Zeit stellte der Oberbefehlshaber des britischen Bomber Commands, Arthur Harris, in Aussicht, die Kapitulation des Deutschen Reiches ohne Bodenkrieg und die damit verbundenen hohen Verluste unter den eigenen Soldaten erzwingen zu können.[22] Doch die Luftstreitkräfte waren immer nur Teil eines umfassenderen strategischen Ganzen und alleine nicht in der Lage, einen Krieg zu gewinnen. Mit der westalliierten Invasion am 6. Juni 1944 in der Normandie erhielten die strategischen Operationen des Bomber Commands eine erdkampfunterstützende Bedeutung. Der Zweite Weltkrieg wurde zu Lande entschieden, insbesondere von der Roten Armee, die am 25. April 1945 Berlin einschloss. In der Schlacht um Berlin warnte der auf- und abschwellende Ton der Sirenen nicht mehr vor Bomberformationen, sondern vor dem zermalmenden Artilleriebeschuss der sowjetischen Armeen.

»Unterdessen haben wir die Zerstörung unserer würdigen Städte aus der Luft erlebt, die zum Himmel schreien würde, wenn nicht wir Schuldbeladenen es wären, die sie erleiden. Da aber wir es sind, erstickt der Schrei in den Lüften und kann, wie König Claudius' Gebet, ›nicht zum Himmel dringen‹. Wie wunderlich nimmt sich doch auch das gegen diese von uns heraufbeschworenen Untaten erhobene Kulturlamento im Munde derjenigen aus, die als die Künder und Bringer einer weltverjüngenden, in Ruchlosigkeit schwelgenden Barbarei den Schauplatz der Geschichte betraten. [...] Denn ins Phantastische und gegen alle Ordnung und Vorhersicht Verstoßende gehört es ja, daß Deutschland selbst zum Schauplatz eines unserer Kriege werden könnte. Wir haben das vor 25 Jahren im letzten Augenblick zu verhindern gewußt, aber unsere zunehmend tragisch-heroische Seelenlage scheint uns nicht mehr zu erlauben, eine verlorene Sache zu quittieren, bevor das Undenkbare sich verwirklicht.«[23]

»Sehenden Auges zusammen zugrunde zu gehen, statt die Niederlage anzuerkennen«[24], hatte furchtbare Folgen auch für die Städte, die lange Zeit vom Bombenkrieg verschont geblieben waren – wie Dresden. In der Nacht vom 13. auf den 14. Februar 1945 wurden die Dresdner Innenstadt und angrenzende Viertel durch zwei Angriffswellen der Royal Air Force vollständig zerstört. Ein Flammenmeer verschlang Straßen und Häuser und die darin Schutz suchenden Menschen. Aus der

Hitze entwickelte sich ein orkanartiger Feuersturm, der den Asphalt schmelzen ließ, Bäume entwurzelte und Mauern emporschleuderte. In den haushohen Flammen verbrannten Menschen, viele erstickten in den Kellern, weil die Feuersbrunst der Luft den Sauerstoff entzog. 15 Quadratkilometer Stadtfläche brannten aus. 25 000 Frauen, Männer[25] und Kinder[26] starben. Unbeschreiblich und unvorstellbar ist das Leid der Menschen in dieser Nacht. Viele der Überlebenden wurden an Körper und Seele schwer verletzt. Durch die Verlegung der Flugabwehrgeschütze und der meisten Jagdmaschinen an die Front war Dresden der Bombardierung schutzlos ausgeliefert worden, obwohl der Generalstabschef des Heeres die Stadt im Dezember 1944 zur militärischen Festung erklärt hatte. Im Götterdämmerungsfinale des NS-Regimes war das Inferno von Dresden nur eine Kulisse im Untergangsszenario des »Dritten Reiches«.

Der britische Premierminister Winston Churchill und der amerikanische Präsident Franklin D. Roosevelt »wollten ein schnelles Ende des Krieges herbeiführen, und sie waren frustriert angesichts eines Gegners, dessen Entschlossenheit zur Fortsetzung des Kampfes kaum nachzulassen schien«.[27] Gleichzeitig sorgten sich die Alliierten, dass der Krieg im denkbar schlechtesten Fall bis weit in das Jahr 1945 dauern oder gar in einem Patt enden könnte. Auch im Wettstreit um technische Neuerungen und wissenschaftliche Entdeckungen fürchteten die Alliierten weitere Überraschungen von deutscher Seite, die Einfluss auf den Ausgang des Krieges nehmen könnten.

Dresden wurde schließlich von der über Jahre perfektionierten Militärmaschinerie Großbritanniens getroffen, das einen aufgezwungenen Krieg führte und sich zur Fortführung eines Krieges gezwungen sah, den das NS-Regime aus irrationalen und menschenverachtenden Gründen nicht beendete.[28] Das ungeheure Ausmaß der Zerstörung in Dresden war nicht planbar gewesen, aber es entsprach lehrbuchhaft den

Vorstellungen von einem mustergültigen Angriff mit maximaler Schlagkraft. Doch der scheinbare Triumph entpuppte sich als schwere moralische Niederlage.

Die Ereignisse in Dresden führten dazu, dass die Luftkriegsstrategie in der britischen Öffentlichkeit kritisch diskutiert wurde. Wie weit darf eine Demokratie im Kampf gegen einen Feind gehen, der weder Moral noch Menschenrechte achtet? Im Gegensatz zur Diktatur muss sich die Regierung in einer offenen Gesellschaft der Kritik stellen. Das Ausmaß der Stadtverwüstungen war für viele Briten nicht mehr mit dem »totalen Krieg« begründbar, den die deutsche »Volksgemeinschaft« gegen andere Völker und Nationen führte. Eine Demokratie verleugnet ihre Dämonen nicht, sondern treibt sie selber aus. Die Politik begann, sich von der Royal Air Force zu distanzieren. Churchill gab unmissverständlich zu verstehen, dass er keine weiteren Flächenbombardierungen von Innenstädten und Wohngebieten wünsche.[29]

Doch in einer alles mit sich reißenden Gewaltspirale des Krieges führten die Militärs den Bombenkrieg mit ungeminderter Härte und Brutalität zu Ende. Dabei überwog der Kampfgeist (»morale«) des britischen Bomber Commands alle humanitären und ethischen Vorbehalte (»morals«). Es gibt keinen sauberen Krieg. Während die alliierten Bodentruppen im Kampf gegen Wehrmacht und SS, aber auch gegen alte Männer und Kindersoldaten nur mühsam im Schlamm des schmutzigen Spätwinters 1945 vorankamen, nahmen die Bombardierungen häufig Strafcharakter an. Dass die Zerstörungen dabei den Gefängnisausbruch politischer Häftlinge und die Flucht jüdischer Zwangsarbeiter ermöglichten, war ein unbeabsichtigter Kollateralnutzen. Selbst die Ruinen der Ruinenstädte wurden attackiert, oftmals nur Tage oder Stunden vor der Besetzung durch englische oder amerikanische Truppen. Auf die vorgesehene Nutzung der eroberten deutschen Städte als Verwaltungszentren der Besatzungsmächte nahm das britische Bomber Command weder im Falle von

Essen noch von Kiel oder Dresden Rücksicht. Die Endphasen-Zerstörung vieler Städte gehörte zur furchtbaren Routine eines selbstzentrierten Militärapparats, dessen Vorgehen militärisch und politisch nicht mehr überzeugend begründbar war. Nach der Verheerung Potsdams in einem Großangriff vom 14. und 15. April 1945 schrieb Churchill ungehalten: »Was hatte es für einen Sinn, Potsdam einfach auszuradieren?«[30]

Für die NS-Propaganda spielte Dresden schon damals eine hervorragende Rolle unter den vielen kriegszerstörten Städten, und viele Zeitzeugen setzten das eigene Leid absolut: »Nein und tausendmal nein! Dresden, diese Perle am Elbestrand, die einmalig schöne Stadt an der Elbe ist nicht untergegangen wie andere Städte zu Trümmern stürzen, sie ist nicht ausgebrannt wie Köln am Rhein und hundert andere deutsche Städte. Nein, – Dresden, dieses Juvel deutscher Städtebaukunst, ist ausgelöscht, zerschmolzen zu Staub und Asche.«[31]

Der Vergleich mit dem zerstörten Köln schafft eine Maßeinheit für das Unermessliche,[32] das abseits und außerhalb unserer Sprache liegt. Köln ist mit fast 2 000 Jahren eine der ältesten Städte in Deutschland und war im Mittelalter die bevölkerungsreichste Metropole Europas nördlich der Alpen. Sie galt als »Mutter aller deutschen Städte«. 262 Bombenangriffe wurden auf Köln geflogen, 2 000 Stunden befand sich die Stadt im Alarmzustand. Am Ende waren 90 Prozent der historischen Innenstadt zerbombt. Von zuvor 770 000 Einwohnern lebten 1945 nur noch 20 000 in Köln. Ist ein tieferer Ab- und Einschnitt für die Bürger einer Stadt vorstellbar? Kann eine Stadt mehr als bis in den Grund zerstört werden? Nicht nur sprachlich gibt es keine Steigerungsform von »verheert«. Und in diesem Zustand befanden sich ohne Unterschied die meisten deutschen Städte am Ende des Krieges.

Außerhalb des militärhistorischen Gesichtswinkels, in der Literatur über den Bombenkrieg, setzte jedoch nur eine Stadt »the benchmark«: Dresden. Über keine andere Stadt wurde so viel geschrieben. Die bekanntesten literarischen Arbeiten mit Bezügen zur Bombennacht vom 13. auf den 14. Februar 1945 präsentiert die Ausstellung »Schlachthof 5 – Dresdens Zerstörung in literarischen Zeugnissen«. Nicht die Rechtfertigungsliteratur oder die literarische Anklage der Propagandaabteilungen der Nachkriegszeit stehen im Vordergrund dieser Ausstellung, sondern der Schriftsteller als Zeitzeuge, als Sammler und Herausgeber von Berichten erlebter Wirklichkeit oder als Interpret einer historischen Realität in seiner Gegenwart. Dabei geht es auch darum, das Geschehene nicht nur mitzuteilen, sondern es zu »vergegenwärtigen« und sich damit der historischen Wirklichkeit auf einer anderen Ebene zu nähern, als es durch die Auswertung von Archivalien möglich wird.[33] So verstanden, führen Romane und Novellen nicht aus der Wirklichkeit heraus, sondern tief in sie hinein. Zugute kommt der Literatur dabei, dass das Spektrum der Wahrnehmungsmöglichkeiten von Wirklichkeit sehr groß ist. Und dass der Wirklichkeitsbegriff auch auf Seelenzustände und Träume ausgeweitet werden kann, die eine Folge traumatischer Erlebnisse sind. Literatur kann verschiedene Wirklichkeitsmodelle durchspielen, die der Vermessung von Geschichte und Zukunft dienen. Auch durch die Verse eines Gedichtes kann eine Wahrheit sichtbar werden.

Schriftsteller sind »Erinnerungsakteure«,[34] deren Lesarten der Wirklichkeit die öffentliche Auseinandersetzung mit ihr beeinflussen.[35] Das trifft insbesondere auf die Literatur mit Dresden-Bezug zu. Sie hat – und darin liegt ein Alleinstellungsmerkmal – viele Bestseller hervorgebracht. In vielen Büchern wird für Dresdens Zerstörung »ein höheres Maß an Tragik gegenüber anderen Städten reklamiert«[36] und der 13. Februar 1945 als Referenzereignis für Stadtzerstörungen auch in anderen Kriegen und Gewaltkonflikten verstanden. Die Entwicklung Dresdens zu einem zentralen deutschen Erinnerungsort war von Legendenbildun-

gen begleitet. Dabei trugen auch viele Autoren ihren Teil zum Mythenfundus bei, wie zum Beispiel Kurt Vonnegut mit seinem Roman »Schlachthof 5«: »And Billy had seen the greatest massacre in European history, which was the firebombing of Dresden. So it goes.«[37]

Eine Folge der Verungleichung des Gleichen ist, dass beispielsweise Köln heute im kollektiven Gedächtnis der Deutschen nach wie vor die Stadt der großen mittelalterlichen Kirchen ist und Dresden das Symbol für das Zerstörungspotenzial des Zweiten Weltkriegs. In einer Reihung vernichteter Städte nimmt Dresden in Diskussionen und Gesprächen häufig den obersten Listenplatz ein, in einem makabren Ranking des Bombenkriegs. Dabei starben in Hamburg die meisten Menschen bei einem Bombenangriff auf eine europäische Stadt, Pforzheim verzeichnete die meisten Toten in Relation zur Bevölkerung, Würzburg ist die – prozentual gesehen – am meisten zerstörte Stadt Deutschlands, auf Berlin wurde die größte Bombenlast abgeworfen, Malta ist der meistbombardierte Ort des Zweiten Weltkriegs, das Ziel der ersten lange währenden Bomberoffensive der Militärgeschichte waren englische Städte, auf Rom wurden mehr Bomben abgeworfen als auf alle britischen Städte zusammen, Dublin wurde bombardiert, obwohl Irland neutral war. Der Sinn solcher Vergleiche ist fraglich. Kann man wirklich darüber urteilen, was schlimmer ist: ob Zivilisten durch Schiffsgeschütze, Artilleriefeuer, Schlachtflieger oder Bomber ums Leben kamen oder, wie zum Beispiel 1,1 Millionen Bewohner Leningrads, durch Verhungern infolge einer deutschen Blockade und der gezielten Fliegerangriffe auf die Lebensmittelversorgung?

Der Historiker Oliver Janz nennt die Logik des »totalen Krieges« verbrecherisch: »Man siegt nicht, wenn man nicht versucht, die gesamte Gesellschaft des Gegners zu treffen.«[38] Der Bombenkrieg war Teil dieses größeren Krieges, mit dem NS-Deutschland Europa und die Welt überzogen hatte. An dessen Ende schlug die nationalsozialistische Führung mit einer Strategie der verbrannten Erde Lebenszeit für sich selbst heraus und sprach damit gleichzeitig dem eigenen Volk das Lebensrecht ab. In den letzten zwölf Monaten des Regimes starben mehr Menschen als in allen vorangegangenen Jahren des Krieges, der für das Deutsche Reich schon verloren war und nur noch die Wahl zwischen Kapitulation oder Untergang ließ. Ortschaft für Ortschaft eroberten alliierte Soldaten unter Einsatz ihres Lebens, um Deutschland zum Frieden zu zwingen. Dabei kam es auch zu Völkerrechtsverbrechen durch alliierte Soldaten. Das entmenschlichte Regime des Nationalsozialismus dehumanisierte nicht nur seine Anhänger, sondern auch manche seiner Gegner.[39] Die Dimension deutscher Kriegsverbrechen und Verbrechen gegen die Menschlichkeit übersteigt jedoch jede Vorstellungskraft und ist ohne Beispiel in der Menschheitsgeschichte. In den Bildern des am 27. Januar 1945 befreiten Vernichtungslagers Auschwitz ist die ganze Welt des nationalsozialistischen Grauens enthalten. Ein Appell an das Mitgefühl alliierter Soldaten gegenüber Deutschland und den Deutschen waren sie nicht. Furchtbarer und katastrophaler noch als die Auswirkungen der totalen deutschen Niederlage wären die Folgen eines deutschen Sieges gewesen.

Nach der Zerstörung Dresdens brannten in den Ruinen nicht nur dieser Stadt zahlreiche von Deutschen gelegte Feuer. »»Im Heizungskeller ist ein Feuer angezündet worden! Wer etwas verbrennen möchte …!‹ Der unvollendete Satz macht jedem klar, daß das letzte Stündlein geschlagen hat. Möglicherweise sogar für die eigene Person. Getümmel setzt ein. Papiere werden hervorgezerrt, Dokumente, Ausweise, Fotos, Indizien für die eigene Schuld, für die Mitverantwortung an dem Komplex ›Drittes Reich‹. Ab ins Fegefeuer mit dem belastenden Material, auf daß man selber gereinigt und geläutert aus dem Keller in eine neue Zeit hervorgehe. Ich ahne nicht, daß es kaum einen Tag dauert, bis jeder der verzweifelt agierenden einen jüdischen Bekannten gehabt haben würde, einen jüdi-

schen Hausarzt, einen jüdischen Chef. Im übrigen hat man ja einen kommunistischen Großvater sein eigen nennen können und war sowieso immer schon ›dagegen‹ gewesen. Morgen früh werde ich mich unter lauter Opfern des Faschismus befinden.«[40] So schreibt Günter Kunert in seinen Lebenserinnerungen. Den Krieg hatte er in Berlin verbracht und war so ein Augenzeuge des Bombenkriegs geworden, mit seinen Schrecken und Grausamkeiten, aber auch mit seinen Hoffnungen für die Verfolgten des NS-Regimes.

Günter Kunert hat die Schirmherrschaft für diese Ausstellung übernommen. Dafür und auch für sein Geleitwort zum Katalog möchte ich ihm herzlich danken. Danken möchte ich auch dem Kurator der Ausstellung, Ansgar Snethlage, und allen festen und freien Mitarbeiterinnen und Mitarbeitern des Militärhistorischen Museums der Bundeswehr, die ihn bei dieser ersten Ausstellung in seinem Berufsleben tatkräftig und kollegial unterstützten. Mein besonderer Dank gilt dem Gestalter der Ausstellung, Thomas Ebersbach.

Gorch Pieken
Wissenschaftlicher Direktor und Wissenschaftlicher Leiter Ausstellung / Sammlung / Forschung des Militärhistorischen Museums der Bundeswehr

Anmerkungen

1 Götz Aly: Hitlers Volksstaat. Raub, Rassenkrieg und nationaler Sozialismus, Frankfurt am Main 2005, Kapitelüberschrift, S. 49. **2** »Der Holocaust bleibt unverstanden, sofern er nicht als der konsequenteste Massenraubmord der modernen Geschichte analysiert wird.« Nutznießer seien nicht nur NS-Funktionäre, Banken und Industrielle gewesen, sondern »95 Prozent der Deutschen«. Vgl. ebd., S. 318. **3** Zit. von Max Weber bei Karl Jaspers: Max Weber. Deutsches Wesen im politischen Denken, im Forschen und Philosophieren, Oldenburg 1932, S. 35. **4** Thomas Mann: Doktor Faustus. Das Leben des deutschen Tonsetzers Adrian Leverkühn erzählt von einem Freunde, Berlin und Frankfurt am Main 1948, S. 714 f. **5** »Sprich nur deutsch! Ist gerad recht meine Lieblingssprache. Manchmal versteh ich überhaupt nur deutsch.« Der Teufel zu Adrian Leverkühn, in: ebd., S. 355. »Ich nehme nur eine tobende Meute wahr, höre Geschrei, Glas splittert, weil unten im Ecklokal alle Scheiben eingeschlagen werden. Man zieht mich vom Fenster zurück. Da ist der Teufel los, der deutsche Teufel. Der Kalender nennt das Datum: 9. November 1938.« In: Günter Kunert: Erwachsenenspiele. Erinnerungen, Wien 1997, S. 36. **6** »Es ist aus mit Deutschland, wird aus mit ihm sein, ein unnennbarer Zusammenbruch, ökonomisch politisch, moralisch und geistig, kurz allumfassend, zeichnet sich ab, – ich will es nicht gewünscht haben, weil viel zu tief mein Mitleid, mein jammervolles Erbarmen ist mit diesem unseligen Volk, und wenn ich an seine Erhebung und blinde Inbrunst, den Aufstand, den Aufbruch, Ausbruch und Umbruch, den vermeintlich reinigenden Neubeginn, die völkische Wiedergeburt von vor zehn Jahren denke, diesen scheinbar heiligen Taumel, in dem sich freilich, zum warnenden Zeichen seiner Falschheit, viel wüst Roheit, viel Schlagetod-Gemeinheit, viel schmutzige Lust am Schänden, Quälen, Erniedrigen mischte, und der, jedem Wissenden unverkennbar, den Krieg, diesen ganzen Krieg schon in sich trug –, so krampft sich mir das Herz zusammen vor der ungeheuren Investition an Glauben, Begeisterung, historischen Hoch-Affekt, die damals getätigt wurde und nun in einem Bankrott ohnegleichen verpuffen soll.« Mann: Doktor Faustus, S. 277 f. **7** Zit. n. Richard Overy: Bombenkrieg. Europa 1939–1945, Berlin 2014, S. 49. **8** Letztere vor allem zur Versorgung der deutschen Besatzungstruppen in Griechenland, aber auch der Wehrmacht an der Ostfront und in Afrika. Die wirtschaftliche Ausplünderung Griechenlands durch die deutschen und italienischen Besatzer führte zu einer Geldentwertung, die zudem den regulären Markt für Agrarprodukte zerstörte. Auch »das beeinträchtigte die landwirtschaftliche Produktion.« Götz Aly: Hitlers Volksstaat, S. 278. **9** »Im Juni 1941 genehmigten die Stabschefs schließlich Angriffe auf die Moral, die die ›Angst vor Tod und Verstümmelung‹ schüren sollten. Der Begriff des Kollateralschadens wurde auf den Kopf gestellt: Der Tod von Arbeitern und die Zerstörung ihrer Behausungen waren nicht lediglich eine Nebenwirkung der Bombardierung von Fabriken, sondern die Zerstörung von Fabriken galt als Kollateralschaden der Vernichtung von Arbeitervierteln.« Ebd., S. 374. **10** Ebd., S. 379. »Dennoch wurde aus der Behauptung, Deutschland hätte mit den Bombenangriffen begonnen, sowohl in der breiten Öffentlichkeit als auch in der Royal Air Force sehr

schnell die Standard-Version, die im öffentlichen Bewusstsein der Briten seither fest verankert ist.« Ebd., S. 359. **11** »Weil die Bomberwaffe weniger kostspielig war als andere militärische Operationen, oft die einzig zur Verfügung stehende Waffe Großbritanniens war, flexibel und schnell einsetzbar war, barg sie auch immer das Risiko des schnellen, unbedachten und leichtfertigen Einsatzes – so mal nebenbei beschlossen.« Ebd., S. 32. **12** Vgl. Erich Hampe: Der zivile Luftschutz im Zweiten Weltkrieg, Frankfurt am Main 1963, S. 163. **13** Die Gesamtzahl bezieht sich auf die Luftkriegstoten in den deutschen Grenzen von 1937. Olaf Groehler: Der strategische Luftkrieg und seine Auswirkungen auf die deutsche Zivilbevölkerung, in: Horst Boog (Hrsg.): Luftkriegsführung im Zweiten Weltkrieg. Ein Internationaler Vergleich, Herford 1993, S. 343. Vgl. Helmut Schnatz: Die Zerstörung der deutschen Städte und die Opfer, in: Bernd Heidenreich/Sönke Neitzel (Hrsg.): Der Bombenkrieg und seine Opfer, Wiesbaden 2004, S. 30–46, hier S. 41. Sowohl Groehler als auch Schnatz sind noch von 35 000 Todesopfern in Dresden ausgegangen. Beide Autoren halten eine Dunkelziffer von 20 000 weiteren Todesopfern für möglich. **14** Zur Bedeutung der Bombardierungen italienischer Städte für den Sturz Benito Mussolinis und die Kapitulation vgl. Maddalena Carli: Die Illusion von der Unsterblichkeit. Roms Gedenken an das Bombardement vom 19. Juli 1943, in: Jörg Arnold/Dietmar Süß/Malte Thießen (Hrsg.): Luftkrieg. Erinnerungen in Deutschland und Europa, Göttingen 2009, S. 101–113, hier S. 107. **15** »Lediglich die Hälfte aller in Europa während des Krieges von Amerikanern und Briten abgeworfenen Bomben fielen auf das Deutsche Reich – die andere Hälfte traf die besetzten Gebiete. Von diesen Bomben ging wiederum die Hälfte auf Frankreich nieder [...].« Michael Schmiedel: Une amnésie nationale? Krieg und Nachkrieg in Frankreich, in: Arnold/Süß/Thießen (Hrsg.): Luftkrieg, S. 66–83, hier S. 67. **16** Zit. n. Overy: Bombenkrieg, S. 514. **17** Horst Boog: Der anglo-amerikanische strategische Luftkrieg über Europa und die deutsche Luftverteidigung, in: Horst Boog/Werner Rahn u. a. (Hrsg.): Das Deutsche Reich und der Zweite Weltkrieg, Bd. 6: Der globale Krieg. Die Ausweitung zum Weltkrieg und der Wechsel der Initiative 1941–1943, Stuttgart 1990, S. 429–565, hier S. 449. **18** Was auch schon beim »Blitz« gegen Großbritannien ein Problem war: »Die pauschale Auslösung des Fliegeralarms (rot) brachte bei Tag oder Nacht jede Arbeit zum Erliegen und warf die Kriegsproduktion erheblich zurück.« Overy: Bombenkrieg, S. 210. **19** »Unmittelbar vor dem 13. Februar gab es in den 5 Dresdner Betriebsteilen von Zeiß Ikon 10 897 ›produktiv Tätige‹. [...] Im Bericht hieß es: ›Wie festgestellt, haben im Februar 1945 durchschnittlich 7833 Lohnempfänger gefehlt. Hiervon hatten sich 5 164 nicht gemeldet. Die restlichen 2 669 hatten sich gemeldet, waren aber entweder wegen Fliegerschadens, langem Anmarschweg usw. beurlaubt oder krank.‹ Am 14. und 15. Februar waren alle 5 Dresdner Betriebsteile völlig stillgelegt. Auch Ende Februar arbeitete immer noch weniger als die Hälfte der Belegschaft. Das hatte enorme Auswirkungen auf die Rüstungsproduktion.« Friedrich Reichert: Verbrannt bis zur Unkenntlichkeit, in: Verbrannt bis zur Unkenntlichkeit. Die Zerstörung Dresdens 1945, Begleitbuch zur Ausstellung im Stadtmuseum Dresden, Februar bis Juni 1995, Altenburg 1994, S. 40–62, hier S. 60. **20** »Die Bezeichnung blieb

17

haften, obwohl Goebbels den Gedanken, mit der ›Zerstörung von Kulturwerten zu prahlen‹, auf das schärfste ablehnte.« Overy: Bombenkrieg, S. 183. **21** Die Entwicklung der V2 belastete das Deutsche Reich in einem ähnlichen Maße wie das »Manhattan«-Programm die USA. Die Ausgaben für die V2 beliefen sich auf ungefähr zwei Drittel der Kosten für die erste Atombombe. Michael Neufeld: The Rocket and the Reich: Peenemünde and the Coming of the Ballistic Missle Era, New York 1996, S. 273. **22** »Harris hielt, anders als die Befehlshaber der amerikanischen Luftwaffe, unverändert an der Überzeugung fest, dass Bombenangriffe, verbunden mit sowjetischem Druck, 1944 zum Sieg führen würden, ohne dass eine kostspielige Invasion zu Lande nötig wäre.« Overy: Bombenkrieg, S. 444. **23** Mann: Doktor Faustus, S. 274 ff. **24** Elias Canetti: Masse und Macht, Frankfurt am Main 1992, S. 77. **25** An den Fronten des Zweiten Weltkriegs starben rund 30 000 Dresdner Soldaten. Vgl. dazu Hermann Rahne: Zur Geschichte der Dresdner Garnison im Zweiten Weltkrieg 1939 bis 1945, in: Verbrannt bis zur Unkenntlichkeit, S. 121 – 135, hier S. 124. **26** »Bis Ende des Jahres 1943 dachte man noch nicht an eine organisierte Evakuierung der Dresdner Schüler. [...] Die großangelegte Evakuierungsaktion der Dresdner Schüler vom 6.9.1944 wurde aus nicht bekannten Gründen am 15.9.1944 rückgängig gemacht.« Heidrun Reim: Zum Kriegsalltag in Dresden 1939 bis 1945, in: Verbrannt bis zur Unkenntlichkeit, S. 7 – 39, hier S. 17. **27** Overy: Bombenkrieg, S. 546. **28** Dabei stand bereits 1935 in einer deutschen Fachpublikation: »Das Fehlen eines speziellen Luftkriegsrechts hat somit nicht nur einen hohen Grad von Unsicherheit über das Schicksal der Zivilbevölkerung zur Folge, sondern bewirkt sogar, daß diese faktisch im Ernstfall mehr oder minder vogelfrei ist. [...] Das ›Terrorbombardement‹, das in einem Luftkriege nach menschlichem Ermessen eine große Rolle spielen würde, träfe die Zivilbevölkerung oder das private Eigentum ohne militärischen Charakter.« Georg Herrmann: Völkerrechtliche Luftkriegsregeln und einzelstaatliche Luftschutznormen, in: Gasschutz und Luftschutz Nr. 2, 5. Jahrgang, Februar 1935, S. 30 f. **29** Overy: Bombenkrieg, S. 571 f. **30** Overy: Bombenkrieg, S. 574. Auch pragmatische Motive bestimmten Churchills Handeln: »Der Moment scheint mir gekommen, wo die Frage der Bombardierung deutscher Städte einfach zum Zweck der Erhöhung des Terrors, auch wenn wir andere Vorwände nennen, überprüft werden sollte. Sonst werden wir die Kontrolle über ein total verwüstetes Land übernehmen.« Thomas Kielinger: Winston Churchill: Der späte Held. Eine Biographie, München, 2014, S. 302 **31** Otto Griebel, handschriftliche Notizen mit Bezug auf »Die Sonntagspost«, New York, 8. Dezember 1946, Heft 2, Privatbesitz, S. 1. **32** Die Briten führten offiziell die Maßeinheit »Coventry« ein: 4 × Coventry waren rund 22 000 Tote. Diese Vergleichsbilder zeigen die Grenzen des sprachlichen Mitteilungsvermögens auf. In diesem Karussell der Gleichnisrede befinden sich auch viele Autoren von Dresden-Büchern. **33** »Für Mulisch ist der Schriftsteller ein Erlöser, der uns mit Einsichten bereichern kann, die über die Erkenntnisse von Wissenschaftlern oder Philosophen hinausgehen. So ist die Literatur ein Instrument, um zu einer Welterkenntnis zu kommen, die wir nur durch sie erreichen können.« Marita Mathijsen: Die Bombardierung Dresdens und Harry Mulischs literarisches Anliegen, in: Schlachthof 5 – Dresdens Zerstörung in literarischen Zeugnissen, Ausstellungskatalog, hrsg. v. Gorch Pieken/Matthias Rogg/Ansgar Snethlage, Dresden 2015, S. 70 – 79, hier S. 79. **34** Vgl. Malte Thießen: Eingebrannt ins Gedächtnis. Hamburgs Gedenken an Luftkrieg und Kriegsende 1943 – 2005, München 2007, S. 18 – 20. **35** »Der Mann der naturwissenschaftlichen Realien kann wohl ein Lehrer, aber niemals in dem Sinne und Grade ein Erzieher sein, wie der Jünger der bonae litterae.« Mann: Doktor Faustus, S. 18. »Ich dagegen bin – trotz Weyrauchs Verdikt – als Klippschüler des Lebens noch gläubig, was die Literatur betrifft. Einerseits weiß ich genau, daß die Literatur der Weimarer Republik weder Hitler noch die von ihm inszenierte Barbarei verhindert hat. Andererseits bin ich überzeugt, im aktuellen historischen Moment würde Literatur die ihr zugewiesene Aufgabe, die Menschen zu humanisieren, erfüllen können.« Kunert: Erwachsenenspiele, S. 117. **36** Matthias Meinhardt: Der Mythos vom »Alten Dresden« als Bauplan, in: Andreas Ranft/Stephan Selzer (Hrsg.): Städte aus Trümmern. Katastrophenbewältigung zwischen Antike und Moderne, Göttingen 2004, S. 172 – 200, hier S. 176. **37** Kurt Vonnegut: Slaughterhouse-Five or The Children's Crusade. A Duty-Dance with Death, London 2010, S. 10. **38** Oliver Janz im Gespräch mit Gorch Pieken, in: 14 – Menschen – Krieg, Essayband, hrsg. v. Gerhard Bauer/Gorch Pieken/Matthias Rogg, Dresden 2014, S. 297 – 303, hier S. 302. **39** Vgl. Ralph Giordano: Von der Unteilbarkeit der Humanitas, in: Schuhe von Toten. Dresden und die Shoa, Ausstellungskatalog, hrsg. v. Gorch Pieken/Matthias Rogg, Dresden 2014, S. 24 – 31, hier S. 26. **40** Kunert: Erwachsenenspiele, S. 85. Mit der Spurenverwischung setzen die Verklärung und die persönlichen und kollektiven Mythenbildungen ein. Dies trifft besonders auf die weitbekannten Kunstmetropolen zu, wie zum Beispiel Wien, das am 12. März 1945 dem schwersten Luftangriff ausgesetzt war. Die Vergangenheit wird mit der Enttrümmerung und dem Wiederaufbau zugeschaufelt: »Zur Zeit wird ja ein, fast möchte ich sagen ›Wienkult‹ betrieben. Eines aber darf man nicht vergessen. So, wie es war, soll es und kann es nicht mehr werden. Aber ein neues Wien soll und muss erstehen, ein freies fortschrittliches, dazu gehört aber vor allem ein neuer Geist … nicht nur neue Häuser. Denn geistiger und moralischer Schutt sind viel schwieriger wegzuräumen, da hilft keine Arbeitspflicht, obwohl sie viel dazu beitragen kann, sondern ein ungeheures Erziehungswerk, eine politische Aufklärung, Aufdeckung der wirklichen Gründe, und nicht Flucht ins mystische.« Jack Hamesh an Ingeborg Bachmann, 1.11.1946, in: Ingeborg Bachmann: Kriegstagebuch. Mit Briefen von Jack Hamesh an Ingeborg Bachmann, hrsg. und mit einem Nachwort von Hans Höller, Berlin 2010, S. 49 f.

Gerhard Richter, »Bridge 14 FEB 45«, 2000 ▸
(Leihgabe: Gerhard Richter Archiv
der Staatlichen Kunstsammlungen Dresden)

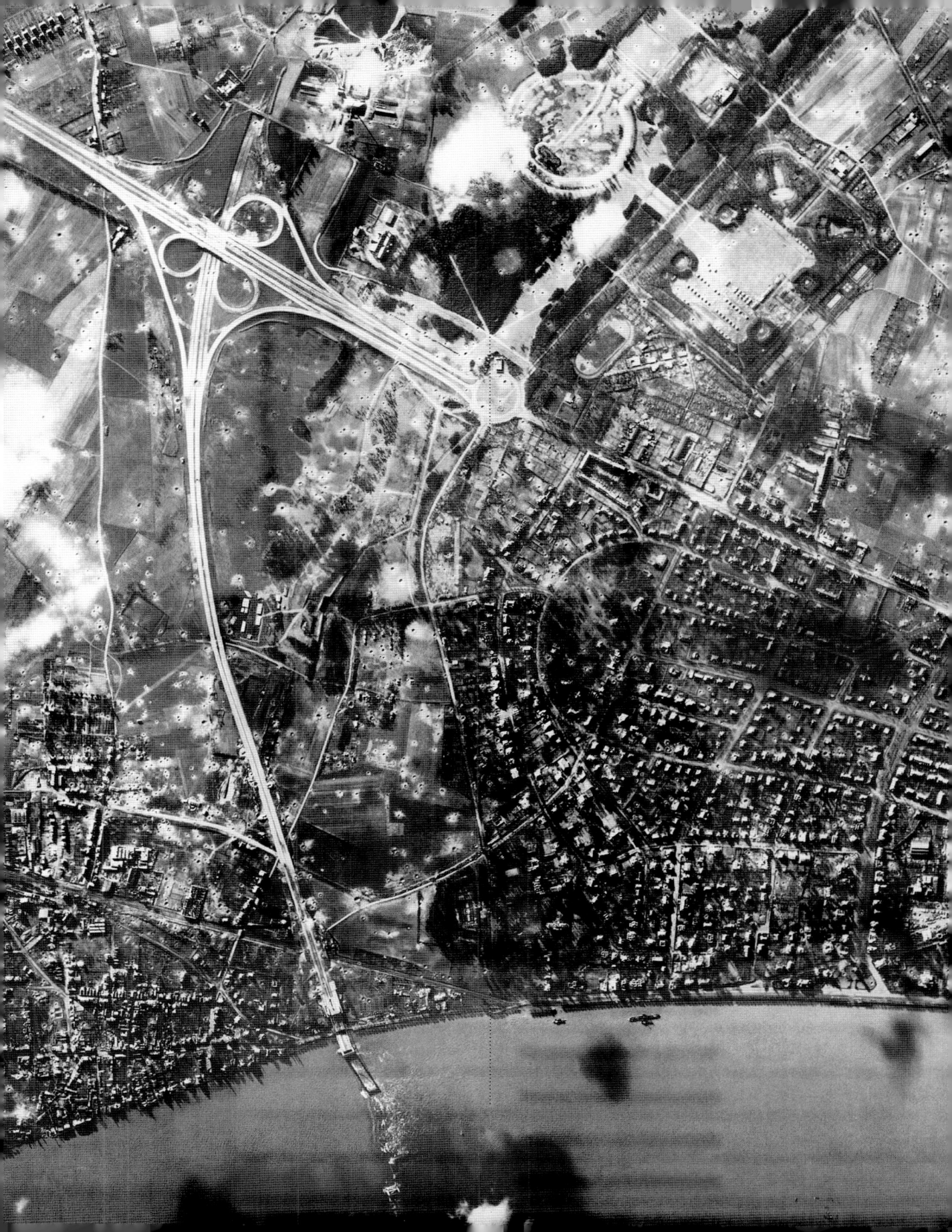

EINFÜHRUNG IN DIE AUSSTELLUNG

Ansgar Snethlage

»Coventrieren« nannte die deutsche Propaganda die Zerstörung europäischer Städte durch deutsche Bomber. Den Begriff hatte vermutlich Reichspropagandaminister Joseph Goebbels nach dem verheerenden Bombenangriff auf das Zentrum der mittelenglischen Industriestadt Coventry am 14. November 1940 geprägt. Er setzte sich langfristig nicht durch. Auch dem gewissermaßen im Ausgleich vom britischen Bomber Command verwandten »to hamburgize« – Bezug nehmend auf den Feuersturm, der Hamburg im Sommer 1943 zu weiten Teilen vernichtete – war keine dauerhafte Verwendung beschieden. »Dresden« hingegen hat bis heute – besonders im englischen Sprachraum – einen unheilvollen Klang behalten. Die sächsische Hauptstadt gilt in der Allgemeinheit als unschuldige Kunststadt, die kurz vor Kriegsende sinnlos zerstört wurde; das Bedauern bezieht sich in gleichem Maße, so scheint es, auf die hier den Bomben zum Opfer gefallenen Menschen wie auf die vernichteten Gebäude und Kunstschätze.

Dieses Bild von Dresden als dem ultimativen, sinnlosen Opfer des Zweiten Weltkriegs ist ein konstruiertes. Gründend auf einer quasi mythischen Überhöhung der Kunst- und Kulturstadt nutzte das NS-Regime nach dem 13. Februar 1945 das zerstörte Dresden als Beispiel für den »Kulturbarbarismus« der Alliierten. Dieses Propagandabild wurde von der SED schnell und dankbar übernommen – es waren ja »angloamerikanische Terrorbomber« gewesen, die das »Elbflorenz« zerstört hatten. Dass ein Großteil der wiederaufbaufähigen Ruinen wie die Rampische Gasse oder die Sophienkirche erst von SED-Bürgermeistern abgebrochen worden war, ließ man in der DDR ebenso unter den Tisch fallen, wie vorher die NS-Propaganda die Verantwortung des NS-Gauleiters Mutschmann für die fehlenden Luftschutzvorkehrungen verschwiegen hatte.

Aber es waren eben auch nicht nur politische Kampagnen, die das Bild von Dresden als dem unschuldigen Opfer im kollektiven Gedächtnis fixierten: Es gibt – möglicherweise abgesehen von Hamburg – kaum eine durch Bomben zerstörte Stadt, die häufiger zum Objekt literarischer Texte wurde. Diese Texte hatten entscheidenden Anteil an der Formung des »Image« von Dresden. Sie und ihre Autoren sind Thema der Ausstellung »Schlachthof 5 – Dresdens Zerstörung in literarischen Zeugnissen«.

Bevor im Mai 2012 der ehemalige Justizminister der USA, Ramsey Clark, das Militärhistorische Museum besuchte und sich verwundert zeigte, dass in diesem in Dresden beheimateten historischen Museum Kurt Vonnegut überhaupt nicht erwähnt würde, war mir der Name dieses Autors gar nicht geläufig gewesen. Vonneguts Buch »Slaughterhouse-Five« (deutsch: »Schlachthof 5«) erschien 1969, auf dem Höhepunkt der Proteste gegen den Vietnamkrieg, und avancierte unmittelbar zum »Kultbuch«. Bis heute steht es auf den Lehrplänen der Vereinigten Staaten von Amerika, Australiens und zahlreicher weiterer Länder und gehört zur Reiselektüre vieler englischsprachiger Dresden-Touristen. Sein Bekanntheitsgrad in Deutschland ist hingegen deutlich geringer. Ramsey Clark, den mit Kurt Vonnegut nicht nur das langjährige Engagement für Menschenrechte, sondern auch eine persönliche Freundschaft verband, inspirierte uns zunächst zu einer biografischen Ausstellung. Vonneguts Gefangennahme während der Ardennenoffensive im Dezember 1944, seine Kriegsgefangenschaft in Mühlberg und Dresden und die Verarbeitung seiner Erlebnisse im Roman »Schlachthof 5« boten zahlreiche Anknüpfungspunkte für eine kleine Ausstellung im Militärhistorischen Museum der Bundeswehr (MHM), deren Vorbereitung mir anvertraut wurde.

Als die Teilnehmer eines historischen Seminars an der Freien Universität Berlin unter Leitung ihres Dozenten, Dr. Bryan Van Sweringen, eine Exkursion »auf den Spuren von Kurt Vonnegut« nach Dresden machten, durfte ich teilnehmen. Mit ihnen stieg ich in den Keller des Neuen Schlachthofs, in dem der amerikanische Soldat Kurt Vonnegut 1945 Zuflucht vor den Bomben

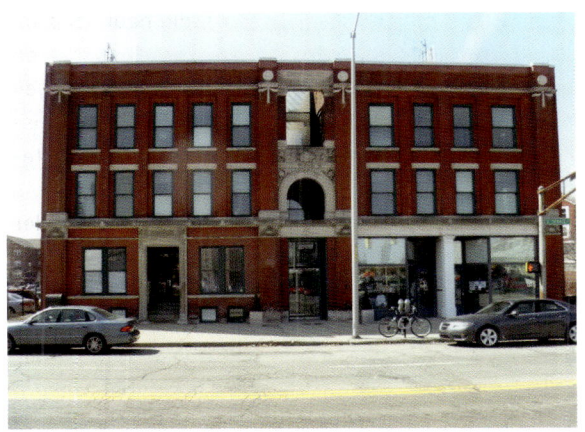

Kurt Vonnegut Memorial Library in Indianapolis, Indiana, USA

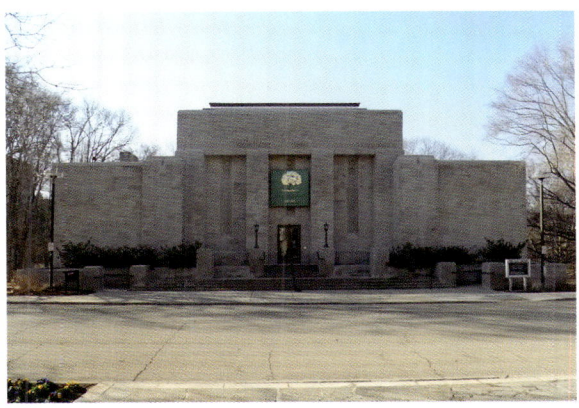

Lilly Library in Bloomington, Indiana, USA

der Alliierten gefunden hatte; ich sah mit ihnen den Film »Slaughterhouse-Five« und nahm an der anschließenden akademischen Diskussion teil. Die Umrisse der Kurt-Vonnegut-Ausstellung begannen sich zu schärfen, erste Konzepte wurden entwickelt. Maryvema O'Neil, die – zusammen mit ihrer Tochter Kateri – in diesem Band den Essay zu Kurt Vonnegut beigetragen hat, brachte weitere Anregungen und Ideen ein.

Während meiner Recherchereise fand ich bei Vonneguts Sohn Mark Vonnegut in Boston und in der Kurt Vonnegut Memorial Library in Indianapolis eine Fülle von Material, das in einer biografischen Vonnegut-Ausstellung hervorragend Verwendung gefunden hätte. In der Lilly Library in Bloomington gewährte mir Cherry Dunham Williams großzügigen Zugang zum dort bewahrten literarischen Nachlass. Und Rai Peterson, Professorin für englische Literatur an der Ball State University in Muncie, die ich erst seit einem Monat kannte, erwartete mich am Flughafen, fuhr mich nach Bloomington und hieß mich in ihrem Heim willkommen.

Doch die Literatur zur Zerstörung Dresdens – das wurde mir bald klar – begann weder mit Kurt Vonneguts Roman, noch kann alles nach 1969 Erschienene auf sein Werk zurückgeführt werden. So kam es zur Abkehr vom ursprünglichen Konzept: Der Fokus weitete sich auf »Dresdens Zerstörung in literarischen Zeugnissen«.

Etwa zur selben Zeit kam eine Anfrage des Letterkundig Museum, des niederländischen Literaturmuseums in Den Haag: Für eine Ausstellung zu Harry Mulischs »Steinernem Brautbett« wurde Bildmaterial vom zerstörten Dresden gesucht. Könnte man dieses Buch, das zehn Jahre früher als Vonneguts Roman erschienen war, in die Ausstellung einbeziehen? Auch Mulischs Position ist einmalig, und dies sogar in doppelter Hinsicht: Der Autor, dessen österreichischer Vater in den Niederlanden lebte, dort seit 1940 mit den deutschen Besatzern kollaboriert hatte (und dafür nach dem Krieg für drei Jahre interniert wurde) und dessen Mutter als Jüdin aus einer Frankfurter Familie nur durch die Kontakte ihres Ex-Mannes vor Deportation und Ermordung bewahrt wurde, empfand den Zweiten Weltkrieg als persönliches Schicksal: »Ich habe den Krieg nicht so sehr ›mitgemacht‹, ich *bin* der Zweite Weltkrieg«[1], sagte er einmal von sich. Dass eine Haltung nicht immer eindeutig als gut oder als böse beurteilt werden kann, spiegelt Mulischs Protagonist Norman Corinth wider, der als amerikanischer Bomberpilot über Dresden abgeschossen wurde, als Kriegsheld gefeiert wird, aber sich selbst als Schuldigen, ja als »Kriegsverbrecher«, ansieht.

Schreibtisch von Harry Mulisch, Harry-Mulisch-Haus in Amsterdam

Sobald die Entscheidung stand, auch Mulischs Buch in die Ausstellung aufzunehmen – für die anschließende große Hilfe danke ich seiner Witwe, Kitty Saal, und seiner Nachlassverwalterin, Marita Mathijsen, die auch einen Essay für unseren Katalog verfasste –, stellte sich die nächste Frage: Welche weiteren literarischen Perspektiven sollten in der Ausstellung gezeigt werden? Es offenbarte sich die Existenz einer wahren Flut von Texten über »Dresden '45«. Vieles davon ist trivial oder von geringem künstlerischem Anspruch: sich auf dem Niveau von »Landser-Romanen« bewegende Werke der 1950er Jahre, mancher »historische Roman«, Memoiren. Doch selbst wenn man diese außer Acht lässt, bleiben etwa ein Dutzend Werke der deutschen und der Weltliteratur, in denen die Zerstörung der Stadt Dresden eine zentrale Rolle spielt.

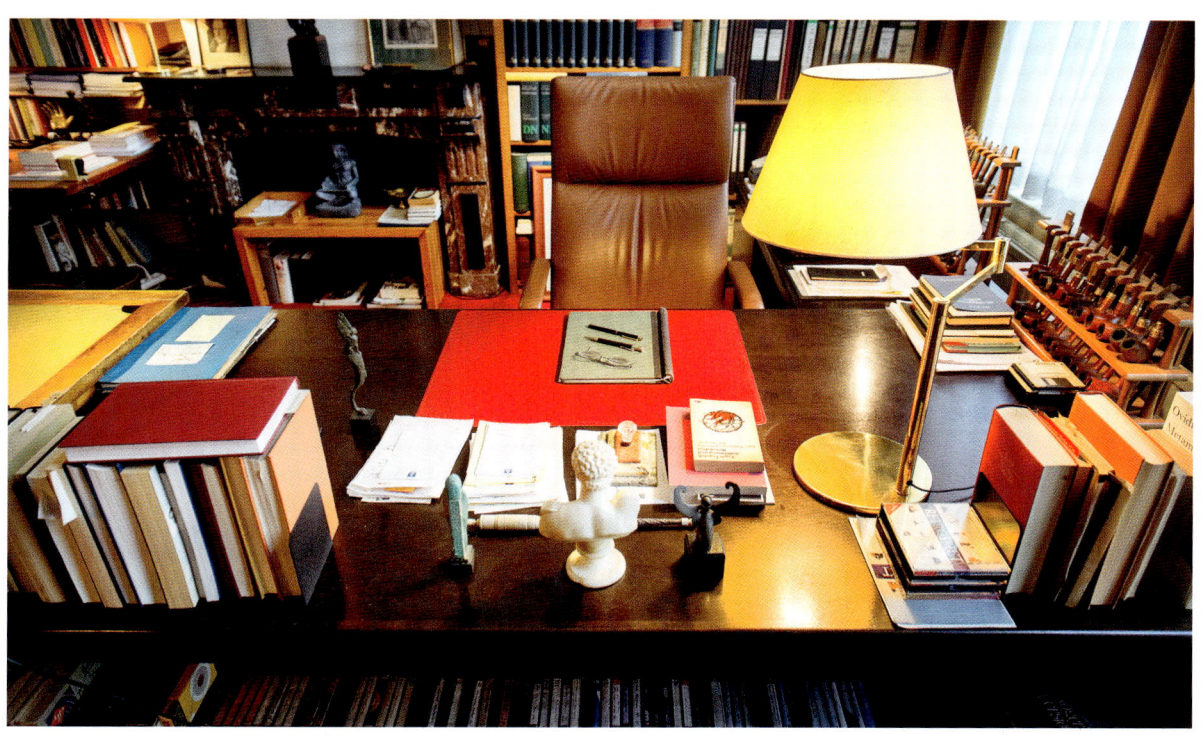

So erzählt Martin Walsers Roman »Verteidigung der Kindheit« vom Leben des Alfred Dorn, der die Zerstörung seiner Heimatstadt (und damit auch seiner Kindheit) als Trauma lebenslang mit sich herumschleppt. Dorns Biografie hatte Walser nach dem Leben des gebürtigen Dresdners Manfred Ranft gestaltet, dessen Nachlass 1988 an ihn gelangt war. In diesem Material hoffte ich, nach geeigneten Ausstellungsobjekten suchen zu dürfen – zu meiner Überraschung übergab mir Herr Walser das gesamte Konvolut, aus dem wir aussagekräftige Objekte ausgewählt haben.

Auf eine besondere Sichtweise in Marcel Beyers »Kaltenburg« machte uns die österreichische Literaturkritikerin Sigrid Löffler aufmerksam: Die Brandnacht des 13. Februar, die das weitere Leben von Beyers Helden Hermann Funk für immer definieren wird, erlebt dieser im Großen Garten, in dem auch die Vögel im Feuersturm zugrunde gehen. Beyer erweitert den Blick auf »Dresden ´45« um Tiere, die als leidende Kreaturen Opfer dessen sind, was Menschen einander antun. Wie dieses Leiden der unschuldigen Tiere in der Dresden-Literatur propagandistisch missbraucht wurde, hat Marcel Beyer in seinem Essay »Krieg und Kreatur« dargestellt.

Mit Walter Kempowskis Buch »Der rote Hahn« überschritten wir erstmals die Grenzen der Belletristik. Kempowski, als »Chronist des deutschen Bürgertums« bekannt geworden, verstand seine gesamte schriftstellerische Arbeit als Chronistentätigkeit. Neben dem »Echolot«, einem »kollektiven Tagebuch«, das aus seiner in Jahrzehnten zusammengetragenen Sammlung unpublizierter Autobiografien erwuchs, veröffentlichte er 2001 diesen Bericht über die Bombardierung Dresdens vom 13. bis 15. Februar 1945, kompiliert aus Tagebucheinträgen, Erinnerungen und Briefen. In Haus Kreienhoop in Nartum empfing mich seine Witwe, Hildegard Kempowski, mit großer Herzlichkeit und gewährte mir Einblicke in den dort aufbewahrten Nachlass ihres Mannes. Im Kempowski-Archiv-Rostock war mir die Leiterin, Katrin Möller-Funck, eine große Hilfe.

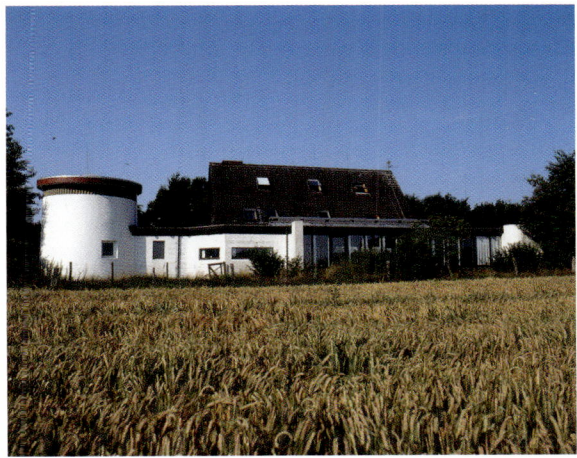

Haus Kreienhoop in Nartum, Niedersachsen

Über den »Roten Hahn« hinaus haben wir Augenzeugenberichte nur sehr dosiert ausgewählt. Auf Erich Kästner wollten wir nicht verzichten, wobei uns ein Zufallsfund half: Die Briefe und Karten, die Ida Kästner ihrem Sohn nach der Bombardierung täglich nach Berlin schrieb und die aufgrund von Störungen im Postverkehr erst mit zweiwöchiger Verspätung bei ihm anlangten, sind ein Zeugnis der Not und Angst dieser Tage unmittelbar nach dem Angriff. Sie wurden erst kürzlich entdeckt und vom Deutschen Literaturarchiv Marbach erworben, das sie dem Militärhistorischen Museum zur erstmaligen Ausstellung überlassen hat.

Ein Zeitzeuge, den Kempowski ausführlich zitierte, ist Otto Griebel. Dieser Dresdner Maler und Zeichner verlor einen Großteil seines Werkes im Feuer, überlebte aber mit seiner Familie und dokumentierte diese Zeit nicht nur in zehn Zeichnungen, die aus der Städtischen Galerie Dresden und dem Deutschen Historischen Museum Berlin ausgeliehen werden konnten, sondern auch in einem ausführlichen Bericht, den sein Sohn Matthias Griebel 1986 postum edierte. Sein »Selbstbildnis vor brennendem Dresden« aus dem Museum für bildende Künste Leipzig ist geradezu symbolisch für die Ausstellung: Der Künstler (Schriftsteller) ist konfrontiert mit der Katastrophe und verarbeitet sie in seinem Werk. Dem Museum der bildenden Künste Leipzig mein Dank für die Ausleihe.

Auch Roman Halter ist ein Zeitzeuge – aber für den 17-jährigen jüdischen Polen, dessen Familie in der Shoa ausgelöscht wurde, war die Bombardierung Dresdens in erster Linie eine Verheißung der Freiheit. Die Bomben zerstörten die Munitionsfabrik, in der er Zwangsarbeit leisten musste; auf dem »Todesmarsch« Anfang März konnte er entkommen und wurde zwei Monate lang vom Ehepaar Fuchs in Oberpoyritz versteckt, bis der Krieg vorbei war. (Dass Kurt Fuchs hierfür noch am 11. Mai 1945 erschossen wurde, gehört auch zu »Dresden '45«.) Das Glasfenster, das Ardyn und Aviva Halter nach einem Entwurf ihres Vaters für diese Ausstellung angefertigt haben, bezeugt ebenso wie die großformatigen Gemälde aus Ardyn Halters Zyklus »The Family I Never Knew« die fortgesetzte Suche nach familiären Wurzeln – aber auch den Sieg, den Roman Halter über seine Verfolger davontrug: Nach dem Willen der Nationalsozialisten sollte seine Familie »ausgerottet« werden – aber sie lebt fort und hält die Erinnerung an diejenigen aufrecht, die getötet wurden.

Durs Grünbeins Langgedicht »Porzellan« setzt sich mit dem Phantomschmerz auseinander, den der »Spätgeborne« Grünbein (Jahrgang 1964) angesichts der zerstörten Heimatstadt empfindet, die er nie anders als in Ruinen kennengelernt hat. Über die Manuskriptseiten hinaus, die aus dem Literaturarchiv Marbach kommen, hat Durs Grünbein uns sein neues Gedicht »Die Lehre der Photographie« zur Verfügung gestellt, das in diesem Buch erstmals abgedruckt wird. In seiner umfangreichen Postkartensammlung, die er auf Flohmärkten und Sammlerbörsen zusammengetragen hat, fand er den Schlüssel zum Verständnis seiner Stadt Dresden: die lebendige Vergangenheit, die auf diesen Karten dokumentiert ist.

Das jüngste Werk in der Reihe der literarischen Zeugnisse, die in die Ausstellung aufgenommen wurden, bildet Jonathan Lethems Roman »Dissident Gardens«. Er ist beispielhaft insofern, als die eigentliche Zerstörung Dresdens nurmehr ein Subplot ist: »Dresden '45« ist hier zum Anlass des endgültigen Zerwürfnisses zwischen Vater und Tochter geworden, ein Marker, an dem sich die politische Ausrichtung erkennen lässt: Albert Zimmer, der aus den USA in die DDR remigrierte Lübecker Jude, verliert sich in stalinistischen Opfertheorien und versteigt sich beim Versuch, die Einzigartigkeit der Zerstörung Dresdens zu beweisen, in absurden Vergleichen mit dem Völkermord an den europäischen Juden (mancher Dresdner hört hier unwillkürlich das Unwort des »Bombenholocaust« mit), während seine Tochter keinen Unterschied zwischen dem Tod im Dresdner Feuersturm und im Bombenhagel auf Guernica erkennen kann.

Mit den Musikstücken »Wie liegt die Stadt so wüst« von Rudolf Mauersberger und »Just Like Dresden '45« von Dieter Runge sowie dem ZDF-Film »Dresden« haben wir die Grenzen des Begriffs »Literatur« sehr stark geweitet – aber nicht überschritten: Auch Liedtexte und Drehbücher sind Texte mit künstlerischem Gestaltungsanspruch. Wichtig war es uns, Mauersbergers Trauermotette aufzunehmen: Komponiert am Karfreitag 1945 unter dem unmittelbaren Eindruck der Vernichtung Dresdens und uraufgeführt zum Gedenken an die verstorbenen Kreuzschüler in der Ruine der Kreuzkirche, ist dieses Stück ein wichtiger Teil der Erinnerungskultur in Dresden geworden. »Just Like Dresden '45« steht für die Aufnahme der Chiffre »Dresden '45« in die internationale Populärkultur (hierzu hat Heidrun Hannusch in ihrem Beitrag für diesen Katalog zahlreiche interessante Verweise zutage gefördert). Und »Dresden« erzählte dem Fernsehpublikum die Geschichte der Bombardierung mit dem Anspruch auf historische Genauigkeit, eingebettet in eine melodramatische Liebesgeschichte.

Von Anfang an war es auch klar gewesen, dass die »literarischen Zeugnisse« nicht isoliert für sich stehen können, sondern historisch eingeordnet werden müssen. Am Beginn der Ausstellung stehen deswegen vier einleitende Abschnitte. Gezeigt wird zunächst die Entwicklung des Luftkriegs seit 1911. Die Ereignisse des 13. bis 15. Februar 1945 in Dresden werden rekapituliert. Wichtig war uns auch, auf die vielen Mythen und Legenden einzugehen, die sich um die Zerstörung Dresdens gebildet haben und von denen viele Eingang in die Dresden-Literatur gefunden haben – von Churchills Tante über die Tieffliegerangriffe und die Löwen auf den Elbwiesen bis zur unseligen Opferzahlendiskussion, die erst 2010 einen – hoffentlich endgültigen – Abschluss gefunden hat. Und schließlich zeigen wir, wie sich das Gedenken an die Zerstörung Dresdens und die Todesopfer seit 1945 bis heute immer wieder gewandelt hat.

Jeder Deutsche, der den Krieg erlebte, ist auch vom Luftkrieg in irgendeiner Weise geprägt worden – ob er im Keller saß, die Flak bediente, mit Feuerpatsche und Sandeimer auf dem Dachboden Brandwache hielt, an der Front um seine Angehörigen bangte, bloß wegen Fliegeralarms schulfrei erhielt oder Häftling in einem

Lesesaal der Bibliothek des Deutschen
Literaturarchivs, Marbach am Neckar

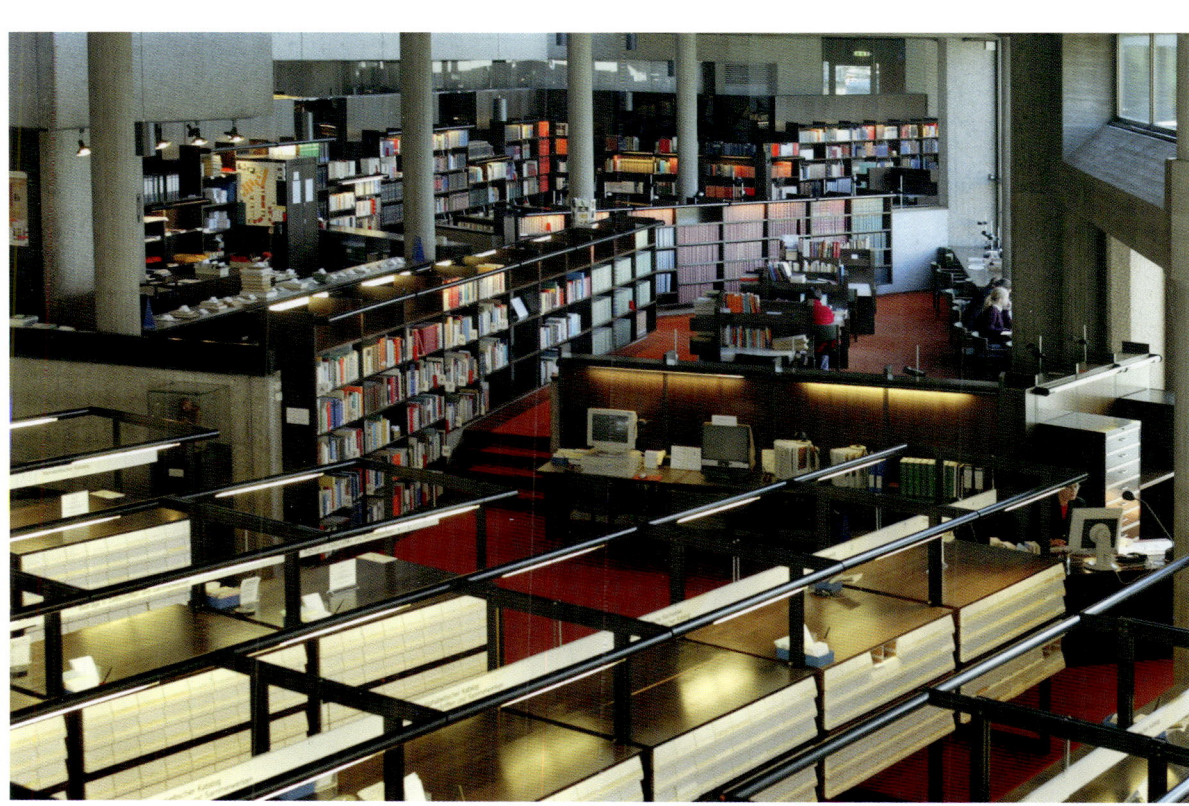

Konzentrationslager war. Karl Heinz Bohrer beschreibt, wie zu Beginn des Krieges jedes Kind anfing, die in allen Regenbogenfarben schillernden Splitter der Luftabwehrgranaten zu sammeln.[2] Und selbst für den 1944 geborenen Schriftsteller und Literaturwissenschaftler W. G. Sebald (der den Luftkrieg nicht bewusst miterlebte) gehörten zerbombte Ruinen wie selbstverständlich zum Straßenbild der Großstadt dazu.[3]

»...zum Beispiel Dresden« nannte Wolfgang Paul seine 1964 erschienene Stadtgeschichte[4] – und tatsächlich ist Dresden die Rolle des Beispiels – oder besser, des Archetypus – der bombardierten Stadt zugekommen. Wenn Kempowski, der die verheerenden Bombenangriffe auf Rostock und Hamburg selbst miterlebt hatte, im »Roten Hahn« die Zerstörung ausgerechnet Dresdens beschreibt, dann hat er offenbar diese Stellvertreterrolle erkannt, die Dresden seit 1945 einnimmt. Ähnliches tat schon Mauersberger, indem er die Zerstörung Dresdens mit derjenigen der Heiligen Stadt Jerusalem parallelisierte. Und in Mulischs Geschichtstheorie ist Dresden die Reinkarnation Trojas und aller zerstörten Städte der »Antigeschichte«. Dresden wurde zum Sinnbild eines wahl- und sinnlosen Luftkriegs – eines Krieges, der Köln und Hamburg, Berlin und Potsdam, Stalingrad und Coventry gleichermaßen zerstört hatte. Todesopfer und vernichtetes Kulturgut gab es in jeder bombardierten Stadt. Doch unter den deutschen Städten hat nur Dresden im kollektiven Gedächtnis einen festen Platz gefunden, wo es in einer Reihe mit Guernica, Rotterdam, Coventry und Hiroshima steht.[5]

Am Ende der Ausstellung ist in einem Bücherregal – ohne Anspruch auf Vollständigkeit – die Dresden-Literatur versammelt, die wir im Laufe unserer Beschäftigung mit »Dresdens Zerstörung in literarischen Zeugnissen« gesichtet haben. Allein diese Materialfülle zeigt, dass Sebalds These, die deutsche Nachkriegsliteratur habe das Thema Luftkrieg vernachlässigt,[6] nicht stimmt.

Nach Sebald lässt erst die Vielfalt der Blickwinkel auf das Geschehen zwar kein objektives, aber ein der Objektivität angenähertes Gesamtbild entstehen; »die Berichte einzelner Augenzeugen [...] bedürfen der Ergänzung durch das, was sich erschließt unter einem synoptischen, künstlichen Blick.«[7] Einen solchen synoptischen Blick haben wir mithilfe der ausgewählten Bücher herzustellen versucht. Es ist meine Hoffnung, dass dieser Katalog mit seinen Essays sich einreihen kann in die Dresden-Literatur und dazu beiträgt, das Bild von »Dresden '45« zu schärfen. »Schlachthof 5 – Die Zerstörung Dresdens in literarischen Zeugnissen« ist die vierte der alljährlich stattfindenden Ausstellungen, mit denen das Militärhistorische Museum der Bundeswehr einen Beitrag leisten möchte zum friedlichen Gedenken an die Opfer des 13. Februar 1945 und gleichzeitig an alle Opfer von Krieg und Gewaltherrschaft.

Ich will es nicht versäumen, an dieser Stelle Dank zu sagen: dem Wissenschaftlichen Leiter, Wissenschaftlicher Direktor Dr. Gorch Pieken und dem Direktor des Militärhistorischen Museums der Bundeswehr, Oberst Prof. Dr. Matthias Rogg, für das große Vertrauen, das sie in mich gesetzt haben; meinen Kolleginnen und Kollegen aller Sach- und Fachgebiete im MHM für die vielfältige Unterstützung und oft bewiesene Geduld; den Mitarbeitern des Sandstein Verlags sowie der verschiedenen Institutionen und den Leihgebern. Mein Dank geht an den Suhrkamp Verlag, den Deutschen Taschenbuch Verlag und den Klett-Cotta Verlag für die Bereitstellung von Leseexemplaren. Ich danke der Lektorin Katja Widmann und dem Gestalter Thomas Ebersbach. Ohne die intensive Recherchearbeit und diverse Unterstützung durch Maria Funke, Vincent Regente, Florian Kayser und Thoralf Rauchfuß wäre ich verloren gewesen. Und schließlich danke ich von Herzen meinen Eltern, die mich durch Jahre des Studiums und der Ausbildung unterstützt haben.

Ansgar Snethlage | Kurator der Ausstellung

Anmerkungen

1 »Ik heb de oorlog niet zo zeer ›meegemaakt‹, ik *ben* de Tweede Wereld-oorlog.« Harry Mulisch: De Pupil, Amsterdam 1987. (URL: http://nl.wikiquote.org/wiki/Harry_Mulisch, zuletzt besucht am 6. 1. 2015) **2** Karl Heinz Bohrer: Granatsplitter. Erzählung einer Jugend, München 2012. **3** W. G. Sebald: Luftkrieg und Literatur, 5. Auflage, Frankfurt am Main 2005. **4** Paul wollte damit die Willkürlichkeit bezeichnen, mit der Dresden sein – so Paul – außergewöhnlich grausames Schicksal zugewiesen wurde. Er entnimmt die Phrase Churchills Memoiren: Der britische Premierminister erinnert sich, am 4. Februar 1945 in Jalta Stalin gefragt zu haben, wie die sowjetische Armee sich verhalten würde, sollte Hitler von Berlin aus nach Süden, zum Beispiel Dresden, ausweichen. Diese Erwähnung Dresdens dient Paul als Hinweis darauf, »dass Churchill mit Dresden etwas vorhatte«; im Folgenden gibt er die vor allem von kommunistisch-sowjetischer Seite vorgebrachte These wieder, die Zerstörung Dresdens habe den Sowjets als Warnung vor den Fähigkeiten der alliierten Luftmacht dienen sollen. Vgl. Wolfgang Paul: ... zum Beispiel Dresden. Schicksal einer Stadt, Frankfurt am Main 1964, S. 13 ff. **5** Dass die PEGIDA-Demonstrationen im Herbst 2014 in Dresden ihren Ursprung nahmen und bisher (Januar 2015) nur hier auf breiten Zuspruch stoßen, führt der Journalist Peter Carstens auf die im Selbstbewusstsein der Stadt verankerte angebliche Sonderrolle Dresdens zurück. Vgl. Peter Carstens: Pegida-Demonstration: Was ist los mit Dresden? (URL: http://www.faz.net/aktuell/politik/warum-pegida-demonstration-in-dresden-viel-zuspruch-findet-13333650.html, zuletzt besucht am 6. 1. 2015), in der Druckausgabe der F.A.S. vom 21. 12. 2014 unter dem Titel »Das Abendland ist eine Scheibe«. **6** Vgl. Sebald: Luftkrieg und Literatur. Ihm widerspricht ausdrücklich Volker Hage: Zeugen der Zerstörung. Die Literaten und der Luftkrieg, Frankfurt am Main 2003. **7** Sebald: Luftkrieg und Literatur, S. 33.

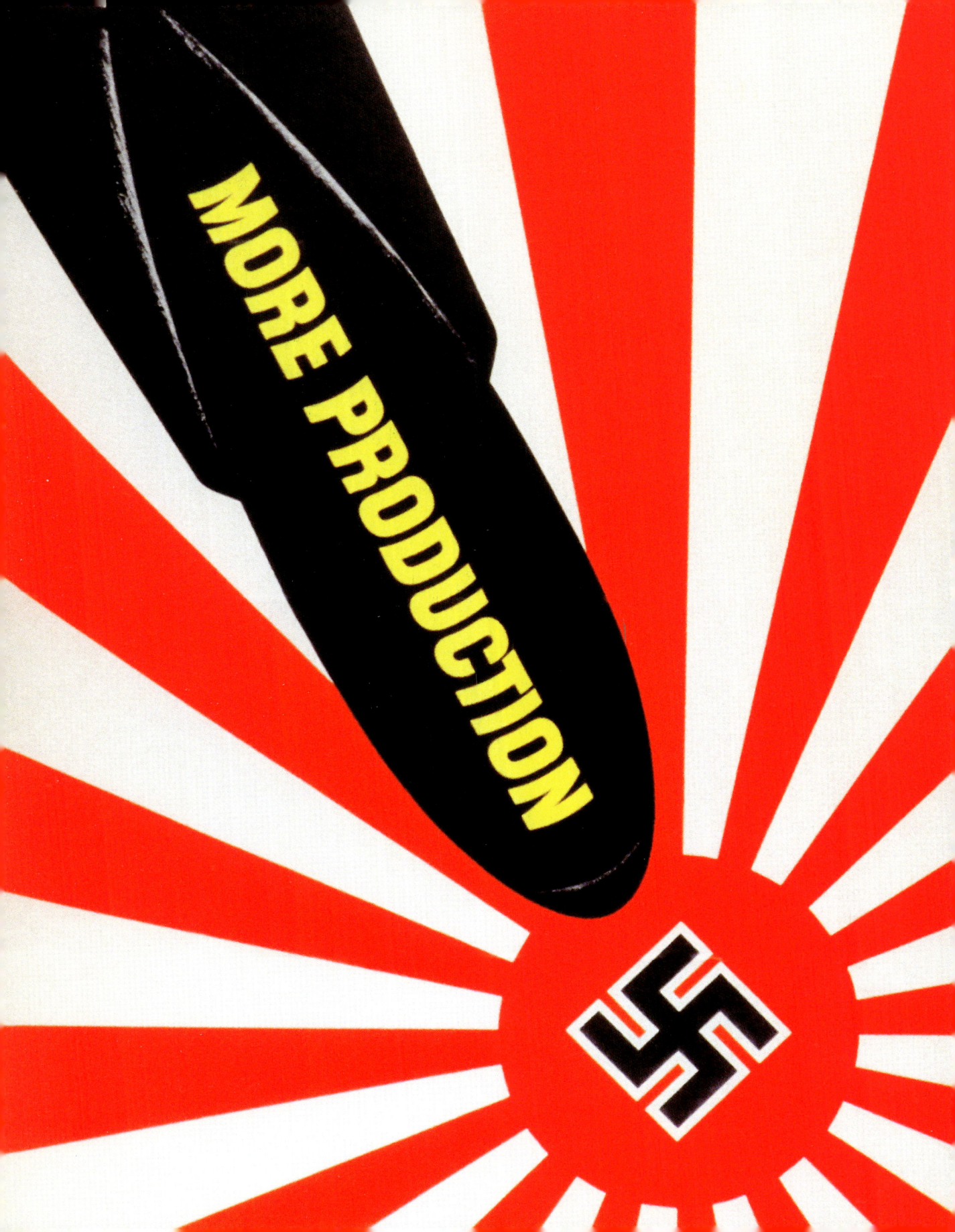

URSPRÜNGE UND ENTWICKLUNG DER STRATEGISCHEN BOMBARDIERUNG

Sheldon Garon

Die Bombardierung Dresdens im Februar 1945 war weder ein einzigartiges Ereignis im Kontext des Zweiten Weltkriegs noch die Folge einer ausschließlich europäischen Entwicklung. Die Zerstörung Dresdens resultierte aus Strategien des »totalen Krieges«, die seit den 1910er Jahren weltweit unter den Großmächten Verbreitung gefunden hatten, bis hin zum Abwurf der Atombomben über Hiroshima und Nagasaki im August 1945. Wie es zur »Normalität« wurde, ganze Städte zu zerstören, ist eine hochgradig transnationale Geschichte, an der viele Länder beteiligt waren.

Die Lektionen des Ersten Weltkriegs

Innerhalb von weniger als einem Jahrzehnt nach dem berühmt gewordenen Flug der Gebrüder Wright im Jahr 1903 war es den Streitkräften diverser Länder gelungen, kleine Luftfahrzeugflotten für die Verwendung im Krieg einzurichten. Der Erste Weltkrieg schuf neue Möglichkeiten für den Einsatz von Luftstreitkräften. Obwohl sich der Konflikt primär auf Europa konzentrierte, fanden einige der ersten Luftangriffe im Herbst 1914 auf der anderen Seite der Erde statt, als japanische Flugzeuge wiederholt den deutschen Stützpunkt Tsingtau in China bombardierten (Japan war mit den Entente-Mächten alliiert).[1] Die kriegführenden Nationen des Ersten Weltkriegs setzten Flugzeuge ein, um gegnerische Truppen und Artillerie zu bombardieren.

Zur selben Zeit begannen die europäischen Großmächte mit Luftangriffen auf Ziele zu experimentieren, die im feindlichen Gebiet weit hinter den Frontlinien lagen. Britische Marineflieger bombardierten bereits am 22. September 1914 Zeppelin-Hangars in Köln und Düsseldorf. In den Jahren 1915 und 1916 war das deutsche Militär das erste, das dicht besiedelte städtische Gebiete angriff. Zeppeline überquerten den Ärmelkanal, um Hafenstädte und sogar London zu bombardieren. Von Luftschiffen aus wurden auch mehrere Angriffe auf Industriestandorte in Paris geflogen. Auf eine ähnliche Weise schrieb Deutschland 1917 Geschichte, indem es Flugzeuge einsetzte, um englische Ziele zu bombardieren. Jeweils 52 Angriffe wurden per Luftschiff und Flugzeug gegen Großbritannien ausgeführt, dabei starben insgesamt 1239 Menschen. Die kombinierten Angriffe deutscher Flieger auf Paris kosteten 267 Menschen das Leben. Im Oktober 1917 startete Großbritanniens Royal Flying Corps eine eigene Luftoffensive gegen Industriestandorte in West- und Südwestdeutschland, in deren Zuge 746 Menschen getötet wurden.

Obwohl die Luftangriffe rein militärisch betrachtet wenig zum Ausgang des Ersten Weltkriegs beitrugen, begründeten diese frühen Bombardierungsepisoden doch bestimmte Ideen und Praktiken, die die strategische Entwicklung in vielen Nationen prägten. Einflussreiche Militärexperten gelangten zu der Überzeugung, dass die Bombardierung von Städten und Fabriken kriegsentscheidend sein könne. Die deutsche Bomberoffensive von 1917 zielte darauf ab, »die Moral des britischen Volkes« zu zerstören, sodass sich die britische Regierung gezwungen sähe, sich aus dem Kriegsgeschehen zurückzuziehen. Auf ähnliche Weise propagierten im Jahr 1918 die Mitglieder der neu gegründeten britischen Royal Air Force Luftangriffe als den effizientesten Weg zum Sieg, wenn diese genutzt würden, um die Industrien des verfeindeten Staates ebenso wie die »Moral seiner Nation« anzugreifen. Die Royal Air Force machte deutlich, dass das Ziel nicht allein darin bestehe, Fabriken zu bombardieren, sondern auch darin, die Beschäftigten selbst einzuschüchtern oder zu töten. Für den Fall, dass es Angreifern nicht möglich war, Industriestandorte zu attackieren, hatten die Mannschaften Anweisung, »dicht besiedelte Industriezentren« zu bombardieren, um »die Moral der Arbeiter zu zerstören«. Tatsächlich geriet die Zivilbevölkerung in London und Paris den Berichten zufolge angesichts der Luftangriffe in Panik. Angriffe, die eigentlich Industriestandorten gelten sollten, trafen oft urbane Ballungsräume. Die Hälfte der Briten, die durch deutsche Bomben ums Leben kamen, waren Frauen und Kinder. Die neue Bedrohung durch Bombardements brachte die Briten, die Deutschen und die Franzosen schließlich dazu, Abwehrstrategien zu entwickeln, um ihre Zivilbevölkerung zu schützen, etwa in Form von Flugabwehrgeschützen, Kampfflugzeugen, Frühwarnsystemen und mittels organisierter Zivilverteidigung.[2]

Infolge des Ersten Weltkriegs formulierten Militärs in aller Welt die Grundsätze dessen, was als »strategische Bombardierung« bekannt geworden ist. Sie unterschieden zwischen strategischer und taktischer Bombardierung. Zweck der taktischen Bombardierung war es, Bodentruppen oder Marinemanöver zu unterstützen. Die Befürworter des strategischen Bombardements beabsichtigten, die Flugzeuge unabhängig von Armee und Marine einzusetzen. Unabhängige Luftstreitkräfte, so die Voraussage, könnten Kriege schnell gewinnen, indem sie über die Schützengräben hinweg flögen, um feindliche Städte und Industriestandorte zu bombardieren.

In der Riege dieser Theoretiker war der einflussreichste ein ehemaliger italienischer Luftwaffenoffizier mit Namen Giulio Douhet. 1921 veröffentlichte Douhet »Il dominio dell'aria« (deutsch: »Luftherrschaft«, 1935).[3] Das Schlagwort vom »totalen Krieg« etablierte

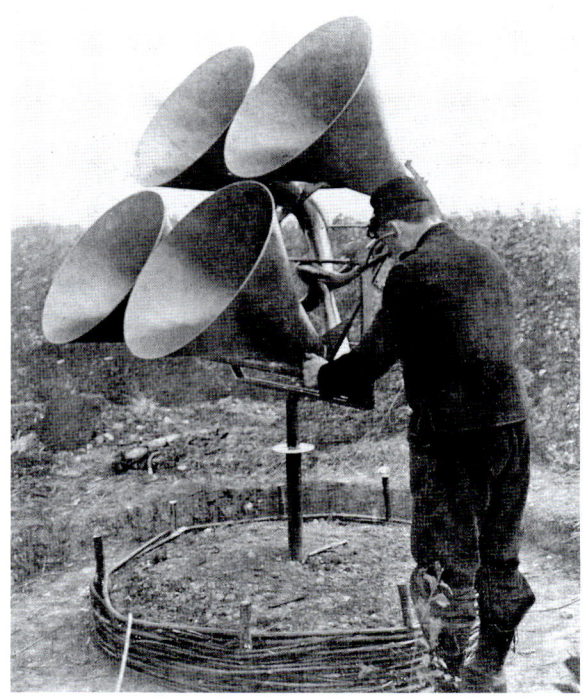

Französischer Horcherposten, 1915: Vorrichtung zum Anzeigen selbst leisester Ferngeräusche, wie sie zum Aufspüren von Flugzeugen und Luftschiffen genutzt wurden

sich zwar erst mit Erich Ludendorffs »Der totale Krieg« (1935), aber Douhet und andere Strategen propagierten das Konzept bereits in den frühen 1920er Jahren. Nach Ansicht Douhets hatte der Erste Weltkrieg dem Kriegsgeschehen die Qualität »nationaler Totalität« verliehen – »das bedeutet, dass die gesamte Bevölkerung und alle Ressourcen einer Nation in den Abgrund des Krieges gezerrt werden«. Das Flugzeug habe überdies die »legale Unterscheidung zwischen Kriegsteilnehmern und Zivilisten« ausgelöscht. Der Luftkrieg erweitere das Schlachtfeld auf die gesamte Nation, und »all ihre Bürger werden Kämpfer sein, da sie ausnahmslos den unmittelbaren Angriffen des Feindes ausgesetzt sein werden«. In künftigen kriegerischen Auseinandersetzungen werde jeder Bürger und jede Bürgerin zur kriegführenden Partei werden, wie er weiter ausführte:

»der Soldat, der seine Waffe trägt, die Frau, die in der Fabrik die Patronen lädt, der Bauer, der Weizen sät, und der Wissenschaftler, der in seinem Labor Experimente durchführt«. Dementsprechend schlug Douhet vor, dass die Luftwaffe schon vor Kriegsbeginn zuschlagen solle, indem sie großflächige Angriffe auf »die sehr großen Zentren der Zivilbevölkerung« ausführe. Douhet sagte voraus, dass Flugzeuge außerdem Giftgas und biologische Waffen abwerfen würden. Die Bomber würden in der Lage sein, »eine große Stadt wie London oder Paris« zu bedecken. Mittels einer »angemessenen Menge an Spreng-, Brand- und Giftgas-Bomben wäre es denkbar, große Bevölkerungszentren komplett zu zerstören, da das Giftgas die Brandbekämpfung unmöglich machen würde«.[4]

Aus heutiger Sicht blicken wir mit Entsetzen auf Douhets alptraumhafte Szenarien. Er jedoch bestand darauf – und berief sich dabei auf eine Logik, die seitdem oft wiederholt worden ist –, dass Luftangriffe das Kriegsgeschehen »zivilisierter« gestalten würden, indem sie die Kämpfe schneller und mit einem minimalen Verlust an Menschenleben beendeten. Luftangriffe auf Städte sollten die Moral der Zivilbevölkerung brechen. Verängstigte Arbeiter und Arbeiterinnen würden aus den ausgebombten Fabriken fliehen, und eine demoralisierte Zivilbevölkerung werde sich erheben und die Kapitulation ihrer jeweiligen Regierungen fordern. Nach Ansicht Douhets hatte sich etwas Ähnliches 1918 in Deutschland zugetragen, als Mütter, Arbeiter und Soldaten Anti-Kriegsproteste angezettelt hatten: Das Regime habe sich gezwungen gesehen, Friedensverhandlungen aufzunehmen, obwohl die Armee noch im Felde stand. Douhet war zutiefst abgestoßen vom Gemetzel der Grabenkriege während des Ersten Weltkriegs, die Millionen von Soldaten das Leben gekostet hatten. Er war der Überzeugung, dass eine Nation, sollte sie sich dazu entscheiden, gnadenlos Städte und Arbeitersiedlungen zu bombardieren, innerhalb weniger Tage zum Sieg gelangen könne, ohne ihre eigenen Soldaten in einer Bodenoffensive zu opfern. In seinem berüchtigten Kommentar von 1928 stellte er die Frage, »warum die Menschen weinen, wenn sie hören, dass ein paar Frauen und Kinder bei einem Luftangriff um-

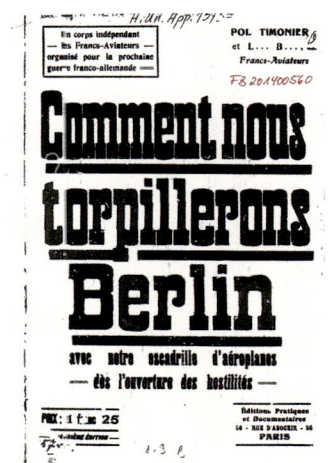

Pol Timonier: Comment nous torpillerons Berlin avec notre escadrille d'aéroplanes dès l'ouverture des hostilités (Wie wir mit unserer Fliegerstaffel Berlin bombardieren werden, falls Feindseligkeiten ausbrechen), Paris 1913

gekommen sind«, aber »ungerührt bleiben, wenn sie hören, dass Tausende von Soldaten im Kampf gefallen sind«. Schließlich »sollte einem Soldaten, einem robuster jungen Mann, der größtmögliche individuelle Wert in der generellen Ökonomie der Menschheit zugeschrieben werden«. Wem Douhets Logik als pervers erscheint, der möge sich daran erinnern, dass viele Amerikaner nach dem Zweiten Weltkrieg die zwei Atombomben auf ähnliche Weise verteidigt haben – mit dem Argument, dass die Tötung Zehntausender japanischer Frauen und Kinder notwendig gewesen sei, um die Leben amerikanischer Soldaten zu retten.[5]

Douhets Abhandlungen zur strategischen Bombardierung wurden von militärischen und zivilen Verantwortungsträgern in aller Welt rezipiert. Während der 1920er und 1930er Jahre machte sein Regelwerk die Runde unter den Luftwaffeneinheiten in Frankreich, den USA, Deutschland, Großbritannien, Japan und der Sowjetunion. Tatsächlich dachten auch andere wie Douhet. Bereits im Jahr 1913 hatte Pol Timonier, ein französischer Stratege, ein Buch veröffentlicht, das den Titel trägt: »Wie wir mit unserer Fliegerstaffel Berlin bombardieren werden, falls Feindseligkeiten ausbrechen«.[6] Zur gleichen Zeit wie Douhet schrieb auch der französische Militärflugexperte Marcel Jauneaud: Er erteilte der Luftabteilung der japanischen Armee einen ähnlichen Rat, der darin bestand, Langstreckenbomber zu bauen, die dazu fähig wären, die feindlichen Hauptstädte niederzubrennen, die Industrie zu zerstören und die Bevölkerung zu demoralisieren. In Großbritannien sprach sich der Chef des Einsatzstabs der Luftwaffe, Major General Hugh Trenchard, für das »moral bombing« von Industriezielen aus, mit dem Argument, dass die psychologischen Auswirkungen des Bombardements die materielle Zerstörung in einem Verhältnis von zwanzig zu eins aufwiegen würden. Unter dem Einfluss Trenchards organisierte das Sub-Committee on Air Raid Precautions der britischen Regierung seit dem Jahr 1924 Geheimtreffen, um sich auf Luftangriffe gegen London in einem nächsten Krieg vorzubereiten. Die Mitglieder der Komitees waren besessen vom Schreckgespenst der »Panik«, des »Chaos« und des »moralischen Zusammenbruchs« innerhalb der Zivilbevölkerung, sollte es zu Luftangriffen kommen.[7]

Vor dem Zweiten Weltkrieg war es den Luftstreitkräften nicht möglich, das Ausmaß an Zerstörung zu erreichen, das sich Douhet und Trenchard vorgestellt hatten. Dennoch gelangten Regierungen und die breite Öffentlichkeit im Verlauf der 1930er Jahre zu der Überzeugung, dass es den Flotten schwerer Bomber bald möglich sein werde, ganze Städte auszuradieren. Science-Fiction-Literatur und sensationslüsterne Zeitungsgeschichten sagten voraus, dass der nächste Krieg mit Großangriffen auf London, Paris oder Berlin beginnen werde. Sie wiederholten fast alle Douhets Ansicht, dass die gefährlichste todbringende Waffe des Feindes die Giftgasbombe sein werde. Die Großmächte hatten allesamt das Genfer Protokoll von 1925 unterschieben, das die Verwendung chemischer und biologischer Waffen untersagte, doch die meisten von ihnen zweifelten daran, dass ihre Feinde tatsächlich davon absehen würden, Giftgas auf Städte abzuwerfen. Einflussreiche ebenso wie weniger bedeutende Nationen bereiteten ihre Bevölkerung darauf vor, sich gegen Gasangriffe zu verteidigen. Die britische Regierung war sich so sicher, dass die deutschen Bomber versuchen würden, die Bevölkerung mit Gas zu töten, dass der Staat bei Beginn des Zweiten Weltkriegs mehr als 38 Millionen Gasmasken an alle Briten ausgab. Das weit entfernte Japan führte 1928 in Osaka die weltweit erste Massenluftschutzübung durch und inszenierte dafür einen stadtweiten Stromausfall. Während eines simulierten Gasangriffs nahmen rund zwei Millionen Einwohner an Übungen teil, zu denen Zivilverteidigung und die Bildung mobiler Erste-Hilfe-Teams gehörten.[8]

Bombardierung zwischen den zwei Weltkriegen

Während in Europa nur wenige Menschen während der 1920er und 1930er Jahre Erfahrungen mit Bombardements machten, kamen die Theorien zur strategischen Bombardierung in anderen Teilen der Welt umfangreich zur Anwendung. Spanier und Franzosen entsandten 1924/25 Flugzeuge, um Aufstände in ihren Kolonien in Marokko zu unterdrücken. Dabei ließen sie auch Gasbomben abwerfen. In einem besonders entsetzlichen, aber wenig bekannten Fall töteten französische Flieger, die zur Unterstützung der Spanier beordert worden waren, eine große Anzahl von Frauen und Kindern in der Stadt Chefchaouen. Auf ähnliche Weise ließen auch japanische Piloten im Jahr 1930 Gas- und andere Bomben auf rebellierende Einwohner der Kolonie Taiwan niedergehen. Während die meisten Kolonialmächte Luftflotten einsetzten, um ihre »Besitzungen« in Ordnung zu halten, waren es die Briten, die solche Praktiken auf äußerst systematische Weise weiterentwickelten. 1919 schlug Trenchard vor, dass seine Royal Air Force Mohammed Abdille Hassan (den »Wahnsinnigen Mullah«) aus Britisch-Somaliland mit nur einem Bruchteil des finanziellen Aufwands, den ein Armeeeinsatz kosten würde, bekämpfen könne. Trenchards Vorschlag erwies sich als erfolgreich, und so entstand eine neue Doktrin, die besagte, dass Luftstreitkräfte in den wenig besiedelten britischen Besatzungsgebieten »Kontrolle ohne Besatzung« zu schaffen vermöchten. Im folgenden Jahr schickte ein dadurch ermutigter Winston Churchill, damals noch Kriegs- und Luftfahrtminister, die Royal Air Force, um dschihadistische Gruppen im Irak (Mesopotamien) zu bombardieren, den der Völkerbund unter britisches Mandat gestellt hatte. Luftangriffe auf den Irak, Aden, Sudan und Afghanistan endeten häufig in der wahllosen Bombardierung von nicht am Kampfgeschehen beteiligten Parteien. Trotzdem hielt die Royal Air Force daran fest, dass Luftangriffe die Ausgaben verringern, das Leben britischer Soldaten retten und die »Moral« der Stammesangehörigen brechen würden. Churchill

und Arthur Harris, Angehöriger der Royal Air Force und Geschwaderführer während des Irak-Bombardements, wiesen später während des Zweiten Weltkriegs gemeinsam das »moral bombing« deutscher Städte an (»Bomber-Harris«).[9]

Während die kolonialistisch motivierten Bombardements weltweit nur wenig Aufmerksamkeit auf sich zogen, schockierten drei weitere Bombardierungen der 1930er Jahre die breite Öffentlichkeit in Europa und den USA – und faszinierten die Strategen. Gegen Ende des Jahres 1935 überfiel das faschistische Italien den unabhängigen Staat Äthiopien (Abessinien) und verwendete Flugzeuge, um große Mengen an Senfgas über den äthiopischen Truppen abzuwerfen. Das Gas tötete in den wenigsten Fällen unmittelbar, aber es verursachte schmerzhafte Blasen an den Füßen der oft

Ein französisches Militärflugzeug mit aufgereihten Bomben auf einem Flugplatz bei Fès während des Zweiten Marokkanischen Krieges, Marokko, Juni 1925

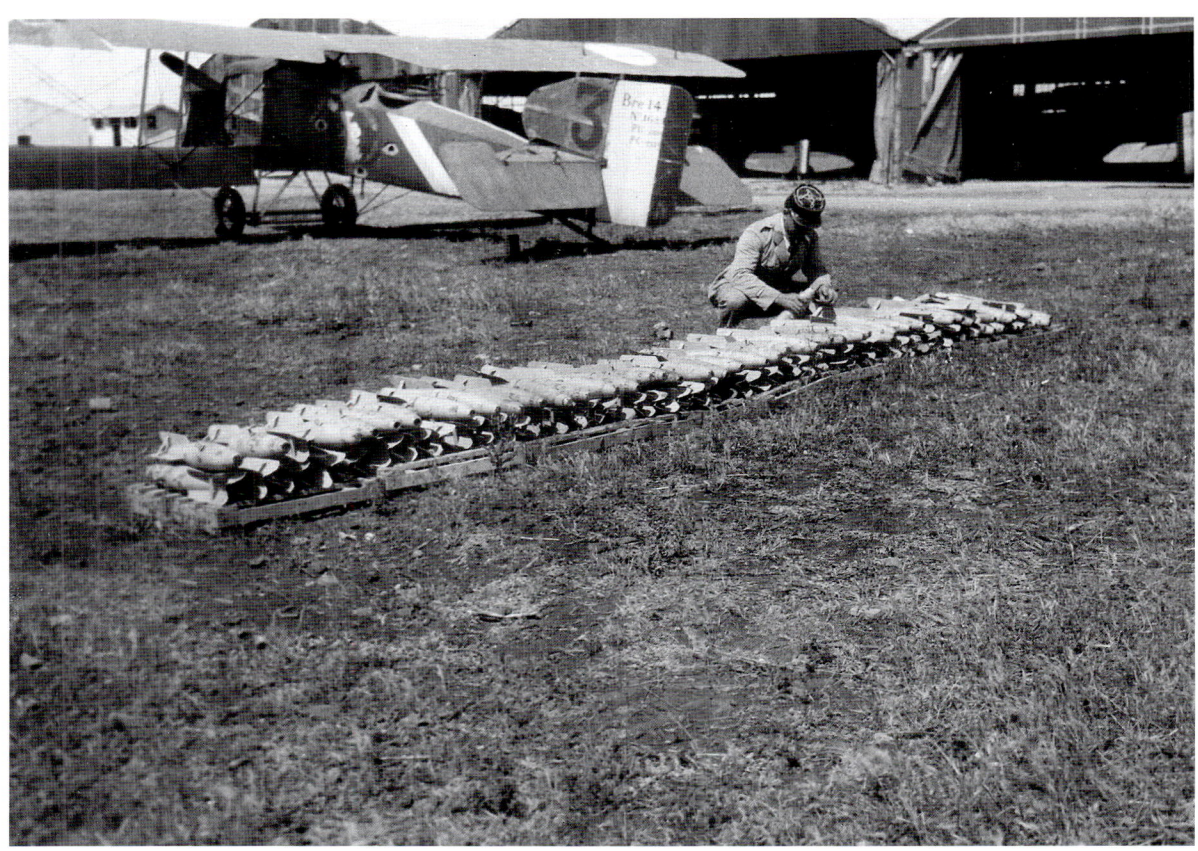

barfüßigen Soldaten. In Kombination mit Sprengbomben und Maschinengewehren gipfelten die Gasangriffe in einem Massaker an Tausenden Äthiopiern. Die umfangreichen Sympathien waren weltweit auf Äthiopiens Seite, das ein Mitglied des Völkerbundes war und 1925 das Genfer Protokoll gegen den Einsatz chemischer Waffen unterzeichnet hatte.

Im Anschluss an den Italienisch-Abessinischen Krieg kam es zur schlimmsten Bombenattacke auf europäischem Boden zwischen den beiden Weltkriegen. Am 26. April 1937, inmitten des Spanischen Bürgerkriegs, bombardierten deutsche und italienische Piloten die

baskische Stadt Guernica, um die Nationalisten zu unterstützen. Es gab auch Luftangriffe auf Madrid und Barcelona, aber die unmittelbare Pressereaktion auf die Offensive, in Kombination mit Picassos berühmtem Gemälde, ließen Guernica zum Sinnbild für die Schrecken des Luftkriegs werden.[10]

Die Aufmerksamkeit der Weltbevölkerung richtete sich als Nächstes auf das japanische Bombardement chinesischer Städte, das auf den Beginn des Zweiten Japanisch-Chinesischen Krieges im Juli 1937 folgte. Vor dem Beginn des Zweiten Weltkriegs erwiesen sich die japanischen Marine- und Luftstreitkräfte als weltweit führend in Sachen strategisches Bombardement. Die japanischen Flieger flogen heftige taktische Angriffe auf Shanghai, Nanking und Kanton, während die Bodentruppen vorrückten, um diese Städte einzu-

Blick über den Jangtsekiang auf Chongqing
nach einem japanischen Luftangriff, September 1940

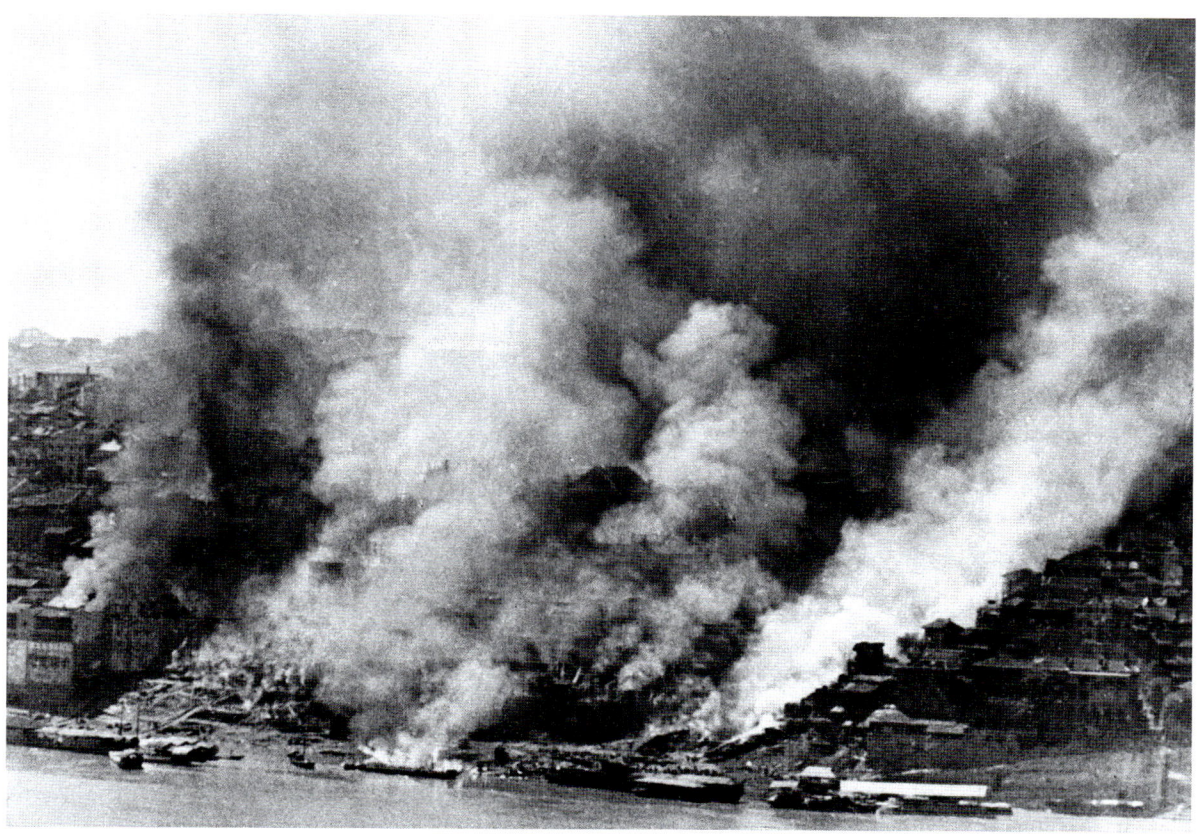

nehmen. Aber es war vor allem die Bombardierung von Chongqing, Rückzugsort und Hauptstadt für die Führungsriege der chinesischen Nationalisten, die bei den militärischen Flugexperten Deutschlands, Großbritanniens und anderer westlicher Nationen das meiste Interesse weckte. Zwischen Mai 1938 und April 1941 flogen die japanischen Bomber mehr als 200 unterschiedliche Angriffe, in denen sie schätzungsweise 11 885 bis 15 000 Bewohner töteten. Ein einziger dieser Angriffe umfasste bis zu hundert Kampfflieger, die Brand- und Sprengbomben abwarfen. Dies war eine klassische Anwendung des strategischen Bombardements. Durch seine Lage im bergigen Inneren des Landes war Chongqing gut geschützt gegen eine Bodenoffensive. Deshalb wollte das japanische Militär China allein durch Luftangriffe besiegen – durch eine Unterhöhlung der allgemeinen Moral und durch die Zerstörung der hauptstädtischen Infrastruktur. Japan gelang es aber auch nach drei Jahren des Bombardements nicht, dieses Ziel zu erreichen.[11]

Die Überschreitung moralischer Grenzen

Am 9. September 1939, nur wenige Tage nach dem Beginn des Zweiten Weltkriegs, wandte sich der amerikanische Präsident Franklin D. Roosevelt mit dem Appell an die kriegführenden Nationen, »unter keinen Umständen Luftangriffe auf die Zivilbevölkerung oder unbefestigte Städte zu unternehmen«. Die deutsche und die britische Regierung beschwichtigten den Präsidenten. Die Großmächte hatten schon seit Langem Versuche unternommen, die Zivilbevölkerung vor Luftangriffen zu schützen. Ein Ergebnis der Haager Friedenskonferenz von 1907 war das Verbot, »unverteidigte Städte, Dörfer, Wohnstätten oder Gebäude, mit welchen Mitteln es auch sei, anzugreifen oder zu beschießen«.[12] Die Haager Luftkriegsregeln von 1923 wurden dagegen nicht ratifiziert. Die meisten der beteiligten Staaten begrüßten aber den Vorschlag, dass das Bombardement auf militärische Ziele zu beschränken sei.[13]

Tatsächlich trug das internationale Recht nur wenig dazu bei, die Zivilbevölkerung vor Luftangriffen zu

schützen. Die deutsche Luftwaffe bombardierte das Zentrum Warschaus im Rahmen der Bodenoffensive im September 1939 auf das Heftigste. Neuere Schätzungen kommen zu dem Ergebnis, dass durch diese Luftangriffe oder Artillerie rund 26 000 Zivilisten getötet wurden. Rein rechtlich betrachtet konnte sich die deutsche Regierung darauf berufen, dass Warschau eine befestigte Stadt sei. Am 14. Mai 1940 bombardierte und zerstörte die deutsche Luftwaffe das Zentrum Rotterdams, ebenfalls zur Unterstützung der Bodenoffensive. Die Anzahl der getöteten Niederländer wird auf 850 geschätzt.

Im Sommer 1940 und während des sogenannten Blitzes, der darauf folgte (September 1940 bis Mai 1941), unternahm die Luftwaffe massive Bombardierungen Großbritanniens. Mit dieser Taktik wollte das deutsche Militär die Verteidigungsbereitschaft Großbritanniens entscheidend schwächen. Die Luftwaffe sollte die am Boden stationierten Kampfflieger und -bomber der Royal Air Force attackieren. Nachdem Hitler das Unternehmen »Seelöwe« jedoch auf unbestimmte Zeit vertagt hatte, führte die Luftwaffe vornehmlich strategische Bombardements aus, um die Kriegsfähigkeit Großbritanniens in wirtschaftlicher Hinsicht zu schwächen. Die Bomber griffen Häfen, Nahrungsmittellager, Munitionsfabriken und öffentliche Einrichtungen an. Aus militärischen Gründen lehnte die deutsche Luftwaffe zu diesem Zeitpunkt gezielte Angriffe auf Zivilisten ab. Andererseits schreckten die deutschen Befehlshaber nicht davor zurück, militärisch-industrielle Ziele anzugreifen, die in der Nähe dicht bevölkerter Arbeitersiedlungen lagen. Aufgrund dieses Vorgehens und ungenauer Bombardements wurden zwischen Juni 1940 und Juni 1941 etwa 43 384 Briten getötet.

Der »Blitz« vermochte Großbritanniens Widerstandskraft letztlich nicht zu brechen. Hitler verlagerte seine Aufmerksamkeit und damit auch seine Kampfflieger: Im April 1941 überfiel die Wehrmacht Jugoslawien und Griechenland, im Juni die Sowjetunion.[14]

Im Gegensatz dazu setzten die Briten ganz auf das strategische Bombardement, wie Douhet es beschrieben hatte. Die Royal Air Force begann im Mai 1940 damit, deutsche Städte zu bombardieren, und ließ bis

zur Niederlage des Deutschen Reiches im Jahr 1945
nicht mehr davon ab. Da die britischen Truppen den
deutschen Bodentruppen in Europa bis 1943 unterle-
gen waren, sah die britische Führung das Bomber
Command als ihre einzige Offensivwaffe. Im Unterschied zur Luftwaffe war die Royal Air Force in der
Lage, längere Strecken zu fliegen, denn sie besaß eine
Flotte umgebauter Vier-Motoren-Bomber, die von
Großbritannien aus viele deutsche Städte anfliegen
konnten. Obwohl die Royal Air Force anfangs militärisch-industrielle Standorte angriff, stellte es sich
doch als zunehmend schwierig heraus, diese Ziele zu
treffen. Fast alle Bombardierungen fanden während
der Nacht statt, um deutschen Kampffliegern zu entgehen. Laut einer internen Untersuchung von August
1941 warfen jedoch unter idealen Witterungsbedingun-
gen nur ein Drittel der Bomber ihre Ladungen innerhalb eines Radius von fünf Meilen (acht Kilometern) um
ihr Ziel herum ab. In einem verzweifelten Versuch, Ergebnisse zu erzielen, ging das Bomber Command bald
zur Taktik der Flächenbombardierung und der Doktrin
des »moral bombing« über. Gegen Ende des Jahres
1940 ließ die Royal Air Force ihre Bombermannschaf-
ten Angriffe auf Stadtzentren fliegen. Wie in zahlreichen Royal Air Force-Geheimdokumenten ausgeführt
wurde, bestand das Hauptziel darin, die Moral der
deutschen Zivilbevölkerung zu brechen, insbesondere
die der Industriearbeiter, von denen die Briten meinten,
dass sie sich am ehesten von Hitler abkehren würden.
»Arbeitersiedlungen in stark bevölkerten Industriege-
bieten« wurden als die besten Ziele angesehen. Die
Absicht bestand nicht darin, »so viele wie möglich zu
töten«, sondern die Moral der Arbeiter zu brechen,
indem man die »dicht besiedelten Arbeiterbezirke« mit
»zahlreichen Brandbomben, kombiniert mit gelegentli-
chen Sprengbomben, um einen Lärmeffekt zu erzielen«,
bedeckte. Eine solche Bombardierung sollte »die Pro-

Das zerstörte Industrieviertel von Tokio
entlang des Sumida-Flusses
nach dem US-Bombenangriff im März 1945

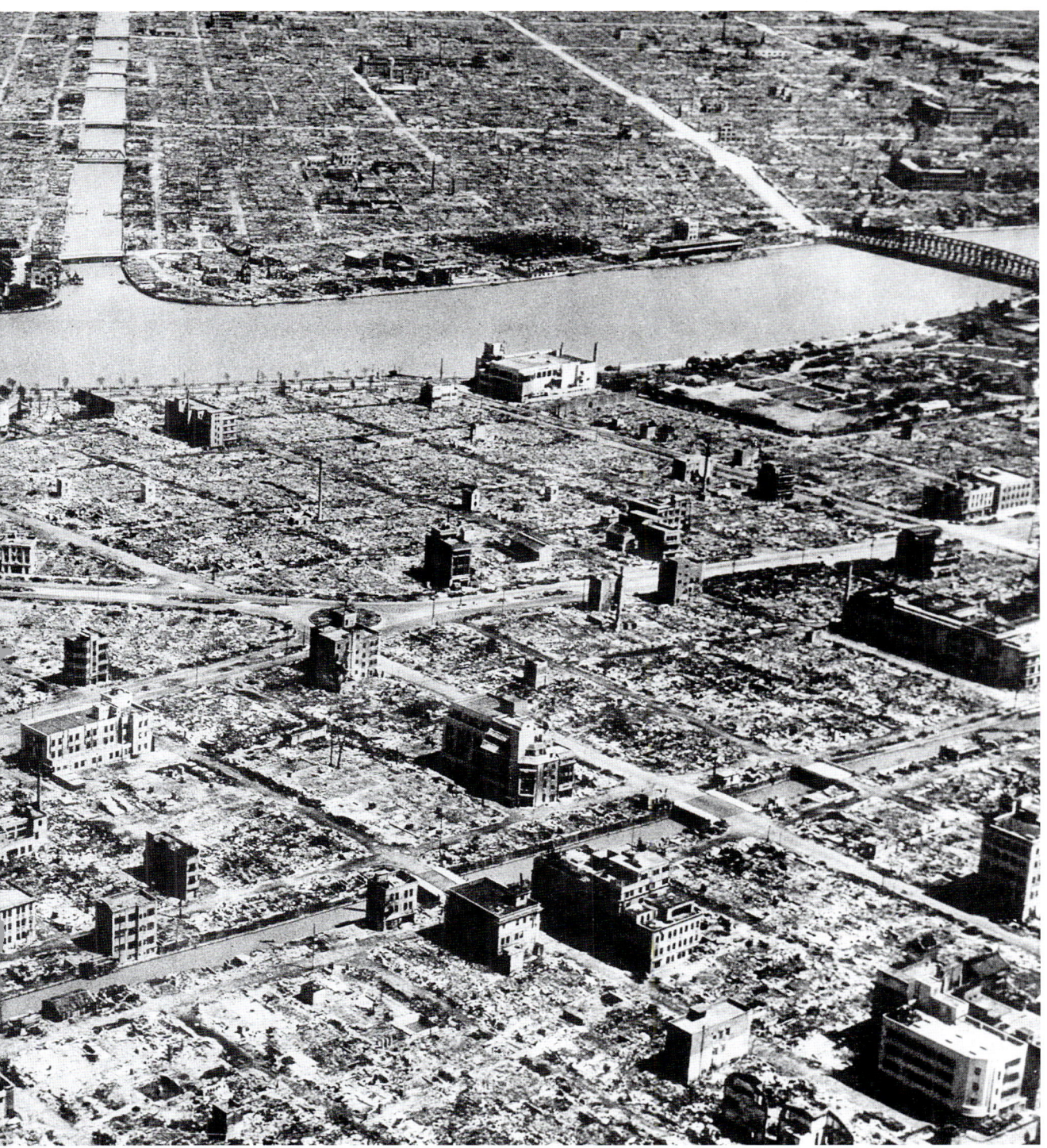

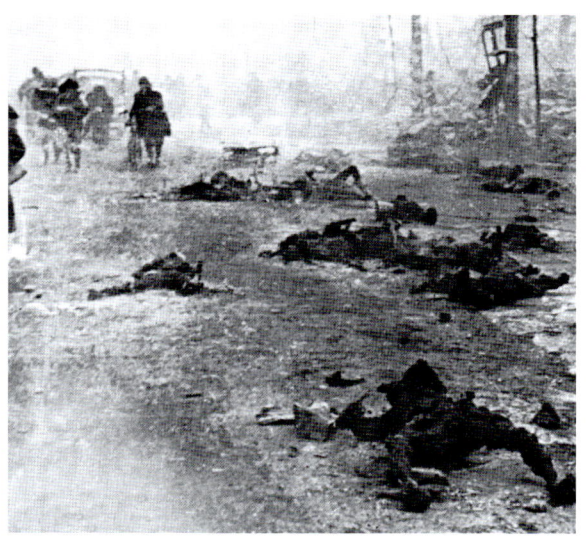

Bombenopfer auf einer Straße
im Stadtteil Asakusa in Tokio nach den Angriffen
am 9. und 10. März 1945

Als die United States Army Air Forces (USAAF) 1943 mit dem britischen Bomber Command zusammenarbeiteten, um Deutschland anzugreifen, erweiterten sich die Möglichkeiten der Alliierten erheblich, dem zivilen Leben in Deutschland zu schaden. Die amerikanischen Befehlshaber brachten jedoch ihr Unbehagen über die Flächenbombardements der Royal Air Force und die gezielten Angriffe auf die Zivilbevölkerung zum Ausdruck. Ausgestattet mit dem weitaus treffsichereren Norden-Bombenzielgerät zogen sie die Präzisionsbombardierung militärisch-industrieller Komplexe während des Tages vor. Aufgrund der andauernden Wolkendecke über Deutschland verfehlten die amerikanischen Bomber ihre Ziele jedoch häufig, und die USAAF gingen – zusätzlich zur Bombardierung industrieller Standorte – ebenfalls zur Strategie des Flächenbombardements über. Die USAAF griffen die Stadtgebiete von mindestens 25 Städten an und verwendeten dabei häufig Brandbomben.[17]

Die schlimmsten Bombenangriffe erlebten deutsche Städte zwischen September 1944 und Mai 1945. Im Besitz der Luftüberlegenheit warfen die Alliierten drei Viertel der gesamten Bomben-Tonnage, die während des Krieges auf Deutschland fiel, in diesen letzten Kriegsmonaten ab. Das Bomber Command griff nicht mehr nur die Industriestädte Westdeutschlands an, sondern bombardierte auch kleinere Städte in ganz Deutschland. Um die deutschen Truppen gegenüber der heranziehenden Roten Armee zu schwächen, bombardierten die Alliierten außerdem Städte in Ostdeutschland. Die Brandbombenabwürfe über Dresden durch das Bomber Command und die 8. US-Luftflotte am 13. und 14. Februar 1945 waren die schlimmsten dieser Luftangriffe. Das offiziell verlautbarte Ziel bestand darin, die deutsche Truppenbewegung zu blockieren, indem unter den Tausenden von deutschen Ostflüchtlingen, die auf dem Weg durch Dresden waren, eine Panik ausgelöst werden sollte. Schätzungsweise 25 000 Menschen kamen in dem Inferno ums Leben.[18]

Drei Wochen nach der Zerstörung Dresdens warfen 279 Bomber des Typs B-29 der USAAF Brandbomben über einer großen Arbeitersiedlung in Tokio ab, wobei mindestens 100 000 Menschen getötet wurden. Die

duktion nachhaltig erschüttern« und die Arbeiterwohnungen im Rheinland zerstören. Tatsächlich entdeckte das Bomber Command die Effektivität von Brandbombenabwürfen für sich. Diese Bomben waren wesentlich leichter als Sprengbomben und imstande, großflächig zu zerstören, insbesondere Häuser mit Holzdächern und Gebäude in dicht bevölkerten deutschen Groß- und Kleinstädten.[15]

Das britische Bombardement blieb während der ersten drei Jahre ineffektiv und vermochte keines dieser Ziele zu erreichen. Erst seit 1943 gelang es, deutschen Städten durch Flächenbombardements ernsten Schaden zuzufügen. Unter dem Kommando von Generalleutnant Arthur Harris setzte das Bomber Command neue schwere Bomber ein, die ohne Probleme Berlin erreichen konnten. Harris ließ verheerende Angriffe gegen Städte im Ruhrgebiet und im Rheinland fliegen. Im späten Juli konnten britische Bomber einen Feuersturm entfachen, der Hamburg im Anschluss an die Bombardierungen verwüstete. Rund 37 000 Menschen verloren hierbei ihr Leben – es war der Luftangriff mit den meisten Toten in der Geschichte Europas.[16]

Ähnlichkeit der Schicksale von Dresden und der japanischen Hauptstadt war keine zufällige. Die Erfahrung der Alliierten mit Flächenbombardements in Deutschland beeinflusste die amerikanische Strategie, japanische Städte in Brand zu setzen, nachhaltig. Ähnlich wie beim europäischen Feldzug gingen die amerikanischen Befehlshaber davon aus, dass ihre neuesten Bomber – die riesigen Langstreckenmaschinen B-29 – präzise Bombenabwürfe auf Fabriken und Verkehrsknoten aus der sicheren Höhe von 30 000 Fuß (rund 9 000 Meter) erlauben würden.

Trotz wiederholter Angriffe Ende des Jahres 1944 und Anfang 1945 konnten die B-29-Maschinen aufgrund starker Winde und großer Höhen jedoch nicht ein einziges Ziel zerstören. An diesem Punkt übernahm General Curtis LeMay – gerade zurückgekehrt vom Bombardement deutscher Städte – die Kontrolle über die 20. Air Force. LeMay brachte eine neue Taktik zum Einsatz, indem er die B-29-Maschinen nur noch mit Brandbomben beladen ließ. Rund 1500 dieser sechs Pfund (rund 2,7 Kilogramm) schweren Napalm-Bomben konnten von jeder Boeing B-29 abgeworfen werden. LeMay befahl, Tokio bei Nacht und aus einer Höhe von 4000 bis 5000 Fuß (rund 1200 bis 1500 Meter) zu bombardieren. Der verheerende »Erfolg« des Angriffs auf Tokio am 9. und 10. März veranlasste ihn, Japans andere Großstädte auf ähnliche Weise anzugreifen. So wie Harris in Europa ging LeMay dazu über, eine große

Blick auf das »Japanische Dorf« (l.) und das »Deutsche Dorf« (r.) auf dem US-amerikanischen Testgelände Dugway Proving Ground in Utah, 1943

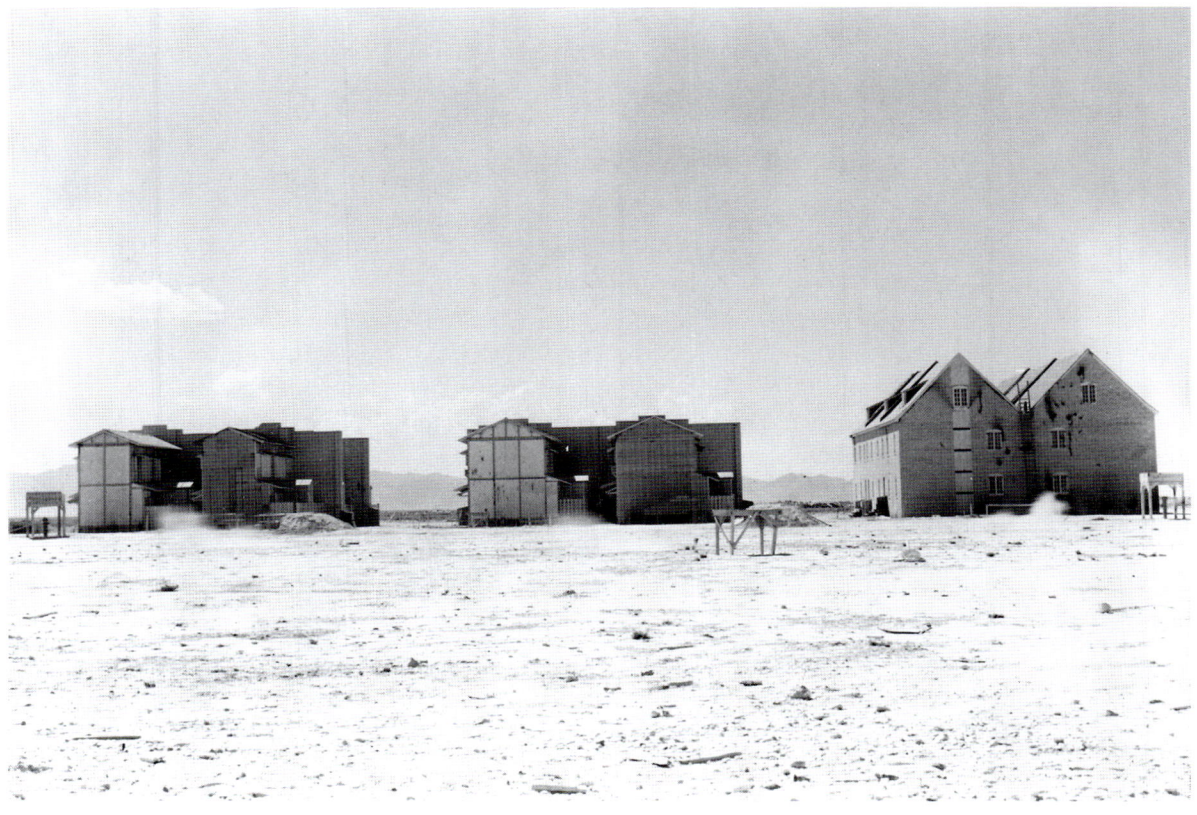

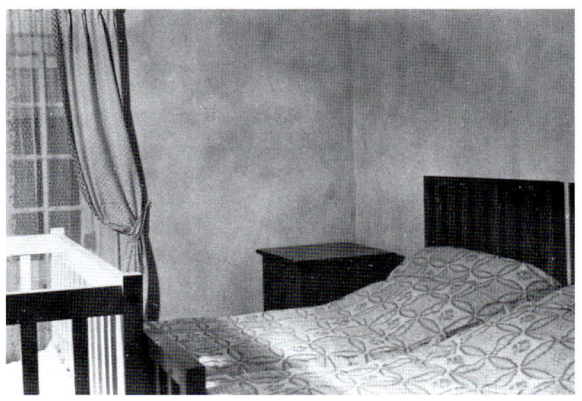

Nachbau eines Schlafzimmers
mit Kinderbett im »Deutschen Dorf«, Utah 1943

Anzahl kleiner und mittelgroßer Städte in Japan zu bombardieren. Insgesamt (die Atombombenabwürfe über Hiroshima und Nagasaki mit eingerechnet) zerstörten die amerikanischen Bomber unglaubliche 43 Prozent des bebauten Gebiets in 66 japanischen Städten.[19]

Die Strategen der USAAF wussten, dass sie Tausende japanischer Zivilisten töten würden. Seit die Amerikaner 1943 in Europa ihre Kooperation mit den Briten begonnen hatten, befassten sie sich mit dem Plan, japanische Wohngebiete niederzubrennen, insbesondere in Arbeitergegenden. Im selben Jahr hatten die USAAF Napalm- und andere Brandbomben sowohl an einem eigens für diese Zwecke errichteten »Deutschen« sowie einem angrenzenden »Japanischen« Dorf in der Wüste von Utah getestet. In Wiederholung der britischen Rechtfertigung für die Bombardierung Deutschlands identifizierten die amerikanischen Kommandanten die japanische Zivilbevölkerung als Lebensnerv der nationalen japanischen Kriegsanstrengungen. Generalleutnant Ira Eaker, stellvertretender Kommandeur der USAAF, erinnerte sich nach dem Krieg: »Es war sehr sinnvoll, qualifizierte Arbeitskräfte zu töten, indem man ganze Gegenden niederbrannte.«[20] Die japanische Industrie war abhängig von Familienbetrieben, die ihre kleinen Werkstätten und Fabriken in Wohngegenden betrieben. Es sei nur logisch gewesen,

diese zu bombardieren. Nach dem Krieg erinnerte sich LeMay daran, wie er überall im ausgebombten Yokohama Säulenbohrmaschinen gesehen hatte – »wie ein Wald voller versengter Bäume und Baumstümpfe, die überall in diesem Wohngebiet in die Höhe wuchsen«.[21] Dies war die transnationale Logik des strategischen Bombardements, die auf Douhet zurückging. Im »totalen Krieg« war es zulässig geworden, Männer, Frauen und Kinder in ihren Häusern zu attackieren.

In seiner richtungsweisenden Geschichte des Bombenkriegs kommt Richard Overy zu dem Schluss, dass »die Bomberoffensiven allesamt auch an den eigenen Ansprüchen gemessen ziemliche Fehlschläge waren. [...] Die Großoffensiven, die von Deutschland, England und den Vereinigten Staaten bestritten wurden, waren [...] langwierige Unternehmen, Abnutzungskriege bei hohen Verlusten an Menschen und Maschinen, ohne klares Ende und mit einer tiefen Kluft zwischen Anspruch und Wirklichkeit, eine festgefahrene Westfront der Lüfte.«[22] Das mag auf die Bombardierungen Großbritanniens und Deutschlands zutreffen. In Japan hingegen trugen die amerikanischen Brandbombenabwürfe maßgeblich dazu bei, die Kapazitäten der Heimatfront zur Weiterführung des »totalen Krieges« zu zerstören. Noch bevor die B-29-Maschinen am 6. und 9. August 1945 die zwei Atombomben abwarfen, hatte die amerikanische Luftstreitmacht die städtische Grundlage der japanischen Kriegsanstrengungen ausgelöscht. Die Brandbombenabwürfe auf Tokio und andere Städte lösten historisch betrachtet einen der größten Deurbanisierungsschübe aus. Rund 8,5 Millionen Menschen flohen aus den Städten, zumeist innerhalb der letzten fünf Kriegsmonate. Die Einwohnerzahl in Tokio fiel um 63 Prozent. Auch viele qualifizierte Arbeiter flohen mit ihren Familien. Eine amerikanische Studie zum strategischen Bombardement kam später zu der Einschätzung, dass unter den Erwerbstätigen, die evakuiert wurden, ganze 37 Prozent in kriegsrelevanten Industrien gearbeitet hatten.[23] Mit dieser massiven Demoralisierung der japanischen Zivilgesellschaft hatten die Amerikaner den Traum Douhets realisiert. Den Bomberkommandos in Europa war dies nicht gelungen. Im Gegensatz zum nationalsozialistischen Regime ergab sich die japanische Regierung, bevor die feindlichen Truppen in das Land einmarschierten. Die Entscheidung zur Kapitulation hing nicht ausschließlich von den Atombombenabwürfen ab, sondern geschah auch unter dem Eindruck des sowjetischen Eintritts in den Krieg gegen Japan (am 8. August 1945), der drängenden Nahrungsmittelknappheit sowie der zunehmenden Bombardierung von Städten. Tatsächlich kam die amerikanische Bestandsaufnahme der strategischen Bombardierung später zu dem Schluss, dass die japanische Führung in Kürze zur Kapitulation gezwungen gewesen wäre, auch ohne eine Invasion und »auch wenn die Atombomben nicht abgeworfen worden [und] auch wenn Russland nicht in den Krieg eingetreten wäre«.[24] Möglicherweise konnte es nur den Amerikanern – mit ihrer beispiellosen Kapazität zur Produktion von Massenvernichtungswaffen – gelingen, die strategische Bombardierung zu ihrem logischen und tödlichen Abschluss zu bringen. Dennoch sollten wir im Blick behalten, dass die Entwicklung der amerikanischen Luftwaffe eine Folge transnationaler Diskurse der vorangegangenen drei Jahrzehnte war, die eine Bombardierung von Städten und der Zivilbevölkerung zur Normalität hatte werden lassen.

Anmerkungen

Fremdsprachige Zitate wurden für diesen Beitrag ins Deutsche übersetzt. **1** Vgl. Juergen Paul Melzer: Assisted Takeoff: Germany and the Ascent of Japan's Aviation, 1910–1937 (Ph. D. dissertation, Princeton University, 2014), S. 39–45. **2** Vgl. Richard Overy: The Bombing War: Europe 1939–1945, London 2013, S. 20–23 (dt. Fassung: Richard Overy: Der Bombenkrieg. Europa 1939–1945, Berlin 2014). **3** Teile des Buches wurden 1930 in Buenos Aires auf Spanisch publiziert, 1935 erschien eine französische Übersetzung unter dem Titel »La guerre de l'air«. 1942 wurde eine Übersetzung in den USA, im Jahr darauf in Großbritannien veröffentlicht. Es gibt auch Ausgaben in weiteren Sprachen. Vgl. Thomas Hippler: Bombing the People. Giulio Douhet and the Foundations of Air-Power Strategy 1884–1939, Cambridge 2013, hier S. 135f. **4** Giulio Douhet: The Command of the Air, London 1942, S. 11, 14, 159, 23, 148. **5** Douhet: Command, S. 158. **6** Fol Timonier/L. B.: Comment nous torpillerons Berlin avec notre escadrille d'aéroplanes dès l'ouverture des hostilités, Paris 1913. **7** Vgl. Douhet: Luftherrschaft, S. viii-ix; Timonier: Comment nous torpillerons Berlin; Melzer: Assisted Takeoff, S. 140; Phillip S. Meilinger: Trenchard and »Morale Bombing«: The Evolution of Royal Air Force Doctrine before World War II, in: Journal of Military History 60, no. 2 (April 1996), S. 250; The National Archives

of the UK (TNA): Air Raid Precautions Committee, 10th meeting, 1 December 1924, and »Air Staff Notes on Enemy Air Attack on Defended Zones in Great Britain«, A.R.P./5, 28 May 1924, Memoranda, Records of the Cabinet Office, Committee of Imperial Defense, CAB 46/1 and 46/3. **8** Vgl. United States Strategic Bombing Survey (USSBS), Civilian Defense Division: Final Report Covering Air-Raid Protection and Allied Subjects in Japan, Washington, DC 1947, S. 1 (URL: https://openlibrary. org/books/OL15439892M/Final_report_covering_air-raid_protection_ and_allied_subjects_in_Japan, zuletzt besucht am 14. 12. 2014). **9** Vgl. Charles Townshend: Civilization and »Frightfulness«: Air Control in the Middle East between the Wars, in: Chris Wrigley (Hrsg.): Warfare, Diplomacy, and Politics, London 1986, S. 142–159; Sven Lindqvist: A History of Bombing, New York 2001, S. 42–44, 47–51. **10** Vgl. Overy: Bombing War, S. 32–34. **11** Vgl. Tatsuo Maeda: Strategic Bombing of Chongqing by Imperial Japanese Army and Naval Forces, in: Yuki Tanaka/Marilyn B. Young (Hrsg.): Bombing Civilians: A Twentieth-century History, New York 2009, S. 135–153; Edna Tow: The Great Bombing of Chongqing and the Anti-Japanese War, 1937–1945, in: Mark Peattie/Edward J. Drea/ Hans van de Ven (Hrsg.): The Battle for China, Stanford 2011, S. 256–282. **12** Abkommen betreffend die Gesetze und Gebräuche des Landkriegs vom 18. Oktober 1907, II. Abschnitt, 1. Kapitel, Artikel 25 (URL: http:// www.admin.ch/opc/de/classified-compilation/19070034/index.html, zuletzt besucht am 13. 12. 2014). **13** Artikel 24 erlaubte Bombardements von zivilen Zielen überhaupt nur dann, wenn »eine begründete Vermutung besteht, daß die militärischen Ansammlungen dort belangreich genug sind, um das Bombardement im Hinblick auf die der Zivilbevölkerung daraus erwachsenden Gefahr zu rechtfertigen«. **14** Vgl. Overy: Bombing War, S. 61–65, 73–90, 113; Dietmar Süß: Death from the Skies: How the British and Germans Survived Bombing in World War II, Oxford 2014, S. 2f. (= erweiterte engl. Fassung von: ders.: Tod aus der Luft. Luftkrieg und Kriegsgesellschaft in Deutschland und England, München 2011). **15** Vgl. TNA: Memorandum: Labour Objective, 12 February 1941, in Air Ministry, »Bombing: Effect on German Morale« 1940–44, AIR 20/8143; Jörg Friedrich: The Fire: The Bombing of Germany, 1940–1945, New York 2006, S. 9–14, 62 (dt. Titel: Der Brand. Deutschland im Bombenkrieg 1940–1945, München 2002). **16** Vgl. Overy: Bombing War S. 313, 321–323, 333–335. **17** Vgl. Thomas R. Searle: »It Made a Lot of Sense to Kill Skilled Workers«: The Firebombing of Tokyo in March 1945, in: Journal of Military History 66 (January 2002), S. 105–109. **18** Vgl. Overy: Bombing War, S. 377 f., 391–395. **19** Vgl. Searle: Firebombing, S. 109–123; USSBS, Urban Areas Division: The Effects of Air Attack on Japanese Urban Economy. Summary Report, Washington, DC 1947, S. 9 (URL: https://archive.org/details/effectsofairatta55unit, zuletzt besucht am 14. 12. 2014). **20** Interview mit Ira C. Eaker vom 22. Mai 1962, zit. n. Searle: Firebombing, S. 118. **21** Zit. n. Michael S. Sherry: The Rise of American Air Power, New Haven 1987, S. 285. **22** Overy: Bombing War, S. 609. **23** USSBS: Effects of Air Attack on Japanese Urban Economy, S. 5, 7. **24** Vgl. USSBS: Summary Report (Pacific War), Washington, DC 1946, S. 26.

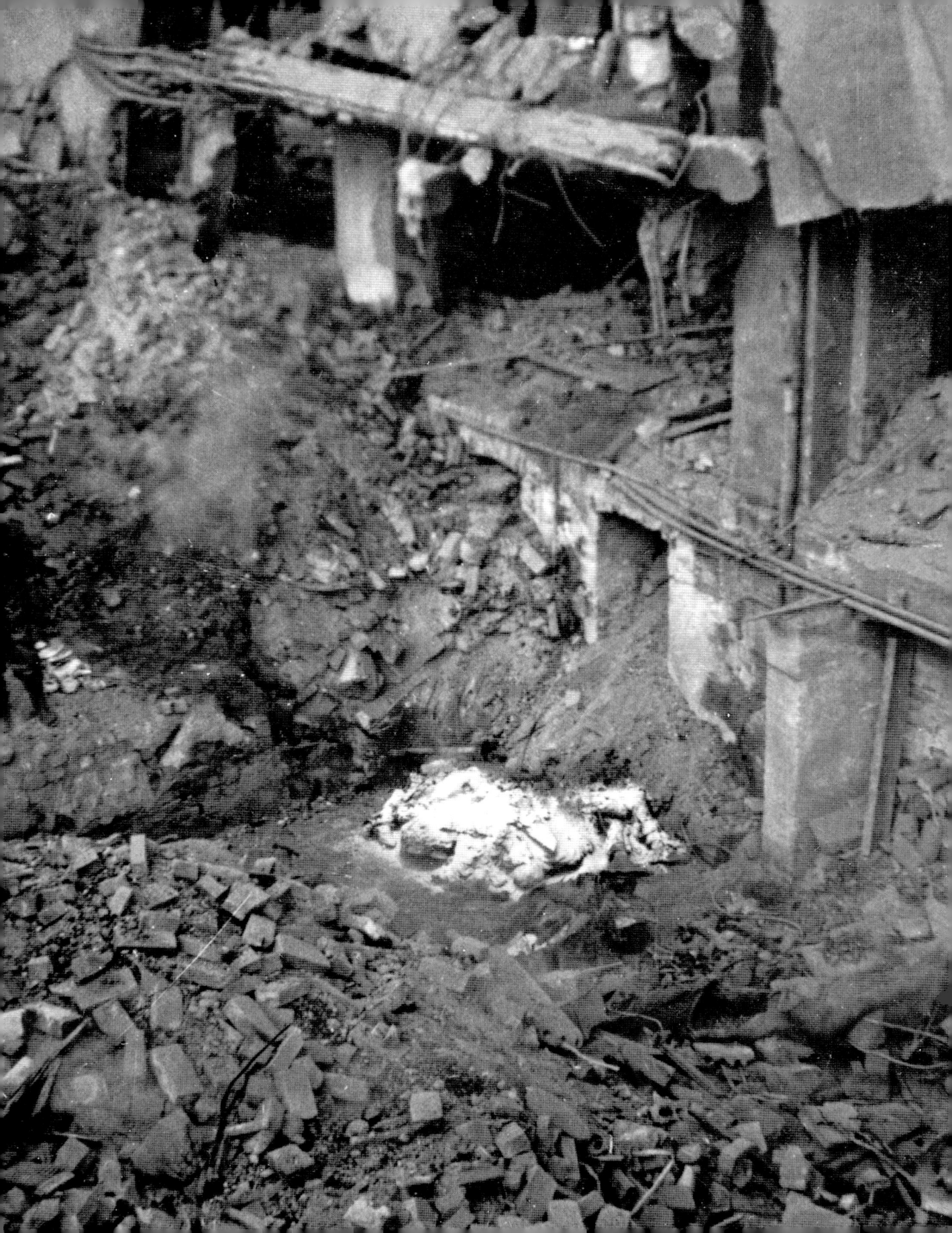

DAS SACHSENDREIECK IM BOMBENKRIEG

1940 – 1945

Jens Wehner

Seit 1994 war das sogenannte Sachsendreieck als Metropolregion ausgewiesen, um Wissenschaft und Wirtschaft zu vernetzen und gemeinsam zu entwickeln. Die Ballungsräume Dresden, Chemnitz-Zwickau und Leipzig-Halle bildeten die Eckpunkte dieses überregionalen Partnerschaftsmodells. Die Kernstädte des Sachsendreiecks verbindet eine gemeinsame Geschichte, die jedoch unterschiedlich rezipiert wird und in der Bevölkerung sehr verschieden verankert ist.

Alle größeren sächsischen Städte wurden im Zweiten Weltkrieg schwer bombardiert, insbesondere Chemnitz, Leipzig und Dresden. Während die Erinnerung an den Bombenkrieg in Chemnitz und Leipzig als eine von vielen Katastrophen in beiden stadtgeschichtlichen Museen archiviert ist, wurde Dresden nicht nur zu einer überregionalen, sondern internationalen Chiffre für »mutwillige« Gewalt und die Zerstörungskraft moderner Kriege. Für das Selbstverständnis der Stadt hat der 13. Februar 1945 eine zentrale Bedeutung. Gibt es nachvollziehbare Gründe für die Diskrepanz in der Wahrnehmung des Bombenkriegs? Welche Ungleichheiten in den Stadtgeschichten des Zweiten Weltkriegs kann die Militärgeschichtsforschung feststellen, die aus wissenschaftlicher Sicht die Zerstörung Dresdens betrachtet und bewertet? Auch dieser Frage ging die »Historikerkommission zu den Luftangriffen auf Dresden zwischen dem 13. und 15. Februar 1945« nach, die ihre Arbeit 2004 aufnahm und 2010 mit einem Abschlussbericht beendete. Teil II des Berichts ist den Zeitzeugen gewidmet, die das Inferno in zahlreichen

◁ Trümmer, in denen Leichenteile liegen, Leipzig, Februar 1944

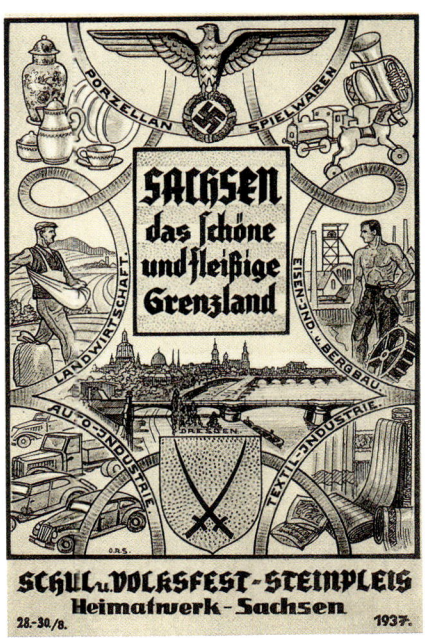

NS-Propagandapostkarte des Heimatwerks, 1937

Schilderungen festhielten und unter anderem als Kompilation des bekannten Schriftstellers Walter Kempowsk eine große Öffentlichkeit erreichten oder gar selbst Weltliteratur wurden, wie Kurt Vonneguts Buch »Slaughterhouse-Five« (1969, deutsch: »Schlachthof 5«). Einem anderen Grund für den besonderen Stellenwert Dresdens in der öffentlichen Wahrnehmung des Bombenkriegs gingen Historiker nach, die sich mit der politischen Instrumentalisierung des zerstörten Dresdens durch den NS-Staat und im Kalten Krieg befasster.[1]

Aus der rein militärhistorischen Perspektive wurde der Ablauf der Dresden-Bombardierung 1977 erstmals sehr präzise und dicht von Götz Bergander beschrieben,[2] später weniger exakt, dafür aber anschaulicher von Frederick Taylor.[3]

Dem grundsätzlichen Vorgehen beider Veröffentlichungen entsprechen auch die »Statistischen Überlegungen« der Dresdner Historikerkommission, die 238 Luftangriffe auf deutsche Städte ausgewertet hat und nur bei 1,7 Prozent der Bombardierungen die höchste Zahl von Todesopfern pro Tonne Bomben registrierte: in Darmstadt, Dresden, Pforzheim und Hamburg.[4]

Statistik 238 Luftangriffe	Tote pro Tonne Bomben
90 %	weniger als 1
8,4 %	bis zu 5,5
1,7 %	11,3 bis 14,5
(Darmstadt, Dresden,	
Pforzheim, Hamburg)	

Welche Zahlen liegen zu den drei Städten Chemnitz, Leipzig und Dresden im Sachsendreieck vor, und welche luftkriegsgeschichtlichen Fakten machen Dresden zur Ungleichen unter Gleichen?

Die Bedeutung von
Chemnitz, Leipzig und Dresden
als Bombenziele

»In Chemnitz wird gearbeitet, in Leipzig gehandelt und in Dresden geprasst.«[5]

Dieses alte Sprichwort zeigt, dass das ökonomische Zusammenspiel der drei sächsischen Großstädte für das wirtschaftliche Leben in Sachsen von großer Bedeutung war und das Image der Städte schon früh prägte. Auf diese einfache Formel waren jedoch die Wirtschaft Sachsens und die Rollenverteilung der drei urbanen Zentren bei Kriegsbeginn 1939 nicht mehr zu bringen.

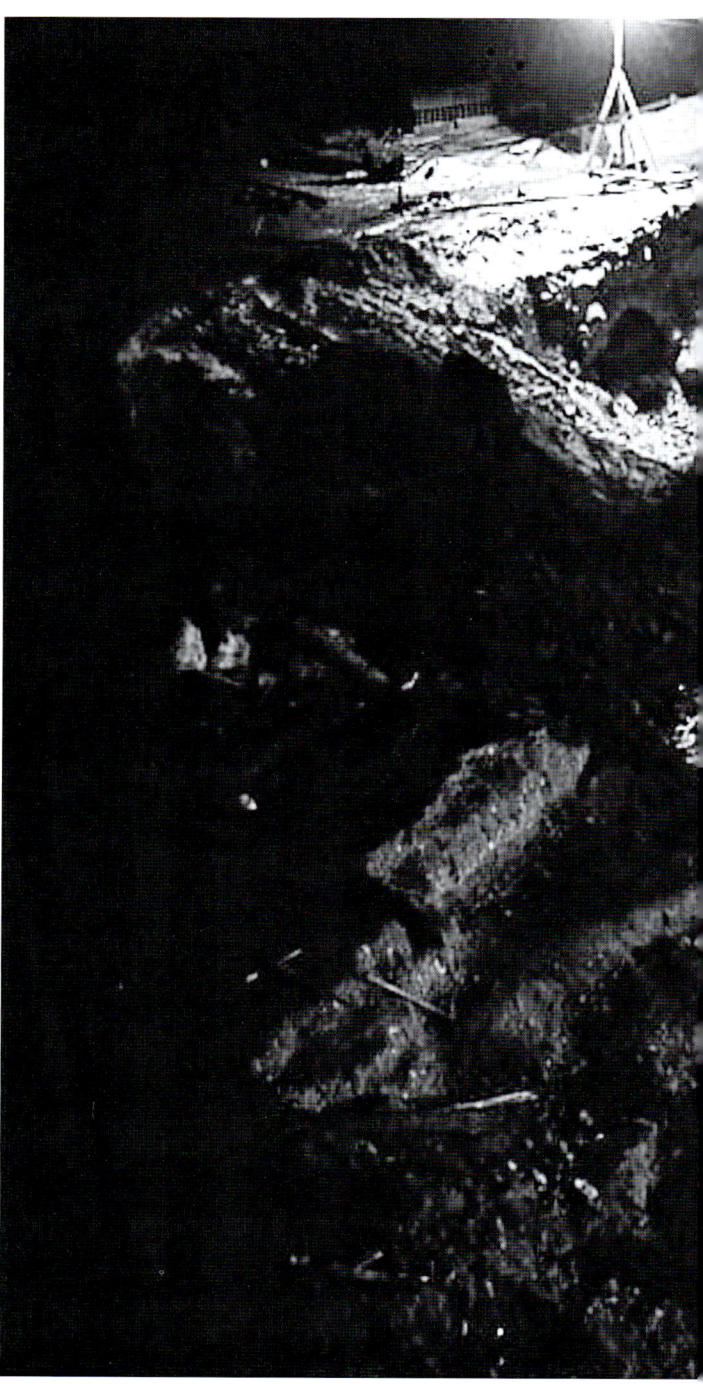

Bunkerbau für den Luftschutz
in Leipzig am Richard-Wagner-Platz, um 1940

44

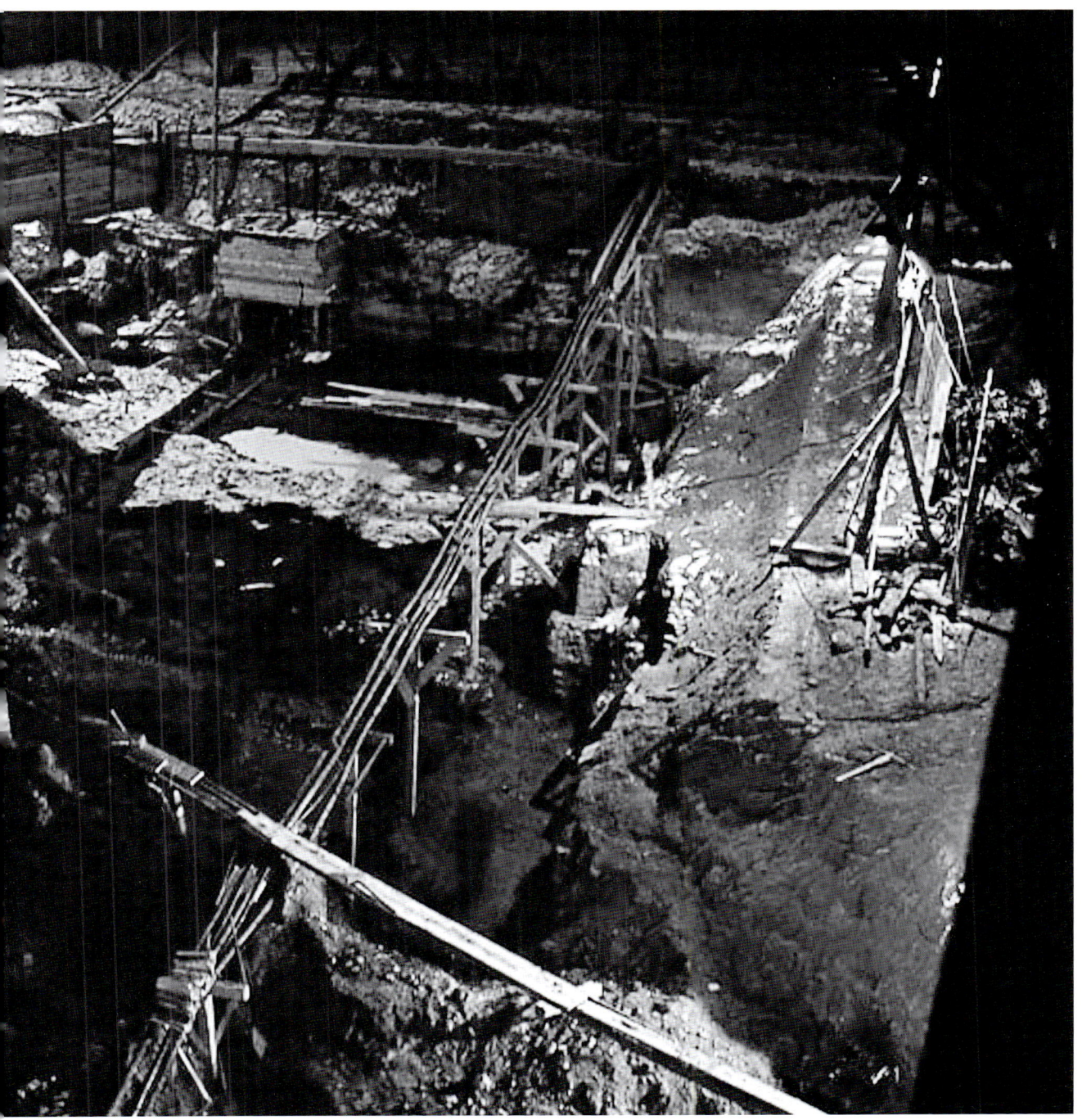

1939 war Leipzig nicht nur größer und wohlhabender als Chemnitz und Dresden, sondern mit über 700 000 Einwohnern die sechstgrößte Stadt des Deutschen Reiches (inklusive Wien) und auch einer der wichtigsten Wirtschaftsstandorte Deutschlands. Der Reichtum Leipzigs resultierte vor allem aus der zentralen Bedeutung als Messe- (»Reichsmessestadt«), Verlags- und auch als Industriestadt. Zur Zeit des Nationalsozialismus wuchs die industrielle Bedeutung Mitteldeutschlands noch erheblich an, denn im grenzfernen Raum Leipzig-Halle, der für Bombenflugzeuge der Nachbarstaaten als unerreichbar galt, wurden zahlreiche Rüstungsfabriken und unter diesen besonders die Chemiewerke der IG Farben um Leuna angesiedelt. Die Wachstumsraten in diesem Bereich betrugen bis zu 65 Prozent im Jahr.[6]

Dresden war mit rund 630 000 Einwohnern etwas kleiner und die achtgrößte Stadt im nationalsozialistischen Deutschland. Ihre überregionale Bedeutung war vor allem dem Ruf als Kunst- und Kulturstadt zu danken, der oft vergessen ließ, dass hier auch zahlreiche Industriestandorte und Handelszentren zu finden waren.[7]

Chemnitz war mit seinen etwa 335 000 Einwohnern die deutlich kleinste Stadt der drei, jedoch als Industriestandort von großer Bedeutung. Die Bevölkerungsgröße betreffend, nahm Chemnitz Platz 20 unter den deutschen Städten ein.[8]

Alle drei Städte zählten zu den 20 bevölkerungsreichsten des Deutschen Reiches. Ihre wirtschaftliche Bedeutung war insgesamt so groß, dass sie als potenzielle Bombenziele in den Fokus alliierter Luftkriegsstrategen des Zweiten Weltkriegs gerieten.

Insbesondere traf dies auf Leipzig zu, wo eine leistungsstarke Rüstungsindustrie vor allem für die deutsche Luftwaffe produzierte, der wiederum auch die Aufgabe zukam, die Bomberflotten der Royal Air Force und United States Army Air Forces (USAAF) zu bekämpfen. Bedeutend waren die Werke für die Luftrüstungskonzerne Messerschmitt, Junkers und Heinkel.[9] Das 1934 gegründete Erla-Werk lieferte beispielsweise einige Tausend Jagdflugzeuge vom Typ Messerschmitt Bf 109.[10]

Als Folge einer amtlichen Erhebung aus dem Jahr 1940 wurden die deutschen Städte verschiedenen Gefährdungskategorien zugeordnet. »Luftschutzorte I. Ordnung« galten als wahrscheinliche Ziele alliierter Luftschläge. Zu dieser höchsten Risikogruppe gehörten auch die sächsischen Städte Dresden, Chemnitz, Leipzig, Plauen und Zwickau. Doch nur in Leipzig wurde daraufhin mit dem Bau von Luftschutzbunkern begonnen.[11] Dabei gerieten Brandbomben besonders in den Fokus der Planer, weil sie schon frühzeitig den Ruf erlangten, die wirksamste Waffe des Luftkriegs zu sein.

Erst als die Flächenbombardements der britischen Bomberflotten im Jahr 1942 an Intensität zunahmen und die Royal Air Force ihren Einsatzradius beständig erweiterte, gelangte der Luftkrieg auch auf die Tagesordnung sächsischer Magistrate. Besorgt erkundigte sich beispielsweise der Leipziger Oberbürgermeister beim Gemeindetag nach der Höhe etwaiger Beerdigungskosten für eine vom Bombenkrieg betroffene Stadt. Der Chemnitzer Oberbürgermeister erhielt aus akut bedrohten Orten die Information, dass man dort etwa 800 bis 2 000 Särge für den Ernstfall vorhalte. In Kassel und Hamburg hatten Brandbombenangriffe zu Feuerstürmen mit hohen Opferzahlen geführt. Paradoxerweise waren diese mitverursacht durch zu späte Entwarnungen nach den Angriffen, weshalb viele Menschen zu lange in den Luftschutzräumen geblieben und dort verbrannt oder erstickt waren. Diese wichtigen Erkenntnisse aus anderen Städten führten in Sachsen aber nicht dazu, dass die Entwarnung nach einem Luftangriff früher erfolgte.[12] Der Leiter des Reichsluftschutzbundes in Sachsen sorgte sich seit Mitte 1943 denn auch weniger um den Schutz der Bevölkerung als um den Erhalt der NS-Strukturen in den vom Bombenkrieg betroffenen Gemeinden.

Im Verlauf des Krieges fielen auf Leipzig insgesamt 11 427 Tonnen Bomben, auf Chemnitz 7 360 Tonnen und auf Dresden 6 884 Tonnen.[13]

Leipzig – die meistbombardierte Großstadt Sachsens

Auf Leipzig wurden nicht nur die meisten Bomben abgeworfen, sondern Leipzig war auch die erste aus der Luft angegriffene sächsische Großstadt. Schon vor dem Krieg und im ersten Kriegsjahr hatte sich die Royal Air Force für Leipzig interessiert. In der Nacht vom 25. auf den 26. August 1940 – also zu einer Zeit, als die deutsche Luftwaffe verstärkt englische Städte angriff – sollten britische Bomber die Leipziger Messe für eine »ausgezeichnete Propaganda«-Wirkung bombardieren, fanden aber ihren Bestimmungsort nicht.[14] Dresden und Chemnitz erschienen dem britischen Bomber Command dagegen als zweitrangige Ziele.

Von 1940 bis Herbst 1943 verzeichnete Leipzig immer wieder kleine Angriffe und vereinzelte Notabwürfe[15] von Bomben alliierter Flugzeuge. Andere Stadtziele hatten für die Royal Air Force in diesem Zeitraum einen höheren Stellenwert. Erst in der Nacht vom 20. zum 21. Oktober 1943 erfolgte der erste Großangriff auf Leipzig durch rund 350 britische Bomber. Eine Wolkenschicht beeinträchtigte jedoch die Treffgenauigkeit des Abwurfs, weshalb viele Bomben die Stadt verfehlten. Die deutschen Behörden registrierten rund 40 Tote und 200 Verwundete.

Den zweiten und zugleich schwersten Großangriff erlebte die Stadt in der Nacht vom 3. zum 4. Dezember 1943. Diesmal warfen 536 schwere britische Bomber von 3:50 Uhr an 1382 Tonnen Bomben über der Stadt ab, die Hälfte davon waren Brandbomben. Die Leipziger Feuerwehr war überfordert, zumal mehr als die Hälfte ihrer besten Kräfte in das zuvor schwer bombardierte Berlin abkommandiert worden waren. Es kam

Ein Mädchen in einem Bombentrichter bei Leipzig am 20. Februar 1944

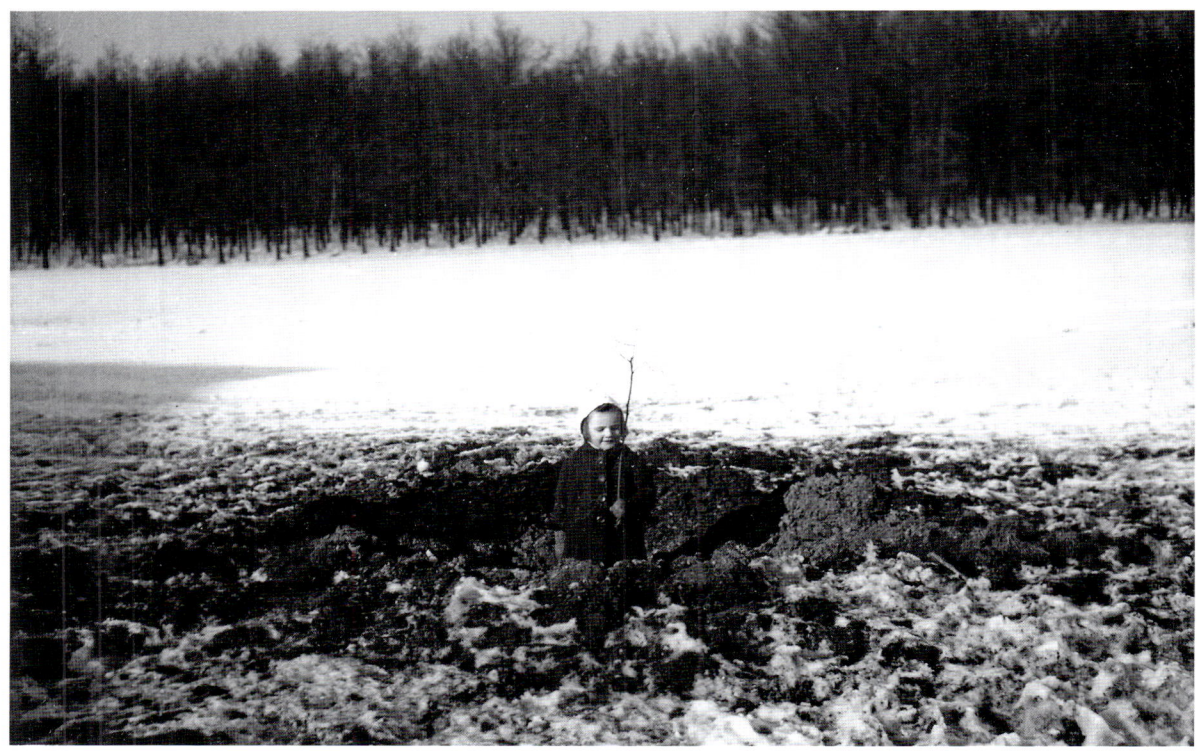

zu einem orkanartigen Feuersturm, der Bäume und Autos als brennende Fackeln hochschleuderte, den Asphalt schmelzen ließ und Menschen ansog und verschlang. Der gerade in Leipzig anwesende Generalinspekteur für das Feuerlöschwesen nannte nach dem Krieg drei Ursachen für den Feuersturm: die zu schwache Feuerwehr, das veraltete Wasserleitungsnetz und die Ausstellungshallen der »Reichsmessestadt« Leipzig, die besonders feueranfällig waren. Bei einer derartigen Katastrophe war mit schwersten Verlusten unter der Bevölkerung zu rechnen. Doch viele Menschen hatten vorschriftswidrig noch vor der Entwarnung die Luftschutzkeller verlassen, weshalb ihnen das Schicksal erspart blieb, als Folge des Feuersturms im Keller zu ersticken oder zu verbrennen. Die offizielle Zählung ergab 1815 Tote und etwa 4500 Verwundete.

Die deutschen Nachtjäger schossen drei Bomber ab, weitere wurden auf dem Rückflug von Flugabwehrkanonen bei Frankfurt am Main vernichtet. Die britischen Bomberverbände verloren 24 Bomber und 160 Mann.[16]

Aus den vergleichsweise niedrigen Leipziger Opferzahlen einer von einem Feuersturm verheerten Stadt zogen die sächsischen NS-Machthaber wie Gauleiter Mutschmann die falschen Schlüsse und sahen sich in ihrer Ansicht bestätigt, dass ein Ausbau der Luftschutzmaßnahmen in den sächsischen Städten nicht notwendig sei.[17]

Im Winter 1943/44 konzentrierte sich das britische Bomber Command vor allem darauf, die deutsche Hauptstadt in der »Battle of Berlin« (»Schlacht von Berlin«) zu zerstören. Zugleich intensivierte auch die amerikanische Luftwaffe mit ihrer in England stationierten 8th Air Force (8. Luftflotte) die Bombenangriffe auf Deutschland. Im Gegensatz zur RAF konzentrierten sich die amerikanischen Bomber vorrangig auf Industrieziele, die sie wegen der größeren Zielgenauigkeit bei Tageslicht angriffen. Gleichzeitig führte diese Taktik in der zweiten Hälfte des Jahres 1943 zu schweren eigenen Verlusten durch deutsche Tagjäger.[18]

Am 20. Februar 1944 begann die »Big Week« (»Große Woche«), in der die deutsche Flugzeugindustrie und dabei besonders die Jagdflugzeugfabriken schwer getroffen werden sollten. Wegen der in Leipzig ansässi-

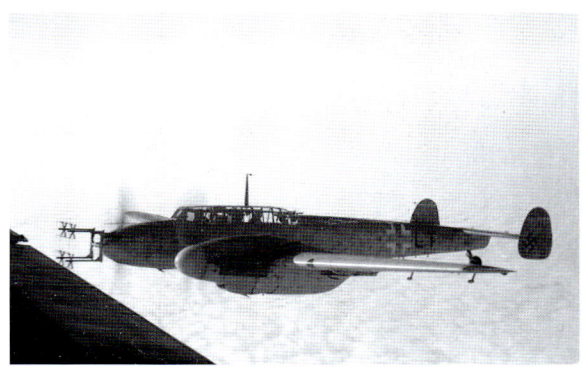

Ein deutscher Nachtjäger vom Typ Bf 110, um 1943

gen Erla-Werke geriet die Stadt erneut in das Fadenkreuz der alliierten Bomberflotten. Gleich in der ersten Nacht vom 19. auf den 20. Februar 1944 starteten 823 britische Bomber mit dem Bestimmungsort Leipzig.[19] Dieser »bomber stream« (»Bomberstrom«) flog zunächst auf Berlin zu, um die deutsche Luftverteidigung zu täuschen. 294 Jagdflugzeuge wurden in der Nacht zur Abwehr gestartet. Etwa auf der Höhe von Emden, Bremen und Hamburg lenkte die deutsche Luftverteidigung ihre elektronisch geführten Nachtjäger an den Bomberstrom heran. Die über Berlin versammelten einmotorigen deutschen Tagjäger liefen zunächst ins Leere, als der britische Bomberschwarm westlich von Berlin in Richtung Süden auf Leipzig abbog. Doch der deutschen Flugleitung gelang es noch rechtzeitig, sie auf Leipzig umzulenken.[20] Die im Bomberstrom »mitschwimmenden« deutschen Nachtjäger erzielten ihren ersten Abschuss um 1:46 Uhr, die aus Richtung Berlin kommenden einmotorigen Jäger verzeichneten ihren ersten Abschuss um 2:40 Uhr bei Leipzig. In dieser Nacht erlitt die RAF eine ihrer schwersten Niederlagen im Luftkrieg. Allein zwischen 4:12 Uhr und 4:18 Uhr wurden fünf britische Bomber in 6000 Meter Höhe über Leipzig abgeschossen.[21] Nach rund fünf Stunden intensivster Luftkämpfe schoss ein deutscher Nachtjäger um 6:36 Uhr den letzten britischen Lancaster-Bomber ab. Insgesamt verloren das Bomber Command 78 Bomber und die deutsche Seite sieben Nachtjäger mit 20 Besatzungsmitgliedern, die entweder starben oder vermisst wurden.[22] Auch in den folgenden Monaten erlitt die RAF erhebliche Verluste, die zu einer schweren strategischen Krise des Bomber Commands führten.[23] Allein über Nürnberg wurden am 30. und 31. März 95 britische Bomber abgeschossen.

Die US-Bomber griffen Leipzig am Tag des 20. Februar an, ihre vorrangigen Ziele waren die Luftrüstungswerke von Leipzig. 972 Tote und 1658 Verwundete sowie ein erheblicher Produktionsausfall waren die Folge,[24] sieben US-Bomber gingen verloren.

Bombenpause für Sachsen

Seit Frühjahr 1944 waren die alliierten Bomberkräfte in die Vorbereitung zur britisch-amerikanischen Invasion an der Normandieküste eingebunden. Diese Operation sowie die Anlandungskämpfe in Frankreich selbst verminderten im Sommer 1944 die Städtebombardements im Deutschen Reich deutlich. In dieser Zeit wurden Leipzig, Dresden und Chemnitz nur mit schwachen alliierten Bomberkräften angeflogen, die nur geringe Schäden verursachten.

Erst der Herbst 1944 markierte eine erneute Wende im Luftkrieg um Deutschland. Während die alliierten Bomberverbände an Größe und Kampfkraft zugenommen hatten, war die deutsche Luftverteidigung zusammengebrochen. Das in Frankreich stationierte Vorwarnnetz von Radarstationen war durch den alliierten

Eine Flugzeugabwehrkanone auf dem Dach
der Dresdner Rüstungsfabrik Seidel & Naumann,
um 1944

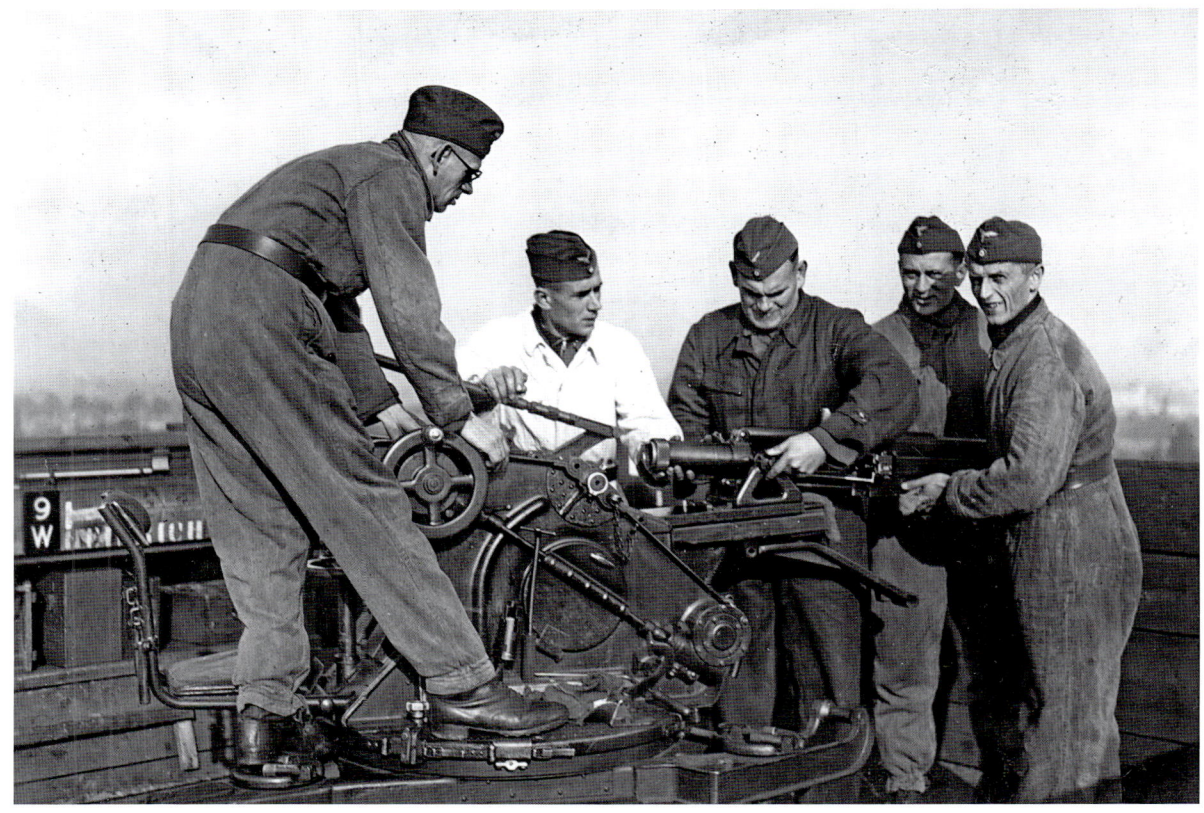

Vormarsch ausgeschaltet worden. Infolge der Angriffe auf die Treibstofffabriken bei Leuna und anderenorts mussten die deutschen Flugzeuge wegen Benzinmangels am Boden bleiben und fielen Trainingseinheiten für Piloten aus. Auf Freital bei Dresden wurden am 24. August 1944 Bomben abgeworfen, von denen einige im Dresdner Stadtgebiet einschlugen.[25] Auf die Dresdner Innenstadt fielen am 7. Oktober Bomben, als 30 von 333 US-Bombern anstelle des vorgesehenen Zieles in Ruhland die sächsische Landeshauptstadt mit ihrem Bahnhof Friedrichstadt als Ausweichziel angriffen.[26]

Abgesehen von wenigen und schwachen Bombenabwürfen blieben Dresden, Chemnitz und Leipzig bis Ende 1944 von schweren Angriffen verschont.

Chemnitz und Dresden besaßen bis Mitte 1944 eine abwehrbereite Flaktruppe. Gegen Ende des Jahres wurde diese nahezu vollständig abgezogen. Besonders dieser Verlust der für Bomber gefährlichen, schweren Flak machte beide Städte sehr verwundbar. In Dresden wurden die Geschütze am 16. Januar 1945 gerade auf dem Bahnhof Friedrichstadt verladen, als ein erneuter amerikanischer Angriff auf die Bahnhofsgebäude und Gleise erfolgte.[27] Auch bei dieser Bombardierung handelte es sich um einen Ausweichangriff. Das eigentliche Ziel der Bomber, die Ölindustrie in Mitteldeutschland, konnte wegen schlechten Wetters nicht bekämpft werden. 376 Menschen starben beim Angriff auf den Bahnhof Friedrichstadt, den Wettiner Bahnhof sowie das Hechtviertel, Wölfnitz und andere Stadtteile.[28]

Chemnitz und Dresden 1945

Am 13. Februar 1945 folgte der nächste Angriff auf Dresden, diesmal durch das britische Bomber Command. Sehr viel ist über die Motive des Bombenangriffs geschrieben worden. In der offiziellen Geschichtsschreibung der Royal Air Force wird bis heute die Unterstützung der sowjetischen Truppen als Hauptgrund genannt. Demzufolge habe die britische Führung Mitte 1944 einen mächtigen Bombenangriff unter der Bezeichnung »Operation Thunderclap« (Aktion »Donnerschlag«) gegen Deutschland geplant, der das Land zur

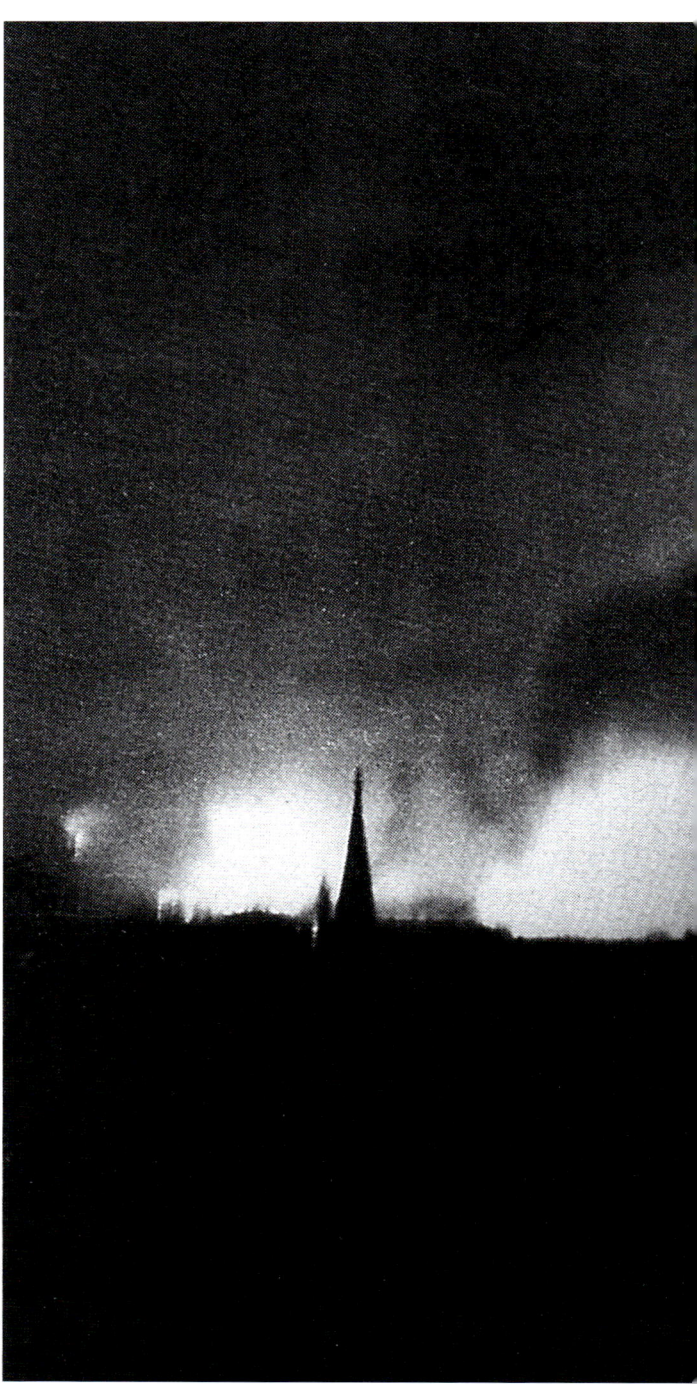

Der Feuersturm in Dresden in der Nacht vom 13. zum 14. Februar 1945

50

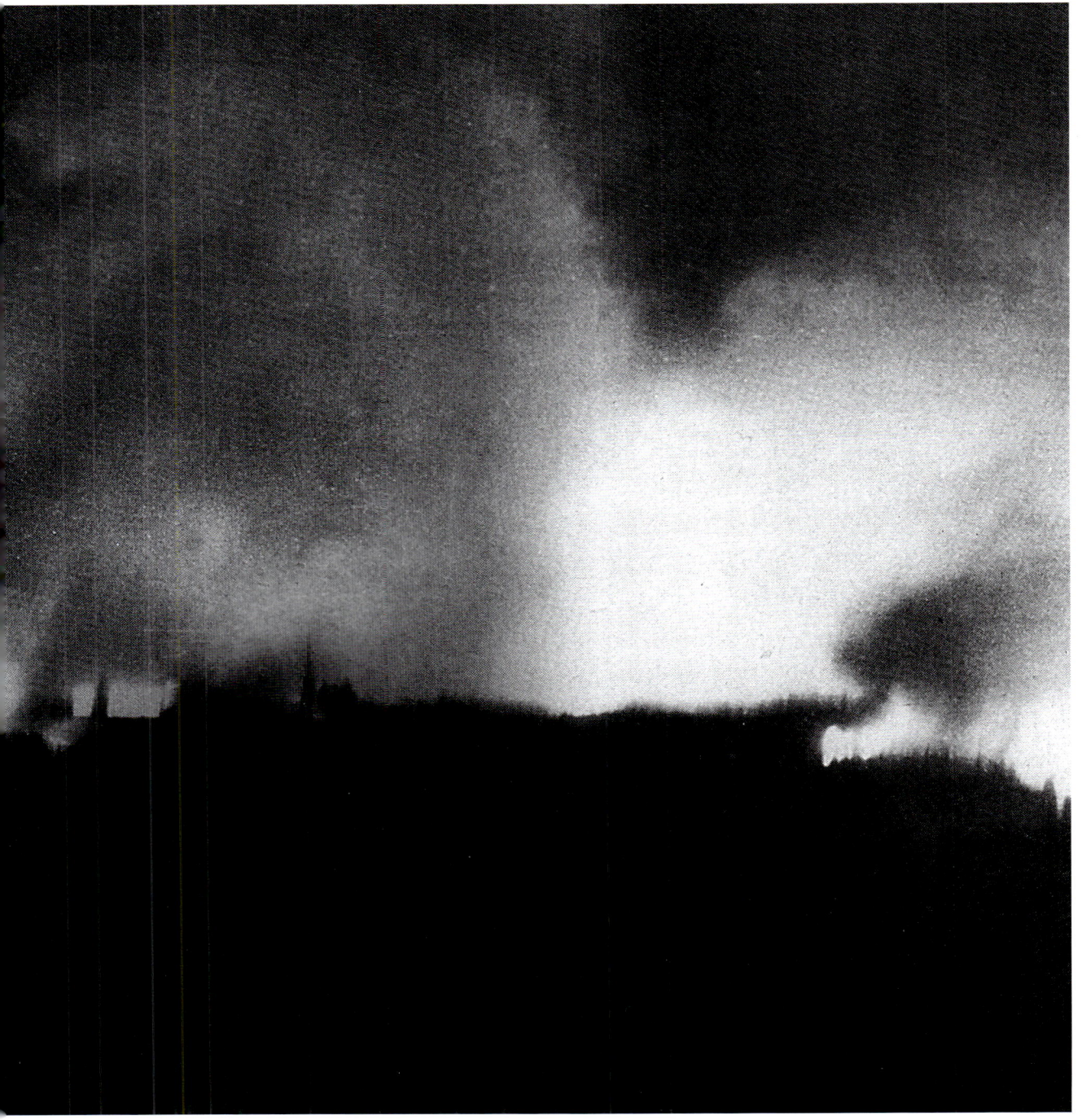

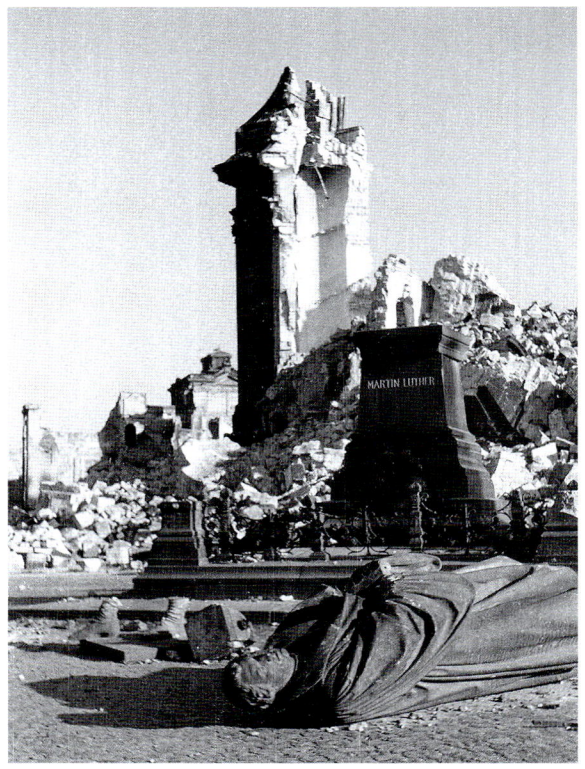

Blick auf die zerstörte Frauenkirche, im Vordergrund das umgestürzte Luther-Denkmal, um 1946

Kapitulation zwingen sollte. Dieser Plan habe aber erst zur Ausführung gelangen können, nachdem die militärische Lage Deutschlands einen kritischen Punkt überschritten hatte. Dies sei im Februar 1945 der Fall gewesen, als die Rote Armee innerhalb kürzester Zeit von Osten vorgestoßen war. Um zu verhindern, dass deutsche Truppen von der Westfront an die Ostfront verlegt werden konnten, sollten Städte hinter der deutschen Ostfront wie Berlin, Dresden, Leipzig und Chemnitz als Kommunikations- und Logistikzentren ausgeschaltet werden. Die sowjetische Seite habe diese Unterstützung zudem auf der Konferenz von Jalta am 4. Februar 1945 konkret gefordert.[29] Demgegenüber bestreiten bis heute russische Stellen diese Interpretation der Ergebnisse von Jalta und legten die Protokolle der Konferenz offen.[30]

Der »Thunderclap«-Plan rechnete mit der schlagartigen Tötung von 110 000 Zivilisten,[31] wobei auch der Einsatz von B- und C-Waffen in Betracht gezogen wurde. Die Planer standen zu diesem Zeitpunkt noch unter dem Eindruck des deutschen Flugkörperbeschusses auf London mit V1-Marschflugkörpern und V2-Raketen,[32] die eine traumatischere Wirkung auf die britische Bevölkerung zu haben schienen als der sogenannte Blitz der deutschen Luftwaffe im Herbst 1940.[33] Dennoch wurde der »Thunderclap«-Plan in dieser Form nicht umgesetzt, wenn er auch nicht vollends in den Schubladen verschwand. Ein Grund dafür war die strategische Gesamtlage. Ende 1944 war die westalliierte Kriegführung in eine schwere Krise geraten, als am 16. Dezember die deutsche Ardennenoffensive begann und anfangs größere Raumgewinne erzielte. Am 4. Januar 1945 schrieb der westalliierte Oberbefehlshaber in Europa, Eisenhower, in sein Tagebuch: »Wir können diesen Krieg immer noch verlieren.«[34]

Aufgrund militärischer Schwierigkeiten der Alliierten an der italienischen Front und im Pazifik sowie der für sie schwierigen Situation an der deutschen Westfront betrachteten der britische Premierminister Winston Churchill und der amerikanische Präsident Franklin D. Roosevelt ihre militärische Lage mit Pessimismus. In Weltkriegsdarstellungen bleibt häufig unerwähnt, dass sich Churchill zur Jahreswende 1944/45 sogar genötigt sah, beim sowjetischen Diktator Stalin um Hilfe zu bitten.[35] Am 6. Januar 1945 traf der britische Luftmarschall Tedder in Moskau ein und überbrachte Stalin ein persönliches Schreiben Churchills, in dem dieser auf eine baldige sowjetische Großoffensive drängte, um die Front im Westen zu entlasten. Daraufhin ließ Stalin tatsächlich eine geplante Großoffensive in Polen vom 20. auf den 12. Januar vorverlegen.[36] Dem späteren amerikanischen Präsidenten Eisenhower »fiel ein Stein vom Herzen«.[37]

Aufgrund dieser Planänderung entstanden der Roten Armee höhere Verluste als erwartet, nicht zuletzt weil das Wetter ungünstig war. Dennoch entwickelte sich der Kampfverlauf sehr bald zum Desaster für die Wehrmacht, die deutsche Heeresgruppe A wurde zertrümmert und sowjetische Vorhuten rückten binnen weniger Tage von der Weichsel bis zur Oder vor, wo sie Brückenköpfe bildeten.[38]

Gerade im Vergleich zur sowjetischen Offensivmacht und den Erfolgen der Roten Armee konnten die militärischen Bedenken und diplomatischen Interventionen der westalliierten Staatschefs als Schwächen verstanden werden, die auch Zweifel an der Schlagkraft der amerikanischen und britischen Armeen aufkommen lassen konnten. Ob sie nun beabsichtigten, die sowjetische Kriegführung zu unterstützen, wie von britischer Seite bekundet, oder durch die Zerstörung ostdeutscher Städte ihre Stärke zu demonstrieren, wie von sowjetischer Seite behauptet, sei dahingestellt. Tatsache ist, dass Briten und Amerikaner gegenüber der Sowjetunion auch auf dem diplomatischen und militärpolitischen Feld ins Hintertreffen zu geraten drohten.

Dabei unterschied sich die amerikanische Luftkriegführung von der des britischen Bomber Commands. Die Angriffe der USAAF richteten sich in Sachsen ausschließlich gegen Bahn- und Industrieziele, jedoch kamen in deren Folge durch schlechte Trefferquoten auch viele Zivilisten ums Leben. Dagegen handelte es sich bei den wenigen Angriffen des britischen Bomber Commands auf sächsische Städte um Angriffe, deren Ziel es war, viele Zivilisten zu töten.

In Dresden und Chemnitz gab es Anfang 1945 keinen aktiven oder passiven Luftschutz in Form von bombensicheren Bunkern. In den meisten deutschen und von Deutschen besetzten Städten war die Luftabwehr bis auf einen schwachen Rest abgezogen worden. Die nationalsozialistische politische und militärische Führung setzte alle verfügbaren Kräfte an der Ostfront ein, von der aus das Regime stärker bedroht war als von der deutschen Westfront oder durch amerikanisch-britische Bomberverbände. Daher dirigierte die Luftwaffenführung fast alle deutschen Jagdflugzeuge an

Blick über das zerstörte Chemnitz, 1945

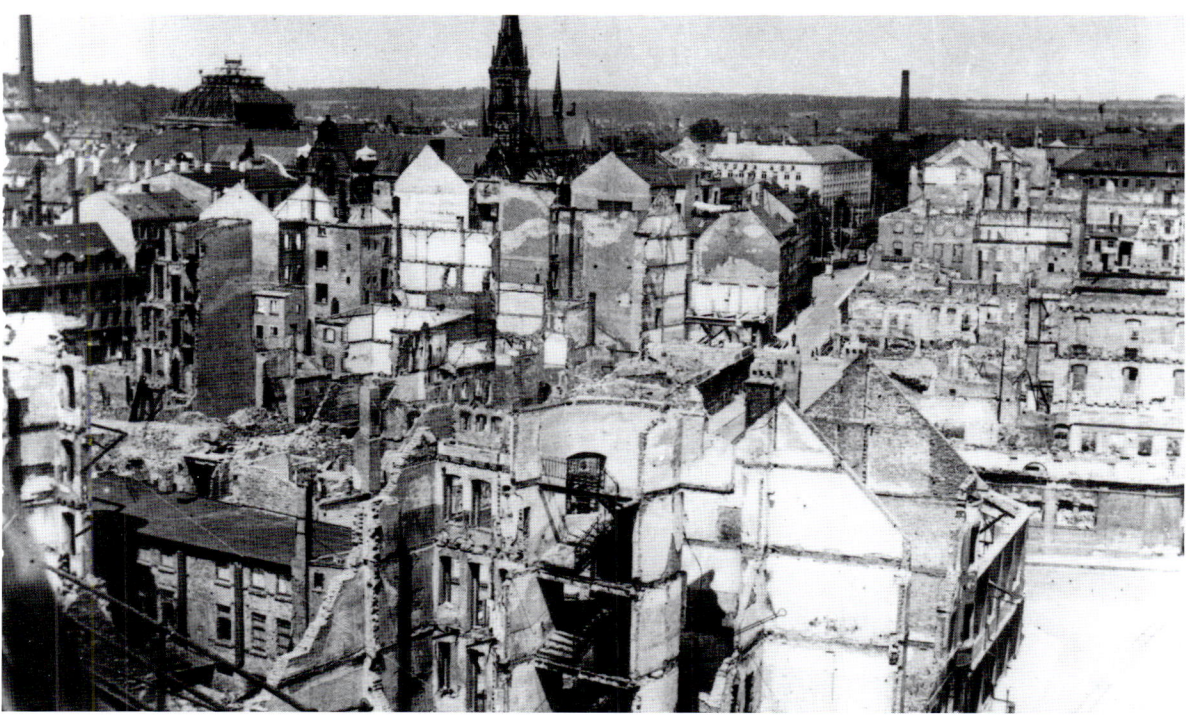

die Oderfront und nahm damit zivile Opfer in den Städten billigend in Kauf. Unter rücksichtsloser Plünderung der letzten Treibstoffvorräte flog die Luftwaffe vom 1. bis 10. Februar 1945 an der Oderfront 13 950 Kampfeinsätze.[39] Diese Zahlen belegen deutlich, dass die Wehrmacht den westalliierten Bombenangriffen keine kriegsentscheidende Bedeutung beimaß und dass dem NS-Regime der Schutz der Zivilbevölkerung in den Städten nicht wichtig war.

Am 13. Februar 1945 erfolgte der erste Großangriff auf Dresden durch das Bomber Command, dessen Zielgebiet die historische Altstadt war. Die erste Welle, bestehend aus 244 Flugzeugen, erreichte die Stadt um 22:13 Uhr und warf eine Bombenlast von 877,5 Tonnen ab. Die Besatzungen in den 529 schweren Bombern der zweiten Welle sahen unter sich bereits ein Flammenmeer. Der Kommandant des Einsatzes im sogenannten Masterbomber änderte daraufhin den Plan. Statt wie vorgesehen das bereits brennende Areal zu bombardieren, befahl er, Stadtgebiete anzugreifen, die noch nicht vom Inferno erfasst waren. Erst diese Entscheidung führte – zusammen mit anderen Faktoren – zu der verheerenden Wirkung der Dresden-Bombardierung. Die Tatsache, dass die Bomber ungehindert und in jeder beliebigen Höhe über Dresden fliegen konnten, ist allein auf die fehlenden Flakstellungen und den fehlenden Einsatzbefehl der wenigen in Klotzsche stationierten Nachtjäger zurückzuführen.[40]

In den Luftschutzkellern harrten die Menschen aus, als sich der Feuersturm durch die zweite Welle noch einmal extrem verstärkte. Viele erstickten in den Kellern, die zu Fallen geworden waren. Selbst wenn es Menschen gelang, sich aus den Luftschutzkellern zu retten, wurden sie oft von der Gluthitze des Feuersturms erfasst und verbrannten.[41]

Der britische Autor Frederick Taylor sieht die Ursache für diesen aus technischer Sicht »perfekten Feuersturm« unter anderem in der Menge der abgeworfenen Bomben.[42] Doch bei den 1 855,9 Tonnen Bomben der zweiten Welle handelte es sich um keine außergewöhnlich große Menge. Weitere Faktoren waren ursächlich für die Katastrophe, der insgesamt rund 25 000 Menschen zum Opfer fielen: beispielsweise die

zu späte Entwarnung,[43] die große Brandmasse alter Gebäude in engen Straßen, die unzureichenden Löschvorkehrungen[44]. Das Bombardement Dresdens habe sich, so der Historiker Olaf Groehler, in Planung und Ausführung nicht von anderen Bombardements des Bomber Commands unterschieden.[45]

Den zurückgekehrten Bomber-Besatzungen wurde nur eine Pause von vier Stunden zugestanden, bevor sie am Abend des 14. Februar 1945 den nächsten Angriff fliegen sollten: Bestimmungsort war Chemnitz. In der Zwischenzeit flogen ihre amerikanischen Kameraden mit 311 Bombern nach Dresden und mit 294 weiteren Bombern nach Chemnitz. In beiden Städten richtete sich ihr Angriff gegen die Bahnhöfe. Beide Bombenangriffe zeigten jedoch nur wenig Wirkung, obgleich rund 771 Tonnen Bomben auf Dresden und 718 Tonnen auf Chemnitz fielen. In der Nacht des 14. Februar flogen die britischen »Dresden-Bomber« ihren Angriff auf Chemnitz. Die Bombenmenge war zwar etwas geringer als beim Dresdner Angriff, das Gewicht der abgeworfenen Brandbomben lag aber etwas höher.[46] Eine ähnlich große Feuerkatastrophe wie in Dresden wiederholte sich jedoch nicht.

Am 5. März traf Chemnitz ein zweiter Doppelschlag, der von 233 US-Bombern eröffnet wurde. In der Nacht klinkten rund 700 britische Bomber eine Bombenlast über Chemnitz aus, die um einige Hundert Tonnen geringer war als die von Dresden am 13. Februar 1945. Obwohl die Bombenmenge auch niedriger war als beim Brandangriff vom 14. Februar auf Chemnitz, war die Wirkung wesentlich gravierender, auch weil es zu einem Feuersturm kam. Wahrscheinlich lag es am Wetter (Nachtfrost, Neuschnee), dass er das Ausmaß des Dresdner Infernos nach der ersten Bomberwelle nicht erreichte.[47] Ein Drittel der Stadtfläche wurde verwüstet, 3 700 Menschen kamen ums Leben oder wurden vermisst.[48] Auch Leipzig wurde in dieser letzten Phase des Krieges von amerikanischen Bombern erneut angegriffen, die vor allem auf die Bahnanlagen zielten. Neben den drei großen Städten in Sachsen erlebte noch Plauen im April 1945 schwere Bombardierungen. Andere Städte wie Bautzen wurden durch Kampfhandlungen mit der Roten Armee in Mitleiden-

Großangriffe auf die drei sächsischen Großstädte 1945[49]

Datum	Wer	Großstadt	Anfliegende Bomber	Ziel	Wirkung
16. Januar Tag	USA	Dresden	138 (angeflogen)	Ausweichziel (Bahnanlagen)	376 Tote
6. Februar Tag	USA	Chemnitz	474 (angeflogen)	Ausweichziel (Bahnanlagen)	unbekannt
13. Februar Nacht	GB	Dresden	805 (gestartet)	Innenstadt	25 000 Tote, Innenstadt verwüstet
14. Februar Tag	USA	Dresden	311 (angeflogen)	Bahnanlagen	unbekannt
14. Februar Tag	USA	Chemnitz	294 (angeflogen)	Bahnanlagen	unbekannt
14. Februar Nacht	GB	Chemnitz	717 (gestartet)	Innenstadt	unbekannt
15. Februar Tag	USA	Dresden	211 (angeflogen)	Ausweichziel (Bahnanlagen)	unbekannt
27. Februar Tag	USA	Leipzig	717 (angeflogen)	Bahnanlagen	1044 Tote
2. März Tag	USA	Chemnitz	255 (angeflogen)	Ausweichziel (Bahnanlagen)	unbekannt
2. März Tag	USA	Dresden	406 (angeflogen)	Ausweichziel (Bahnanlagen)	Schäden an Bahnanlagen
3. März Tag	USA	Chemnitz	166 (angeflogen)	Ausweichziel (Bahnanlagen)	unbekannt
5. März Tag	USA	Chemnitz	233 (angeflogen)	Ausweichziel (Bahnanlagen)	unbekannt?
5. März Nacht	GB	Chemnitz	720 (gestartet)	Innenstadt	3700 Tote, ein Drittel Stadtfläche verwüstet
6. April Tag	USA	Leipzig	430 (angeflogen)	Bahnanlagen	376 Tote
10. April Nacht	GB	Leipzig	325 (angeflogen)	Bahnanlagen	337 Tote
17. April Tag	USA	Dresden	590 (angeflogen)	Bahnanlagen und Ausweichziel	Hunderte Treffer in Bahnanlagen

schaft gezogen. Erst in den letzten Monaten des Krieges verzeichneten die Städte im Sachsendreieck, mit Ausnahme Leipzigs, die schwersten Zerstörungen.

Fazit

Leipzig war die am häufigsten und am schwersten bombardierte Stadt Sachsens im Zweiten Weltkrieg – damit hatte schon die offizielle deutsche Gefährdungseinschätzung aus dem Jahr 1940 gerechnet. Die mit Abstand höchsten Opferzahlen unter der Zivilbevölkerung hatte jedoch Dresden, das im Städtevergleich mit Leipzig und Chemnitz die wenigsten Bombenabwürfe verzeichnete.

In allen drei Städten verursachten Brandbomben Feuerstürme. Die Feuerbrünste in Leipzig am 4. Dezember 1943, in Dresden am 13. Februar 1945 nach der ersten Bombenwelle und in Chemnitz am 5. März 1945 ähnelten sich. Dafür, dass die Folgen in Chemnitz und Leipzig weniger gravierend waren, lassen sich unter anderem folgende Gründe nennen: die kalte Witterung zur Zeit der Chemnitzer Bombardierung, das frühzeitige Verlassen der Luftschutzkeller in Leipzig sowie die noch intakte Luftabwehr in und um Leipzig, die zahlreiche Bomber abschoss und andere in Flughöhen zwang, die Einfluss auf ihre Zielgenauigkeit hatten. In Dresden führte die zweite ungehinderte Angriffswelle der Royal Air Force zur eigentlichen Katastrophe. Diese zündete sozusagen die nächstgrößere Stufe eines Feuersturms, der zu einem der grauenvollsten Infernos im Bombenkrieg wurde.

Exakt geplant werden konnte eine Verheerung, wie sie in Dresden geschah, nicht. Doch sie ergab sich – sobald auch die äußeren Umstände »passten« – zwangsläufig aus dem Flächenbombardement ziviler Ziele. Mit Flächenbombardements verfolgte die Royal Air Force eine andere Strategie als die USAAF, die vorwiegend militärische und wirtschaftliche Ziele bekämpften. Deshalb hatten die amerikanischen Bombardements in der Regel keine annähernd so verheerende Wirkung auf die Stadtbevölkerungen wie die britischen Bombardements. Aber auch die Strategie der USAAF ist aus militärhistorischer Sicht fragwürdig. Denn zu keinem Zeitpunkt gelang es, die Städte als Industrie-, Verkehrs- oder Kommunikationszentren auszuschalten. Zudem ließen die Angriffe einen operativen Masterplan vermissen, weshalb beispielsweise Chemnitz lange Zeit nicht bombardiert wurde, obgleich die alte Industriestadt ein bedeutender Standort für die Produktion von Panzermotoren war.[50] Offenbar teilte das NS-Regime diese Einschätzung über die zweifelhafte Effizienz und Stringenz der Bombardierungen, was ein Grund dafür war, im letzten Kriegsjahr die aktive Luftabwehr aus den meisten sächsischen Städten abzuziehen. Die Luftwaffe kam 1945 fast nur noch gegen die Rote Armee zum Einsatz.

Die Bombardierung Dresdens entsprach als militärische Operation geradezu mustergültig den Vorgaben der britischen Luftkriegsdoktrin vom »moral bombing«, mit der die Kriegsmoral der Stadtbevölkerung gebrochen werden sollte. Dieser Erfolg, der sich in den unvorstellbaren Zerstörungen und der großen Zahl an Opfern unter der Zivilbevölkerung zu zeigen schien, wendete sich jedoch zu einer moralischen Niederlage der britischen Regierung. In der britischen Öffentlichkeit kam es zu einer kontroversen Diskussion über die Bombardierung Dresdens und zu einer Krise der Bombenstrategie, die zudem keine sichtbare Wirkung auf die »Moral« der deutschen Bevölkerung hatte. Die Royal Air Force distanzierte sich vom Begriff »Terrorbombardement«, der bei der amerikanischen Nachrichtenagentur Associated Press durch die Zensur gerutscht war.[51] Ein Historiker der Royal Air Force schrieb 1954 über die Bombardierungen im Frühjahr 1945: »Die Zerstörung Deutschlands hatte zu diesem Zeitpunkt ein Ausmaß erreicht, das selbst einen Attila oder Dschingis Khan bestürzt hätte.«[52] Obzwar sich der Oberbefehlshaber der britischen Bomber, Arthur Harris, nach außen von der Kritik unbeeindruckt zeigte, wurde die Strategie der Royal Air Force geändert. Vom 6. April 1945 an wurde der Royal Air Force befohlen, die Flächenangriffe auf Wohngebiete einzustellen und nur noch Militär- und Wirtschaftsziele anzugreifen.[53] Dennoch kam es bis Ende April zu Flächenbombardierungen mit vielen Opfern und großen Schäden.[54]

Im Vergleich der Städte Leipzig, Dresden und Chemnitz werden die großen Linien des Bombenkriegs sichtbar, und er hilft, Dresdens Zerstörung als das zu verstehen, was sie ist: der Endpunkt einer sich über Jahre entwickelnden und eskalierenden Art der Kriegführung; einer Kriegführung, an der die deutsche Luftwaffe einen erheblichen Anteil hatte. Allein in London starben 30 000 Menschen durch deutsche Bomben und V-Waffen, auch noch nach dem 13. Februar 1945.

Anmerkungen

1 Vgl. Thomas Widera: Gefangene Erinnerung. Die politische Instrumentalisierung der Bombardierung Dresdens, in: Lothar Fritze/Thomas Widera (Hrsg.): Alliierter Bombenkrieg. Das Beispiel Dresden (Berichte und Studien 50), Göttingen 2005; Gilad, Margalit: Dresden und die Erinnerungspolitik der DDR (URL: http://www.historicum.net/no_cache/de/persistent/artikel/1787/, zuletzt besucht am 27. 10. 2014). **2** Götz Bergander: Dresden im Luftkrieg. Vorgeschichte – Zerstörung – Folgen, 2. Auflage, Weimar 1994. **3** Frederick Taylor: Dresden, Dienstag, 13. Februar 1945, München 2004. **4** Vgl. Abschlussbericht der Dresdner Historikerkommission zu den Luftangriffen auf Dresden zwischen dem 13. und 15. Februar 1945 (URL: http://www.dresden.de/media/pdf/infoblaetter/Historikerkommission_Dresden1945_Abschlussbericht_V1_14a.pdf, zuletzt besucht am 27. 10. 2014). **5** Vgl. Angaben des Sächsischen Industriemuseums (URL: http://www.saechsisches-industriemuseum.de/c1/c1/redaktion?latestVersion=true&format=HTML&workshop=1&URLID=2911&context=WWW&loginName=wwwnutzer&loginPassword=walter, zuletzt besucht am 27. 10. 2014). **6** Vgl. Geschichte der Stadt Leipzig (URL: http://www.leipzig-sachsen.de/leipzig-stadtchronik/leipzig-geschichte-1900-heute.html, zuletzt besucht am 23. 10. 2014). **7** Vgl. Taylor: Dresden, S. 179 ff.; eigene Forschungen, präsentiert in einem Vortrag »Dresdens Bedeutung für die Luftkriegsführung des ›Dritten Reiches‹ am 14. 4. 2014 am MHM Dresden. **8** Einwohnerzahlen gerundet aus: Statistisches Jahrbuch für das Deutsche Reich. 1939, Berlin 1940, S. 14. **9** Vgl. Jörg Friedrich: Der Brand. Deutschland im Bombenkrieg 1940–1945, Berlin 2004, S. 346. **10** Vgl. Lutz Budraß: Flugzeugindustrie und Luftrüstung in Deutschland 1918–1945, Düsseldorf 1998, S. 837 ff. **11** Vgl. Olaf Groehler: Bombenkrieg gegen Deutschland, Berlin (Ost) 1990, S. 196. **12** Vgl. ebd., S. 196–201. **13** Vgl. ebd., S. 449. **14** Vgl. ebd., S. 202. **15** Zu Notabwürfen kam es, wenn ein Bomber von deutschen Jägern stark bedrängt wurde und seine Bomben ungezielt abwarf, um schneller und beweglicher zu sein. **16** Vgl. ebd., S. 204 ff.; Birgit Horn: Angriffsziel »Haddock«. Bombenangriffe auf Leipzig (URL: http://www.historicum.net/no_cache/persistent/artikel/1818/, zuletzt besucht am 27. 10. 2014). **17** Vgl. Groehler: Bombenkrieg, S. 209. **18** Vgl. Williamson Murray: Strategy for Defeat. The Luftwaffe 1939–1945, Maxwell Air Force Base, Montgomery, AL 1983, S. 171. **19** Vgl. Groehler: Bombenkrieg, S. 211 f. **20** Vgl. Bundesarchiv (BArch) Militärarchiv, RL-8/94, Kriegstagebuch des I. Jagdkorps, 20. Februar 1944, f. 10 f. **21** Eigene Berechnungen aus noch unveröffentlichten Forschungen. **22** Vgl. BArch Militärarchiv, RL-8/94, Kriegstagebuch des I. Jagdkorps, 20. Februar 1944, f. 10 f. **23** Vgl. Groehler: Bombenkrieg, S. 211 f. **24** Vgl. Horn: Angriffsziel »Haddock«, S. 1. **25** Vgl. Bergander: Dresden im Luftkrieg,

S. 31 f. **26** Vgl. ebd., S. 35 f. **27** Vgl. ebd., S. 56. **28** Vgl. ebd., S. 64 ff. **29** Vgl. Angaben der Royal Air Force (URL: http://www.raf.mod.uk/history/bombercommanddresdenfebruary1945.cfm, zuletzt besucht am 27. 10. 2014). **30** Vgl. RIA Novosti, 9. 5. 2006 (URL: http://de.ria.ru/security_and_military/20060509/47890050.html, zuletzt besucht am 27. 10. 2014). **31** Vgl. Taylor: Dresden, S. 212. **32** Vgl. Groehler: Bombenkrieg, S. 330 ff. **33** »Paradoxerweise wurde die Moral durch eine Angriffsweise, die weniger Opfer forderte, stärker beeinträchtigt.« Richard Overy: Der Bombenkrieg. Europa 1939–1945, Berlin 2014, S. 277. **34** Klaus-Dietmar Henke: Die amerikanische Besetzung Deutschlands, München 1996, S. 340. **35** Vgl. Horst Boog: IV. Die amerikanische Bomberoffensive der Alliierter gegen Deutschland; in: Rolf-Dieter Müller (Hrsg.): Das Deutsche Reich und der Zweite Weltkrieg, Bd. 10/1; Der Zusammenbruch des Deutschen Reiches. Die militärische Niederwerfung der Wehrmacht, München 2008, S. 788 f. **36** Vgl. Wolfgang Schumann: Deutschland im Zweiten Weltkrieg, Bd. 6, Berlin (Ost) 1988, S. 136 f. **37** Georg K. Shukow: Erinnerungen und Gedanken, Bd. 2, 5. Auflage, Berlin (Ost) 1976, S. 418. **38** Vgl. Richard Lakowski: Der Zusammenbruch der deutschen Verteidigung zwischen Ostsee und Karpaten, in: Müller: Das Deutsche Reich und der Zweite Weltkrieg, Bd. 10/1, S. 491–587. **39** Vgl. Olaf Groehler: Die faschistische Luftwaffe in der letzten Phase des zweiten Weltkrieges, in: Zeitschrift für Militärgeschichte 6/1971, S. 686–705. **40** Der Einsatzbefehl blieb vermutlich wegen Treibstoffmangels aus. **41** Vgl. Taylor: Dresden, S. 258 ff.; Groehler: Bombenkrieg, S. 404 ff. **42** »Die Menge der Bomben, die während der gut halbstündigen zweiten Welle abgeworfen wurden, sagt alles.« Taylor: Dresden, S. 312. **43** Vgl. »Die Schlußmeldung vom 15. März 1945 schildert nichts, was Tausende im Feuersturm erlebten. Hier ist der Historiker auf Augenzeugenberichte angewiesen. Wobei dies stets die Erzählungen von Menschen sind, die das Inferno überlebten. Das sind nicht die Erlebnisse der Umgekommenen. [...] Typisch in all diesen Berichten ist die Tatsache, daß die Überlebenden des Feuersturms den Mut hatten, die Luftschutzkeller der brennenden Häuser zu verlassen [...].« Friedrich Reichert: Verbrannt bis zur Unkenntlichkeit, in: Verbrannt bis zur Unkenntlichkeit. Die Zerstörung Dresdens 1945, Begleitbuch zur Ausstellung im Stadtmuseum Dresden Februar bis Juni 1995, Altenburg 1994, S. 40–62, hier S. 50. **44** »Nirgends die Spur einer Löschtätigkeit.« Victor Klemperer am Morgen des 14. Februar 1945, in: Walter Kempowski: Der rote Hahn. Dresden im Februar 1945, München 2001, S. 173; vgl. u. a. ebd. Liesbeth Flade, S. 182 ff. oder Eva Schließer, S. 189: »Jetzt nachträglich denke ich oft, wir hätten das Haus halten können, wenn wir die ganze Löscherei besser organisiert hätten.« **45** Vgl. Groehler: Bombenkrieg, S. 392; 25 000 Tote in: Abschlussbericht der Dresdner Historikerkommission, S. 67. **46** Vgl. Groehler: Bombenkrieg, S. 414 ff. **47** Vgl. Karlheinz Reimann: Wie Chemnitz 1954 im Bombenhagel in Schutt und Asche fiel, 2007/2013 (URL: http://www.chemnitzer-geschichten.de/index.php/historisches/33-wie-chemnitz-1945-im-bombenhagel-in-schutt-und-asche-fiel, zuletzt besucht am 27. 10. 2014). **48** Vgl. Groehler: Bombenkrieg, S. 422. **49** Vgl. ebd., S. 422 f.; Bergander: Dresden (URL: http://www.historicum.net/fileadmin/sxw/Themen/Bombenkrieg/Themen/Leipzig_Chronik.pdf, zuletzt besucht am 22. 10. 2014); Einsatzstatistiken der USAAF auf der Homepage der Rutgers University (URL: http://paul.rutgers.edu/~mcgrew/wwii/usaf/html/, zuletzt besucht am 22. 10. 2014). **50** Vgl. Reimann: Chemnitz im Bombenhagel. **51** Vgl. Taylor: Dresden, S. 398. **52** Hilary Saint George Saunders: The Royal Air Force 1939–1945, Vol. III, The fight is won, London 1954, S. 271. **53** Vgl. ebd. **54** Vgl. Taylor: Dresden, S. 379 ff.

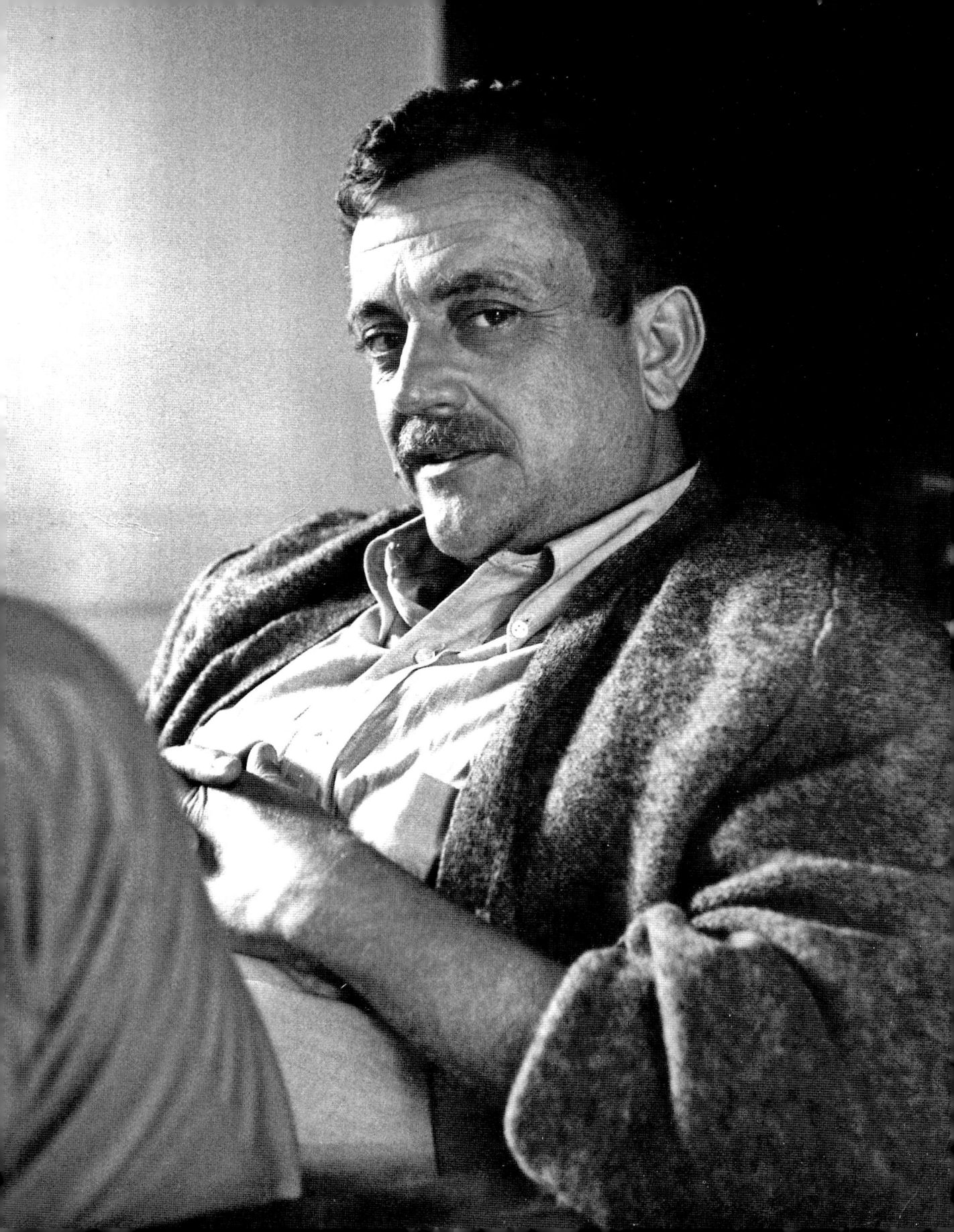

KURT VONNEGUT

»SLAUGHTERHOUSE-FIVE«

Maryvelma S. O'Neil und Kateri V. O'Neil
Ramsey Clark gewidmet

»Als die Amerikaner und ihre Wachmannschaft schließlich hinausgingen, war der Himmel schwarz von Rauch. Die Sonne war wie ein zorniger Stecknadelkopf. Dresden war jetzt wie der Mond, nichts als Mineralien. Die Steine waren heiß. Alle anderen im weiteren Umkreis waren tot. So geht das.«[1]

Kurt Vonnegut war in Dresden, als die Stadt zerstört wurde. Das strategische Bombardement durch die alliierten Truppen vom 13. bis 15. Februar 1945 war das einschneidende Erlebnis in seinem Erwachsenenleben: Die Nachwirkungen dieser Schreckensnacht prägten ihn als Menschen und als Künstler. Der Roman »Slaughterhouse-Five« (1969, deutsch: »Schlachthof 5«), in dem sich Vonnegut mit der Zerstörung der Stadt, den Folgen für sein eigenes Leben und der Möglichkeit einer allgemein zu ziehenden Lehre auseinandersetzt, ist weltweit von außerordentlicher Bedeutung und gehört zu den klassischen Antikriegsromanen.

Ironischerweise wurde Kurt Vonnegut ein »Kriegie« – so die Selbstbezeichnung der alliierten Kriegsgefangenen – im Heimatland seiner Vorfahren. Seine Urgroßeltern hatten sich einer der großen deutschen Auswanderungswellen angeschlossen, die in der zweiten Hälfte des 19. Jahrhunderts beinahe eine halbe Million Deutsche in die Vereinigten Staaten (besonders in den Mittleren Westen) brachten. Anders als viele andere Immigranten jener Zeit waren diese Deutschen, die nach der gescheiterten Revolution von 1848 geflo-

hen waren, gut ausgebildet und vermögend, weswegen sie in der Folge nachhaltig zur Entwicklung des sozialen, kulturellen und politischen Lebens in den Vereinigten Staaten beitrugen. Vonneguts Urgroßvater väterlicherseits, Clemens, wanderte 1848 von Münster/Westfalen in die USA aus und ließ sich später in Indianapolis, Indiana nieder. Dort wurde am 11. November 1922 Kurt jr. geboren.[2]

Kurt Vonnegut übernahm die philosophische Tradition seiner Vorfahren, in einem Brief von 1991 beschreibt er sich selbst als einen »deutsch-amerikanischen religiösen Skeptiker (Freidenker) der vierten Generation«.[3] Vonnegut blieb, wie er bedauerte, der Zugang zum reichen deutschen Kulturerbe verwehrt, weil seine Eltern aufgrund der antideutschen Stimmung während des Ersten Weltkriegs unter anderem vermieden, sich zu Hause in ihrer Muttersprache zu unterhalten. Ein Jahr vor seinem Tod beschrieb er dieses Gefühl des Verlustes durch einen Verweis auf die Oper »Die Frau ohne Schatten« von Richard Strauss: »›Die Frau ohne Schatten‹ – ich war ein Kind ohne Schatten, einen ethnischen Schatten. Meine Eltern hätten mir Deutsch beibringen können, aber sie taten es nicht. Ich hatte keinerlei Bewusstsein meiner ethnischen Zugehörigkeit.«[4]

Vonnegut scheint jedenfalls die kreative Disposition seiner Familie sowie deren Hang zur Düsternis geerbt zu haben. Sein Vater, Kurt sen., war in das von seinem Vater mitbegründete Architekturbüro eingestiegen. Kurt jr. sein jüngster Sohn, erinnerte sich an ihn als »verträumten Künstler«, der sich in die Sphäre des Häuslichen flüchtete, während seine Frau Edith (geborene Lieber) ihren Kummer über den infolge der Welt-

◄ Kurt Vonnegut, 1975

wirtschaftskrise erlittenen sozialen Abstieg der Familie auf andere Art ausdrückte: Sie beging am Muttertag des Jahres 1944 Selbstmord, zu der Zeit, als Kurt direkt vor seinem Wehreinsatz in Übersee auf Heimaturlaub war.

Vonneguts sprachliche Kreativität manifestierte sich sehr früh. Nachdem er bereits für seine High-School-Zeitung geschrieben hatte, immatrikulierte er sich an der Cornell University, wo er unter anderem zwei Jahre lang Deutsch studierte; außerdem trug er regelmäßig – sowohl als Redakteur als auch als Kolumnist – zur »The Cornell Daily Sun« bei (1941/42). Er sagte von sich, er sei ein »lausiger Student«[5] gewesen, vor allem in seinem Hauptfach Biochemie. Konfrontiert mit der Aussicht durchzufallen, brach er sein Studium mitten im dritten Jahr ab, »begeistert darüber, sich der Army

anzuschließen und in den Krieg zu ziehen«.[6] Er wurde bei der Armee zum Maschinenbauer ausgebildet und im November 1944 als Mitglied des 423. Infanterie-Regiments, 106. Division, nach Europa eingeschifft.

Seinen ersten Kampfeinsatz hatte der 22-jährige Gefreite Kurt Vonnegut jr. während der Ardennenoffensive 1944/45. Nach der fast vollständigen Auslöschung seiner Einheit irrte er mit den Resten seines Aufklärungsbataillons hinter den feindlichen Linien umher und wurde am 19. Dezember 1944 in einem Graben kauernd gefangen genommen.

Nach seiner Gefangennahme wurde Vonnegut mit anderen Kriegsgefangenen in einen Güterwagen gepfercht und zunächst von Limburg zum Stalag[7] IV B in Mühlberg gebracht; zur Arbeit eingeteilt, kam er am 10. Januar 1945 in Dresden an. Der heruntergekommene Trupp wurde dann unter Bewachung vom Hauptbahnhof zum städtischen Schlachthof im Großen Ostra-

Städtischer Vieh- und Schlachthof Dresden, 1926

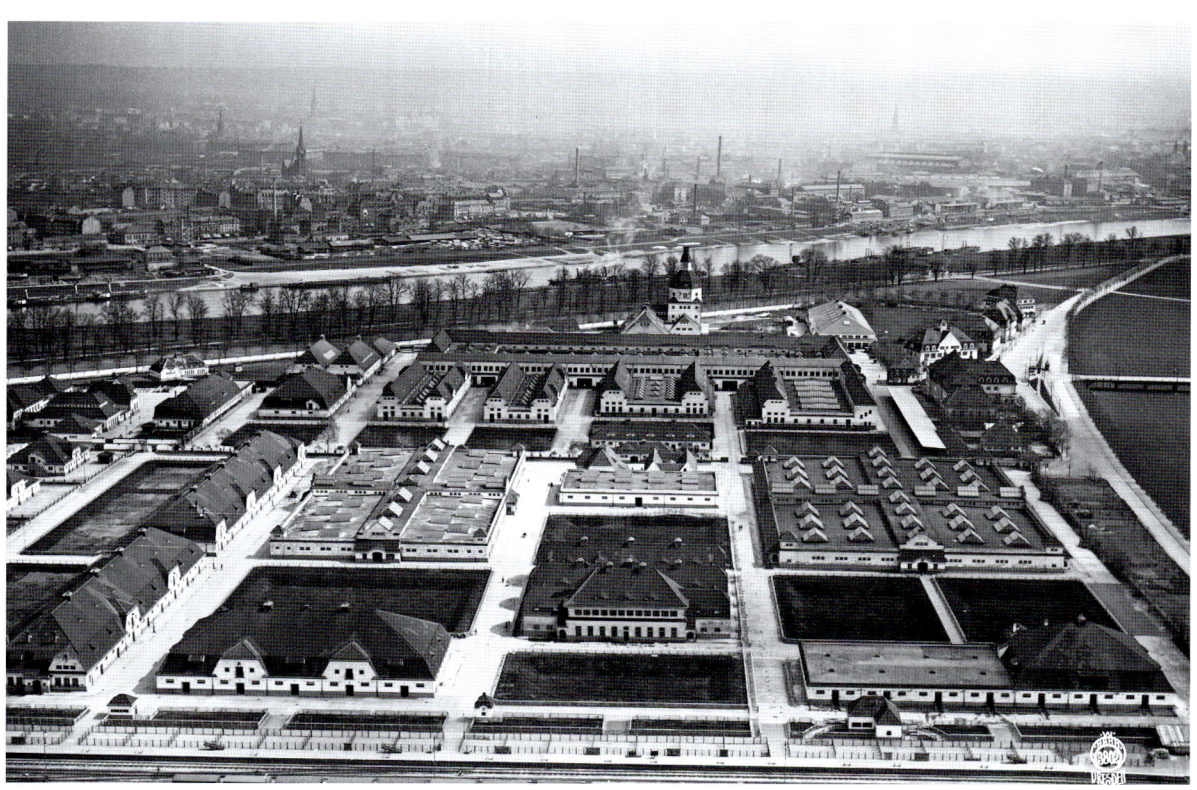

gehege geführt, wo sie im fünften Gebäude untergebracht wurden – einem leer stehenden Schweinestall
aus Zement, von den deutschen Bewachern »Schlachthof 5« genannt.[8]

Vonnegut schrieb sein Überleben vor allem seinem
»unverschämten Glück«[9] zu, doch möglicherweise ret-
teten auch vier deutsche Soldaten sein Leben. Am
13. Februar 1945 um 22 Uhr – »die Alarmsirenen von
Dresden heulten traurig«,[10] beschreibt der Roman diese
Situation – trieben die vier Bewacher ihn und seine Mitgefangenen in den unter Tage gelegenen Schutzraum.[11] In dieser unterirdischen Höhle, umgeben von
hängenden Tierkadavern, ertrugen sie einen langen
Albtraum, während alliierte Bomber die Stadt unerbitt-
lich mit erderschütternden Bomben und Brandbomben
überzogen. Um 1:30 Uhr berichtete der Kommandeur
einer Einsatzgruppe des Reichsarbeitsdienstes (RAD),
die in einer Rettungsmission unterwegs war: »Die Ex-
plosionsgeräusche vermischten sich mit einem neuen,
fremden Geräusch, das näher und näher zu kommen
schien, dem Geräusch eines donnernden Wasserfalls.
Es war das Geräusch des mächtigen Tornados [des
Feuersturms], der in der Innenstadt heulte.«[12] Um die
Mittagszeit des nächsten Tages stiegen die erschöpften
und verängstigten Kriegsgefangenen die eisernen
Treppen des Schlachthofs hinauf. Nachdem die Bewacher die massiven Metalltüren geöffnet hatten, wurde
die Gruppe Augenzeuge der apokalyptischen Auswirkungen. Grausiger Zufall, dass die Bombardierung
ausgerechnet auf einen Aschermittwoch fiel: Die verheerende Offensive hatte die historische Altstadt in
Schutt und Asche gelegt.

Drei Monate später schrieb Vonnegut in einem Rück-
führungslager in Le Havre einen Brief an seine Familie,
in dem er auf lebendige Weise die Leidensgeschichte
seiner Gefangenschaft nacherzählte.

Die umfangreichsten Beschreibungen, die Vonnegut
je von der Zerstörung Dresdens und deren Nachwirkungen gab, wurden später in drei erinnerungswürdi-
gen Interviews veröffentlicht, die an dieser Stelle vollständig wiedergegeben werden sollen, denn Vonnegut
ergänzt hier ausführlich und in der Ich-Form, was er in
»Schlachthof 5« in Romanform brachte.

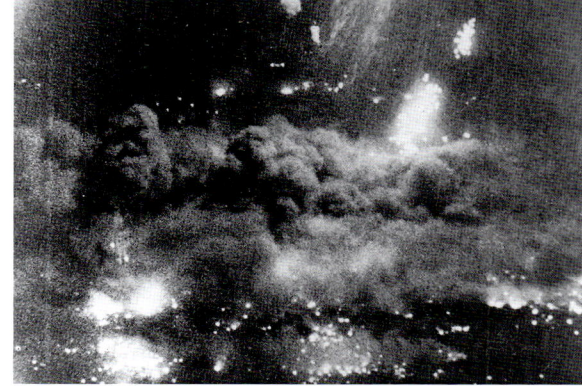

Rauchdecke von fünf Kilometern Höhe über dem
brennenden Dresden, Aufnahme der Royal Air Force,
13./14. Februar 1945

»Wir lebten in einem Schlachthof, in einem netten,
neuen Schweinestall aus Zement. Sie hatten Stockbet-
ten mit Strohmatratzen im Stall aufgestellt, und wir
gingen jeden Morgen als Vertragsarbeiter zur Arbeit in
eine Malzsirupfabrik. Der Sirup war für schwangere
Frauen gedacht. Oft gingen die verdammten Sirenen
los und wir konnten hören, wie eine andere Stadt alles
abbekam – wummer wummer wummer. Wir haben nie
erwartet, dass wir es mal abbekommen. Es gab nur
wenige Luftschutzbunker in der Stadt und keine
kriegswichtige Industrie, nur Zigarettenfabriken, Kran-
kenhäuser, Klarinettenhersteller. Dann ging eine Sirene los – es war der 13. Februar 1945 – und wir gingen
zwei Stockwerke in den Keller, in ein Kühlhaus. Es war
kalt da unten, überall hingen Tierkadaver. Als wir wieder hochkamen, war die Stadt weg.«[13]

»Sie gingen erst, um alles aufzulockern, mit Spreng-
stoff ran, dann ließen sie Brandbomben runtergehen.
Zu Beginn des Krieges waren Brandbomben noch
ziemlich groß, so lang wie ein Schuhkarton ungefähr.
Als Dresden dran war, waren sie schon richtig winzige
Dinger. Sie haben die ganze verdammte Stadt in Schutt
und Asche gelegt. […] Ein Feuersturm ist schon eine
faszinierende Sache. Sowas kommt in der Natur nicht
vor. Er speist sich aus den Tornados, die sich in seiner
Mitte entwickeln, und es gibt da drin keine verdammte

Atemluft mehr. [...] Es war ein ungewöhnliches Schauspiel, erschreckend. Es war auch ein Moment der Wahrheit, weil amerikanische Zivilisten und Infanteristen bis dahin nicht wussten, dass amerikanische Bomber auch an Flächenbombardements beteiligt waren.«[14]

»Jeden Tag gingen wir in die Stadt und gruben uns in Keller und Schutzräume, um die Leichen hinauszuschaffen, als hygienische Maßnahme. Wenn wir reingingen, sah ein typischer Schutzraum, ein einfacher Keller meist, immer so aus wie ein Straßenbahnwagen, in dem alle Leute gleichzeitig einen Herzinfarkt erlitten hatten. Einfach nur Leute, die in ihren Stühlen saßen, alle tot. [...] Wir schafften die Toten raus. Sie wurden auf Wagen geladen und in Parks gebracht, in leere Areale der Stadt, die nicht mit Schutt gefüllt waren. Die Deutschen hatten große Scheiterhaufen angezündet, denn die Leichen zu verbrennen verhinderte, dass sie anfingen zu stinken und sich Krankheiten verbreiten konnten. 130 000 Leichen wurden vergraben. Es war eine furchtbar ausgeklügelte Ostereiersuche. Wir arbeiteten umgeben von deutschen Soldaten. Zivilisten bekamen nie zu sehen, was wir taten. Nach ein paar Tagen begann die Stadt trotzdem zu stinken, und eine neue Strategie wurde entwickelt. Not macht erfinderisch. Wir sprengten uns einen Weg in die Schutzräume, griffen uns die Wertsachen von den Schößen der Leute, ohne zu versuchen, diese zu identifizieren, und gaben diese Wertsachen dann weiter an die Bewacher. Die Soldaten kamen dann mit einem Flammenwerfer, und vom Türrahmen aus äscherten sie dann die Leute drinnen ein. Nimm das Gold und die Wertsachen, und dann verbrenn alle da drinnen.«[15]

Als Vonnegut 1967 nach Dresden zurückkehrte, hatte sich der lieu de memoire, von dem er gehofft hatte, dass er verdrängte Erinnerungen hervorbringen könne, in eine Nachkriegs-»Zementmoderne« verwandelt.[16] In »Schlachthof 5« heißt es dazu: »Es sah ganz wie Dayton, Ohio, aus, nur daß es mehr offene Plätze als Dayton hatte. Es muß dort Tonnen von menschlichem Knochenmehl im Erdboden geben.«[17]

Obwohl die Zerstörung Dresdens Vonneguts Leben prägte, konkretisierte er den Krieg nicht mit den konservativen Mitteln des historischen Romans.[18] Um den Leser selbst entscheiden zu lassen, »ob Vergeltung für selbst die furchtbarsten Gräueltaten die Abschlachtung so vieler Menschen rechtfertigen kann«,[19] schuf er ein postmodernes Metanarrativ für »Schlachthof 5«. Der weitschweifige Titel des 1969 veröffentlichten Buches, der überraschenderweise an vormoderne Bücher erinnert, skizziert bereits diskursartig seinen Inhalt: »Schlachthof 5 oder Der Kinderkreuzzug«, Untertitel: »von Kurt Vonnegut jr., einem Deutschamerikaner der vierten Generation, der jetzt in angenehmen Verhältnissen in Cape Cod lebt (und zuviel raucht), der vor langer Zeit als Angehöriger eines Infanterie-Spähtrupps kampfunfähig als Kriegsgefangener Zeuge des Luftangriffs mit Brandbomben auf Dresden, das ›Elbflorenz‹, war und ihn überlebte, um die Geschichte zu erzählen. Dies ist ein Roman, ein wenig in der telegraphisch-schizophrenen Art von Geschichten von dem Planeten Tralfamadore, von wo die fliegenden Untertassen herkommen. Friede.«

Billy Pilgrim, die Hauptfigur in »Schlachthof 5«, dient als Vonneguts Alter Ego. Er ist ein Jedermann des 20. Jahrhunderts, dessen instabiles Selbst in zwei kurzen Sätzen zusammengefasst ist: »Ich war in Dresden, als es bombardiert wurde. Ich war Kriegsgefangener.«[20] Nachdem er den Angriff, der die Hölle auf die Erde brachte, miterlebt hat – den Angriff, der eine Stadt mit einer Skyline so »üppig, zauberisch und absurd [...] wie ein Bild des Himmels aus der Sonntagsschule«[21] zerstört hatte –, wird Billy als ein »corpse miner«, als ein »Minenarbeiter für Leichen«, eingesetzt. »Allmählich wurden Hunderte von Leichenbergwerken in Betrieb genommen. Sie rochen zuerst nicht schlecht, waren wie Wachsfigurenmuseen. Aber dann zersetzten sich die Leichen und lösten sich auf, und der Gestank war wie Rosen und Senfgas.«[22]

Als Soldat im Zweiten Weltkrieg hat Billy Pilgrim »zum ersten Mal das Zeitgefühl« verloren, als er nach der Ardennenoffensive durch den Wald wanderte.[23] Nach dem Krieg, zurückgekehrt in seine Heimatstadt Ilium/New York, übernimmt er die Verpflichtungen des Erwachsenenlebens als recht erfolgreicher Optiker und anscheinend zufriedener Familienvater. Allerdings erlebt er immer häufiger das erneute Auftreten seines kriegsbedingten psychischen Zusammenbruchs. Und er reist immer wieder unversehens durch die Zeit zum Planeten Tralfamadore, für dessen Bewohner Vergangenheit, Gegenwart und Zukunft gleichzeitig existieren. Konsequenterweise »machen sie keinen Versuch, irgendeinem Ereignis eine Bedeutung zuzuordnen, da sie jegliche Form von Kausalität verurteilen«.[24] Pilgrim kehrt zur Erde zurück und ist fest entschlossen, die tralfamadorische Überzeugung zu verbreiten, die Zeit sei durcheinander, fragmentarisch und zufällig zusammengesetzt – ebenso wie es auch seine Erinnerungen an Dresden sind.

»Vonneguts Versuch, über Dresden zu schreiben – der Versuch, sich an Dresden zu erinnern – bildet den Rahmen des Romans. Aber zum eigentlichen Stoff wurde eine andere Art der Erinnerung. ›Er versuchte sich zu erinnern, wie alt er war, brachte es aber nicht fertig.‹ Das ist Billy, der Optiker. ›Dann wollte er sich ins Gedächtnis rufen, welches Jahr es war. Aber auch daran konnte er sich nicht erinnern.‹ Für den traumatisierten Soldaten ist der Krieg immer präsent, und die Gegenwart ist immer der Krieg. Er ist losgelöst von der Zeit in dem Sinne, dass er in ihr gefangen ist. Sein Leben verläuft nicht linear, sondern ergibt sich radial, wie aus den Speichen eines Rades, aus einem Ereignis heraus. Alles fühlt sich an wie ein Traum: wie ein sehr schlechter Traum. Der Roman ist deswegen so gestaltet, weil Vonnegut selbst ein Zeitreisender ist. Er musste sich selbst in die Erzählung einbringen, weil er bereits Teil der Erzählung war.«[25]

Kurt Vonnegut in seinem Arbeitszimmer in Barnstable, Massachusetts USA, 1969

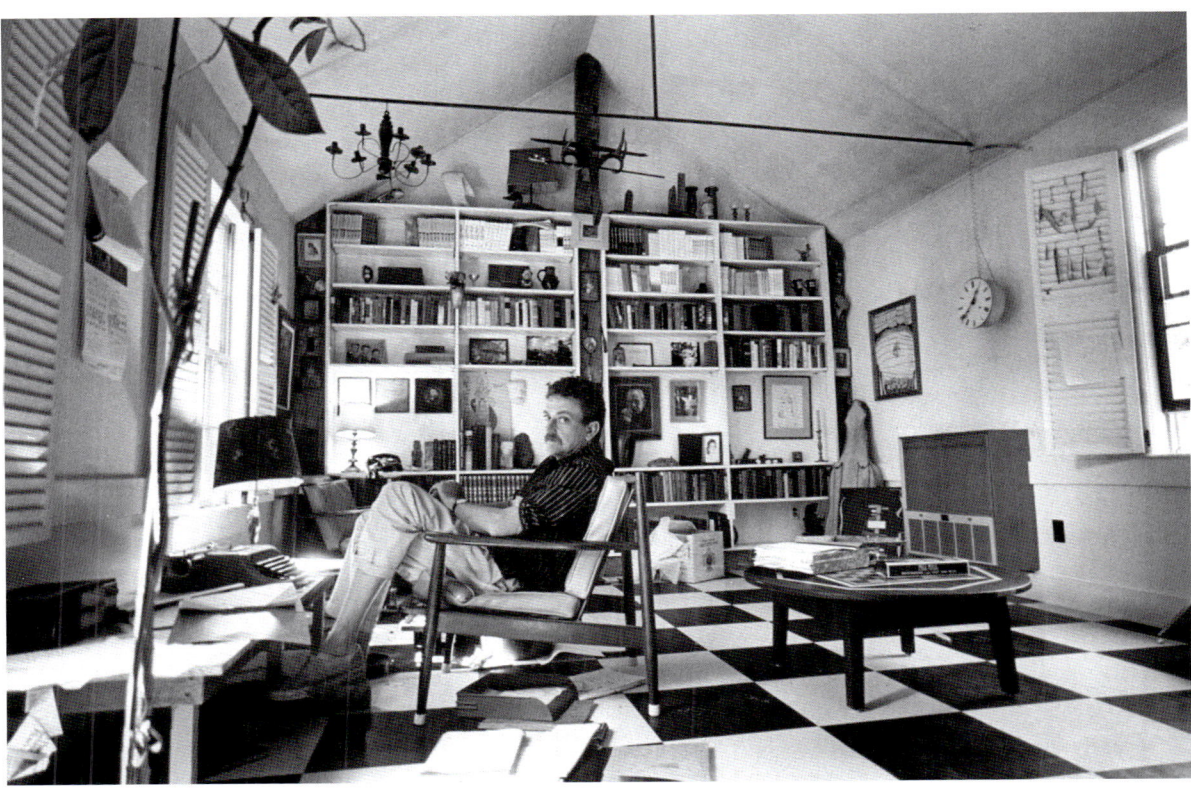

Gleich zu Beginn seiner persönlichen Einleitung erzählt Vonnegut dem Leser: »Alles das hat sich mehr oder weniger zugetragen. Jedenfalls entsprechen die Abschnitte, die den Krieg betreffen, durchaus der Wahrheit.«[26] Dennoch dürfen Billys und Vonneguts retrospektive Antworten auf Dresden nicht verschmolzen werden, wie Thomas Wymer bemerkte.[27] Die Zeitreisen sind eine Therapie für den von Wahnvorstellungen heimgesuchten Billy, während Vonnegut sich selbst therapierte, indem er absichtlich »ein fragmentiertes Narrativ, das die Bombardierung Dresdens der Vietnams gegenüberstellt«, entwickelte,[28] mit der Absicht, die groteske Natur des Krieges darzustellen, ein Ziel, das Goya visuell durch seine Radierungen »Die Schrecken des Krieges« erreichte.

Vonneguts Ringen darum, den unaussprechbaren Horror von Dresden in Worte zu fassen, hatte ihn zutiefst davon überzeugt, dass Sprache letztlich versagt. Das dadaeske Gezwitscher »Ki-witt, Ki-witt« (im englischen Original: »Poo-tee-weet?«) taucht im ersten Kapitel in Bezug auf zwei Massaker auf; es ist eine Vorausdeutung auf den Schluss des Romans, in dem die traumatisierten Überlebenden von Dresden stumm geworden sind.[29] »Ki-witt, Ki-witt?«

»Schlachthof 5« vermischt satirische Elemente mit schwarzem Humor und spekulativer Fiktion und zählt zu den meistgelesenen Antikriegstexten. Er ist keine Historiografie, sondern »bezeugt im Wesentlichen den Kampf eines Mannes gegen die Dämonen des Krieges«.[30] Das erste metafiktionale Kapitel beschreibt auf verhüllt autobiografische Weise, welche vergebliche Mühe darin liegt, ein Buch über Dresden – ein Antikriegsbuch – zu schreiben, »in ›Höhepunkten‹ und Schauergeschichten, in Charakterisierungen, wundervollen Dialogen, Spannungen und Konfrontationen«.[31] Dem Filmproduzenten Harrison Starr legt Vonnegut die Worte in den Mund, dass man genauso gut versuchen könne, einen Antigletscherroman zu schreiben.[32]

»Schlachthof 5« ist, wie auch Susan Lardner in ihrer Besprechung des Romans im »The New Yorker« bemerkt, Vonneguts Tribut an die belastende Erkenntnis, dass er – im Gegensatz zu vielen anderen – überlebt hat, und an sein infolge der Kriegserfahrungen ge-

wachsenes Bewusstsein von der Tragweite und Verschiedenartigkeit des Todes.[33] Vonnegut hatte, gleichsam in einer vorauseilenden Selbstrezension, geschrieben, der Roman sei schon durch seine Themenwahl mit einem Makel behaftet, »weil über ein Blutbad sich nichts Gescheites sagen lässt«.[34]

Veröffentlicht während der Hochphase der Proteste gegen den Vietnamkrieg und vor dem Hintergrund der sozialen Unruhen in den USA, die mit einem politischen und kulturellen Aufruhr einhergingen, war »Slaughterhouse-Five« eine literarische Sensation innerhalb dieser Gegenkultur in den Vereinigten Staaten. Für Vonnegut wiederholte sich das sinnlose Schlachten im Zweiten Weltkrieg, repräsentiert durch Dresden, im Vietnamkrieg, wie auch Christina Jarvis betont: »Durch die Verwendung des Zeitreisemotivs und eines bruchstückhaften Narrativs, welches das Bombardement Dresdens mit dem Geschehen in Vietnam kontrastiert, ist die Geschichte des Erzählers über den Zweiten Weltkrieg eigentlich eine Geschichte über den Tod von Zivilisten und Konzentrationslager – keine heroischen Angriffe, kein Schwenken von Flaggen. Vonnegut nutzt das moralisch zwiespältige, gebrochene Motiv Vietnam, um die schmutzigeren, unbegreiflichen Elemente eines ›guten Krieges‹ herauszustreichen.«[35]

Kein anderer literarischer Text, der sich mit der Zerstörung Dresdens befasst, war international ähnlich erfolgreich. Mindestens 20 englischsprachige Auflagen wurden allein 1969 produziert, dies schließt die 800 000 Exemplare ein, die in den USA in jenem Jahr verkauft wurden. Die Verlagsgruppe Random House verlegte bis heute mehr als 3,5 Millionen Exemplare von Vonneguts Meisterwerk; der Text wird seit seinem Erscheinen vor 45 Jahren konstant zu einem der besten amerikanischen Romane gewählt.[36] »Schlachthof 5« war so wirkungsvoll und einflussreich, dass er Dresden zu einem Symbol – ja zu einer Metonymie – für massive Gräueltaten machte: »In der Tat könnte man argumentieren, dass die Tatsache, dass ›Dresden‹ nun tout court als Abstraktum für einen schwer belasteten Erinnerungsort steht (gleichauf mit 9/11, wenn es nach einem neueren Roman geht), auch zu einem Teil auf den Einfluss von Vonneguts Werk zurückgeführt werden kann«, so Ann Rigney.[37]

Dem Erfolg auf dem Buchmarkt folgend, wurde »Schlachthof 5« 1972 für einen Spielfilm adaptiert; trotz guter Kritiken war der Film aber nicht annähernd so erfolgreich wie der Roman.

Schon wenige Jahre nach der Erstveröffentlichung von »Slaughterhouse-Five«, mit Übersetzungen in mehr als 30 Sprachen, hatte Vonnegut internationale Bekanntheit erlangt.[38] Die erste deutschsprachige Ausgabe von »Schlachthof 5«, übersetzt von Kurt Wagenseil, erschien 1970. Die russische Fassung desselben Jahres, übertragen von Raisa Rait-Kovaleva, machte Vonnegut zum bekanntesten und wichtigsten US-amerikanischen Autoren dieser Epoche in der Sowjetunion.

»Tatsächlich war es seine Darstellung der Schrecken, der Leere und der ausgesprochenen Absurdität des Krieges, die von all seinen sozialen und politischen Überlegungen die stärkste moralische und intellektuelle Strahlkraft hinter dem Eisernen Vorhang entwickelte.«[39] Die Antikriegsthematik wurde auch in der Theaterfassung des Textes durch Mark Rovoskyj und Juli Michajlov, zwei gefeierten russischen Bühnenautoren, wieder aufgenommen; das Stück wurde in den Jahren 1975 und 1976 am Theater der Sowjetischen Armee in Moskau gespielt. Vonnegut betrachtete das Stück als emblematisch für Entspannungspolitik, wie er auch einem Reporter erzählte: »Ich denke, bemerkenswert an dieser Produktion ist, dass sie sich mit dem Thema Pazifismus auseinandersetzt.«[40]

Szene aus dem Spielfilm »Schlachthof 5«, USA 1972

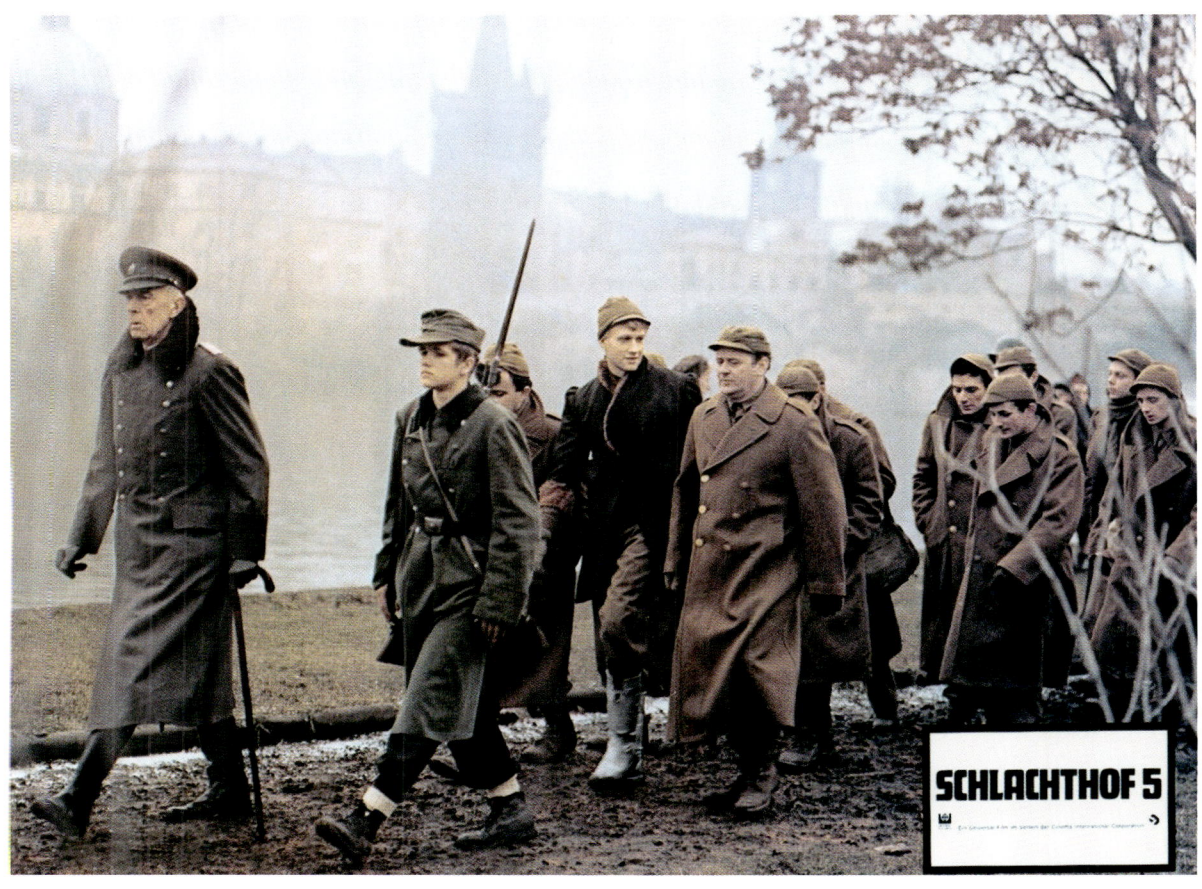

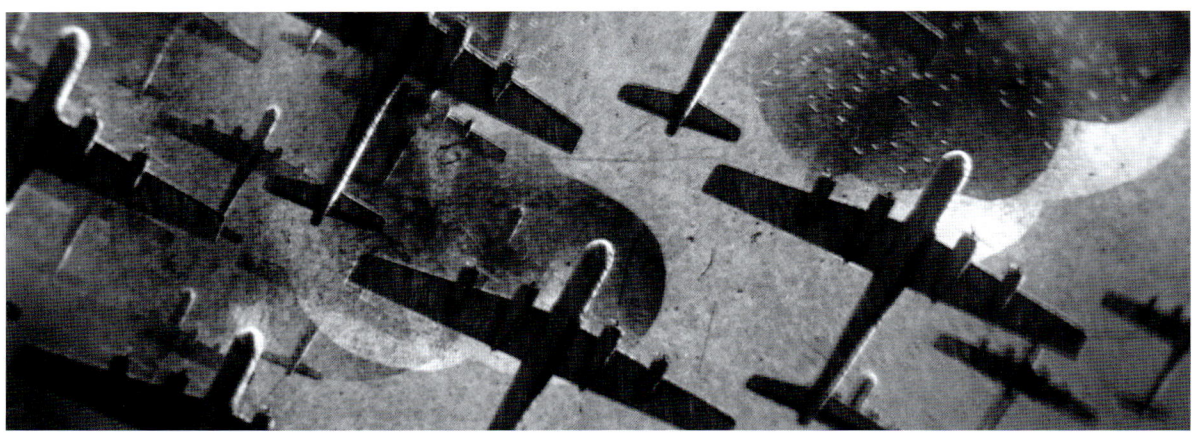

Szene aus dem Musikvideo »Marshal Dear«
der Band Savages, GB 2013

Die Wirkungsgeschichte von »Schlachthof 5« ist lang, bis heute beeindruckt und beeinflusst der Text Leser aller Nationen und Generationen. Vonneguts zeitloses Opus dient nach wie vor als Inspirationsquelle in allen kreativen Bereichen, von Musikstücken und Opern, Kino- und Fernsehfilmen, Bühnendramen und -komödien über literarische Texte und Spiele bis hin zur Kunst und Technologie.

Der Roman wurde mehrfach für die Bühne adaptiert, unter anderem vom The Everyman Theatre in Liverpool (1989),[41] von der Steppenwolf Theatre Company in Chicago (1996)[42] und in einer Fassung des Oscar-Preisträgers Eric Simonson von der Godlight Theatre Company in New York (2008).[43] 2009 produzierte BBC Radio 3 ein Radiodrama, das auf dem Buch basiert.[44]

Über Spielfilm- und Drama-Adaptionen hinaus fand der Roman auch Eingang ins Fernsehen: Die Zeitreisesequenzen, die »Lost«-Fans verwirrten, sind größtenteils von Billy Pilgrims Zeitreisen inspiriert.[45] Außerdem gibt es eine direkte Korrelation zwischen den Zeitreisesegmenten, die den Haupterzählstrang in »Zurück in die Vergangenheit«[46] bilden, und der Formbarkeit von Zeit, Sequenz und Chronologie in »Schlachthof 5«. Die Handlung zweier Teile von »Star Trek Voyager: Before and After« wurde durch den Roman

»Time's Arrow«[47] (deutsch: »Pfeil der Zeit«) von Martin Amis angeregt, der wiederum selbst von Vonnegut beeinflusst war.[48] Kabarettisten und Performancekünstler haben sich ebenfalls des Textes angenommen: »Go Comedy!« aus Michigan[49] widmeten ihm eine improvisierte Nachstellung unter dem Titel »Laughterhouse-Five«, die dadaistische Kabarettgruppe Sleepytime Gorilla Museum zählt Vonneguts Roman zu ihren Haupteinflüssen.[50]

Auch in der Musik zeigt sich der immense Einfluss von »Schlachthof 5«: Klassik, Classic Rock und zeitgenössische wie progressive Musikstile haben sich seiner bedient. Eine Oper mit dem Titel »Schlachthof V«,[51] verfasst von Hans-Jürgen von Bose, wurde 1996 am Bayerischen Staatstheater München uraufgeführt, und zwei Orchesterwerke haben viel Beifall erhalten: Raymond Lustigs »Unstuck« (2006), Gewinner der Juilliard Orchestra Competition sowie des renommierten Rudolf-Nissim-Preises der ASCAP Foundation,[52] sowie Andrew Normans »Unstuck«, gefördert von der Orpheum Stiftung (2008) und aufgeführt vom Alabama Symphony Orchestra.[53] Die Rockband Hawkwind[54] bezog sich ebenso auf den Roman wie andere zeitgenössische Gruppen, etwa die Dresden Dolls, Bushwick Book Club Seattle und die Savages aus London.[55]

Auch die avantgardistische Kunstwelt hat diesen bahnbrechenden Text inkorporiert. John James Andersons Hommage an Vonneguts Erzählung über das

Bombardement Dresdens ist ein Video mit dem Titel »Platelet«, das 2008 in Brooklyn gezeigt wurde. Die Videoinstallation »Schlachthof-fünf Motherfucker« von Thomas O'Grady entstand exklusiv für das OSTRALE Contemporary Arts Festival in Dresden und wurde dort auch erstmals gezeigt.[56]

In die digitale Welt der Technologie hat »Schlachthof 5« ebenfalls Einzug gehalten. Das kurze Kunst-Videospiel »Vonneguts & Glory« von Shaun Inman (2012) lässt die Zeit rückwärts laufen, der Spieler muss seine Gegner »entschießen«, um seine Gesundheit und vollständige Munition wiederzuerlangen.[57] Das Projekt »Urban Change«, Teil der »Exist Art«-Reihe, will »interaktive Zeitreisen durch die Stadt Dresden«[58] ermöglichen und durch die Überblendung von historischen

Aufnahmen und Archivfotografien des alten Dresdens mit zeitgenössischen Aufnahmen derselben Orte – und aus derselben Perspektive – eine Brücke zwischen Vergangenheit und Gegenwart schlagen. Das tralfamadorische Paradigma der Zeit manifestiert sich hier als eine Montage simultan existierender Augenblicke.

Kurt Vonnegut hinterließ ein bemerkenswertes grafisches Werk. Oft findet sich auch hier eine fragmentierte, multidimensionale Bildhaftigkeit, wie sie seiner literarischen Konzeption von Raum und Zeit entspricht.[59]

»Schlachthof 5«, Vonneguts Versuch, sich mit seinen schrecklichen Erfahrungen als Kriegsgefangener in Dresden zu versöhnen, sie auszutreiben und ihnen zu entkommen ist ein literarisches Meisterwerk. Genau wie seine Hauptfigur Billy Pilgrim überwindet es die Dimensionen von Zeit und Raum. In einem Interview mit der »Paris Review« aus dem Jahr 2013, überschrieben mit »Laughing in the Face of Death: A Vonnegut Roundtable« (»Lachen im Angesicht des Todes: Ein Runder

Videoinstallaton »Schlachthof-fünf Motherfucker« von Thomas O'Grady während der OSTRALE – Internationale Ausstellung zeitgenössischer Künste, Dresden 2013

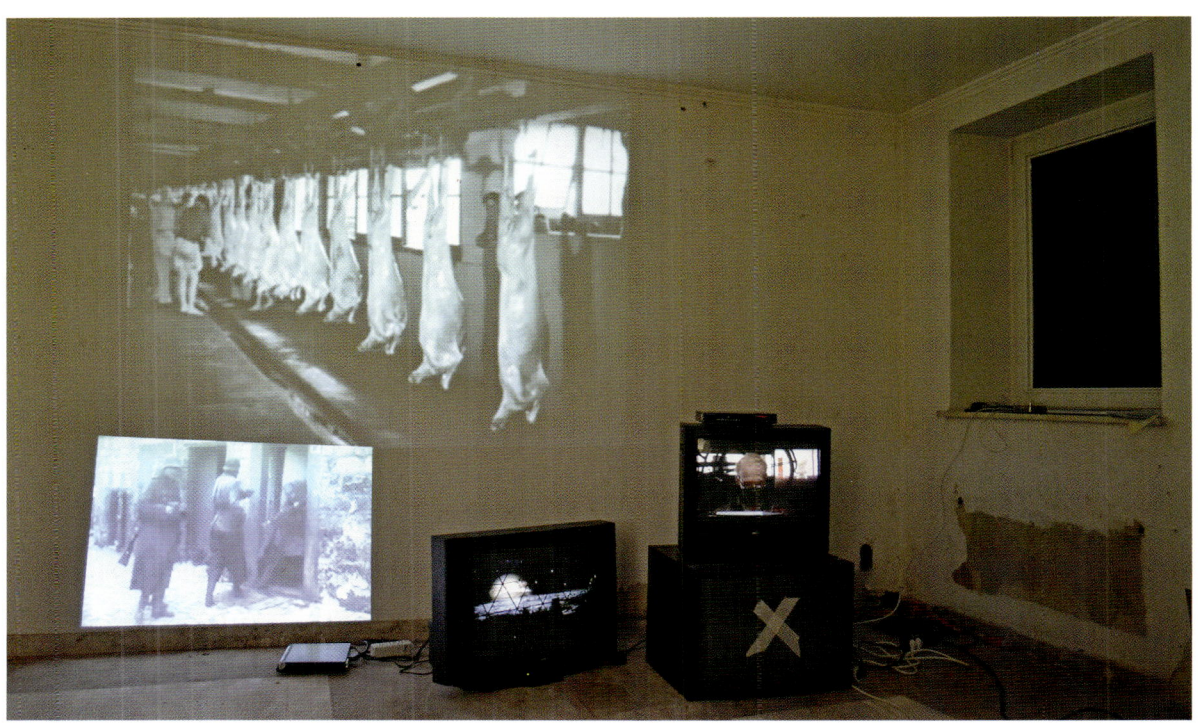

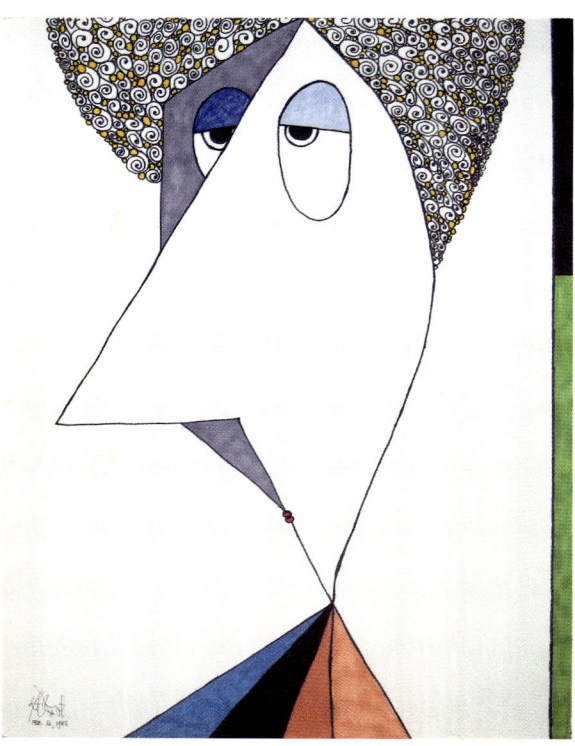

Kurt Vonnegut, »Self-portrait, February 16, 1985«

Anmerkungen

Fremdsprachige Zitate wurden für diesen Text ins Deutsche übersetzt. Die Passagen, die dem Roman »Schlachthof 5« entnommen sind, folgen der publizierten Übersetzung. **1** Kurt Vonnegut jr.: Schlachthof 5 oder Der Kinderkreuzzug, aus dem Amerikanischen von Kurt Wagenseil, Reinbek bei Hamburg 2013, S. 173. Der Roman erschien erstmals 1969 in New York unter dem Titel »Slaughterhouse-Five or The Children's Crusade«. **2** URL: http://www.vonnegutlibrary.org/about/ und http://www.vonnegutlibrary.org/vonnegut-family-history-clemens-vonnegut/, zuletzt besucht am 3.11.2014. **3** Kurt Vonnegut: Fates Worse Than Death, New York 1991, S. 238 (dt.: »Dann lieber gleich tot«). **4** Kurt-Vonnegut-Interview vom 13.4.2007 im National Public Radio (URL: http://www.npr.org/templates/story/story.php?storyId=567370, zuletzt besucht am 3.11.2014). **5** URL: http://www.vonnegutlibrary.org/about/, zuletzt besucht am 3.11.2014. **6** Thomas F. Marvin: Kurt Vonnegut. A Critical Companion, Westport/London 2002, S.5. **7** Stalag ist die im militärischen Sprachgebrauch übliche Abkürzung für Stammlager und bezeichnet im Zusammenhang mit den beiden Weltkriegen größere Kriegsgefangenenlager, in denen Kriegsgefangene registriert und zur weiteren Verwendung auf Arbeitskommandos verteilt wurden. **8** Ervin E. Szpek jr./Frank J. Idzikowski/Heidi M. Szpek (Hrsg.): Shadows of Slaughterhouse Five. Recollections and Reflections of the Ex-POWs of Schlachthof Fünf, Dresden, Germany, New York/Bloomington 2008, S. 15f. **9** Kevin Alexander Boone (Hrsg.): At Millennium's End. New Essays on the Work of Kurt Vonnegut. Mit einem Vorwort von Kurt Vonnegut, Albany/New York 2001, S. vii. **10** Vonnegut: Schlachthof 5, S. 160. **11** »PFC George Bloomingburg recalled that at about 2200 hours the air raid sounded and our guards rushed them to an underground shelter beneath the Slaughterhouse«, in: Szpek jr./Idzikowski/Szpek (Hrsg.): Shadows of Slaughterhouse, S. 17. **12** URL: http://www.rense.com/general19/flame. htm, zuletzt besucht am 2.11.2014. **13** David Hayman/David Michaelis/George Plimpton/Richard Rhodes: Kurt Vonnegut. The Art of Fiction No. 64, in: The Paris Review (URL: http://www.theparisreview.org/interviews/3605/the-art-of-fiction-no-64-kurt-vonnegut, zuletzt besucht am 3.11.2014). **14** William Rodney Allen (Hrsg.): Conversations with Kurt Vonnegut, Jackson 1988, S. 173. **15** Ebd., S. 173. Vonnegut entnahm seine Angaben der Anzahl von Toten in Dresden dem Buch »The Destruction of Dresden« (1963) von David Irving. **16** Neil Matheson: Mourning Dresden: Aerial Warfare and the Natural History of Destruction, unveröffentlichter Entwurf vorgelegt bei The Future of Memory: An International Holocaust and Trauma Studies Conference, Manchester, 10.–12. November 2005, S. 4. **17** Vonnegut: Schlachthof 5, S. 7. **18** Todd F. Davis: Kurt Vonnegut's Crusade Or, How a Postmodern Harlequin Preached a New Kind of Humanism, Albany/New York 2006, S. 80. **19** Marvin: Vonnegut, S. 115. **20** Vonnegut: Schlachthof 5, S. 187. **21** Ebd., S. 146. **22** Ebd., S. 207. **23** Ebd., S. 46. **24** Davis: Vonnegut's Crusade, S. 76. **25** William Deresiewicz: »I Was There«. On Kurt Vonnegut, in: The Nation, 4.6.2012 (URL: www.thenation.com/article/167921/i-was-there-kurt-vonnegut#, zuletzt besucht am 3.12.2014). **26** Vonnegut: Schlachthof 5, S. 7. **27** Thomas Wymer: The Swiftian Satire of Kurt Vonnegut, jr., in: Thomas D. Clareson (Hrsg.): Voices for the Future, Bowling Green 1976, S. 238–262. **28** Christina Jarvis: The Vietnamization of World War II in Slaughterhouse-Five and Gravity's Rainbow, in: War, Literature & the Arts: An International Journal of the Humanities, 15 (1/2)/2003, S. 98. **29** Viele Londoner erinnern sich an Nachtigallen-

Tisch zu Vonnegut«), gestand Josip Novakovich dem Text einen einzigartigen Status zu als »totalitärer Roman, der aber gegen Totalitarismus ist«, und Avi Steinberg meinte, dass »die Ernsthaftigkeit des Buches nicht in seiner ethischen Position oder in seiner Art des Berichtens begründet liegt, sondern in der tapferen und auch riskanten Art, in der Humor eingesetzt wird, um die verbliebenen Fragen unbeantwortet zu lassen«.[60]

Vonnegut mag erklärt haben, dass sich über ein Blutbad nichts Gescheites sagen lasse, doch er schuf einen der meistgeliebten, nicht mehr wegzudenkenden und einflussreichsten Romane – eben einen sehr gescheiten Roman –, in dem er die Nutz- und Sinnlosigkeit von Kriegen nicht nur ansprach, sondern auch bloßstellte.

Die Arbeit an diesem Aufsatz wurde durch die Webster University in Genf/Schweiz finanziell unterstützt.

gesang, der nach dem Ende der Luftangriffe begann. Passend dazu erinnerte sich ein britischer Soldat in Anzio 1944 daran, dass »in the silence that follows the barrage the nightingales began to sing, a lone bird at first, then a whole chorus of them until the air seemed to throb softly with their trillings and flutings« [»in der Stille, die sich dem Trommelfeuer anschloss, die Nachtigallen zu singen begannen, erst nur ein einzelner Vogel, dann eine ganze Schar, bis die Luft sanft von ihren Trillern und ihrem Flöten zu vibrieren schien«] (URL: http://ww2today.com/30-april-1944-in-the-trenches-with-nightingales-and-a-dead-german, zuletzt besucht am 2.11.2014). **30** Davis: Vonnegut's Crusade, S. 76. Im Vorwort zur 25. Auflage von »Slaughterhouse-Five« aus dem Jahr 1994 bestätigt Vonnegut: »It is a non-judgmental expression of astonishment at what I saw and did in Dresden. « [»Dies ist ein nicht wertender Eindruck meines Erstaunens angesichts dessen, was ich in Dresden sah und tat.«] **31** Vonnegut: Schlachthhof 5, S. 11. **32** Vgl. ebd., S. 3. **33** URL: http://www.newyorker.com/magazine/1969/05/17/dresden, zuletzt besucht am 3.11.2014. **34** Vonnegut: Schlachthof 5, S. 24. **35** Jarvis: Vietnamization of World War II, S. 98f. Vgl. auch Philip Beidler (zus. mit Billy Pilgrim, Rabo Karabekian, Eliot Rosewater u.a.): What Kurt Vonnegut Saw in World War II That Made Him Crazy (URL: http://quod.lib.umich.edu/cgi/t/text/text-idx?cc=mqr;c=mqr;c=mqrarchive;idno=act2080.0049.111;rgn=main;view=text;xc=1;g=mqrg, zuletzt besucht am 3.11.2014). **36** Nielsen BookScan zufolge, einem Dienst, der über 70 Prozent der Verkäufe in der Buchindustrie observiert, verkauften sich seit 2006 mehr als 280 000 Exemplare von »Slaughterhouse-Five«, mehr als vier Mal so viel wie alle Exemplare der sechs berühmtesten Bücher der letzten 60 Jahre (URL: http://observer.com/2007/11/vonnegut-beats-mailer-in-posthumous-sales/#ixzz3ABW4yX5O, zuletzt besucht am 3.11.2014). **37** Ann Rigney: All This Happened, More or Less. What a Novelist Made of the Bombing of Dresden, in: History and Theory, Vol. 48(2)/2009, Themenheft 47: Historical Representation and Historical Truth, S. 9. Auf der anderen Seite sieht Matheson (S. 5), dass die neue sozialistische Identität, die der Stadt nach dem Krieg gegeben wurde, die topografischen Ausmaße der Bombardierung absichtlich verschleierte bis zu einem Ausmaß, in dem das physische wie emotionale Trauma »is now rewoven within its urban texture« [»nun eingebunden ist in die urbane Textur«]. **38** Polnisch, Italienisch, Tschechisch, Serbisch, Estnisch, Koreanisch, Rumänisch, Türkisch, Ungarisch, Französisch, Finnisch, Portugiesisch, Chinesisch, Slowakisch, Slowenisch, Schwedisch, Hebräisch, Russisch, Litauisch, Spanisch, Holländisch, Bulgarisch, Griechisch, Norwegisch, Katalanisch, Deutsch, Thai, Japanisch, Malaysisch, Georgisch, Ukrainisch und Mazedonisch. **39** Yana Skorobogatov: Kurt Vonnegut in the U.S.S.R., Master-Arbeit, The University of Texas at Austin 2012, S. 19 (URL: http://repositories.lib.utexas.edu/bitstream/handle/2152/19910/Yana%20Skorobogatov%20MA%20Report12.pdf?sequence=1, zuletzt besucht am 3.12.2014). **40** Ebd., S. 26. **41** URL: http://www.everymantheatrearchive.ac.uk/history.htm, zuletzt besucht am 3.11.2014. **42** URL: http://articles.chicagotribune.com/1996-09-26/features/9609260217_1_slaughterhouse-five-billy-pilgrim-steppenwolf, zuletzt besucht am 3.11.2014. **43** URL: http://www.nytimes.com/2008/01/23/theater/reviews/23slau.html?_r=0; http://www.steppenwolf.org/Plays-Events/productions/index.aspx?id=160, zuletzt besucht am 3.11.2014. **44** URL: http://www.sffaudio.com/?m=200909&paged=6, zuletzt besucht am 3.11.2014. **45** URL: http://en.m.wikipedia.org/wiki/The_Constant, zuletzt besucht am

46 Morris Emory Franklin, III: Do Not Attempt to Adjust the Picture. The Cold War Crisis of Liberal Democracy and Science Fiction Television, Utah 2008, S. 147 (URL: http://www.boston.com/ae/tv/articles/2009/03/22/lets_do_the_time_warp_again/?page=full, zuletzt besucht am 3.11.2014). **47** URL: http://www.martinamisweb.com/interviews_files/ma_mullen_wk3.pdf, zuletzt besucht am 3.11.2014. Ebenfalls angesiedelt in Kurt Vonneguts Welt ist der Roman »Peace in Amber« von Hugh Howey (2014), der den Bericht des Autors über die traumatischen Ereignisse des 11.9.2001 mit der Untersuchung des Bombardements von Dresden parallelisiert, beides durch die Augen eines Überlebenden. Howey behauptet: »I don't think I would have found the courage to write about my 9/11 experience without Vonnegut's work as an example.« [»Ich glaube nicht, dass ich ohne Vonneguts Arbeit als Beispiel den Mut gefunden hätte, über meine Erlebnisse am 11. September zu schreiben.«] (URL: http://www.hughhowey.com/peace-in-amber; http://www.amazon.com/The-World-Kurt-Vonnegut-Kindle-ebook/dp/B00H3PX5GQ, zuletzt besucht am 3.11.2014). **48** So Amis im Nachwort. Vgl. auch Sam Jordison: Guardian book club: Time's Arrow by Martin Amis, in: The Guardian, 20.1.2010 (URL: http://www.theguardian.com/books/booksblog/2010/jan/20/times-arrow-martin-amis, zuletzt besucht am 3.12.2014). **49** URL: http://gocomedy.net/posters/laughterhouse-five; http://www.encoremichigan.com/article.html?article=7101, zuletzt besucht am 3.11.2014. **50** URL: http://flavorwire.com/17464/exclusive-talking-avant-garde-electronics-with-the-sleepytime-gorilla-museum, zuletzt besucht am 3.11.2014. **51** URL: http://www.ems-network.org/IMG/pdf_EMS14_waschbusch.pdf; http://www.nytimes.com/2004/06/20/arts/music-in-the-wings-in-munich-a-changing-of-the-avant-garde.html, beide zuletzt besucht am 3.11.2014. **52** URL: http://raymondlustig.com/works/unstuck/, zuletzt besucht am 3.11.2014. **53** URL: http://andrewnormanmusic.com/pieces/unstuck.html, zuletzt besucht am 3.11.2014. **54** »The War I Survived« [»Der Krieg, den ich überlebte«] enthält die Zeilen »Take me back to the war I survived, I can't live no more, this is Slaughterhouse-Five.« [»Bring mich zurück in den Krieg, den ich überlebte, ich kann so nicht mehr leben, das ist Schlachthof Fünf«] (URL: http://en.m.wikipedia.org/wiki/List_of_songs_that_retell_a_work_of_literature, zuletzt besucht am 3.11.2014). **55** URL: http://www.concertlivewire.com/dresdenint.htm, zuletzt besucht am 3.11.2014. Diese Seite führt Dutzende Songtitel und Bandnamen, die entweder von Figuren oder Passagen aus »Slaughterhouse-Five« inspiriert sind (URL: http://www.ibiblio.org/brian/vonnegut/bands.html, zuletzt besucht am 3.11.2014). **56** URL: http://www.brooklynartscouncil.org/documents/1174, zuletzt besucht am 3.11.2014 sowie http://www.thomasogrady.co.uk/exhibitions/schlachthof-funf-motherfucker-installed-slaughterhouse-five-dresden-part-ostrale-013/, zuletzt besucht am 3.11.2014. **57** URL: http://shauninman.com/7dfps/vonneguts, zuletzt besucht am 3.11.2014. **58** URL: http://existart.net/?p=58, zuletzt besucht am 3.11.2014. **59** Nanette Vonnegut/Peter Reed (Hrsg.): Kurt Vonnegut Drawings, New York 2014. **60** URL: http://www.theparisreview.org/blog/2013/04/11/laughing-in-the-face-of-death-a-vonnegut-roundtable/, zuletzt besucht am 3.11.2014.

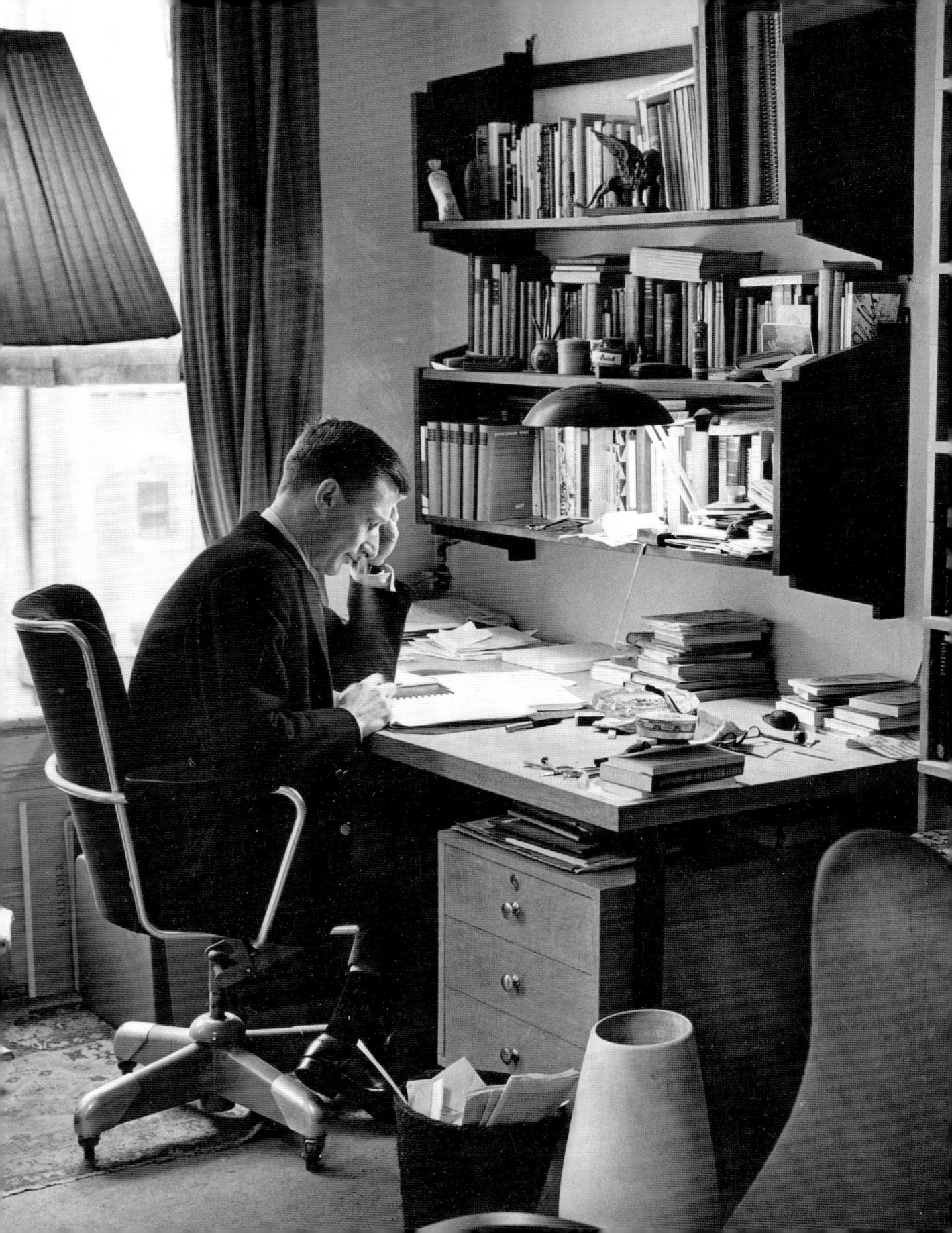

DIE BOMBARDIERUNG DRESDENS
UND HARRY MULISCHS
LITERARISCHES ANLIEGEN

Marita Mathijsen

Am Samstag, dem 6. November 2010 wurde zum ersten Mal in der Geschichte des niederländischen Fernsehens live und in voller Länge die Trauerfeier für einen Schriftsteller gesendet. Bei dem Autor handelte es sich um Harry Mulisch, der im Alter von 83 Jahren in der Woche zuvor gestorben war.

Es war eine höchst eindrucksvolle Zeremonie. Der Sarg mit den sterblichen Überresten wurde von seiner Wohnung in Amsterdam zum nahegelegenen Stadttheater getragen und dort aufgebahrt. Der Bürgermeister und Mitglieder der königlichen Familie waren anwesend. Als der Sarg auf einem Boot durch die Amsterdamer Grachten zum Friedhof gebracht wurde, standen trotz des trüben Wetters überall entlang der kilometerlangen Strecke Menschen, die zuschauten, applaudierten und Blumen auf den Sarg warfen. Kurz bevor das Boot am Friedhof ankam, erschien plötzlich ein großer Regenbogen am Himmel. Alle Trauergäste hatten in diesem Moment wahrscheinlich den gleichen Gedanken: Sogar nach seinem Tod hat dieser Autor noch die Naturelemente in seiner Gewalt.

Harry Mulisch war ein Autor, der die Fantasie der Menschen anregte, ein lebender Mythos, eine einzigartige Persönlichkeit, die viel zur veränderten gesellschaftlichen Stellung von Schriftstellern in den Niederlanden beigetragen hatte. Vor dem Zweiten Weltkrieg, aber auch in den ersten Jahren danach waren Autoren Randfiguren der Gesellschaft gewesen. In den 1960er Jahren begannen sie sich in Medienfiguren zu verwandeln, deren Meinungen man für genauso wichtig hielt wie die von Politikern. Ihre Bücher trugen zu den einschneidenden sozialen Veränderungen bei, die sich in dieser Zeit vollzogen. Harry Mulisch engagierte sich in gesellschaftskritischen Protesten. Er besuchte Kuba und schrieb mit großer Bewunderung über die sozialistische Gesellschaft, die Fidel Castro dort schuf. Er beteiligte sich an Protesten gegen das versteinerte Repertoire von Orchestern und Theatern und nahm an Demonstrationen gegen das militärische Engagement der Vereinigten Staaten in Vietnam teil. Alles dies machte ihn zu einer öffentlichen Person.

Er wurde bald auch im Ausland bekannt. Nach Anne Frank ist Mulisch der am häufigsten in andere Sprachen übersetzte niederländische Autor. Sein Roman »Das Attentat« erschien in 40 Sprachen. Das »Wall Street Journal« verglich »Die Entdeckung des Himmels«, die Krönung von Harry Mulischs Œuvre, mit Homers »Odyssee« und Dantes »Göttlicher Komödie«. Fast alle seine Arbeiten wurden ins Deutsche übersetzt; er hielt in Deutschland viele Reden und bekam mehrere Auszeichnungen. Anlässlich seines Todes veröffentlichten alle großen deutschen Zeitungen und Magazine Kommentare zu seinem Werk, in Berlin fand eine Gedenkfeier statt.

Was also macht Harry Mulisch zu einem der wichtigsten niederländischen Autoren seit dem Zweiten Weltkrieg?

Was seinem Werk globale Bedeutung verleiht, ist sein Bestreben, entscheidende Aspekte der enormen Veränderungen unserer Zeit sprachlich zu fassen und in fesselnde Metaphern und vieldeutige Bilder zu ver-

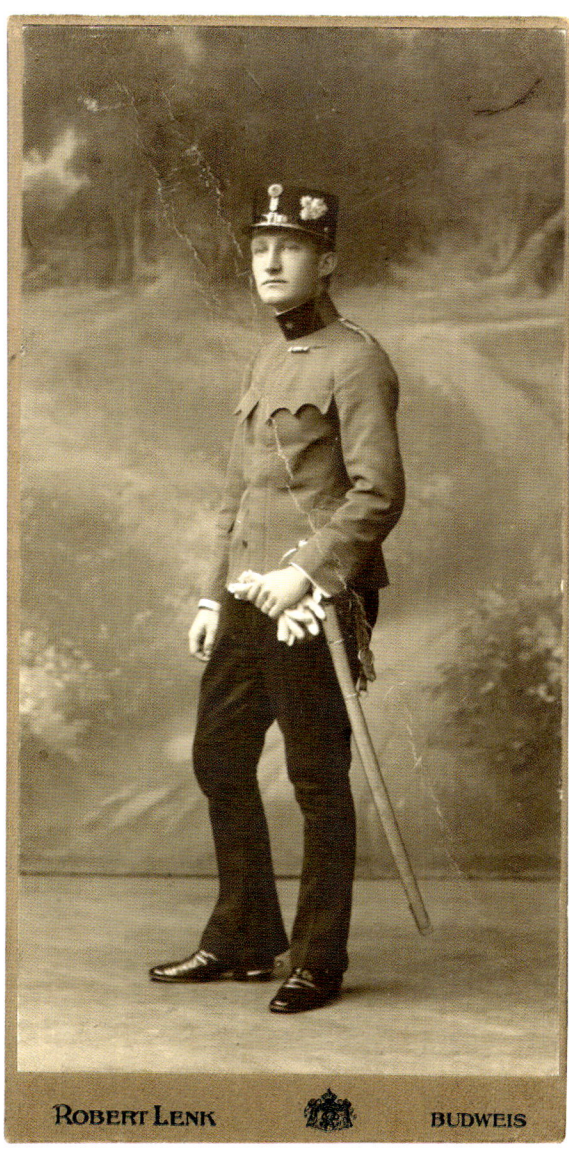

Mulischs Vater Kurt Victor Karl Mulisch,
Rufname Karl, als Offizier der österreichisch-
ungarischen Armee im Ersten Weltkrieg

wandeln. Er bringt seine Leser dazu, über die Rätsel des Lebens nachzudenken, während sie sich von mit-reißenden Geschichten faszinieren lassen. Mulisch wollte als Autor nicht seine persönliche Gefühlswelt zum Ausdruck bringen. Das Ziel seines Schreibens lag darin, für sich selbst wie für seine Leser Einsichten in eine tief traumatisierte Gesellschaft zu gewinnen.

Mulisch war der Überzeugung, dass die europäische Gesellschaft des 20. Jahrhunderts von der Erfahrung des Zweiten Weltkriegs geprägt ist. Wir kennen die Dramen, die Kriege unausweichlich mit sich bringen. Wir wissen, dass Menschen aus unserer Mitte einen Mitmenschen für Geld oder Macht oder aus unkontrol-lierter Wut töten können. Das passiert in jeder Gesell-schaft. Das ist das Böse, das wir kennen. Es hat seinen Platz in den frühesten Geschichten der Menschheit, die uns überliefert sind, und es hat einen Platz in den fes-selnden Geschichten der Weltliteratur. Aber wie ist es möglich, dass eine ganze Gesellschaft Teile der Bevöl-kerung vernichtet, weil sie sich selbst für genetisch überlegen hält?

In seinen literarischen Arbeiten verfolgt Harry Mu-lisch den Zweiten Weltkrieg über sein Ende hinaus, bis hinein in die demokratischen Gesellschaften, die sich seither in Europa entwickelt haben.

Mulischs obsessives Interesse für den Zweiten Welt-krieg ist nicht nur aus moralischer Besorgnis entstan-den. Es ist auch das Produkt persönlicher Umstände. »Ich bin der Zweite Weltkrieg«, sagte er oft und meinte damit seinen eigenen, außergewöhnlichen Familien-hintergrund. Harry Mulisch wurde 1927 in den Nieder-landen, in Haarlem, geboren. Seine Mutter stammte aus einer jüdischen Familie, sie hatte eine deutsche Mutter und einen österreichischen Vater. Auch Harry Mulischs Vater war Österreicher. Harry war das einzige Kind seiner Eltern. Sein Vater hatte im Ersten Welt-krieg als Offizier der österreichisch-ungarischen Ar-mee an der russischen Front gekämpft und war nach dem Krieg in die Niederlande gekommen, wo er eine Stelle als Bankangestellter fand. Nach der Invasion der Niederlande durch deutsche Truppen im Mai 1940 ar-beitete er für die deutschen Besatzer als Direktor der Personalabteilung von Lippmann-Rosenthal, einer

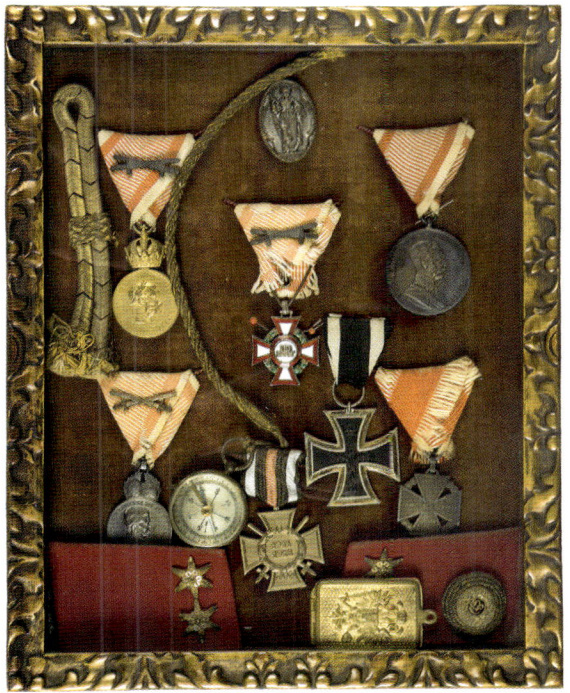

Auszeichnungen, die Karl Mulisch
während des Ersten Weltkriegs und danach erhielt

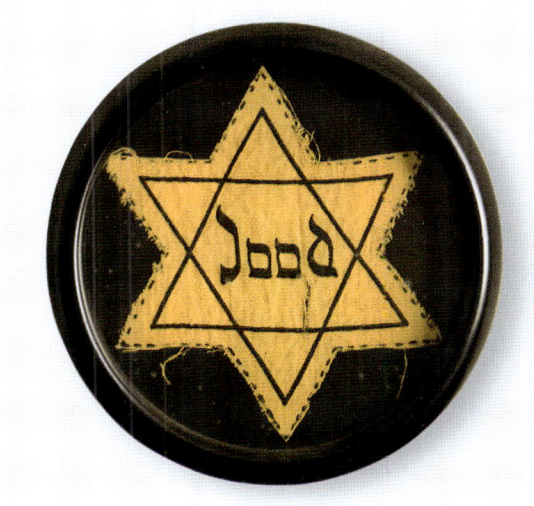

»Judenstern«, getragen von Harry Mulischs Mutter
während des Zweiten Weltkriegs

Bank, die einmal jüdische Eigentümer gehabt hatte, jetzt aber mit peinlicher Genauigkeit die Besitztümer von Juden registrierte, die sie später enteignete. Harry Mulisch war also das einzige Kind einer jüdischen Mutter und eines Vaters, der mit der deutschen Besatzungsmacht kollaborierte.

Seine Mutter wurde während des Krieges verhaftet und lief Gefahr, in ein Todeslager deportiert zu werden. Trotz der Tatsache, dass sie schon vor dem Krieg geschieden worden waren, gelang es seinem Vater aufgrund seiner guten Kontakte zu den Besatzern, seine frühere Ehefrau davor zu bewahren. Ihre Mutter und Großmutter wurden im Vernichtungslager Sobibór ermordet. Ihr Sohn Harry selbst hatte als Kind einer jüdischen Mutter ebenfalls kein Recht zu existieren; auch hier intervenierte der Vater.

Direkt nach dem Krieg wurde Harrys Vater verhaftet und kam wegen seiner Kollaboration mit dem Feind während der Besatzung ins Gefängnis. So stand Harry Mulisch als 17-jähriger Jugendlicher mehr oder weniger allein in der Welt, weil seine Mutter sich wenig um ihn kümmerte. Er begann, Essays und Geschichten zu schreiben. In späteren Jahren sagte Mulisch oft: »Man wird kein Schriftsteller, man ist einer. Wenn du einer werden willst, wirst du das nie.« Er selbst war einer, so empfand er es. Seine erste Publikation stammt von 1947, als eine Zeitschrift eine Kurzgeschichte des 20-Jährigen veröffentlichte. Die ersten beiden Bücher, eine Novelle und ein Roman, erschienen 1952; für den Roman erhielt er – noch vor der Publikation – einen damals bekannten Preis für junge Schriftsteller.

Der Zweite Weltkrieg bestimmt die Ereignisse in fast allen Büchern Mulischs. Insgesamt veröffentlichte er 13 Romane, 14 Sammlungen mit Kurzgeschichten, neun Gedichtbände, sieben Theaterstücke und 32 Essays beziehungsweise Essaybände.[1]

Seine wichtigsten Bücher sind die Romane »Het stenen bruidsbed« (1959, deutsch: »Das steinerne Brautbett«), »Twee vrouwen« (1975, deutsch: »Zwei Frauen«), »De aanslag« (1982, deutsch: »Das Attentat«), »De ontdekking van de hemel« (1992, deutsch: »Die Entdeckung des Himmels«) und »Siegfried« (2001) – die letzte Arbeit, die er noch beenden konnte.

Ein Buch, das – neben den Romanen – große Aufmerksamkeit erregte, ist eine Reportage über den Prozess gegen Adolf Eichmann, der er den Titel »De zaak 40/61« gab (1962, deutsch: »Strafsache 40/61«). Dieses Kriegsverbrechertribunal gegen einen der Hauptverantwortlichen der Deportation europäischer Juden fand in Israel statt und bewegte die ganze Welt. Die Reportage, die Mulisch in Buchform veröffentlichte, warf ihn aus dem Gleichgewicht. Er war der Konfrontation mit jenem Mann nicht gewachsen, der sich präsentierte, als sei er selbst nur ein Rad im Getriebe einer Maschine gewesen.[2]

Mulisch verurteilte jedoch den überwältigenden deutschen Anteil am Zweiten Weltkrieg nicht in einer Schwarz-Weiß-Argumentation. Sein faszinierender Roman »Das steinerne Brautbett« belegt das sehr deutlich. Das Buch scheint die erste literarische Auseinandersetzung mit der Bombardierung Dresdens zu sein. Das Besondere dabei ist, dass Mulisch die Zerstörung der Stadt im Jahr 1945 nicht als etwas Einzigartiges betrachtet, sondern als ein Phänomen, wie es sich im Lauf der Geschichte häufig wiederholt hat. Das Hauptthema des Buches ist in der Tat Zerstörung, verbunden mit der Frage nach der Schuld. Die Rollen von »gut« und »böse« werden beständig umgekehrt: Der amerikanische Kriegsheld erweist sich als Kriegsverbrecher, ein angeblicher Nationalsozialist gehörte zur Widerstandsbewegung, und eine vordergründig unschuldige Frau könnte Aufseherin in einem Konzentrationslager gewesen sein. Es hat den Anschein, als wolle Mulisch sagen, dass es niemals eine bürokratische Routinehandlung werden dürfe, andere zu verurteilen.

Der Roman mit dem paradox scheinenden Titel, in dem er dies demonstriert, ist in fünf Teile gegliedert und folgt so den Regeln der klassischen griechischen Tragödie. Diese fünf Teile werden von drei sogenannten Gesängen unterbrochen. In ihnen verwendet Mulisch den homerischen Stil aus zusammengesetzten Adjektiven (»der blauäugige Corinth«) und langwierigen Vergleichen, aber mit modernen Begrifflichkeiten. So beschreibt er, wie sich amerikanische Bomberpiloten in ihren Flugzeugen der Stadt Dresden nähern, die zu diesem Zeitpunkt schon die erste Bombardierungswelle hinter sich hat:

»Das göttlich schöne Antlitz wie ein morgendliches Feld, übersät mit glitzernden Tautropfen, sucht Corinth mit stolzem Auge die sich nähernde Stadt, aber Trauerschleier bedecken schon ihr Angesicht. Nacheinander erlöschen die Lichter, aber schrecklichere Lichter erglühen unter dem Schleier, unzählbare. Dort oben, so wie Bienen summen über dem mit Zucker gesüßten Mund des schlafenden Kindes – und der Vater eilt herbei durch den Baumgarten und rauft sich die Haare –, summen, schwirren, kreisen die Liberators.[3] Über dem Stahl faltet der Blauäugige die Hände und beobachtet gelassen, wie sie sich nähert.«[4]

Mulisch erzählte 1960 in einem Interview, dass er anstelle der homerischen Gesänge zuerst eine Art von Flashback entworfen hatte, »kaltschnäuzig im Stil von Kriegsreportern geschrieben«.[5] Da ihm diese Form nicht gefiel, versuchte er, den Stil von Homers »Ilias« in eine moderne Sprache zu bringen. So schuf er zwei Welten, die aufeinanderstoßen – die Welt der überschwänglichen Jungen, die in ihren Flugzeugen Helden spielen, und die archaische Welt von vor drei Jahrtausenden, die den Protagonisten – den Bomberpiloten – als versteinerte, immerwährende Gegenwart nach dem Krieg befällt.

Wie ist die Geschichte, die im »Steinernen Brautbett« erzählt wird, strukturiert?[6]

Sie spielt im Jahr 1956 oder kurz vor- oder nachher, dem Jahr des Ungarn-Aufstands und der Suez-Krise, als die Furcht vor dem Ausbruch eines Dritten Weltkriegs umging. Keines der beiden Ereignisse wird im Buch erwähnt, und dennoch ist diese Furcht in der geschilderten Atmosphäre spürbar. Ein amerikanischer Zahnarzt mit dem Namen Norman Corinth ist eingeladen, an einem Kongress in Dresden, das zu jener Zeit in der DDR lag, teilzunehmen. Schon sein Name weist auf Deutungsschichten hin, die sich im Buch verbergen: »Norman« bezieht sich offensichtlich auf die germanische Welt, »Corinth« dagegen auf die griechische Handelsstadt Korinth und ihre Zerstörung durch die Römer. Im Zweiten Weltkrieg war Corinth als Bomberpilot an der Zerstörung Dresdens beteiligt. Beim Abschuss seines Flugzeugs wurde sein Gesicht entstellt,

Eine Skizze für »Das steinerne Brautbett«.
Mit kleinen Pfeilen versucht der Autor, Troja und
Dresden, Städte und Frauen sowie Napoleon
und Hitler miteinander zu verknüpfen. Außerdem
entwirft er eine aufsteigende Folge von Erinnerung,
Vergangenheit und Geschichte, in der Zeit und
Raum jeweils ihre Plätze einnehmen.

aber es gelang ihm zu fliehen. Zusammen mit seinen Kameraden hatte er seine Aufgabe in einem Zustand der Euphorie ausgeführt. Jetzt wird ihm bewusst, dass der Auftrag sinnlos war, da die Deutschen den Krieg praktisch schon verloren hatten, und es in erster Linie die Bürger waren, die getroffen wurden, und nicht das Militär.

Als er Hella Viebahn, seine Dolmetscherin für den Kongress, trifft, macht er sofort einen Annäherungsversuch: »Seine Geilheit bellte, pflichtgetreu: ein kaltes Tier, und er dachte: Natürlich, natürlich, ich will sie haben.«[7] Er wird im Turm einer Villa hoch über der Stadt Dresden untergebracht. Von dort aus kann er die Stadt überblicken, die sich, noch immer in Trümmern, vor ihm ausbreitet.

Jeder, mit dem Corinth spricht, erzählt ihm vom Schrecken der Bombardierung Dresdens. Eine Geschichte, die er besonders ergreifend findet, betrifft ein Paar, dem er in einer Bar begegnet und das ein Kind bei der Bombardierung verloren hat – er selbst ist derjenige gewesen, der sie ausgeführt hat. Auf dem Kongress trifft er einen westdeutschen Zahnarzt, der von den Konzentrationslagern redet, wodurch Corinth den Verdacht hegt, dass dieser Schneiderhahn ein ehemaliger Nazihenker sei.

Er und seine Dolmetscherin tauschen Geschichten über ihre Vergangenheit aus, dann lässt sie sich von ihm verführen. Hella erzählt ihm, dass sie als Kommunistin in einem Konzentrationslager war. Die Beschreibung des Sexualakts, bei dem es ziemlich roh zugeht, geht in den zweiten Gesang über. Er beschreibt die Bombardierung der Stadt und den anschließenden, militärisch völlig unsinnigen Beschuss von Menschen, die aus der brennenden Stadt geflüchtet sind, um in der Elbe Kühlung zu finden.[8] Den Geschlechtsakt vollzieht Corinth ebenso im Zustand der Ekstase wie Jahre zuvor die Bombardierung der Stadt, er bemächtigt sich Hellas, so wie er sich einst der Stadt bemächtigt hat.

Als der westdeutsche Zahnarzt suggeriert, dass Hella nicht als gefangene Kommunistin, sondern tatsächlich als Wärterin im Lager war, greift Corinth ihn an und versucht, aus der Stadt zu fliehen. Er leiht sich ein Auto, fährt damit bis zu den Ruinen Dresdens und setzt es in Brand. Auf diese Art wiederholt er metaphorisch die sinnlose Bombardierung Dresdens.

Im »Steinernen Brautbett« beschreibt Mulisch drei Ebenen der Gegenwart. Die griechische Mythologie ist sowohl in formaler Hinsicht als auch durch die Gesänge gegenwärtig. Er baut das Buch wie eine griechische Tragödie in fünf Akten auf und benutzt in den Gesängen, die einige Kapitel abschließen, den Stil der »Ilias«. Heldentum und Kriegskult verbinden das antike Griechenland und das »Dritte Reich«. Der Zweite Weltkrieg beherrscht noch immer die Gegenwart der Deutschen, die Spuren der Bombardierung durch die Alliierten sind im Stadtbild und in der Erinnerung der Menschen allgegenwärtig. Dann gibt es die Nachkriegszeit, in der der Pilot/Zahnarzt seine Dolmetscherin ver-

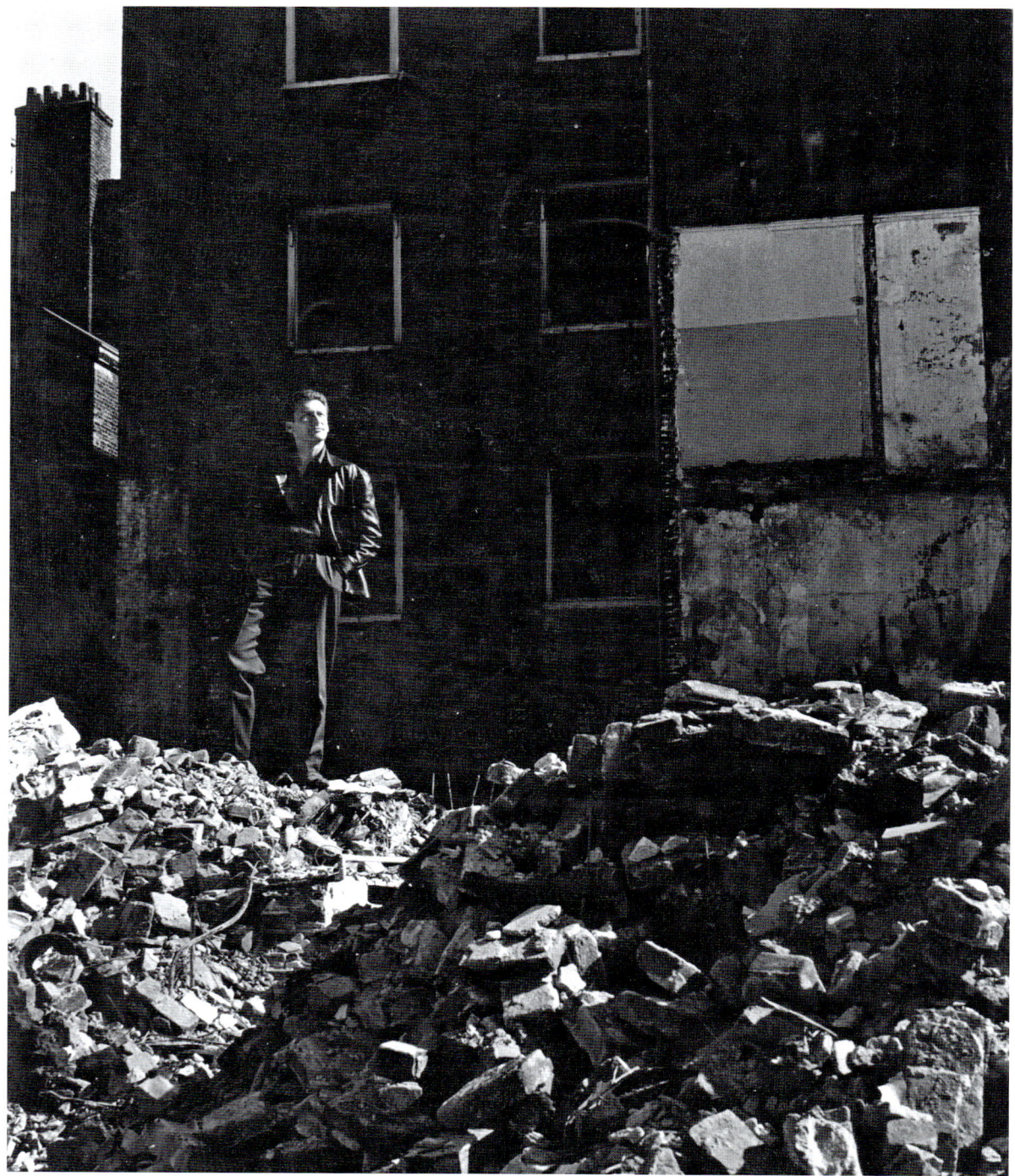

Harry Mulisch auf einer Kriegsruine in Dresden, November 1956

führt und mit ihr schläft, als ob sie die Stadt sei, die bombardiert werden müsse. Auch in der letzten Szene sind Mythologie, Krieg und die Gegenwart gleichzeitig vorhanden. Corinth hält einen Zeitungsausschnitt in der Hand, bei dem es um die Ausgrabung Trojas geht. Sein Auto ist an den im Zweiten Weltkrieg zerstörten Gebäuden vorbeigerollt. Das Feuer, mit dem er sowohl das Auto als auch den Zeitungsausschnitt zerstört, brennt in der Nachkriegszeit. Durch diese Gleichzeitigkeit wollte der Autor den linearen Zeitfluss darstellen, dem Menschen unterworfen sind. Er konstruiert gleichsam eine »Schleife«. Man ist an William Faulkners paradoxen Satz erinnert: »Die Vergangenheit ist niemals tot. Sie ist nicht einmal vergangen.«[9]

Es ist unschwer erkennbar, dass Mulisch die Stadt in den Nachkriegsjahren aus persönlicher Anschauung kannte, bevor in großem Umfang Baumaßnahmen eingeleitet wurden. Er war eingeladen worden, die Niederlande auf dem ersten internationalen Heinrich-Heine-Kongress (1956) anlässlich des 100. Todestags des Dichters in Weimar zu vertreten. Mulisch besuchte das Goethehaus sowie das nahe gelegene frühere Konzentrationslager Buchenwald. Nach dem Kongress hatten alle Teilnehmer die Möglichkeit, in einem Auto mit Chauffeur und einem offiziellen Reiseleiter durch die DDR zu fahren. Auf dieser Reise wurde unter anderem Dresden besichtigt. Währenddessen brach der Ungarn-Aufstand aus (Oktober/November), aber das wahre Ausmaß dieser Ereignisse wurde ihm erst bewusst, als er wieder in die Niederlande zurückgekehrt war.

Ein Freund Mulischs, der Dresden 1962 besuchte, hatte keine Schwierigkeiten, all die Orte wiederzufinden, die in dem Buch vorkommen; er konnte »Das steinerne Brautbett« gleichsam als Reiseführer benutzen. »Es war alles da. Ein Haus wie der Fiebertraum eines Architekten, das Bleiglasfenster in der Halle, der Blick auf die Elbe mit lediglich einer einzigen Ruine im Vordergrund (es stimmt, das wohlhabende Viertel ist nicht bombardiert worden). Die Proportionen mögen etwas kleiner gewesen sein, als ich sie mir vorgestellt hatte, aber so ist das nun mal. Der Name des Vermieters war nicht Ludwig, sondern Ruprecht – ein Name, der im Roman auch vorkommt.«[10] Mit diesen Informationen

können wir den Ort, an dem Corinth untergebracht worden ist, mit großer Wahrscheinlichkeit als die Villa San Remo im Stadtviertel Loschwitz, Bergbahnstraße 12, identifizieren.

Wie sich die Bombardierung Dresdens im Roman abspielt, entspricht größtenteils der historischen Realität. Am 13. Februar 1945 starteten britische Lancaster-Bomber den Angriff, der in einem Feuersturm kulminieren sollte. Der zweite Angriff, wiederum ausgeführt von britischen Lancaster-Bombern, fand in den frühen Morgenstunden des nächsten Tages statt. Darauf folgten am Nachmittag amerikanische Flugzeuge, um den Auftrag zu Ende zu führen. Mulisch lässt Corinth und die anderen Amerikaner an der zweiten Angriffswelle der amerikanischen Bomber teilnehmen.

In seinem Archiv, das Mulisch schon seit seiner Jugend führte, finden sich verschiedene Unterlagen seiner damaligen Reise, wie zum Beispiel Fotografien und sein Visum für die DDR. Er verschaffte sich auch ein Exemplar von Richard Peters bekanntem Buch von 1950, »Dresden – eine Kamera klagt an«, mit eindringlichen Fotografien der Zerstörung, die die Stadt erlitten hatte. Mulisch fuhr mit der Absicht in die DDR, Material für einen Roman zu sammeln, der in seinem Kopf unter dem provisorischen Titel »Gratie voor de doden« (»Gnade den Toten«) entstand. Schon seit 1947 trug er sich mit dem Gedanken, einen Roman über einen deutschen Kriegsverbrecher zu schreiben. Ein paar Jahre später nahm diese Idee konkretere Formen an – der Mann hatte in Buchenwald gearbeitet und seit der deutschen Niederlage bis 1952 in einem Versteck in Deutschland gelebt. Erst dann ging er in die Niederlande, wo in der Realität gerade die Todesstrafe für Willi Lages, einen deutschen SS-Offizier und Kriegsverbrecher, in eine lebenslängliche Gefängnisstrafe umgewandelt worden war. Für den deutschen Anteil des Romans wollte Mulisch in die DDR fahren. Sein literarischer Nachlass enthält ein kleines Notizbuch voller Anmerkungen und ersten Versionen für diesen unvollendeten Roman.

Während seines Besuchs in Dresden änderte sich alles für ihn, wie Mulisch schreibt: »Auge in Auge mit der zerstörten Stadt, habe ich einen völlig anderen

Roman geschrieben.«[11] Was er über Kriegsverbrecher zu sagen hatte, übertrug er jetzt auf einen amerikanischen Bomberpiloten, der seinen Auftrag ohne Schuldgefühle oder Gewissensbisse ausführt. Warum hat Dresden einen solchen unauslöschlichen Eindruck auf Mulisch gemacht? Es waren sicherlich die unmenschliche Zerstörung und deren immer noch so sichtbare Spuren, die ihn die Schuldfrage umkehren ließen. Außerdem hat ihn ohne Zweifel auch Dresdens reiche Geschichte beeinflusst – die Stadt war ein historisches Zentrum der Kunst, mit riesigen Kunstsammlungen und -schätzen. Schiller hatte dort gelebt, Goethe hatte die Stadt besucht. Von seinem Vater war Mulisch in die klassische deutsche Literatur eingeführt worden. Hinzu kam Mulischs Faszination für Städte, die durch einen Fluss geteilt werden. Viele seiner Romane spielen in solchen Städten: in Amsterdam, Budapest, Prag, Avignon und auch in Dresden. Er benutzt den trennenden Fluss als Metapher für den Styx, jenen Fluss, den nach der griechischen Mythologie jeder auf dem Weg ins Totenreich überquert.

Bei seiner Rückkehr begann Mulisch mit der Arbeit an dem Roman, der nun »Das steinerne Brautbett« werden sollte. Wie er in einem Interview bemerkte, las er Dutzende Erinnerungen von Kriegspiloten, zahlreiche Literatur über die Stadt Dresden und informierte sich über die Strategie, die Bombardierungen aus der Luft zugrunde liegt.[12]

Der Roman erschien im Juni 1959, etwas über zwei Jahre nach seiner Reise in die DDR. Für die Titelgestaltung wählte Mulisch einen Ausschnitt aus der berühmten Fotografie von Richard Peter, die eine oft als Engel gedeutete Steinfigur zeigt,[13] die vom Rathausturm aus auf das zerstörte Dresden sieht. Peter hatte die Fotografie in seinem Buch »Dresden – eine Kamera klagt an« veröffentlicht. Mulischs Titelbild wirkt aber wie ein Negativ: Was dunkel war, ist hell, was hell war, ist dunkel. Auf dem Buchrücken ist Mulisch inmitten der Trümmer zu sehen – dieses Bild war allerdings weder in Dresden noch in irgendeiner anderen Kriegsruine entstanden, sondern in Amsterdam, als einige Häuser der Verbreiterung einer Straße weichen mussten. »Het stenen bruidsbed« war das erste Paperback der Nie-

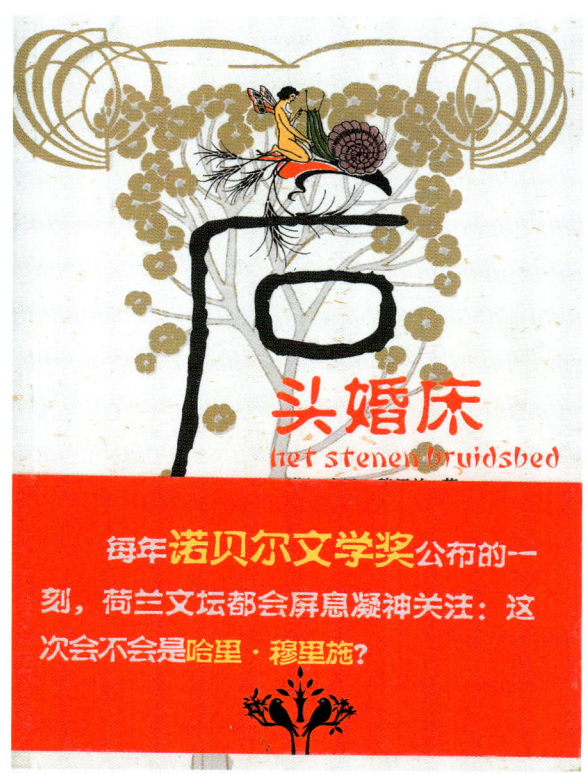

Buchausgabe der chinesischen Übersetzung von »Das steinerne Brautbett«, veröffentlicht im Jahr 2010

derlande. Mulischs Mutter, die inzwischen in den Vereinigten Staaten lebte, schickte ihrem Sohn häufig amerikanische Paperbacks, die im Format größer waren als die Taschenbücher jener Zeit, aber ebenso wie sie einen Papierumschlag hatten und ihrem Sohn gut gefielen. Mit drei Auflagen schon im ersten Jahr wurde der Roman sofort ein Erfolg. Mittlerweile hat er es auf insgesamt 45 Auflagen gebracht. Er wurde ins Chinesische, Englische, Französische, Griechische, Deutsche,[14] Norwegische, Slowakische, Spanische, Russische, Ukrainische und ins moderne Hebräisch übersetzt. In der spanischen Übersetzung von 1963 wurden die erotischen Passagen zensiert.

Was macht die Art, in der Mulisch die Bombardierung Dresdens thematisiert, so besonders? Es sind die verschiedenen Umkehrungen, die stattfinden, wenn der

Protagonist mit dem konfrontiert wird, was er angerichtet hat. Mit dem »Steinernen Brautbett« will Mulisch den Leser dazu bringen, von jeder eindimensionalen Haltung in Bezug auf Schuld und Unschuld Abstand zu nehmen. Die dreifach synchrone Handlung des Romans und seine zahlreichen Wendungen zwingen den Leser dazu, sich bewusst zu machen, dass die Bombardierung Dresdens kein einzigartiges Ereignis war und dass sich in einem Krieg jeder die Hände schmutzig macht.

Hier liegt der Kern von Mulischs Bestreben als Autor. Er weigerte sich, Literatur in eine Zwangsjacke zu stecken. Er wollte nicht von seinem Schreibtisch aus einen Roman mit einer eindeutigen moralschen Botschaft schreiben. Es war nicht sein Anliegen, mittels der Literatur zu einer besseren Gesellschaft beizutragen, sondern er wollte seine Leser dazu veranlassen, stärker über unsere Gesellschaft nachzudenken. Er verglich sich gern mit einem Alchemisten, der verschiedene Ingredienzen vermischt, um herauszufinden, was dann mit ihnen geschieht. Entsteht etwas Neues? Bewegen sich die Dinge, oder bleibt alles beim Alten? Explodiert die Flasche mit den Zutaten, oder war alles vergeblich? Oder fängt das Gebräu an zu brodeln und ruft der Zauberer »Heureka«, »ich habe es gefunden«, weil aus etwas, das schon existierte, etwas gänzlich Neues komponiert wurde?[15]

Für Mulisch ist der Schriftsteller ein Erlöser, der uns mit Einsichten bereichern kann, die über die Erkenntnisse von Wissenschaftlern oder Philosophen hinausgehen. So ist die Literatur ein Instrument, um zu einer Welterkenntnis zu kommen, die wir nur durch sie erreichen können.

Anmerkungen

Fremdsprachige Zitate wurden für diesen Beitrag ins Deutsche übersetzt. **1** Eine bibliografische Übersicht zu Harry Mulischs Werk bietet Marita Mathijsen: De werken van Harry Mulisch. Een bibliografie, unter Mitarbeit von Elsa den Boer, Amsterdam 1992. Drei Publikationen widmen sich insbesondere Mulischs Leben: Mariëtte Haarsma/Erna Staal/Murk Salverda (Red.): De onderkant van het tapijt. Harry Mulisch en zijn œuvre 1952–1992, Amsterdam 1992; Marita Mathijsen: Het voorbestemde toeval. Gesprekken met Harry Mulisch, Amsterdam 2002; Harry Mulisch/Onno Blom: Mijn getijdenboek 1927–1951; Zijn getijdenboek

1952–2002, Amsterdam 2002. Zahlreiche Interpretationen seines Werks sind erhältlich. Die wichtigsten hier in alphabetischer Reihenfolge: Jos Buurlage: Onveranderlijk veranderlijk. Harry Mulisch tussen literatuur, journalistiek, wetenschap en politiek in de jaren zestig en zeventig, Amsterdam 1999; E. G. H. J. Kuipers: De furie van het systeem: over het literaire werk van Harry Mulisch in de jaren vijftig, Amsterdam 1988; Marita Mathijsen: Twee vrouwen en meer. Over het werk van Harry Mulisch, Amsterdam 2008; Frans C. de Rover: De weg van het lachen: over het œuvre van Harry Mulisch, Amsterdam 1987. **2** In letzter Zeit haben David Cesarani (Adolf Eichmann. Bürokrat und Massenmörder, Berlin 2004) und Bettina Stangneth (Eichmann in Argentinien. Das unbehelligte Leben eines Massenmörders, Hamburg 2011) die Auffassung vertreten, der durch Eichmann vermittelte Eindruck, er sei lediglich ein Rädchen im Getriebe gewesen – was neben Mulisch auch Hannah Arendt für bare Münze nahm (Eichmann in Jerusalem. Ein Bericht von der Banalität des Bösen, dt. erstmals 1964) –, sei nur eine Pose gewesen, um die Richter zu täuschen. **3** Nachweislich waren an beiden US-Angriffen nur die schweren Bomber Boeing B-17 beteiligt, die »Flying Fortress« genannt wurden. Den Beinamen »Liberator« trugen ausschließlich die schweren Bomber Consolidated B-24. Beim Angriff auf Dresden wurden diese jedoch nicht eingesetzt. **4** Harry Mulisch: Das steinerne Brautbett. Aus dem Niederländischen von Gregor Seferens, Frankfurt am Main 1995, S. 93 (aus dem II. Gesang). **5** Hans Ulrich Jessurun d'Oliveira: Harry Mulisch, in: Harry Mulisch. De mythische formule. Dertig gesprekken 1951–1981, zusammengestellt von Marita Mathijsen, 2. Auflage, Amsterdam 1981, S. 25 f. **6** Eine Studie, die sich ausschließlich dem »Steinernen Brautbett« widmet, ist J. A. Dautzenberg: Het stenen bruidsbed, in: J. A. Dautzenberg (Hrsg.): De sleutel in de kast. Over ›Het stenen bruidsbed‹ van Harry Mulisch, Amsterdam 1989. **7** Mulisch: »Das steinerne Brautbett«, S. 17. **8** Als Harry Mulisch »Das steinerne Brautbett« schrieb, waren Erzählungen über Tieffliegerangriffe auf Dresdner, die gerade den Bomben und dem Feuersturm entkommen waren, weit verbreitet. Nach neuestem historischen Forschungsstand hat es aber in Dresden im Februar 1945 keine Tieffliegerangriffe gegeben. **9** »The past is never dead. It's not even past.« (William Faulkner: Requiem For A Nun, New York 1950). **10** Johannes Hendrikus Donner: Mulisch, naar ik veronderstel, Amsterdam 1971, S. 189. **11** Harry Mulisch: Bericht aan de rattenkoning, Amsterdam 1966, S. 26. **12** Vgl. Jan Brokken: Schrijven is bijna niet kunnen schrijven, in: Harry Mulisch. De mythische formule. Dertig gesprekken 1951–1981, S. 226. **13** Es handelt sich um die Figur der Bonitas (Güte), eine der Personifikationen des guten Stadtregiments, auf der Galerie des Rathausturms. **14** Die erste deutsche Übersetzung erschien im Jahr 1960, der Suhrkamp Verlag veröffentlichte 1995 eine Neuübersetzung. **15** Unentbehrlich für das Verständnis von Mulischs Auffassung von Literatur ist sein eigener Essay »Grondslagen van de mythologie van het schrijverschap«, Amsterdam 1987.

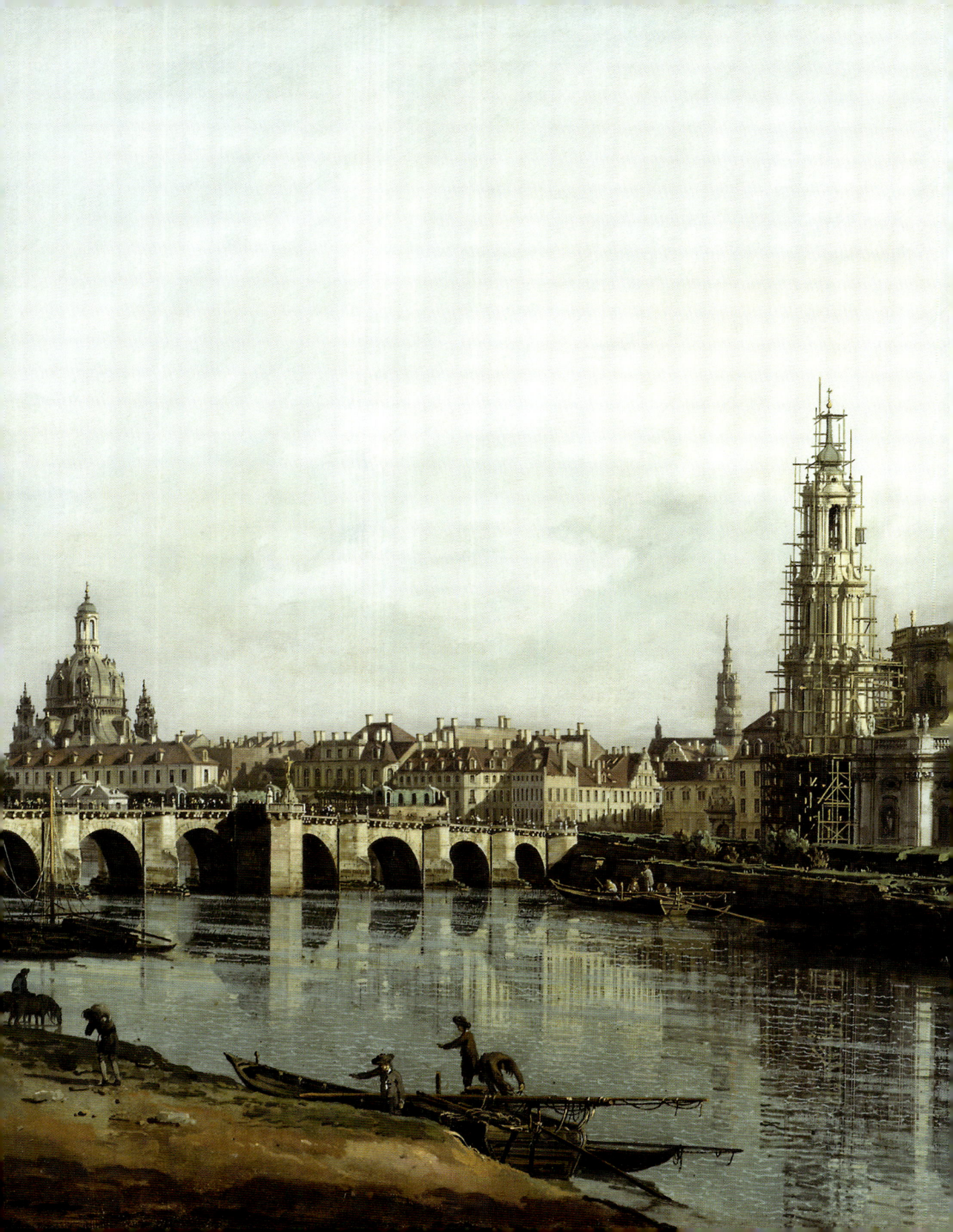

DIE ZERSTÖRUNG DRESDENS
IM ROMAN
SEIT DER WIEDERVEREINIGUNG

Susanne Vees-Gulani

Heutzutage wird Dresden mit zwei ikonischen Vorstellungen verknüpft. Es ist dies zum einen die Erinnerung an ein berühmtes Zentrum barocker Kunst und Architektur, in dem eine wunderschöne Stadtansicht mit den dort bewahrten Kulturschätzen und der reizvollen Landschaft des Elbtals harmonierte. Die andere Erinnerung ist die an Dresden als eine Wüste aus Schutt und Asche, die das Bombardement der Alliierten und der anschließende Feuersturm hinterlassen hatten. Aus diesen beiden, untrennbar miteinander verbundenen Vorstellungen resultiert die Sonderstellung, die Dresden im deutschen wie im internationalen Gedächtnis bis heute einnimmt.

Darstellungen des zerstörten Dresden beinhalten immer auch das Phantom der intakten Stadt. Die kulturelle Rezeption entsteht aus der Spannung, die sich ergibt zwischen der als außergewöhnlich wahrgenommenen Schönheit des alten Dresden und der Leere und dem Leiden, die dessen – ebenfalls vielfach als unvergleichbar empfundene[1] – Zerstörung hinterließ. Diese besonderen Umstände bestimmen die Art und Weise, wie in diesem Fall über den Bombenkrieg erzählt werden konnte und kann. Während Texte zu Kriegserlebnissen der Deutschen üblicherweise daran gemessen werden, wie sie sich mit dem Thema der deutschen Schuld auseinandersetzen, erleichtert Dresdens weitgehend unangezweifelter Opferstatus die Darstellung. Tatsächlich war und ist Dresden das beste Gegenbeispiel für

W. G. Sebalds 1997 geäußerte These, die deutsche Nachkriegsgesellschaft, -literatur und -kultur tabuisierten der gegen Deutschland geführten Bombenkrieg[2] und machten diese Ereignisse damit für die Nachkriegsgenerationen unzugänglich.[3]

Auch in den gegenwärtigen Darstellungen bilden die Überlagerungen von der kulturellen Ikone und ihrer nahezu vollständigen Auslöschung das Fundament der Erzählungen von der Bombardierung Dresdens. Die Ruinen werden dabei zur Projektionsfläche der verschiedenen schriftstellerischen Anliegen. So beschreibt beispielsweise Martin Walser in seinem Roman »Verteidigung der Kindheit« (1991) die Beziehung des Protagonisten zu seiner Heimatstadt Dresden auf eine Weise, die gleichzeitig das Nachdenken über die Bewahrung und Wiederherstellung von deutscher und Familiengeschichte zum Thema macht. Es ist kein Zufall, dass die Hauptfigur Alfred Dorn völlig auf seine eigene Vergangenheit fixiert ist – seine Persönlichkeit und sein Leben sind untrennbar mit der Zerstörung Dresdens verbunden. Durch die Bombardierung hat Alfred als Junge seine Großeltern und die elterliche Wohnung verloren. Auch die Fotoalben und Filme der Familie sind vernichtet – das Archiv seiner Kindheit. Alfred ist geprägt von den Wunden dieses Verlusts, ebenso wie die Stadt von Ruinen gezeichnet ist. Alfred Dorn wird also zum »Ruinenspezialisten«.[4] Er kann so wenig die Gegenwart akzeptieren oder sich der Zukunft zuwenden, wie Dresden sich völlig in die »sozialistische Großstadt«[5] wird verwandeln können, die die kommunistische Führung anstrebt, oder seine barocke Vorkriegssilhouette mehr als nur bruchstückweise wiedererlangen kann. Dieser museale Charakter Dresdens als ein Ort, an dem zudem die Vergangenheit und ihre Artefakte mit einer nicht hinterfragten nostalgischen Bedeutung aufgeladen werden können, nimmt auch in Dorns Leben Gestalt an. Er distanziert sich von der Gegenwart, indem er manisch alle Andenken an seine Vergangenheit sammelt. Dieses persönliche Museum erlaubt es ihm, sich in den Ruinen seines eigenen Lebens zu bewegen. Walser zeigt aber, dass solch eine Fixierung auf die Vergangenheit gefährlich ist. Dorn erfährt sein Leben als eine Reihe von Katastrophen und stellt sein Verhalten an jedem Wendepunkt in Frage. Seine rasenden Gedanken können nur durch Schlaftabletten betäubt werden, eine Methode, die ihn schließlich auf unfeierliche Weise das Leben kostet.

Auch in Marcel Beyers Roman »Kaltenburg« (2008) ist Konservierung ein zentrales Thema. Der Erzähler Hermann Funk ist Ornithologe und hat bis zu seiner Pensionierung im Dresdner Museum für Tierkunde gearbeitet. Nach und nach lässt er sein früheres Leben mit seinem Mentor Ludwig Kaltenburg (lose dem österreichischen Zoologen und Verhaltensforscher Konrad Lorenz nachempfunden) Revue passieren. Kaltenburg nahm sich Hermann an, nachdem der Junge seine Eltern im Dresdner Feuersturm verloren hatte. Er ermöglichte es ihm – »prägte« ihn vielleicht –, sich hauptsächlich mittels gefiederter Wirbeltiere der Vergangenheit und Gegenwart zu nähern.

Sogar der Dresdner Feuersturm ist in Hermanns Erinnerung gänzlich mit Vögeln verknüpft. Nur einen Tag nach seiner Ankunft in Dresden mit seiner Familie findet sich der Elfjährige plötzlich verwaist an diesem ihm unbekannten Ort. In dem Versuch, zu verstehen, was geschieht, greift er auf seine schon früh geübte Fähigkeit zur Naturbeobachtung zurück und erlebt den Luftangriff durch dessen Wirkung auf Vögel, die er sieht, als er durch den Großen Garten irrt. Diese traumatische Szene stellt gleichsam eine Steigerung eines früheren Vorfalls dar, der sich daheim in Posen ereignet hatte. Damals war Hermann während der Abwesenheit seiner Eltern und seiner Kinderfrau von einem Vogel, der aus Versehen ins Haus geflogen und dort verendet war, in Panik versetzt worden. Nun, im Feuersturm, fallen überall verbrannte Vogelkörper vom Himmel,

und Enten auf dem See verwandeln sich in lebendige Fackeln. Hermann will die chaotische Lage ordnen, indem er die verschiedenen Vogelspezies um ihn herum zu klassifizieren versucht, was sich als unmöglich herausstellt: »Wie hätte ich jetzt die Enten [...] unterscheiden sollen, da sämtliche Tiere auf dem Wasser auf einmal brannten.«[6] Rückblickend interpretiert Hermann den Vorfall mit dem Vogel in seinem Haus als Vorausdeutung seiner Erfahrungen in Dresden – ein Versuch, sein persönliches Schicksal mit dem der Stadt zu verknüpfen.

Funk kann sich somit nie wirklich von diesen Ereignissen frei machen. Er beschäftigt sich mit Vogelforschung und Vogelpräparation, um die Tiere über ihren Tod hinaus in einem perfekten und lebensechten Zustand zu erhalten und sie korrekt bezeichnet und klassifiziert zu wissen. Diese Arbeit erlaubt es ihm, einen Großteil seiner Zeit im Museum zu verbringen, das eine intakte (ornithologische) Vergangenheit bietet. Im Gegensatz dazu liegt seine eigene Vergangenheit unerforscht im Dunkeln. Als wolle er die fragile Ordnung nicht stören, befasst er sich weder mit dem Schicksal seiner (möglicherweise) jüdischen Kinderfrau noch mit den genauen Umständen des Todes seiner Eltern im Feuersturm und auch nicht mit der Frage, ob Kaltenburg mit der NSDAP kollaborierte und an Menschenexperimenten beteiligt war. Für diese Unbestimmtheit in Detail- und Faktenfragen bietet Dresden die perfekte Kulisse, und es ist nicht überraschend, dass Funk seine durch Zufall gefundene Heimatstadt nie verlässt, denn seine Denkweise ähnelt einem anderen dominanten Vergangenheitsdiskurs in Dresden. Die Sonderstellung Dresdens in der Erinnerung an den Luftkrieg im Zweiten Weltkrieg ermöglicht eine Weltsicht, in der Menschen, ungeachtet der tatsächlichen historischen Umstände, die Vergangenheit ausschließlich durch eine von Nostalgie geprägte Linse betrachten können, in der nur die als einzigartig empfundene Schönheit und Unschuld ihrer Stadt und das Verbrechen ihrer Zerstörung Beachtung finden. Fragen nach Verantwortung und Schuld, die sich mit der Bombardierung verbinden ließen und einen komplexeren Diskurs erforderten, werden deshalb nicht gestellt.

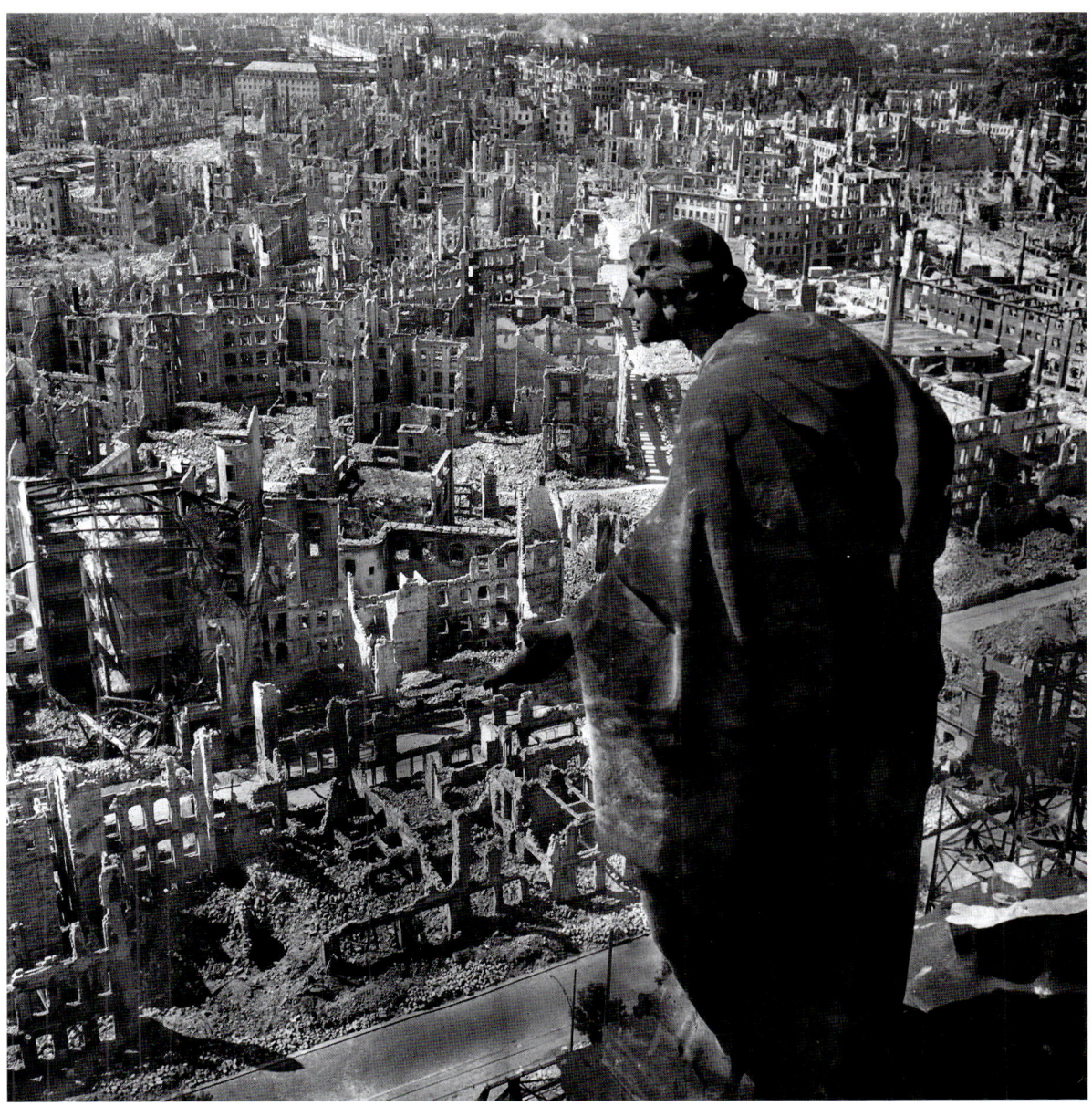

Blick vom Rathausturm nach Süden mit der Allegorie
der Güte im Vordergrund, 1945

Auch die amerikanischen Autoren Jonathan Safran Foer und Jonathan Lethem nahmen sich kürzlich Dresdens Vergangenheit an – zweifellos beeinflusst von der internationalen Bekanntheit des Schicksals dieser Stadt und von dem berühmten Roman »Slaughterhouse-Five« ihres Landsmannes Kurt Vonnegut (1969, deutsch: »Schlachthof 5«). Foers Roman »Extremely Loud and Incredibly Close« (2005, deutsch: »Extrem laut und unglaublich nah«) bezieht sich auf zwei traumatisierende Ereignisse und Ausnahmezustände: die zeitgenössische Erfahrung der Terrorangriffe auf das World Trade Center in New York 2001 und den Bombenangriff auf Dresden, 60 Jahre vor Veröffentlichung des Textes. Indem er diese Traumata miteinander vermischt, legt Foer nahe, dass extreme Grenzerfahrungen nicht isoliert verstanden werden können, sondern anhand anderer Erfahrungen übersetzt werden müssen. Zudem verweigert er ihnen auf diese Weise den Sonderstatus als unvergleichbare Ereignisse, die sie außerhalb der Geschichte stellen. Der Roman befasst sich also mit Krieg, Terror und persönlichem Leiden und setzt in seinem Verlauf sowohl Dresden als auch die deutsche Geschichte in einen globalen Zusammenhang.

Durch den Erzähler, den neunjährigen Oskar Schell, werden die beiden großen traumatischen Ereignisse des Romans miteinander verbunden. Oskar, der Ähnlichkeit mit Günter Grass' Protagonisten Oskar Matzerath aus der »Blechtrommel« aufweist, verlor seinen Vater am 11. September 2001 im World Trade Center. Noch ein Jahr später ist Oskar Schell von den Ereignissen stark traumatisiert und einzig darauf fixiert, genau herauszufinden, wie sein Vater starb. Nachdem er einen Hinweis gefunden hat, der das Wort »Black« enthält, versucht er jede Person mit dem Nachnamen Black in New York aufzusuchen und sich so Klarheit über die letzten Lebensumstände seines Vaters zu verschaffen.

Die Zerstörung Dresdens im Februar 1945 hält durch Briefe von Oskars Großeltern Einzug in den Roman. Oskar hat Kontakt zu seiner Großmutter, sein Großvater aber verließ seine Frau, nachdem er erfahren hatte, dass sie schwanger war. Oskars Großeltern hatten zwar erst in den Vereinigten Staaten geheiratet,

stammten aber beide aus Dresden, wo sie die Bombennacht überlebt hatten, und waren dann in die USA geflohen, um dort einen Neuanfang zu wagen. Tatsächlich ist Oskars Großmutter die jüngere Schwester der Geliebten des Großvaters in Dresden, die schwanger war, als sie durch die Luftangriffe starb. Vor allem Oskars Großvater war nie in der Lage, diese schreckliche Erfahrung und seinen Verlust zu überwinden. Nachdem er in New York Oskars Großmutter geheiratet hatte, markierten beide in ihrer Wohnung sogenannte »Nicht-Orte«, die als »absolute Privatsphäre« definiert waren und »in denen man vorübergehend aufhören konnte zu existieren«.[7] Für Oskar und seinen Großvater kommt der Tod also »unglaublich nah«; beide kämpfen mit der Rolle des zurückgelassenen Überlebenden, der sich immerwährend durch eine zeitlose Leere bewegt.

Eingebettet in die zahlreichen Geschichten, die Oskar während seiner Suche in New York erlebt, ist das ikonische Bild eines Mannes, der aus den Zwillingstürmen gesprungen ist und nun zur Erde fällt. Einige Seiten später jedoch folgt keine Beschreibung der Ereignisse des 11. Septembers, sondern ein Brief von Oskars Großvater an seinen Sohn aus dem Jahr 1978, abgestempelt in Dresden. Dieser erläutert die traumatischen Erlebnisse des Großvaters während der Zerstörung der Stadt 1945. Das Trauma des Terrorangriffs auf New York wird so in ein anderes Trauma übersetzt, das zwar vor langer Zeit ausgelöst wurde, dessen Folgen jedoch in der Schell-Familie noch immer präsent sind. Der Brief offenbart einen Mann, der, festgefroren in einem traumatischen Moment, jeglichen Sinn für die Zeit verloren hat: »Manchmal denke, ich, dass ich diese Nacht endlich vergessen würde, wenn ich dir erklären könnte, was mir damals passiert ist, [...] aber diese Nacht hat weder Anfang noch Ende, sie hat schon vor meiner Geburt begonnen, und sie dauert noch an.«[8] Der Brief beschreibt die Grauen der Bombennacht – menschliche Fackeln, das panische Zertrampeln der Toten und Sterbenden, Menschen, die »zu dickflüssigen Pfützen zerschmelzen«, verkohlte Leichen und die Geräusche einstürzender Gebäude, während die Bomben völlig unbeteiligt und mechanisch weiterfallen.[9] Das traumatische Schlüsselerlebnis für Oskars Groß-

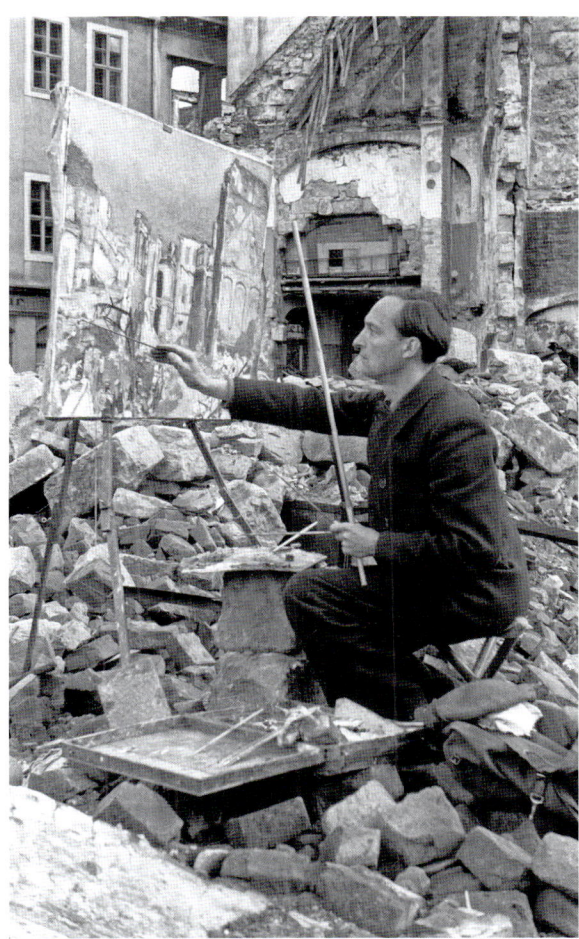

Theodor Rosenhauer arbeitet zwischen Trümmern an seinem Ölgemälde »Blick auf das Japanische Palais nach dem Angriff«, nach 1945

muss, dass dieses »Massaker« an den Tieren völlig uneffektiv ist. Da er kein guter Schütze ist, entkommen ihm die Geier des Zoos, und mit Grauen muss er beobachten, wie sie sich dann »an Menschenkadavern mästeten.« So wird er zum Mörder unschuldiger Tiere, ohne jeglichen positiven Effekt zu erreichen; während er selbst die Bombardierung überlebt, kann er nichts und niemanden beschützen oder retten – weder seine Geliebte noch ihr gemeinsames Kind, weder die unschuldigen Tiere noch die Leichname der menschlichen Opfer, die von ihnen attackiert werden. So bleibt er allein zurück unter den Lebenden und gibt sich »die Schuld an allem«.[10]

Während Oskars Großvater nicht verhindern kann, die Dresdner Erlebnisse wieder und wieder zu durchleben, ist es bei seiner Großmutter gerade der Verlust jeglicher Erinnerung an die Ereignisse, der sie peinigt. Ermuntert von ihrem Ehemann beginnt sie, ihre Lebensgeschichte aufzuschreiben und verbringt Stunden an der Schreibmaschine, allerdings ohne ein Farbband. So produziert sie lediglich einen Stapel weißes Papier.

Foer zeigt, dass es ebenso schmerzhaft ist, in der Vergangenheit und in der Trauer zu verharren, wie die Vergangenheit ganz auszuschließen. Im Roman gibt es jedoch einen Lösungsansatz: In einem Traum bewegt sich Oskars Großmutter rückwärts durch die Zeit und erhält so die Erinnerungen an ihren Vater und ihre Schwester, die während der Luftangriffe starben, zurück, ebenso wie die Erinnerung an die Stadt und den intakten Zustand ihres Zuhauses. Oskars Großvater sucht Kontakt zu Oskar und kann sich dadurch bis zu einem gewissen Grad wieder mit dem Leben in Verbindung setzen. In ähnlicher Weise kann sich Oskar nun den Ereignissen des 11. Septembers sowie dem Verlust seines Vaters stellen, symbolisiert durch das rückwärts laufende Daumenkino am Ende des Romans, in dem der fallende Mann hinauf und damit zurück in die Zwillingstürme fliegt. Indem man eigene Erfahrungen aus der Isolation der unvergleichlichen Ereignisse befreit und eine Gemeinschaft der Leidenden bildet, kann man, so Foers Vorschlag, damit beginnen, traumatische Begebenheiten in die eigene Lebensgeschichte zu integrieren, ohne von diesen überwältigt zu werden.

vater ist jedoch seine Rolle in der Erschießung der Tiere des Dresdner Zoos. Denn Tiere sind, wie auch in »Kaltenburg«, völlig unschuldige Opfer der Ereignisse. Auf dem Weg zu seiner Geliebten wird der Großvater angewiesen, die Raubtiere des durch Bomben zerstörten Zoos zu töten. Ein schreckliches Unterfangen, da zwar die Tiere völlig unschuldig sind, aber gleichzeitig für die Überlebenden zu einer weiteren Gefahr werden können. Doch noch schlimmer ist, dass er erkennen

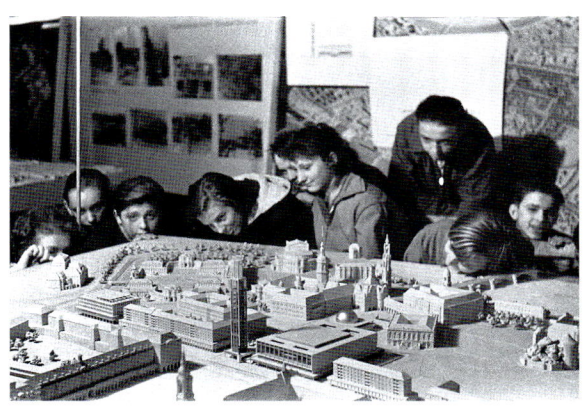

Jugendliche betrachten das Dresdner
Stadtmodell im Neuen Rathaus, Dresden 1959/60

Der Roman »Dissident Gardens« (2013, deutsch: »Der Garten der Dissidenten«) von Jonathan Lethem ist das jüngste literarische Werk, das in Schlüsselpassagen die Bombardierung Dresdens thematisiert. Der größte Teil der Handlung dieses Generationenromans spielt sich im Milieu von Protestgruppierungen in New York ab, von der amerikanischen kommunistischen Bewegung in den 1930er Jahren über die politischen Kommunen der 1960er und 1970er Jahre bis hin zur Kirche der Quäker und schließlich der Occupy-Bewegung. Drei Generationen einer Familie repräsentieren die verschiedenen Gruppierungen, die alle von der Unmöglichkeit geprägt sind, ihre utopischen Ideen vollkommen in ihr wirkliches Leben zu übertragen: die polnische Jüdin Rose und ihr Ehemann, der kommunistische Genosse und deutsche Jude Albert Zimmer; beider Tochter Miriam und deren Ehemann, der gescheiterte politische Songwriter Tommy Gogan und Miriams und Tommys Sohn Sergius, der schließlich elternlos in einer Quäkerschule aufwächst. Der Titel des Romans verweist aber auf einen Ort außerhalb New Yorks, nämlich das kommunistische Nachkriegs-Dresden. Der intellektuelle Kommunist Albert, Sohn eines Bankers und einer Opernsängerin, war in Lübeck direkt neben dem Buddenbrookhaus aufgewachsen und in der NS-Zeit nach New York emigriert. Kurz nach dem Krieg wurde er von der amerikanischen kommunistischen Partei zurück nach Deutschland beordert und landete in einer Repatriierungseinrichtung in Dresden, die Albert und seine Genossen »Garten der Dissidenten«[11] nennen. Über Alberts Leben in Dresden erfährt der Leser durch eine Anzahl an Briefen (geschrieben zwischen 1958 und 1978) an seine Tochter, die der Staatssicherheitsdienst sorgfältig gesammelt hat.

»Der Garten der Dissidenten« befasst sich mit einem anderen Aspekt des Diskurses um Dresden und seine Zerstörung; Lethem beschreibt nicht den Bombenangriff selbst, sondern dessen Aneignung durch die Propaganda der DDR im Kampf gegen den Westen.

Um die DDR in diesem Kampf zu unterstützen, übernimmt Albert, der sich nun als Historiker bezeichnet, dieselben Argumente, die auch die politische Rechte anführt, allerdings im Namen des sozialistischen Diskurses: Er spielt das Ausmaß der deutschen Verbrechen herunter und betont stattdessen die Opferstellung Dresdens nach der von den Westmächten verursachten Zerstörung während des Zweiten Weltkriegs. In dieser Logik hatte Dresden die »spezielle und in Europa einzigartige ›Ehre‹, der nur Hiroshima und Nagasaki an die Seite zu stellen wären, an den Frontlinien des Kalten Krieges zu stehen, als Tableau des Grauens zu dienen und die Macht der Alliierten zu demonstrieren«.[12]

Um die Grausamkeit der Alliierten zu betonen, entschuldigt Albert die deutschen Luftangriffe damit, dass diese ausschließlich gegen militärische Ziele gerichtet gewesen seien, und er übertreibt maßlos die Anzahl der Toten bei den Angriffen in Dresden. Aber er geht noch weiter. Obwohl Albert selbst Jude ist, zieht er eine Parallele zwischen Dresden und der Shoa: »die Wahrheit […], die ich dokumentiert habe: dass Dresdens Bombardierung durch die Alliierten eine Katastrophe war, in letzter Konsequenz nur zu vergleichen mit den beiden über japanischen Städten abgeworfenen Atombomben (und ich möchte Dich daran erinnern, dass in Dresden mehr Menschen gestorben sind als in Hiroshima oder Nagasaki). Dresden spiegelt auch die Schreckenstaten der NSDAP, die – verständlicherweise, wie ich sofort hinzufüge! – im allgemeinen Verständnis das ganze Entsetzen des 20. Jahrhunderts ausmachen, bis hin zu dem grausigen Detail, dass viele Familien dicht zusammengedrängt verbrannten, nachdem sie sanftmütig in Bunker gegangen oder von dem Versprechen hineingelockt worden waren, dort wären sie in Sicherheit. Für Dresden gibt es keinen Präzedenzfall.«[13]

Alberts fehlerhafte historische Analyse spiegelt tatsächlich die offizielle DDR-Geschichtsschreibung zu Dresden wider. Die Stadt wurde benutzt, um die offiziell immer wieder proklamierte Friedensmission des sozialistischen Blocks zu betonen, eine Aufgabe, die durch die destruktiven und unzivilisierten Ziele des Westens jedoch angeblich ständig bedroht wurde – dessen Wesen habe die Zerstörung Dresdens ja bereits dokumentiert.

Während Miriam den Revisionismus des Vaters zunächst bekämpft, indem sie ihm Postkarten mit Picassos »Guernica«-Gemälde schickt, wird ihr schließlich

Modell der Altstadt von Dresden
mit den bekannten Baudenkmälern, 1969

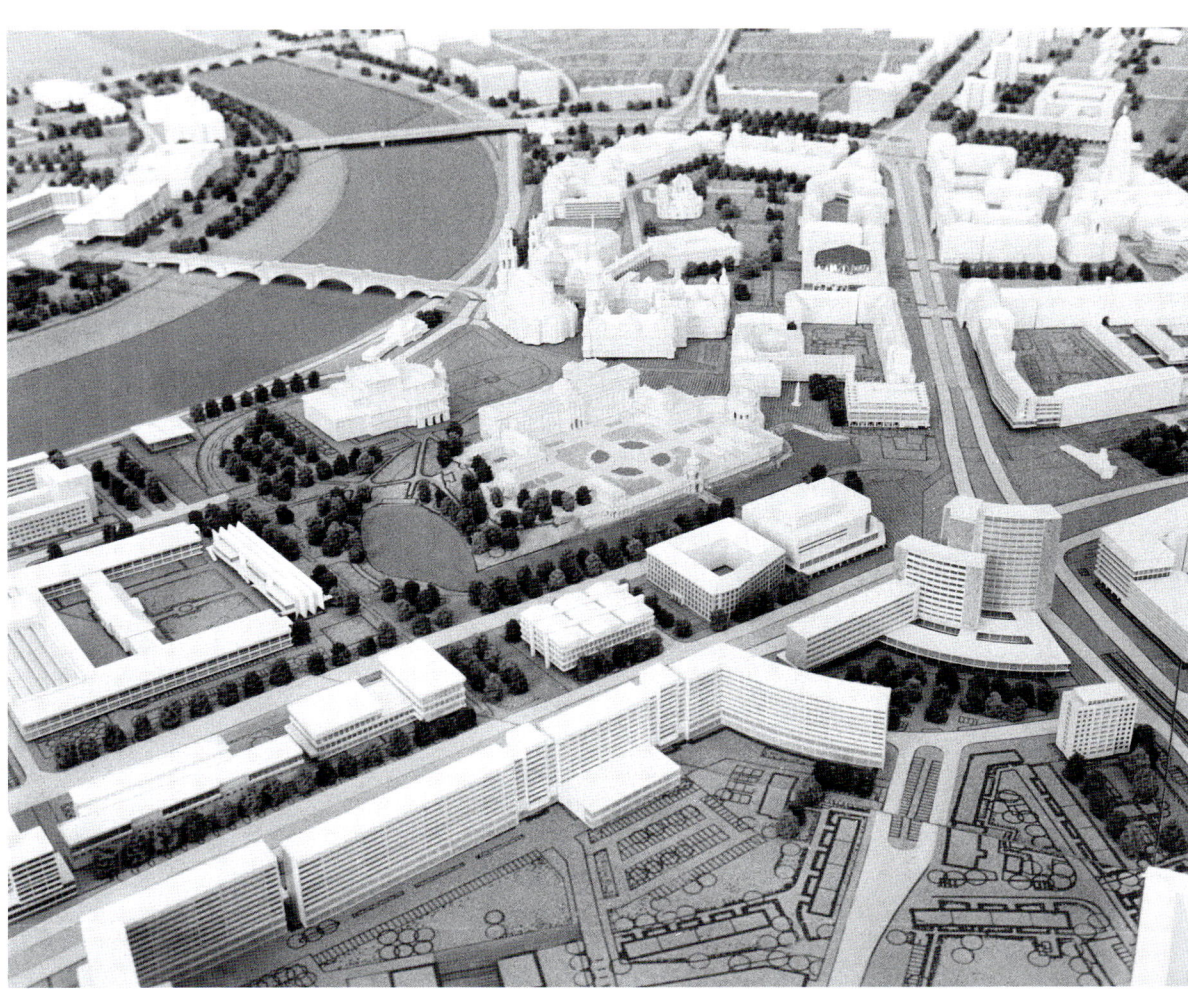

klar, was ihren Vater in seiner Rolle als politischer »Historiker« wirklich motiviert. Sie schreibt ihm, »dass der unverbesserliche Stalinismus für Dich gar nicht das Wesentliche war. Du glaubst vielleicht, mit Deinem neuen Leben in Dresden kannst du Lübeck wieder in den Arsch kriechen, dabei haben sie Dir auch die Buddenbrooks weggebombt, Dad. Tut mir wirklich leid.«[14] (Im englischen Original (S. 240) ist der Dresden-Bezug prononcierter formuliert: »What your new life really meant was a chance to climb up the ass of Lübeck again, through Dresden. They bombed your Buddenbrooks, Dad. I am so sorry.«)

Mit dieser Feststellung zeigt Miriam eine erstaunlich scharfsinnige Wahrnehmungsgabe: Indem Albert die Tragödie des Kulturverlustes und der unschuldigen Stadt betont und die Verbrechen der Deutschen, sogar das der Shoa, herunterspielt, kann er sich – unter dem Deckmantel der historischen und politischen Arbeit – wieder dem bürgerlichen Traum seiner Jugend hingeben und den Verlust deutscher Kultur und seiner eigenen großbürgerlichen Vergangenheit in Lübeck betrauern. Als Teil der intellektuellen Elite, die dem Regime Basis und Legitimation verleiht, genießt Albert Privilegien: Während andere DDR-Bürger nur davon träumen können, in den Westen zu reisen, ist er begeistert von einer »Aida«-Inszenierung in Verona, die er im Zuge eines Urlaubs am Gardasee besucht. Indem er die Deutschen als Opfer des Nationalsozialismus und des kapitalistischen Westens darstellt, kann er, mit dem Segen des DDR-Regimes, frei von Schuldgefühlen wieder in seine Hochkultur eintauchen und die Vorzüge des großbürgerlichen Lebens genießen.

Doch so weitsichtig Miriam auch ist, was das Verhalten ihres Vaters betrifft, so blind ist sie, wenn es um ihre eigenen Grundsätze geht. Ihren Vater betrachtet sie als »Mönch in der Kirche des toten Europa«,[15] er sei vollkommen der Vergangenheit verhaftet, statt sich mit den aktuellen Problemen zu befassen, die sie beschäftigen – von Lokalpolitik bis hin zu internationalen Brennpunkten wie El Salvador und Nicaragua. Doch ihr Verständnis für die realen Verhältnisse ist oft ebenso vernebelt wie ihr tägliches Leben zwischen Joints und Kommune. Die Brutalität des Krieges völlig verken

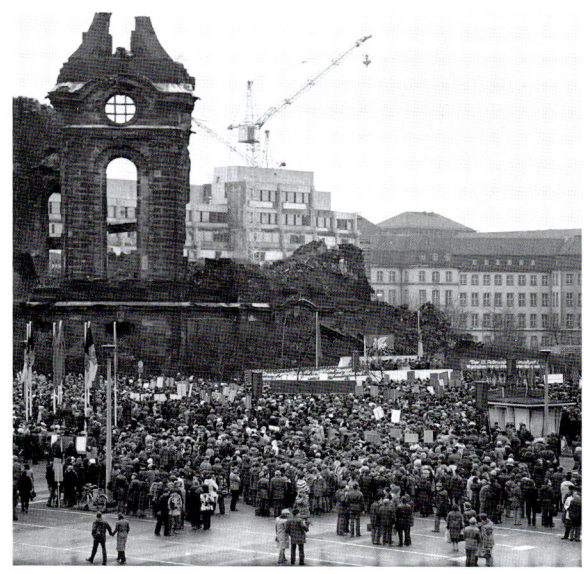

Gedenkkundgebung am 13. Februar anlässlich eines Jahrestages der Zerstörung Dresdens an der Ruine der Frauenkirche, vor 1980

nend, lassen Miriam und Tommy ihren Sohn zurück, um nach Nicaragua zu reisen und im Guerrilla-Krieg die Sandinisten zu unterstützen. Es überrascht nicht, dass ihre romantisierte revolutionäre Unternehmung von Beginn an zum Scheitern verurteilt ist – sie verstehen nicht nur die Komplexität des Krieges mit seinen verschiedenen Fraktionen nicht, sie sprechen noch nicht einmal Spanisch. Statt die Unterdrückten bei ihrem Befreiungskampf zu unterstützen, werden sie kurz nach ihrer Ankunft brutal ermordet.

Seit 1945 ist Dresdens Zerstörung ein wichtiges Thema sowohl im Osten als auch im Westen sowie im vereinten Deutschland und auch international. Die Narrative sind eingebettet in eine vergleichende Struktur von Vorher-Nachher-Perspektiven, die Dresden erst als ein architektonisches Meisterwerk und dann in Ruinen zeigen. Beide Bilder sind als international bekannte Ikonen sowohl bei den Schriftstellern als auch bei den Lesern fest verankert. Die Überschneidung dieser Bilder ergibt das Fundament, auf dem die Erzählungen um Dresden entstehen. Diese Narrative be schäftigen sich immer mit den Leiden des Krieges und den Gefühlen unvergleichlichen Verlustes und der Trauer, die Menschen aus dem Verlauf der Geschichte in einen Zustand der Lähmung katapultieren können. Die Protagonisten sind darauf fixiert, die Vergangenheit wieder herzustellen und wieder ein Gefühl der Ordnung und Zugehörigkeit zu erschaffen, indem sie öffentliche oder private Sammlungen und Museen anlegen. Sie fetischisieren die Vergangenheit, ziehen sich an imaginäre Orte zurück oder irren in der Welt umher, während sie psychisch aber erstarrt bleiben.

Die Narrative neuerer Texte wachsen hingegen über den begrenzten Raum hinweg, der sich an der Schnittstelle der Vorstellung von der unzerstörten und der zerstörten Stadtlandschaft öffnet. Sowohl innerhalb als auch außerhalb Deutschlands entstehen neue Definitionen der Erinnerung an Dresden. Kritiker stehen solchen neuen Entwürfen zur Darstellung von Erfahrungen des Zweiten Weltkriegs oft zögerlich gegenüber. Sie warnen vor einer möglichen »Normalisierung« der deutschen Geschichte. Statt in dieser Entwicklung eine von Misstrauen belastete Normalisierung zu sehen, könnte man sie auch als Beginn einer Demokratisierung von Erinnerung betrachten. An die Stelle einer bestimmten (offiziell anerkannten) Version tritt eine pluralistische Sichtweise, die den Weg für die Koexistenz unterschiedlicher Paralleldiskurse öffnen kann. Im Fall Deutschlands kann dieser Ansatz bedeuten, nicht vor Erzählungen zurückzuschrecken, die sich auch mit dem Leiden der Deutschen im Krieg befassen. Im besonderen Fall Dresdens kann diese Demokratisierung jedoch auch die entgegengesetzte Richtung verfolgen. Hier macht sie es möglich, den in den Dresdennarrativen fest verwurzelten Opferstatus aufzulösen, indem die nostalgische Verehrung der barocken Vergangenheit Dresdens und die formelhafte Klage über die Zerstörung in den historischen Kontext gesetzt werden.

Anmerkungen

1 Diese Perspektive lässt jedoch wichtige Gesichtspunkte außer Acht. Es gab andere deutsche Städte, in denen die Bombardierungen noch größere Schäden und auch höhere Opferzahlen hinterließen. Dresden war weder die letzte noch die letzte kulturell bedeutende Stadt, die während des Bombenkriegs zerstört wurde. Es war auch kein militärisch unbedeutendes Ziel. So schrecklich die Bombardierung war, so war sie weder im Hinblick auf die Zielauswahl noch hinsichtlich der Folgen oder des Zeitpunkts einzigartig. **2** W. G. Sebald: Luftkrieg und Literatur, München 1999, S. 8. Zu W. G. Sebald und der Literatur über den Luftkrieg in Deutschland und Übersee vgl. Susanne Vees-Gulani: Trauma and Guilt. Literature of Wartime Bombing in Germany, Berlin and New York 2003; Volker Hage: Zeugen der Zerstörung. Die Literaten und der Luftkrieg, Frankfurt am Main 2003; s. a. Susanne Vees-Gulani: »Phantomschmerzen«. Durs Grünbeins Porzellan und neue Wege in der Literatur über den Luftkrieg, in: Jörg Arnold/Dietmar Süß/Malte Thießen (Hrsg.): Luftkrieg. Erinnerungen in Deutschland und Europa, Göttingen 2009, S. 277–296. **3** Es gibt auch wirkmächtige zeitgenössische Romane zu anderen Städten, etwa Monika Helds »Trümmergöre« (Hamburg), Markus Zusaks »The Book Thief« (München; dt.: »Die Bücherdiebin«) und Dieter Fortes Trilogie »Das Haus auf meinen Schultern« (Düsseldorf). **4** Martin Walser: Die Verteidigung der Kindheit, Frankfurt am Main 1991, S. 171. **5** Ebd., S. 117. **6** Marcel Beyer: Kaltenburg, Frankfurt am Main 2009 (Taschenbuchausgabe), S. 106. **7** Jonathan Safran Foer: Extrem laut und unglaublich nah, 14. Auflage, Frankfurt am Main 2013, S. 147. **8** Ebd., S. 275. **9** Vgl. ebd., S. 281 f. **10** Ebd., S. 283. **11** Jonathan Lethem: Der Garten der Dissidenten, Stuttgart 2014, S. 297. **12** Ebd., S. 296. **13** Ebd., S. 304. **14** Ebd., S. 315. **15** Ebd., S. 314.

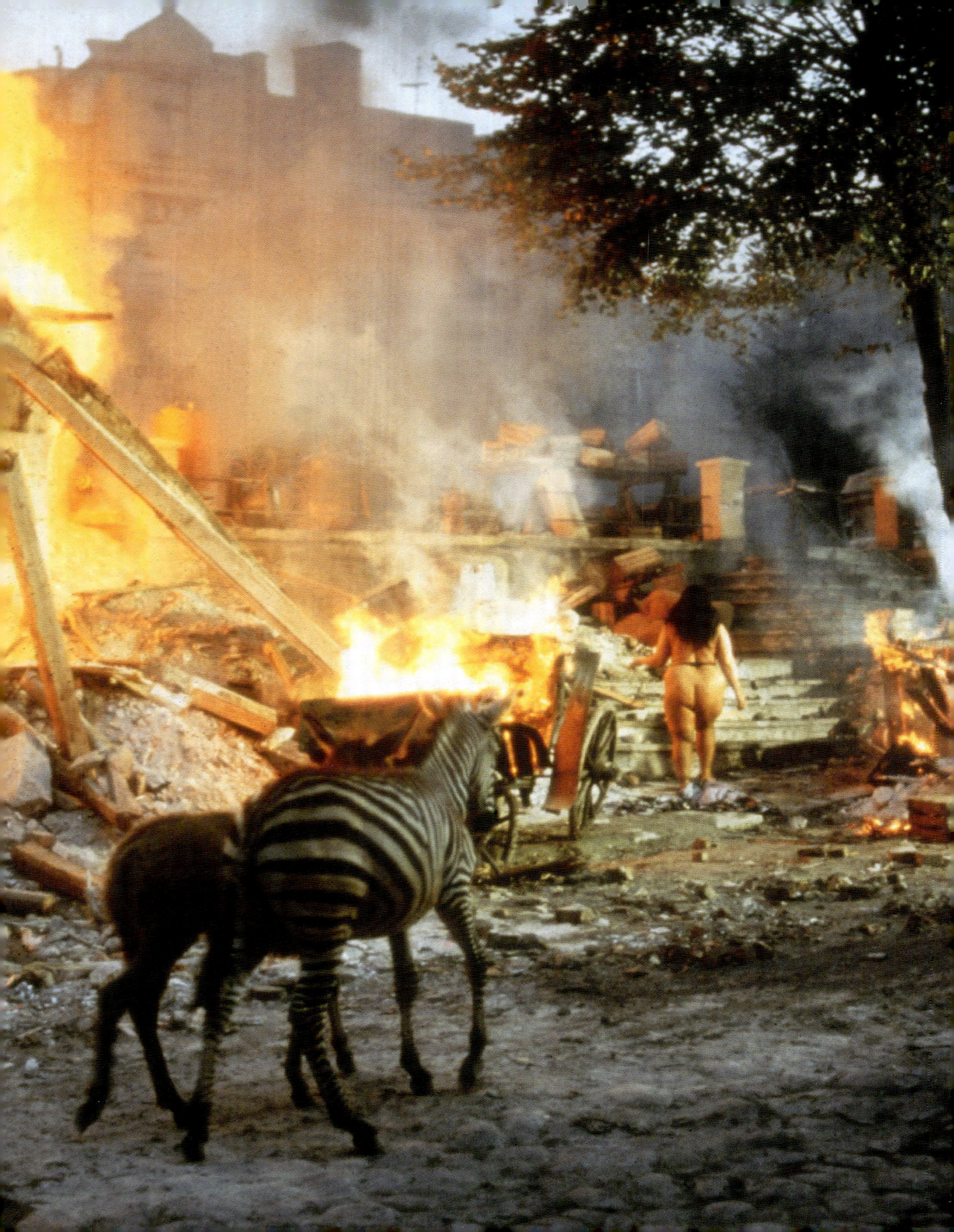

KRIEG UND KREATUR
SZENEN AUS DEM GROSSEN GARTEN IN DRESDEN IN DER NACHT VOM 13. AUF DEN 14. FEBRUAR 1945

Marcel Beyer

I

Nacht. Lichtblitze. Feuerschein. Hier und da menschliche Silhouetten. Rauch- oder Staubwolken, die das Bild erneut in völlige Dunkelheit tauchen. Auf einmal so etwas wie Fell. Raubtierfell. Bebende Raubtierflanken. Dann wieder Nacht.

II

Ereignisse der Zeitgeschichte, die sich nicht anhand von Fotografien oder Filmaufnahmen belegen lassen, verfügen offenbar über eine besondere Macht. Sie scheinen den Menschen, die sie miterlebt haben, Bilder von umso stärkerer Wirkung einzugeben, ja, sie regen die Imagination anscheinend in einer so intensiven Weise an, dass keine materiell existierende Abbildung diesem inneren Bildgeschehen etwas entgegensetzen, es korrigieren, gar außer Kraft setzen könnte. Die ›Tatsache‹, das entscheidende Indiz, also etwa das ›Beweisfoto‹ würde sich, sofern es denn wider Erwarten auftauchte, fast zwangsläufig als das ›schwächere‹, weniger aussagekräftige Bild erweisen, da die imaginierten Bilder auf ihr Vorrecht pochen, sich erfolgreich dagegen wehren, überdeckt, gelöscht zu werden.

Das klingt, als führten innere Bilder ein Eigenleben, Geistern, Dämonen gleich, denen wir uns in unseren Albträumen hilflos ausgesetzt fühlen, die in Zweifel zu ziehen uns aber erst möglich ist, sobald wir wieder hellwach sind. Das zwanzigste Jahrhundert birgt eine ganze Reihe von solchen, wohl ursprünglich in den Köpfen Einzelner entstandenen, ins kollektive Gedächtnis eingegangenen Bildern, die auf fiktionalen Details innerhalb eines Rahmens realer historischer Ereignisse beruhen und die bis heute eine eigentümliche Faszination ausüben.

Auf eine dieser – sich in viele Richtungen verästelnden – Geschichten stieß ich bald nach meiner Ankunft in Dresden vor fast zwanzig Jahren. Der Umstand, dass sie seitdem für mich nichts von ihrer Faszination verloren hat, dass ich also nicht nur bis heute auf der Suche nach Zeugnissen ihrer Herkunft bin, sondern sie auch – wie nun an dieser Stelle wieder – gerne erzähle, deutet auf ihre Wirkmacht hin, die selbst Menschen erfasst, denen die geschilderten Ereignisse so fern liegen müssen wie eine Geschichte aus dem Alten Testament.

Dabei lässt sie sich in einem einzigen Satz zusammenfassen: In der Nacht vom 13. auf den 14. Februar 1945, als Dresden bombardiert wurde, sollen sich unter die vor dem Feuersturm in den Großen Garten geflüchteten Bewohner auch aus dem Zoo entkommene Tiere gemischt haben, sodass die – erschöpften, ängstlichen, traumatisierten – Menschen Seite an Seite mit den ebenfalls erschöpften und verängstigten Löwen, Schneeleoparden oder anderen Großkatzen ausharrten, bis die Angriffe endeten, bis der Morgen anbrach.

Ein Satz lediglich – und doch enthält er bereits mehrere Varianten und Unsicherheitsmomente: Um welche Großkatzen handelte es sich genau? Wann brach diese friedliche Gemeinschaft von Mensch und wildem Tier wieder auseinander – noch in der Nacht, als der zweite Angriff vorüber war, oder erst mit den ersten Sonnenstrahlen, als die im Großen Garten versammelten Le-

bewesen aus dem irgendwann wider Erwarten einge-
tretenen Erschöpfungsschlaf erwachten? Und: Handelte es sich überhaupt um eine friedliche Gemeinschaft, oder kam für die Menschen zur Furcht, im
Bombenhagel umzukommen, die Furcht noch hinzu,
von einem gefährlichen, in Lärm und Chaos zusätzlich
gereizten Raubtier getötet zu werden? Wenn die Menschen nach dem ersten Angriff des Abends im Großen
Garten Schutz suchten, die Tiere jedoch beim zweiten
Angriff, als mit dem Großen Garten auch der Zoo bombardiert wurde, in die Freiheit gelangten – wo blieben
dann im Rahmen der historischen Ereignisse Zeit und

Ort für ein – je nach Variante furchterfülltes oder fried-
liches – Miteinander von Mensch und Tier?

Und was geschah am folgenden Morgen, als weder
die Menschen in ihre – zerstörten – Häuser zurückkeh-
ren, noch die Zootiere in ihre – ebenfalls zerstörten –
Gehege zurückgetrieben werden konnten? Wir wissen,
die Menschen flohen aus der Stadt – flohen aber die
Löwen mit ihnen? Oder zogen sich die doch nicht eben
unauffälligen Raubtiere und Affen und womöglich
sogar Giraffen – immer noch auf das Heftigste verstört
und ihrem natürlichen Drang nachgebend, den Menschen zu meiden – an andere, sichere Orte zurück?
Aber welchen sicheren Ort hätte es gegeben in einer
brennenden Stadt, der nicht bereits von Menschen ein-
genommen worden wäre?

Szene aus »Gesprengte Gitter«, D 1953

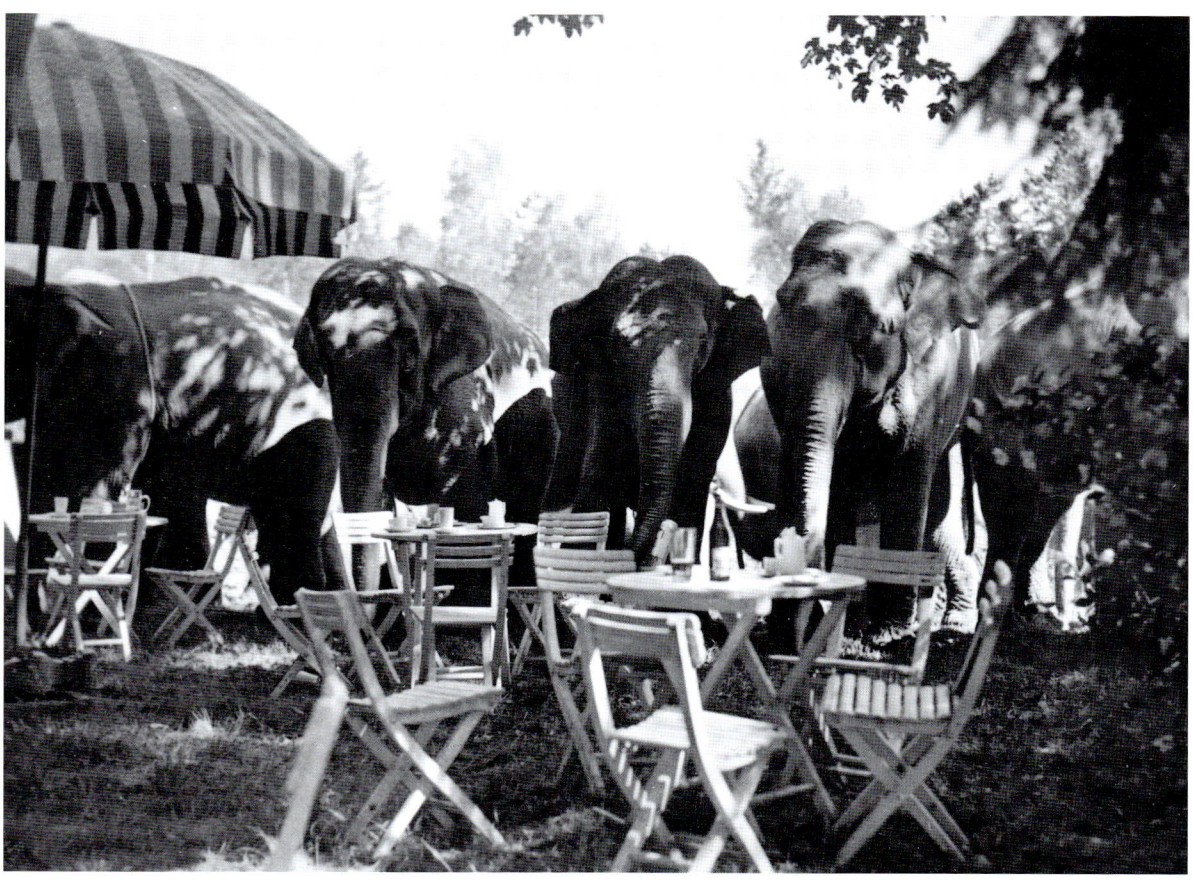

Ganz gleich, aus welcher Perspektive man das vermeintliche Geschehen betrachtet, ganz gleich auch, in welche Reihenfolge man die einzelnen Momente bringt, es bleiben jedes Mal logische Fehler, Fehler der Chronologie, von der Wahrscheinlichkeit des Verhaltens aller beteiligten Lebewesen einmal ganz abgesehen. Eine kohärente Schilderung wird nicht daraus. Was der Geschichte, oder besser: dem Bild, jedoch interessanterweise nichts von seiner Eindrücklichkeit nimmt. »So oder ähnlich wird es wohl gewesen sein«, mag man sich sagen – womit ein deutliches Signal gegeben ist, dass der Ursprung dieser unheimlichen Idylle im mündlichen Erzählen liegt.

Ich jedenfalls war davon überzeugt, ich hätte sie von einem Dresdner, hätte sie immer wieder von Dresdnern erzählt bekommen, bis ich eines Tages darauf hingewiesen wurde, der französische Schriftsteller und Ethnologe Michel Leiris teile sie im 1976 erschienenen vierten Band seiner Autobiografie »Die Spielregel« mit. Was mich davon überzeugte, dass ich sie das erste Mal doch nicht mit dem Ohr, sondern mit dem Auge aufgenommen haben muss, zumal Leiris zu dem engen Kreis von Schriftstellern gehört, deren Werke ich nahezu regelmäßig wiederlese. Eben jenes Buch erschien, unter dem Titel »Wehlaut«, 1999 in deutscher Übersetzung – zu einer Zeit, als ich, bereits drei Jahre in Dresden lebend, besonders aufmerksam war für historische Ereignisse, Geschichten, Legenden, aus denen diese Stadt ihre Identität schöpft.

»Als gegen Ende des letzten Krieges Dresden von den Flugzeugen in einer einzigen Nacht fast dem Erdboden gleichgemacht wurde«, schreibt Michel Leiris in Erinnerung an seinen Dresdenbesuch des Jahres 1966, »bekam auch der Zoo in einem Park, der ein wenig dem Bois de Boulogne glich, schwere Treffer ab. Viele Tiere (darunter auch einige gefährliche) flohen aus ihren Käfigen mit den zerstörten Gittern und flüchteten sich in diesen Wald, wo sie auf Einwohner und Einwohnerinnen der Stadt trafen, die wie sie geflüchtet waren. Nichts Schlimmes geschah, versichert man, denn der Schrecken, der Tiere und Menschen zermalmte, hatte einen Frieden wie in einem irdischen Paradies zwischen ihnen gestiftet. Und – Romantik oder Redensart – man erzählte sogar, daß die einen sich gegen die andern schmiegten.«

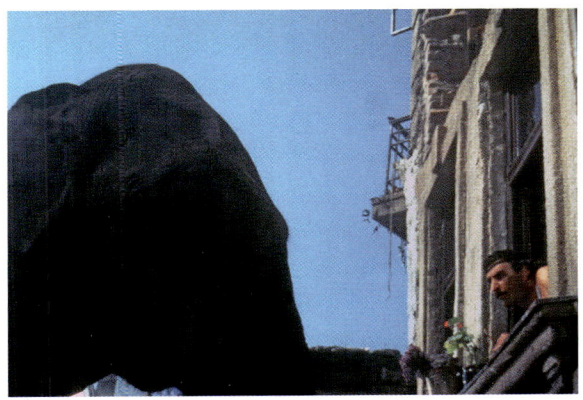

Szene aus »Underground«,
D/F/H/SCG 1995

Hätte Michel Leiris nicht Dresden, sondern zum Beispiel Leningrad besucht, wäre er mit Schilderungen von der Bombardierung des dortigen Zoos durch die Deutschen im September 1941 und vom Sterben der Tiere unter der Belagerung heimgekehrt, wäre Leiris nach Tokio gereist, hätte man ihm von der Tötung der Tiere im Zoo von Ueno im August und September 1943 erzählt. Ähnliche Geschichten hätte Leiris in Breslau, in Belgrad und natürlich in Hamburg hören können – der Krieg und der sterbende Zoo gehören im zwanzigsten Jahrhundert eng, fast meint man: untrennbar zusammen. Und was sich um die Mitte des zurückliegenden Jahrhunderts an solch eigentümlichen Geschichten herausgebildet hat, in denen lokale Idylle und global geführter Krieg, ›unschuldige Kreatur‹ und Tötungshandwerk des Menschen, geschichtsloses Tier und der Lauf der Geschichte so bildstark zusammenfinden, setzt sich bis in die Gegenwart fort mit Erzählungen aus dem Zoo von Gaza oder dem Zoo von Johannesburg – und, nicht zu vergessen, erneut dem Zoo von Belgrad, der mit jedem auch aus der Luft geführten Krieg neue Geschichten hervorzubringen scheint. Dass allerdings Mensch und Tier nachts in einem Park in einer gewissermaßen ›widernatürlichen‹ Konstellation zusammenfinden, in »einem irdischen Paradies«, wie Leiris schreibt, scheint mir eine Dresdner Besonderheit zu sein.

Ohne Zweifel also war Michel Leiris meine schriftliche Quelle – doch er berichtet von den merkwürdig verstörenden Ereignissen der Nacht des 13. Februar im Großen Garten, indem er eine Geschichte erzählt, die ihm bei seinem Dresdenbesuch im Jahr 1966 erzählt worden sei. Die – nach meiner Erinnerung – mündliche Erzählung lässt sich auf eine schriftliche Erzählung zurückführen, die ihrerseits wieder in die Mündlichkeit zurückreicht, woraufhin quellentaugliche Schriftlichkeit und flüchtige Mündlichkeit sich irgendwo in einem großen, dunklen Erzählraum untrennbar miteinander vermischen.

III

Man erwartet, in die Zeitgeschichte einzutauchen – und bewegt sich dabei im Gelände der Literatur. Für mich, den Schriftsteller, der es gewohnt ist, mit ungesichertem, kontaminiertem Erzählmaterial umzugehen und die von ihm ausgelöste Faszination zu hinterfragen, gewinnt die Geschichte um Menschen und Zootiere im Großen Garten damit nur eine zusätzliche faszinierende Ebene, gehört es doch zu meiner Arbeit, fiktive Ereignisse und Gegebenheiten so zu formulieren, dass sie die Vorstellungskraft des Lesers anregen, ja, in seiner Imagination so intensiv weiterwirken, dass er am Ende glaubt, sie seien ihm nicht etwa in einem Roman, sondern in der Wirklichkeit begegnet. Einen Historiker dagegen, stelle ich mir vor, können die sich in der Dunkelheit an Dresdner schmiegenden Löwen zur Verzweiflung treiben. Wendet er sich angesichts der unsicheren Quellenlage Halt suchend den Zeitzeugen zu, wird er bald feststellen, dass diese Zeitzeugen – und, da die Geschichten vom 13. Februar 1945 bis in die Gegenwart hinein weitererzählt werden, also offenkundig identitätsstiftende Wirkung entfalten: die Kinder und Enkel der Zeitzeugen – keine ›neutralen‹ Auskunftgeber sind, sondern ihrerseits Halt suchen. Ein Zeitzeuge erzählt, um Halt zu finden, empfänglich für jede noch so kleine suggestive Geste seines Gegenübers. Er wird die Richtigkeit seiner Erzählung nur umso überzeugter verteidigen, je stärker sie in Zweifel gezogen wird.

Und ich vermute, selbst wenn eines Tages Zeugnisse – Fotografien, Filmmaterial – auftauchen würden, mit deren Hilfe zu belegen wäre, dass in jener Nacht keine bedrohlichen Zootiere im Großen Garten umherstreiften, käme ihnen – aus Perspektive von Zeitzeugen – kaum Beweiskraft zu. Würde man etwa Fotos zeigen, auf denen der Große Garten in Dresden im Morgengrauen des 14. Februar 1945 vollkommen ›tierlos‹ zu sehen ist, wären sie in den Augen eines Menschen, der von seinen inneren Bildern beherrscht wird, nichts weiter als ein ›Beweis‹ dafür, dass es dem Fotografen eben nicht gelungen ist, die umherirrenden, scheuen Löwen oder Schneeleoparden mit der Kamera einzufangen. Kämen Fotografien zum Vorschein, auf denen die noch in der zurückliegenden Nacht im Zoologischen Garten verendeten oder – den Weisungen gemäß – erschossenen Großsäuger zu sehen wären, die toten Bären und Elefanten und Großkatzen, würde derjenige, der auf dem Wahrheitsgehalt ›seiner‹ Geschichte beharrt, Zweifel äußern, ob auf den Bildern auch wirklich sämtliche als gefährlich eingestuften Zootiere zu sehen seien, ob die Aufnahmen nicht womöglich erst einige Tage später angefertigt wurden, oder ob es sich nicht vielleicht überhaupt um Fotografien handelt, die aus einem völlig anderen Zusammenhang – einem anderen Krieg, einem anderen zoologischen Garten – stammen.

Derartige Beweisbilder würden also als im Verhältnis zu den von Zeitzeugen ›verbürgten‹ historischen Ereignissen als gestellte Aufnahmen oder gar als Fälschungen, am Ende als bloße Fantasiebilder abgetan – während der Historiker und der Schriftsteller sich darin einig sind, dass es sich im Gegenteil bei den durch die Nacht schleichenden Zootieren um Fantasiebilder handelt.

Der Macht des Faktischen steht hier eine offenbar mindestens ebenso starke Macht des Einleuchtenden entgegen.

IV

Ich erinnere mich an ein Gespräch mit einer Dame, die, noch ein kleines Kind, die Nacht vom 13. auf den 14. Februar 1945 selbst im Großen Garten verbrachte. Dezent auf »Tiere« angesprochen, erzählte sie, als kämen ihr

die Ereignisse eines nach dem anderen wieder in Erinnerung, auch von jenen entlaufenen Zootieren, von
denen die vor den Bomben Geflüchteten in Angst und
Schrecken versetzt worden seien. Die Frage, ob sie ge-
nauer angeben könne, um welche Tiere es sich handelte, ob sie diese Tiere mit eigenen Augen gesehen
habe, verneinte sie – nicht ohne jedoch hinzuzufügen,
das Geschehen habe sich trotzdem eben so zugetragen. Ich erinnere mich auch an eine jüngere, in der
DDR aufgewachsene Dame, die auf meine Darstellung
der faktischen Unmöglichkeit der Ereignisse nahezu
fassungslos reagierte: Noch 1988 sei ihr die Geschichte
um die in der Nacht der Bombardierung den Menschen
Gesellschaft leistenden oder die Menschen bedrohen-
der Großkatzen im Geschichtsunterricht als Schul-
stoff, als historische Tatsache vermittelt worden.

Auch im Westen haben die freilaufenden Löwen ihre
Spuren hinterlassen. So konnte der sich auf seinen
Dresdenbesuch vorbereitende Westbürger 1967 – man
beachte die zeitliche Nähe zur Dresdenreise von Michel
Leiris – bei der Lektüre des Oktoberhefts der üblicherweise hervorragend recherchierten Zeitschrift »Merian«
erfahren, in welche einstmals unsicheren Gefilde, dem
historischen Kongo nicht ganz unähnlich, seine Reise
gehen sollte: »Mittelpunkt wie in allen Gärten Dresdens:
ein Palais«, schreibt Rosemarie Winter dort in ihrem
Artikel »Barockgärten an der Elbe«, und: »das Palais im
Großen Garten, das 1945 bei den Bombenangriffen auch
zu einem Schreckensort wurde, als die aus dem Zoologischen Garten entwichenen Löwen um das von Geflüchteten umlagerte brennende Palais streunten.«

Ausgerechnet Fritz Löffler, Verfasser des Standard-
werks »Das alte Dresden«, scheint – bereits im Juni
1949, ebenfalls in einer Dresden gewidmeten Ausgabe
der Zeitschrift »Merian« – einiges Rohmaterial zu diesem Bild geliefert zu haben, wenn er ›berichtet‹, englische und amerikanische Flieger hätten im Großen
Garten, wohin auch die Tiere aus dem Zoo geflüchtet
seien, mit Tiefflügen Jagd auf die Menschen gemacht.
Mit einiger Entgeisterung wird man hier Zeuge, wie
Löffler wenige Monate nach Gründung der Deutschen
Demokratischen Republik in einer westdeutschen Publikation mit den ›Tieffliegerjagden‹ nationalsozialis-

tische Propaganda weiterverbreitet – die Zusammenschau der Angreifer mit den im Großen Garten ge-
schundenen Zootieren entwickelt offenkundig eine
derartige Energie, dass sich selbst ein als so besonnen
geltender Mensch wie Löffler ihr ohne das leiseste
Misstrauen hingibt.

Die charakteristische Wendung ins Friedvolle jedoch
vollzieht Löffler ganz entschieden noch nicht. Die frü-
heste mir bislang bekannt gewordene publizierte Darstellung der Bombennacht im Großen Garten als zwei-
felhaftes Idyll findet sich 1951 in Axel Rodenbergers
Buch »Der Tod von Dresden. Ein Bericht über das Sterben einer Stadt«, das noch in den neunziger Jahren
nachgedruckt wurde. Unter der Zwischenüberschrift
»Angriff auf den Zoo« wird hier das Verhalten der Zootiere nach dem Muster der Genesis und der Apokalypse
des Johannes gezeichnet: »Kein Raubtier dachte
daran, eine Gemse oder eine Antilope anzugreifen. Die
explodierenden Bomben und das Feuer hatten sie völlig eingeschüchtert«, heißt es bei Rodenberger. Er lässt
eine Begegnung zwischen flüchtenden Menschen und
einem nicht näher bezeichneten »Raubtier« stattfinden
– derart unglaubhaft, dass er darauf vertrauen kann,
kaum ein Leser werde es wagen, sie in Zweifel zu ziehen: »Plötzlich tauchte dicht hinter den Menschen ein
Raubtier auf. Auf einmal warf sich das Tier hin, wälzte
sich auf dem Asphalt, um die Funken in seinem Fell
auszudrücken. Nun kam das Tier ganz nah an die zit-
ternden Menschen heran. Es tat ihnen nichts, eher
schien es, als suche es bei ihnen Schutz.«

Die Welt ist, nach Rodenbergers Darstellung, nicht
nur aus dem Gleichgewicht geraten, sie befindet sich
unter den Angriffen aus der Luft in einem jenseits aller
Realitätsvorstellungen angesiedelten Zwischenbe-
reich, wenn – wobei selbst die Grammatik aus den
Fugen gerät – ›berichtet‹ wird: »Die Pferde der Flüchtlinge und die Tiere des Zoos hatten zwar die Freiheit
gewonnen, aber sie wurden ihrer nicht froh. In dieser
Freiheit mußten sie sterben, genau wie jene Wesen, die
sie ihnen genommen hatten [sic!]. Bomben fragten
nicht, ob Mensch oder Tier; sie forderten ihre Opfer von
allem, was lebte. Noch viele Tage nach den Luftangriffen
irrten diese Tiere durch die Vororte Dresdens.« – Wie

allerdings, fragt man sich, da der Autor »diese Tiere« in den vorhergehenden Sätzen hat sterben lassen?

Nicht allein die Menschen und die Tiere also, auch die Lebenden und die Toten finden in Rodenbergers ›Schilderung‹ zusammen: So war der bei ihm angesichts der Bombardierung in tiefer Verzweiflung versinkende Zoodirektor Prof. Dr. Gustav Brandes nicht nur bereits 1934 aus dem Amt geschieden (sowie zunächst mit ›Zooverbot‹ belegt worden), sondern am 17. Juli 1941 verstorben.

V

Gut möglich, Axel Rodenbergers »Der Tod von Dresden« diente Max Seydewitz beim Verfassen seines 1955 erschienenen Buches »Zerstörung und Wiederaufbau von Dresden« als Quelle, das, unter dem späteren Titel »Die unbesiegbare Stadt« ebenfalls weite Verbreitung finden sollte. Nach dem großen Hochwasser des Jahres 2002 war der Band in Dresden mit einem Mal in so gut wie jedem Antiquariat in gleich mehreren Exemplaren vorrätig – Resultat offenbar des ›Ausmistens‹ lange vergessener Buchbestände in den vom Elbwasser bedrohten Kellern. Und möglich, aus »Die unbesiegbare Stadt« hat die Geschichte ab Mitte der fünfziger Jahre zurück in die Köpfe der Dresdner gefunden, sofern sie nicht überhaupt erst seinerzeit ihren Weg in die Köpfe der meisten Dresdner fand. Dies jedenfalls legen die Formulierungen nahe, die Michel Leiris verwendet, wenn er, eine 1966 bei einem Besuch in der Stadt gehörte Geschichte nacherzählend, davon spricht, »der Schrecken, der Tiere und Menschen zermalmte«, habe »einen Frieden wie in einem irdischen Paradies zwischen ihnen gestiftet«.

Max Seydewitz unterläuft in seiner Darstellung der Bombennacht im Großen Garten ein Fehler, den man in der Sphäre des Rechts von wenig routiniert agierenden falschen Zeugen kennt: Er beschreibt zu detailliert. Wer in der Absicht, seine Glaubwürdigkeit zu unterstreichen, zu weit in die Einzelheiten geht, offenbart wider Willen, dass er ›Märchen‹ erzählt. Bloßes Abschreiben von Rodenberger genügt Seydewitz nicht, er gestaltet das Gelesene weiter aus, ohne damit ›authen-

tischer‹ zu werden. Das eine, unbestimmte »Raubtier« der Vorlage fächert sich bei ihm in mehrere Arten auf, wenn er schreibt: »Und plötzlich, mitten in diesem Durcheinander, stürmten zahme und wilde Tiere aus dem nahen Zoologischen Garten«, woraufhin sich »Menschen und Tiere« in »Schreck und Angst vereinten«. Nach Seydewitz war es »durchaus kein ungewöhnlicher Anblick, wenn ein großer Menschenaffe oder ein kleines, sonst so possierlich springendes Äffchen sich an den Hals eines Menschen klammerten«, ohne dass der Autor sich dabei der Größe (bis zu einem Meter fünfundsiebzig) und des Gewichts (von dreißig bis an die einhundertzwanzig Kilogramm) eines Orang-Utans bewusst zu sein scheint. Der Leser soll ihm blind vertrauen, so wie Seydewitz den ›Augenzeugen‹ blind vertraut: »Auch die Raubtiere hatten in ihrer entsetzlichen Angst alle Scheu vor den Menschen verloren. In diesem Hexenkessel wurden Löwen zu zahmen Haustieren, und eine Frau berichtete, daß sie die ganze Nacht auf dem Rücken eines Löwen saß, der sich unter der Berührung des Menschen nicht rührte, weil er sich dadurch wohl vor der mit so fürchterlichem Krach verbundenen Gefahr geschützt glaubte.«

Mit Rodenberger und Seydewitz, kann man nüchtern festhalten, gehen dilettierende Schriftsteller ans Werk. Sie hantieren mit einem psychologischen Kern, ohne gute Psychologen zu sein: Denn dass sich Drastik nicht ins Unendliche steigern lässt, ohne ihre Wirkung irgendwann zu verlieren und in unfreiwillige Komik umzuschlagen, entgeht 1951 bereits Axel Rodenberger, wenn er von sterbenden Tieren erzählt, die seiner ›Auskunft‹ nach anschließend – als Kadaver demnach – noch tagelang durch die Stadt laufen. Ein Fehler anscheinend, aus dem niemand lernt, denn noch 2003 lässt der Publizist Jörg Friedrich in seinem Bemühen, das Geschehen im Zoo während der Bombardierung so ausführlich und prägnant wie möglich zu schildern, psychologisches wie narratives Gespür vermissen (oder: sich von seiner narrativen Selbstbegeisterung davontragen), wenn er zunächst mitteilt, die Schimpansen seien während der Bombennacht in den Fruchtkeller geflohen und dort erstickt, woraufhin der Autor einem von ihnen, diesmal als Individuum mar-

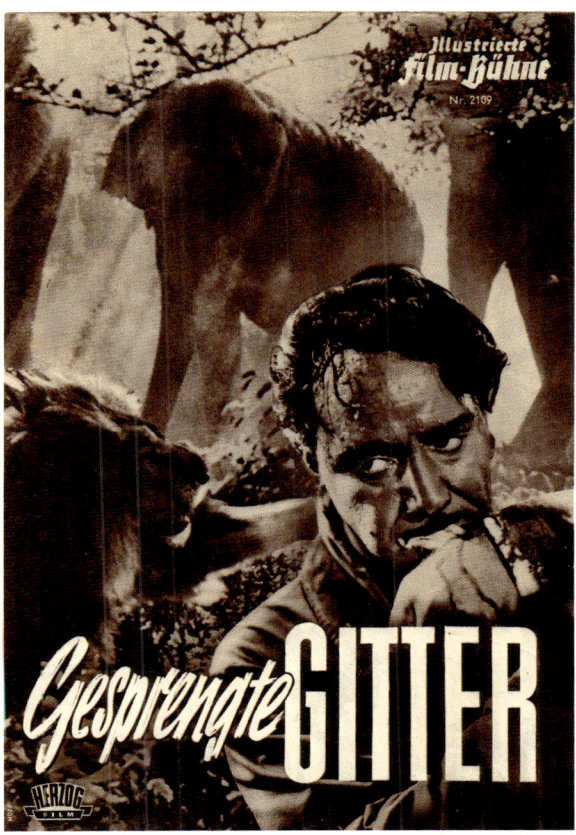

Aus welchen Quellen Rodenberger und Seydewitz ihre Krieg und Frieden, Wildheit und Zahmheit, Pandämonium und Stille widerspruchslos in sich vereinenden Geschichten beziehen, bleibt jedoch weiterhin im Dunkeln. Vermutlich stammen sie tatsächlich ›von der Straße‹, aus dem nicht eben kleinen, äußerst lebendigen Arsenal in der Stadt kursierender mündlicher Geschichten, oder: Legenden um die Historie, um das ›Schicksal‹ Dresdens. Auch dieses Arsenal musste, ehe sich aus ihm schöpfen ließ, erst einmal gefüllt werden. Zeitgenössische private Quellen zeigen, der Bildervorrat wurde sehr früh angelegt, zum Beispiel in einem bereits am 7. März 1945 nicht etwa aus Dresden, sondern aus Meißen nach Erfurt gesandten Brief, der demnach eine in Dresden kursierende Geschichte kolportiert: »Aber die Menschen von der Wiener und ähnl. Straßen sind in den Gr. Garten gerannt. Dort haben dann tausende von Menschen gelegen, schreiend, und laut betend, der Sturm raste, die Bäume brannten und stürzten um und erschlugen die armen Menschen und zu allem Entsetzen rasten die wilden Tiere vom Zoo im Garten herum. Die Menschen lagen am Boden, die Hände vor die Augen gepreßt, die Bären usw. liefen über sie hinweg. Noch heute hängen die Affen in den umliegenden Straßen auf den paar Bäumen, die noch stehen, z. B. Wienerstraße, und springen herunter. Auf der Güntzstraße lebt ein Lama, die irrsinnigen Dresdner lassen das Viehzeug leben, sie haben wohl alle den Kopf verloren.«

Hatten die Dresdner also alle den Kopf verloren, dass sie Bären sahen, obwohl sie, wie die Briefschreiberin ausdrücklich anmerkt, »die Hände vor die Augen gepreßt« hielten? Und warum erweist sich ausgerechnet das Bild vom Zusammentreffen der schutzlosen Kreatur mit dem schutzlos der Bombardierung aus der Luft ausgesetzter Menschen über die Jahrzehnte als dermaßen mächtig, während andere ›Augenzeugengeschichten‹ mit dem Ende des Zweiten Weltkriegs nach und nach verblassten?

Ein Bild von solcher Macht, dass sich bis heute erwachsene Menschen von ihm bereitwillig in eine abstruse Märchenwelt gleiten lassen, wie sich daran ab-

kiert, das Privileg zugesteht, am folgenden Tag ein zweites Mal, und zwar in besonders mitleiderregender, also, nach den Gesetzen der Überwältigungsästhetik, in besonders malerischer Weise zu sterben, nämlich an einer Blutvergiftung, Folge eines Zeitbombensplitters, der den Schimpansen womöglich nicht getroffen hätte, wäre das Tier nicht seinem Verlangen nachgegangen, von einem Glas eingeweckter Früchte zu naschen. – Einem solchen Erzählkonzept gehorchend können gar nicht genug Tiere sterben, und wenn es nicht genug Tiere gibt, müssen die vorhandenen eben mehrmals sterben. Angesichts der mit einfachen Mitteln inszenierten Gigantomanie sollen wir ergriffen sein, und wissen doch, wir schauen bloß einen Trickfilm.

lesen lässt, in welcher Ausgestaltung es mittlerweile Eingang in die Kinderliteratur gefunden hat: Da laufen, dem Unheil glücklich entrinnend, das kleine Mädchen und der kleine Zoo-Elefant ins Abenteuer, während hinter ihnen Dresden im Feuer versinkt. Eine Rezensentin findet das »großartig«, und jedem, der Einspruch gegen solchen Unfug erheben wollte, hält sie vorsorglich entgegen: »Grausame Zeiten erfordern große Gesten.«

Vor dem Hintergrund einer solch dramatischen Geschichtskonzeption erübrigt sich fast der Hinweis, dass der weibliche Jungelefant des Dresdner Zoos bei der Bombardierung am 13. Februar ums Leben kam. Ein zweiter junger Elefant, der durch den Großen Garten hätte irren oder gar die Flucht aus der Stadt hätte antreten können, existierte nicht. Dennoch sei, hinsichtlich der verwirrenden Menge von Tieren und einer an »Die Konferenz der Tiere« erinnernden Vielfalt an Arten, deren Vertreter durch die Erzählungen aus der Nacht vom 13. auf den 14. Februar 1945 geistern, angemerkt, dass ein zoologischer Garten alles andere ist als jene ›Wildnis‹, die auf seinem Gelände hier und da im Kleinen inszeniert wird – handelt es sich bei einem Zoo doch um eine wissenschaftliche Einrichtung. Von den sich als Tatsachenberichterstattern gebenden Erzählern wird dies gerne ignoriert, um nicht zu sagen: verschleiert. Denn während ein zoologischer Garten die schwierige Frage unablässig neu beleuchtet, wie es gelingen kann, das Publikum zugleich in den Bann zu schlagen und ihm Wissen zu vermitteln, mit der Neugier auf das Tier auch die Neugier auf den naturwissenschaftlichen Rahmen zu wecken, in dem dieses Tier angesiedelt ist, sind Publizisten von Rodenberger bis Friedrich lediglich daran interessiert, uns zu überwältigen. Sie wollen uns sprachlos machen. Und insgeheim wissen sie wohl auch, warum sie das tun: Kritischen Fragen nämlich halten ihre Darstellungen nicht stand.

Dabei wäre es nicht mit sonderlich großer Recherchearbeit verbunden, Aufschluss über den realen Tierbestand des Zoologischen Gartens in Dresden zu jedem beliebigen Zeitpunkt zu gewinnen. Denn während es in der ›Wildnis‹, also etwa in der Steppe oder im tropischen Regenwald, tatsächlich schwierig sein mag, un-

zweifelhafte Beobachtungen anzustellen, verlässliche Daten zu erheben, verfügen zoologische Gärten von jeher über hervorragend geführte Archive. Was den Tierbestand angeht, geben sie sachlich und lückenlos Auskunft: Zugänge und Zuchterfolge finden sich ebenso penibel verzeichnet wie Verluste oder der Tieraustausch mit anderen zoologischen Gärten.

In den Darstellungen vom Geschehen im Großen Garten in der Nacht vom 13. auf den 14. Februar 1945 erscheint, wie uns klar wird, der Zoo eher als eine von Fantasien beherrschte Einrichtung denn als beschreibbare Wirklichkeit – hier wird zusätzlich ein niedliches Elefantenbaby ins Bild gezeichnet, dort zusätzlich ein gefährlicher Tiger im Dickicht versteckt. Und es lässt sich nur spekulieren, welche Kräfte freigesetzt werden, wenn dieser Fantasmen-Zoo in die unhintergehbare, raue Wirklichkeit eindringt, nämlich in den unter Beschuss liegenden Park am Rand der Dresdner Innenstadt.

VII

Doch auch der Große Garten selbst zeigt sich, nicht nur in dieser Nacht, von Fantasmen durchsetzt, von kulturellen Verweisen, Symbolen, Allegorien. Er ist weit weniger Wildnis als Inszenierung derselben – was kaum Wunder nimmt, handelt es sich bei ihm doch ursprünglich und in Teilen bis heute um einen Barockgarten: eine Darstellung der ›ganzen weiten Welt‹ im Kleinen, und zwar dezidiert in hoch artifizieller, nämlich einprägsamer Ausformung. Seine Gewässer stellen Gewässer dar, seine Bäume Bäume, seine Sichtachsen sind als Welt-Sichtachsen angelegt. Und man wird ergänzen müssen: Auch seine Tiere sind nicht einfach, was sie eben sind, Bewohner oder Besucher eines von vielen Vorteilen geprägten Habitats, sondern sie stellen, ohne sich dessen bewusst sein zu können, zugleich wiederum Tiere dar. Tiere im Übrigen, die sich wenig um die vom Menschen gezogene Grenze zwischen Wildtier und Zootier kümmern, wie jeder weiß, der schon einmal beobachtet hat, mit welcher Freude die sich in den Wintermonaten bei Einbruch der Dämmerung im Großen Garten sammelnden Saatkrähen auf die Raubvögel in ihrer Voliere hassen (sie also durch Überraschungsanflüge in Unruhe versetzen), oder mit welcher Routine Elbmöwen bei der nachmittäglichen Fütterung am Vogelteich Pelikane um ›ihren‹ Fisch bringen.

In der Nacht der Bombardierung Dresdens treffen die Tiere eines von kindlichen oder kindischen Idealzcovorstellungen geprägten, von Zeichentricktieren im Stile von »Bambi« und »Dumbo« belebten Fantasiezoos im kulturgeschichtlich hoch aufgeladenen Großen Garten auf Menschen, die ihrerseits alles andere als ›Naturwesen‹ sind. Besonders anschaulich wird dies, wenn man den ›Erlebnisbericht‹ von der Nacht des 13. Februar 1945 liest, den die Tänzerin Gret Palucca angefertigt hat und der dem Buch von Max Seydewitz beigegeben wurde. Wieder tauchen, nebenbei bemerkt, wie schon im Zusammenhang mit dem sterbenden Zooschimpansen, Früchte auf – hier in einer besonders ›eindringlichen‹ Passage, von ›der‹ Palucca eingeleitet mit dem Satz: »An ein Erlebnis im Großen Garten muß ich immer denken.«

»Auf vielen Bäumen«, berichtet Gret Palucca, »lagen in den furchtbarsten Stellungen Männer, Frauen und vor allem Kinder.« Die Leichen hätten »wie gespenstische Früchte auf den kahlen Ästen« gehangen, so ihre Beschreibung, den – von mir nicht in Zweifel gezogenen – grässlichen Anblick mit einem ›Wie‹-Vergleich ins poetische Bild fassend, als ließe sich das Grauen mit Hilfe einer Kuvertüre aus Poesie wenn nicht versüßen, so doch wenigstens erträglich machen. Bezeichnenderweise greift Gret Palucca mit den »gespenstischen Früchten« ein Bild auf, das wenige Jahre zuvor bereits einmal Verwendung gefunden hat, in einem anderen Zusammenhang, und dort keineswegs mit der Absicht, irgendetwas ›erträglicher‹ zu machen, sondern im Gegenteil, um die Drastik des Geschilderten noch zu steigern. Ich meine hier jene »strange fruits« des 1937 von Abel Meeropol geschriebenen, von Billie Holiday ausgerechnet am 20. April 1939 – dem letzten Friedensgeburtstag Adolf Hitlers – eingespielten und daraufhin weltbekannt gewordenen Liedes »Strange Fruit«, wo es sich jedoch bei diesen »Früchten«, die, ausdrücklich eine »pastorale Szenerie« bildend, im

»Süden« an den »Blut auf den Blättern« und »Blut an der Wurzel« tragenden »Pappeln« hängen, nicht um Opfer der Luftangriffe auf Dresden, sondern um Opfer der Lynchjustiz in den Südstaaten der USA handelt.

Das Bildarrangement »Zootiere im Großen Garten in der Nacht vom 13. auf den 14. Februar 1945« integriert, wie wir sehen, kulturhistorische Verweise vom Beginn des Alten bis zum Ende des Neuen Testaments mit derselben Leichtigkeit wie zeitgenössische Popsongs.

Und natürlich scheint auch das Massenmedium des zwanzigsten Jahrhunderts schlechthin, der Film, bei der Ausgestaltung der einzelnen Szenerien seine Spuren hinterlassen zu haben: Fritz Löfflers ›Vision‹ der Menschen und Tiere durch den Großen Garten verfolgenden Kampfflieger findet man ganz ähnlich in der Eröffnungssequenz des Spielfilms »Mars Attacks!« von Tim Burton, in der eine Herde brüllender, brennender Rinder über eine Hügelkuppe heranprescht, von den die Erde erobernden Marsianern in Brand gesetzt und bis in den Tod verfolgt – eine Filmszene, von der sich leicht ein Bogen schlagen lässt zurück zu jener zweiten ›Tiergeschichte‹ vom 13. Februar 1945, den brennenden Pferden des Zirkus Sarrasani am Neustädter Elbufer. Nach der Vernichtung der Menschheit durch leere, verfallende Städte streunende wilde oder verwilderte Tiere kennen wir aus dem Endzeitepos »I Am Legend«. Zootiere, die, im April 1941 unter der deutschen Bombardierung aus der Luft aus ihren Gehegen befreit, verstört umherstreifen und den gleichermaßen verstörten Menschen nahe kommen, ohne ihnen gefährlich zu werden, bevölkern die Eingangsszenen von Emir Kusturicas »Underground«.

Der Große Garten in der Nacht vom 13. auf den 14. Februar 1945 würde somit auf geografisch recht übersichtlichem Raum einen riesigen Erinnerungsspeicher für Bildeindrücke unterschiedlichster Herkunft darstellen. Eine verlockende Vorstellung, die natürlich den Haken hat, dass die erwähnten Spielfilme den vermeintlichen Zeitzeugen allein darum nicht als Quellen ihrer Fantasien gedient haben können, weil die Filme erst Jahrzehnte später gedreht wurden: »Underground« wurde 1995 erstmals gezeigt, der auf eine Sammelkartenserie von 1962 zurückgehende »Mars Attacks!« 1996, und »I Am Legend« stellte, als er 2007 ins Kino kam, bereits die dritte Verfilmung eines 1954 unter dem gleichen Titel erschienenen Romans von Richard Matheson dar. Der Film, dessen Metier es ist, kollektive Fantasmen und Albträume materiell zu fixieren, ja, überhaupt erst einmal Bilder zu finden für Momente der Bildlosigkeit, Momente des Schocks – der Film also scheidet als Bildanreger aus, wenn es um die entfesselten »Bären usw.« im Großen Garten geht, von denen eine Dame aus Meißen am 7. März 1945 brieflich berichtete.

Es sei denn, Anfang der vierziger Jahre hätten in Deutschland Gerüchte kursiert über ein abgebrochenes, der Zensur zum Opfer gefallenes, »Panik« betiteltes Filmprojekt des auf Actionfilme spezialisierten Harry Piel, der im Jahr 1940 – noch schien der ›Endsieg‹ nah und die deutsche Bevölkerung hatte keine Angriffe aus der Luft zu befürchten – begann, eine zündende, wenn auch vielleicht ein wenig verwegene Idee umzusetzen: Kurz nach Kriegsbeginn wird der Tierpark im fiktiven Ulmenau – Drehort ist Hellabrunn – bei einem Fliegerangriff von Bomben getroffen, ein Arbeitselefant namens Schari reißt sich von seinen Ketten los, auch die restlichen Zootiere entweichen unter dem Beschuss aus ihren Gehegen, Feuer und Rauch beherrschen die Szenerie. Am Ende aber gelingt es dem von Harry Piel gespielten Tierfänger Peter Volker, auf dem Rücken seines Lieblingselefanten sitzend, wieder Ruhe in die Gesellschaft zu bringen, die wilden Kreaturen zu besänftigen.

Drei Jahre arbeitete Piel an »Panik«, doch am Ende wurde sein Film nicht für die Öffentlichkeit freigegeben – ›weniger Krieg‹ lautete 1943, mitten im ›totalen Krieg‹, die Devise, wenn es um das deutsche Kino ging. Dass dennoch – oder gerade aus diesem Grund – »Panik« samt der Bilder des bombardierten Zoos in Form eines erzählten Films in Deutschland Verbreitung finden und dass wiederum solche Nacherzählungen eines nie gesehenen Films ihren Anteil an der imaginativen Ausgestaltung des Zusammentreffens von Mensch und Zootier im Großen Garten haben könnten, ist, zugegeben, nichts weiter als die Fantasie eines Schriftstellers.

Eine sonderbare Parallele zwischen Piels Filmvorhaben und den Auftritten einmal lebender, einmal toter Menschen und Tiere in den Geschichten vom 13. Februar 1945 sei hier noch erwähnt. Anfang der fünfziger Jahre erhielt der Regisseur das abgedrehte Material aus DDR-Archiven zurück, drehte weitere Szenen und stellte den Film, aus alten und neuen Aufnahmen zusammengesetzt, unter dem Titel »Gesprengte Gitter« fertig. Bei der Premiere im Oktober 1953 sah das Kinopublikum dann, wie Harry Piel sich als Tierfänger Peter Volker in die weibliche Hauptfigur namens Christa Brinkmann verliebt. Deren Darstellerin allerdings, Ruth Eweler, lebte seit dem 1. Oktober 1947 nicht mehr. Der einen Farmer spielende Fritz Hoopts war bereits am 16. Mai 1945 gestorben. So finden die Lebenden und die Toten einmal wirklich zusammen, auf Zelluloid.

VIII

Albtraumbilder, die sich über eine albtraumhafte Wirklichkeit legen. Albtraumbilder aber immerhin, die sich im Verlauf des Traumgeschehens zähmen lassen: Ich kenne keine Erzählung, der zufolge in der Nacht vom 13. Februar ein bedrohlicher Bär, ein Löwe oder ein Leopard im Großen Garten einen Menschen getötet oder jemandem auch nur ein Haar gekrümmt hätte.

Die aus dem Zoo entlaufenen »Raubtiere« verflüchtigen sich, am Ende bleibt wenig Natur zurück, dafür umso mehr kulturhistorischer Ballast. Oder: kulturhistorisches Gepäck, das, von Kindesbeinen an mitgeschleppt, stetig ergänzt, im Nacherleben der Bombardierung Dresdens durchwühlt und darauf geprüft werden kann, ob sich mit seiner Hilfe das Geschehen einerseits fassbar machen, andererseits in Bilder fassen lässt, die das tatsächliche Grauen mildern, wenn nicht überdecken helfen. Hier die Schutzlosigkeit, dort das Bedürfnis nach Bändigung: Die Welt des Zoos und die Welt des Zirkus bieten sich da als Bildspender an, verbunden mit einem Rückfall in jene kindliche Sehnsucht, mit den großen, wilden, fremden Tieren in Kontakt zu treten.

Dies gilt wohl auch für eine weitere Variante oder eine Fortsetzung der Geschichten von den ungebändigten Zootieren, denen durch die Bombardierung Dresdens ›die Freiheit geschenkt‹ wurde, eine Geschichte vom Morgen des 14. Februar 1945, an deren Wahrheitsgehalt ich nicht zweifle, auch wenn sie, wie alle bisher erzählten, vermutlich nie mit Hilfe einer Fotografie, einer Filmaufnahme belegt werden wird. In diesem Fall kann ich mit Bestimmtheit sagen, ich habe die Geschichte mündlich erfahren, und ziemlich sicher weiß ich zudem, dass ich der erste war, der sie schriftlich fixiert hat, in meinem 2008 erschienenen Roman »Kaltenburg«.

Ich glaube, an ihr lässt sich das Zusammenspiel von Natur und kultureller Matrix besonders gut veranschaulichen – sofern sie nicht selbst bereits eine Veranschaulichung dieses Zusammenspiels darstellt, ein treffendes Bild, das sich in Form eines Naturgeschehens abgespielt hat.

Am Morgen des 14. Februar 1945 beobachtete ein junges Mädchen, so hat mir deren Sohn im November 2006 erzählt, ungefähr von der Ecke Lennéplatz und Bürgerwiese aus in den auf der anderen Straßenseite

Aushangfoto zum Spielfilm »Elephant Fury« (deutsch: »Gesprengte Gitter«), USA 1956

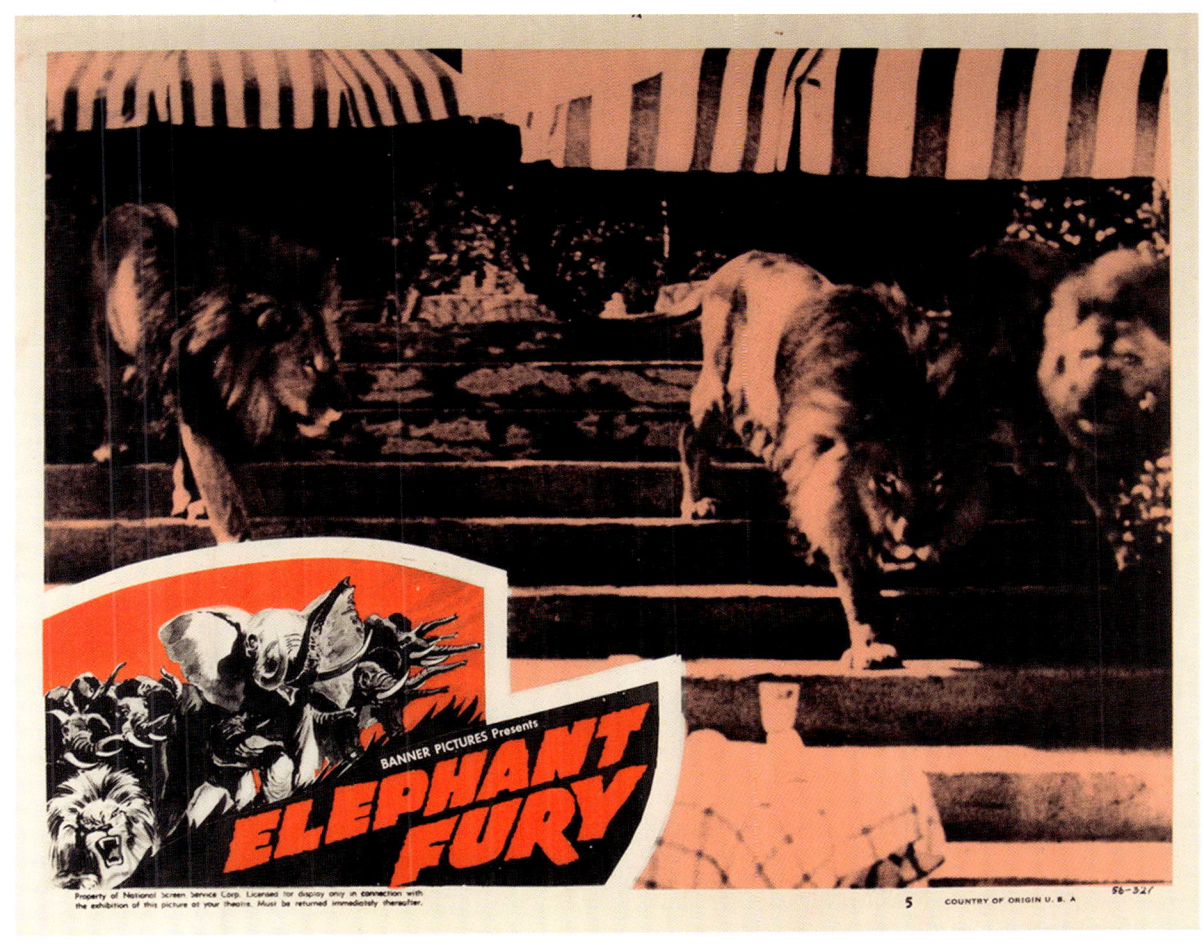

beginnenden Großen Garten schauend, wie Überlebende die Toten der zurückliegenden Nacht an einem Platz zusammentrugen. Was genau sie sah, und was sie, später, genau meinte, wenn sie von ›Toten‹ sprach, wird sie vielleicht nie jemandem bis in die Einzelheiten beschrieben haben.

Die Aufmerksamkeit des Mädchens wurde abgelenkt – oder erst richtig geweckt – von einer Schar Affen, aus dem Zoo entlaufene Vertreter einer dem Sohn nicht mehr erinnerlichen Art. An Menschen und deren Tätigkeit grundsätzlich interessiert, näherten sich die Affen und begannen, nachdem sie den Menschen eine Weile zugeschaut hatten, ebenfalls damit, Leichen einzusammeln, oder: Leichen auf der Wiese in Rückenlage zu bringen, oder: die Toten zu betten.

In der Zusammenschau von Mensch und Tier, die unterschiedslos einer tödlichen Macht ausgesetzt sind, schwingt die Vorstellung vom Tod als dem ›großen Gleichmacher‹ mit, die sich bis ins Buch Hiob zurückverfolgen lässt. Ja, Hiob, der, ohne Schuld auf sich geladen zu haben, vom Unglück heimgesucht wird, zeigt hier bereits eine Deutungsperspektive an. Trifft der Tod in der Bombennacht mit den Tieren ›unschuldige‹, ›namenlose‹ Kreaturen, wird auch den getöteten Menschen der Name genommen – alles scheint damit in einem ›namenlosen Grauen‹ aufzugehen, wie der gezielte Einsatz von Fotografien, auf denen Leichenberge zu sehen sind, in sogenannten Sachbüchern bildrhetorisch unterstreicht.

Dass allerdings – sei es im Krieg, sei es im Vernichtungslager – keine ›anonymen‹ Menschen existieren, sollte im Grunde keiner Anmerkung bedürfen. Doch auch das die ›unschuldige Kreatur‹ ins Bild fassende ›anonyme‹ Zootier gibt es, näher betrachtet, nicht, zumal, wenn es um Vertreter größerer Säugetierarten geht und unter diesen wiederum um Publikumslieblinge wie Affen, Elefanten und Großkatzen. Alle diese Tiere tragen Namen, und die sind nicht nur den Tierpflegern bekannt, sondern ganz selbstverständlich auch den Zoobesuchern, die an der Namensfindung nicht selten beteiligt wurden.

Die Löwenfamilie hieß, nach dem Männchen, Familie Pascha, der bekannteste, bis zum 21. April 1940 im Dresdner Zoo lebende Orang-Utan hieß Buschi, der Lieblingsschimpanse der Einheimischen trug den Namen Pitt. Pitt war – gleich der Berliner Schimpansin Titine – alles andere als eine ›namenlose Kreatur‹, ja, die Zoobesucher kannten durchaus sein Gesicht, so, wie sich die Tiere untereinander am Gesicht erkennen. Auf Ansichtspostkarten, die Pitt in inszenierten Situationen zeigten und die man im Zoo erwerben und gleich auch postalisch auf den Weg bringen konnte, gelangte sein Porträt in die Welt – damals wie heute spielen ›Publikumslieblinge‹ im Konkurrenzkampf der zoologischen Gärten eine erhebliche Rolle. Es konnte also weder vor noch nach den nächtlichen Luftangriffen von einer ›anonymen Kreatur‹ die Rede sein – es sei denn, die Bombardierung selbst hätte die Macht gehabt, nicht nur dem Schimpansen den Namen, sondern auch den Dresdnern jegliche Erinnerung an Pitt zu nehmen.

Gehen wir aber noch einmal ins Bild zurück: Am Morgen nach der Bombardierung hilft eine Schar namenloser Affen, die namenlosen Toten zu betten. Selbst wenn man den Primaten eine Einsicht in ihr Handeln nicht zugestehen und es lediglich als Imitationsleistung betrachten will (eine Imitationsleistung, die durchaus plausibel erscheint), fragt man sich doch insgeheim, ob man nicht soeben Zeuge einer in dieser Extremsituation zum Ausdruck kommenden natürlichen Ethik wird, einer artenübergreifenden Ethik zumindest. Das Zeugnis einer artenübergreifenden Ethik – zu einer Zeit, als man in Deutschland nicht einmal eine innerartliche Ethik kennt.

Das Verhalten des Affen triumphiert über die ›Barbarei‹ des Luftkriegs, oder: Das selbstlose, mitfühlende Verhalten des Affen macht die Verrohung der zurückliegenden zwölf Jahre mit einem Mal vergessen. Der Menschenaffe, die ›unschuldige Kreatur‹, erweist sich also als der bessere Mensch, und indem er den Lebenden hilft, die Toten zu betten, macht er die Menschen demonstrativ zu seinen Kumpanen, nimmt sie, die sich ›bestialisch‹ verhalten haben, indem sie ihre Mitmenschen als ›Untermenschen‹ bezeichneten und ›wie Tiere‹ behandelten, wieder in die Gesellschaft der Menschen auf.

Dass die am Rand des Großen Gartens, wenige Gehminuten vom Zoo entfernt beobachtete Szene ausgerechnet von dort ausgehend ihre Wirkmacht entfaltete, fügt sich geradezu ideal in den historischen Raum ein, in dem sie spielt: Denn zum einen hat die Abstammungslehre Charles Darwins mit dem Dresdner Zoologen Adolf Bernhard Meyer früh einen überzeugten Verteidiger in Deutschland gefunden, und zum anderen ist der hiesige Zoologische Garten für seine Menschenaffen weithin bekannt, ja, er stellt spätestens seit der Ankunft der Schimpansin Mafuka im Jahr 1873 ein Zentrum der Primatenforschung dar, in dem Fachleute aus aller Welt ebenso wie die einheimischen Zoobesucher mit eigenen Augen überprüfen können, wie viel Mensch im Affen, wie viel Affe im Menschen steckt. Im Grunde steht die nahe Verwandtschaft der Spezies außer Frage – nur dem nationalsozialistischen Wahn scheint es zuzuschreiben zu sein, dass sich innerhalb weniger Jahre eine tiefe Kluft zwischen den Nächstverwandten aufgetan hat, die einige aus dem Zoo entlaufene Affen nun, am Morgen nach der völligen Zerstörung, die in der Stadtmythologie einem Neubeginn gleichkommt, wieder schließen.

Das Tier kennt keine Geschichte. Darin ist ihm, an diesem Tag Null, der Dresdner gleich. Die Luftangriffe der Alliierten schleudern ihn aus der Historie hinaus, die er sich in der Zukunft neu wird schaffen müssen. Und er tut dies, indem er Geschichten erzählt. Von Zootieren etwa, die ihm Gesellschaft geleistet haben in jener Nacht, als seine Geschichte ausgelöscht wurde: die Geschichte seiner Stadt, die Geschichte seiner Gattung, die Geschichte seiner individuellen Schuld.

Dabei gerät aus dem Blick, dass sich die Stätte, an der das Naturwesen Menschenaffe dem Kulturwesen Mensch brüderlich die Hand reichte, zu diesem Zeitpunkt längst in einen Ort der Barbarei verwandelt hatte: ›Juden‹ im Sinne der sogenannten Nürnberger Gesetze, die 1935, im selben Jahr bezeichnenderweise wie das Reichsnaturschutzgesetz, in Kraft getreten waren, war das Betreten des Großen Gartens wie des Zoologischen Gartens verboten. Wer seinem Bedürfnis nachgegeben hätte, die Löwen, die Elefanten, die Schimpansen aus nächster Nähe zu beobachten, hätte damit sein eigenes Todesurteil unterschrieben.

IX

Der nachtdunkle Park ist die leere Leinwand, die wir mit unseren Bildern beleben. Dass auf dieser Projektionsfläche wilde, ungebändigte, unter natürlichen Bedingungen niemals aus solcher Nähe beobachtbare Tiere erscheinen, ist nicht weiter verwunderlich, sind sie doch konkrete Gestalten wie Sinnbild gleichermaßen, sind nackte, gesichtslose, allgemeingültigen Gesetzen unterworfene Natur und mit Kulturgeschichte behaftete Wesen in einem, von mörderischen Trieben beherrscht und im selben Augenblick auch vertraute Gefährten, von denen wir uns zugleich abgestoßen und angezogen fühlen, so wie wir es von uns selbst sein müssten, würden wir es wagen, den Blick zurück zu werfen auf unser ›früheres Ich‹.

Literatur

Doris Baumgärtel: »Vergiß nicht, Dir einen Fliegerschein ausstellen zu lassen für Dresden«, Doris Baumgärtel (Meißen) an Gertraude Baumgärtel (Erfurt). Brief vom 7.3.1945, in: Oliver Reinhard/Matthias Neutzner/Wolfgang Hesse (Hrsg.): Das rote Leuchten. Dresden und der Bombenkrieg, Dresden 2005, S. 331 f. ❘ Marcel Beyer: Kaltenburg, Frankfurt am Main 2008 ❘ Jörg Friedrich: Angriff auf die Antilopen. Der mörderische Bombenkrieg: Alle Kreaturen sind gleich – und werden ausgelöscht. Wie der Dresdner Zoo verbrannte, in: Der Tagesspiegel, Sonntag, 23.2.2003, S.S7. ❘ Winfried Gensch: Brandes, Gustav Philipp Hermann, in: Sächsische Biografie, hrsg. vom Institut für Sächsische Geschichte und Volkskunde e.V., bearb. von Martina Schattkowsky (URL: http://www.isgv.de/saebi/, zuletzt besucht am 11.12.2014). ❘ Oliver Hochadel: Unter Menschen. Die Schimpansin Mafuka im Dresdner Zoologischen Garten (1873–75), in: Gesine Krüger/Ruth Mayer/Marianne Sommer (Hrsg.): »Ich Tarzan.« Affenmenschen und Menschenaffen zwischen Science und Fiction, Bielefeld 2008, S. 149–179. ❘ Michel Leiris: Wehlaut. Die Spielregel, Bd. 4. Aus dem Französischen von Hans Therre, München 1999 (Originalausgabe: La règle du jeu. 4: Frêle bruit, Paris 1976). ❘ Ramona Lenz: Ein Elefantenwunder, in: Frankfurter Allgemeine Zeitung, 25.5.2014 (Rezension zu: Michael Morpurgo: Elefantenwinter, Hamburg 2013). ❘ Frederick S. Litten: Starving the Elephants: The Slaughter of Animals in Wartime Tokyo's Ueno Zoo, in: The Asia-Pacific Journal, Vol. 38-3-0º, 21.9.2009 (URL: http://japanfocus.org/-Frederick_S_-Litten/3225, zuletzt besucht am 11.12.2014). ❘ Fritz Löffler: Das heutige Stadtbild, in: Merian Nr. 6/49, Dresden, Juni 1949. ❘ Axel Rodenberger: Der Tod von Dresden. Ein Bericht über das Sterben einer Stadt, Dortmund 1951. ❘ Max Seydewitz: Zerstörung und Wiederaufbau von Dresden, Berlin (Ost) 1955. ❘ Rosemarie Winter: Barockgärten an der Elbe, in: Merian Nr. 10/67, Dresden, Oktober 1967.

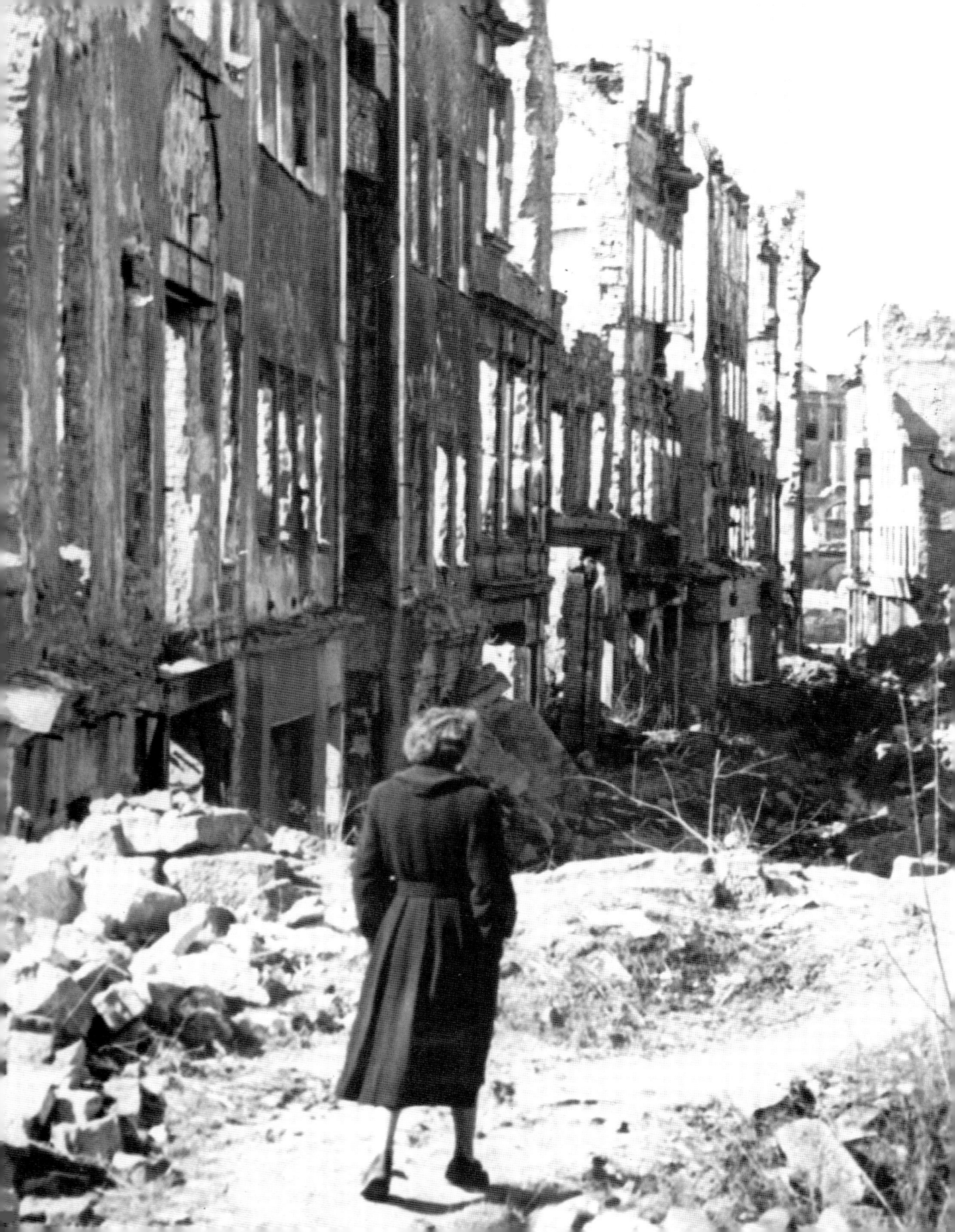

LIKE DRESDEN

WIE DRESDEN '45 ZUR MARKE
WURDE – EIN EINWURF

Heidrun Hannusch

»Frage: Wie viele Dresdner bekommt man in einen MINI Cooper? Antwort: Etwa 25 000, wenn man eine Schaufel hat.«[1]

Sigmund Freud hat über den Witz und seine Beziehung zum Unbewussten geschrieben und die einzelnen Arten von Witzen kategorisiert. Den Mini-Cooper-Witz würde er nach seinem Zuordnungssystem wohl tendenziös, feindselig und zynisch nennen. Diese Grenzüberschreitung auch noch des schlechtesten Geschmacks findet sich auf einer englischsprachigen Internetseite, mitten unter anderen, meist platten und oft harmlosen Witzen über die Deutschen. Und jener über die Dresdner Bombentoten ist ein Indiz dafür, dass keine Katastrophe groß genug ist, um nicht irgendwann in der schmuddeligsten Ecke der populären Kultur zu landen – wie eben auf schlechten Witzeseiten.

Über manches, worüber es nichts zu lachen gibt, wurden bereits überaus perfide Witze gemacht. Da ist Dresden mit seiner Tragödie nicht allein. Aber »Dresden '45« ist noch auf eine ganz eigene, verblüffende Art Teil von Kunst, Kommunikation sowie Internet- und Popkultur geworden. Beispiele dafür finden sich noch heute. Und sie werden nicht weniger – auch nicht 70 Jahre danach.

Der »New Yorker«-Autor Paul Rudnick, von dem eines der Drehbücher für die makaber-düstere Fernsehserie »Addams Family« stammt, hat auch mal über Dresden 1945 geschrieben. Nur in einer kurzen Replik,

◄ Danach sieht es überall ähnlich aus: Menschen, die einsam durch die Trümmer dessen streifen, was nie wieder sein wird wie zuvor. So wie in Dresden.

aber die ließ nichts zu wünschen übrig in Sachen politischer Inkorrektheit. Denn, so Rudnicks Motto: »Political correctness ist der erklärte Feind der Komödie.« Und der Schriftsteller mag die Komödie, das Leichte, das zu schweben scheint. Aber er schafft es immer wieder, ein paar Löcher hineinzubohren, sodass der nicht allzu ferne Abgrund darunter aufscheint. Im Dezember 1986 schrieb er im »New York monthly« einen langen Essay über die sogenannten »brats«[2] – ein unübersetzbares Wort für eine Spezies, die nur in ihrem Biotop gedeiht: New York. Rudnick versucht, diese verwöhnte, selbstverliebte, oft faule und immer empathieunfähige VIP-Unterkategorie des »brat-pack« mit ein paar Episoden zu beschreiben und nutzt dafür die deftigsten Gleichnisse, die ihm einfallen. So erzählt er von einer Witwe, in deren Penthouse auf der Upper East Side eingebrochen worden war. Die Räuber wurden gestört, viel war nicht passiert, außer dass ein paar französische Möbel umgeworfen wurden. Und die Frau sagt danach: »Es war genau wie Dresden.«[3] Paul Rudnick musste nicht die Jahreszahl »'45« hinter Dresden setzen. Jeder, der es gelesen hat vor fast 30 Jahren in New York, wusste, was gemeint war: Dresden nach der Bombardierung.

Hiesige Fast-Prominente, die eine entfernte Ähnlichkeit mit den »brats« haben, wohnen seltener in den besonders feinen Gegenden, dafür immer öfter temporär im Dschungel. Im Januar 2013 war Helmut Berger einer der Insassen des Dschungelcamps. Dass der Schauspieler leicht entzündlichen, weil hochprozentigen Flüssigkeiten zugeneigt ist, war allgemein bekannt. Als dieser nun seine Notdurft an ungeeigneter Stelle verrichtete, sagte der Moderator: »Stell dir vor,

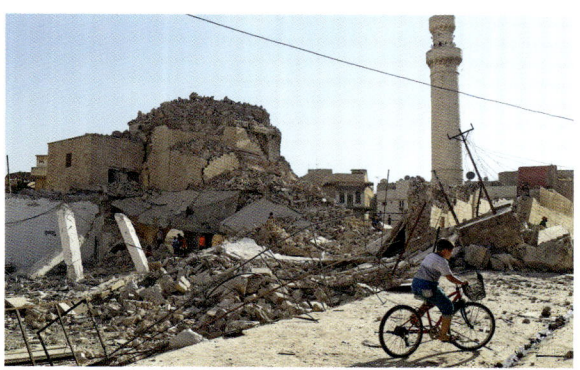

»Es sieht aus wie Dresden 1945« – dieses
Gleichnis wurde besonders oft für irakische
Städte gebraucht, wie hier Mosul.

er hätte ins Lagerfeuer gepinkelt, dann sähe es da jetzt aus wie Dresden 1945.«[4] So weit, so unappetitlich.

Die öffentliche Empörung war groß nach dem Dschungel-Spruch. Dabei ist er nur eine Facette dessen, was seit 70 Jahren geschieht, nicht gerade täglich, aber oft. Ist ein Vergleich, ein Maß gefragt, um Zerstörungszustände jedweder Art zu beschreiben, muss seit Jahrzehnten Dresden herhalten. Die Marke »Dresden« plus »'45« plus »Zerstörung« hat sich verselbstständigt. »Dresden '45« ist zur Vergleichsmarke geworden. Zu einem Symbol.

Wenn Semiotiker über Symbole referieren, sprechen sie auch über den sogenannten »Bedeutungsüberschuss«. Der Nicht-Semiotiker kann den Terminus nur anhand eines Beispiels verstehen. Nehmen wir also Dresden, Dresden als Symbol. Und fügen wir eine New Yorker Punk-Band hinzu, die sich »New York Niggers« nannte. Der Name ist politisch nicht wirklich korrekt, und die Irritation der Inkorrektheit nimmt zu, wenn man hört, wie einer ihrer bekanntesten Songs heißt: »Just like Dresden '45«[5] (»So wie Dresden '45«). In dem Text geht es weniger um die großen Menschheitskatastrophen als um Befindlichkeitsstörungen eines von der Welt Gelangweilten, Frustrierten, Enttäuschten. »My brain catches fire, just like Dresden '45« (»mein Hirn fängt Feuer, wie Dresden '45«), heißt es im Refrain. So etwas nennt man »Bedeutungsüberschuss«:

Die brennende Stadt als Gleichnis für ein ausgebranntes Innenleben. Und je weiter das eigentliche Geschehen entfernt ist – zeitlich wie räumlich –, desto größer wird das Interpretationsspektrum. 70 Jahre nach der Zerstörung Dresdens ist der Name dieser Stadt zur grob geschnittenen Schablone geworden, in die vieles passt, was irgendwie mit Zerstörungszuständen zu tun hat oder haben könnte.

Am ehesten passend, um mit »Dresden '45« verglichen zu werden, sind die Auswirkungen von Kriegen. Und wie einem pawlowschen Reflex folgend wird denn auch Dresden genannt in Beziehung zu nahezu jedem größeren Kriegsschauplatz der Welt. Und das nicht erst in der jüngeren Vergangenheit. Aus Vietnam schrieb ein Journalist, das zerstörte und einst so schöne Cao Bằng sehe nun aus wie Dresden.[6] Im Frühjahr 2003 berichtete das amerikanische »Air Force Magazine«: »Als die US-Streitkräfte während des ersten Tages des Zweiten Golfkriegs Ziele in Bagdad angriffen, nannten die Medien den Namen einer historischen europäischen Stadt häufiger, als sie die irakische Hauptstadt selbst erwähnten. Diese Stadt war Dresden.«[7] Aber nicht immer blieb das ohne Widerspruch. NBC-Moderator Brian Williams sagte am Tag, als die Bombardierung Bagdads begann: »Der Schauplatz sieht aus wie Dresden.«[8] Zwei Tage später korrigierte er sich etwas ungeschickt: »Die Bombardierungen Dresdens und Tokios im Zweiten Weltkrieg waren darauf gerichtet, Zivilisten zu töten und dann die Überlebenden zu terrorisieren. Hier [in Bagdad] sehen wir, wie das Gegenteil geschieht.«[9]

Wenn der Rest von Grosny beschrieben wurde, der nach Jahren des Krieges übriggeblieben war, auch dann immer wieder: Es sieht aus wie in Dresden.[10] Priština, Mostar, Kabul … – immer das Gleiche. Und das setzt sich in den aktuellen Kriegen fort. Besonders oft in Verbindung mit der UNESCO-Welterbe-Stadt Aleppo fiel der Name der Ex-Welterbe-Stadt Dresden.[11] Die Zeitschrift »The Atlantic« schrieb, Aleppo laufe Gefahr, eine 21.-Jahrhundert-Version von Dresden zu werden.[12] Die »Huffington Post«: »Ganze Städte wie Aleppo verwandelten sich praktisch in Dresden-ähnliche Repliken. Und das Erstaunlichste ist, während Dresden von der

LIKE DRESDEN

Luft her bombardiert wurde, wurden Hama, Homs und Aleppo mit Waffen kleineren Kalibers zerstört.«[13]

Man muss nur ein paar Monate zurückblicken, noch ein neuer Krieg, wieder der alte Vergleich. Auch bei der Schadensbeschreibung Kobanes in Nordsyrien taucht der Dresden-Vergleich auf.[14]

Warum Dresden, ausgerechnet immer wieder Dresden in einer an Tragödien nicht armen Welt? Vielleicht, weil man in der Irritation des Unerwarteten, im Chaos der Katastrophe ein Bild braucht, das eine Einordnung möglich macht. Ein Bild, das jeder kennt. Einen Vergleich, der Unvorstellbares vorstellbar macht. Weil Dresden diese Bilder geliefert hat und immer noch liefert, während sich andere betroffene Städte vom Trauma fortentwickelt haben. Und möglicherweise,

Auch bei einer der jüngsten Auseinandersetzungen mit hohem Zerstörungsgrad in Gaza wurde Dresden als Analogie herangezogen.

weil die Dresden-Bilder mit den verwundeten Häusern sinnlich fassbarer sind als die Leere, die die Atombombe in Hiroshima hinterließ. In den Fragmenten, die auf den Dresdner Ruinenbildern von 1945 zu sehen sind, ist noch der einstige Glanz zu ahnen, die Differenz zwischen dem, was war, und dem, was geworden ist.

So war es auch nach dem Angriff auf die Türme des World Trade Centers, einer ganz neuen Art von Krieg, für den erst eine Strategie gesucht werden musste und noch immer nicht gefunden ist. Aber die Schablone war schon in den ersten Stunden danach zur Hand.

Michael Greenglass ist Anwalt. Sein Büro befand sich drei Blocks vom World Trade Center entfernt. Als das erste Flugzeug einschlug, verließ er das Haus und schaute von der Straße aus schockiert zu, was geschah. Als er kurz nach dem Einsturz der Zwillingstürme von einem Reporter der Zeitung »USA Today« befragt wurde, sagte er: »Ich habe Bilder von Dresden gesehen. Da war es wie hier.«[15]

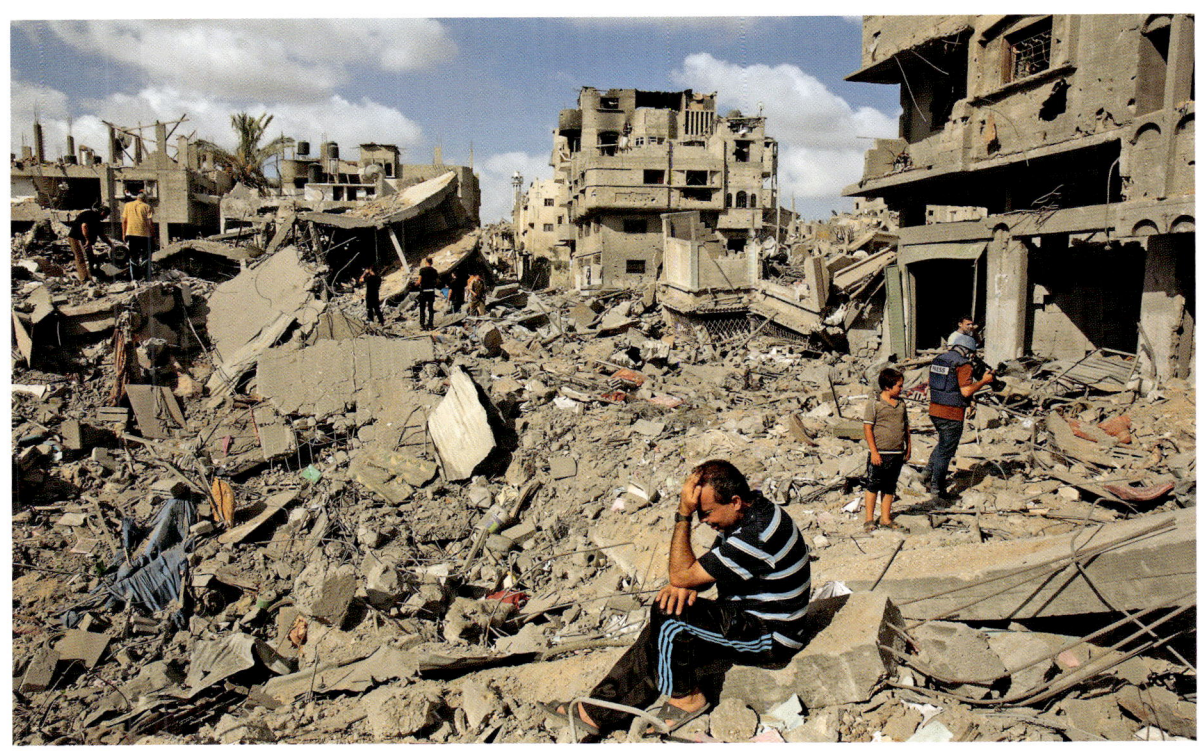

Greenglass gehörte zu den Ersten, die interviewt wurden. Aber er sollte nicht der Einzige bleiben, dem angesichts von Ground Zero Bilder von Dresden einfielen. Auch New Yorks Bürgermeister Rudolph Giuliani gehörte dazu. Nachdem er davon gesprochen hatte, nie etwas Schlimmeres gesehen zu haben, zitierte eine Zeitung ihn mit der Aussage, dass auch Dresden ähnlich gewesen sein müsse.

»Wenn etwas so Schlimmes passiert, natürlich muss man da an Dresden denken«, meinte Robert Reimann.[16] Er war am 11. September 2001 auf dem Weg zu seinem Büro, West Broadway 30, genau gegenüber dem World Trade Center. Als nach den Türmen auch angrenzende Gebäude einstürzten, schlugen Teile in seinem Bürohaus ein. Er war zum Glück noch weit entfernt, er beobachtete es von der Brooklyn Bridge aus. Robert Reimann kennt Dresden gut, seine Schwester lebt hier. Aber, so erzählte er ein Jahr nach 9/11, auch von anderen New Yorkern habe er gehört, was er dachte: wie Dresden.

Und manche beließen es nicht beim Vergleich. »War Dresden falsch?« Diese Frage stellte am 17. September 2001 der Herausgeber des »National Review«, Richard Brookhiser, in einem Kommentar zu den Ereignissen am 11. September.[17]

Der 11. September und der 13. Februar: In den Köpfen mancher Amerikaner schieben sich die zwei Bilder übereinander. Aber Bilder sind das eine. Es selbst zu erleben, ist etwas anderes. Durch Ruinenstraßen zu gehen, die Rauchwolken zu sehen, die tagelang den Himmel verfinstern. Diesem Geruch nicht entgehen zu können, von dem man wissen muss, dass er von verbranntem Fleisch herrührt. So müssen sich die Dresdner gefühlt haben, als sie durch die brennenden Straßen liefen, dachte und sagte nicht nur einer in diesen Tagen im September 2001.

In dem Schock nach 9/11, der Unfähigkeit, zu verstehen, was geschehen war, griff man auf Bekanntes zurück, um das Unbegreifbare zu beschreiben: Dresden.

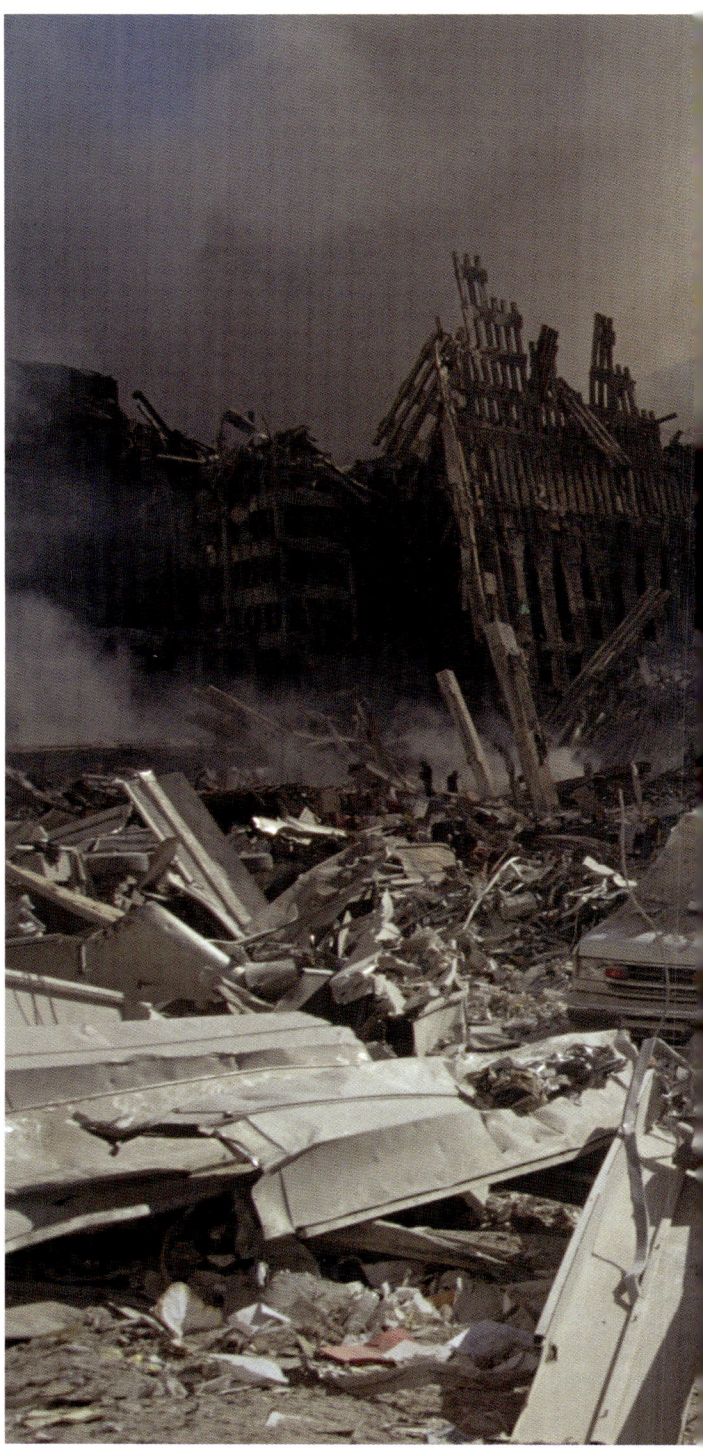

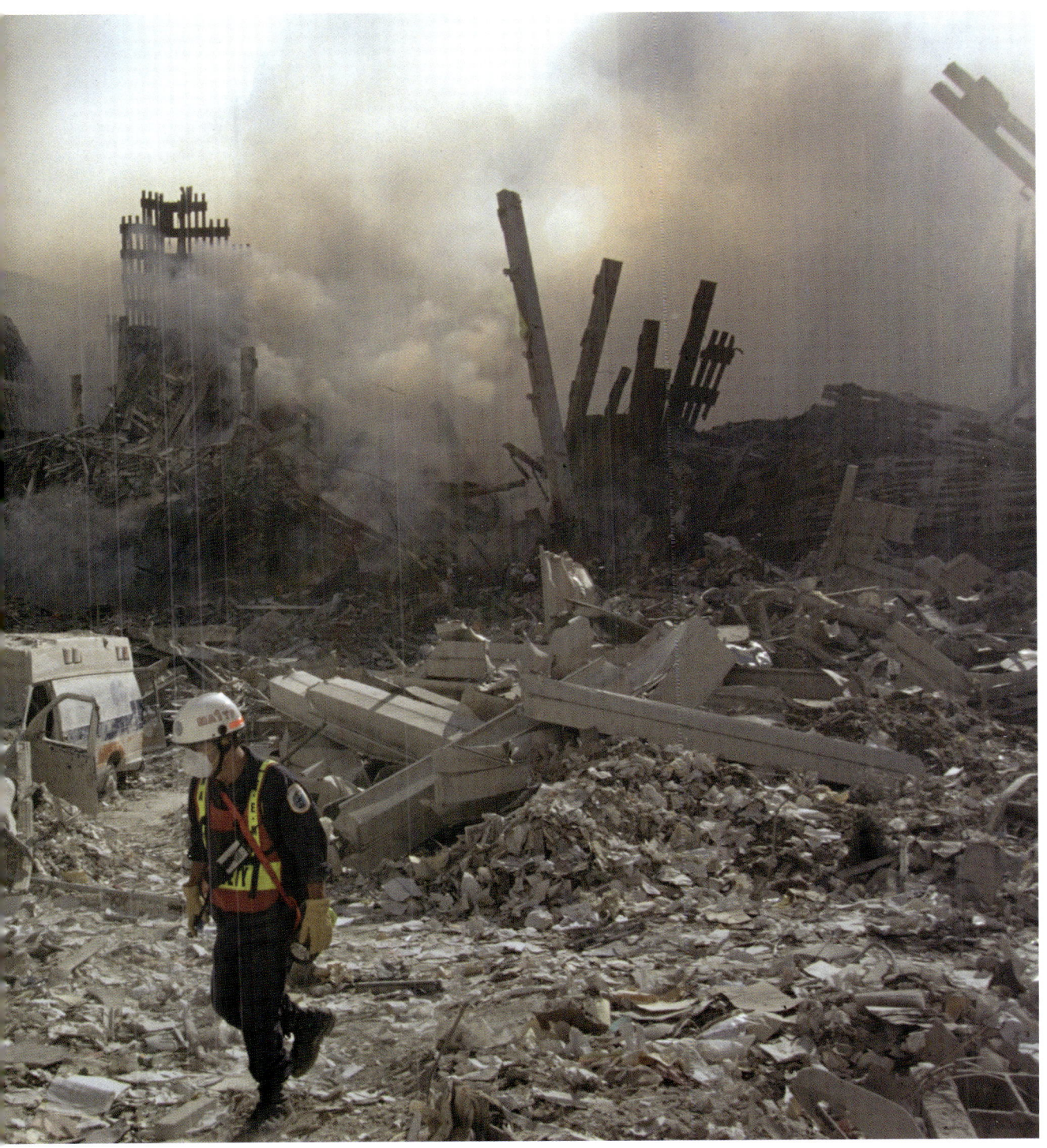

Auch die New Yorker Schriftstellerin Erica Jong hat die Zerstörung Dresdens nicht selbst gesehen. Und doch schrieb sie, deren erfolgreichstes Buch ausgerechnet »Angst vorm Fliegen« heißt, in einem Essay zum 11. September: »Ich habe an die Bombardierung von Dresden gedacht.«[18]

Rolf J. Pöhler schrieb in »Spectrum« vom 29. Dezember 2001: »Die Nachkriegsgeneration ist bisher mit solchen Horrorszenarien nur konfrontiert worden durch Filme oder Erzählungen der Überlebenden von Dresden und Hiroshima.«[19]

Und immer wieder wurde damals Dresden genannt in der Diskussion um Baupläne am Ground Zero. »Wird New York wieder aufbauen, was verloren ist?«, fragte das »Wallstreet Journal«. Und berichtete ausführlich über die Dresdner Frauenkirche als einem Beispiel, wie städtebaulich mit solchen Verletzungen umgegangen werden kann.[20]

Den ganz großen historischen Bogen schlug Nathan Silver in »Metropolis«: »Es wird so sein, dass die Zerstörung des World Trade Centers im Gedächtnis bleiben wird neben der Bombardierung von Dresden und der Explosion des Parthenon.«[21]

Und mit einer Spur von Bitternis in der Trauer schrieb der bedeutende Literaturtheoretiker und Mitgründer des West-Eastern Divan Orchestra, Edward Said: »Erst gestern versicherten sie uns, dass wir risikolose Kriege führen können, ohne Verluste zu haben. Und dass wir eine Raketenabwehr haben, die uns unverwundbar gegen jeden Angriff machen könnte – und hier, ganz plötzlich, sieht ein Teil von New York aus wie Dresden 1945.«[22]

Jene, die sich an Dresden erinnerten beim Anblick des Trümmerfelds im Süden Manhattans, erwähnten immer wieder Bilder, die sie gesehen hatten von der deutschen Stadt danach. Möglicherweise meinten sie alle letztlich nur ein Bild: jenes von Richard Peter, aufgenommen vom Rathausturm, im Vordergrund eine Figur, die wie ein steinerner Engel anmutet, der klagend auf die Trümmer unter ihm zeigt. Eine Metaphorik, der sich keiner entziehen kann. Es sind der Standort, den Peter wählte, und diese Vordergrundfigur, die aus einem Trümmerfoto, wie es Millionen gibt von Hun-

derten Orten, dieses eine besondere machte. Wohl keiner, der es gesehen hat, wird es je vergessen. Inzwischen ist es millionenfach abgedruckt worden. Und vielleicht ist dieses Bild eine Erklärung für das mythische Symbol Dresden.

Anfangs waren es vor allem Journalisten, Schriftsteller, Politiker, die immer wieder »Dresden '45« erwähnten und so das Symbol zu etablieren begannen. Leute also, bei denen etwas historische Kenntnis zum Handwerk gehören sollte. Jene Blogger von heute, die Sätze schreiben wie »nach einem Wochenende sieht meine Küche aus wie Dresden '45«,[23] haben Dresden wohl kaum selbst gesehen, wahrscheinlich nicht einmal das Foto, und sie wissen wenig bis nichts. Der Vergleichsgegenstand entfernt sich immer mehr, das Vorbild wird blasser oder verschwindet ganz. Das Symbol Dresden ist da angekommen, wo es nicht mehr so leicht aus der Welt zu schaffen ist: auf der Festplatte des Weltgedächtnisses und im Stehsatz all jener, die zu makabren Plattheiten neigen – also vieler. Und es erreicht alle. Auch wenn heute wohl nur noch die wenigsten Blogleser und -schreiber wissen, was zum Beispiel mit kafkaesk gemeint ist – mit dresdenesk (das Wort gibt es wirklich, wenn auch bisher selten benutzt) oder »like Dresden« können selbst die Ahnungslosen etwas anfangen.

Also wird der Dresden-Vergleich mehr und mehr da eingesetzt, wo er nicht hingehört. Die brennende Bronx wurde schon genauso mit »Dresden '45« verglichen wie die verfallende Autostadt Detroit (diese übrigens häufiger).[24] Ebenso ein heruntergekommenes Freizeitresort auf Bali oder ein Bankkonto. Den vielleicht bizarrsten Vergleich fand eine Bloggerin namens Leila Peacock in einem Buch, das damit warb, das schmutzige Deutsch zu lehren. Darin wird auch ein »echtes Gesichtsdresden« erwähnt — »a real Dresden-face«.[25] Man ahnt, was damit gemeint sein könnte.

Nicht gar so fern liegen Vergleiche mit Orten nach Naturkatastrophen. Regelmäßig muss auch hier Dresden dran glauben. Als der Wirbelsturm Katrina New Orleans verwüstete, zitierte eine US-amerikanische Zeitung einen Beobachter mit folgendem Gleichnis: »Es sah aus wie in Dresden. Wie nach einem Krieg, und wir haben den Krieg verloren.«[26]

Nach dem Tsunami in Japan schrieb ein Augenzeuge: »Nach meinem Eindruck wurde dieses Gebiet geschlagen wie Dresden gegen Ende des Zweiten Weltkriegs.«[27]

Charles Schumer, Senator des Staates New York, meinte im Oktober 2012, manche Gegenden im Sturmgebiet des Hurrikan »Sandy« sähen aus wie Dresden oder London nach den Bombenangriffen im Zweiten Weltkrieg.[28] Ein paar Tage nach dem Hurrikan starb in New Jersey eine Frau, die in ihrem wegen des Stromausfalls dunklen Haus die Treppe heruntergestürzt war. Die 79-Jährige hatte einst den Bombenangriff in Dresden persönlich erlebt. Man darf wohl annehmen, dass sie den Dresden-Vergleich für »Sandy« nicht benutzt hätte. Das tun nur die, die 1945 nicht dabei waren.

Ganz andere Ursache, ähnliche Bilder danach – angesichts der verheerenden Verwüstungen, die der Tsunami in Japan 2011 hinterlassen hatte, musste ein starkes Bild her: Dresden.

Auch in der Politik wird das Dresden-Symbol benutzt. Um Anpassung der sprachlichen Mittel bemüht, könnte man sagen, im politischen Propagandakrieg ist »Dresden '45« die Kalaschnikow unter den Handfeuerwaffen. Man greift dann darauf zurück, wenn man ganz sicher sein will zu treffen, hart zu treffen.

Rechte Populisten tun sich da besonders hervor, wie der Franzose Jean-Marie Le Pen, Gründer des Front National, der unlängst mittels »Dresden '45« die Katastrophe von 9/11 relativierte.[29] Dann sind da die Verschwörungstheoretiker, die zum Beispiel prophezeien, Iran werde bald so aussehen wie Dresden 1945.[30]

Sehr an den Haaren herbeigezogen ist das Bild, das sich auf einer amerikanischen Website findet, die sich für mehr Frauenpower einsetzt. Während des Wahlkampfes bei der letzten US-Präsidentenwahl stand da: »Mitt Romneys Kampagne sieht ein bisschen aus wie Dresden 1945, nur mit mehr Explosionen und besserem Haar.«[31] Da hat wohl jemand etwas gründlich verwechselt unter anderem die zueinander passenden

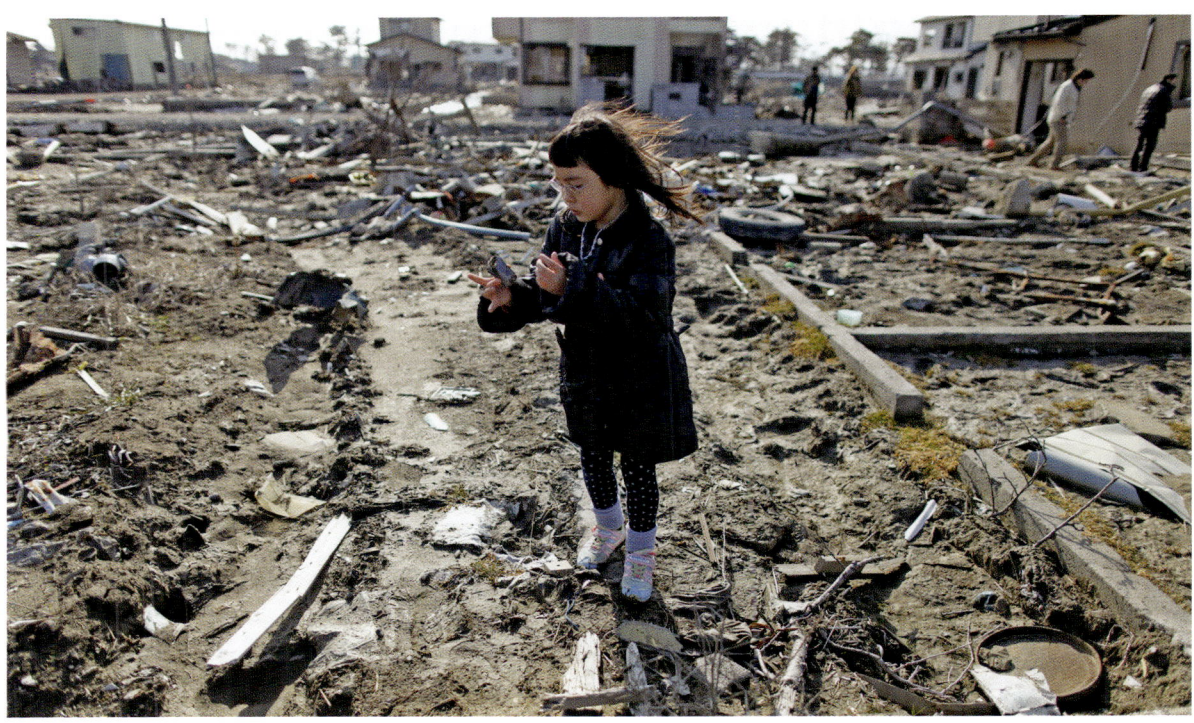

Bilder) und hält »Dresden '45« für eine Art PR-Unfall. Aber nichtsdestotrotz, der Romney-Wahlkampf 2012 war nicht wirklich gelungen, und so musste Dresden gleich noch einmal ran. Nachdem Obamas Herausforderer Mitt Romney mehr als 13 000 Fernsehspots hatte schalten lassen, um seinen innerparteilichen Gegner Newt Gingrich als Lügner zu attackieren, sah MSNBC-Kommentator Chris Matthews darin ein politisches Flächenbombardement: »Ich kann das nur vergleichen mit den alliierten Bombenangriffen auf Dresden im Zweiten Weltkrieg.«[32]

Aber manchmal wird Dresden auch benutzt, um der ehrlichen Kritik an Politikern besonderen Nachdruck zu verleihen. So geriet der britische Premierminister Tony Blair in Bedrängnis, als ihn Neil Coppendale, ein

Detroit steht exemplarisch für den Verfall US-amerikanischer Städte, die wegen Deindustrialisierung oder der Finanzkrise keine Chance mehr haben. Weit weg von Dresden – und doch immer wieder schreibt einer über Detroit: »like Dresden«.

Mann aus dem Publikum, während einer live ausgestrahlten Fernsehsendung kritisch zum Militäreinsatz in Irak befragte. Nachdem Blair den Einsatz verteidigt hatte, hielt ihm Coppendale entgegen: »Herr Blair, schauen Sie auf die Bilder von Fallujah. Sie sehen aus wie Dresden.«[33]

Bisweilen erfüllt das Symbol eben doch einen durchaus ehrenwerten Zweck. Und manchmal erweist sich ein zunächst flapsig wirkender Umgang mit Dresden-Geschichte dann doch als tiefgründiger. »Sorry about Dresden« ist der Name einer Punk-Band aus North Carolina.[34] In einem Interview nach den Hintergründen der Namenswahl befragt, sagte Bandmitglied Matt Tomich: »Ich habe ein Buch über Europa nach Plätzen durchsucht, die man in Deutschland besichtigen könnte. Dann stieß ich auf Dresden. Und das erste, was ich gesagt hatte, war: Dresden, wer würde schon dahin gehen? Sorry about Dresden.«[35] Subtext: Wer will schon dahin, in eine zerstörte Stadt? Denn die Musiker wussten einiges über Dresden, hatten es wie viele vor allem junge Amerikaner von Kurt Vonnegut erfahren.

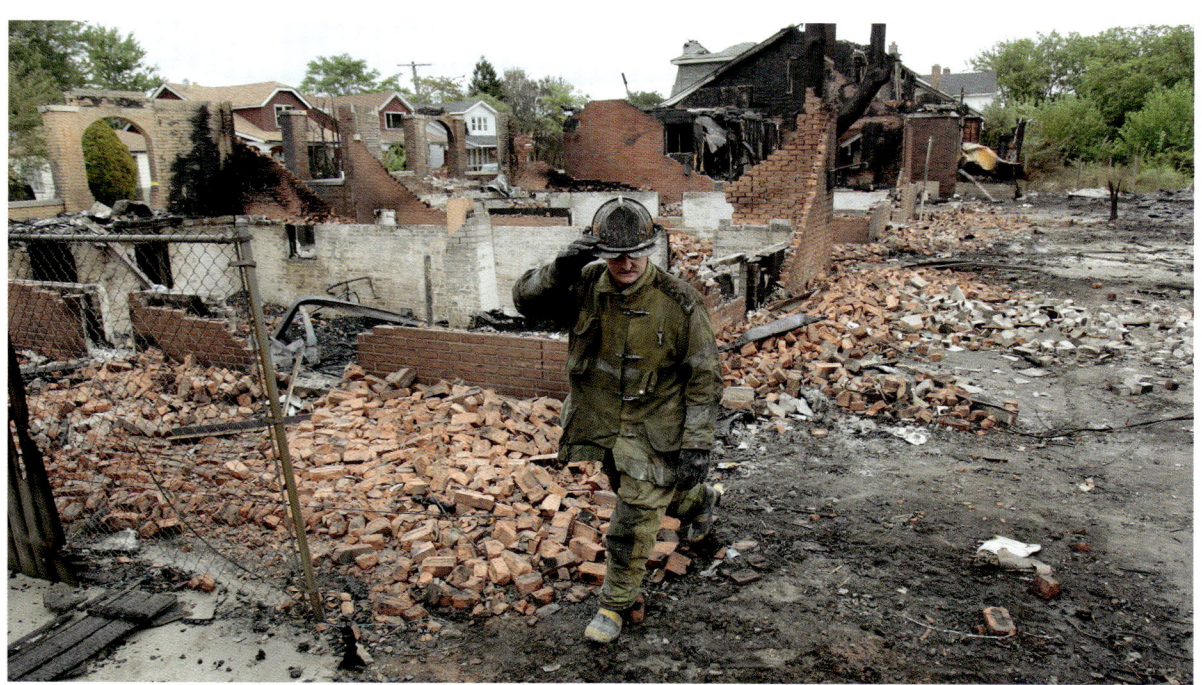

Und die oft benutzte Abkürzung des Bandnamens heißt SAD (deutsch: »traurig«).

In den hastigen Dialogen der modernen Serienkultur braucht es Schlüsselwörter, die keiner langen Erklärung bedürfen. Also hört man sie auch dort, die Verweise, die Anspielungen, die Vergleiche mit Dresden. Wie in einer der neuesten Folgen von »Mad Men«, dieser Serie über die 1960er Jahre, als Werbeleute noch den ganzen Tag über Whisky tranken und Kette rauchten und auch sonst von Puritanismus nichts hielten. Und ausgerechnet dort macht einer der Chefs eine kurze Andeutung, dass er im Krieg über Dresden geflogen sei. Keine Nachfrage, es erklärt sich von selbst.[36]

Die Dresden-Inflation ist ein kulturhistorisches Phänomen, dessen Ursprung wohl nie ganz aufgeklärt werden kann. Was war zuerst, was gab den Ausschlag dafür, dass keiner jemals auf die Idee käme, seine vermüllte Küche mit Hiroshima zu vergleichen, mit Dresden aber schon? Was ist der Grund dafür, dass das Wort Dresden jeder Zerstörung, jedem Desaster, ja selbst kleineren Unannehmlichkeiten auf dem Fuße folgt? Man mag hadern damit, dass die meisten Vergleiche heftig hinken und nicht selten geradezu unanständig sind. Aber Dresden ist von der Leine und wird nicht mehr einzuholen sein. Zumindest besteht keine Gefahr, dass »Dresden '45« in absehbarer Zeit vergessen werden könnte.

Am Ende muss zumindest noch ein Beispiel mit positiver Note sein. Das lieferte der frühere US-Präsident Bill Clinton, als er sagte, der amerikanischen Wirtschaft sei es während seiner Amtszeit gegangen wie Dresden: »Sie musste wieder aufgebaut werden.«[37] Und er meinte damit: Es ist gelungen.

Anmerkungen

Fremdsprachige Zitate wurden für diesen Beitrag ins Deutsche übersetzt. **1** URL: http://www.jokes4us.com/miscellaneousjokes/worldjokes/germanyjokes.html, zuletzt besucht am 27.11.2014. **2** Paul Rudnick: Do brats have more fun?, in: Spy, Dezember 1986. S. 20–27. **3** Ebd., S. 22. **4** RTL, 11.1.2013. **5** URL: http://www.youtube.com/watch?v=7cRiAcswPiE, zuletzt besucht am 27.11.2014. **6** The Michigan Daily, 8.5.1979. **7** John T. Correll: What Happened to Shock and Awe?, in: Air force Magazine, November 2003, S. 57. **8** Media research center, 3.4.2003 (URL: http://archive.mrc.org/projects/mww/welcome.asp, zuletzt besucht am 27.11.2014). **9** Ebd. **10** ABC, 14.9.1999. **11** Daily Mail, 7.8.2013, Kommentare (URL: http://www.dailymail.co.uk/news/article-2336036/Syria-satellite-photos-reveal-Aleppo-ruins-government-bombing-raids.html, zuletzt besucht am 27.11.2014) **12** Lionel Beehner: ›It Is Our Soul‹: The Destruction of Aleppo, Syria's Oldest City, in: The Atlantic, 4.10.2012 (URL: http://www.theatlantic.com/international/archive/2012/10/it-is-our-soul-the-destruction-of-aleppo-syrias-oldest-city/263255/, zuletzt besucht am 27.11.2014). **13** Claude Salhani: Syria's ›Ev l Man‹, in: Huffington Post, 22.7.2013 (URL: http://www.huffingtonpost.com/claude-salhani/david-cameron-syria_b_3632692.html, zuletzt besucht am 27.11.2014). **14** Kurdish Media Network Rudaw, 24.10.2014, Kommentar S. 8 zum Beitrag Jonathon Burch: Kurdish defenders retake Kobane hill; Peshmerga reinforcements reduced (URL: http://www.rudaw.net/english/middleeast/24102014, zuletzt besucht am 27.11.2014). **15** Martha T. Moore: Carnage rains down from NYC heights, in: USA Today, 12.9.2001 (URL: http://www.usatoday30.usatoday.com/news/nation/2001/09/11/nyc-carnage.htm, zuletzt besucht am 27.11.2014). **16** Dresdner Neueste Nachrichten, 11.9.2002. **17** National Review, 17.9.2001. **18** Erica Jong: New York at war, in: William Heyen (Hrsg.): September 11, 2001. American Writers Respond, Silver Spring 2002, S. 217–220. **19** Spectrum, 29.12.2001. **20** Wallstreet Journal, 9. 0. 2001. **21** Metropolis, Oktober 2001. **22** London Review of Books, Vol 23, Nr. 19, 4.10.2001 (URL: http://www.lrb.co.uk/v23/n19/nine-eleven-writers/11-september, zuletzt besucht am 28.11.2014). **23** Ad Lew s auf Twitter, 28.10.2012 (URL: https://www.twitter.com/hyperminds, zuletzt besucht am 28.11.2014). **24** So z. B. Peter van Buren: Ghosts of Tom Joad. A Story of the #99Percent, Carmel, IN 2014, S. 135; Bettye LaVette with David Ritz: A Woman Like Me: A Memoir, New York 2012 (URL: http://www.books.google.de/books?id=NzMlHPdYfM4C&pg=PT106&lpg=PT106&dq#v=onepage&q&f=false, zuletzt besucht am 28.11.2014). **25** Leila Peacock: The Sad Dove Drank Grape Juice, in: The Junket, 16.7.2012 (http://www.thejunket.org/2012/07/issue-four/the-sad-dove-drank-grape-juice/, zuletzt besucht am 28.11.2014). **26** URL: http://www.noladishu.blogspot.de/2007_08_01_archive.html, zuletzt besucht am 28.11.2014. **27** URL: http://www.projectavalon.net/forum4/archive/index.php/t-17120.html?s=df04ab8fdabc07f1183477456 7a9535e, zuletzt besucht am 1.12.2014. **28** URL: http://www.wamc.org/post/schumer-parts-nyc-look-wwii-bomb-zones, zuletzt besucht am 28.11.2014. **29** Peter Allen: September 11 just like Dresden, says Le Pen, in: The Telegraph, 22.2.2007 (URL: http://www.telegraph.co.uk/news/worldnews/1543514/September-11-just-like-Dresden-says-Le-Pen.html, zuletzt besucht am 28.11.2014). **30** URL: www.facebook.com/GeorgiaNoPartyAmericanPatriots, Eintrag vom 25.11.2013, zuletzt besucht am 28.11.2014. **31** URL: http://www.risingtideblog.com/tag/mitt-romney/, Eintrag vom 20.9.2012, zuletzt besucht am 28.11.2014. **32** 'Hardball with Chris Matthews' for Thursday, January 5, 2012 (URL: http://www.nbcnews.com/id/45902561/ns/msnbc-hardball_with_chris_matthews/t/hardball-chris-matthews-thursday-january/#.VHg-yMngwlQ, zuletzt besucht am 28.11.2014). **33** Andrew Sparrow: Blair woos voters by soaking up their wrath, in: The Telegraph, 17.2.2005 (URL: http://www.telegraph.co.uk/news/uknews/1483686/Blair-woos-voters-by-soaking-up-their-wrath.html, zuletzt besucht am 28.11.2014); als Video: http://www.youtube.com/watch?v=m7GbxoZxB6g. **34** URL: http://www.sorryaboutdresden.com. **35** Dresdner Neueste Nachrichten, 20.8.2005. **36** »Mad Men«, Staffel 7, Episode 7. **37** Zit. n. Rich Lowry: Legacy. Paying The Price For The Clinton Years, Washington, DC 2003, S. 60.

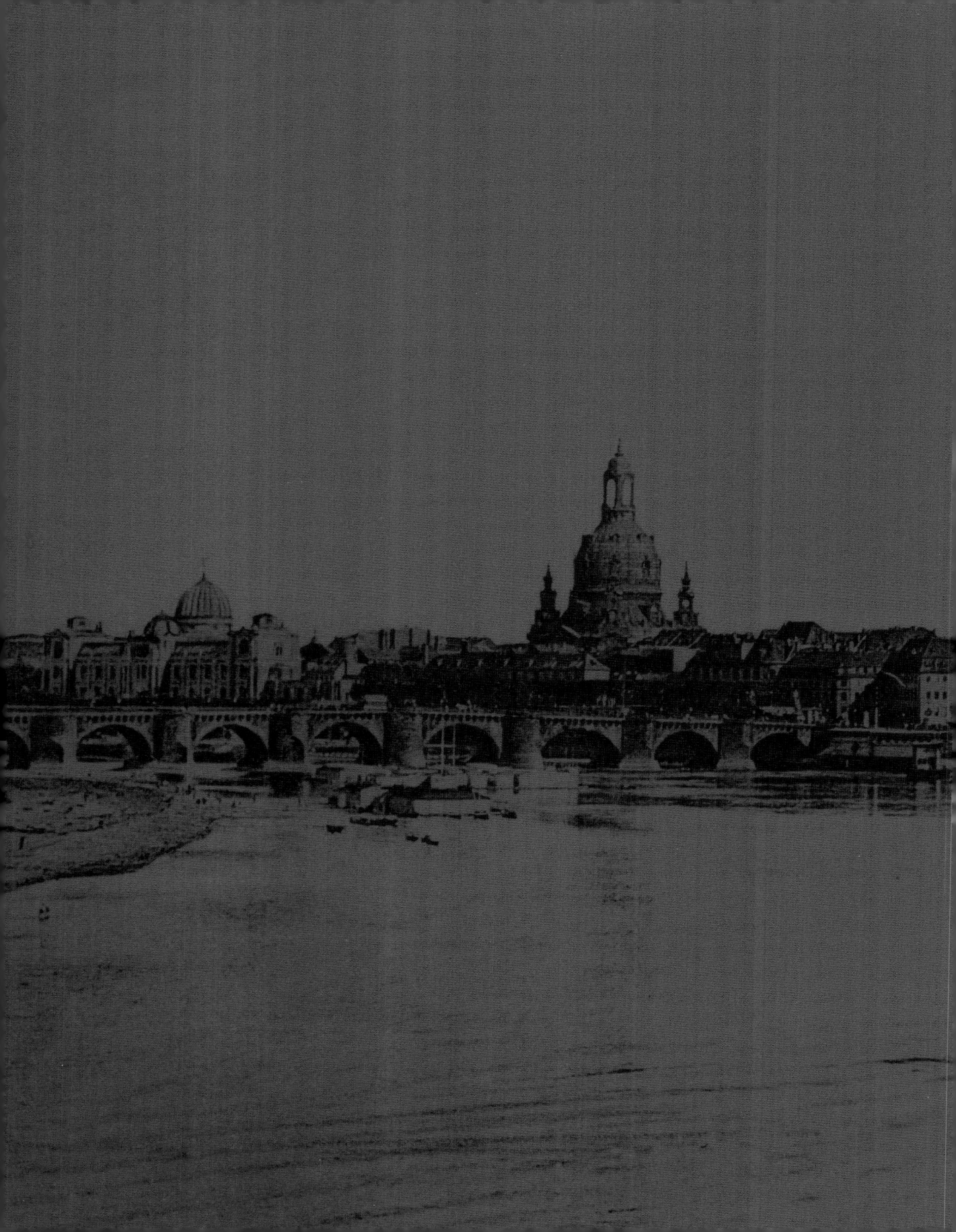

KATALOG

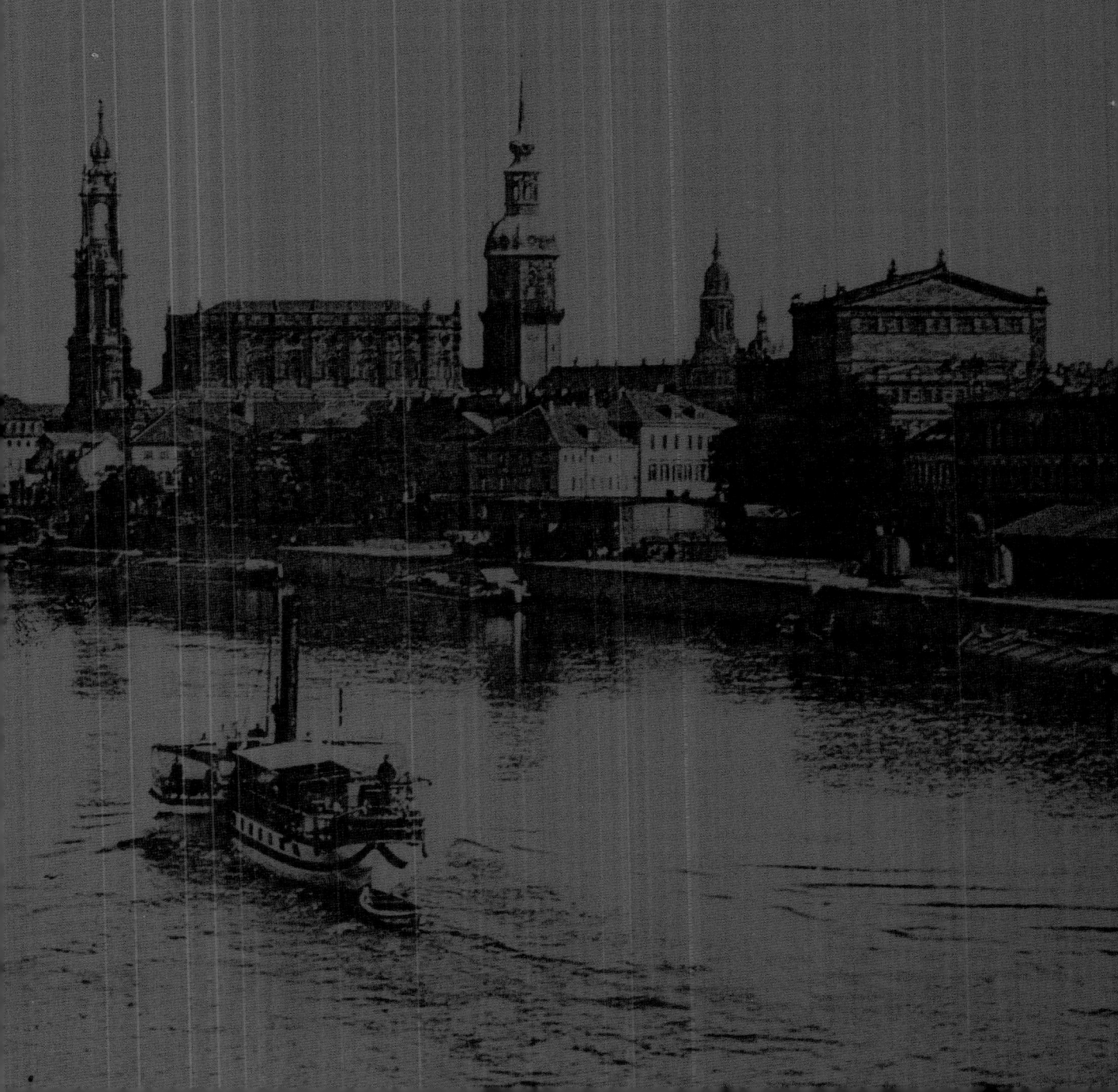

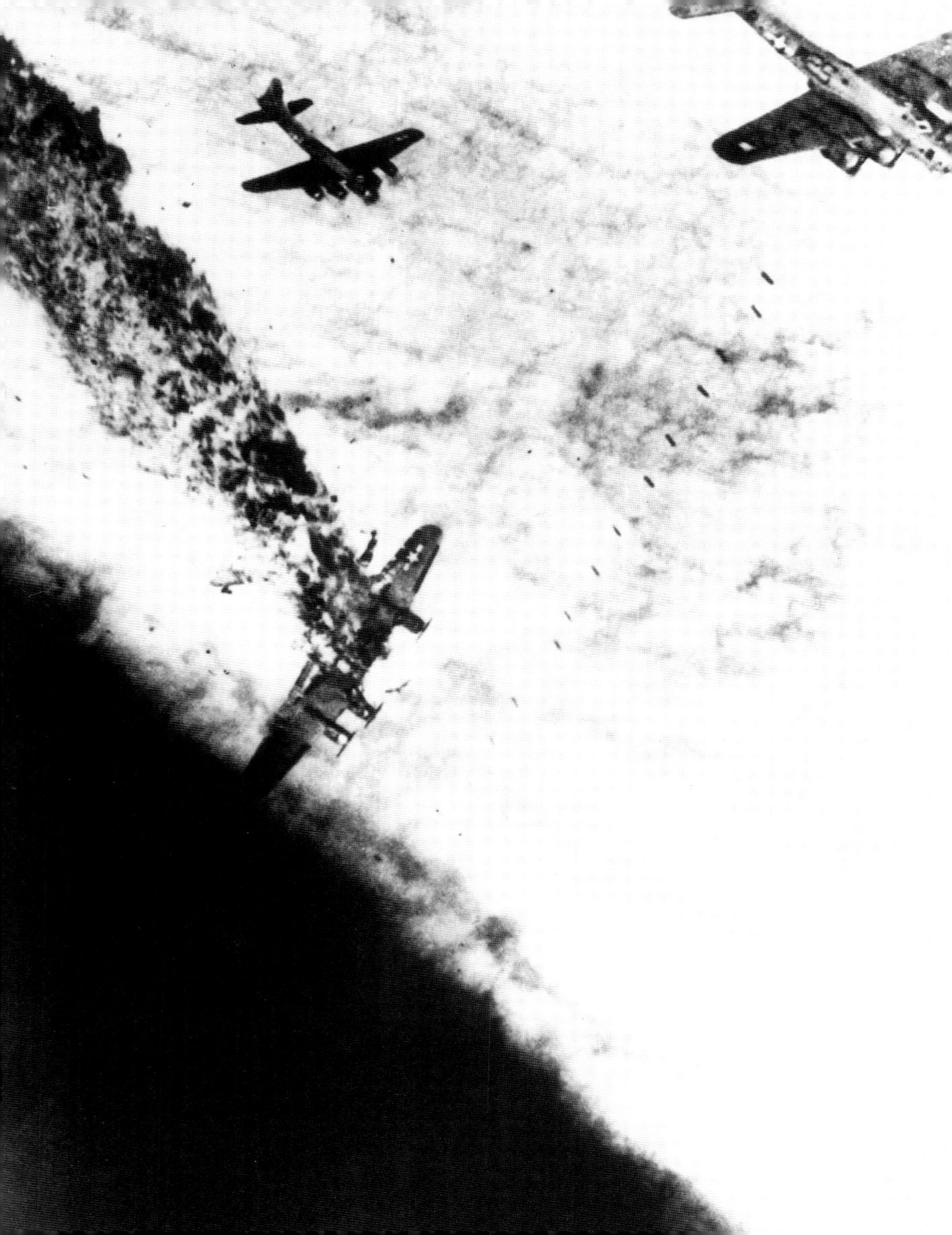

BOMBENKRIEG

1911–1945

Im Italienisch-Türkischen Krieg (1911/12) wurden Flugzeuge erstmals als Bomber genutzt. Während des Ersten Weltkriegs bombardierten alle Kriegsparteien auch Städte weit hinter der Front.

Ihre Zerstörungskraft in großer Entfernung einsetzen zu können, machte Militärflugzeuge zu einer wichtigen Waffe des »totalen Krieges«. Diese Form des Krieges konnte nach Ansicht des einflussreichen italienischen Luftkriegsstrategen Giulio Douhet nur gewonnen werden, wenn auch zivile Ziele angegriffen würden. Das von britischen Militärs sogenannte »moral bombing« von Städten zielte ausschließlich auf die Schwächung des Kriegswillens der Bevölkerung.

Italienische Giftgas-Bomben auf Äthiopien 1935/36, japanische Bomben auf die chinesischen Städte Shanghai und Nanking 1937 und die Zerstörung der baskischen Stadt Guernica durch die deutsche Legion Condor 1937 ließen keinen Zweifel an der wachsenden Bedeutung des Bombenkriegs.

Im Zweiten Weltkrieg flog die Luftwaffe schwere Angriffe zunächst auf Warschau und dann auf Rotterdam, später auch auf London, Coventry und andere europäische Städte. Die Royal Air Force griff deutsche und von Deutschen besetzte Städte seit 1942 verstärkt an, die United States Army Air Forces seit 1943. Mindestens 480 000 Menschen kamen in den betroffenen Städten ums Leben. Allein von den Bomberbesatzungen der Royal Air Force starben rund 50 000 Mann.

Die als »Wunder-« oder »Vergeltungswaffe« entwickelte deutsche V2-Rakete kam seit September 1944 zum Einsatz. Trotz ihrer geringen militärischen Bedeutung war die V2 ein Beleg für den ungebrochenen Kampfwillen des Deutschen Reiches, das sich mit Entschlossenheit gegen ein schnelles Kriegsende stemmte. Der Luftkrieg war dabei immer nur Teil eines größeren strategischen Ganzen.

◁ Bombenangriff auf eine Anlage zur Herstellung von synthetischem Öl in Merseburg, 2. November 1944 Eine im Verband fliegende B-17-Maschine der United States Army Air Forces ist nach einem Treffer durch deutsche Flugabwehr in Brand geraten.

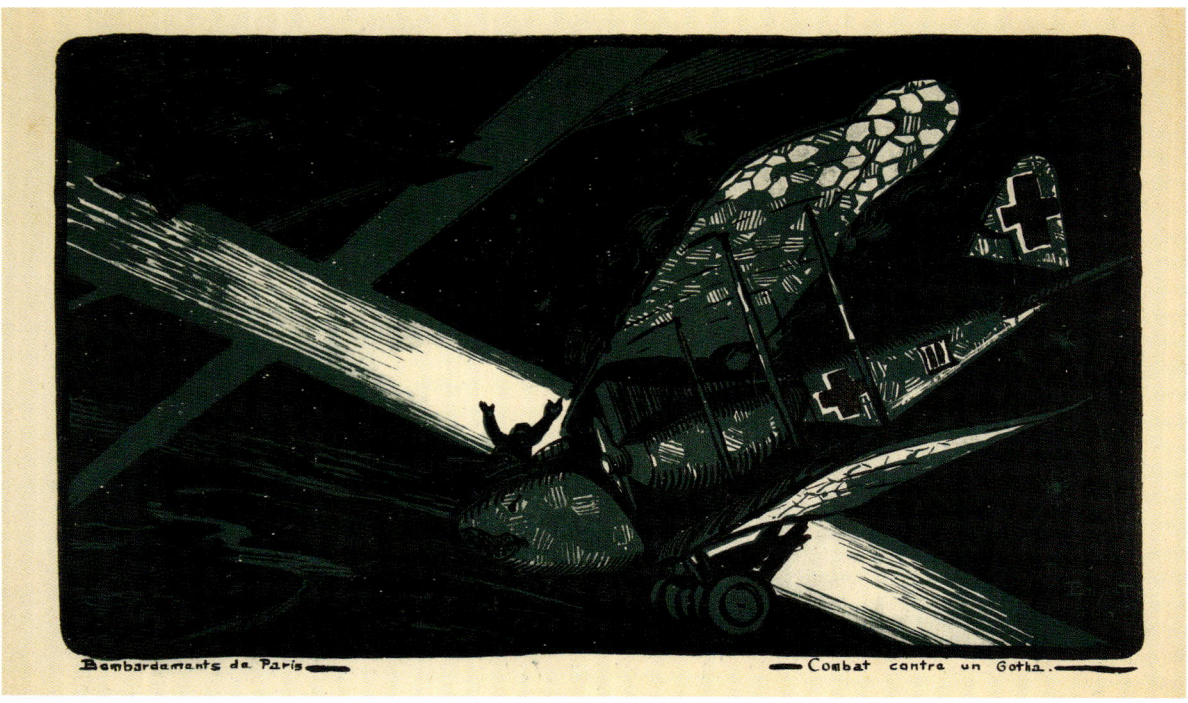

1

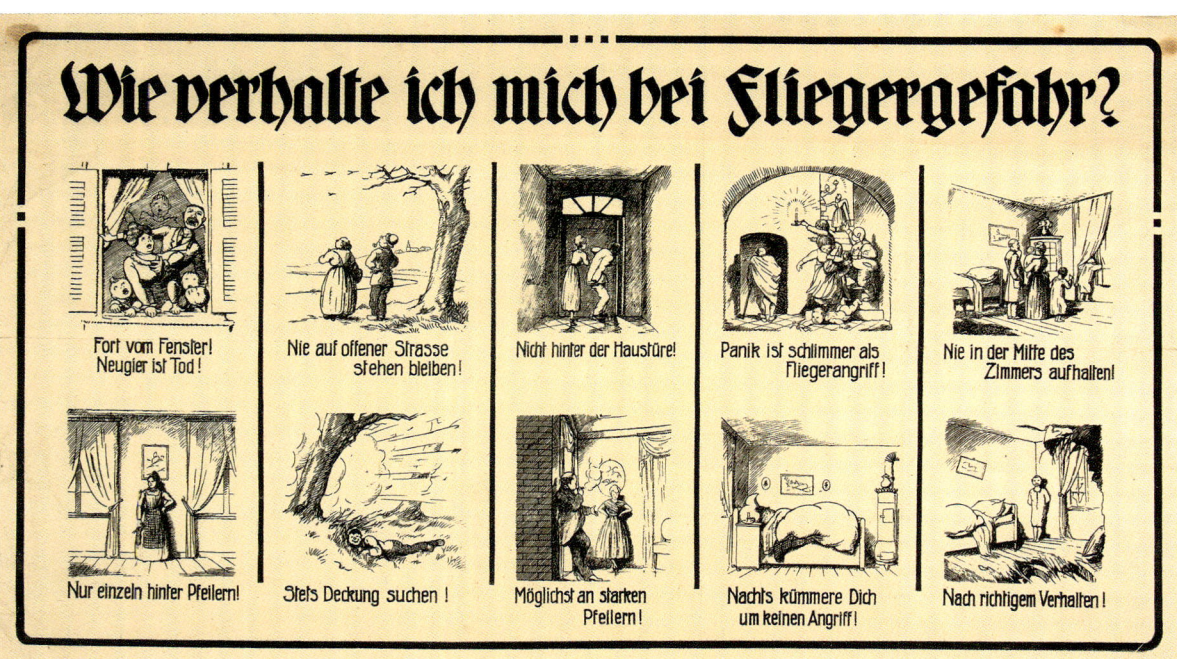

2

1
»Bombardement de Paris – Combat contre un Gotha«
Druckgrafik von Maurice Busset
Frankreich, um 1919
MHM

2
»Wie verhalte ich mich bei Fliegergefahr?«
zehn lustige Zeichnungen
Deutsches Reich, 1914–1918
MHM

Der Erste Weltkrieg führte zu einem rasanten technischen Fortschritt in der Luftkriegführung. Neben den
heute noch bekannten Jagdstaffeln, wie der des »Roten
Barons« Manfred von Richthofen und anderer »Flie-
ger-Asse«, wurden erstmalig auch unabhängig agie-
rende Bomberverbände eingesetzt. Bomben tragende
deutsche Großflugzeuge führten ab 1917 erste Angriffe
auf London und Paris durch und Flugzeuge der En-
tente-Mächte bombardierten Städte der Mittelmächte.

In allen Ländern gab es aber auch Kritiker dieser
neuartigen Kriegführung, die den Bombenkrieg als
heimtückische und feige Überfälle auf Unschuldige
verurteilten und in ihm, wie die Tageszeitung »The
Times« schrieb, »einen Rückfall in die Barbarei« sahen.

3
»Befriedung aus der Luft«
eine Westland Wapiti Mark IIA
der Royal Air Force über Mosul
Fotografie von Taylor Leonard
Reproduktion
Mosul, 1932
IWM

Luftwaffeneinsätze gegen kolonisierte Völker wurden
von der Öffentlichkeit kaum wahrgenommen und ent-
sprechend wenig kritisiert. Militärflugzeuge galten
bereits vor Beginn des Ersten Weltkriegs und insbesondere danach als eine eigene Soldaten schonende,
kostengünstige und überlegene Waffe bei der Beherr-
schung von Kolonien. Im Zuge des britischen »air policing«, der »Befriedung aus der Luft«, wurden beispiels-

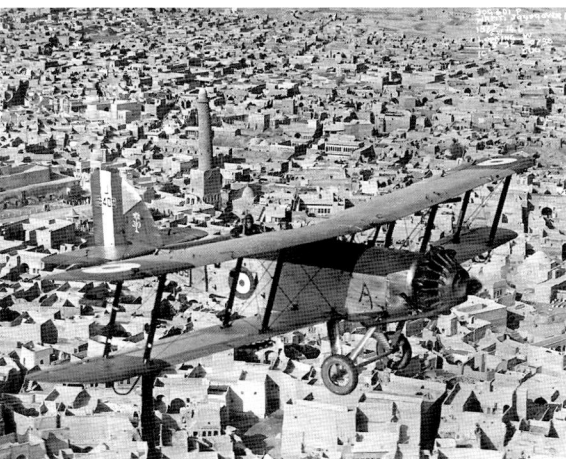

3

weise Stämme bombardiert, die sich weigerten, Steuern zu bezahlen. Oder es wurden bei der Bekämpfung
von Aufständischen Tote unter der Zivilbevölkerung
billigend in Kauf genommen, als nachhaltige Demonstration britischer Überlegenheit, wie der im Irak stationierte junge Luftwaffenmajor Arthur Harris erklärte:
»Sie [Araber und Kurden] wissen nun, was eine Bombardierung bedeutet, ausgedrückt in Opferzahlen und
Zerstörungen; sie wissen nun, dass innerhalb von 45
Minuten ein ganzes Dorf [...] praktisch ausgelöscht und
ein Drittel seiner Einwohner getötet oder verletzt werden können durch vier oder fünf Flugzeuge [...].«

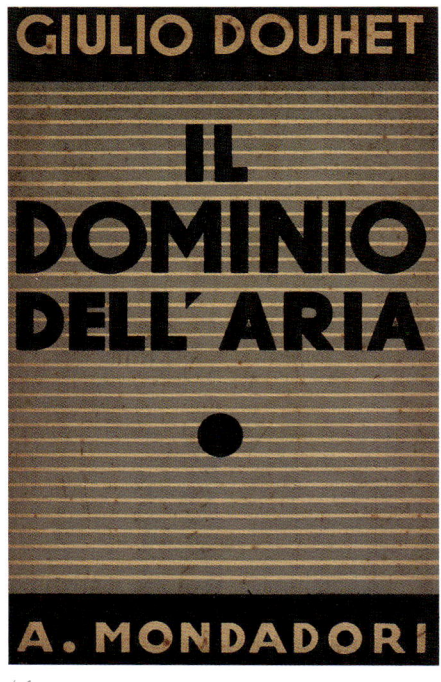

4.1

GIULIO DOUHET

Luftherrschaft

DREI MASKEN VERLAG

4.2

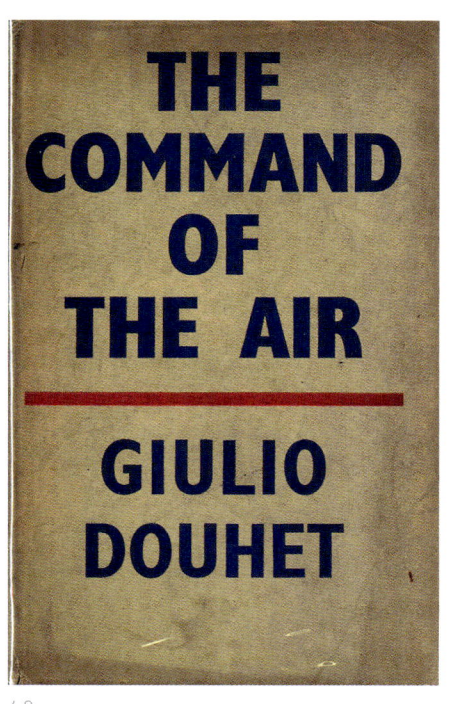

4.3

OBERST P. VAUTHIER

DIE KRIEGSLEHRE DES
GENERALS DOUHET

4.4

4.1
»Il dominio dell'aria«
Giulio Douhet
Verona, 1932 (Erstausgabe 1921)
MHM

4.2
»Luftherrschaft«
Giulio Douhet
Berlin, 1935
MHM

4.3
»The Command of the Air«
Giulio Douhet
London, 1943
MHM

4.4
»Die Kriegslehre des Generals Douhet«
mit einem Vorwort von Marschall Pétain
Paul Vauthier
Berlin, 1935
MHM

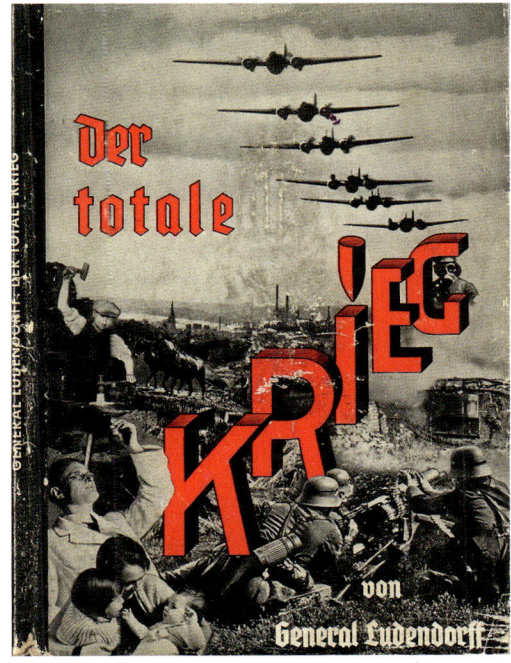

5

5
»Der totale Krieg«
Erich Ludendorff
Deutsches Reich, 1935
MHM

In den 1920er Jahren veröffentlichte der italienische Offizier und Luftkriegsspezialist Giulio Douhet seine militärischen Lehren aus den verlustreichen Schlachten des Ersten Weltkriegs.

Zur Vermeidung langwieriger Stellungskriege hob Douhet die Bedeutung der Luftherrschaft und der rücksichtslosen Bombardierung der gegnerischen Zivilbevölkerung und Wirtschaft hervor, ohne die kein moderner Krieg erfolgreich geführt werden könne. Die Stadt wurde dabei zu einem vorrangigen Ziel erklärt, weil sie eine Hauptstütze des Krieges sei, als Rüstungsstandort, als Regierungssitz, als Propagandazentrale, als Verkehrs- und Fernmeldeknoten.

Um den Gegner zur Kapitulation zu zwingen, sei selbst der Einsatz von Giftgas erlaubt. Douhet glaubte, so einen langen Abnutzungskrieg vermeiden zu können – wie den der europäischen Staaten von 1914 bis 1918.

In den Kriegen moderner Industriestaaten des 20. Jahrhunderts standen sich nicht nur Armeen gegenüber, sondern ganze Volkswirtschaften mit ihren Arbeitern, Unternehmern, Wissenschaftlern, Ärzten, Geistlichen und Landwirten. Die ganze Gesellschaft wurde für den Krieg mobilisiert. Der deutsche General im Ersten Weltkrieg und Erste Generalquartiermeister Erich Ludendorff verwendete dafür den Begriff des »totalen Krieges«. Der Erste Weltkrieg sei, so Ludendorff, nicht zuletzt auch durch Soldatenaufstände und eine allgemeine Kriegsmüdigkeit in der Bevölkerung verloren worden, weshalb er in seinem Buch »Der totale Krieg« die »seelische Geschlossenheit« des Volkes zu einem kriegsentscheidenden Faktor erklärte.

6
Sir Hugh Montague Trenchard
Fotografie von Spencer Arnold
Reproduktion
Vereinigtes Königreich, 1936
Spencer Arnold/Hulton Archive/Getty Images

»Moral bombing«: Was der deutsche General Erich Ludendorff »seelische Geschlossenheit« nannte, bezeichneten britische Militärs als »Moral«. In den Militärakademien der großen europäischen Staaten wurde diskutiert, ob Bombenangriffe innerhalb der städtischen Bevölkerung erhebliche gesellschaftliche Auflösungserscheinungen bewirken könnten, die den Ausgang eines modernen Krieges beeinflussen würden.

Hugh Trenchard, 1927 der erste Luftmarschall der Royal Air Force, behauptete, dass die Moral der Zivilbevölkerung der eigentliche Schwachpunkt des Feindes sei. Dabei stützte er sich vor allem auf die Erfahrungen des »air policing« in den britischen Kolonien. Bei einem Ranking der kriegsentscheidenden Faktoren stand das Militär erst an vierter Stelle, nach dem Gesellschafts-, dem Wirtschafts- und dem politischen System.

7
Sitzung des Völkerbundes
Reproduktion
Genf, 1938
United Nations Archives at Geneva

Die politischen Widerstände gegen die militärischen Planspiele zur Luftkriegführung waren in den westlichen Demokratien noch bis Ende der 1930er Jahre groß, auch weil sich schon während des Ersten Weltkriegs weder die Entente noch die Mittelmächte an das Haager Abkommen von 1907 gehalten hatten, das die Bombardierung von Zivilisten verbot.

Auf Initiative der britischen Regierung stimmte der Völkerbund in Genf 1938 einstimmig für die Annahme der sogenannten Haager Luftkriegsregeln, die ein internationaler Juristenausschuss 1923 erarbeitet hatte: Artikel 22 verbot die Bombardierung zivilen Eigentums und von Nichtkombattanten. Artikel 24 erlaubte Bombardements von zivilen Zielen überhaupt nur dann, wenn »eine begründete Vermutung besteht, daß die militärischen Ansammlungen dort belangreich genug sind, um das Bombardement im Hinblick auf die der Zivilbevölkerung daraus erwachsenden Gefahr zu rechtfertigen«.

Obwohl die Resolution des Völkerbundes nicht rechtsverbindlich war, wurden die Haager Luftkriegsregeln als völkerrechtliche und moralische Richtschnur verstanden.

8
»Der Rote Hahn«
Plakat zur Ausstellung in Dresden 1935
Entwurf: Helmut Müller-Molo, Dresden 1935
IG Feuerwehrhistorik Dresden

Statt auf das Völkerrecht zu vertrauen, verließen sich die meisten europäischen Staaten seit Mitte der 1930er Jahre auf militärische Luftschutzmaßnahmen. Gerade auch im Hinblick auf die Städtebombardierungen der europäischen Rechtsdiktaturen im Spanischen Bürgerkrieg 1937 erhielt der Luftschutz in Großbritannien, Frankreich, Polen und Ungarn hohe Priorität.

Als Teil der allgemeinen Aufrüstung waren im Deutschen Reich bereits seit 1933 Luftschutzbunker errichtet sowie Luftschutzwarte eingesetzt und geschult worden.

In Dresden eröffnete 1935 die erste »Deutsche Volksschau für Feuerschutz und Rettungswesen« unter dem Titel »Der Rote Hahn«. Neben der Präsentation von Neuerungen in der Brandschutztechnik war ein eigener Abschnitt dem Luftschutz gewidmet. Als bekannte internationale Brand- und Katastrophenschutzmesse gibt es sie noch heute mit dem Namen »Interschutz – Der Rote Hahn«.

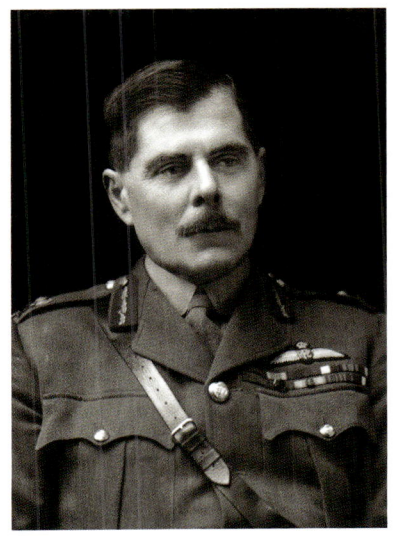

6

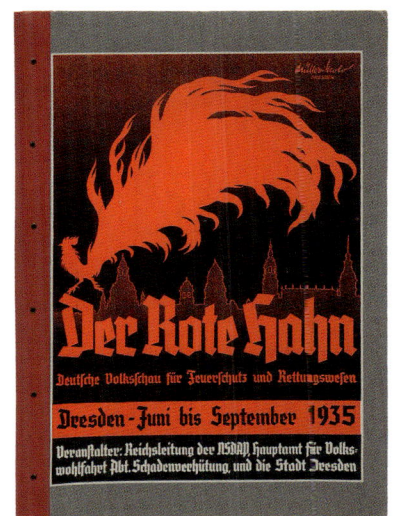

8

7

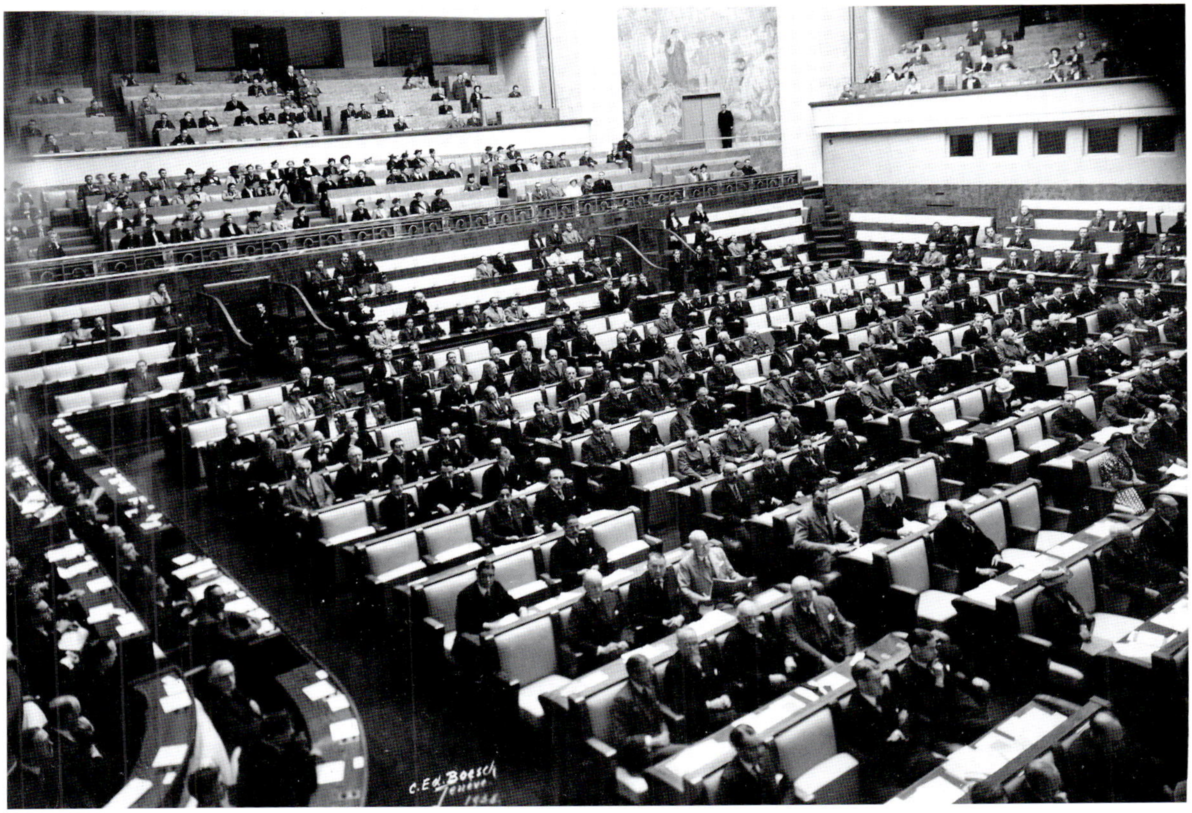

9

**Ruinen in einer Straße in Warschau
nach dem Ende der Kämpfe 1939**
Fotografie von Knorr + Hirth
Reproduktion
Warschau, 1939
Knorr + Hirth/Süddeutsche Zeitung Photo

Am 1. September 1939 begann der Zweite Weltkrieg mit dem Einmarsch der deutschen Wehrmacht in Polen. Seit dem 25. September flogen deutsche Bomber in über 1700 Einsätzen Angriffe auf Warschau. 26 000 Zivilisten starben in den Trümmern der Stadt, die gleichzeitig unter heftigem Artilleriefeuer lag. Am 27. September kapitulierte die polnische Hauptstadt.

Ein eigens produzierter Wehrmachtsfilm mit dem Titel »Feuertaufe« hob den Luftwaffenanteil an der Eroberung Warschaus hervor. Im November lud der Generalgouverneur des besetzten Polen, Hans Frank, Diplomaten neutraler Staaten ein, um die zerstörte Stadt zu besichtigen. Obgleich die Luftwaffe zu diesem Zeitpunkt des Krieges »moral bombing« als ineffizient ablehnte, sollte die Zerstörung Warschaus genau diese Wirkung auf die Regierungen anderer Staaten haben und sie vor einem Kriegseintritt gegen Deutschland warnen.

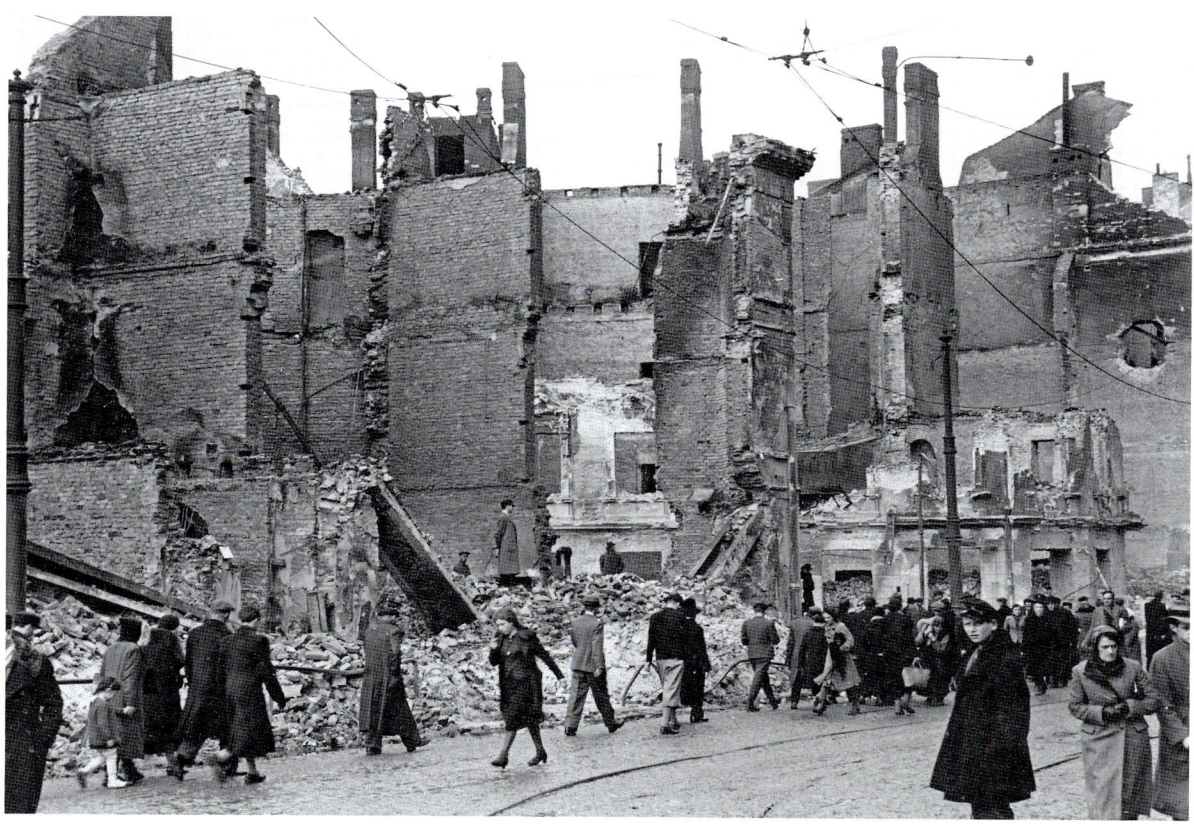

Die »offene Stadt« Paris
Reproduktion
Paris, Juni 1940
Süddeutsche Zeitung Photo

Als der Vormarsch der Wehrmacht im sogenannten Blitzkrieg gegen Frankreich auch die französische Hauptstadt bedrohte, erklärte der französische Oberbefehlshaber General Maxime Weygand am 11. Juni 1940 Paris zur »offenen Stadt«. Das bedeutet, dass die Stadt nicht verteidigt und demzufolge nicht angegriffen wird. Der Status der Stadt wurde von allen Kriegsparteien respektiert, Paris entging der Zerstörung.

Eine bedrohte Stadt zu einer »offenen Stadt« zu erklären, war in einem Krieg nicht leicht durchsetzbar. Dennoch bestand darin eine Handlungsoption zur Rettung von Ortschaften und Menschen.

11
»In Ruinen«
Federzeichnung von Eugen Hoffmann
London, 1940
MHM

Nach der Kapitulation Frankreichs am 22. Juni 1940 stand nur noch Großbritannien im Krieg gegen Deutschland. Nachdem es der Luftwaffe im Sommer 1940 nicht gelungen war, die Royal Air Force auszu-

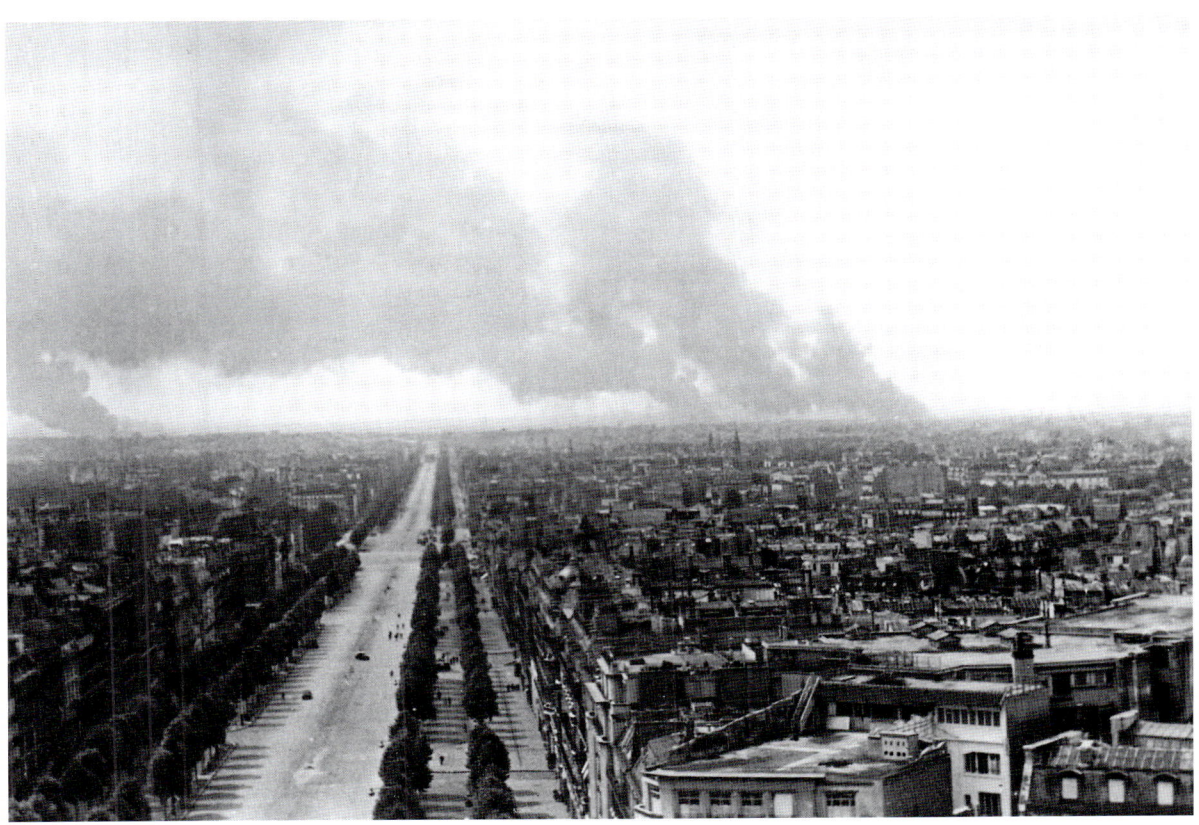

schalten, bombardierten deutsche Flugzeuge zunehmend Rüstungsziele und Hafenanlagen in Städten.

Auch wenn Wohnraum und die Zivilbevölkerung
keine erklärten Ziele der deutschen Angriffe waren,
litten diese erheblich unter der mangelnden Treffgenauigkeit des Bombenabwurfs und dem Einsatz von
Brandbomben. 90 Prozent der Schäden in London, Ply-
mouth, Southampton und Portsmouth entstanden
durch Großfeuer.

Durch den »totalen Krieg« wurden die Städte zur vor-
dersten Front und der aus Bürgerinnen und Bürgern
bestehende zivile Luftschutzdienst zu einer Art vierter
Teilstreitkraft neben Heer, Marine und Luftwaffe.

Großbritannien war das erste Land in der Geschichte,
das eine schwere, fast ein Jahr andauernde Bomberoffensive durchlebte. Mehr als 43 000 Menschen fanden
1940/41 einen gewaltsamen Tod, mehr als 50 000 Menschen wurden schwer verletzt.

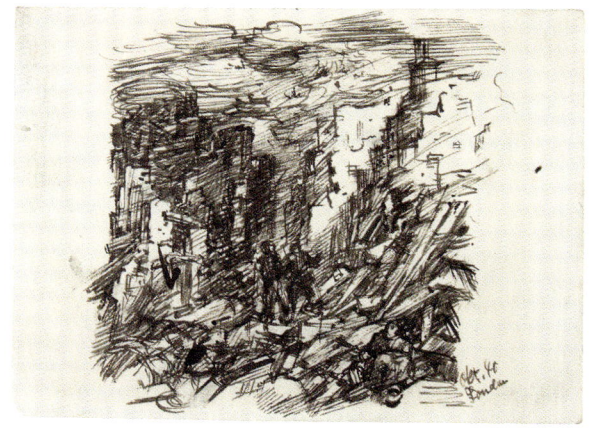

11

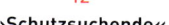

12
»Schutzsuchende«
Federzeichnung von Eugen Hoffmann
London, 1940
MHM

Der »Blitz« der deutschen Luftwaffe gegen britische
Städte verhalf den Argumenten der »Bomberlobby«
innerhalb der Royal Air Force zum Durchbruch. Am
14. Juli 1941 wurde in einem Befehl die »Moral« des
Gegners als vorrangiges Ziel benannt und am 14. Februar 1942 erhielt das Bomberkommando den Auftrag,
die deutsche Zivilbevölkerung anzugreifen, um die
deutsche Kriegswirtschaft zu schädigen und den Kriegswillen der Deutschen zu brechen. Diese Befehle setzten eine radikale Abkehr vom Grundsatz voraus, dass
das Töten von Zivilisten durch Militärflugzeuge Unrecht
sei.

Die Befürworter dieses Kurswechsels verwiesen
auch auf die fundamentale Bedrohung der zivilisierten
Welt, die vom Nationalsozialismus ausgehe, weshalb
es geradezu ein moralisches Gebot sei, NS-Deutschland mit allen Mitteln zu bekämpfen.

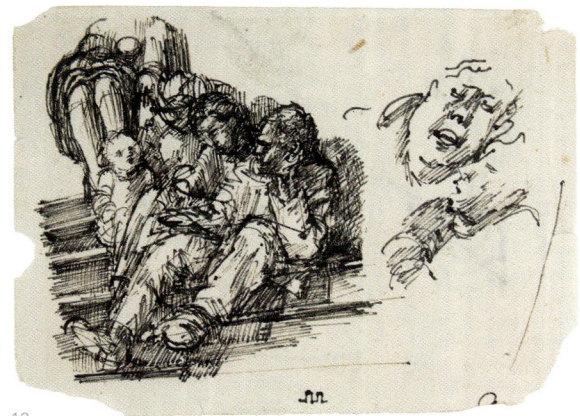

12

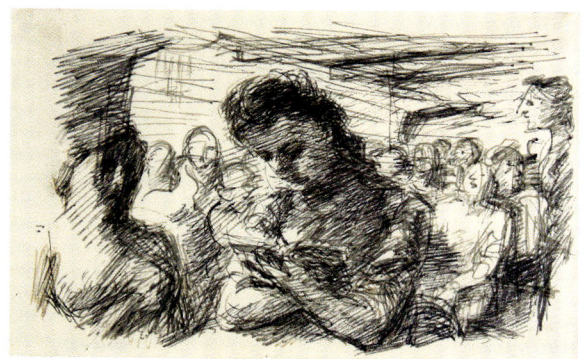

13

Die Zustimmung des britischen Premierministers Winston Churchill zum Bombenkrieg war vor allem aus der Not geboren. Die Luftmacht war die einzige zur Verfügung stehende wirksame Waffe der britischen Regierung gegenüber der Wehrmacht in Europa. Zudem versicherten die Militärs, dass ein energisch geführter Luftkrieg einen verlustreichen Landkrieg entbehrlich machen würde.

13
»Lesende Frau« (Bunkerszene IV)
Federzeichnung von Eugen Hoffmann
London, 1941
MHM

Eugen Hoffmann, seit 1923 Kommunist, floh vor dem Nationalsozialismus 1938 nach Prag und 1939 nach England. Hier erlebte er die Bombenangriffe auf London ab 1940. Zeichnerisch dokumentierte er das Leben in den Luftschutzräumen. Nach Dresden kehrte er 1946 zurück. 1947 wurde er Akademieprofessor für Bildhauerei.

14
Zerstörte Häuser nach dem deutschen
Luftangriff vom 31. Mai 1941
Fotografie von H. McCrae
Reproduktion
Dublin, 1941
Dublin City Library & Archive

Von den Bombardierungen waren auch Städte neutraler Staaten betroffen. Dublin, die Hauptstadt des neutralen Irland, wurde am 2. und 3. Januar 1941 und erneut am 31. Mai versehentlich von der deutschen Luftwaffe bombardiert. Die Behörden zählten 34 Todesopfer.

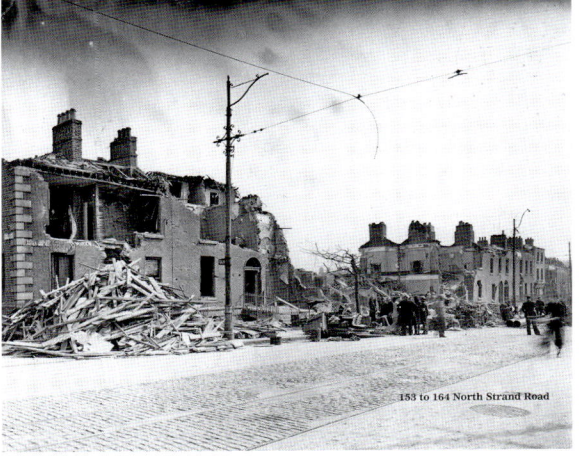

153 to 164 North Strand Road

14

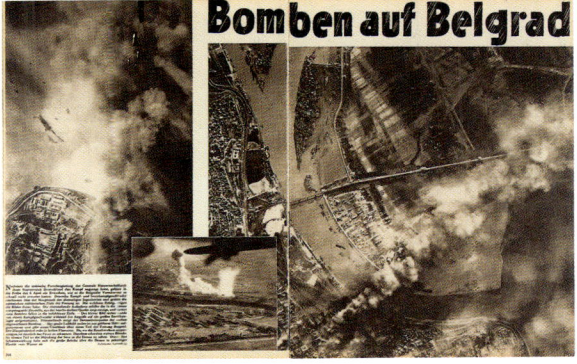

15

15
»Bomben auf Belgrad«
Artikel in der Zeitschrift des Reichsluftfahrtministeriums
»Der Adler« Nr. 9
Deutsches Reich, 29. April 1941
MHM

Viele militärische Entscheidungen des Zweiten Weltkriegs waren durch Erfahrungen des Ersten Weltkriegs beeinflusst. Die Befürchtung, die britische Armee könnte an der Küste Jugoslawiens landen und eine dritte Front eröffnen, war ein Grund für den Balkanfeldzug der Wehrmacht.

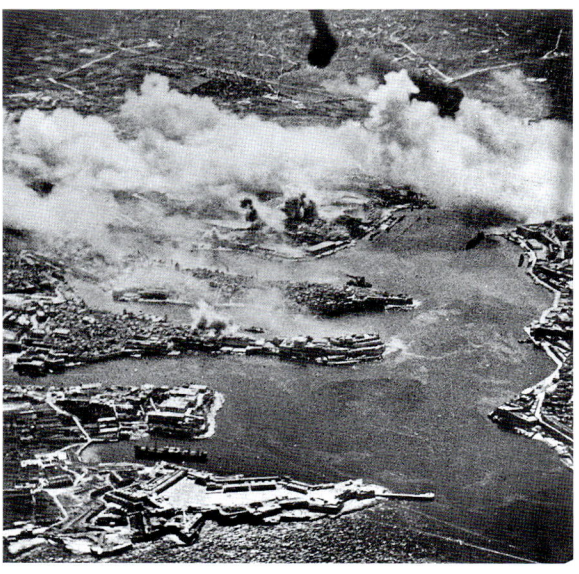

16

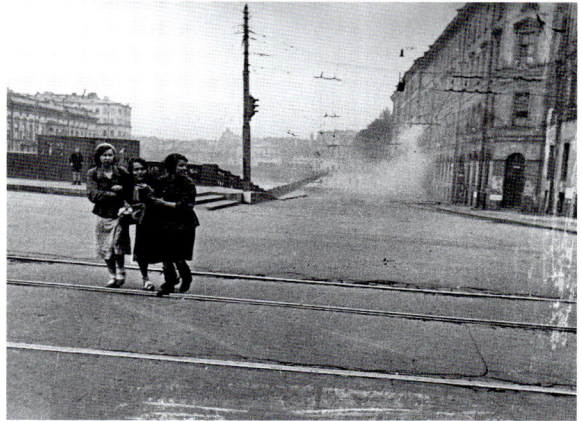

17

Die Aufgabe der Luftwaffe bestand darin, die Erd-kämpfe des Heeres zu unterstützen. »Strategische Angriffe« gegen weit entfernt liegende Ziele, die in kei-nem direkten Zusammenhang mit den Operationen der Wehrmacht standen, galten als Kampfkraftvergeu-dung. Die deutschen Bombardierungen von Warschau und Rotterdam folgten der taktischen Einsatzplanung der Luftwaffe, genauso wie der Angriff auf die jugosla-wische Hauptstadt Belgrad im April 1941.

Hohe zivile Opferzahlen nahm man dabei in Kauf. Nach offiziellen Nachkriegsangaben hatte es in Belgrad min-destens 2 271 Tote gegeben. Nahezu 50 Prozent der Bausubstanz waren zerstört oder beschädigt worden.

16
Luftangriff auf Malta
Reproduktion
Malta, 1942
Rue des Archives/Tallandier/Süddeutsche
Zeitung Photo

Malta ist der meistbombardierte Ort des Zweiten Welt-kriegs. Zwischen 1940 und August 1944 wurde die Insel 3 302 Mal von italienischen und deutschen Bombern angegriffen. Die britische Kronkolonie Malta war als U-Boot-Stützpunkt und als Zwischenstopp für die Af-rikaflüge der Royal Air Force von Bedeutung. Zudem konnten die italienischen Nachschubwege zur Versor-gung der in Nordafrika stationierten Truppen von der Insel aus leicht gestört oder unterbrochen werden.

Weder die britische Garnison noch die 260 000 Mal-teser wurden durch die Luftangriffe »zur Aufgabe ge-bombt«. Damit lieferten sie einen Gegenbeweis zu den Prognosen der eigenen Generalität, die dem Einfluss massiver Bombardements auf die »Moral« der Zivilbe-völkerung eine kriegsentscheidende Bedeutung bei-maß.

17
Beschuss von Leningrad
Reproduktion
Leningrad, 1942
MHM

Am 22. Juni 1941 griffen vier Millionen Soldaten des Deutschen Reichs und seiner Verbündeten die Sowje-tunion an. Dieser Krieg wurde von Anfang an als Ver-sklavungs- und Vernichtungskrieg gegen die Bevölke-rung geführt. Alle Einwohner jüdischen Glaubens oder jüdischer Herkunft sollten ermordet werden. Viele auf der Vormarschroute liegende Städte wurden bombar-diert und erheblich zerstört.

Leningrad, die zweitgrößte Stadt der Sowjetunion, wurde zwischen September 1941 und Januar 1944 von der Wehrmacht belagert und mit Artilleriefeuer belegt. Zur Unterstützung flog die Luftwaffe Angriffe gegen lebenswichtige Ziele der eingeschlossenen Bevölkerung, darunter insbesondere die Lebensmittelversorgung.

Infolge eines Angriffs deutscher Bomber am 8. September 1942 brannten die großen hölzernen Badajew-Lagerhäuser nieder, wobei über verbrennendem Fleisch und Zucker eine vier oder fünf Kilometer hohe Rauchsäule aufstieg. Während der Belagerung starben rund 1,1 Millionen Menschen, die meisten von ihnen verhungerten.

18
Sewastopol nach der Rückeroberung
durch die sowjetische Armee
Fotografie von Jewgeni Chaldej
Reproduktion
Sewastopol, 9. Mai 1944
akg-images/Voller Ernst/Chaldej

Der Fliegergeneral Wolfram von Richthofen, unter dessen Kommando 1937 die spanische Stadt Guernica zerstört wurde, befehligte im Juni 1942 die Bombardierung der Hafenstadt Sewastopol auf der Krim. Innerhalb eines Monats wurde die Stadt durch Artilleriefeuer aus 2 000 Geschützen und mithilfe von 390 Horizontal- und Sturzkampfbombern zerstört. Nur elf Gebäude blieben unbeschädigt.

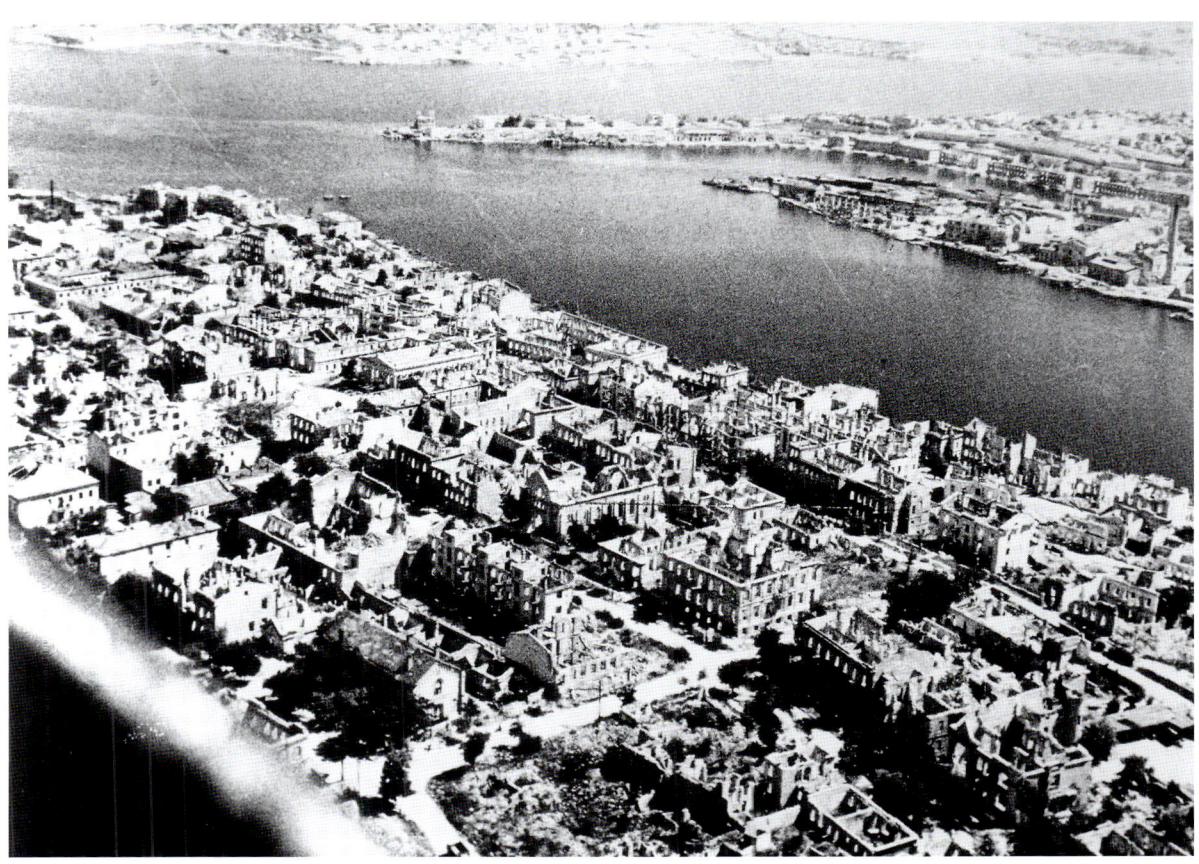

Es kam auch vor, dass aus den Flugzeugen statt Bomben Metallschrott – alte Motoren, Pflüge, Teile von Eisenbahnschienen – auf die Bewohner geworfen wurde, zusammen mit der auf Flugblättern gedruckten Frage »Wie geht's?«. Auch die über das Schwarze Meer flüchtenden Bürger wurden in ihren Booten beschossen.

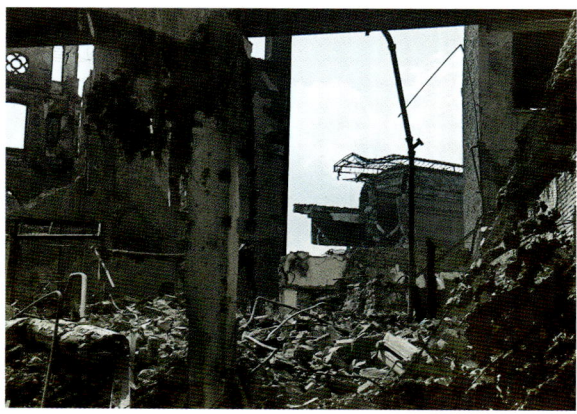

19

Nur mit der Royal Air Force konnte der englische Premierminister Winston Churchill 1941 dem Führer der Sowjetunion Josef Stalin militärisch beistehen. Allerdings wurde das Bomberkommando mit der Indienststellung schwerer Bomber und neuer elektronischer Navigationshilfen erst im Frühjahr 1943 zu einer gefährlichen Waffe. Doch selbst dann noch schlug nur maximal ein Drittel der abgeworfenen Bomben in einem Radius von fünf Kilometern um den Zielpunkt herum ein.

In der Nacht auf den 30. Mai 1943 lösten 719 Bomber in Wuppertal-Barmen einen Großbrand aus, der vier Fünftel der bebauten Fläche zerstörte. Rund 3 400 Menschen wurden getötet, mehr als je zuvor bei einem An-

griff. Infolge der Bombardierung Wuppertal-Elberfelds vom 24. auf den 25. Juni wurden 94 Prozent der Bebauung zerstört oder beschädigt und etwa 1900 Bürger getötet.

Die größte Zerstörungswirkung in einer bombardierten Stadt hatte das Feuer. Wie man mit der verfügbaren Technologie aus einem Großbrand einen Feuersturm entfacht, versuchte das britische Militär mit verschiedenen Versuchsreihen zu erforschen.

Abgesehen von Wilhelmshaven war der Anteil von Brandmunition bei keinem Angriff höher als auf Hamburg in der Nacht vom 27. auf den 28. Juli 1943. Insgesamt zehn Tage dauerte die »Gomorrha« genannte Operation; sie tötete etwa 35 000 Bürger. Dies ist die höchste Zahl der bei einem Luftangriff in Europa ums Leben gekommenen Menschen.

Am 12. August schrieb der Oberbefehlshaber des britischen Bomberkommandos, Arthur Harris, in einem Brief, dass sich der Bombenkrieg »kurz vor der Entscheidungsschlacht« befinde. Harris war sich sicher, mit der gleichen Bündelung der Kräfte »Deutschland noch dieses Jahr erledigen« zu können.

In der Nacht vom 22. auf den 23. Oktober 1943 entfesselten über 500 britische Bomber in Kassel einen Feuersturm, der das ganze Stadtgebiet verwüstete. In Relation zur Gesamteinwohnerschaft war die Zahl der schätzungsweise 6 000 Todesopfer höher als in Ham-

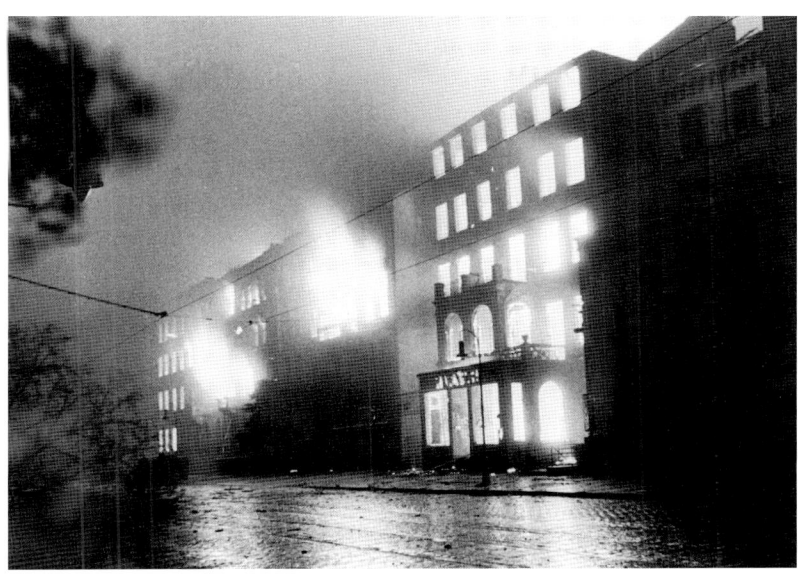

20

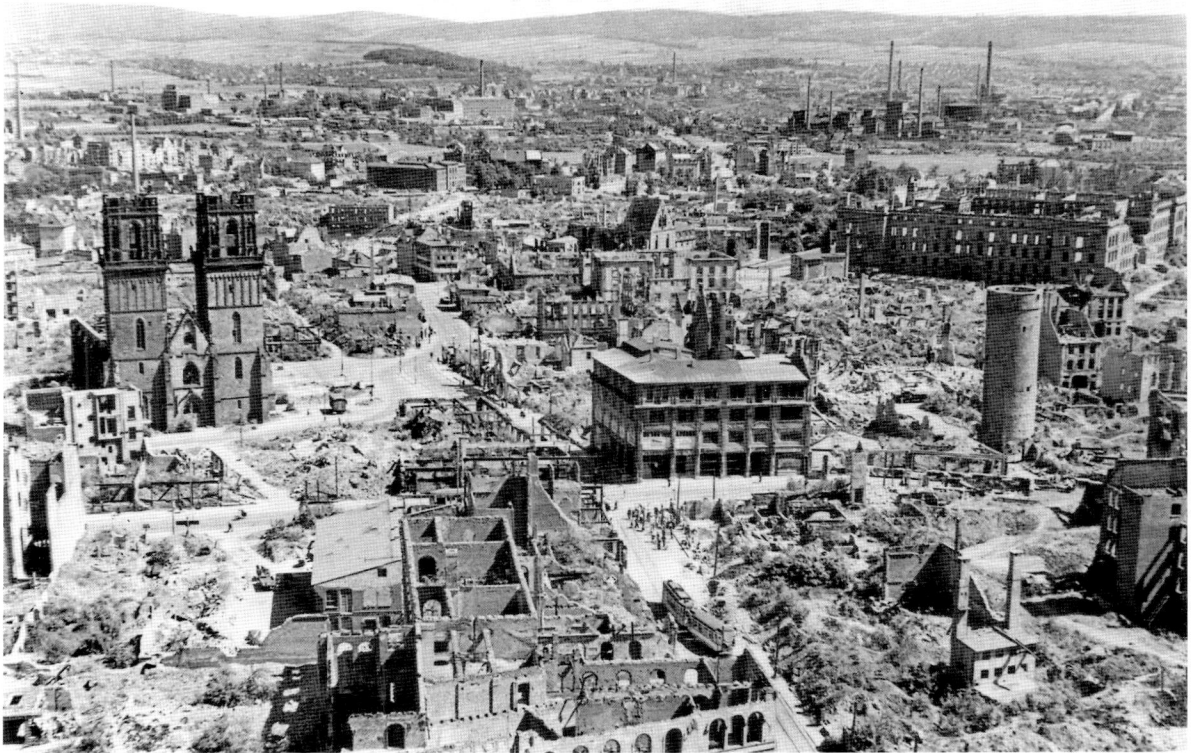

21

burg. Durch die Zerstörung der Arbeiterviertel erlitt die Rüstungsproduktion erhebliche Einbußen, hatte aber nach zwei oder drei Monaten etwa 90 Prozent des früheren Standes wieder erreicht.

22
Zerstörte Häuser im Zentrum von Sofia
Reproduktion
Sofia, 1944
Bulgarian Historical Archives

Im Dezember 1941 trat Bulgarien mit einer Kriegserklärung an Großbritannien und die USA an der Seite des Deutschen Reiches in den Zweiten Weltkrieg ein. Am 19. Oktober 1943 bezeichnete der britische Premierminister Winston Churchill die Bulgaren als »ein sündiges Volk, dem eine strenge Lektion erteilt werden soll«. In der Folge wurde die bulgarische Hauptstadt Sofia zum Zielpunkt verschiedener Angriffe der Royal Air Force und der United States Army Air Forces. Im ganzen Jahr 1944 starben in Sofia insgesamt 1 165 Menschen bei Bombardierungen der Stadt. Ein am 29. und 30. März durch Brandbomben entfachter Feuersturm zerstörte 3 575 Gebäude, tötete aber nicht mehr als 139 Menschen. Diese niedrige Opferzahl ist einer weitgehenden Evakuierung der Stadt zu danken. Auch die Evakuierung von Ortschaften war eine Handlungsoption im Bombenkrieg, mit der zwar nicht die Gebäude, wohl aber die Bürger gerettet werden konnten.

Erst drei Monate nach den Bombardements nahm Bulgarien am 20. Juni 1944 Verhandlungen auf, um aus dem Krieg auszuscheiden.

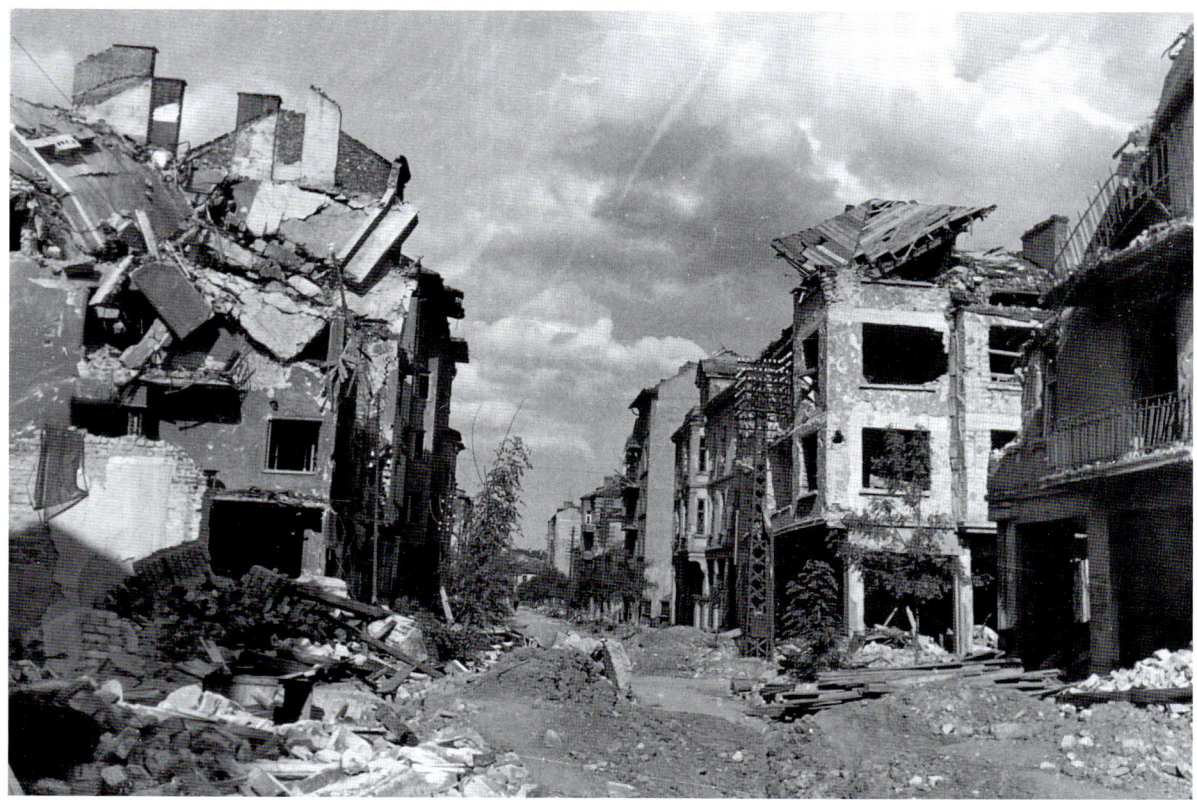

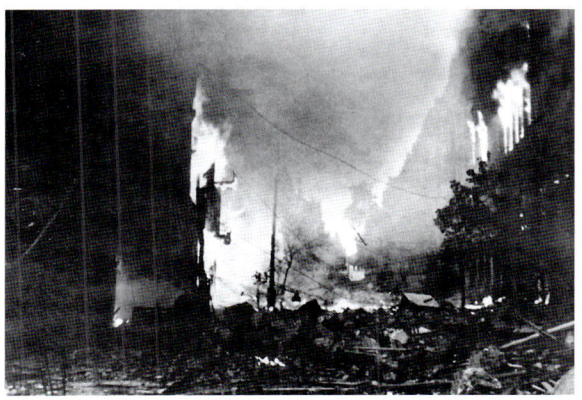

23

23
Brandnacht in Berlin nach alliiertem
nächtlichen Luftangriff
Reproduktion
Berlin, 1944
Scherl/Süddeutsche Zeitung Photo

Die schweren Fliegerangriffe auf Berlin begannen Ende 1943 und zerstörten bis zu ihrer Einstellung im April 1945 große Teile der Stadt.

Im August 1944 hatte der britische Luftmarschall Charles Portal angesichts eines offensichtlich wiedererstarkten Deutschlands zu einer verstärkten Bomberoffensive geraten. Diese sollte nicht vorrangig als politisches Druckmittel auf die Moral der Bevölkerung zielen, sondern als wirtschaftlicher und gesellschaftlicher Abnutzungskrieg geführt werden, der alle »Abläufe, die für das Funktionieren eines Gemeinwesens sorgen«, stört.

Es folgte von September 1944 bis Mai 1945 ein alliierter Bombervorstoß, bei dem die meisten Bomben des Krieges abgeworfen wurden. Etwa die Hälfte aller deutschen Luftkriegstoten entfielen auf diesen Zeitraum, also nach dem gescheiterten Attentatsversuch Claus Schenk Graf von Stauffenbergs auf Adolf Hitler am 20. Juli 1944.

In einem Brief an eine Bekannte schrieb der Dresdner Hans Schröter nach dem Krieg: »Habe Familie und 7 Angehörige durch die Wahnidee Hitlers eingebüßt. Hätte nur der 20. Juli geklappt!«

24
Triebwerk einer V2-Rakete in Limehouse
Reproduktion
Tower Hamlets, London, März 1945
IWM

Die Zerstörung der deutschen Städte sollten zwei »Vergeltungswaffen« rächen, die im Juni und September 1944 erstmals zum Einsatz kamen: die Flugbombe V1 und V2, die erste ballistische Rakete der Welt. Rund 3 200 abgeschossene V2-Raketen töteten insgesamt mehr als 5 000 Menschen in London, Antwerpen und Paris. Gegen die in enormer Geschwindigkeit und aus großer Höhe anfliegende Waffe gab es keine Abwehrmöglichkeit.

Die V-Waffen sollten die Moral der eigenen Bevölkerung stärken und die Moral des Gegners schwächen. Umfragen in Großbritannien ergaben, dass der Hälfte der Befragten die neue Gefahr mehr zu schaffen mache als der »Blitz«. »Es ist nicht mehr so wie beim alten Blitz«, klagte ein Londoner. »Die Leute reagieren deprimiert und mutlos.«

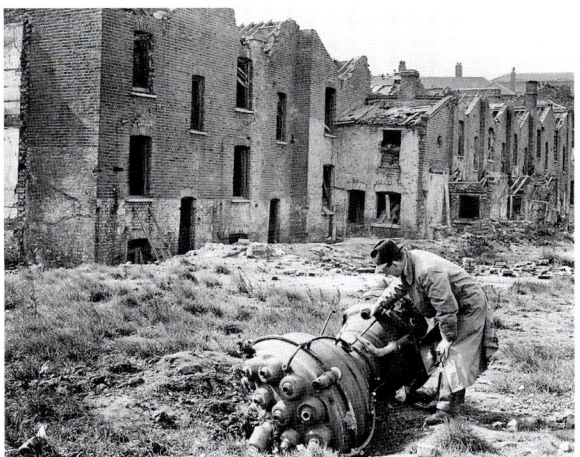

24

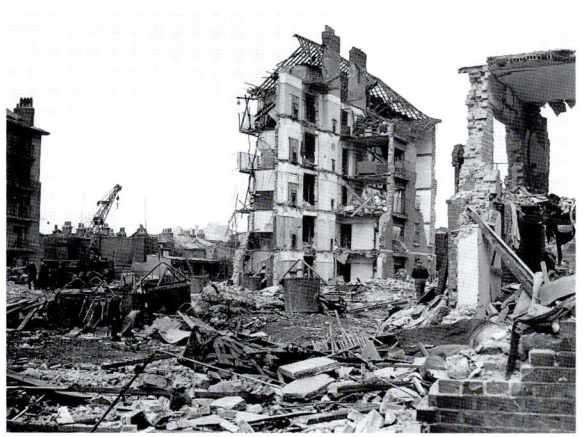

25

26
Ponte Vecchio, unzerstörte Brücke
trotz zerstörter Zufahrtsstraßen
Reproduktion | Florenz, 1944
Scherl/Süddeutsche Zeitung Photo

Nicht nur das »Elbflorenz« Dresden, sondern auch die Namenspatin selbst war ein Ziel der Luftangriffe des Zweiten Weltkriegs: Florenz, Ausgangspunkt der Renaissance, weltberühmtes architektonisches Erbe und Ort bedeutender Kunstsammlungen.

Während die Royal Air Force vorwiegend bei Nacht flog und Stadtviertel unterschiedslos mit Flächenbombardements belegte, setzten die United States Army Air Forces ihre Bomberverbände bei Tag ein, um die Treffgenauigkeit zu erhöhen. Und trotzdem schlugen nur maximal zwei Drittel der Bomben in einem Umkreis von 600 Metern zum Zielpunkt ein. In Deutschland erfolgte der Bombenabwurf bei drei Vierteln der US-Einsätze durch Sichtbehinderungen wie geschlossene Wolkendecken oder Rauchschwaden hindurch. Die Folge waren ähnlich starke Verwüstungen, wie sie die Flächenbombardements der Royal Air Force ausgelöst hatten.

25
Von einer V2 zerstörte Wohnhäuser in Limehouse
Reproduktion
Tower Hamlets, London, 27. März 1945
IWM

Der britische Geheimdienst berichtete von neuen Erfindungen deutscher Wissenschaftler, wie zum Beispiel einer Flüssigchemikalie, die der Luft den Sauerstoff entziehen könne. Es gab auch Gerüchte, die Wehrmacht hätte eine Zehn-Tonnen-Rakete entwickelt, die in kurzer Zeit Hunderttausend Menschen töten und London binnen sechs Monaten in eine Trümmerwüste verwandeln könne.

Für viele Briten waren die V-Waffen nicht nur ein Ausbund »teuflischen Einfallsreichtums«, wie der britische Wissenschaftler Edward Stebbing schrieb, sondern auch Ausdruck eines ungebrochenen Kriegswillens, der noch längst nicht besiegt war. Die letzte V2-Rakete schlug am 27. März 1945 ein, die letzte V1-Flugbombe zwei Tage später.

27
Blick aus einer Boeing B-17 Flying Fortress
während der Bombardierung Roms
Reproduktion
Rom, 19. Juli 1943
Keystone/Hulton Archive/Getty Images

Für die USA waren Zivilisten und das zivile Umfeld zu keinem Zeitpunkt ein erklärtes Ziel in Europa. »Die Moral ist in einer totalitären Gesellschaft so lange irrelevant, wie die Kontrollmechanismen funktionieren«, schrieb im März 1944 der amerikanische Luftwaffengeneral Carl Spaatz.

Aber gerade der Kriegsschauplatz Italien scheint den Gegenbeweis zu liefern. In einem zeitlichen und zumindest teilweise ursächlichen Zusammenhang mit schweren Stadtbombardierungen und darauf folgenden offenen Protesten der Bevölkerung stehen der Sturz des italienischen Diktators Benito Mussolini und die Kapitulation Italiens am 8. September 1943.

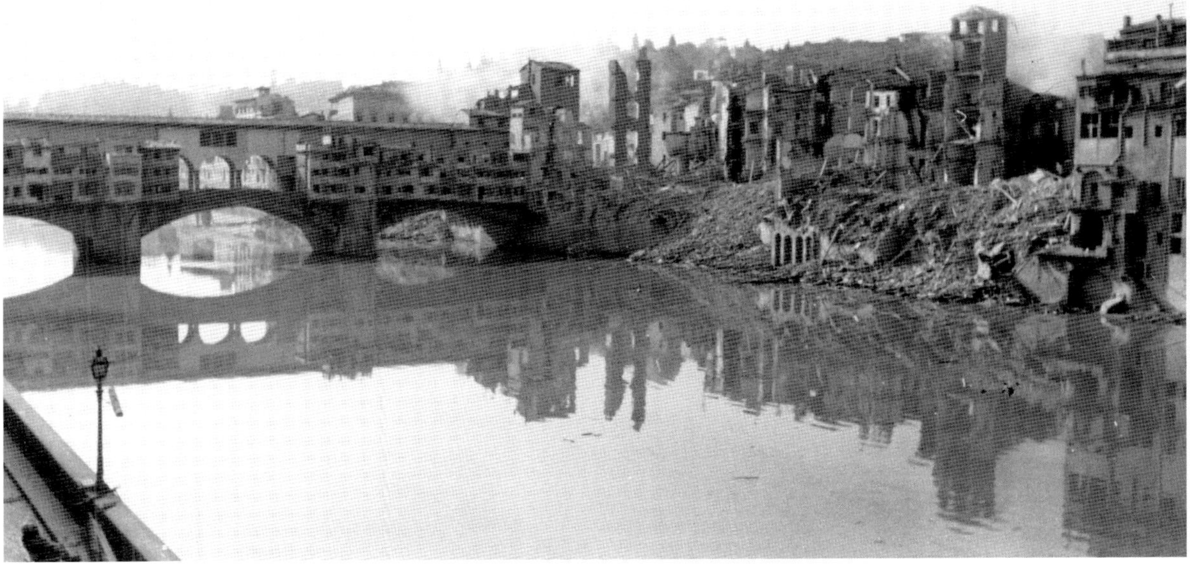

26

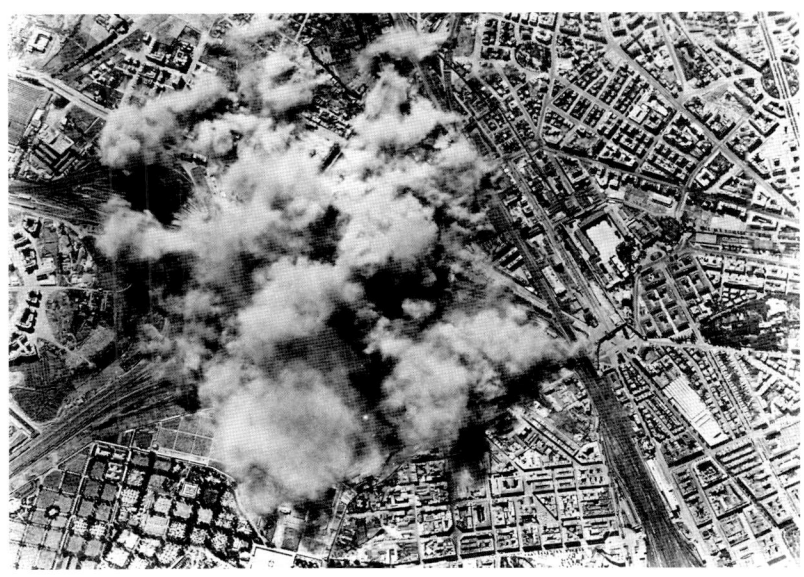

27

Allein auf Rom wurden im Zweiten Weltkrieg mehr Bomben abgeworfen als auf alle britischen Städte zusammen. Rund 60 000 Italiener und etwa 60 000 Franzosen im von Deutschland besetzten und ab 1944 umkämpften Frankreich starben im Bombenhagel des Krieges. Über diese Toten des Bombenkriegs ist bislang wenig geschrieben worden.

28
Luftaufnahme des Zentrums von Pforzheim
Reproduktion
Pforzheim, nach dem 23. Februar 1945
IWM

Am 23. Februar 1945 zerstörten 379 britische Bomber die süddeutsche Stadt Pforzheim fast vollständig. Die Bomben wurden aus einer Höhe von 2 500 Metern abgeworfen, bei verteidigten Städten war eine Abwurfhöhe von 5 500 bis 6 000 Metern üblich. Rund 17 600 Menschen starben im Feuersturm.

War Pforzheim auch ein wichtiger Rüstungsstandort, so traf der Bombenkrieg doch alle größeren deutschen Städte, auch solche ohne bedeutende Industrie. Unterschiedslos musste für alle bombardierten Ortschaften

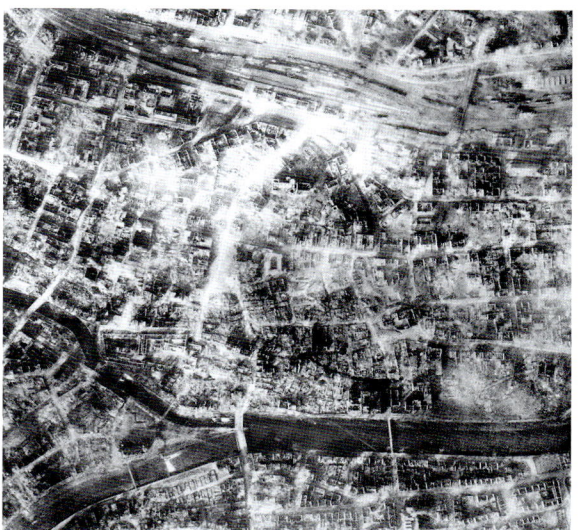

28

die Konsumgüterproduktion auf Kosten der Kriegsmobilisierung gesteigert werden, um die ausgebombten Familien mit Hausrat zu versorgen; insbesondere die Familien, deren Bedarf nicht mehr aus dem beschlagnahmten Besitz jüdischer Familien gedeckt werden konnte. Zudem wurde die dringend an der Front benötigte Jagdwaffe ins Reich verlegt. Im Januar 1944 waren 68 Prozent der deutschen Jagdflugzeuge durch den Bombenkrieg gebunden, im Oktober 81 Prozent.

Einen sehr viel größeren Einfluss auf das Kriegsende hatten jedoch die United States Army Air Forces mit gezielten Angriffen auf die deutsche Treibstoffherstellung.

29
Die größtenteils zerstörte
Altstadt Würzburgs bei Kriegsende
Reproduktion
Würzburg, 1945
Scherl/Süddeutsche Zeitung Photo

Am 16. und 17. März 1945 zerstörten britische Bomber in drei Wellen 89 Prozent der bebauten Fläche Würzburgs. Schätzungsweise 5 000 Menschen wurden getötet.

Dieser Angriff und viele weitere erfolgten, obgleich der britische Premierminister Winston Churchill nach der Zerstörung Dresdens deutlich zum Ausdruck gebracht hatte, keine weiteren Flächenbombardements mehr zu wünschen. Als der Oberbefehlshaber des Bomberkommandos, Arthur Harris, am 14. und 15. April 1945 dennoch Potsdam schwer bombardieren ließ, schrieb Churchill verärgert: »Was hatte es für einen Sinn, Potsdam einfach auszuradieren?«

In den Jahren 1944 und 1945 erreichte Harris' Kommando seine Höchststärke an schweren Bombern. Energisch und mit erheblicher Unterstützung Churchills hatte Harris diese gewaltige Waffe aufgebaut. Sie im Krieg nicht mehr einzusetzen, schien für einen militärischen Befehlshaber undenkbar zu sein, auch wenn Stadtbombardierungen militärisch und politisch nicht mehr opportun waren.

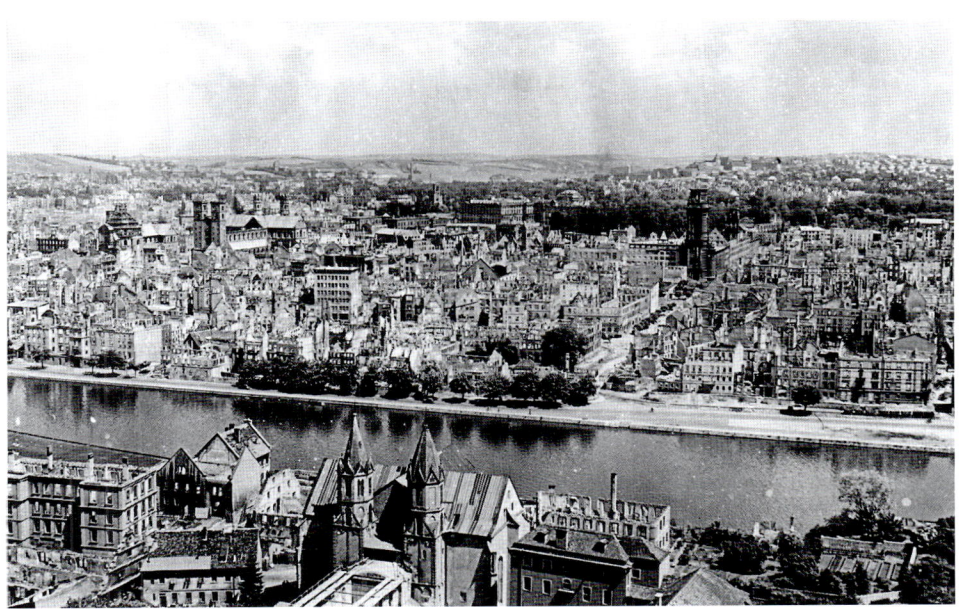

29

Viele Endphasen-Bombardierungen der letzten Kriegsmonate glichen reinen Strafaktionen, die über das
hinausgingen, was der Geheimdienstausschuss des
Hauptquartiers der alliierten Streitkräfte im Oktober
1944 empfohlen hatte: Demnach sollte die überschüs-
sige Bomberkapazität dazu genutzt werden, den Bombenkrieg auch in bislang verschont gebliebene Gebiete
Deutschlands zu tragen, »um die ganze Bevölkerung
die Folgen der militärischen Niederlage und die Rea-
litäten von Bombardements aus der Luft spüren zu
lassen«.

Möglicherweise war dieser Vorschlag auch als vor-
beugende Maßnahme gedacht, um einer möglichen
neuen Dolchstoßlegende entgegenzuwirken und keinen Zweifel daran zu lassen, dass die Niederlage der
Wehrmacht total war.

Der letzte englische Bombenangriff fand am 2. und
3. Mai 1945 auf Kiel statt, nur 36 Stunden vor der Besetzung der Stadt durch britische Bodentruppen. Am
8. Mai endete der Zweite Weltkrieg in Europa, der mit
dem deutschen Überfall auf Polen am 1. September
1939 begonnen hatte.

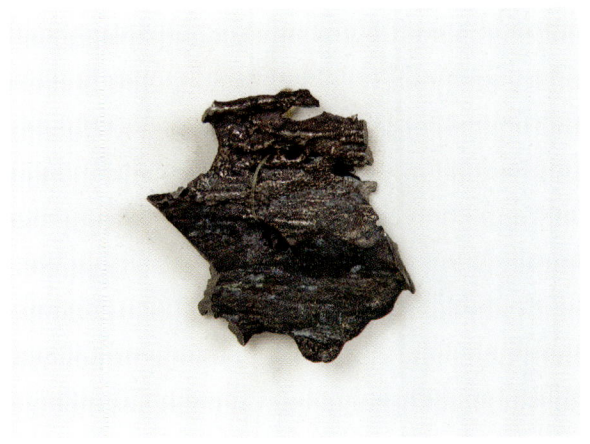

30

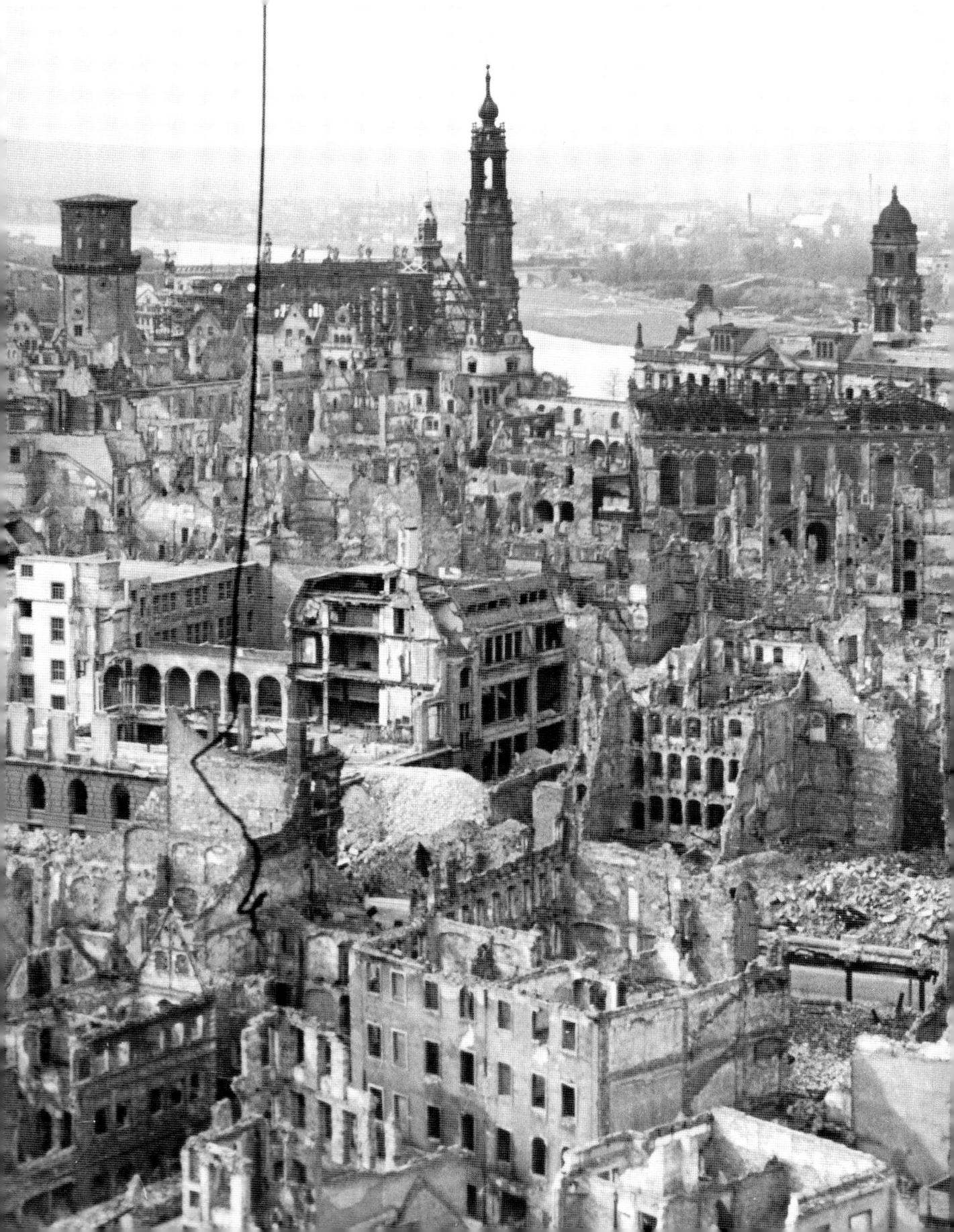

DRESDEN,
13. – 15. FEBRUAR 1945

Am Nachmittag des 13. Februar 1945 starteten in England im Abstand von drei Stunden zwei Wellen von 244 beziehungsweise 529 schweren britischen Lancaster-Bombern. Das Kalkül hinter dieser Aufteilung war, mit der zweiten Welle die Löscharbeiten nach dem ersten Angriff zu treffen. Zudem erwartete die Royal Air Force, dass sich die deutschen Nachtjäger nach einem Einsatz gegen die erste Welle noch zum Auftanken und -munitionieren am Boden befinden würden.

Durch die zwischen 22:13 und 22:28 Uhr von der ersten Welle über der dicht bebauten Altstadt abgeworfenen 880 Tonnen Spreng- und Brandbomben war bereits gegen 23:00 Uhr ein Flächenbrand entstanden, den die Besatzungen der anfliegenden zweiten Welle aus 80 Kilometern Entfernung sichten konnten.

Angesichts des bereits vollständig in Flammen stehenden Zielgebiets entschied der Kommandant des Masterbombers, die Abwürfe auf die im Süden, Westen und Osten um die Altstadt liegenden Viertel Südvorstadt, Friedrichstadt, Löbtau, Johannstadt und Striesen auszuweiten. Nach dem zwischen 1:30 und 1:55 Uhr erfolgten Abwurf weiterer 1 800 Tonnen Bomben brannte die Stadt auf einer sich von Ost nach West über sieben und von Nord nach Süd über fünf Kilometer erstreckenden Fläche.

Von den am 14. Februar um 4:00 Uhr früh in England gestarteten 431 Bombern des Typs B-17 der 8. US-Luftflotte kamen drei Gruppen aufgrund der schlechten Wetterlage und eines Ausfalls des Bordradars vom Kurs ab. Die von einem Fluss durchzogene Stadt, über der sie irrtümlich ihre Bomben abluden, war Prag. Die Zielgenauigkeit der um 12:17 Uhr über Dresden eintreffenden 311 B-17-Maschinen war so ungenügend, dass 771 Tonnen Bomben nicht nur die Gleise des Bahnhofs Friedrichstadt zerstörten, sondern auch das umliegende Stadtviertel. Ein Teil der 460 Tonnen Bomben, die 211 B-17 am Mittag des 15. Februar über dem Bahnhof abwerfen sollten, schlug wegen der schlechten Sicht im ganzen Umfeld zwischen Meißen und Pirna ein. Die Gleisanlagen waren bereits nach zwei Tagen wieder instand gesetzt und wurden erst nach zwei weiteren US-Angriffen am 2. März und 17. April für längere Zeit unterbrochen.

◁ Blick aus dem Rathausturm auf das zerstörte Dresden, 1945

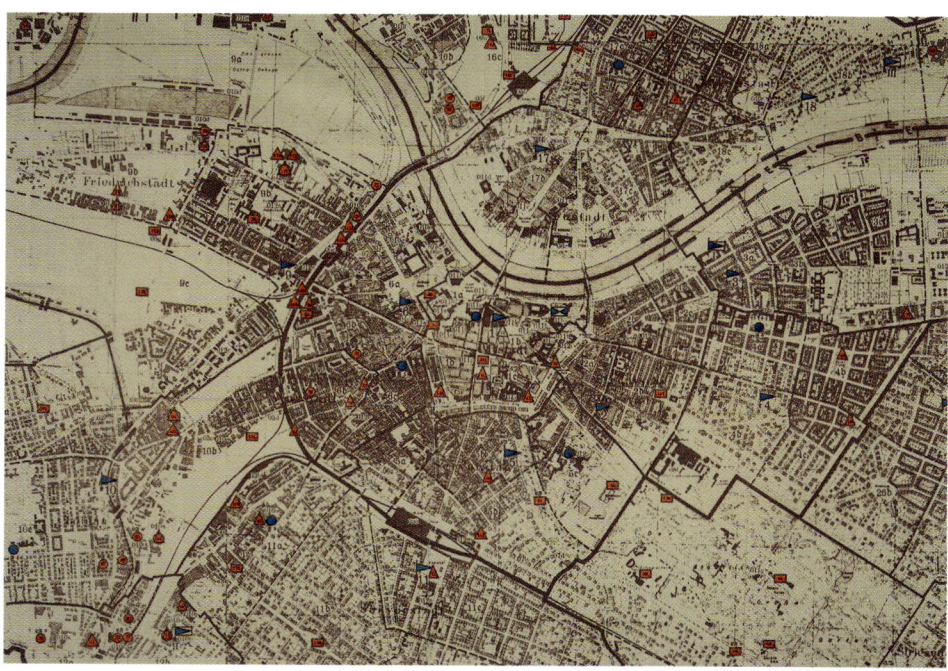

1

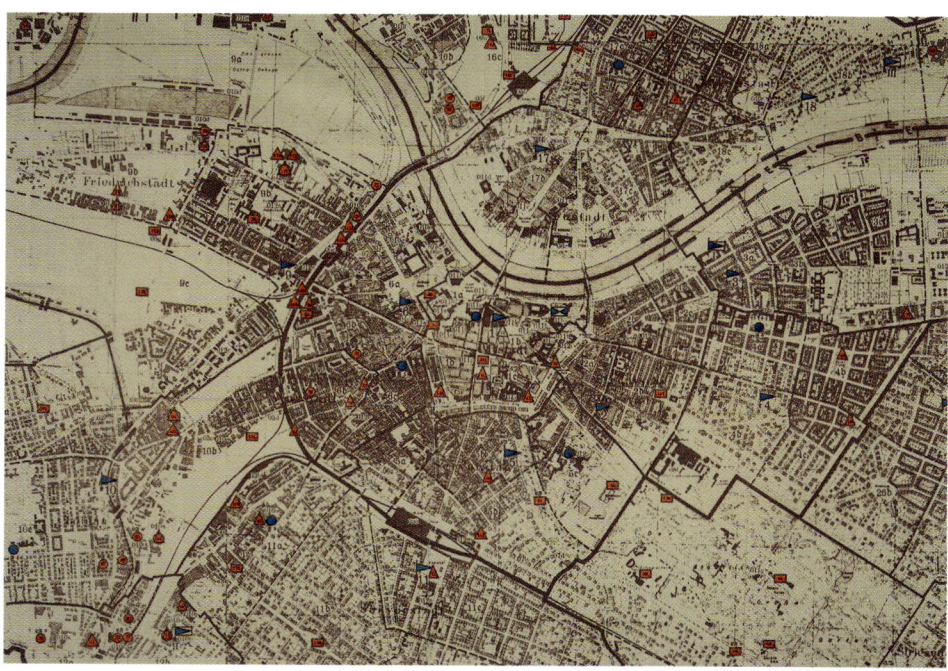

2

1
Fliegeralarme in Dresden 1940 – 1945
Aufzeichnungen von Otto Griebel
Dresden, 1945
Matthias Griebel

Seit Beginn des Luftkriegs über Deutschland im Jahr
1940 wurde auch in Dresden öfter Voralarm ausgelöst,
wenn sich die Stadt in der Anflugrichtung feindlicher
Verbände befand oder von Aufklärern überflogen wurde.
Beschränkten sich in den ersten Jahren die Alarmgebungen
auf einige Male, stieg ihre Zahl von 52 im Jahr
1943 bis auf 151 im Jahr 1944. Der Dresdner Maler Otto
Griebel notierte jeden Alarm penibel.

2
Karte des Luftschutzstandortes Dresden
Dresden, 1. Januar 1944
MHM

Bis ins Jahr 1944 hinein lag Dresden außerhalb der
Reichweite alliierter Bomberverbände und wurde deshalb
ironisch als »Reichsluftschutzkeller« bezeichnet.
Tatsächlich war unter Gauleiter Martin Mutschmann
der Luftschutz auffallend vernachlässigt worden. So
existierten beispielsweise kaum sichere Schutzräume
für die Bevölkerung. Die Gründe hierfür waren Kompetenzstreitigkeiten
zwischen Mutschmann und dem höheren
SS- und Polizeiführer sowie der zunehmend
eklatante Material- und Arbeitskräftemangel.

3
**Angriff der United States Army Air Forces
auf den Bahnhof Dresden-Friedrichstadt**
Reproduktion
Dresden, 7. Oktober 1944
National Archives USA

Im letzten Kriegsjahr war der Bahnhof Dresden-Friedrichstadt
bei US-Angriffen auf die mitteldeutsche Treibstoffindustrie
als Ersatzziel ausgewiesen. Am 7. Oktober
1944 und am 16. Januar 1945 entluden Gruppen von
30 beziehungsweise 138 Bombern – die ihre eigentli-

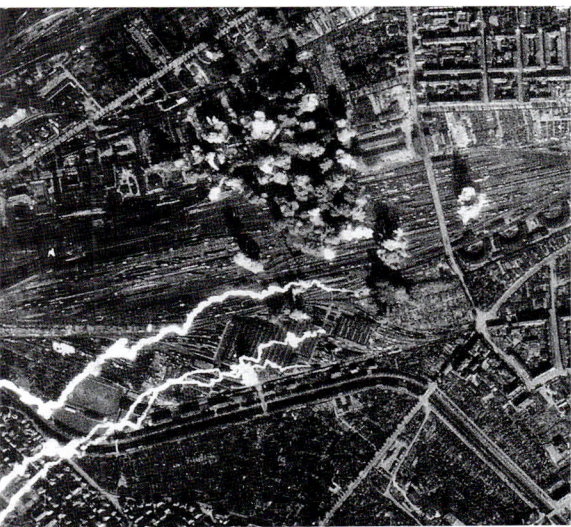

3

chen Ziele nicht hatten lokalisieren können – ihre Bomben
über der Anlage. Durch Fehlabwürfe auf Wohngebiete
kamen bei den beiden Angriffen insgesamt 646
Menschen ums Leben.

»Evakuierte aus Deutschland und den deutsch besetzten
Provinzen im Osten Berlins strömen westwärts
durch Berlin selbst und durch Leipzig, Dresden und
andere Städte im Osten Deutschlands. Die verwaltungstechnischen
Probleme, die Aufnahme und Verteilung
der Flüchtlinge mit sich bringen, sind wahrscheinlich
enorm. Die Belastung der Behörden und der
Verkehrsverbindungen muss durch die Notwendigkeit,
militärische Verstärkungen auf dem Weg zur Ostfront
abzufertigen, beträchtlich gestiegen sein. Eine Reihe
schwerer Angriffe bei Tag und bei Nacht auf diese Verwaltungs-
und Kontrollzentren wird wahrscheinlich zu
erheblicher Verzögerung des Fronteinsatzes der
Truppen führen und möglicherweise zur Entstehung
chaotischer Zustände.«

(»Strategic Bombing in Reaction of the Present
Russian Offensive«, Notiz des britischen Luftwaffenstabes
für die Besprechung der Stabschefs, 31. Januar 1945)

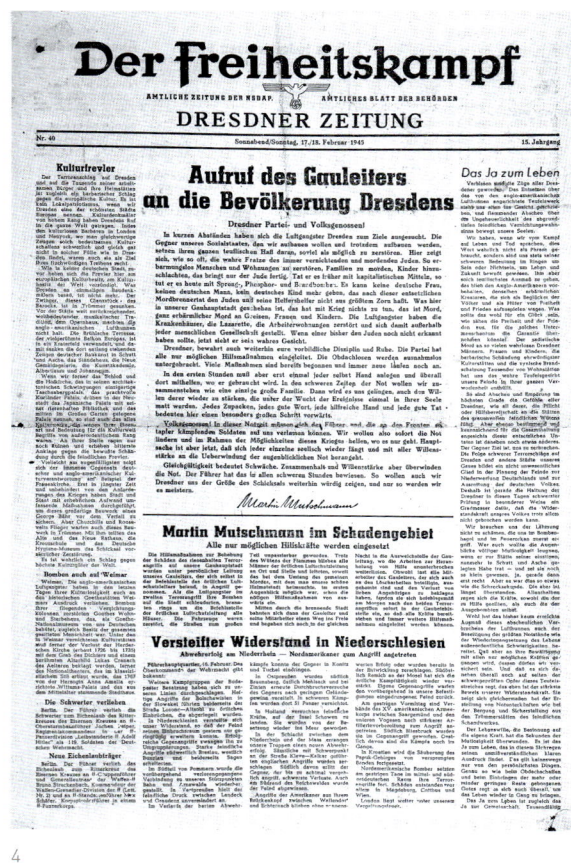

4

4
»Dresden wird bis zum letzten
mit allen Mitteln verteidigt«
Artikel in der Dresdner Tageszeitung der NSDAP
»Der Freiheitskampf« Nr. 88, 16. April 1945
MHM

Im Dezember 1944 befahl Generaloberst Heinz Gude-
rian, seit Juli 1944 Chef des Generalstabs des Heeres,
die Einrichtung des »Verteidigungsbereiches Dresden–
Riesa« für den 1. Januar 1945. Die Bezeichnung »Ver-
teidigungsbereich« trugen Orte, die nicht über dauerhafte oder vollständige Befestigungen verfügten, aber
militärisch einer Festung gleichgestellt waren. Die
Städte Dresden, Magdeburg und Prag sollten eine
letzte Verteidigungslinie entlang von Elbe und Moldau
bilden. Der Befehl wurde zunächst geheim gehalten,
da die deutsche militärische Führung nicht öffentlich
eingestehen wollte, dass sie mit einem Vordringen der
Roten Armee bis zur Elbe rechnete. Die Dresdner Bevölkerung erfuhr erst am 16. April 1945, dass ihre Stadt
zur Festung erklärt worden war.

5
Flakhelfer in der Stellung
der Heimatflakbatterie 283/IV,
Liebstädter Straße
Fotografie von Karl Palitzsch
Reproduktion | Dresden, 1944
Maria Palitzsch

Zu Beginn des Jahres 1945 waren die letzten schweren
Flak aus Dresden abgezogen und zur Panzerabwehr an
die Ostfront oder zur Verteidigung von Raffinerien verlegt worden. Auch Jagdflieger der Luftflotte Reich
waren abgestellt, um Einsätze zur Frontunterstützung
zu fliegen. Eine auf dem Flughafen Dresden-Klotzsche
stationierte Staffel von Messerschmitt Bf 110 Nacht-
jägern stieg bei der ersten Angriffswelle zu spät auf
und blieb bei der zweiten aufgrund fehlender Starter-
laubnis am Boden. Die britischen Verbände verloren in
dieser Nacht über der Stadt nur drei Maschinen, die
vermutlich durch die Bomben höher fliegender Forma-
tionen getroffen worden waren.

Obgleich Dresden auf der Dringlichkeitsliste des britischen Ministeriums für Wirtschaftskriegführung mit
der Punktzahl 70 auf Platz 22 eingestuft war, hatte der
Oberbefehlshaber des britischen Bomberkommandos,
Arthur Harris, die Stadt bislang nicht massiv bombardieren lassen. Im Vorfeld der Konferenz von Jalta (4.
bis 11. Februar 1945) wurden in Großbritannien Überlegungen angestellt, wie die bevorstehende russische
Offensive durch Luftangriffe auf ostdeutsche Städte
unterstützt werden könnte.

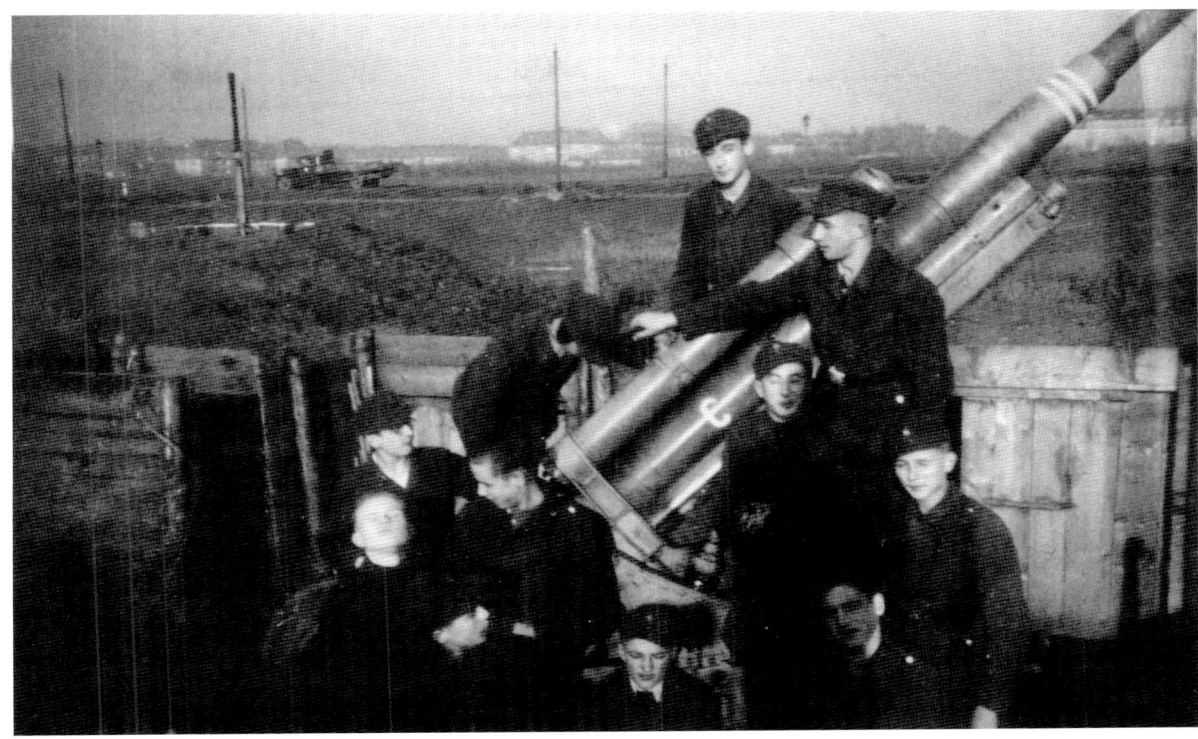

5

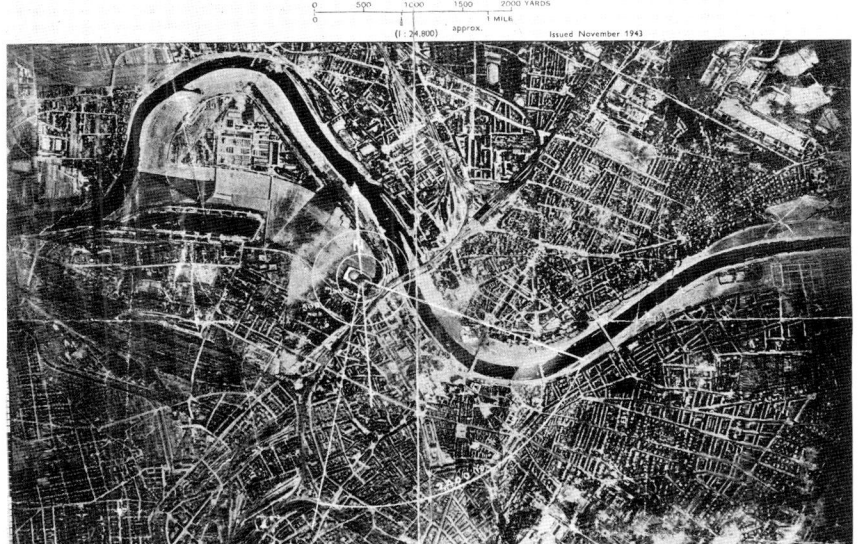

0   500   1000   1500   2000 YARDS
0   1 MILE
(1 : 24,800)   approx.   Issued November 1943

6

6
Zielkarte mit eingezeichnetem Winkel
Reproduktion
Dresden, nach 1943
Royal Air Force

Ihre größte Zerstörungswirkung entfalteten kombinierte Spreng- und Brandbombenangriffe bei enger Fachwerkbebauung. Dresden war aufgrund seiner zu 40 Prozent unbebauten Stadtfläche von den Alliierten noch 1943 als nicht für einen konzentrierten Massenangriff lohnendes Ziel eingestuft worden. Die Gebäude der auf der Zielkarte markierten Altstadt waren zwar vorwiegend in Stein ausgeführt, enthielten aber im Dachstuhl und im Inneren große verbaute Holzmengen.

7
**Brände und Einschläge während
der ersten Angriffswelle**
Luftfilmbild der Royal Air Force
Reproduktion
Dresden, 13. Februar 1945
SLUB Dresden/Deutsche Fotothek

Die abgeworfenen Sprengbomben durchschlugen Dächer sowie Stockwerke und schleuderten beim Detonieren brennbares Material auf die Straßen, wodurch

die Zerstörungskraft der Brandbomben verstärkt wurde. Schwere Luftminen zerrissen nicht nur ganze Häuser, sondern zerstörten durch ihre Druckwirkung auch Fenster und Türen in der Umgebung. Die durch den freien Luftzug zusätzlich angefachten Einzelfeuer waren bereits um 23 Uhr, eine halbe Stunde nach den letzten Abwürfen der ersten Welle, zu einem Großbrand vereint.

8
»14. Februar 1945 in Dresden«
eingeklebter Kunstdruck Adelhelm Dietzels im Notizbuch
von Otto Griebel
Dresden, nach Februar 1945
Matthias Griebel

Durch die Ausdehnung und Hitzeentwicklung des Flächenbrandes entstand ein sogenannter Feuersturm. Wie in einem Kamin stieg die heiße Luft in einer riesigen Säule über der Stadt auf und erzeugte Turbulenzen, die selbst von den Bomberbesatzungen der zweiten Angriffswelle noch in 4 000 Metern Höhe deutlich wahrgenommen wurden. Der am Boden erzeugte Unterdruck saugte von allen Seiten Frischluft an, die zu einer weiteren Anfachung des Feuers führte, das in Orkanstärke durch die Straßen fegte.

9
**Blick vom Hauptbahnhof
zum Wiener Platz**
Fotografie von Hans-Joachim Dietze
Reproduktion
Dresden, 13. Februar 1945
Hans-Joachim Dietze

Die innerstädtische Feuerwehr verlor bei der ersten Welle einen Großteil ihres Geräts. Aus dem Umland oder anderen Stadtteilen herbeieilende Wehren gelangten wegen der blockierten Straßen nicht zum Zentrum und gerieten zum Teil in die zweite Angriffswelle.

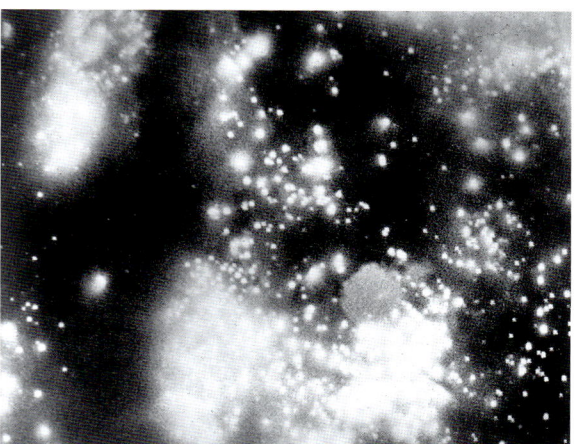

7

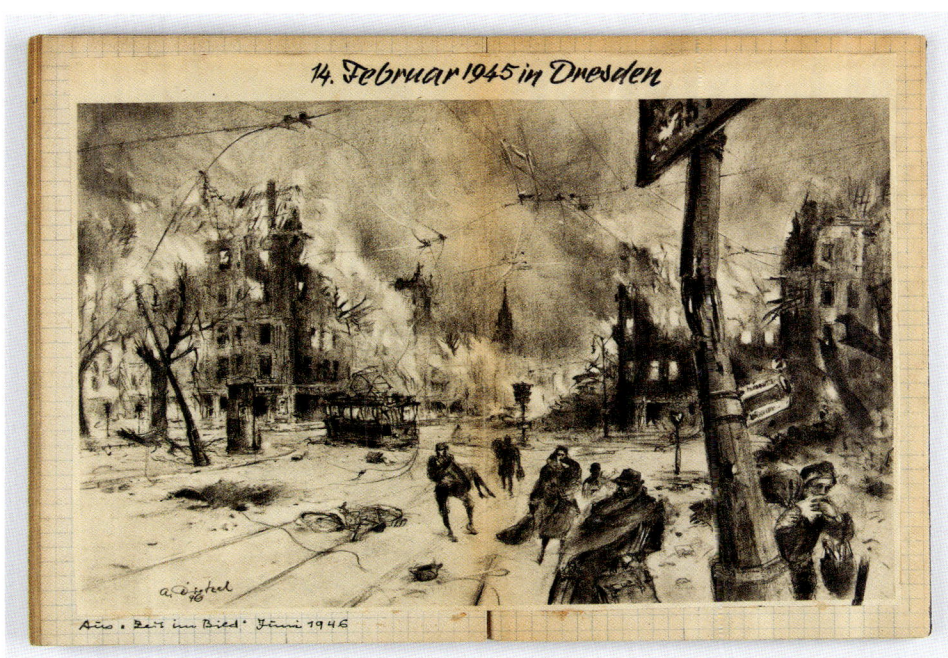

8

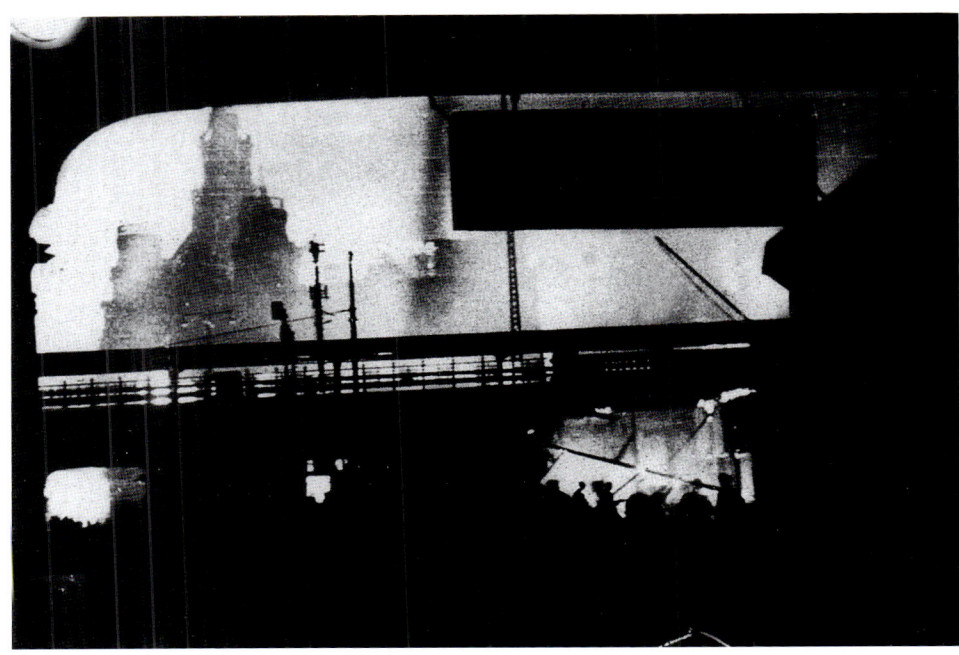

9

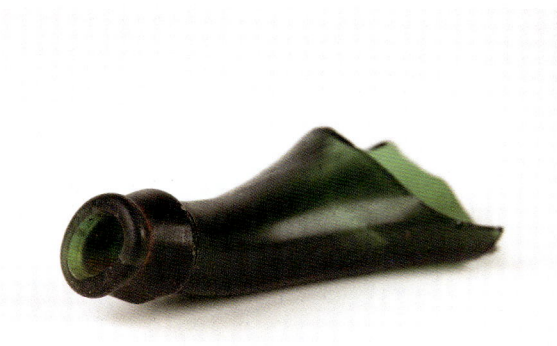

10

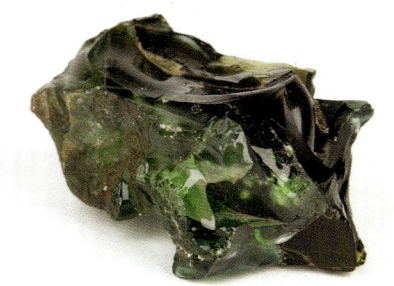

11

10
**Flaschenhals einer geschmolzenen
Glasflasche**
Dresden, 14. Februar 1945
MHM

11
Geschmolzenes Glasstück
Dresden, 14. Februar 1945
MHM

Die Hitze der Brände verflüssigte den Asphalt auf den Straßen und verformte sogar Stahlträger. Geschmolzene Glasstücke lassen vermuten, dass im Inneren von Gebäuden teilweise Temperaturen von bis zu 800 Grad Celsius herrschten. Durch Hitzeeinwirkung entstandene Verfärbungen an Sandsteinquadern der Frauenkirche belegen, dass das brennende Kirchengestühl hier zeitweilig bis zu 1000 Grad Celsius erzeugt haben muss.

12
Litfaßsäule Ecke Moltkeplatz/Struvestraße
Fotografie von Rudolf Kelling
Reproduktion
Dresden, Februar 1945
Museen der Stadt Dresden – Stadtmuseum Dresden

13
Moltkeplatz
Fotografie von Rudolf Kelling
Reproduktion
Dresden, Februar 1945
Museen der Stadt Dresden – Stadtmuseum Dresden

Brandgutachten von Sandsteinsplitterungen an Außenfassaden ergaben, dass während des Feuersturms in den Straßen Temperaturen von bis zu 600 Grad Celsius herrschten. Diese Bedingungen waren für Menschen sofort tödlich.

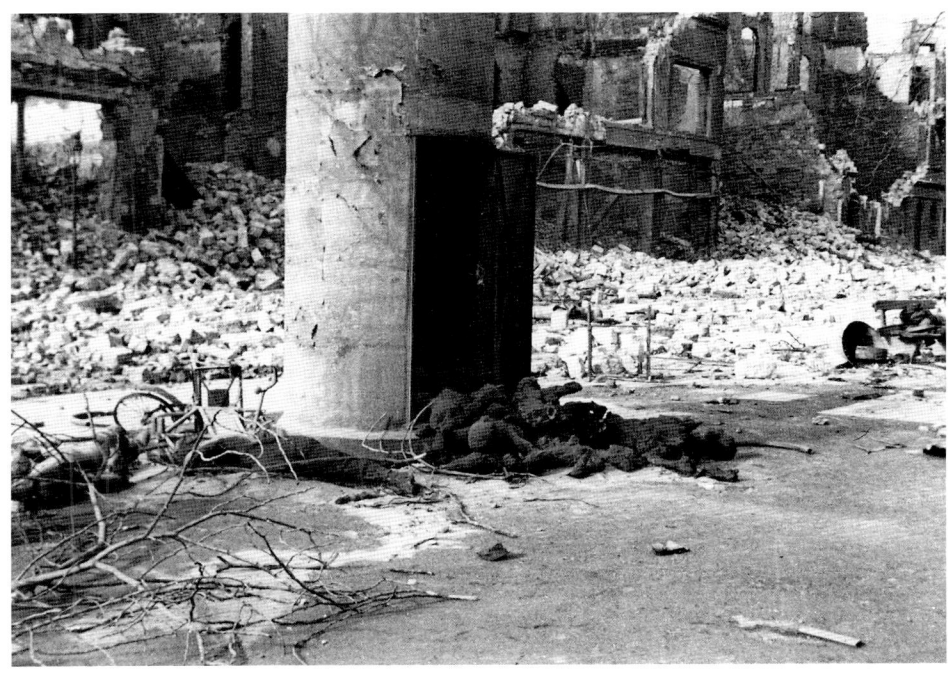

12

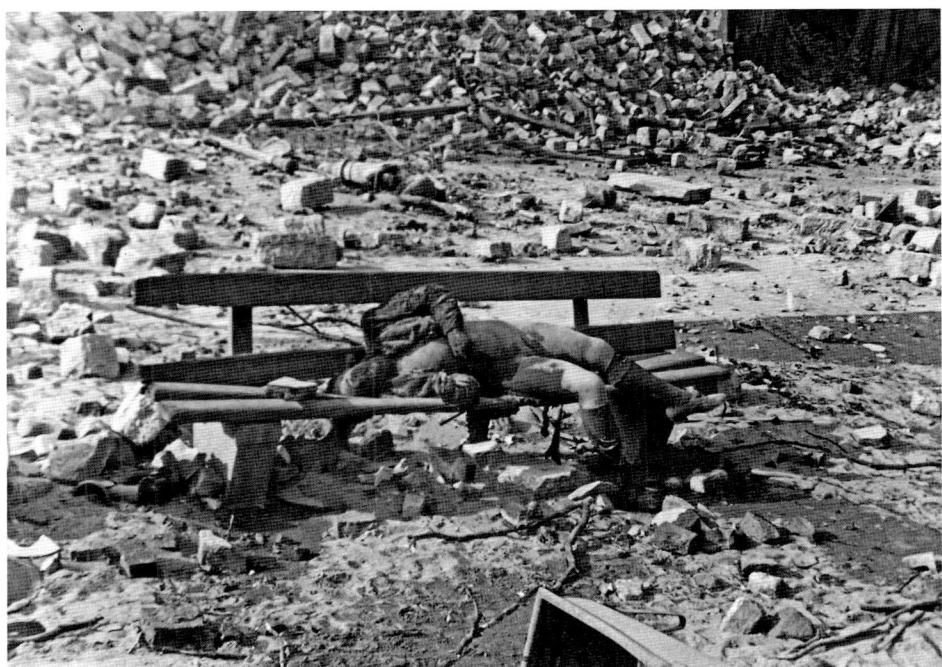

13

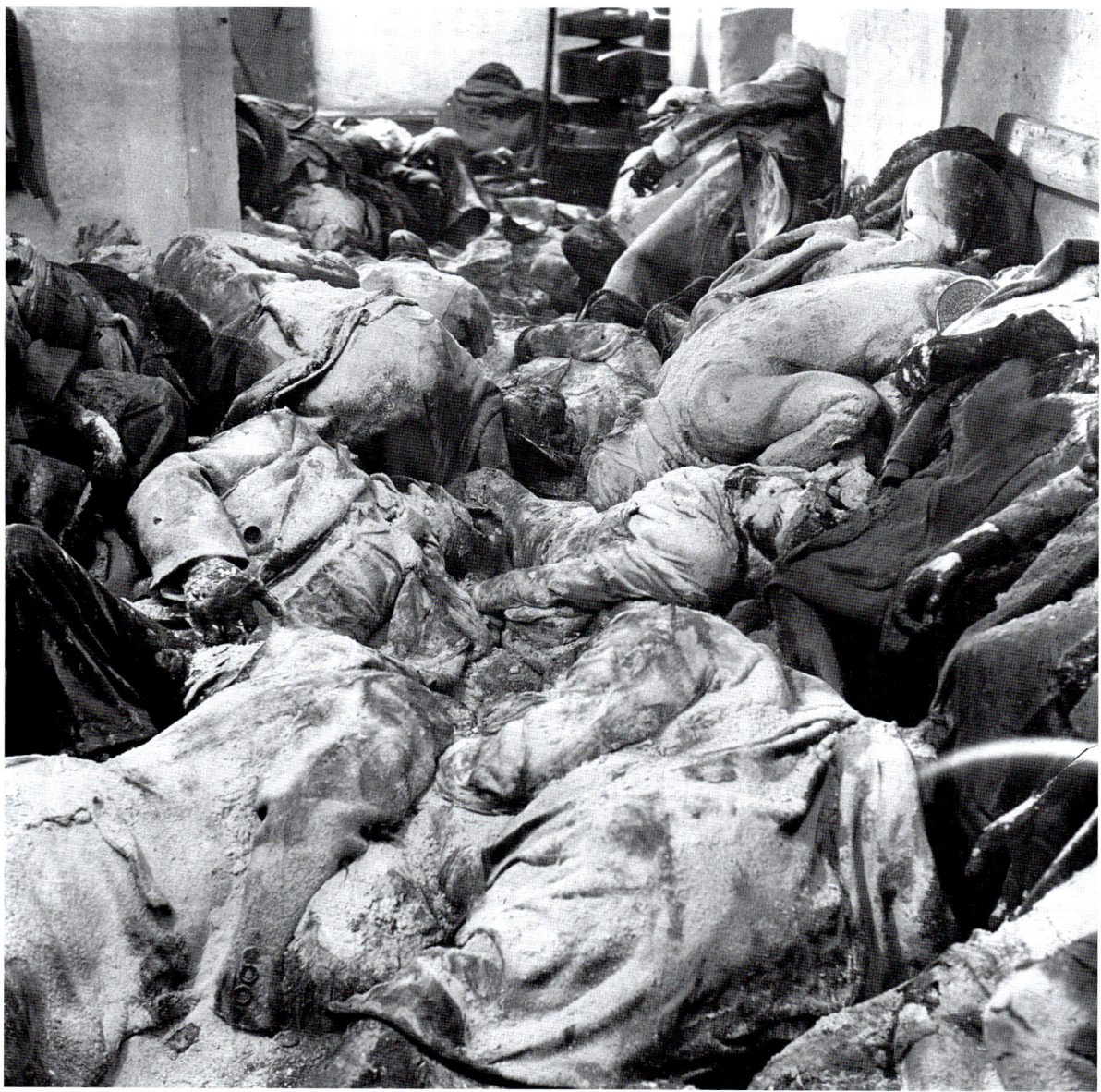

Sofern ein Gebäude keinen Direkttreffer einer schweren Luftmine erhielt, boten die provisorisch ausgebau-
ten Kellerräume einen gewissen Schutz vor den
Sprengbomben. Unter den Bedingungen des Feuersturms konnten sie jedoch zu Todesfallen werden. Viele
Opfer der Angriffe verbrannten nicht, sondern starben
durch Sauerstoffentzug und eindringende Verbren-
nungsgase. Die Aufräumarbeiten zogen sich über viele
Jahre hin. Von Oktober 1945 bis Ende 1957 wurden noch
1557 Leichen unter den Trümmern und in den ver-
schütteten Kellern gefunden.

15
Tagebuch von Margarete Hauptmann
Dresden, 13. Februar 1945
Staatsbibliothek zu Berlin – Preußischer Kulturbesitz,
Handschriftenabteilung

Gerhart Hauptmann war seit 1904 in zweiter Ehe mit
der Schauspielerin Margarete, geb. Marschalk, verheiratet. Ihr Sohn Benvenuto war während des Krieges
Dramaturg in Wien. Im Winter 1945 hielt sich Hauptmann zur Heilung einer Lungenentzündung in Dresden-
Wachwitz auf. Hier erlebte das Ehepaar am 13. Februar
den Angriff auf Dresden. Margarete Hauptmann hielt
täglich mit wenigen Zeilen ihre Gedanken in einem Tagebuch fest. Über die Nacht vom 13. auf den 14. Februar
schrieb sie (irrtümlich auf dem Kalenderblatt vom 12.):
»[...] 10 Uhr ungeheurer Terrorangriff auf Dresden [...]
2. Angriff bis 3 Uhr. Altstadt total zerstört, Bellevue, Hofkirche, Oper etc. [...] Nachts [...] um 3 Uhr erscheint Benvenuto mit Viktoria von Richthofen, die aus dem brennenden Bellevue zu Fuß durch die brennende Stadt hierher
geflüchtet sind. Mittags Angriff der USA-Bomber[...].«.

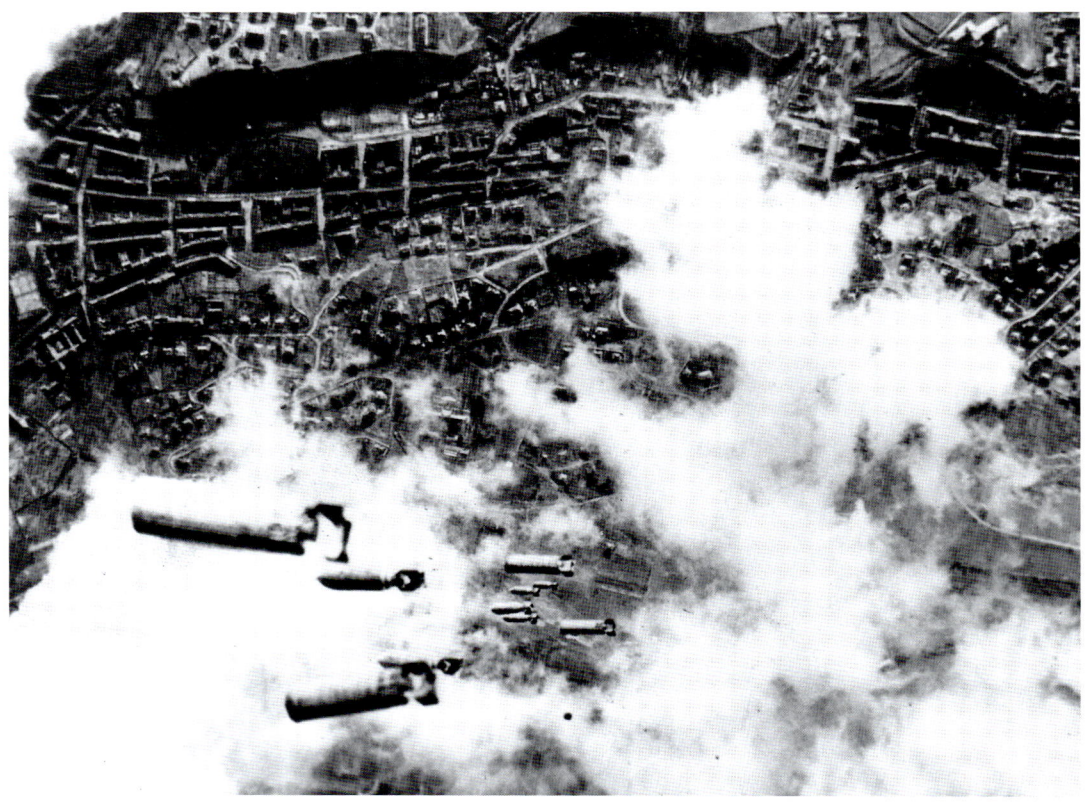

16

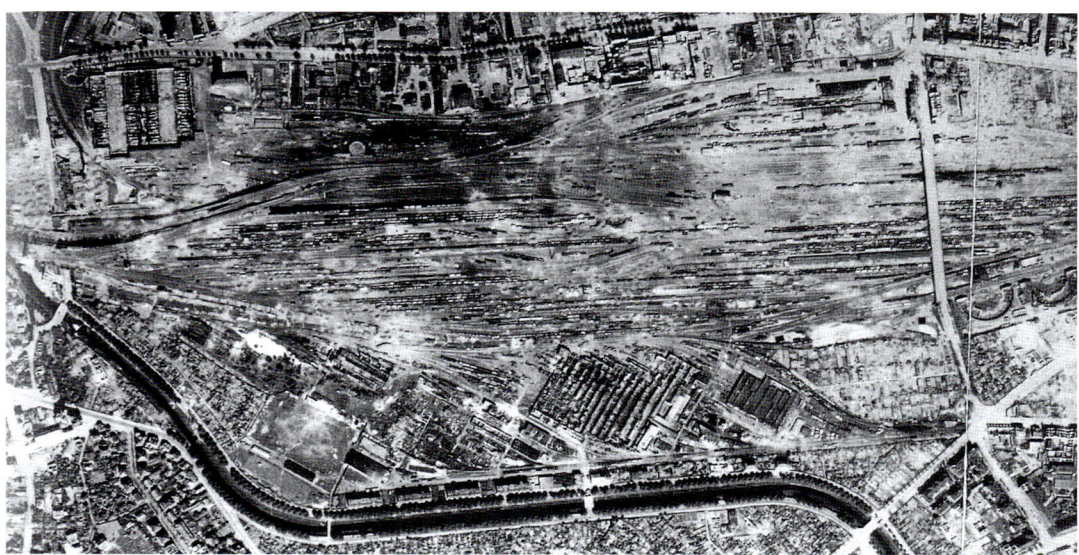

17

**Schwere Brandbomben
fallen zusammen mit Sprengbomben
auf Dresden**
Reproduktion
Dresden, 14. Februar 1945
Photo 12/Kontributor/Getty Images

Der US-Angriff am Mittag des 14. Februar verlief chaotisch. Zwei Staffeln kollidierten beim Zielanflug beinahe, eine weitere verpasste den Zielpunkt und musste über Bischofswerda wenden. Aufgrund starker Bewölkung und der über der Stadt liegenden Rauchschleier wurden die Abwürfe zum Teil per Radarortung oder über »unidentifizierte Rauchbomben«, bei denen es sich vermutlich um Brände am Boden handelte, ausgelöst.

17

**US-Aufklärungsfoto des Bahnhofs
Dresden-Friedrichstadt**
Reproduktion
Dresden, April 1945
National Archives USA

Die breit gefächerten Gleisanlagen waren durch Luftangriffe nicht einfach zu treffen und damit vollständig zu unterbrechen. Bereits nach zwei Tagen rollten wieder Truppentransporte und Deportationszüge mit KZ-Häftlingen auf der einzigen weitgehend intakten Nord-Süd-Achse des noch in deutscher Hand befindlichen Reichsgebiets. Erst der Abwurf von 1500 Tonnen Bomben aus 580 Flugzeugen am 17. April 1945 beschädigte die Anlage so nachhaltig, dass sie bis Kriegsende nicht wieder instand gesetzt werden konnte.

18

Brennendes Dresden
Fotografien von Margarete Hauptmann
Dresden-Wachwitz
14. Februar 1945
Staatsbibliothek zu Berlin – Preußischer Kulturbesitz,
Handschriftenabteilung

Von den sich über das ganze Stadtgebiet verteilenden Fehlabwürfen des US-Angriffs gingen einige auch in Dresden-Wachwitz nieder. Margarete Hauptmann notierte: »Vormittags USA Angriff, sehr schwer. Bombe fällt in den Garten, dicht vor dem Fenster explodierend. G[erhart] sitzt noch im Zimmer, von Glasscherben überschüttet.« Von der Terrasse des Sanatoriums fotografierte sie die brennende Stadt.

19

Terrassenufer und Altstadt
Fotografie von Oberst Wenz
Reproduktion
Dresden, 16. Februar 1945
Götz Bergander, Berlin
Archiv Ingeborg Grosholz

20

Johannstadt
Fotografie von Oberst Wenz
Reproduktion
Dresden, 16. Februar 1945
Götz Bergander, Berlin
Archiv Ingeborg Grosholz

Am Nachmittag des 16. Februar startete Oberst Wenz mit einem Aufklärungsflugzeug des Typs »Fieseler Storch« vom Flughafen Dresden-Klotzsche, um das Ausmaß der Zerstörungen aus der Luft zu dokumentieren. Die bei diesem Überflug aufgenommenen Fotografien zeigen die noch schwelenden Brände in den Trümmern der Stadt. Die Frauenkirche war am Vormittag des 15. Februar in sich zusammengestürzt.

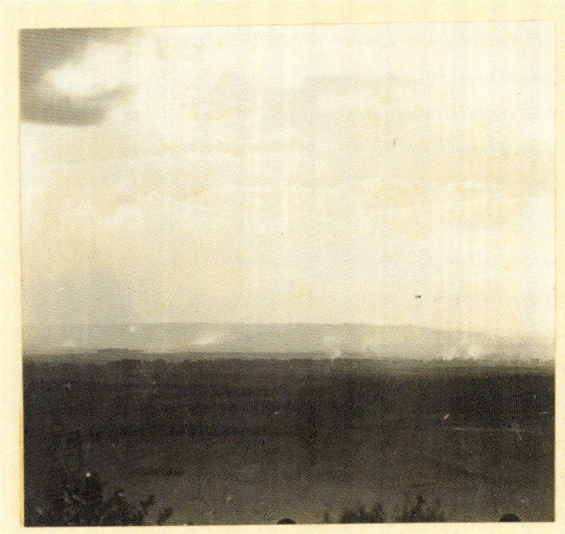
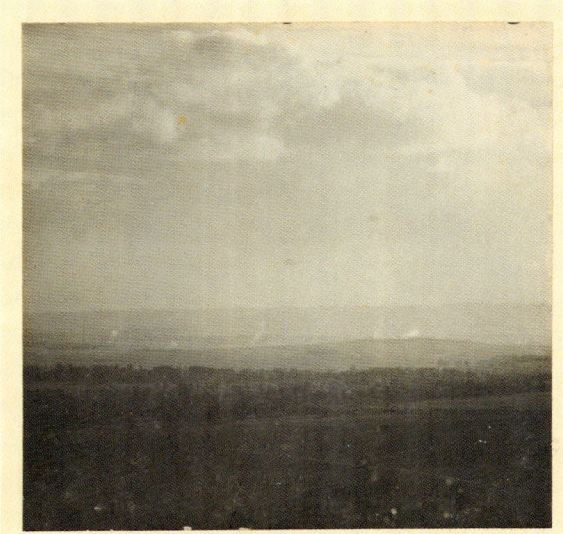

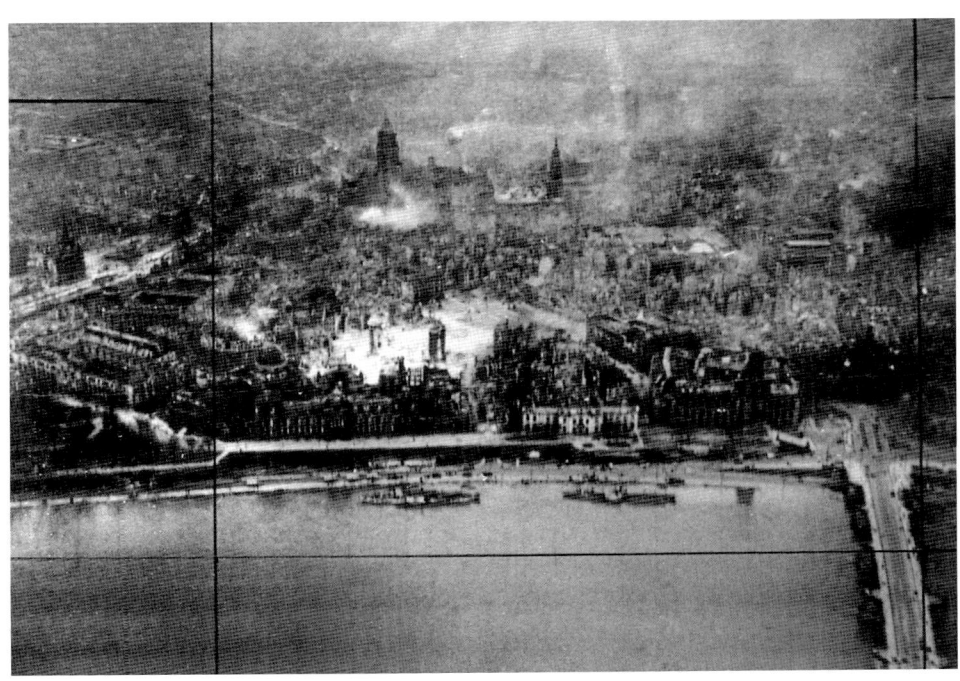

19

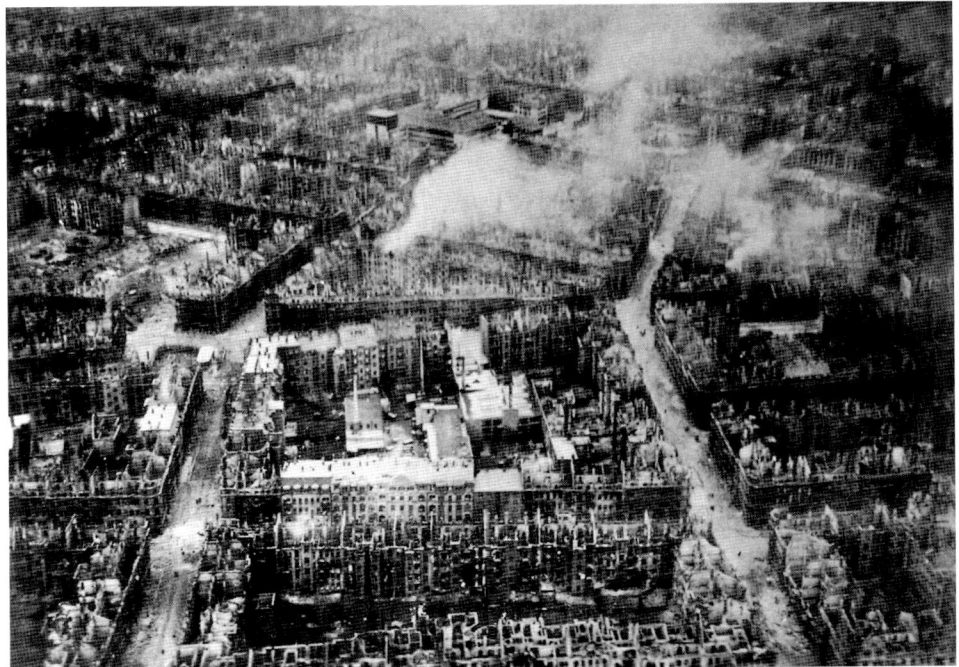

20

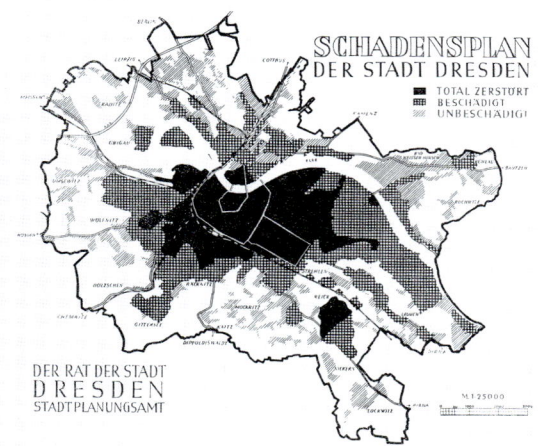

21

21

Schadensplan der Stadt Dresden

mit Darstellung des Zerstörungsgrades
nach der Bombardierung im Zweiten Weltkrieg
Reproduktion
Dresden, 1946/47
SLUB Dresden/Deutsche Fotothek

22

**»Statistisches zur Zerstörung Dresdens
im Februar 1945«**
Dresden, nach Februar 1945
Matthias Griebel

Nach der Bombardierung Dresdens trug Otto Griebel
zahlreiche Materialien und Dokumente über Sachschä-
den und Todesopfer zusammen. In seinen Unterlagen
ging er noch von 30 000 Toten aus. 2010 legte sich die
Dresdner Historikerkommission zur Ermittlung der
Opferzahlen in ihrem Gutachten auf eine Zahl von maximal 25 000 Menschen fest, die bei der Bombardierung
Dresdens zwischen dem 13. und 15. Februar 1945 ums
Leben gekommen waren.

23

Zwei Bombensplitter
gefunden von Otto Griebel
Dresden, 1945
Matthias Griebel

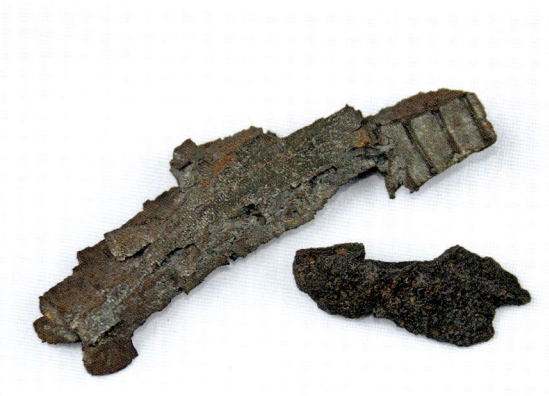

23

Statistisches zur Zerstörung Dresdens im Februar 1945

1. Bevölkerung:

1932	644,051	Einwohner
1933	642,395	"
1939	629,713	"
1945 vor dem 14.2.	566,744	"
1945 etwa am 10.3.	398,950	"
1945	461,015	"
1948	467,000	"

2. Anzahl der Opfer der Bombenangriffe:

ca. 30000 Personen insgesamt.
davon etwa 13000 erdbestattet
5000 auf dem Altmarkt verbrannt
12000 unter den Trümmern.

3. Zahl der zerstörten oder beschädigten Wohnungen:

Vor dem An-
griff hatte
Dresden
220000
Wohnungen

Zerstört	75368
Schwer beschädigt	11500
mittelschwer "	7105
leicht " "	80936

4. Zahl der zerstörten oder beschädigten öffentlichen Gebäude, Betriebe und Geschäfte:

17 evangelische
3 katholische
Kirchen total zer.

(Bis z. 4. Angriff, ohne die vom 2. März u. 17. April)

	total		schwer		erheblich		leicht	
Öffentliche Gebäude	114	total,	4	schwer,	7	erheblich,	1	leicht
Krankenhäuser, Lazarette, gr. Privatkliniken	40	"	4	"	3	"	0	"
Handelsgeschäfte u. Verkaufsstellen	685	"	5	"	3	"	4	"
Gaststätten und Beherbungsbetriebe	58	"	1	"	1	"	5	"
Banken, Sparkassen, Versicherungen	57	"	3	"	1	"	1	"
Kulturstätten	68	"	6	"	2	"	8	"
Speicher, Lagerhäuser	15	"	3	"	0	"	0	"
Schlachthäuser	0	"	1	"	0	"	0	"
Mühlen	0	"	2	"	0	"	0	"
Gewerbliche Betriebe	144	"	34	"	21	"	10	"
Wasserwerke	1	"	0	"	1	"	1	"
Elektrizitätswerke	0	"	1	"	0	"	1	"
Gaswerke	0	"	1	"	1	"	0	"
Reichsbahnanlagen	3	"	6	"	6	"	2	"
Postanlagen	19	"	6	"	2	"	1	"
Hafenanlagen	0	"	0	"	1	"	0	"

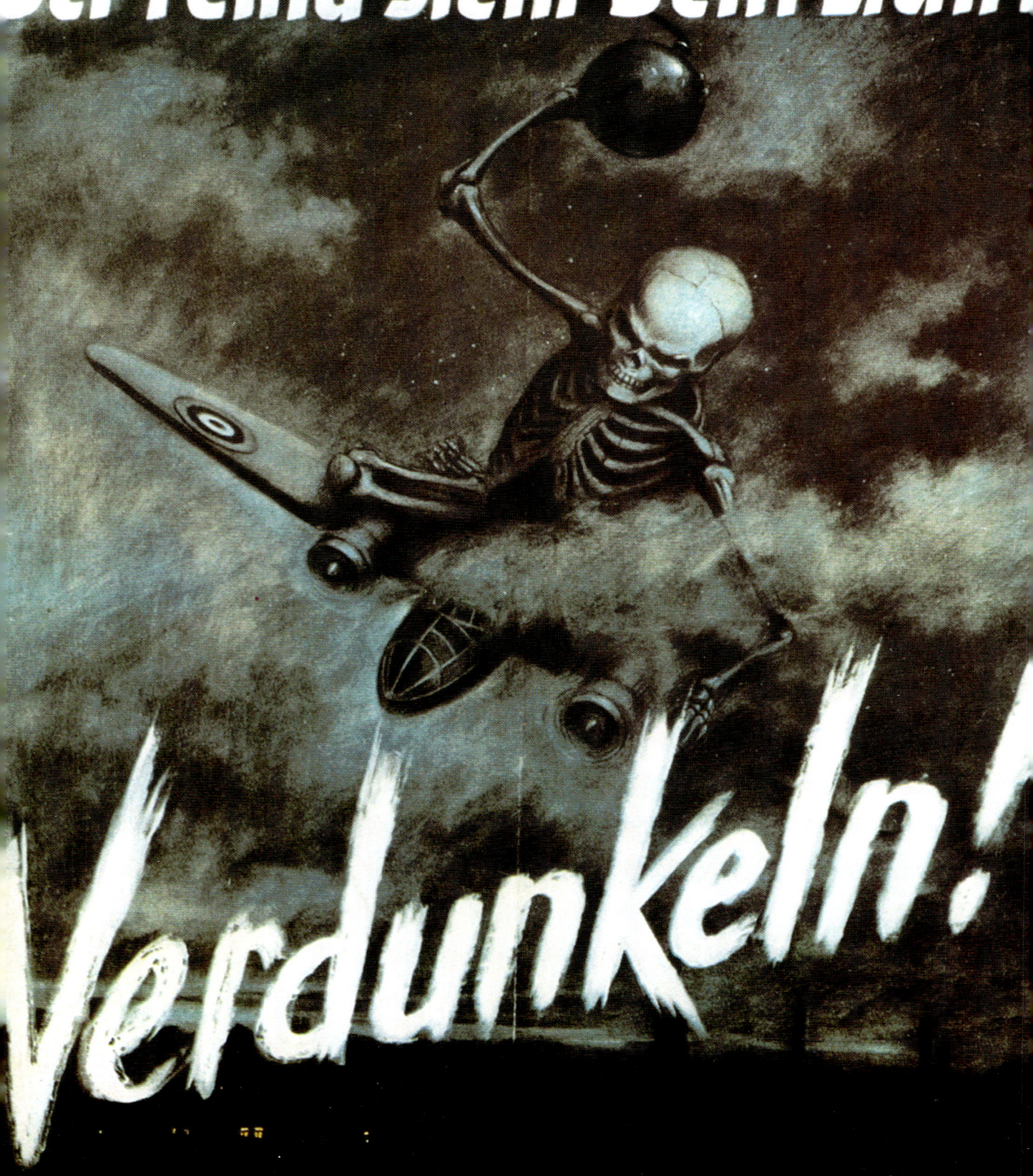

PROPAGANDA UND LEGENDEN

Unmittelbar nach der Bombardierung Dresdens kursierten nur Gerüchte über das Ausmaß der Zerstörung. Augenzeugen vermuteten Hunderttausende Tote und berichteten von einer völlig zerstörten Stadt. Reichspropagandaminister Joseph Goebbels erkannte schnell das propagandistische Potenzial. Er nutzte die öffentliche Betroffenheit, um Dresden zum Opfer eines militärisch sinnlosen angloamerikanischen »Terrorbombardements« zu erklären. Die Zerstörung der weltberühmten Kunststadt wurde als Angriff auf den europäischen Kulturgeist dargestellt.

Die Zeitungen propagierten eine Jetzt-erst-recht-Haltung, in der »Widerstand bis zum Äußersten« zur »heroischen Tat« überhöht wurde.

Im Gegensatz zu anderen Städten war Dresden sehr lange von den direkten Auswirkungen des Krieges verschont geblieben. Die Angriffe vom 13. und 14. Februar trafen daher eine Bevölkerung, die nahezu keine Erfahrung mit der Luftkriegführung hatte und die ihr Wissen aus Propagandaberichten, Erzählungen und Gerüchten bezog. Im Chaos nach der Bombardierung versuchten die Menschen dann das, was sie sahen, mit dem, was sie zu wissen glaubten, in Übereinstimmung zu bringen. So entstanden Geschichten, die in ihrer subjektiven Plausibilität einer ganz eigenen Logik folgten, aber keiner kritischen Hinterfragung oder wissenschaftlichen Überprüfung standhalten.

◁ Deutsches Propagandaplakat
aus dem Zweiten Weltkrieg, um 1943

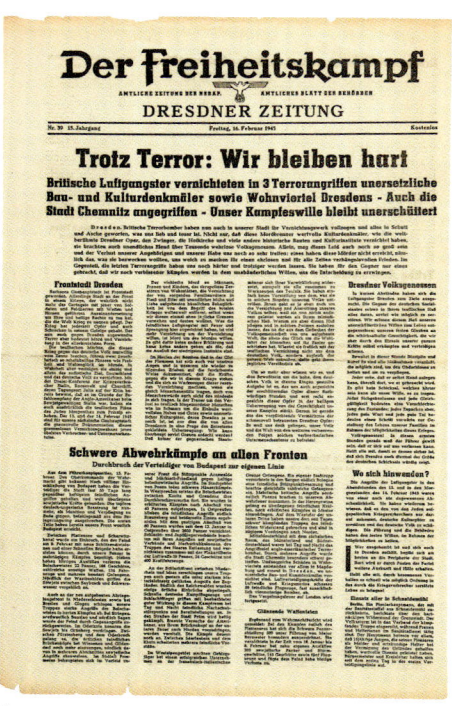

1

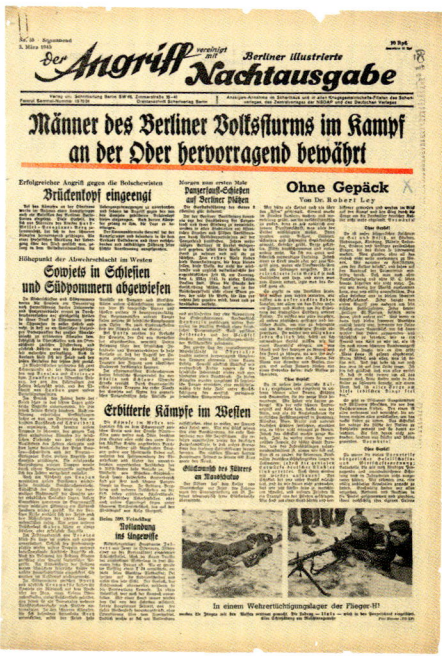

2

1

»Trotz Terror: Wir bleiben hart«
Artikel in der Dresdner Tageszeitung der NSDAP
»Der Freiheitskampf« Nr. 39, 16. Februar 1945
MHM

Propagandaminister Joseph Goebbels machte sich die Bombardierung Dresdens umgehend zunutze. Die Presse verwendete den von Goebbels geprägten Begriff des »Terrorbombardements«. Die weltberühmte Kunststadt Dresden sei in einem Akt sinnloser Barbarei zerstört worden – damit hatte Goebbels die offizielle Linie festgelegt.

2

»Ohne Gepäck«
Zeitungsartikel des NS-Politikers Robert Ley
»Der Angriff« Nr. 52, 3. März 1945
MHM

Nach dem »Endsieg« sollten viele Großstädte des »Dritten Reiches« durch gigantische Bauprojekte ein neues Aussehen erhalten. In einem Artikel der Zeitung »Der Angriff« verurteilte der Leiter der Deutschen Arbeitsfront, Robert Ley, einerseits die Zerstörung Dresdens als »Kulturschande«, andererseits sei die Stadt dadurch von der »Bürde« ihres architektonischen Erbes und damit auch von den Zeugnissen einer humanistischen Vergangenheit befreit worden.

3

»Dresden«
Typoskript von Gerhart Hauptmann
mit Unterschriften von George Sylvester Viereck
und Margarete Hauptmann
29. März 1945 (Unterschriften vom 3. Juli 1956)
Staatsbibliothek zu Berlin – Preußischer Kulturbesitz,
Handschriftenabteilung

Der hochbetagte Dramatiker Gerhart Hauptmann erlebte die Bombardierung Dresdens als Patient des Sanatoriums Weidner in Dresden-Wachwitz. Hauptmann

31

Autogr. I / 270-24

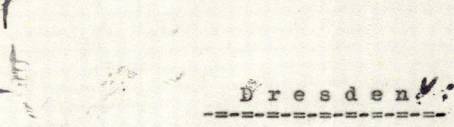

D r e s d e n :
-=-=-=-=-=-=-=-=-

Wer das Weinen verlernt hat, der lernt es wieder beim Untergang
Dresdens. Dieser heitere Morgenstern der Jugend hat bisher der Welt
geleuchtet. Ich weiss, dass in England und Amerika gute Geister
genug vorhanden sind, denen das göttliche Licht der Sixtinischen
Madonna nicht fremd war und die von dem Erlöschen dieses Sternes
allertiefst schmerzlich getroffen weinen.
Und ich habe den Untergang Dresdens unter den Sodom- und Gomorrha-
Höllen der feindlichen Flugzeuge persönlich erlebt. Wenn ich das
Wort "erlebt" einfüge, so ist mir das jetzt noch wie ein Wunder.
Ich nehme mich nicht wichtig genug, um zu glauben, dass Fatum habe
mir dieses Entsetzen gerade an dieser Stelle in dem fast liebsten
Teil meiner Welt ausdrücklich vorbehalten.
Ich stehe am Ausgangstor des Lebens und beneide alle meine toten
Geisteskameraden, denen dieses Erlebnis erspart geblieben ist.

 Ich weine. Man stosse sich nicht an das Wort weinen: die grössten
Helden des Altertums, darunter Perikles und andere, haben sich seiner nicht geschämt.
Von Dresden aus, von seiner köstlich-gleichmässigen Kunstpflege
in Musik und Wort sind herrliche Ströme durch die Welt geflossen,
und auch England und Amerika haben durstig davon getrunken.
Haben sie das vergessen?
Ich bin nahezu dreiundachtzig Jahre alt und stehe mit einem Ver-
mächtnis vor Gott, das leider machtlos ist und nur aus dem Herzen
kommt: es ist die Bitte, Gott möge die Menschen mehr lieben, läu-
tern und klären zu ihrem Heil, als bisher.

                    Gerhart Hauptmann

Agnetendorf
29.März 1945

3 VII 956

George Sylvester Viereck

hatte 1912 den Nobelpreis für Literatur erhalten, seit 1944 führte ihn das NS-Regime in einer Liste »gottbegnadeter« Künstler. Die Bewertung seiner Haltung gegenüber dem Nationalsozialismus ist bis heute umstritten.

Am 29. März 1945 verfasste Hauptmann im Auftrag des Propagandaamtes Breslau den Text »Dresden«. Ursprünglich war er als Radioansprache konzipiert und wurde vom Autor selbst eingesprochen, fand aber auch in Zeitungen Verbreitung.

Hauptmann sieht die Zerstörung der Stadt als apokalyptisches Ereignis. Wie später auch Erich Kästner beruft er sich auf das Bild der von Gott gestraften biblischen Städte Sodom und Gomorrha. Auffällig ist das Fehlen einer harschen Schuldzuweisung. Im Gegenteil: Auch »gute Geister in England und Amerika« werden, so hofft er, im Verlust Dresdens einen Verlust menschlicher Kultur sehen. Die NS-Propaganda versuchte diesen Text in ihrem Sinne zu interpretieren, sein Wortlaut gibt dies jedoch nicht her.

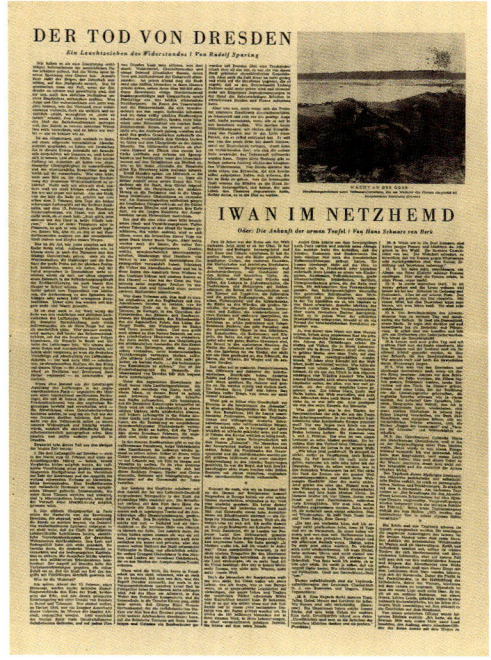

4

Tiefflieger

4
»Der Tod von Dresden«
Zeitungsartikel des NS-Politikers Rudolf Sparing
»Das Reich« Nr. 9, 4. März 1945
MHM

In Rudolf Sparings Artikel wurde erstmals die Behauptung verbreitet, britische Bomber hätten während des zweiten Nachtangriffs mit Bordwaffen auf Flüchtlinge im Großen Garten gefeuert. Weder wären aber die Bomber zu einem hierfür notwendigen Sturzflug aus mehreren Tausend Metern technisch in der Lage gewesen, noch hätte sich ein solches Manöver unter den Bedingungen des zu diesem Zeitpunkt wütenden Feuersturms durchführen lassen.

»Den Rest, vielleicht das Allerschlimmste, besorgten am Mittag des 14. Februar die Amerikaner, als sie ihren am 13. Februar vertagten Angriff nachholten. Mit 310

5

›Fliegenden Festungen‹ und über 200 Jagdflugzeugen erschien die 8. Amerikanische Luftflotte über Dresden. Die Brutalität kannte keine Grenzen. Neben den Bombenabwürfen war alles, was Menschenantlitz trug, Ziel der Maschinengewehre und Bordkanonen der Tiefflieger. Tausende Obdachlose, Männer, Frauen und Kinder wurden ›gekillt‹.«

(Walter Weidauer: Inferno Dresden. Über Lügen und Legenden um die Aktion »Donnerschlag«, 1. Auflage, Berlin (Ost) 1965, S. 45)

5
»Niedrigste Gangsterinstinkte der USA«
Artikel in der Dresdner Tageszeitung der NSDAP
»Der Freiheitskampf« Nr. 153, 4. Juni 1943
MHM

Zum Schutz vor der deutschen Jagdabwehr wurden die US-Bomberflotten seit 1944 bei ihren Tagangriffen von weitreichenden Langstreckenjägern des Typs P-51 Mustang eskortiert. Ihre Einsatzrichtlinien sahen vor, bei ausbleibender deutscher Abfangtätigkeit und erst auf dem Rückflug Gelegenheitsziele am Boden anzugreifen. Bei diesen Tiefflugangriffen mit Bordwaffen wurden Militärkolonnen, Bahnhöfe und Züge zerstört. Auch Zivilisten waren betroffen, sie wurden zum Teil sogar gezielt beschossen. Solche Fälle sind dokumentiert, sowohl von US-Piloten als auch von deutschen oder beispielsweise sowjetischen Tiefffliegern. Anders als es die nationalsozialistische deutsche Propaganda mit Bezug auf die USA behauptete, ist aber eine systematische Praxis bei keiner der am Zweiten Weltkrieg beteiligten Mächte nachweisbar.

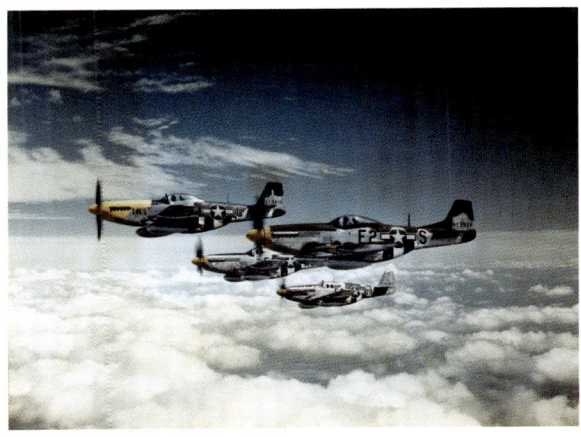

6

6
Amerikanische Jagdflugzeuge
drei P-51D und eine P-51B der 361st Fighter Group
Reproduktion
Royal Air Force Bottisham, Cambridgeshire, UK, 26. Juli 1944
PhotoQuest/Getty Images

Die historische Forschung hat keine Belege für die beschriebenen Tiefffliegerangriffe auf Ausgebombte im Großen Garten und auf den Elbwiesen gefunden. Ein Massensturz der Begleitjäger während der Abwürfe aus der Flughöhe des Bomberstroms und ein Zielanflug auf die von Rauchwolken verdeckte Stadt wäre lebensgefährlich für die Piloten gewesen. Gegen eine weitere Anwesenheit der Jäger nach der Bombardierung sprechen der knappe Benzinvorrat in den Flugzeugtanks und die rasche Entwarnung vom Mittag des 14. Februar im Luftraum um Dresden.

Nachweislich gab es Luftkämpfe zwischen Begleitjägern und der deutschen Jagdabwehr, und zwar sowohl vor den Angriffen als auch währenddessen und danach. Sie fanden über der Stadt oder im weiteren Luftraum um sie herum statt. Möglicherweise interpretierten Augenzeugen eine durch das Elbtal verlaufende Verfolgungsjagd, bei der auch kurze Feuerstöße abgegeben wurden, als Angriff auf sich selbst. Tiefflugangriffe auf Bodenziele fanden an diesem Tag tatsächlich statt, allerdings wie vorgeschrieben erst auf dem Rückflug rund 200 Kilometer westlich von Dresden.

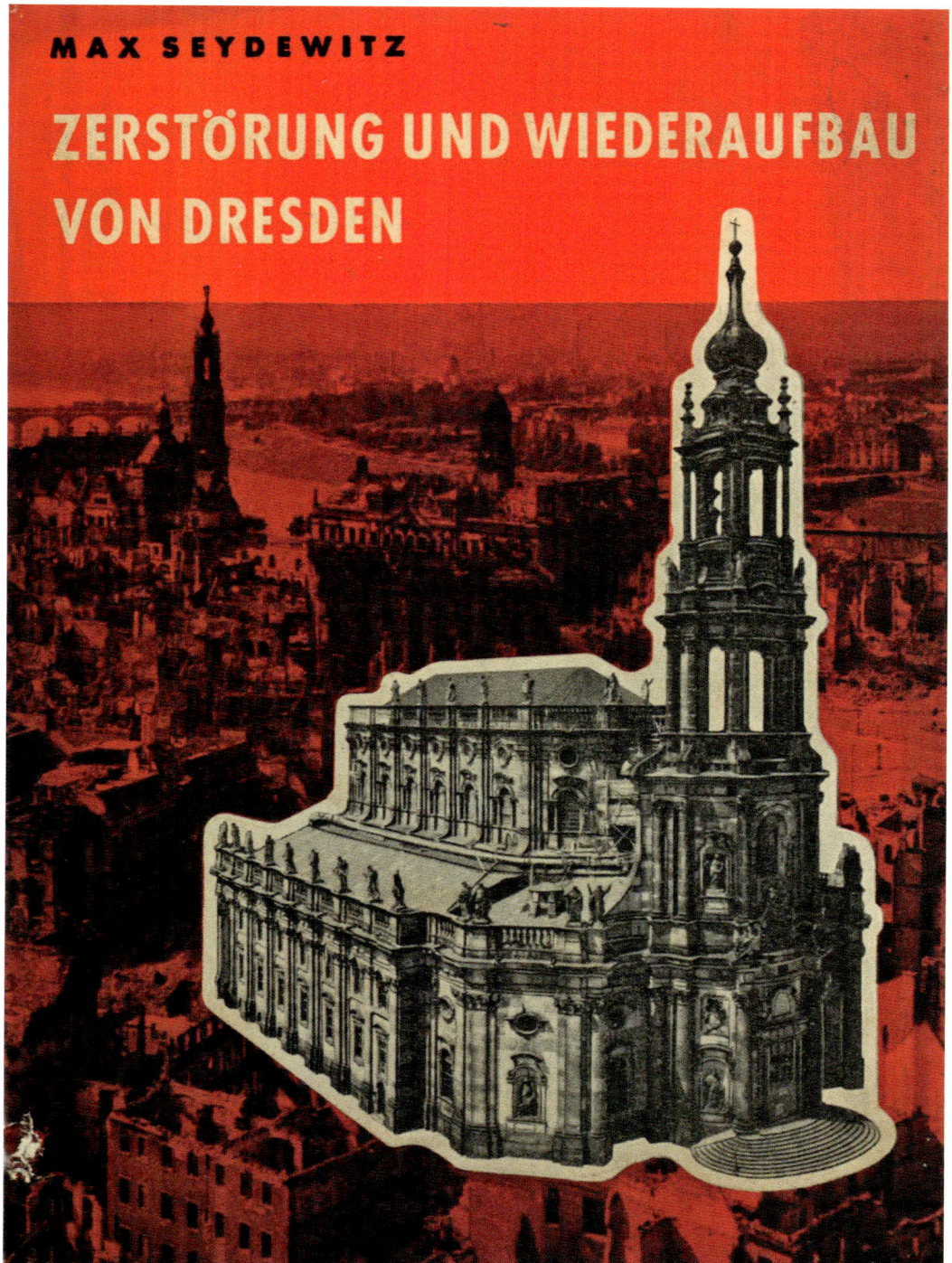

MAX SEYDEWITZ

ZERSTÖRUNG UND WIEDERAUFBAU VON DRESDEN

7
»Zerstörung und Wiederaufbau von Dresden«
von Max Seydewitz
Erstauflage | Dresden, 1955
MHM

Mit dem Buch »Zerstörung und Wiederaufbau von Dresden« (Titel seit der dritten Auflage: »Die unbesiegbare Stadt«) formulierte Max Seydewitz die politische Haltung der DDR-Historiografie zum Thema Bombenkrieg. Seydewitz, der bis 1952 sächsischer Ministerpräsident war, beschrieb Dresden als »die am meisten zerstörte Stadt Deutschlands« und die Bombardierung durch die westalliierten Luftwaffen als Mord an der Bevölkerung. Selbst das Rote Kreuz sei von den Bomben nicht verschont worden, und »auch den Toten auf den Friedhöfen ließ man keine Ruhe«. Tiefflieger hätten gezielt Jagd auf Menschen gemacht, die sich im Großen Garten und an den Elbwiesen aufhielten. Seit Götz Bergander in seinem Buch »Dresden im Luftkrieg« 1977 den Einsatz von Tiefflieger über Dresden in Zweifel zog, wurden diese Passagen in den Neuauflagen von Seydewitz' Buch der 1980er Jahre gestrichen.

Churchills Tante

8
Winston Churchill
Reproduktion
10 Downing Street, London, 1940
IWM

Während einige deutsche Städte schon in den ersten Monaten des Zweiten Weltkriegs von der Royal Air Force bombardiert wurden, blieben andere lange verschont. In Flensburg, Wuppertal, Freiburg und auch in Dresden kursierten daraufhin Gerüchte, der britische Premierminister Winston Churchill habe persönlich einen Luftangriff untersagt, weil eine Tante (oder andere nahe Verwandte) in der jeweiligen Stadt lebe. In Livorno war angeblich eine Geliebte Churchills der Grund dafür, dass lange Zeit keine Bombe auf die italienische Hafenstadt fiel.

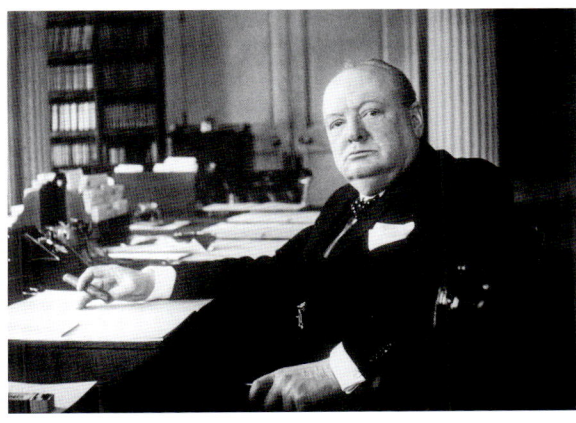

8

Phosphor

»Der Phosphorregen, dieser Teufelssaft, floß in nicht endenwollenden Strömen von oben herab. Tonnen hingen am nachtdunklen Himmel. Oder waren es Fallschirme, an denen der Tod zur Erde langsam herabsank? Aus windmühlenartigen Flügeln spritzte brennender Phosphor. Wo er auftraf, erstarben Menschen, Tier und Pflanze.«

(Axel Rodenberger: Der Tod von Dresden, 8. Auflage, Frankfurt am Main 1963, S. 102)

9
Schnellbrief des Propagandaministers Goebbels an den Interministeriellen Luftkriegsschädenausschuss und die Gauleiter
LK-Mitteilung Nr. 6, 10. Juli 1943
Bundesarchiv

»In verschiedenen luftgefährdeten Gebieten werden hartnäckig Gerüchte verbreitet, daß die britisch-amerikanischen [sic] Flugzeuge Phosphor abregnen, so daß alle Bemühungen der Brandbekämpfung vergeblich seien, da sofort riesige Flächenbrände entstünden. Das Reichsluftfahrtministerium ist diesem Gerücht nachgegangen und hat festgestellt, daß in Deutschland noch niemals Phosphor abgeregnet oder abgeblasen

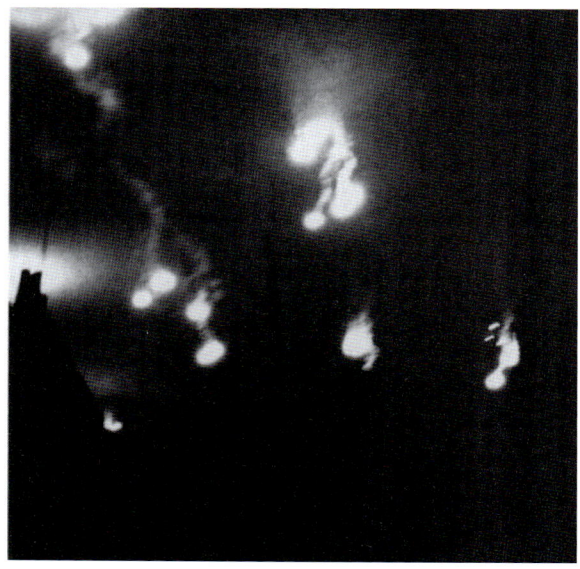

10

wurde. Die Gerüchte gehen auf eine Täuschung der Bevölkerung zurück. Wenn nämlich ein Phosphorkanister hart aufschlägt, spritzt die Masse mitunter 30 m hoch. Außerdem haben die Engländer z. B. bei Barmen Zielmarkierungsbomben mit bunten kaskadenartig in der Luft herausfallenden Leuchtstäben abgeworfen; diese sehen wie glühende Tropfen aus.«

10
Britische Leuchtmarkierungsbomben
über der Christuskirche in Dresden-Strehlen
Fotografie von Kurt Ueberschär
Dresden, 13./14. Februar 1945
Hans Ueberschär, Dresden

Am 1. Juli 1943 erfuhr Propagandaminister Goebbels aus einem Bericht des Sicherheitsdienstes der SS von sich rasch verbreitenden Gerüchten: Aus britischen und amerikanischen Flugzeugen werde flüssiger Phosphor abgelassen, der sich an der Luft entzünde und nicht zu löschen sei. Um Befürchtungen der Bevölkerung zu zerstreuen, dies sei der Beginn einer chemischen Kampfführung, versandte er einen Schnellbrief, der eine realistische Einschätzung enthält. Tat-

sächlich besteht ein zeitlicher Zusammenhang zwischen dem Aufkommen dieser Gerüchte und den ersten Einsätzen von Leuchtmarkierungsbomben durch die Royal Air Force.

11
»Schach dem Terror«
Artikel in der Zeitschrift des Reichsluftfahrtministeriums
»Der Adler« Nr. 7
Berlin, 30. März 1943
MHM

Der Transport von flüssigem Phosphor wäre für die Bomberbesatzungen sehr gefährlich, das sogenannte Abregnen technisch ineffektiv gewesen. In Aufklärungskampagnen informierte die deutsche Presse darüber, dass Phosphor der mit Kunstharz verdickten Benzin-Benzol-Brandmasse sogenannter Phosphorbrandbomben lediglich als Zünd-, aber nicht als Brandmittel beigemischt werde. Weil sich Phosphor in Kontakt mit Sauerstoff selbst entzündet und deshalb als nahezu unlöschbar gilt, war es wichtig, die Gerüchte von reinen Phosphorbomben zu zerstreuen. Denn sie konnten die Bevölkerung von aussichtsreichen Löschversuchen abhalten.

Die Noble-Legende

12
Kleinbild-Spiegelreflexkamera
»Praktiflex«
Dresden, 1939
Technische Sammlungen Dresden

Der Antisemitismus gehörte von Anfang an zu den weltanschaulichen Grundlagen des Nationalsozialismus. Die systematische Verdrängung der Deutschen jüdischen Glaubens oder mit jüdischen Vorfahren aus dem öffentlichen Leben und ihre zunehmend brutale Verfolgung begannen für alle Deutschen sichtbar im April 1933. Während des Novemberpogroms 1938 gegen Juden wurden fast alle Synagogen in allen deut-

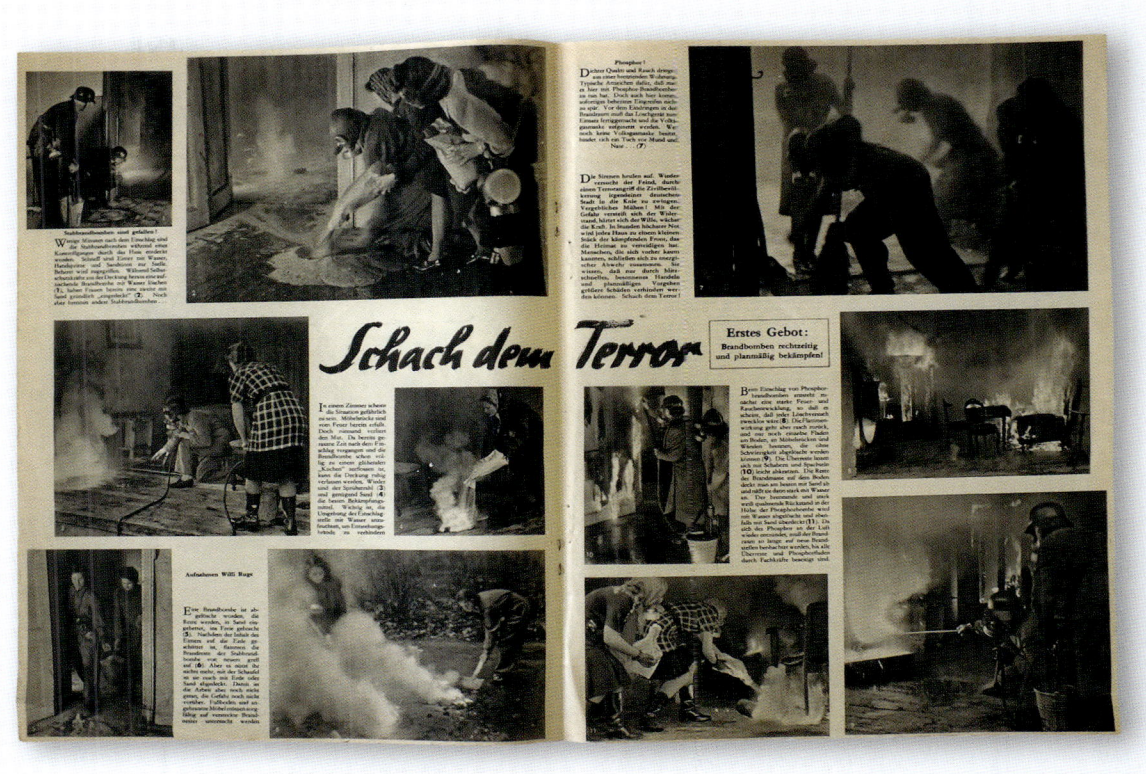

11

schen Städten und Gemeinden angezündet. Im selben Jahr tauschte der jüdische Fabrikant Benno Thorsch seine Kamerafirma in Dresden-Niedersedlitz gegen die Detroiter Firma des amerikanischen Unternehmers Charles Noble. Noble, der ursprünglich aus Deutschland stammte, übersiedelte 1938 mit seiner Familie in die Villa San Remo im Stadtteil Weißer Hirsch. Er führte 1939 die bereits von Thorsch und dem Konstrukteur Alo s Hoheisel entwickelte Praktiflex zur Serienreife, die weltweit erste Kleinbild-Spiegelreflexkamera mit Rückschwingspiegel. Da die Firma mit Beginn des Krieges auf Rüstungsproduktion umgestellt wurde, entstand von der Praktiflex II 1941 nur ein Prototyp.

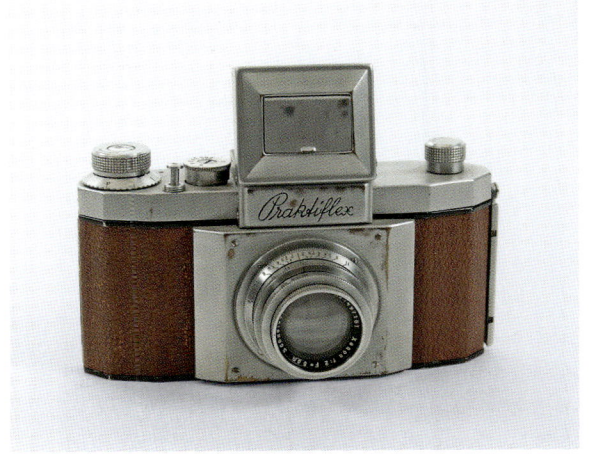

12

165

Deutschland - Amerikanische Zone

Союз Обществ Красного Креста и Красного Полумесяца
СССР

Бесплатно
Franco de port

ПОЧТОВАЯ КАРТОЧКА
Carte postale

Кому (Destinataire) Schneidermeister Lorenz Bambai

Куда (Adresse) Oberaula - Krs. Hersfeld-Fulda

(страна, город, улица, № дома, округ, село, деревня)

Hessen

Отправитель (Expéditeur)

Фамилия и имя отправителя
Nom de l'expéditeur
Rudolf Röhrich

Почтовый адрес отправителя UDSSR - Stadt Moskow
Adresse de l'expéditeur
Postschließfach № 5110-36

Lieber Onkel Lohr!   13. V. 54.

Die herzlichsten Grüsse sendet euch euer noble
neffe und kann sagen daß es mir gut geht, was ich
auch von euch erhoffe. Schreibt mir bitte wie ihr lebt und
wie es meinen lieben geht. Vor allem bestelle die aller herzlichsten Grüsse an Vater-Karl, Mutter Hilde und Bruder George.
Ich sehne mich sehr und hoffe doch bald einmal zurückzukehren.
Ihr Lieben, ich habe noch etwas auf dem Herzen. Wir können
so viel und oft 5 Kg. Pakete erhalten. Sendet mir doch bitte
was möglich ist, vor allem einige Photos von den Lieben. Sachen
wie Vitamine, Traubenzucker, Trocken-milch-obt-ei, Süssigkeiten, Gebäck
und Honig wird von uns gebraucht. Da wir zivil tragen dürfen
bitte ich alle zivilsachen wie Anzuge, Hemd und woll waren sowie
Lederwaren und Stifel für uns zu schicken. Ihr wißt selbst was
man brauchen kann. Doch bitte wenn möglich sendet mir einen
guten Federhalten und Armb: Uhr sowie Rauchware. Sendet es direkt an
mich an die Absendeadresse. Nochmals lieben Onkel Lohr grüss mir die
Lieben recht herzlich. Ich warte auf Nachricht von euch. Gruss und Kuss
Euer Johnny

13

13
Postkarte aus Sibirien
von John Noble
Workuta, 1954
Katharina Förster-Noble

Am 7. Juli 1945 wurden Charles Noble und sein Sohn John nach einer Geschäftsreise von Angehörigen des sowjetischen Geheimdienstes verhaftet. Die Anklage lautete auf Spionage. Charles Noble wurde 1950 zu Zuchthaushaft verurteilt. Er kam 1952 frei und kehrte in die USA zurück. Sein Sohn John wurde – ohne Urteil – 10 Jahre lang als Zwangsarbeiter in Sibirien festgehalten.

Aus Workuta konnte er 1954 ein verschlüsseltes Lebenszeichen herausschmuggeln: Unter dem Namen eines Mitgefangenen schrieb er einer Verwandten in West-Berlin als ihr »nobler« Neffe. Die Postkarte fand ihren Weg in die USA. Präsident Eisenhower forderte die Sowjetunion zur Freilassung Nobles und weiterer Gefangener auf. Anfang 1955 kam John Noble frei.

14
»Villa ›San Remo‹«
Artikel von Ruth Seydewitz in der Zeitschrift »Das Magazin« 2/1955, S. 45 – 48
MHM

15
Großer Stadtverführer Dresden. Rommé-Spiel als Cityguide mit Stadtplan und Geschichten
Kartenspiel | Dresden, 2007
Stadtspiele-Verlag

John Noble hatte am 11. Januar 1955 während einer Pressekonferenz in West-Berlin von den schrecklichen Zuständen in den sowjetischen Arbeitslagern berichtet. Schon in der Februarausgabe der DDR-Zeitschrift »Das Magazin« beschuldigte Ruth Seydewitz, die Frau des damaligen sächsischen Ministerpräsidenten, den Vater Charles Noble: Vor dem Angriff auf Dresden habe er den englischen Bombern mittels Lichtzeichen vom Turm seiner Villa aus den Weg in die Stadt gewiesen. Dies sei der Grund für seine Verhaftung nach Kriegsende gewesen.

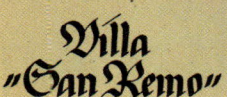
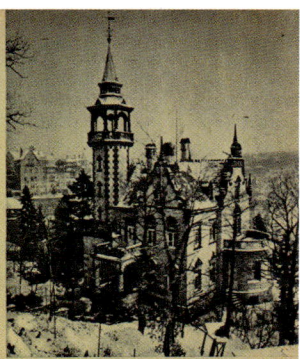

14

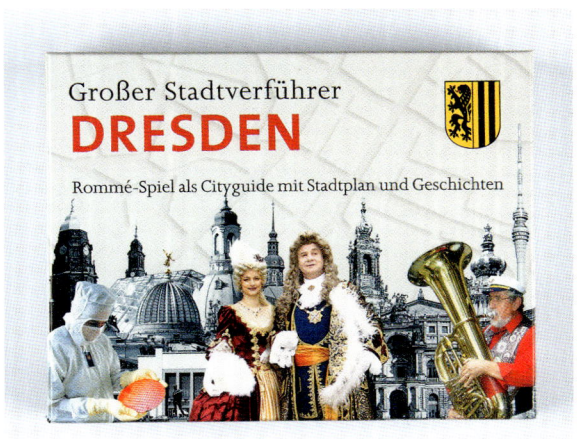

15.1

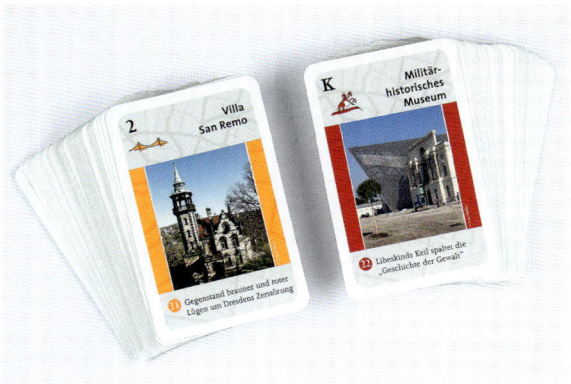

15.2

Gezielt wurde so die Familie Noble verleumdet und John Noble verunglimpft. Obwohl die Behauptungen schon bald widerlegt wurden, lebte die Noble-Legende in der DDR weiter und findet sich zum Teil noch heute in manchen Publikationen.

Die Opferzahlen

16
»Schlußmeldung«
Polizeioberst Wolfgang Thierig,
Höherer SS- und Polizeiführer Elbe
Dresden, 15. März 1945
Staatsarchiv Dresden

In der am 15. März 1945 unterzeichneten »Schlußmeldung« wird versucht, eine erste Bilanz der Sach- und Personenschäden durch die Bombenangriffe auf Dresden zu ziehen. Bis zum 10. März wurden ausweislich dieses Dokuments neben Schäden an Gebäuden und der Infrastruktur auch 18 375 Todesopfer gezählt. Diese Zahlen fanden später Bestätigung durch die Bestattungslisten der städtischen Friedhöfe. Erstmals wurde dieses Dokument 1965 in Walter Weidauers Buch »Inferno Dresden« veröffentlicht.

17
»Tagesbefehl Nr. 47« (Abschrift)
22. März 1945
MHM

Im »Tagesbefehl Nr. 47« vom 22. März 1945 wurde polizeiintern die offizielle Anzahl der bis dahin geborgenen Toten verkündet. Lange war vom Tagesbefehl nur eine Abschrift bekannt, in der die Gesamtzahl der Todesopfer mit 202 040 angegeben wird. Bereits 1955 bezeichnete Max Seydewitz diese Zahl als gefälscht; dennoch übernahm sie der britische Autor David Irving 1963 in seinem Buch »The Destruction of Dresden« (deutsch: »Der Untergang Dresdens«, 1964).

Der Historiker Götz Bergander konnte 1977 die Fälschung nachweisen: Ein Polizeimitarbeiter hatte 1945 das Original abgeschrieben, in dem die Zahl von 20 204 Todesopfern stand. Zu seiner Überraschung kursierte mit dem Datum des 23. März plötzlich eine neue Fassung, bei der dieser Zahl eine Null angehängt worden war. Die so verzehnfachte Opferzahl setzte Goebbels im Propagandakrieg gegen die USA und Großbritannien ein.

2. Wehrmachtgebäude bzw. -anlagen:

Total zerstört: Wehrmacht-Kommandantur (Taschenberg-Palais), Dienstgeb. d. SA-Standarte Feldherrnhalle, Gerokstr., Wehrkreis-Veterinäruntersuchungsstelle IV (Bautzner Str.), Wehrmachtbücherei Blockhaus (Neustädter Markt), Heeresaufnahmebezirksstelle u. Orthopädische Versorgungsanstalt Bodanstr. 24, Wehrmacht-Unterkunft Drei-Kaiser-Hof, Kraftfahrpark Lennéstr. (Ausstellungspalast), Versorgungsärztl. Untersuchungsstelle Canalettostr.
Schwer besch.: LGK III, Heeresverpflegsamt Fabrikstr. 13. 21 Res.-Lazarette total zerstört, mehrere schwer besch. Das Gef.-Lazarett Gasthof Wölfnitz mittelschwer besch.

D. Gesamtzahl der Brände: Großbrände 74, Mittelbrände 2461, Kleinbrände 2.303. Großbrände meist Flächenbrände. F. Gebiet Abschnittskommando Mitte (Altstadt, Wilsdruffer Vorstadt, Seevorstadt, Pirnaische Vorstadt, Johannstadt) ein einziger Flächenbrand, da diese Stadtteile nach dem 2. Angriff ein einziges Flammenmeer bildeten.

E. Personenschäden: Bis 10.3.1945 früh festgestellt: 18.375 Gefallene, 2.212 Schwerverwundete, 13.718 Leichtverwundete. 350.000 Obdachlose u. langfristig Unquartierte. Aufgliederung der Personenschäden nach Geschlechtern u. Rücksicht auf bestehende Schwierigkeiten (Abwanderung großer Teile der Bevölkerung, Überführung eines großen Teils der Verwundeten nach außerhalb, vollkommene Verkohlung bzw. starke Verwesung der Leichen) noch nicht bzw. überhaupt unmöglich. Überwiegend handelt es sich aber um Frauen und Kinder. Nach Angaben der Kripo im Laufe der Zeit möglich, etwa 50% der Gefallenen zu identifizieren. Nach bisherigen Feststellungen ist der überwiegende Teil der Gefallenen in den LS-Räumen u. außerhalb durch mittelbare oder unmittelbare Brandeinwirkung sowie durch Verschüttung umgekommen. Auch durch Abwurf von Minen u. Sprengbomben insbesondere während des 2. Nachtangriffes auf Straßen u. Plätze sowie Grünanlagen, sind hohe Personenverluste eingetreten. Die Gesamtzahl der Gefallenen einschl. Ausländer wird auf Grund der bisherigen Erfahrungen u. Feststellungen bei der Bergung nunmehr auf etwa 25.000 geschätzt. Unter den Trümmermassen, insbes. d. Innenstadt dürften noch mehrere Tausend Gefallene liegen, die vorläufig überhaupt nicht geborgen werden können. Genaue Feststellungen der Gefallenenzahl erst möglich, wenn durch Vermißtennachweis u. Meldeämter der Polizei feststeht, welche Personen Dresden verlassen haben. Beim Vermißtennachweis und der Stadtverwaltung liegen z.Zt. etwa 35.000 Vermißtmeldungen vor. Unter den Gefallenen bisher etwa 100 Wehrmachtangehörige festgestellt. Meldungen hierüber in den Wehrmachtdienststellen oder in den Kasernen liegen noch nicht vor. Die Zahl der Gefallenen Wehrmachtangehörigen wird verhältnismäßig niedrig sein infolge des Ausgehverbotes.

Personenschäden bei der Ordnungspolizei:

	gefallen	vermißt	verwundet
aktive Schutzpol. einschl. Reserve	31	77	24
LS-Polizei einschl. FE-Dienst	171 x	300 xx	132

x einschl. 129 zurückgeführte Ukrainer,
xx einschl. 99 LS-Pol.-Angeh. aus Schlesien.

Gesch.-Tgb.-Nr. 566/45

Abschriftlich an

1) die Herren Bürgermeister
   m.Schutzpol.-Dienstabteilungen

2) Gendarmerieposten

   zur Kenntnis und Beachtung.   Für Gendarmerie : Aufnahme Akte
   Tagesbefehle.

                    Der   Landrat.

Abschrift.

Der Höhere ⁅⁆-und Polizeiführer Elbe
-Befehlshaber der Ordnungspolizei-   Dresden-N., den 22.3.1945

BdO. IV : Adj.(322) Nr. 5/45

                    Tagesbefehl Nr. 47
                    ============================

1) Luftangriffe auf Dresden.
    Um den wilden Gerüchten entgegentreten zu können, folgt nachstehend
    kurzer Auszug aus der Schlußmeldung des Polizeipräsidenten in Dres-
    den über die 4 Luftangriffe am 13., 14. und 15.2. 1945.

    1. Angriff am 13.2.1945 von 22.09 – 22.35 Uhr: Abwurf von etwa
       3000 Spreng- und 400 000 Stabbrandbomben;

    2. Angriff am 14.2.1945 von 1.22 – 1.54 Uhr: Abwurf von etwa
       4500 Spreng- und 170 000 Stabbrandbomben;

    3. Angriff am 14.2.1945 von 12.15 – 12.25 Uhr : Abwurf von etwa
       1500 Spreng- und 50 000 Stabbrandbomben;

    4. Angriff am 15.2.1945 von 12.10 – 12.50 Uhr: Abwurf von etwa
       900 Spreng- und 35 000 Stabbrandbomben.

    Total vernichtet bezw. sehr schwer beschädigt wurden   13 441 Wohnge-
    bäude,   das sind fast 36 v.H. aller Wohngebäude der Stadt Dresden.
    Weiter wurden total vernichtet bezw. so schwer beschädigt, daß sie
    nicht mehr benutztwerden können, 30 Banken, 26 Versicherungsgebäude,
    31 Waren- und Kaufhäuser, 647 Geschäftshäuser, 32 größere Hotels,
    25 Großgaststätten, 75 Verwaltungsgebäude, 6 Theater, 18 Licht-
    spieltheater, 2 Museen 19 Kirchen, 6 Kapellen, 22 Krankenanstal-
    ten und Lazarette, 72 Schulen, 5 Konsulate (darunter das spanische
    und schwedische).   Im Kühlhaus wurden bei allen Angriffen nur 180 Faß
    Butter (je 50 kg) vernichtet. Alle übrigen Bestände wurden gerettet.
    Bis zum 20.3.1945 sends wurden 20204 Gefallene, überwiegend Frauen
    und Kinder, geborgen. Es ist damit zu rechnen, daß die Gesamtzahl
    der Gefallenen bis auf 25000 ansteigen wird. Von den Gefallenen konn-
    ten nur annähernd 30 v.H. identifiziert werden.
    Die Ordnungspolizei Dresden (Schutzpolizei einschl.Reserve, Feuer-
    schutzpolizei und Luftschutzpolizei) hat 73 Gefallene und 278 Ver-
    mißte, die zum größten Teil zu den Gefallenen gerechnet werden müs-
    sen, zu verzeichnen.
    Da der Abtransport der Gefallenen nicht rasch genug vonstatten gehen
    konnte, wurden 6865 Gefallene eingeäschert, die Asche auf einem
    Friedhof beigesetzt.

18
»Inferno Dresden«
von Walter Weidauer
Dresden, 1975
MHM

Zum 20. Jahrestag der Zerstörung erschien Walter Weidauers Buch »Inferno Dresden – Über Lügen und Legenden um die Aktion ›Donnerschlag‹«. Darin widerlegte der ehemalige Dresdner Oberbürgermeister auch die sogenannte Noble-Legende. Die von David Irving in »Der Untergang Dresdens« 1964 publizierten hohen Opferzahlen korrigierte Weidauer mit Hinweis auf dokumentarische Quellen. Die von ihm ermittelten 25 000 Toten entsprechen den heute angenommenen Zahlen. Irvings Vergleich zwischen Dresden und den von Atombomben zerstörten Städten Hiroshima und Nagasaki widersprach Weidauer damit. Im von Atomwaffen dominierten Kalten Krieg zwischen NATO und Warschauer Vertrag verharmloste dieser Vergleich die Folgen einer Atombombenexplosion.

Weidauers Buch genoss seit dem Erscheinen hohe Aufmerksamkeit. Wie in der bis dahin zentralen DDR-Lektüre zum Thema, in Seydewitz' »Die Unbesiegbare Stadt«, wurde die sozialistische Aufbauleistung hervorgehoben, die nur wenig Rücksicht nahm auf die Ruinen des »alten Dresden«, von denen viele abgerissen und nicht wieder aufgebaut wurden.

»Wenn dennoch Dresden, das nach den angeführten Tatsachen mit an Sicherheit grenzender Wahrscheinlichkeit als Ziel für den ersten Atombombenabwurf vorgesehen war, das Schicksal von Hiroshima und Nagasaki erspart blieb, dann danken wir das in allererster Linie den Soldaten, Offizieren und Generalen der Sowjetarmee. Ihr schneller Vormarsch, ihre Ruhmestaten, die zur bedingungslosen Kapitulation Hitler-Deutschlands am 8. Mai 1945 führten, schalteten die Möglichkeit des Abwurfs der ersten Atombombe auf Dresden aus. Das sollten wir nie vergessen!«

(vgl. Walter Weidauer: Inferno Dresden. Über Lügen und Legenden um die Aktion »Donnerschlag«, 6. Auflage, Berlin (Ost) 1987, S. 102)

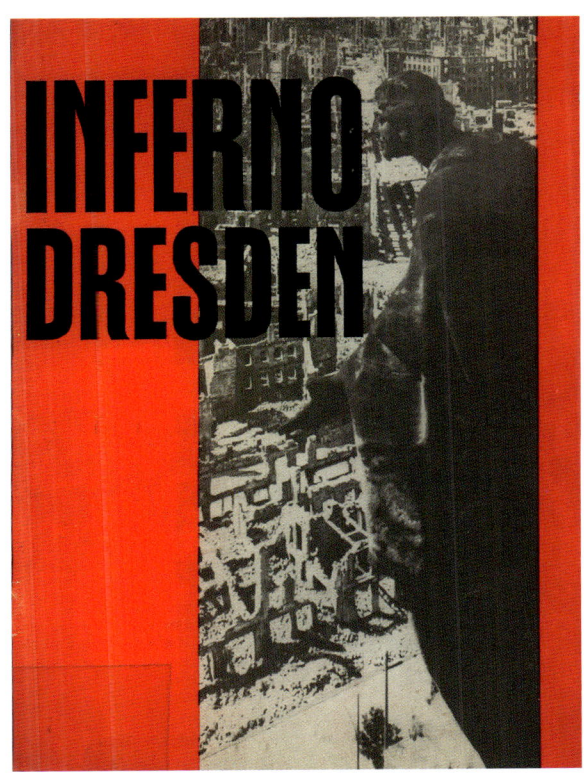

18

19
Trinity-Test
erste Zündung einer Kernwaffe
Reproduktion
New Mexico/USA, 16. Juli 1945
akg-images

Die Tatsache, dass Dresden vom Luftkrieg lange verschont blieb, begründete Walter Weidauer mit dem Vorhaben der US-Armee, die Stadt als unzerstörtes Ziel für den ersten Einsatz einer Kernwaffe vorzuhalten. Selbst sowjetische Historiker taten Weidauers Behauptung als nicht beweisbar ab. Sie ist aber auch in der 8. Auflage von »Inferno Dresden« aus dem Jahr 1990 noch zu finden.

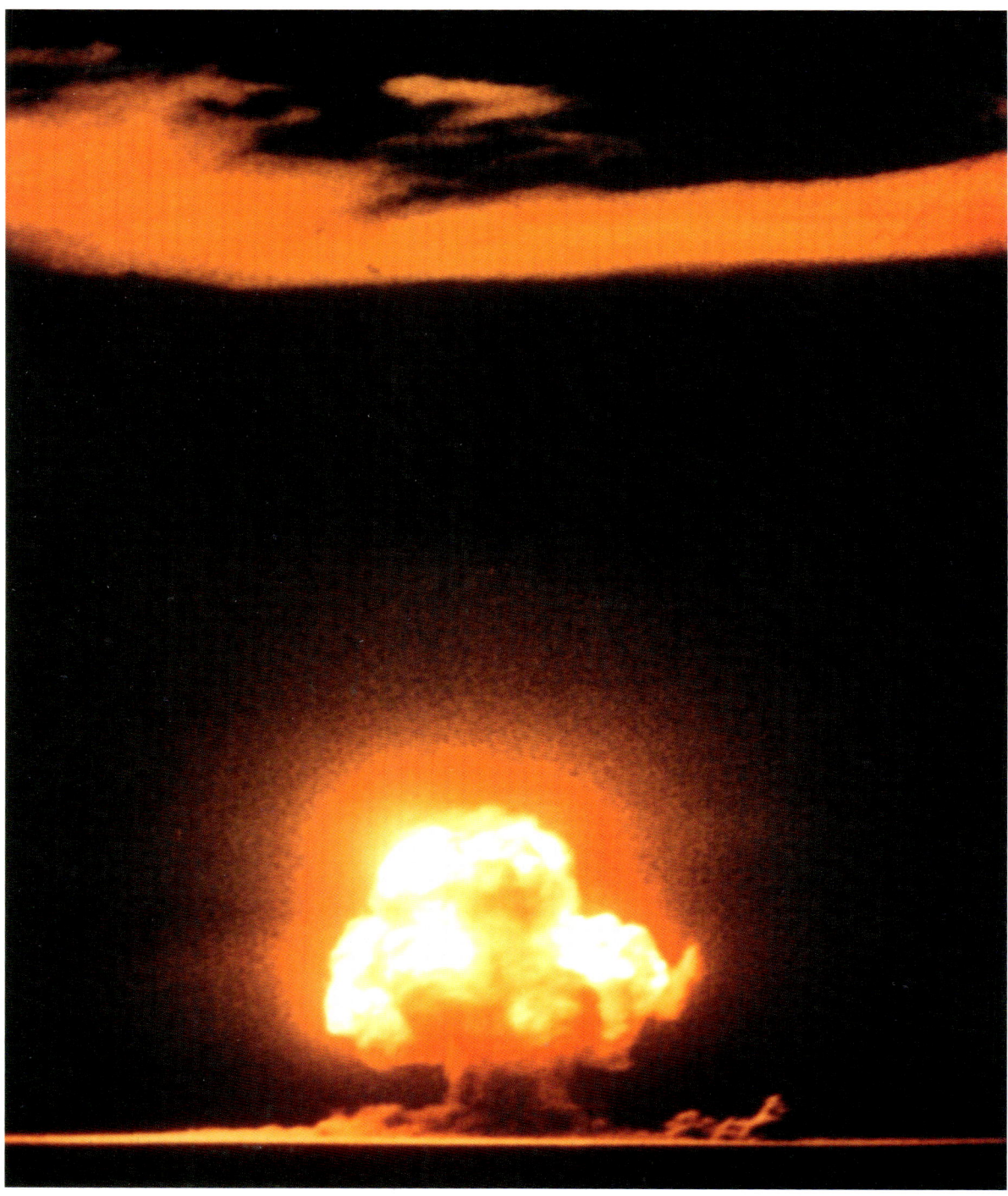

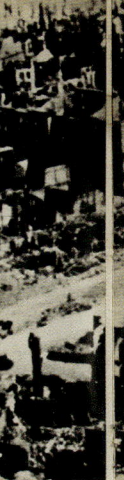

»Dresden«

Artikel von Ulrike Meinhof
in der Zeitschrift »konkret« Nr. 3, 1965
MHM

1963 verschaffte sich der britische Autor David Irving, der im Stadtarchiv Dresden für ein Buchprojekt über die Bombardierung recherchierte, unerlaubt Einblick in die gefälschte Abschrift des »Tagesbefehls Nr. 47« vom 22. März 1945. Die dort angegebenen überhöhten Totenzahlen übernahm er in sein 1964 auf Deutsch veröffentlichtes Buch »Der Untergang Dresdens«, das in der DDR verboten war. Der ehemalige Oberbürgermeister Walter Weidauer und andere forderten von Irving eine Richtigstellung. Dieser revidierte schließlich seine Angaben in einem Leserbrief an die Londoner »Times«.

Irvings Buch stellte lange Zeit die einzige vermeintlich seriöse wissenschaftliche Sekundärquelle dar. Daher fanden die von ihm angegebenen Zahlen und Sachverhalte auch Eingang in die Arbeiten anderer Autoren, unter anderem von Kurt Vonnegut. In einem Artikel in der westdeutschen, politisch links verorteten Zeitschrift »konkret« zitierte die Journalistin Ulrike Meinhof auch Irving. Die spätere Terroristin der Rote Armee Fraktion bezeichnete die Bombardierung Dresdens als »Barbarei« und griff damit auf das Vokabular der DDR – aber somit indirekt auch des NS-Reichspropagandaministers – zurück.

21
»The Dresden Raids«
Leserbrief von David Irving
»Times of London«, London, 7. Juli 1966
Stadtarchiv Dresden

Übersetzung:

»Sehr geehrte Damen und Herren –
Ihre Zeitung genießt einen beneidenswerten Ruf, was Genauigkeit angeht, und Ihre Bereitschaft, auch die kleinsten Fehler von einem Tag auf den nächsten zu korrigieren, weckt gewiss die Begeisterung Ihrer Leser; wie aber soll ein Historiker einen Fehler korrigieren, wenn er feststellt, dass er sich geirrt hat? Ich bitte um Berücksichtigung auf Ihren Seiten.

Die Bombenangriffe von 1945 auf Dresden wurden in den letzten Jahren von manch einem als Beweis dafür angeführt, dass konventionelle Bombardements zerstörerischer sein können als Atombombenangriffe, und andere haben versucht, daraus falsche Lehren zu ziehen. Der Anteil meiner eigenen Schuld daran ist nicht gering: In meinem 1963 erschienenen Buch ›The Destruction of Dresden‹ habe ich festgehalten, dass die Zahl der Todesopfer in dieser Stadt zwischen 35 000 und mehr als 200 000 liegt.

Die höheren Zahlen habe ich nicht als absurd empfunden, als ich die Begleitumstände gewürdigt habe. Drei Jahre lang habe ich versucht, die deutschen Dokumente in Zusammenhang mit den Schäden ans Licht zu bringen, doch die ostdeutschen Behörden konnten mich nicht unterstützen. Vor zwei Jahren konnte ich aus einer privaten ostdeutschen Quelle ein Dokument bekommen, das anscheinend ein Auszug aus dem Bericht des Polizeipräsidenten war. Dort wurde eine endgültige Opferzahl von ›einer Viertelmillion‹ genannt. Die übrigen dort enthaltenen Statistiken waren akkurat, doch inzwischen ist klar, dass diese Statistik der Todesopfer eine wahrscheinlich 1945 entstandene Fälschung war.

Die ostdeutschen Behörden (die sich ursprünglich weigerten, mir die Dokumente zu überlassen) haben mir eine Kopie des elfseitigen ›Schlussberichts‹ gegeben, der etwa einen Monat nach den Luftangriffen auf Dresden vom Bezirkspolizeichef verfasst wurde. An der Echtheit dieses Dokuments besteht kein Zweifel. Kurz gesagt zeigt der Bericht, dass die Zahl der Todesopfer in Dresden sich weitgehend in der gleichen Größenordnung bewegt wie bei den schwersten Luftangriffen auf Hamburg im Jahr 1943. Man sollte noch anmerken, dass der Verfasser des Dokuments, der Höhere SS- und Polizeiführer Elbe, in Dresden für die Zivilverteidigung zuständig war.

Seine Zahlen waren viel niedriger als jene, die ich zitiert habe. Der entscheidende Abschnitt lautet: ›Personenschäden: am 10. März 1945 waren 18 375 Tote, 2 212 schwer Verletzte und 13 918 leicht Verletzte und 350 000 Obdachlose und dauerhaft umquartierte Personen registriert.‹ Die Gesamtzahl der Todesopfer, ›vor allem Frauen und Kinder‹, sollte 25 000 erreichen; weniger als einhundert Tote waren Soldaten. Von den bis dahin geborgenen Toten waren 6 865 auf einem Platz in der Stadt eingeäschert worden. Insgesamt 35 000 Personen waren als ›vermisst‹ registriert.

Die Echtheit des Berichts steht völlig außer Zweifel, da ich nur wenige Tage nach dem ersten aus einer westlichen Quelle einen zweiten deutschen Lagebericht erhalten habe. Er wiederholt exakt die im oben erwähnten Bericht genannten Zahlen, auf denen er offensichtlich beruhte.

Der zweite Bericht, eine Zusammenstellung der Berliner Polizei über die ›Luftangriffe auf das Reichsgebiet‹ vom 22. März 1945 wurde durch Zufall, nachdem er falsch eingeordnet worden war, zwischen den 25 000 Akten des Reichsfinanzministeriums gefunden, die derzeit im westdeutschen Bundesarchiv erschlossen werden. Er wurde mir von Dr. Boberach, einem Archivar, übermittelt.

Ich habe kein Interesse, falsche Legenden zu verbreiten und aufrecht zu erhalten, und deshalb ist es mir ein Anliegen, dass die Dinge diesbezüglich richtig gestellt werden.

Ich verbleibe mit vorzüglicher Hochachtung
David Irving, 25 Elgin Mansions, W.9.«

THE DRESDEN RAIDS

From Mr. David Irving

Sir,—Your newspaper has an enviable reputation for accuracy, and your readiness to correct the smallest errors from one day to the next is an inspiration to your readers; but how can a historian correct a mistake, when once he finds himself to have been wrong? I ask the indulgence of your columns.

The bombing of Dresden in 1945 has in recent years been adduced by some people as evidence that conventional bombing can be more devastating than nuclear attacks, and others have sought to draw false lessons from this. My own share of the blame for this is large: in my 1963 book *The Destruction of Dresden* I stated that estimates of the casualties in that city varied between 35,000 and over 200,000.

The higher figures did not seem absurd when the circumstances were taken into account. I had tried for three years to bring to light German documents relating to the damage, but the east German authorities were unable to assist me. Two years ago I procured from a private east German source what purported to be extracts from the Police President's report, quoting the final death-roll as " a quarter of a million "; the other statistics it contained were accurate, but it is now obvious that the death-roll statistic was falsified, probably in 1945.

The east German authorities (who had originally declined to provide me with the documents) have now supplied to me a copy of the 11-page " final report " written by the area police chief about one month after the Dresden raids, and there is no doubt as to this document's authenticity. In short, the report shows that the Dresden casualties were on much the same scale as in the heaviest Hamburg raids in 1943. The document's author, the *Höhere SS- und Polizeiführer Elbe,* was responsible for civil defence measures in Dresden, it should be noted.

His figures are very much lower than those I quoted. The crucial passage reads: " Casualties: by 10th March, 1945, 18,375 dead, 2,212 seriously injured, and 13,918 slightly injured had been registered, with 350,000 homeless and permanently evacuated." The total death-roll, " primarily women and children ", was expected to reach 25,000; fewer than a hundred of the dead were servicemen. Of the dead recovered by then, 6,865 had been cremated in one of the city squares. A total of 35,000 people were listed as " missing ".

The general authenticity of the report is established beyond doubt, because within a very few days of receiving the first, a second wartime German report was supplied to me, this time from a western source. It repeats *exactly* the figures listed in the above report, upon which it was evidently based.

The second report, a Berlin police summary of " Air Raids on Reich Territory ", dated March 22, 1945, was found, quite by chance, misfiled among the 25,000 Reich Finance Ministry files currently being explored at the west German Federal Archives. It was forwarded to me by one of their archivists, Doctor Boberach.

I have no interest in promoting or perpetuating false legends, and I feel it is important that in this respect the record should be set straight.

I remain, Sir, your obedient servant,
DAVID IRVING.

25 Elgin Mansions, W.9.

21

David Irving ist zuletzt durch seine Leugnung des Holocaust in der breiten Öffentlichkeit wahrgenommen worden. Die Übersetzung des Leserbriefs folgt Richard J. Evans: Der Geschichtsfälscher. Holocaust und historische Wahrheit im David-Irving-Prozess, Frankfurt am Main 2001, S. 63; siehe auch im Internet auf der Website »Holocaust-Referenz. Argumente gegen Auschwitz-Leugner« (URL: http://www.h-ref.de/personen/irving-david/irving-times.php. zuletzt besucht am 12. 1. 2015).

U.S. Army War College
CARLISLE BARRACKS, PENNSYLVANIA 17013

ABSTRACT

AUTHOR:	Lt Col Raymond H. Willcocks
TITLE:	The Ethics of Bombing Dresden
FORMAT:	Strategy Research Project
DATE:	14 Mar 1998 PAGES: 38 CLASSIFICATION: Unclassified

This study describes the events, doctrine, and technical developments of World War II (WW II) that led to the destruction by area bombing of the city of Dresden and the deaths of 135,000 of its citizens. Prior to our entry into WW II our bombing strategy was to employ large numbers of high altitude bombers with heavy defensive firepower, flying in formation, using precision daylight bombardment. This ethical bombing technique was observed early on in WW II, but at some point the ethic changed. Why? Was it a change in the ethics of the commander or country, or was it due to a technological push through the development of on-board radar? This analysis will show that although no specific order or directive specified the destruction of Dresden, those in charge had tacitly endorsed it. History shows us that because of this change, the face of war in Europe also changed. To this day, the firestorm of Dresden remains one of the deadliest and ethically most problematic raids of WW II.

22

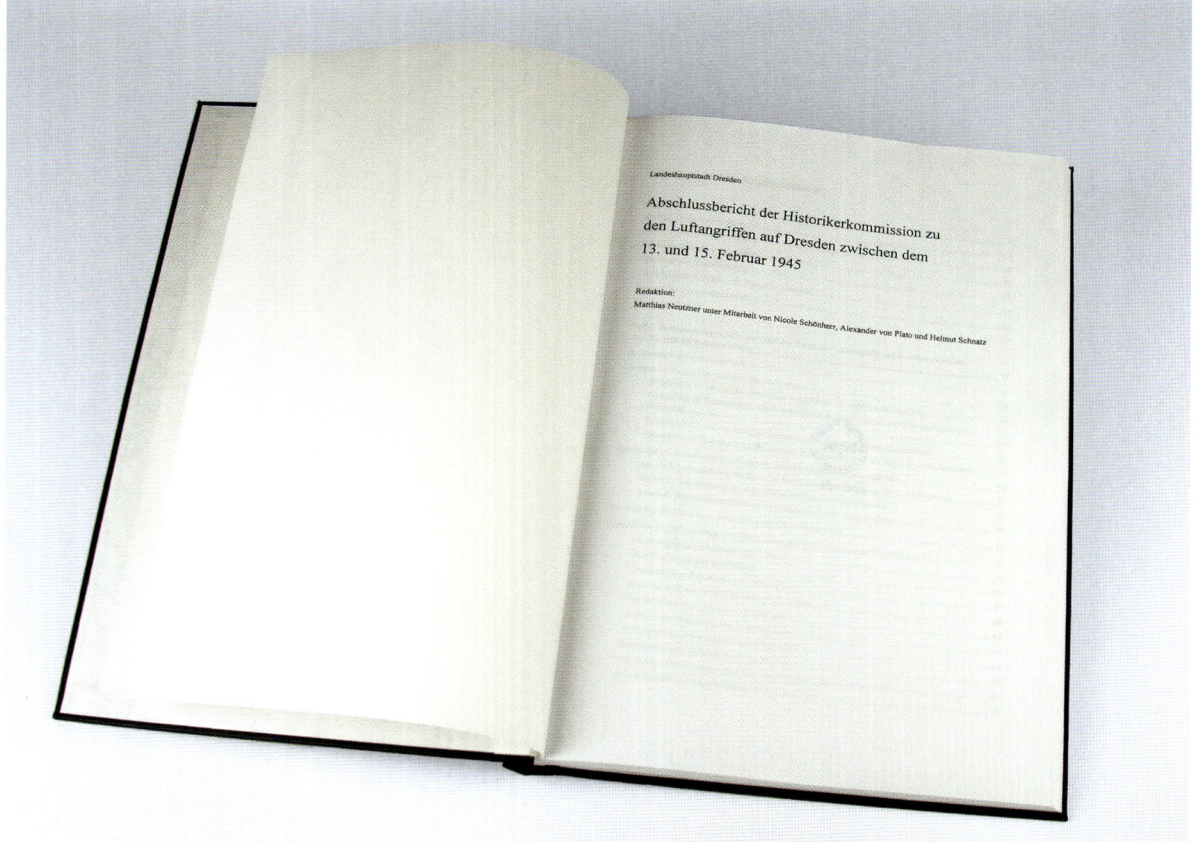

23

22
»The Ethics of Bombing Dresden«
Strategy Research Project von Lt Col Raymond H. Willcocks
14. März 1998
MHM

David Irving berief sich in seinem Buch »Der Untergang Dresdens« auf einen Mitarbeiter der damaligen Vermisstennachweiszentrale namens Hanns Voigt und bezeichnete die von ihm genannte Zahl von 135 000 Todesopfern der Bombardierung Dresdens als sehr wahrscheinlich. Obwohl widerlegt, zitiert der amerikanische Oberstleutnant Raymond Willcocks noch 1998 in seinem Strategy Research Project diese Zahl.

23
Abschlussbericht der Historikerkommission
zu den Luftangriffen auf Dresden
zwischen dem 13. und 15. Februar 1945
offizielle Ausgabe
17. März 2010
Stadtarchiv Dresden

1993 wurden im Stadtarchiv Akten des Bestattungsamtes entdeckt, denen zufolge zwischen dem 18. Februar und dem 17. April 1945 rund 19 000 Tote beigesetzt wurden. Um die Frage nach der Zahl der Toten möglichst endgültig zu klären, berief die Stadt Dresden 2004 eine Historikerkommission ein. Anhand von Sterbebüchern und Todesmeldungen aus Dresden und Schlesien konnte statistisch nachgewiesen werden, dass die Zahl der Flüchtlinge in der Stadt wesentlich geringer gewesen sein muss, als zuweilen behauptet wird. Die Annahme, Zehntausende Opfer seien aufgrund von Temperaturen von bis zu 2 000 Grad Celsius rückstandslos verbrannt, konnte durch die Auswertung archäologischer Befunde und durch Brandgutachten widerlegt werden. Der im Jahr 2010 vorgelegte Abschlussbericht kommt zu dem Ergebnis, dass bei der Bombardierung Dresdens bis zu 25 000 Menschen ums Leben kamen.

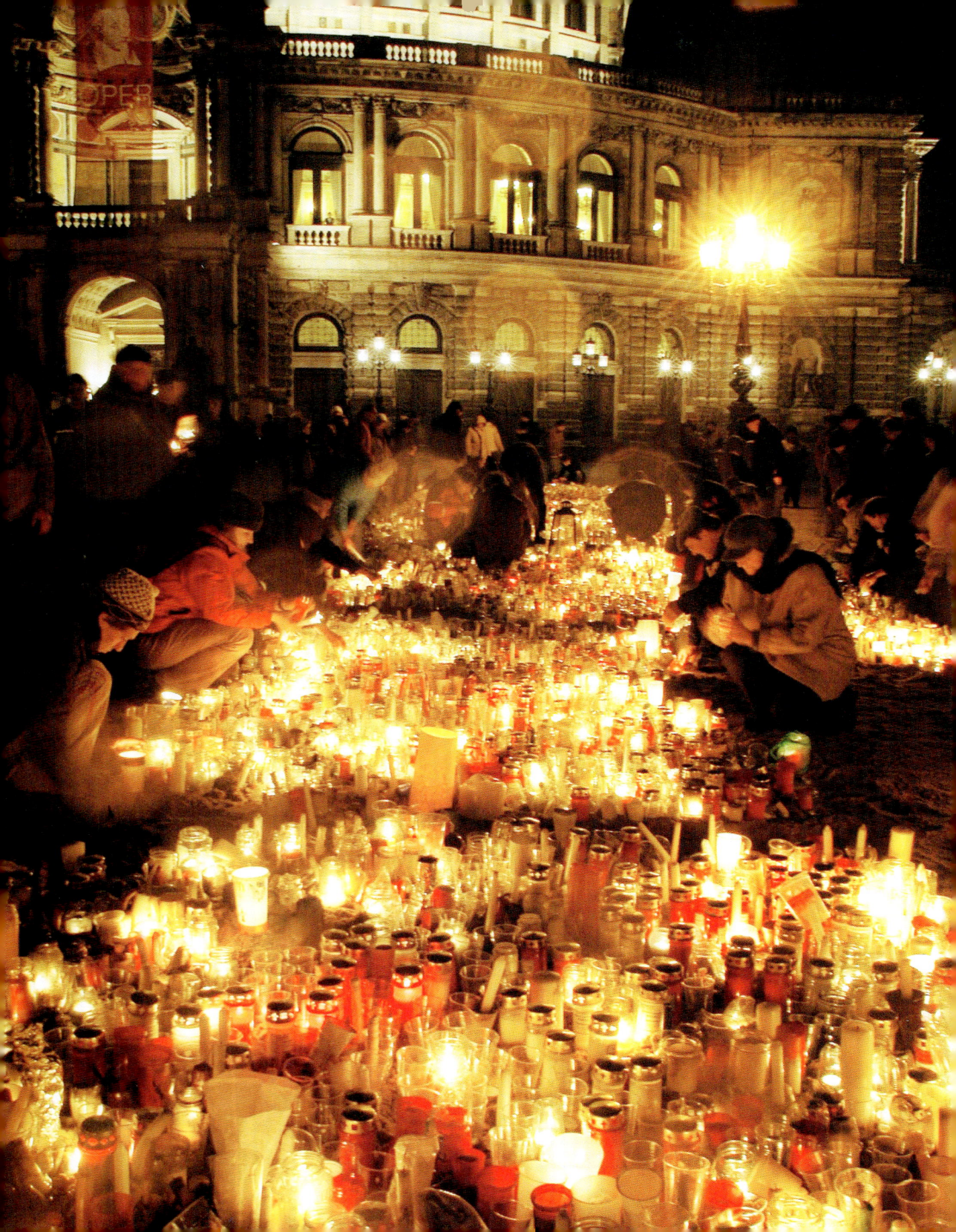

VON DER PROPAGANDA ZUM GEDENKEN

Die Art des öffentlichen Gedenkens an den 13. und 14. Februar 1945 in der Sowjetischen Besatzungszone und seit 1949 in der DDR war mit der sich ändernden weltpolitischen Lage verbunden. So wurde der Luftangriff auf Dresden unmittelbar nach Kriegsende nicht kritisch hinterfragt und stattdessen der Neuaufbau der Stadt herausgestellt.

Erst im Verlauf des Kalten Krieges erklärte die DDR-Geschichtsschreibung das Bombardement zu einem barbarischen Angriff imperialistischer Kräfte, die mit Gewalt Einflusssphären schaffen und erweitern. Die Betonung lag auf dem Begriff des Terrors, wie ihn die Nationalsozialisten verwandt hatten. Als der Ausgang des Krieges längst entschieden gewesen sei, habe die amerikanische Luftflotte Dresden mutwillig zerstört, auch, »weil die Imperialisten der USA wussten, dass [...] die Stadt in die sowjetische Besatzungszone fallen würde«.

So wurde Dresden rückblickend zu einem der ersten Opfer des Kalten Krieges erklärt. Zu Beginn der 1980er Jahre sah die DDR-Friedensbewegung in Dresden ein Symbol für die Zerstörungsgewalt des modernen Krieges, der deshalb keine politische Option zivilisierter Staaten sein könne. Seit 1998 versuchen im wiedervereinigten Deutschland alljährlich rechtsextreme Gruppierungen, das Gedenken an die Bombardierung Dresdens für ihre neonazistischen Ziele zu nutzen. Ihren Aufmärschen mit bis zu 6 500 Teilnehmern setzen seit 2006 vornehmlich junge Bürger und Aktionsgruppen mit Gegendemonstrationen und Sitzblockaden erfolgreich Grenzen. Mit der Oberbürgermeisterin an der Spitze bildet die breite Bürgerschaft seit 2010 jedes Jahr eine Lichterkette um die Altstadt, für Frieden und Demokratie, gegen Rechtsextremismus und Gewalt.

◄ Im Rahmen der Aktion »10 000 Kerzen für Dresden« gedenken Dresdner und Gäste am 60. Jahrestag der Zerstörung vor der Dresdner Semperoper am 13. Februar 2005.

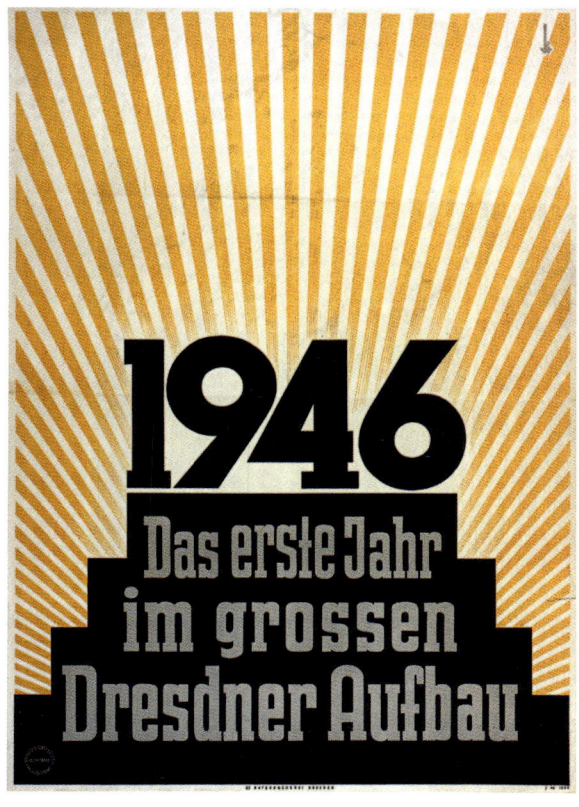

1

Schon im Juli 1945 berief die von der sowjetischen Stadtkommandantur eingesetzte Stadtverwaltung einen Ausschuss zum Wiederaufbau der Stadt Dresden. Nach offizieller Lesart waren die »faschistischen Verbrecher« für die Zerstörung verantwortlich, weil sie den von ihnen begonnenen Krieg nicht einmal dann beendet hätten, als er längst verloren war. Das Plakat weckt Assoziationen an Sonnenstrahlen, Geschlossenheit und Sieg – mit dem Aufruf zum Wiederaufbau

sollte der Blick von der Vergangenheit ab- und der Zukunft zugewandt werden. Funktionsträger und Mitläufer des »Dritten Reiches« sollten mit den Trümmern gleichsam auch ihre Schuld abtragen können.

Aus Rücksicht auf ihre westlichen Verbündeten hatten die sowjetischen Militärbehörden angewiesen, bei den Gedenkfeiern 1946 jede Bezugnahme auf die alliierte Kriegführung zu vermeiden. Der dennoch in Reden vorgebrachte indirekte Verweis, dass es nicht die Rote Armee gewesen sei, die die zivile Bevölkerung in den Städten und Dörfern mit Bomben belegte, wurde von den Zuhörern verstanden.

Mit dem Wiederaufbau des Zwingers war bereits 1945 begonnen worden, das Foto entstand kurze Zeit nach der Gründung der DDR. Wie der Text auf der großen Tafel vor der Baustelle zeigt, wurde inzwischen eine andere Kriegspartei für die Zerstörung Dresdens verantwortlich gemacht. Die ehemaligen Alliierten waren uneins, Ost und West folgten unvereinbaren politischen Grundsätzen: Das Propagandaschild stellt die Briten und Amerikaner als kulturlose Aggressoren, die eigene Seite dagegen als Garant für Frieden, Aufbau und Kultur dar.

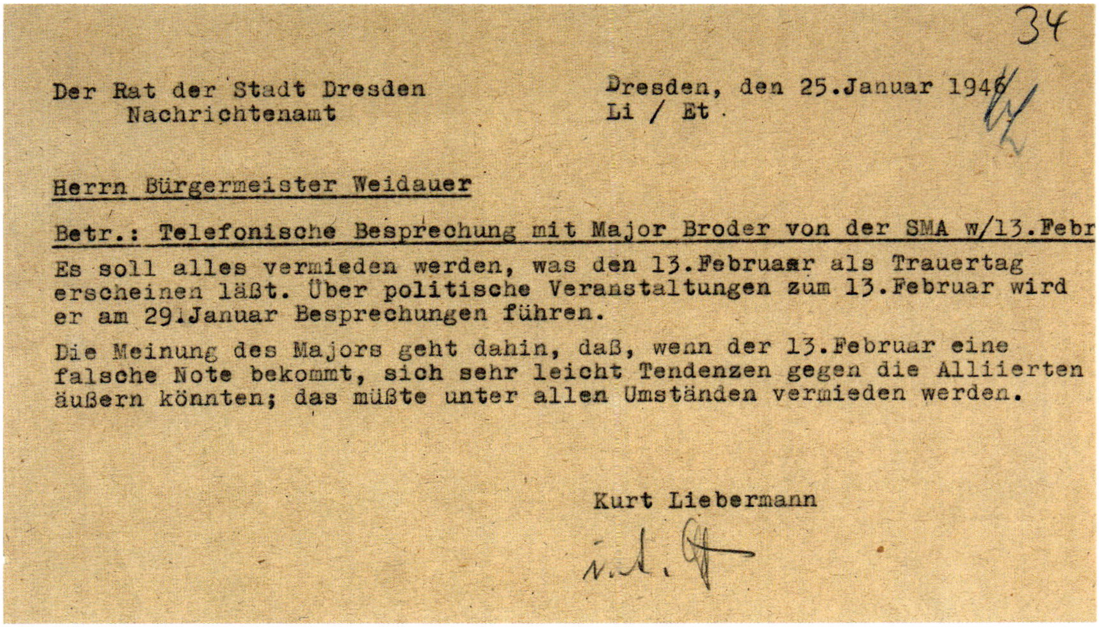

Der Rat der Stadt Dresden   Dresden, den 25.Januar 1946
   Nachrichtenamt   Li / Et.

Herrn Bürgermeister Weidauer

Betr.: Telefonische Besprechung mit Major Broder von der SMA w/13.Febr

Es soll alles vermieden werden, was den 13.Februar als Trauertag
erscheinen läßt. Über politische Veranstaltungen zum 13.Februar wird
er am 29.Januar Besprechungen führen.

Die Meinung des Majors geht dahin, daß, wenn der 13.Februar eine
falsche Note bekommt, sich sehr leicht Tendenzen gegen die Alliierten
äußern könnten; das müßte unter allen Umständen vermieden werden.

                                        Kurt Liebermann

2

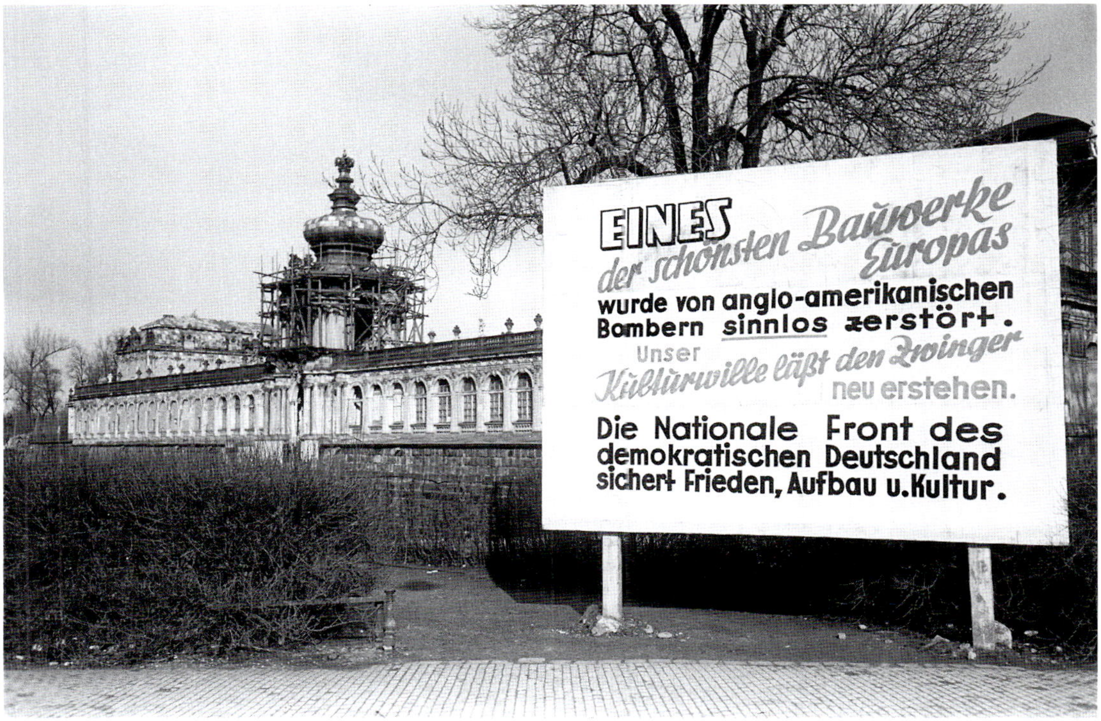

EINES der schönsten Bauwerke Europas wurde von anglo-amerikanischen Bombern sinnlos zerstört. Unser Kulturwille läßt den Zwinger neu erstehen.
Die Nationale Front des demokratischen Deutschland sichert Frieden, Aufbau u.Kultur.

3

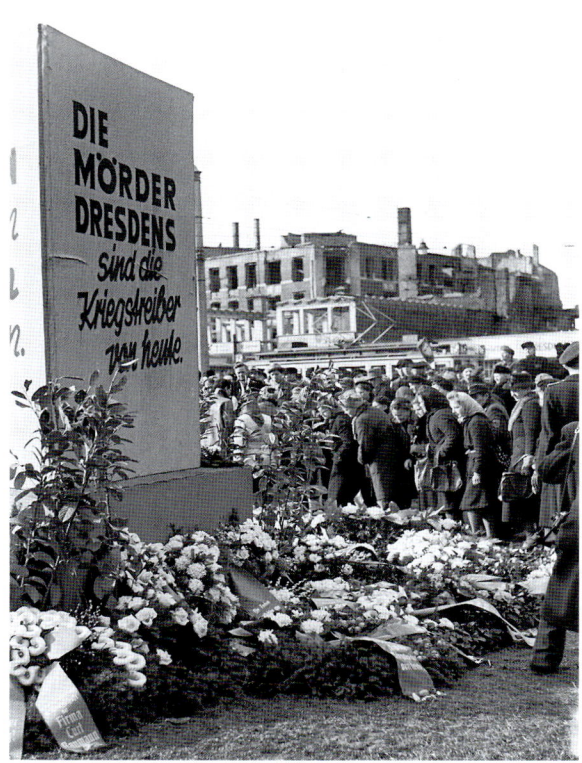

4

Die sowjetische Blockade West-Berlins 1948 und die Gründung der Bundesrepublik Deutschland am 23. Mai 1949 markierten den endgültigen Bruch der Anti-Hitler-Koalition und den Beginn des Kalten Krieges. West- und Ostblock überzogen sich gegenseitig mit Propagandakampagnen, und so wurde auch der fünfte Jahrestag der Bombardierung in ganz Sachsen als »Nationaler Kampftag gegen angloamerikanische Kriegshetzer« begangen.

Der zehnte Jahrestag des 13. Februar 1945 stand im Zeichen des Abschlusses der Pariser Verträge, die das Besatzungsstatut für Westdeutschland beendeten und die »Wiederbewaffnung« und Einbindung der Bundesrepublik Deutschland in das westliche Verteidigungsbündnis vorsahen. In landesweiten Großveranstaltungen verurteilte die DDR-Führung diesen Schritt als »Kriegsvorbereitung« und verglich die Politik der Bundesrepublik mit der des »Dritten Reiches«.

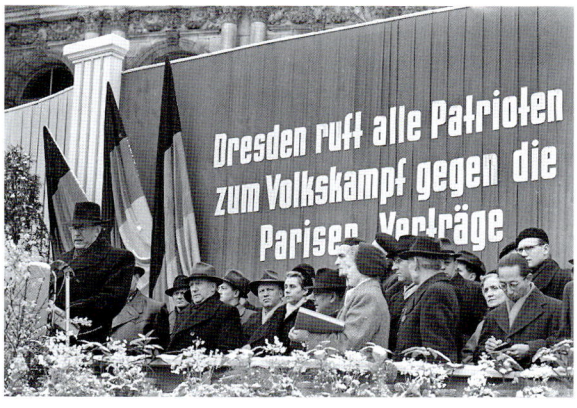

6

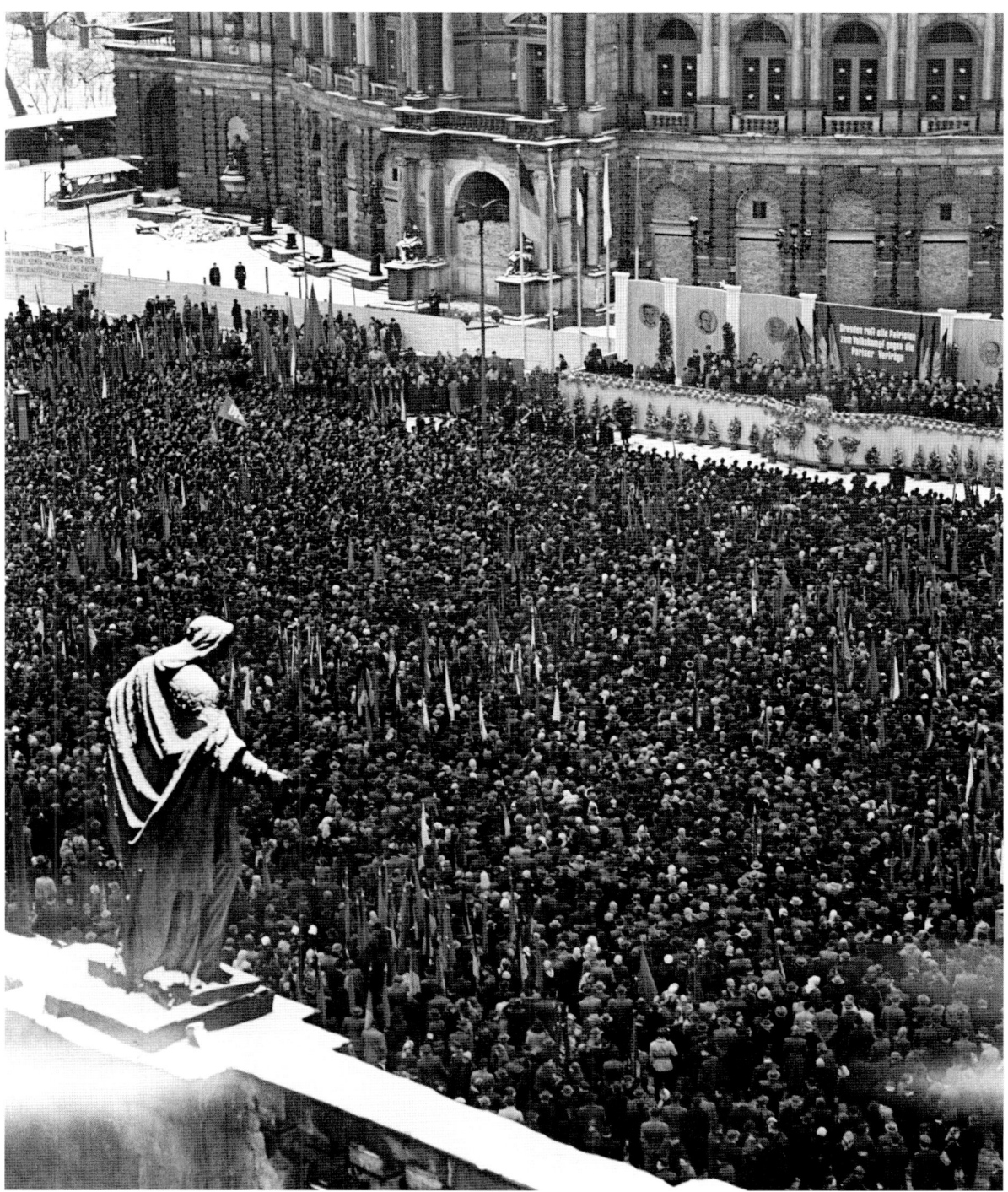

Kampfplan zur 10. Wiederkehr des 13. Februar 1945

Der Tag der Zerstörung Dresdens durch anglo-amerikanische Bomber,der sich am 13. Febr. zum 10.Male jährt,erhält im Zeichen des Widerstandes der Völker gegen die Vorbereitung eines dritten Weltkrieges in diesem Jahr besondere nationale und internationale Bedeutung. Gegenwärtig konzentriert sich dieser Kampf auf die Verhinderung der Verwirklichung der Pariser Verträge,deren Hauptinhalt die Remilitarisierung Westdeutschlands ist. Der Tag der Zerstörung Dresdens ist in diesem Kampf nicht mehr nur Mahnmal, sondern er wird durch den sich immer stärker entfaltenden friedlichen Aufbau unserer Stadt zur Willensäußerung unserer Bevölkerung,den neuen Weg zu gehen,den Deutschland zu Frieden und demokratischer Einheit gehen muß.

Der Päd. Rat der 68. Grundschule beschließt deshalb,ungeachtet der sich aus der Verlegung des Schulbetriebes in die Strehlener Schulen ergebenden Schwierigkeiten, folgenden Beitrag zu leisten:

1. Arbeit in den Unterrichtsstunden
Alle sich im Hinblick auf den 13. Februar im Unterricht bietenden Möglichkeiten werden ausgenutzt.Insbes. werden in den nächsten Wochen die Themen der Nachschriften auf diesen Tag abgestimmt.
                    Verantwortlich : die Fachlehrer

2. Besuch der Aufbaugebiete Dresdens
Gruppen der Jungen Pioniere besuchen die wiederaufgebauten Gebiete unsere Heimatstadt,speziell in der Südvorstadt und im Gebiet der Grunaer Str.
                    Verantwortlich :Pionierleiterin Kolln. Zi.

3. Schrott- u. Altstoffsammlung
Am Montag,den 7.2.1955 in der Zeit von 15 - 17 Uhr wird im Schulbezirk von sämtlichen Klassen eine Sammelaktion durchgeführt,deren Erlös für den Ausbau eines zusätzlichen Klassenzimmers verwendet wird.
                    Verantwortlich für die Klassen : die Klassenle
          ter und für die Organisation Koll. Reich und Koll.Zimmerman

4. Aufbaustunden
Im Rahmen des Nationalen Aufbauwerkes werden zur gegebenen Zeit in freiwi ligen Arbeitseinsätzen Ausschachtungsarbeiten im Schulgrundstück im Zusam menhang mit der Schaffung eines weiteren Unterrichtsraumes durchgeführt.
                    Verantwortlich der Direktor Koll. Garten

5. Aufbausparen
Jeden Kollegen wird nahegelegt, sich im Jahre 1955 in verstärktem Maße am Aufbausparen zu beteiligen,um eine 100%ige Beteiligung am Sparen zu errei chen. Anmeldungen nimmt die Kolln. Emmerich entgegen.

6. Aufklärungseinsatz
Die Lehrer, Jungen Pioniere und Schüler unterstützen die Nationale Front bei der Aufklärungsarbeit im Schulbezirk und setzen sich dafür ein,daß da Aufklärungsmaterial und die Gedenkplaketten rechtzeitig und vollzählig ve trieben werden.
                    Verantwortlich der Direktor Koll. Garten
                    und Pionierleiterin Kolln. Zimmermann

7

**»Kampfplan zur 10. Wiederkehr
des 13. Februar 1945«**
Rat der Stadt Dresden
Dresden, Februar 1955
Stadtarchiv Dresden

8

**»Dresden mahnt:
Verteidigt den Frieden!«**
Plakat von Wilhelm Schubert zum 13. Februar 1955
Deutsche Werkstätten Hellerau, 1955
Neue Sächsische Galerie Chemnitz

Ab 1949 beschuldigte die Sowjetunion die USA und Großbritannien, Dresden ohne militärische Notwendigkeit bombardiert zu haben. Auftrag der »angloamerikanischen Terrorbomber« sei es demnach gewesen, die Stadt nicht unzerstört der Roten Armee zu überlassen und gleichzeitig die Kampfkraft der westalliierten Luftwaffen zu demonstrieren. Die Gedenkfeiern zum zehnten Jahrestag standen ganz unter dem Eindruck der Ost-West-Konfrontation. Der Aufbau Dresdens wurde in diesem Sinne als ein Sieg des Sozialismus gegenüber dem kapitalistischen Westen verstanden, der unter Führung der USA den Frieden gefährde. Wie alle gesellschaftlichen Gruppierungen waren auch Schulen dazu angehalten, sich anlässlich des Gedenktages zu engagieren.

9

**»Kranzniederlegung an der Gedenkstätte
für die Opfer des anglo-amerikanischen Luftangriffes
auf Dresden am 13./14. Februar 1945«**
Fotografie von Erich Höhne
Reproduktion
Dresden-Trachau, 13. Februar 1970
SLUB Dresden/Deutsche Fotothek

Seit den 1970er Jahren nahmen die Berichterstattung sowie Anzahl und Größe der Veranstaltungen zum Jahrestag der Bombardierung Dresdens deutlich ab. Die sozialliberale Entspannungspolitik unter Bundeskanzler Willy Brandt, die gegenseitige staatsrechtliche Anerkennung der Bundesrepublik Deutschland und der

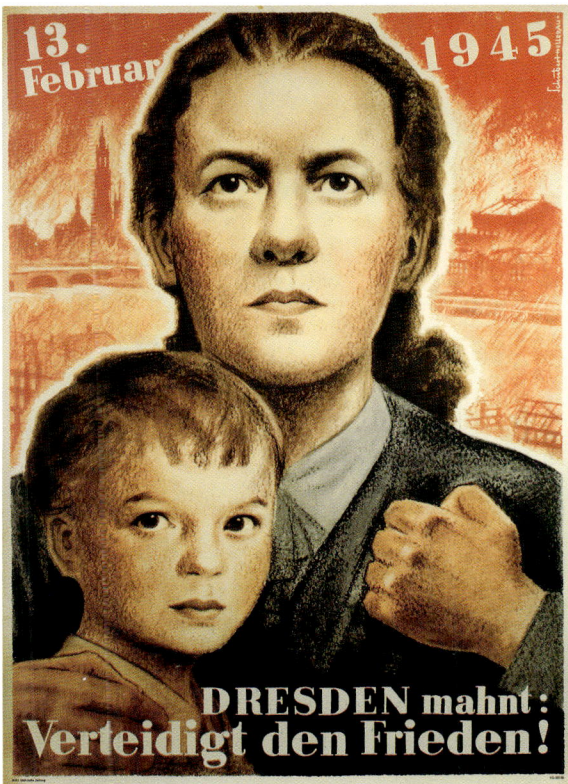

8

DDR sowie die Aufnahme der DDR in die Vereinten Nationen 1974 ließen die traditionelle Gedenktagspropaganda gegen den »westlichen Militarismus« außenpolitisch inopportun erscheinen.

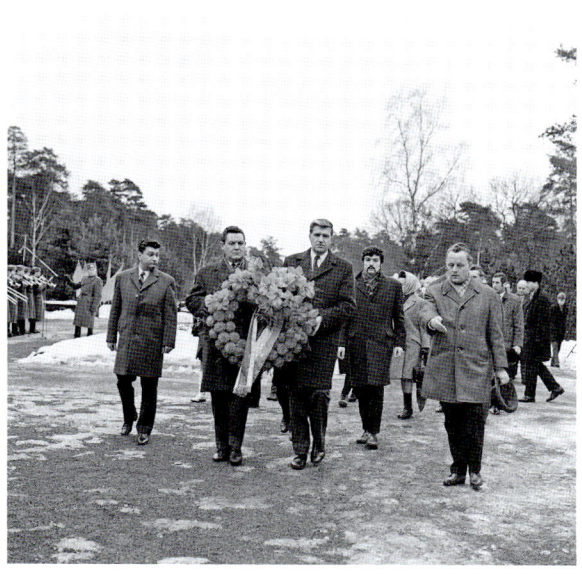

9

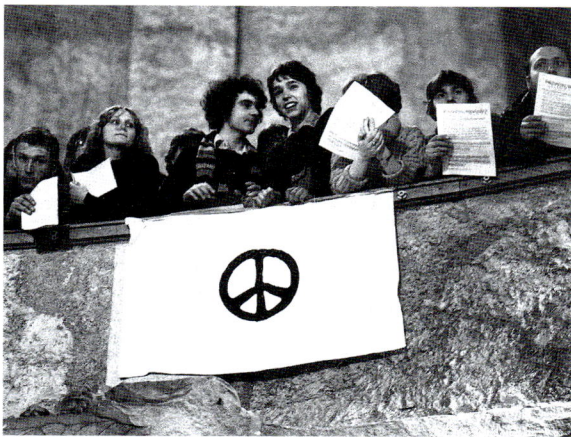

10

**Junge Menschen auf der Empore
der Dresdner Kreuzkirche**
Fotografie von Hartmut Häckel
Reproduktion
Dresden, 13. Februar 1982
epd-bild/Hartmut Häckel

Zum 13. Februar 1982 hatten friedenspolitisch engagierte Dresdner Jugendliche zu einer Gedenkfeier vor
der Frauenkirche eingeladen. Weil die SED diese Veranstaltung verbot, versammelten sich auf Einladung
der Evangelisch-Lutherischen Landeskirche 5 000 Jugendliche in der Kreuzkirche. Dieses Friedensforum
sowie das anschließende, nicht genehmigte schwei-
gende Gedenken vor der Frauenkirche waren wichtige
Anstöße für das Entstehen einer unabhängigen Frie-
densbewegung in der DDR.

Gedenkkundgebung auf dem Neumarkt
38. Jahrestag der Bombardierung Dresdens
Fotografie von Rainer Siegert
Reproduktion
Dresden, 13. Februar 1983
SLUB Dresden/Deutsche Fotothek

Nach den Ereignissen vom 13. Februar 1982 beschloss
der Rat des Bezirks Dresden, im folgenden Jahr wieder
eine Großkundgebung vor der Frauenkirche zu veranstalten, um den Platz mit den Losungen der SED zu
besetzen. Dennoch fanden sich 1983 und in den Folgejahren abseits der offiziellen Kundgebungen Hunderte
Dresdner Bürger in den Abendstunden mit Kerzen zum
stillen Gedenken vor der Ruine ein.

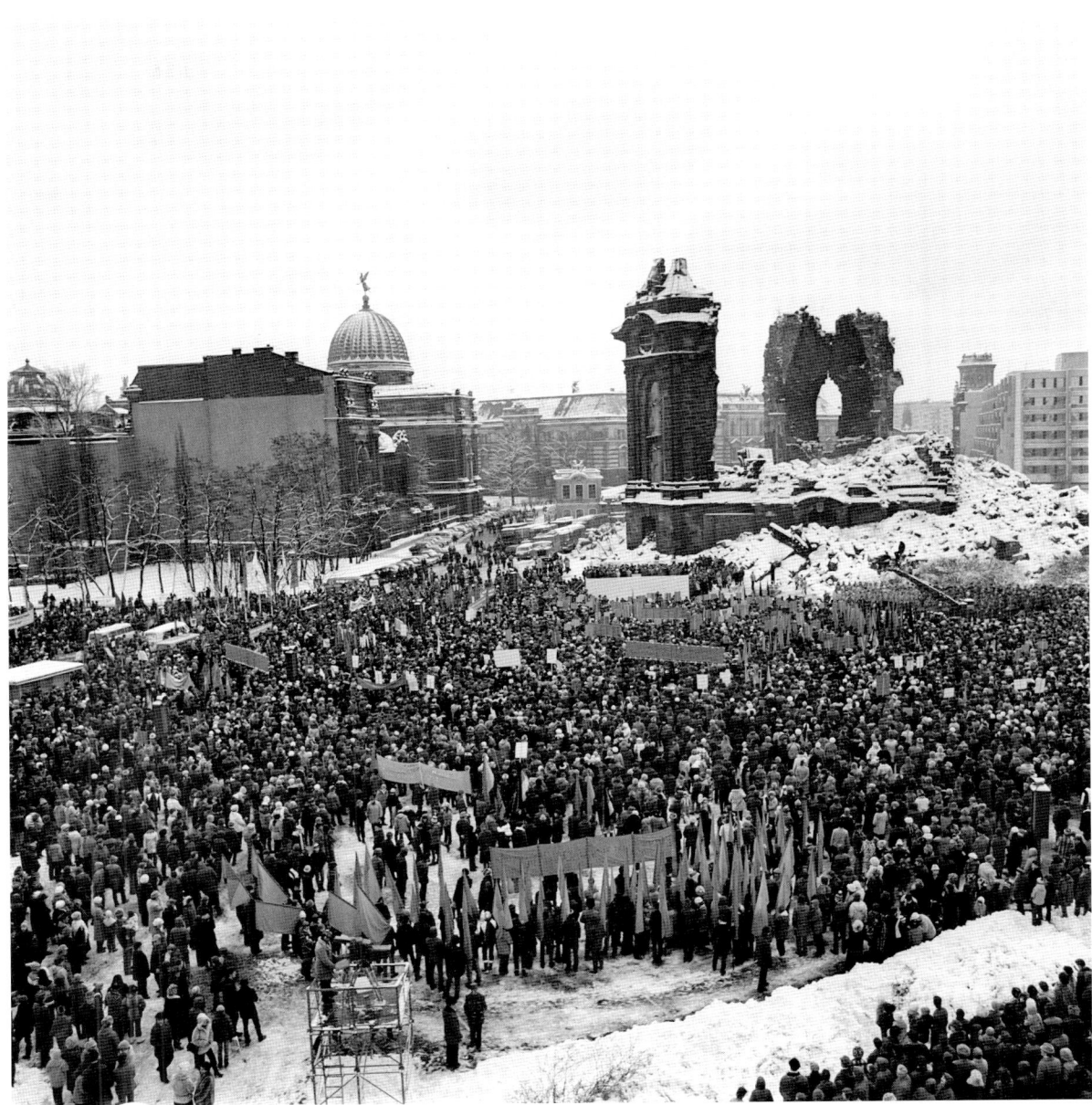

13. Februar

Empörung über rechtsradikalen Aufmarsch

Umstrittene Kranzniederlegung an der Frauenkirche

„Der 13. Februar 1999 wird mir in schlechter Erinnerung bleiben." So formulierte ein Dresdner TU-Student die Tatsache, „daß etwa 150 eindeutig rechtsradikal Gesinnte vor der Frauenkirche die Trauer um die Opfer der Zerstörung Dresdens zu einer Farce verhunzen."

Mitglieder von als rechtsradikal eingestuften Parteien aus Sachsen hatten am Sonnabend eine Kranzniederlegung zelebriert. Die Aktion war am 16. Januar bei der Stadtverwaltung angezeigt worden. Gesinnungsgenossen von Republikanern, DVU, NPD und einer sogenannten Jungen Landsmannschaft Ostpreußen gaben sich in stiller Eintracht und zum Teil kahlgeschorenen Hauptes öffentlicher Trauer hin. Stadtsprecher Ulrich Höver: „Ein Verbot der Demonstration war nicht relevant, da keine Gefährdung der öffentlichen Sicherheit bestand." Jedoch habe das Ordnungsamt auf „harten Auflagen bestanden" (Höver). Zum Beispiel erwirkte man die Einhaltung der Straßenverkehrsordnung und schrieb eine exakte Marschroute vom Hauptbahnhof zur Frauenkirche vor.

„Im Gedenken der Opfer des 13. Februar" war auf dem Kranz des NPD-Kreisverbandes Sächsische Schweiz zu lesen. In goldener Schrift auf schwarzem Grund. Drei Jugendliche rissen die Spruchbänder am Sonntag von allen neun von den Rechtsradikalen niedergelegten Kränzen – „Nazikränze haben hier nichts zu suchen", sollen sie einer verwunderten Zeugin gesagt haben. Die Kripo ermittelt wegen Sachbeschädigung. (ew)

12

Seit 1998 mischen sich Rechtsextreme bei Dresdner Gedenkveranstaltungen unter die Versammelten und versuchen, dort ihre Slogans zu verbreiten. Im Jahr 2000 organisierte die Junge Landsmannschaft Ostpreußen erstmals einen nächtlichen »Trauermarsch« unter dem Motto »Ehre den Toten des Bombenterrors«, dem sich 500 Personen anschlossen. In den folgenden Jahren entwickelte sich diese Veranstaltung zur größten Neonazi-Demonstration in Europa.

Seit 2005 werden die »Trauermärsche« von der rechtsextremen NPD organisiert. Im selben Jahr verzeichnete die Demonstration mit 6500 Marschierern die höchste Teilnehmerzahl. Wenige Wochen zuvor hatte die NPD-Fraktion im Sächsischen Landtag die Zerstörung Dresdens als »Bombenholocaust« bezeichnet, womit sie den Angriff auf die Stadt mit dem Völkermord an sechs Millionen Europäern jüdischen Glaubens oder jüdischer Herkunft gleichsetzte. In den Folgejahren begann der Widerstand gegen die Neonazis stetig zu wachsen.

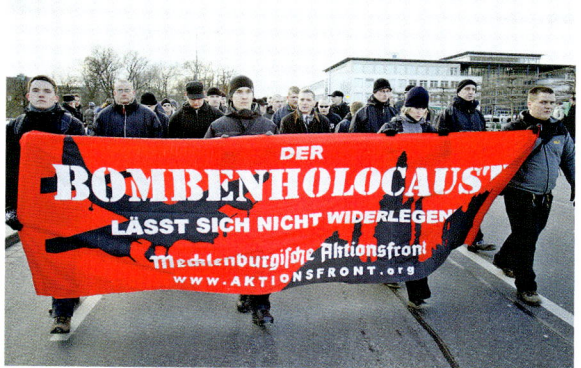

14

60 Jahre danach erinnern über 100 Veranstaltungen an die Bombennacht

Dresden zwischen Gedenken und Angst

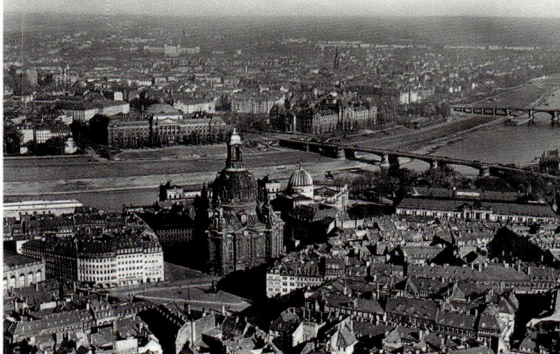

Die Frauenkirche in der Dresdner Altstadt vor der Zerstörung.

D r e s d e n (epd/ddp/J.K./A.G.). Auf über einhundert Veranstaltungen soll in Dresden am morgigen Sonntag an die Zerstörung der Stadt vor 60 Jahren durch alliierte Bomber erinnert werden. Zu den Gedenkfeiern werden bis zu 90 000 Menschen in der Innenstadt erwartet. Mit Sorge wird allerdings der angekündigte Aufmarsch mehrerer tausend Rechtsextremisten verfolgt. Dagegen richtet sich sowohl eine Gegendemonstration als auch ein geplantes Lichtermeer aus 10 000 Kerzen auf dem Theaterplatz.

Die Stadt Dresden will am 60. Jahrestag der Bombardierung eine „Botschaft des Friedens in die Welt tragen". Wie Oberbürgermeister Ingolf Roßberg (FDP) gestern sagte, sei das Gedenken in den vergangenen sechs Jahrzehnten noch nie so differenziert abgelaufen, wie in diesem Jahr. Dies zeigten die mehr als 100 Veranstaltungen vor, während und nach dem 13. Februar.

Mit einem Großaufgebot von tausenden Polizisten sollen Ausschreitungen bei Protestaktionen von Rechts- und Linksextremisten verhindert werden. Der Präsident des sächsischen Verfassungsschutzes, Rainer Stock, rechnet mit mindestens 5000 Teilnehmern eines rechtsextremen Aufmarsches. Eine Gegendemonstration mit 4000 Teilnehmern hat die Dresdner Friedensaktion angemeldet. Diese wird von den Gewerkschaften und zahlreichen Persönlichkeiten aus Politik und Gesellschaft unterstützt. Darüber hinaus geht die Polizei davon aus, dass sich bis zu 1000 Linksradikale in der Stadt aufhalten.

Die Deutschen hätten Schwierigkeiten, den Bombenkrieg „im historischen Gedächtnis zu verbuchen", sagte der Historiker Jörg Friedrich im Gespräch mit den Dresdner Neuesten Nachrichten. „Wenn Demokraten aber bei diesem Thema emotional unsicher und sprachlos, ja gelähmt sind, überlassen sie das Feld den Radikalen, halten ihnen die Steigbügel." Der Psychotherapeut

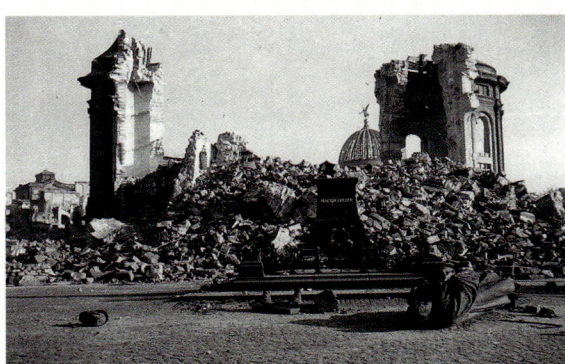

10.000 Kerzen für Dresden
ein Bild geht um die Welt

Um 18 Uhr startet am Sonntag die Aktion „10 000 Kerzen für Dresden". Gemeinsam sollen Tausende Dresdner mit ihren einzelnen Lichtern eine überdimensionale Kerze bilden.

Hans-Joachim Maaz betonte, für ihn sei der 13. Februar „vor allem ein Gedenktag an die deutsche Schuld. Für diesen Krieg sind wir Deutschen selbst verantwortlich."

Unterdessen will Sachsens Regierung auch mit rechtlichen Mitteln schärfer gegen Rechtsextreme vorgehen. So sprach sich Innenminister Thomas de Maizière (CDU) für die Einführung einer Bannmeile rund um das Parlament aus. Regierungschef Georg Milbradt (CDU) sagte, das Demonstrationsrecht sei zwar ein hohes Gut, das aber müsse „nicht an jedem Ort im gleichen Umfang" gewährleistet sein. Derzeit prüft das Justizministerium mögliche Schritte. Danach solle voraussichtlich ein entsprechender Gesetzentwurf in den Landtag eingebracht werden, sagte Regierungssprecher Christian Striefler.

Darüber hinaus unterstützt die sächsische Staatsregierung Initiativen von SPD und CDU auf Bundesebene, im Falle von Volksverhetzung die so genannte Indemnität von Abgeordneten einzuschränken. Bisher gehen Parlamentarier straffrei aus, selbst wenn sie den Hitler-Gruß im Landtag zeigen. Bei entsprechenden Änderungen „zieht Sachsen mit", sagte Staatskanzleiminister Hermann Winkler (CDU).

Seiten 3, 4, 8, 9, 10, 15 & 16

@ Eine Übersicht über die Gedenkveranstaltungen gibt es auch im Internet unter www.dresden.de/13.februar

Die Frauenkirche r ach der Zerstörung im Februar 1945.

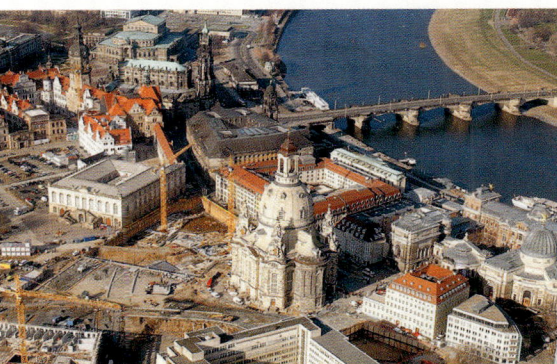

Die Frauenkirche ur d die Dresdner Altstadt heute. Fotos: epd (2), dpa

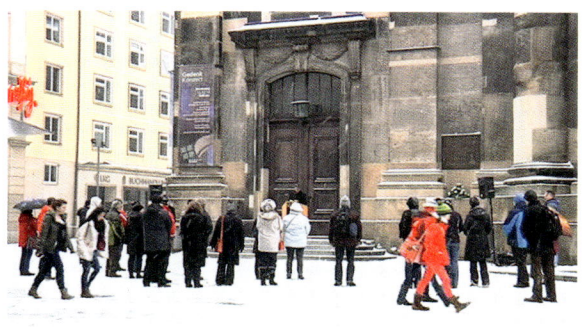

15

nationalsozialistischen Verfolgung betroffen waren, und die Zehntausenden Menschen, die auf ihrem Weg in die Tötungslager Dresden durchquerten, gibt es bislang kein ähnlich vernehmbares Zeichen des Gedächtnisses. Die Befürworter einer Initiative aus dem Jahr 2014 sind der Meinung, dass mit einem Glockengeläut am Internationalen Holocaustgedenktag, dem 27. Januar, ein notwendiges und deutliches Zeichen der Verbundenheit mit der jüdischen Gemeinde in Vergangenheit und Gegenwart gesetzt werden könnte.

15
Namenslesung vor der Kreuzkirche
Filmstill
Reproduktion
Dresden, 27. Januar 2014
DRESDEN FERNSEHEN

Die Verlesung der Namen von 1953 Dresdner Bürgern jüdischen Glaubens oder jüdischer Herkunft, die durch die Verfolgung im nationalsozialistischen Deutschland uns Leben kamen, sich selbst das Leben nahmen oder seit ihrer Deportation verschollen sind, ist seit 1999 Teil der Dresdner Gedenkkultur. Die Namenslesung findet alljährlich am 27. Januar, dem Jahrestag der Befreiung des Konzentrationslagers Auschwitz durch die Rote Armee, vor der Kreuzkirche statt.

16
»21.45 Uhr läuteten die Glocken«
Zeitungsartikel von Robert Schröpfer
Sächsische Zeitung Nr. 38
Reproduktion
14. Februar 2001
Sächsische Zeitung

Das alljährliche Glockengeläut zur Erinnerung an die Zerstörung Dresdens ist die älteste Form des Gedenkens an den 13. Februar 1945. Am Abend läuten alle Glocken der Stadt um 21:45 Uhr, dem Zeitpunkt des Luftalarms.

Für die rund 6 000 Dresdnerinnen und Dresdner jüdischen Glaubens oder jüdischer Herkunft, die von der

21.45 Uhr läuteten die Glocken

Hunderte Dresdner mit Kerzen unterwegs
Nacht der Stille in der Frauenkirche

Von Robert Schröpfer

Dresdens Kirchen läuten die Glocken zum Gedenken an die Toten – es ist 21.45 Uhr. Hunderte Dresdner treffen sich am Altmarkt vor der Kreuzkirche, an der Kathedrale und um die Frauenkirche. Viele haben Kerzen dabei.

Bereits am Vormittag versammelten sich etwa 500 Bürger auf dem Heidefriedhof, um mit einer Kranzniederlegung der Opfer des Bombenangriffs zu gedenken. Oberbürgermeister Herbert Wagner, Landtagspräsident Erich Iltgen und Sozialminister Hans Geisler gehörten zu den Ersten, die still gedachten. Auch junge Männer in Bomberjacken mischten sich unter die Teilnehmer. Am Abend marschierte ein Zug von etwa 750 von der rechtsextremistischen NPD, den Republikanern sowie der Landsmannschaft Schlesien aufgerufenen Demonstranten zum Rathaus. Vereinzelt protestierten Bürger dagegen. Sechs Hundertschaften Polizei begleiteten den gespenstisch wirkenden Zug.

„Wer von Dresdner Leid spricht, darf von deutscher Schuld nicht schweigen", sagt Frauenkirchen-Pfarrer Stephan Fritz. „Es wäre völlig falsch, den Tag als ein Datum der Aufrechnung zu verstehen und isoliert von seiner Vorgeschichte zu betrachten. Der Krieg ist auf Deutschland und Dresden zurückgefallen, von wo er ausgegangen war." Die Lehre daraus könne nur Versöhnung und Mahnung heißen.

Vor der wieder erstehenden Frauenkirche sprachen am Nachmittag Zeitzeugen über ihre Erlebnisse vor 56 Jahren. „Am Tag hatten wir Kinder noch gespielt. Als wir am Abend dann beim Fliegeralarm geweckt wurden, glaubte keiner daran, dass Dresden wirklich Ziel werden könnte", schildert Hans-Jürgen Heschel den Tag aus der Sicht eines damals neunjährigen Jungen. „Heute bin ich erschüttert, wenn ich höre, dass junge Menschen Auschwitz leugnen oder wieder Jagd auf Andersprechende oder Fremde machen." Gertraude Stange, die das Bombardement als 17-Jährige erlebte, erinnerte an die Pogrome, die in der Stadt gegen Kaufhäuser und Geschäfte jüdischer Inhaber stattfanden.

16

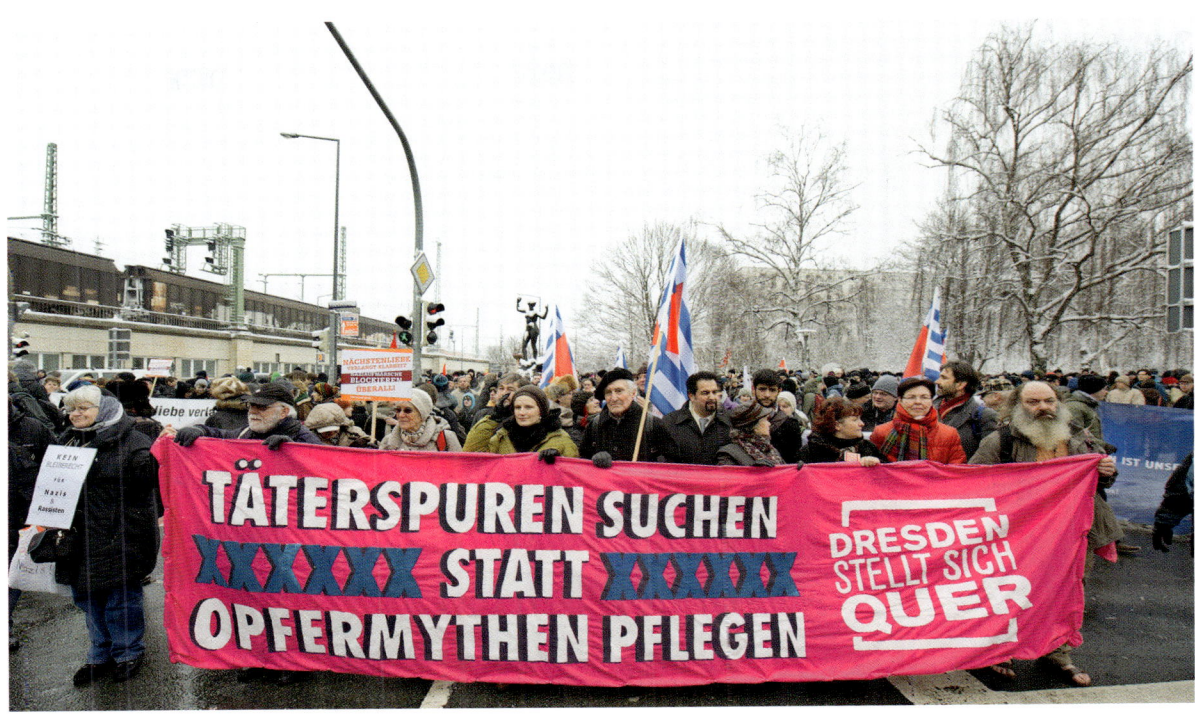

18

17
**»Kranzniederlegungen und
Gedenkansprachen«**
Zeitungsartikel von Christoph Springer
und Benjamin Griebe
Dresdner Neueste Nachrichten Nr. 38
Reproduktion
14/15. Februar 2009
Dresdner Neueste Nachrichten

18
**»Mahngang Täterspuren«
in Dresden**
Fotografie von Arno Burgi
Reproduktion
Dresden, 13. Februar 2013
picture alliance/dpa

Seit Oktober 2009 ist das Bündnis »Nazifrei! Dresden stellt sich quer« der Hauptorganisator von Demonstrationen gegen die »Trauermärsche« der NPD. In den Jahren 2010 bis 2013 versperrten jeweils bis zu 10 000 Protestierende mit Sitzblockaden den Weg der Rechtsextremen, sodass diese nicht oder nur sehr verkürzt marschieren konnten. Seit 2011 erinnert zudem der »Mahngang Täterspuren« an die Geschichte der Stadt im Nationalsozialismus, an die Bücherverbrennung 1933, den Novemberpogrom 1938, an Berufsverbote und »Arisierungen«, die heimische Rüstungsindustrie, an die Überfälle der Wehrmacht auf die europäischen Nachbarstaaten und die Hinrichtung von rund 1300 politischen Häftlingen in Dresden sowie den Staatsterror gegen Tausende ideologisch verfolgter Dresdner.

Kranzniederlegungen und Gedenkansprachen

Dresdner und Gäste der Stadt erinnern an die Bombennacht vor 64 Jahren, mahnen zum Frieden und leben Versöhnung

Von CHRISTOPH SPRINGER
und BENJAMIN GRIEBE

Dresdens Glanz im Licht der strahlenden Wintersonne, der weiße Schnee auf dem Heidefriedhof und das satte Grün der Bäume – alles das passte gestern nicht zur Erinnerung an den Tag vor 64 Jahren, an dem die Stadt erlebte, was die Nationalsozialisten mit ihrem Machtstreben provoziert hatten. Wunderschön war Dresden am 13. Februar 2009, während sich die Menschen auf Friedhöfen, in und vor Kirchen und auf markanten Plätzen im Zentrum an den dunkelsten Tag in der Geschichte der Stadt erinnerten.

Die Reihe der Gedenkveranstaltungen wurde mit der Kranzniederlegung auf dem Heidefriedhof eröffnet, an der nach einer Änderung des Protokolls in diesem Jahr auch Vertreter der jüdischen Gemeinde teilgenommen haben. Sie konnten ihre Blumen zu dem Zeitpunkt der Veranstaltung niederlegen, von dem die Rechtsextremen ausgeschlossen waren. Oberbürgermeisterin Helma Orosz (CDU) sagte, in Dresden verbinde sich die Trauer mit dem Wunsch nach Versöhnung. „Dieser Krieg ging von Deutschland aus", erinnerte die OB, von den Nationalsozialisten, „die erst Europa und dann die Welt unter ihre Stiefel zwingen wollten". Es sei unerträglich, dass Neonazis das Gedenken für ihre Zwecke missbrauchten. Sie „besudeln" und „schänden" die Stadt, so Orosz in ihrer Rede, die gestern viel gelobt wurde.

Am Nachmittag haben auf dem Johannisfriedhof Politiker, Vertreter der Evangelischen Kirche, der Volksbund Deutsche Kriegsgräberfürsorge und etwa 250 Gäste der Toten der Bombardierung Dresdens gedacht. In einem Ehrenhain wurden Kränze niedergelegt und im Anschluss daran eine Edelstahlhülse am Kreuztor eingelassen, die an die auf dem Johannisfriedhof beerdigten Kriegstoten erinnert.

2500 Menschen versammelten sich gestern Abend vor der Frauenkirche unter dem Motto „13. Februar 2009: wahrhaftig erinnern – versöhnt leben". Viele von ihnen trugen als Zeichen des Mitgefühls weiße Rosen. Oberbürger-

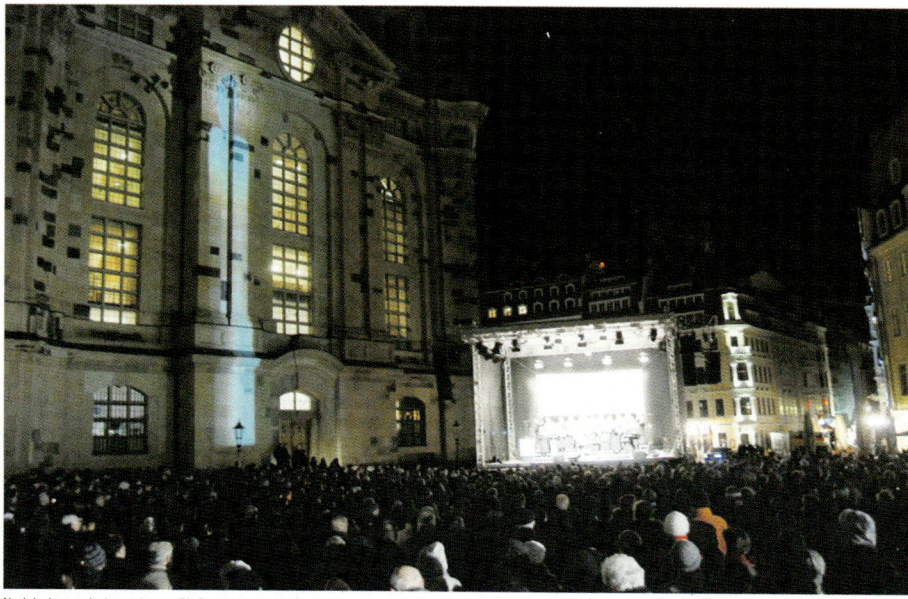

Nachdenken, gedenken, erinnern: Die Bombennacht vor 64 Jahren und ihre Ursachen bewegen die Dresdner mit unverminderter Intensität.   Fotos (6): Sebastian Kahnert

meisterin (OB) Helma Orosz (CDU) begrüßte Gäste aus Dresdens Partnerstadt Coventry, darunter Bischof Christopher Cocksworth, der auch am Ökumenischen Gottesdienst in der Kathedrale teilnahm. „Ihr Kommen ist ein Zeichen der Versöhnung", betonte die OB. Orosz wies zudem erneut das Ansinnen von Neonazis zurück, den Gedenktag zu vereinnahmen. „Diese Bande hat hier nichts zu suchen", so Orosz. Der ehemalige Bundesminister Hans-Jochen Vogel betonte die Notwendigkeit, gegen den braunen Aufmarsch zu demonstrieren. „Es ist gut, dass wir uns erinnern. Denn die, derer keiner gedenkt, sterben einen zweiten Tod", so Vogel. „Und es ist gut, dass viele Dresdnerinnen und Dresdner entschlossen sind, zu zeigen, dass die Stadt aus ihrer Geschichte gelernt hat."

Heute sind in der Innenstadt weitere Gedenkveranstaltungen geplant wie etwa am Vormittag auf dem Altmarkt und am Nachmittag auf dem Theaterplatz.

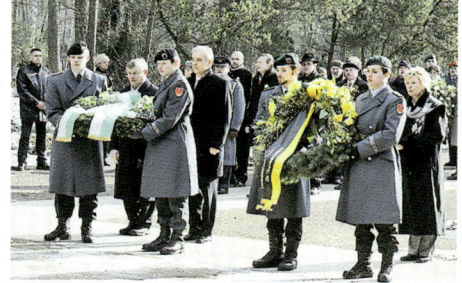

Innenminister Albrecht Buttolo, Ministerpräsident Stanislaw Tillich und OB Helma Orosz (v.l., alle CDU) bei der traditionellen Kranzniederlegung auf dem Heidefriedhof.

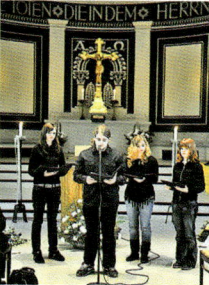

Auch in der Feierhalle des Johannisfriedhofs wurde der Opfer gedacht.

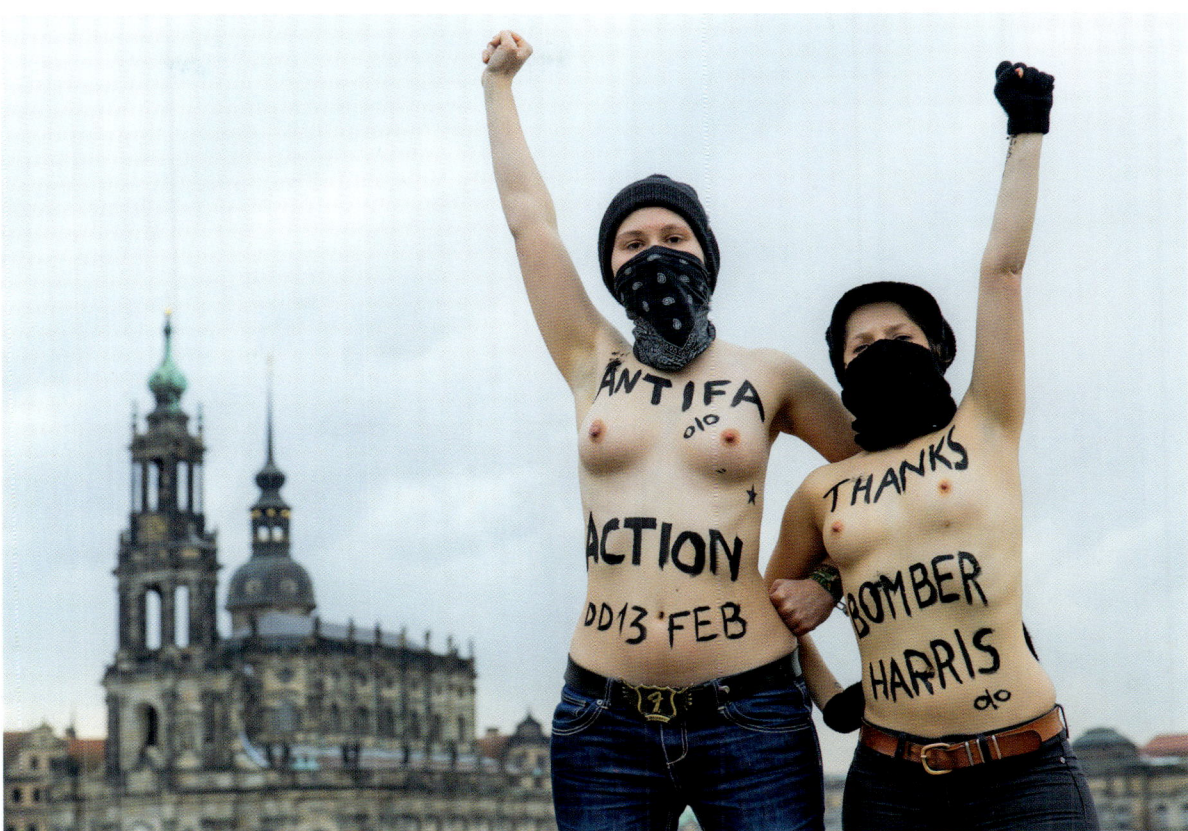

19

Aktivistinnen in Dresden
Fotografie von Marcus Golejewski
Reproduktion
Dresden, 13. Februar 2014
picture alliance/Geisler-Fotopress

In Teilen »antifaschistischer Gruppierungen« sind extreme Haltungen zur Dresdner Gedenkkultur verbreitet, wie bei den sogenannten Antideutschen. So dankten beispielsweise zwei Aktivistinnen am 13. Februar 2014 in Dresden dem Oberbefehlshaber des britischen Bomber Commands, Arthur Harris, für die Bombardierung der Stadt. Dies taten sie im Stile von Femen mit entblößtem Oberkörper. Vermummt ließen sie sich vor der Altstadtkulisse fotografieren. Die beiden Frauen waren Anne Helm, Bezirksverordnete der Piraten von Berlin-Neukölln, und Mercedes Reichstein, Sprecherin von Femen Berlin.

20
Menschenkette durch die Innenstadt
zum Gedenken an die Zerstörung Dresdens
Fotografie von Norbert Millauer
Reproduktion
Dresden, 13. Februar 2013
ddp images/dapd

Seit 2010 folgen jährlich etwa 10 000 Menschen dem Aufruf eines breiten Bündnisses aus Parteien, Gewerkschaften, Kirchen, der Stadt und weiteren zivilgesellschaftlichen Gruppen und schirmen am Abend des 13. Februar mit einer Menschenkette die innere Altstadt ab, um Dresden, so Oberbürgermeisterin Helma Orosz, »zu einer Festung gegen Intoleranz und Dummheit« zu machen.

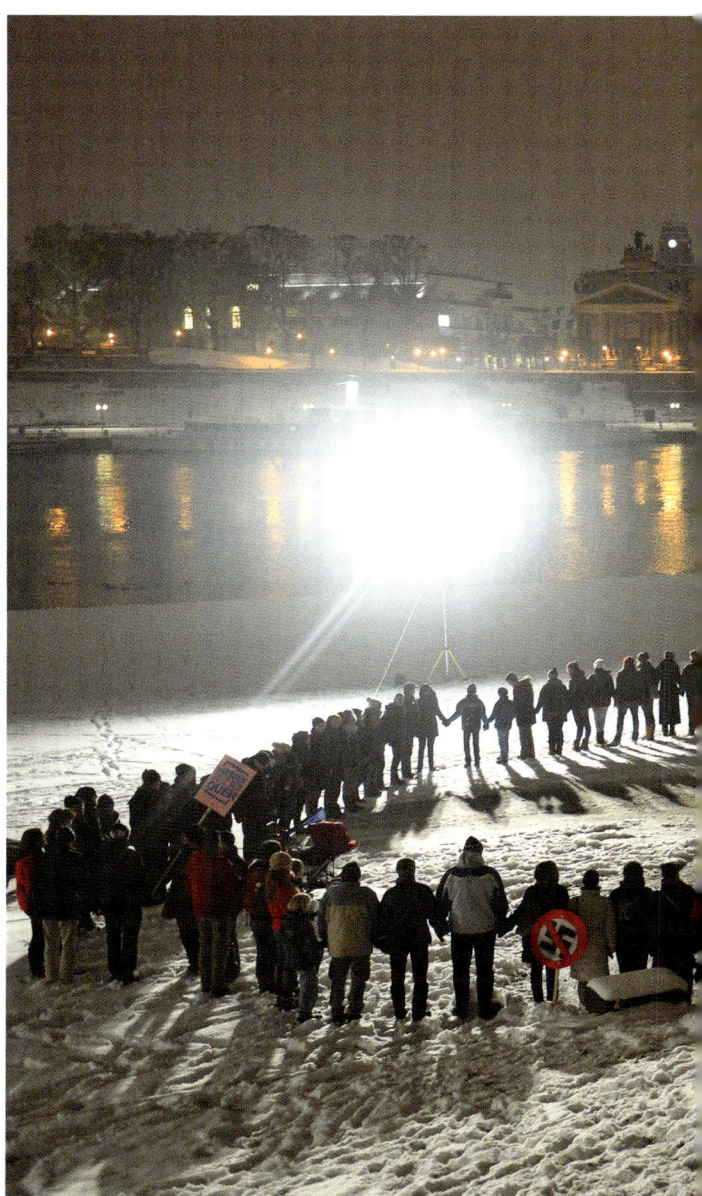

20

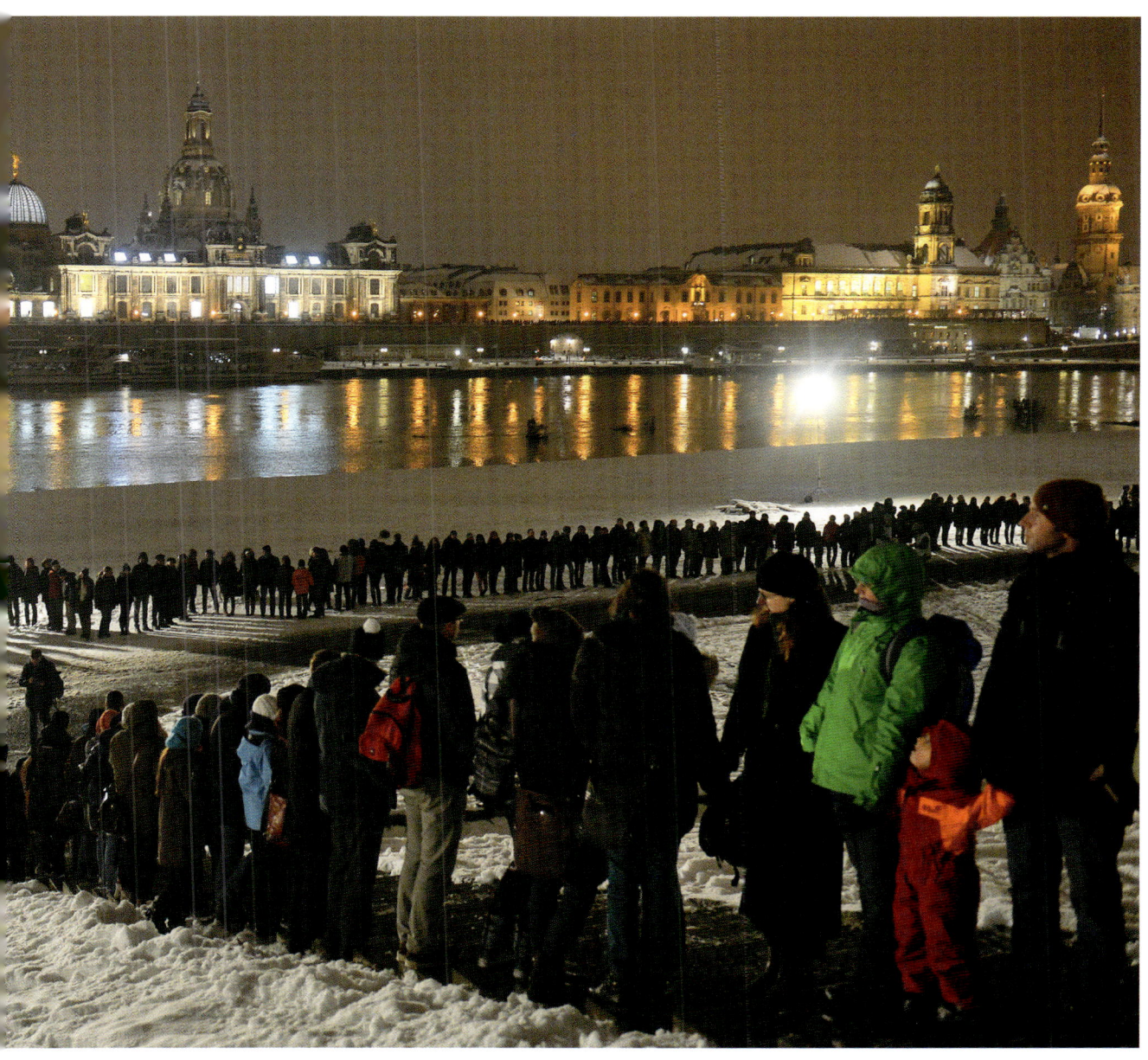

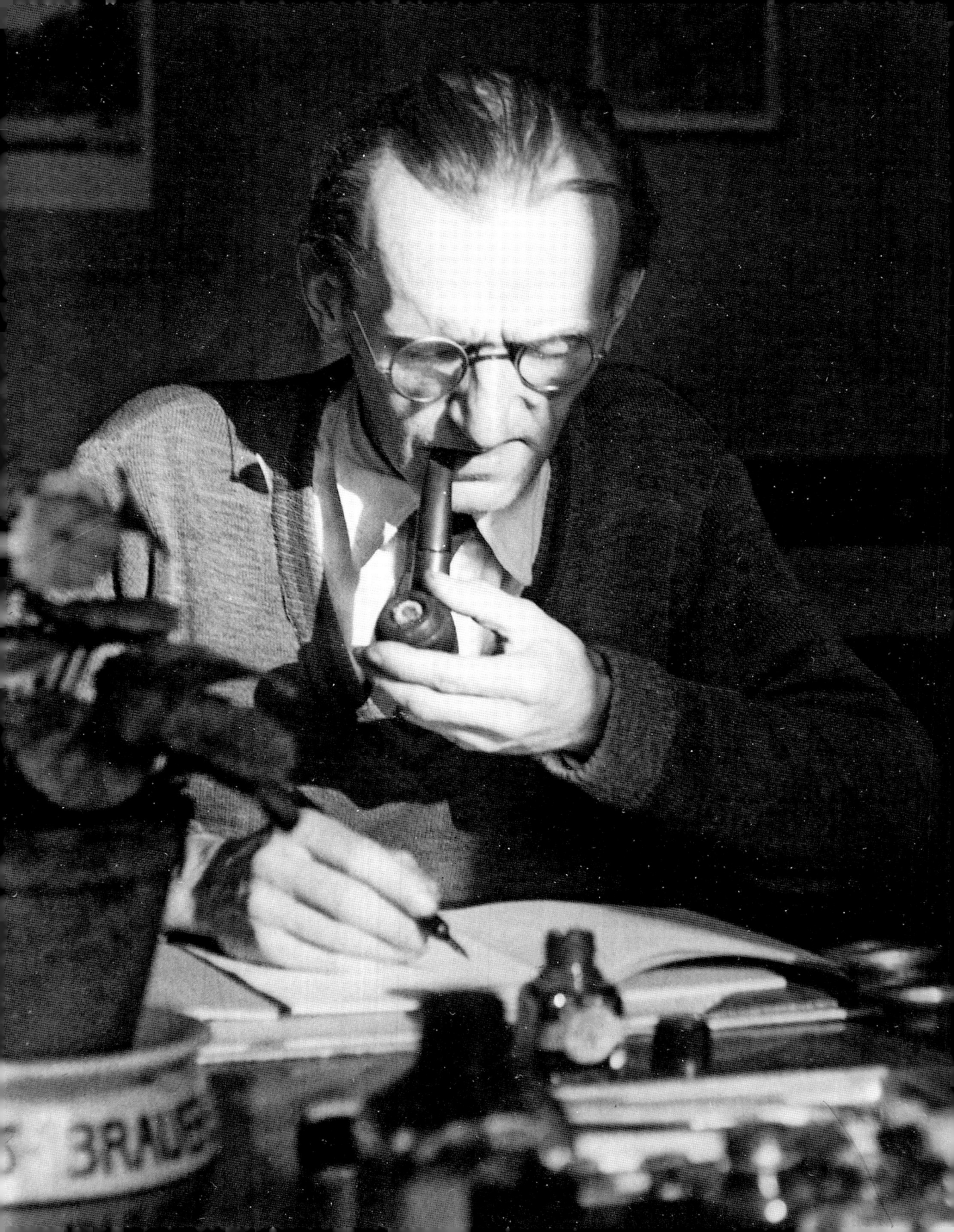

OTTO GRIEBEL

1895 – 1972

**Ich war ein Mann der Straße.
Lebenserinnerungen eines Dresdner Malers
(1945/1986)**

Otto Griebel ist ein bedeutender Vertreter proletarisch-revolutionärer Kunst. Er war während des Ersten Weltkriegs Soldat und beteiligte sich 1918 an der Novemberrevolution in Dresden. KPD-Mitglied seit 1919, gehörte er 1929 zu den Gründern der Assoziation revolutionärer bildender Künstler Deutschlands (Asso). Seit 1933 stand Griebel unter Beobachtung der nationalsozialistischen Geheimen Staatspolizei (Gestapo). Auf Grundlage des »Gesetzes über die Einziehung von Erzeugnissen entarteter Kunst« verbrannte die Berliner Feuerwehr am 20. März 1939 rund 5000 Gemälde und Grafiken, darunter auch Arbeiten Griebels aus dem Stadtmuseum Dresden. Im Herbst 1939 wurde er zum Polenfeldzug eingezogen. Zwischen 1941 und 1945 arbeitete Griebel als Ausstellungsgestalter und technischer Zeichner im besetzten Polen. Ende Januar 1945 kehrte er aus Jędrzejów nach Dresden zurück.

Als am 13. Februar der Bombenangriff auf Dresden begann, feierte Griebel in der Altstadt Karnevalsdienstag mit Freunden. Im Chaos nach dem Angriff konnte er seine Frau und die vier Kinder wiederfinden, die sich in den Großen Garten geflüchtet hatten. Als er mit seinem Sohn Jack zur Wohnung am Fürstenplatz (heute Fetscherplatz) ging, überraschte sie der zweite Angriff. Erst nach drei Wochen fanden alle wieder zusammen. Die Familie hatte Hab und Gut, Griebel fast sein gesamtes Werk verloren. Seine Erinnerungen an die Angriffe hielt er in Zeichnungen und schriftlichen Aufzeichnungen fest.

Unter dem Titel »Ich war ein Mann der Straße« veröffentlichte Griebels Sohn Matthias 1986 die Lebenserinnerungen seines Vaters, aus denen Walter Kempowski längere Passagen in seinem Buch «Der rote Hahn» zitiert.

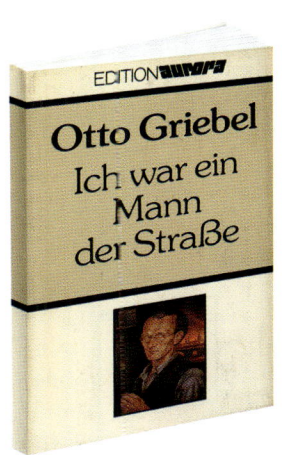

◁ Otto Griebel, 1945

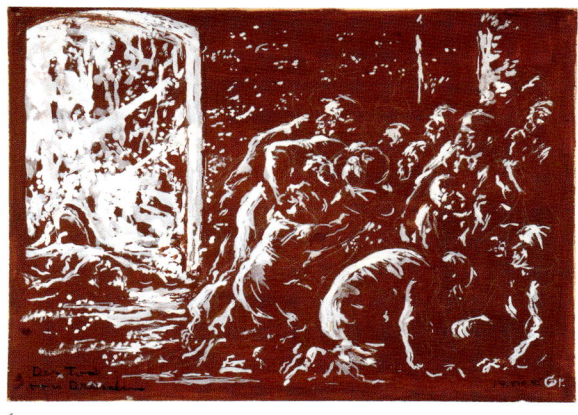

1

Blätter aus dem Zyklus
»Der Tod von Dresden« von Otto Griebel

1
»Der Tod von Dresden«
Blatt 1, Pinselzeichnung
Dresden, 14. August 1945
Städtische Galerie Dresden – Kunstsammlung
Museen der Stadt Dresden

»Ein vielfaches Pfeifen durchschnitt die Luft, und dann erzitterte das Haus von einer Reihe rasch aufeinander erfolgender und immer heftiger werdender Detonationen, die uns in eine Ecke des Kellers trieben, wo wir uns an einer Kartoffelkiste zusammenhockten. Das sausende Fallen und Krachen der einschlagenden Bomben nahm nun kein Ende mehr. [...] Einmal schien es, als drehe sich das ganze Gebäude in seinen Fundamenten. Dann brach rote Lohe durch die Kellerlöcher. [...] Durch ein geborstenes Fenster des Lokals sah ich nun, daß die ganze Neue Gasse in Flammen stand und fast taghell erleuchtet war. Von allen Seiten stoben Funken heran, und mitten durch ihren Wirbel hasteten aufgeregte, oft nur notdürftig bekleidete Menschen.«

(Otto Griebel in Walter Kempowski: Der rote Hahn.
Dresden im Februar 1945, München 2001, S. 58 f. und S. 82)

2
»Die brennende Marschallstraße«
Blatt 2, Kreidezeichnung
Dresden, 15. August 1945
Stiftung Deutsches Historisches Museum, Berlin

Von den Verwüstungen und Bränden waren auch Tiere betroffen. Bis heute wird erzählt, dass Dressurpferde des Circus Sarrasani vom gegenüberliegenden Neustädter Elbufer durch die brennende Altstadt gelaufen seien. Das ist aber eine Legende. Die umherirrenden Pferde waren Zugtiere von Flüchtlingsfuhrwerken, die sich losgerissen hatten und panisch durch die brennenden Straßenzüge galoppierten. Überlebende, die in den Großen Garten geflüchtet waren, berichteten von den Todesschreien der Tiere im nahe gelegenen brennenden Zoo. In den Morgenstunden des 14. Februar wurde aus Soldaten der Infanterieschule ein Erschießungskommando für womöglich ausgebrochene Raubtiere zusammengestellt. Diese waren jedoch bereits während der Nacht, einer entsprechenden Weisung folgend, von Wärtern getötet worden.

3
»Das zweite Ziel der Luftgangster – Der Große Garten«
Blatt 3, Pinselzeichnung über schwarzer Kreide
Dresden, 4. August 1945
Stiftung Deutsches Historisches Museum, Berlin

Als sich die zunehmend verheerenden alliierten Luftangriffe nicht mehr verschweigen ließen, ordnete Propagandaminister Joseph Goebbels Ende 1942 neue Regelungen für die Arbeit seines Ministeriums an. Bislang waren die Auswirkungen der angeblich ineffektiven Bombardierungen zumeist bagatellisiert und nur in der Regionalpresse erwähnt worden. Um der eigenen Berichterstattung mehr Glaubwürdigkeit zu verleihen, wurden nun ausgewählte Ereignisse, wie die Zerstörung von Kulturdenkmälern oder Krankenhäusern, reichsweit verbreitet und als Beleg einer barbarischen Kriegführung dargestellt. Deutsche Angriffe auf England galten als Vergeltung, während die deutsche Propaganda die alliierten Piloten als »Terrorflieger« und »Luftgangster« bezeichnete, die aus Gefängnissen

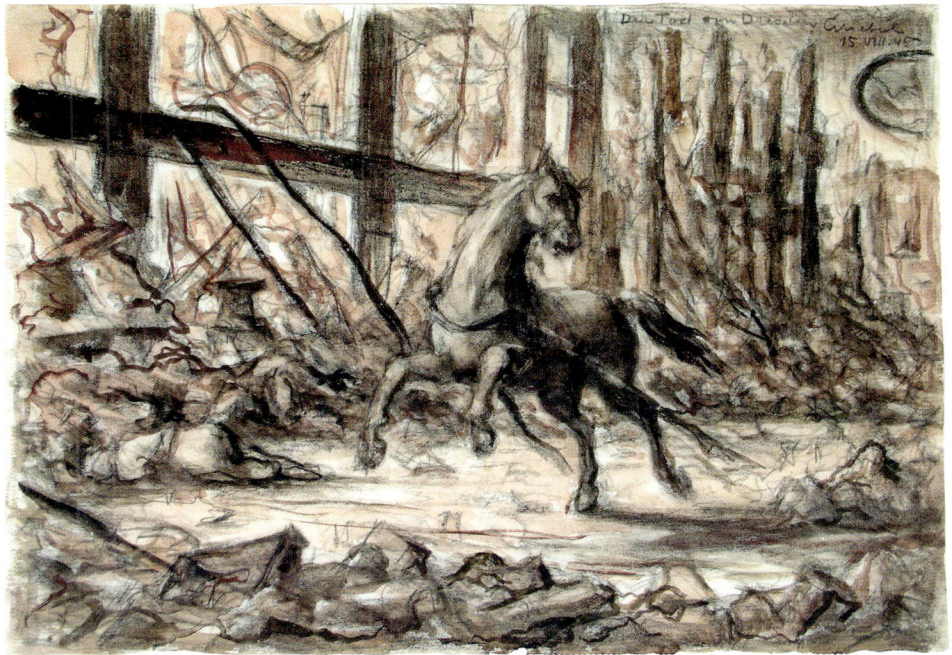

2

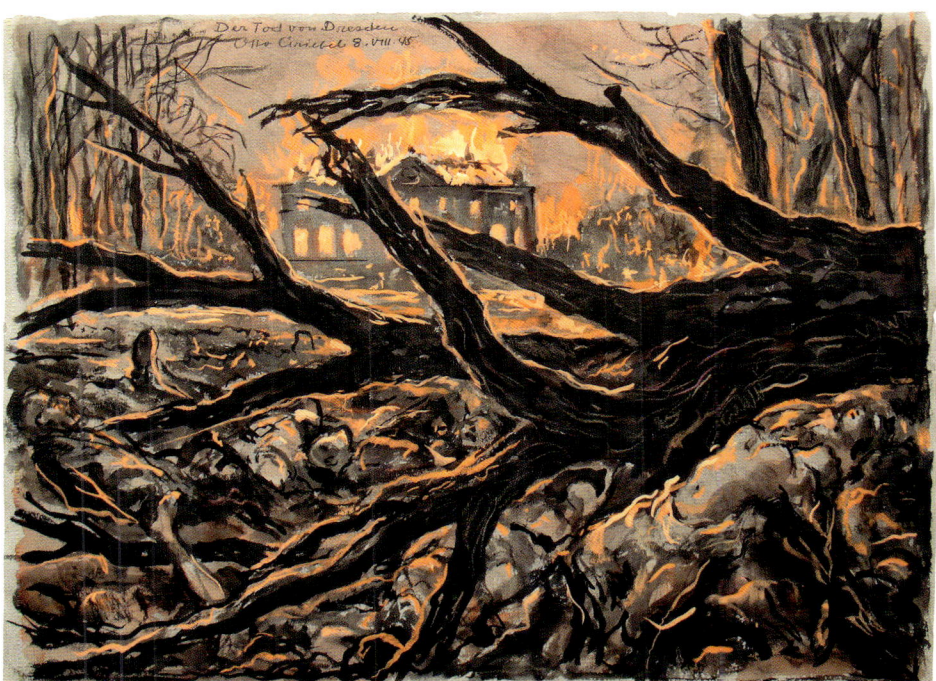

3

heraus rekrutiert worden seien. Der NS-Begriff »ang-loamerikanische Luftgangster« wurde später, vor dem Hintergrund des sich verschärfenden Ost-West-Gegensatzes, in Publikationen der DDR wieder aufge-griffen.

4
»Eine Mutter rettet ihr letztes Kind«
Blatt 4, Pinselzeichnung auf rotem Papier
Dresden, 4. Oktober 1945
Stiftung Deutsches Historisches Museum, Berlin

»Mit jeder Minute vergrößerte sich mein Bangen um das Schicksal der daheim gebliebenen Angehörigen. [...] Ich sah, elbabwärts schauend, das Opernhaus lich-terloh brennen und die scheinbar noch heilen Türme der Stadt dunkel gegen den brandhellen Nachthimmel ragen.

So schaurig und ungeheuerlich war das alles, daß ich es nur mit den Augen, kaum aber mit den Sinnen zu erfassen vermochte. Das tut man mit Dresden – einer der schönsten und kulturreichsten Stätten der Welt! [...] Auch das Hygienemuseum brannte und zeigte wüste Zerstörungen. Als ich eben daran vorübergegan-gen war, tat es plötzlich einen jähen Blitz und Knall, und im nämlichen Moment schleuderte mich der Luft-druck über einen dicken, am Boden liegenden Baum-stamm hinweg zwischen eine Anzahl von Leuten, die

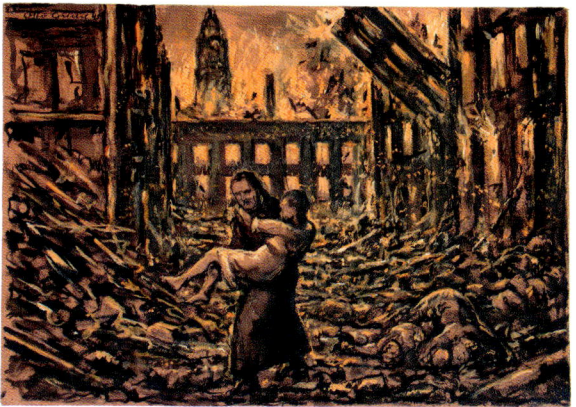

4

erhobenen Kopfes dahinterhockten. ›Verdammt, das konnte schiefgehen‹, wandte ich mich an einen Mann neben mir. Aber der glotzte geradeaus und war tot. Tot waren auch die übrigen, die hier kauerten, und ich lief rasch weiter, wobei ich allerdings die Befürchtung nicht los wurde, daß abermals eine spät krepierende Bombe explodieren könnte.«

(Otto Griebel in Walter Kempowski: Der rote Hahn. Dresden im Februar 1945, München 2001, S. 82 – 84)

5
»Tieffliegerangriff oder Vertriebene
auf dem Friedhof«
Blatt 5, Kreidezeichnung
Dresden, 10. August 1945
Stiftung Deutsches Historisches Museum, Berlin

Zeitzeugen berichten von Überlebenden, die sich in den Großen Garten und auf die Elbwiesen geflüchtet hatten und dort von tieffliegenden Begleitjägern oder sogar von den dafür völlig ungeeigneten Bombern mit Bord-waffen beschossen wurden. Andere Zeitzeugen, die sich ebenfalls dort aufhielten, verneinen dies. Histori-ker haben belegt, dass ein solches Vorgehen nicht nur den Einsatzbefehlen widersprochen hätte, sondern auch unter den vorherrschenden Bedingungen des Feuersturms technisch undurchführbar war. Bei Bo-denuntersuchungen wurde keine entsprechende Mu-nition gefunden. Nach heutigem Erkenntnisstand haben sich Beobachtungen tieffliegender, aber unbewaffneter britischer Markierungsflugzeuge während der Nacht-angriffe sowie ein Luftkampf zwischen deutschen und US-amerikanischen Jägern am Mittag des 14. Februar in der Erinnerung von Überlebenden mit falsch gedeu-teten Geräuschen und entsprechenden Presseberich-ten zu diesem Mythos verbunden.

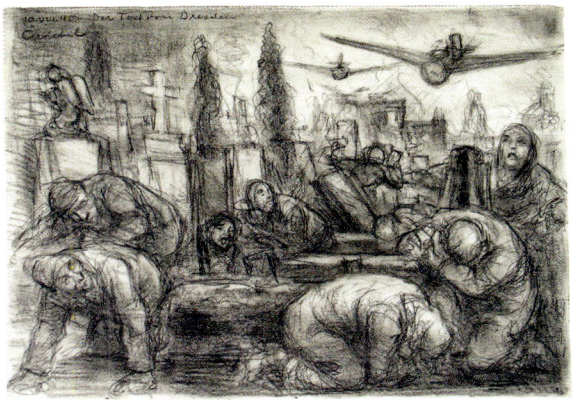
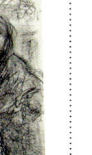

5

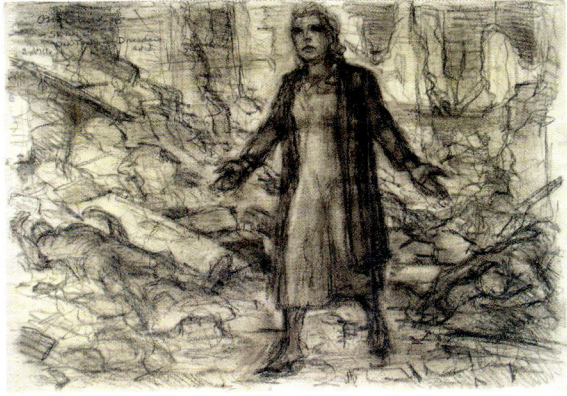

6

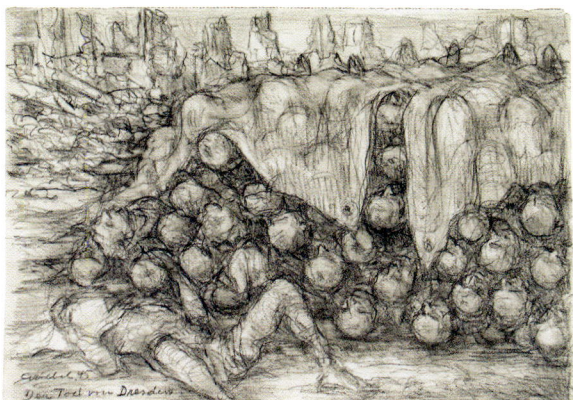

7

6

»Anklage«

Blatt 6, Kreidezeichnung | Dresden, 2. August 1945
Stiftung Deutsches Historisches Museum, Berlin

»Fast schlimmer noch als in den Straßen der Stadt sah es im Großen Garten aus. Überall lagen Bäume gefällt, zwischen denen Gruppen von Menschen herumirrten. Ich mußte tiefe Bombentrichter umgehen und sah am Ende der Hauptallee die am Palais gelegenen Pavillons sämtlich lichterloh brennen. Eine vor dem Palais eingeschlagene Bombe hatte dieses prächtige Gebäude in eine öde Ruine verwandelt. Gewirre von Ästen und Stämmen sperrten die breite Fürstenallee.

Als ich dann eben den Comeniusplatz überqueren wollte, hörte ich eine kindliche Stimme rufen: ›Dort kommt der Papa!‹; und nun sah ich die Meinen, die Frau und alle Kinder nebst einigem geborgenem Gepäck auf einer Bank des Platzes sitzen und lief erlöst und dankbaren Herzens auf sie zu.«

(Otto Griebel in Walter Kempowski: Der rote Hahn.
Dresden im Februar 1945, München 2001, S. 84 f.)

7

»Amerikanischer Erntesegen:
Leichenhaufen am Wiener Platz.«

Blatt 7, Kreidezeichnung | Dresden, 29. August 1945
Stiftung Deutsches Historisches Museum, Berlin

Dresden wurde am 13. und 14. Februar 1945 von drei Angriffswellen getroffen. Der erste der beiden durch die britische Royal Air Force geflogenen Nachtangriffe konzentrierte sich vorwiegend auf den Bereich der inneren Altstadt und löste hier einen Flächenbrand aus. Die Besatzung des Masterbombers der zweiten britischen Angriffswelle entschied daraufhin, die Bombardierung auf noch nicht getroffene Viertel im Süden und Osten des brennenden Zentrums auszudehnen. So wurde auch das Gebiet um den beim Hauptbahnhof liegenden Wiener Platz zerstört. Die Bomben des US-amerikanischen Tagangriffs gingen vorwiegend auf die westlich des Zentrums gelegene Friedrichstadt und die dortigen Bahnanlagen nieder.

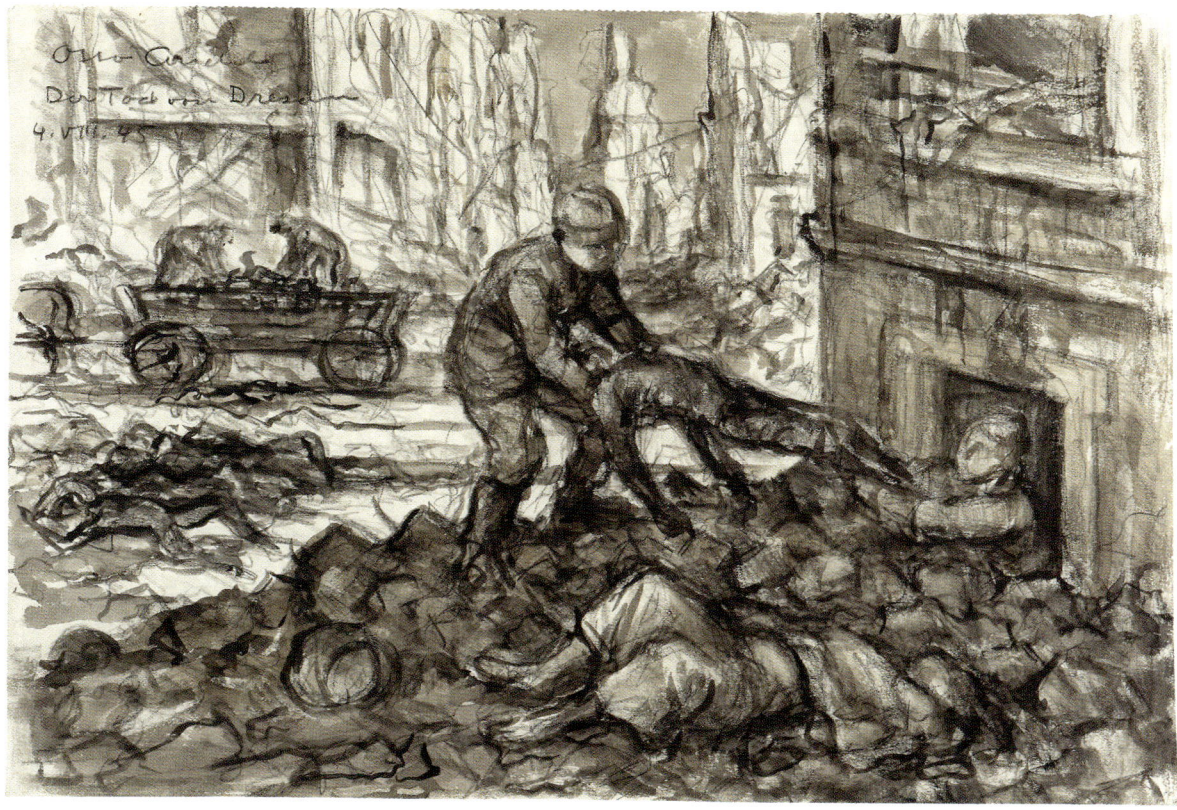

8

8

»Der Tod von Dresden«
Blatt 8, Pinselzeichnung über schwarzer Kreide
Dresden, 4. August 1945
Städtische Galerie Dresden – Kunstsammlung
Museen der Stadt Dresden

»Trotz meiner Müdigkeit und Erschöpfung gönnte ich mir nur einige Augenblicke Ruhe und tat erquickende Schlucke aus einer Selterwasserflasche. Dann hieß ich Jack, den mir verbliebenen Ältesten, mitzukommen und schritt mit ihm durch die Funkenwirbel der Fürstenstraße unserem Hause zu, das noch zugänglich war. [...] Wir eilten, die geretteten Habseligkeiten zum Comeniusplatz zu rollen, und da wir uns entschlossen, auch noch ein drittes Mal den Weg durch die Feuerglut zu gehen, bat meine Frau, ich möchte vor allem eine Wäscheleine mitbringen, vermittels derer sie einiges fest zusammenzuschnüren gedachte.

Jetzt war die Sache schon eine ziemlich schwierige und gefahrvolle. Nur einzelne Passanten, die dem Großen Garten zustrebten und vor den hin- und her jagenden Feuerstößen Schutz hinter den Straßenbäumen oder in einigen noch erhaltenen Hauseingängen suchten, begegneten uns. Selbst der Asphalt begann heiß zu werden und schmolz unter Brandfladen und Phosphor, brannte schließlich.«

(Otto Griebel in Walter Kempowski: Der rote Hahn.
Dresden im Februar 1945, München 2001, S. 85 f.)

9
»Der Tod von Dresden«
Blatt 9, Kreidezeichnung | Dresden, 5. Oktober 1945
Städtische Galerie Dresden – Kunstsammlung
Museen der Stadt Dresden

»Jack suchte derweilen im Kämmerchen die Wäscheleine, und da er sie nicht fand, schaute ich selbst mit
nach und hängte einen großen Rucksack von der Wand.
Im [sic] diesem Augenblick hörte ich den gellenden
Schrei: ›Neuer Angriff, alles in die Keller!‹ [...]

Immer furchtbarer krachten die Sprengbomben.
Fast schien es, als ob von Dresden diesmal überhaupt
nichts mehr bleiben solle und als könne diesem schau-
erlichen Angriff auch nicht ein einziger entrinnen. Jack
hielt sich dennoch sehr tapfer, und auf seine bange
Frage, ob wir durchkommen werden, beruhigte ich ihn,
daß wir bestimmt Glück haben werden. Ich selbst hatte
weniger Sorge um mich als um meine Frau mit den drei
Kindern, die diesen grauenvollen Angriff völlig schutzlos und im Freien auf dem Comeniusplatz über sich
ergehen lassen mußten.«

(Otto Griebel in Walter Kempowski: Der rote Hahn.
Dresden im Februar 1945, München 2001, S. 116)

10
»Die Übriggebliebenen«
Blatt 10, Kreidezeichnung | Dresden, 3. August 1945
Städtische Galerie Dresden – Kunstsammlung
Museen der Stadt Dresden

»Auf dem Dache zuckte die rote Lohe bereits herüber. Ich
wußte nun, daß alles, was ich schuf und besaß, verloren
war und ebenso im Feuer unterging wie unser geliebtes
Dresden mit all seiner Pracht, seinen Schätzen und Menschen. Arm wie ein Bettler und mit versengten Sachen
wandte ich mich vom Hause fort, [...]. Nur eine einzige
Villa in der Nähe war verschont geblieben, und es erwies
sich, daß es ausgerechnet die des Reichsstatthalters
Mutschmann war, eines der Hauptschuldigen an dieser
Katastrophe, der sich im Garten einen schönen, festen
Bunker hatte errichten lassen, während Hunderttausende Dresdner keinen Schutz besaßen und elendiglich
umkamen. An der Hauptallee des Großen Garten sah ich

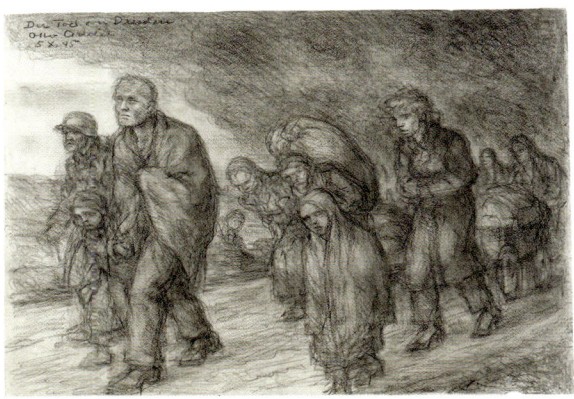

9

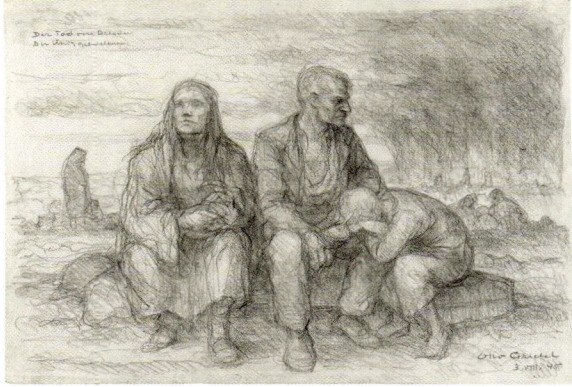

10

das Palais in der Ferne in seltsam tiefer Röte brennen,
und als ich später erfuhr, wie viele Unglückliche darinnen
umgekommen waren, wußte ich, daß es Menschenleiber
waren, d e dort verschmorten. [...] Der Geruch, die stöh-
nenden Leute, der in der Ferne brennende Gasometer,
der aussah wie ein mächtiges, illuminiertes Rundzelt der
Vogelwiese. Wahrhaftig! So ähnlich war es draußen an
den Elbwiesen zugegangen, wenn das große Feuerwerk
abgebrannt wurde; nur gab es diesmal ein Feuerwerk,
das die ganze Stadt verzehrte, das Menschen in Fackeln
verwandelte und ganze Kaskaden von Phosphor von den
Fassaden der Häuser herabfließen ließ. Durch die Glut-
röte des Himmels sickerte allmählich ein fahles Indigo
und hellte sich immer mehr auf.«

(Otto Griebel in Walter Kempowski: Der rote Hahn.
Dresden im Februar 1945, München 2001, S. 138 – 140)

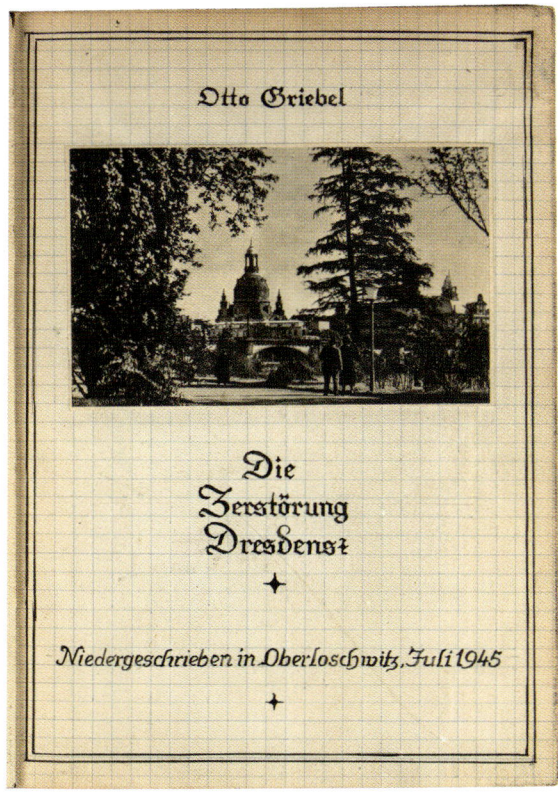

11.1

11
»Die Zerstörung Dresdens«
Aufzeichnungen von Otto Griebel
Dresden-Loschwitz, Juli 1945 bis März 1954
Matthias Griebel

Im Juli 1945 begann Otto Griebel über die Zerstörung Dresdens zu schreiben. Eingeklebte Zeitungsausschnitte ergänzen seine Schilderungen des Unvorstellbaren. Denn niemand, so notierte er, werde »jemals in der Lage sein, auch nur annähernd ein Bild der entsetzlichen Grausamkeiten zu geben«. 25 000 Todesopfer sind nachweisbar, unbekannt ist aber die Anzahl der an Körper und Seele Verletzten. Es sind durchlebte Albträume, die Griebel in vier Heften zu bannen versuchte.

»Mitten durch das Flammenmeer bin ich mit Frauen und Kindern gegangen, habe dem Feuersturm zum

Trotz das Leben durchgebracht, aber es wird viele, viele Jahre dauern, bis diese Erlebnisse nicht alle Tage meine Gedanken streifen […].«

Der Luftkrieg traumatisierte auch viele Fliegersoldaten. Bei jedem Einsatz ging es um Leben oder Tod. 75 Prozent der jungen Männer in den britischen Bombern über Deutschland starben in der ersten Dienstzeit und 90 Prozent in der (freiwilligen) zweiten. Sie waren zwischen 18 und 25 Jahre alt. Ein Überlebender nannte im Gespräch mit einem Psychiater das alles beherrschende Gefühl des Krieges und auch des Friedens, wenn der Krieg im Kopf bleibt:

»Er wurde bei vier Einsätzen schwer beschossen. Beim letzten Mal […] fing der Backbordmotor der Maschine Feuer, der MG-Schütze oben Mitte war schwer verletzt und der Heckschütze tot […]. Der reglose Körper des Heckschützen brannte […]. Er musste eine Axt zur Hand nehmen, um Materialbrocken des brennenden Turms abzuhacken, auch Teile der Kleidung und der Leiche des Heckschützen, damit der Propellerstrahl am Ende alles fortwehen konnte […]. Das Funkgerät, die Hydraulik und die Reifen waren weg, so daß eine Bruchlandung erfolgte […]. Zehn Tage später hatte er nervöse Zustände, zitternde Hände und schweißnasse Handflächen. […] Als ich ihn fragte, wie er seine Empfindungen mit einem Wort beschreiben würde, sagte er: ›Angst‹.«

12
»Selbstbildnis vor brennendem Dresden«
Gemälde von Otto Griebel
Öl auf Leinwand
Dresden, 1945
Museum der bildenden Künste Leipzig
(Abbildung siehe Umschlagklappe)

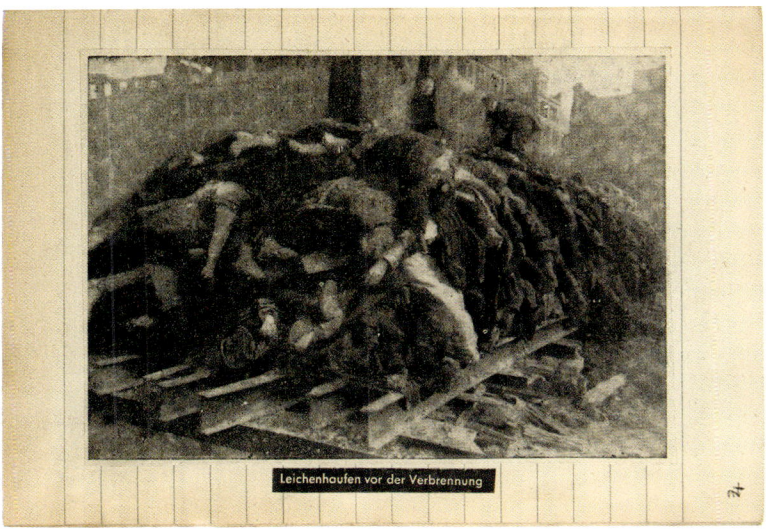

Leichenhaufen vor der Verbrennung

11.2

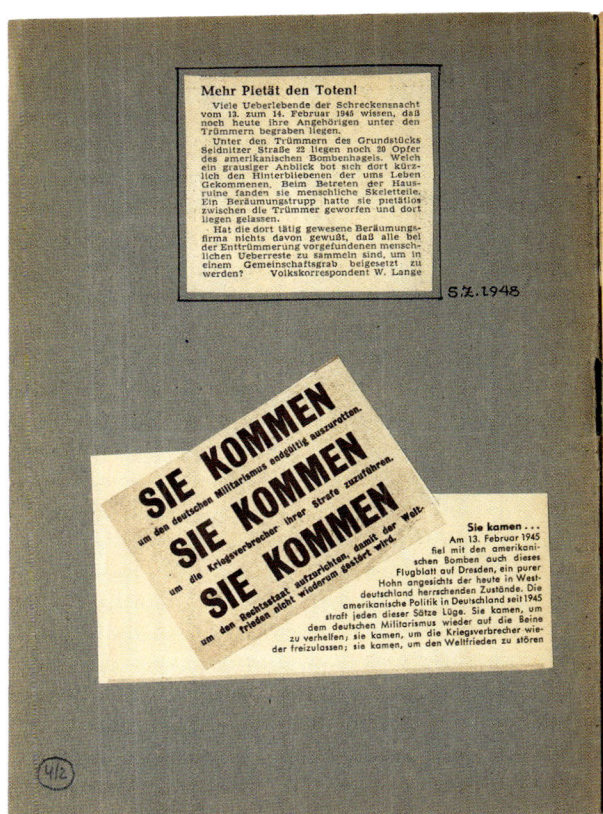

Mehr Pietät den Toten!

Viele Ueberlebende der Schreckensnacht vom 13. zum 14. Februar 1945 wissen, daß noch heute ihre Angehörigen unter den Trümmern begraben liegen.

Unter den Trümmern des Grundstücks Seidnitzer Straße 22 liegen noch 20 Opfer des amerikanischen Bombenhagels. Welch ein grausiger Anblick bot sich dort kürzlich den Hinterbliebenen der ums Leben Gekommenen. Beim Betreten der Hausruine fanden sie menschliche Skelettteile. Ein Beräumungstrupp hatte sie pietätlos zwischen die Trümmer geworfen und dort liegen gelassen.

Hat die dort tätig gewesene Beräumungsfirma nichts davon gewußt, daß alle bei der Enttrümmerung vorgefundenen menschlichen Ueberreste zu sammeln sind, um in einem Gemeinschaftsgrab beigesetzt zu werden? Volkskorrespondent W. Lange

S.Z. 1948

SIE KOMMEN
SIE KOMMEN
SIE KOMMEN

um den deutschen Militarismus endgültig anzureiten.
um die Kriegsverbrecher ihrer strafe zuzuführen.
um Rechtsstaat aufzurichten, damit der frieden nicht wiederum gestört wird. Wolt.

Sie kamen . . .
Am 13. Februar 1945 fiel mit den amerikanischen Bomben auch dieses Flugblatt auf Dresden, ein purer Hohn angesichts der heute in Westdeutschland herrschenden Zustände. Die amerikanische Politik in Deutschland seit 1945 straft jeden dieser Sätze Lüge. Sie kamen, um dem deutschen Militarismus wieder auf die Beine zu verhelfen; sie kamen, um die Kriegsverbrecher wieder freizulassen; sie kamen, um den Weltfrieden zu stören

(4/2)

Eine Stadt glüht aus.

Aus der New-Yorker Zeitung "Die Sonntagspost" vom 8. Dezember 1946.

Die Nacht in der Superhölle – Im Feuerstrom der Sackgassen.

Nein und tausendmal nein! Dresden, diese Perle am Elbestrand, die ehemals schöne Stadt an der Elbe, ist nicht unberaymt, genau wie andere Städte zu Trümmern stürzen, sie ist nicht ausgebrannt wie Köln am Rhein und hundert andere deutsche Städte. Nein, – Dresden, dieses Juwel deutscher Siedlebaukunst, ist ausgelöscht, zerschmolzen zu Staub und Asche. Zerschmolzen ist nicht nur, was metallisch war, nein, zerschmolzen sind auch die Riesenquader der mächtigen Sandsteinbauten, zerstört selbst die gewaltige Kuppel der Frauenkirche, zerglüht auf Straßen, in Kellern sind Zehntausende von Menschen, die nur beim Berühren zu Staub zerfallen. – Das ist es, was man wissen muß, um überhaupt nur annähernd aus nüchternen Worten des tatsächliche Geschehen dieser infernalischen Geschichte zu verstehen. Keine menschliche Fantasie kann je die Schreckensbilder dieser Superhölle erstinnen und ebensowenig werden Menschen, die diese Nacht inmitten der Stadt erlebten, jemals in der Lage sein, auch nur annähernd ein Bild der entsetzlichen Grausamkeiten zu geben. – Mitten durch das Flammenmeer bin ich mit Frauen und Kindern gezogen, habe dem Feuerstrom zum Trotz

1.

11.3

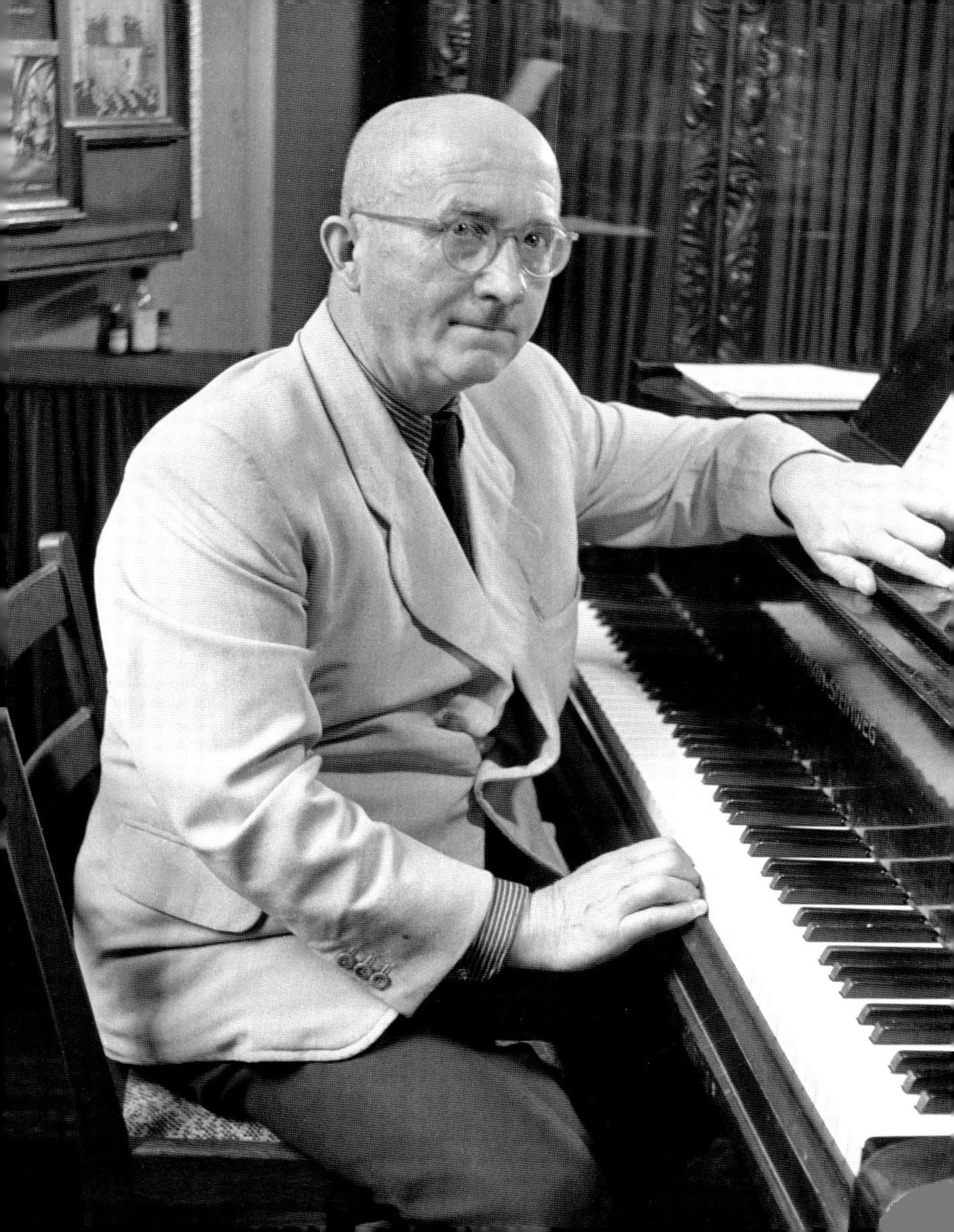

RUDOLF MAUERSBERGER

1889–1971

Wie liegt die Stadt so wüst
(Komposition und Uraufführung 1945)

Das Jahr 586 vor Christus war für das Königreich Juda katastrophal: Nach eineinhalbjähriger Belagerung nahm das Heer des babylonischen Herrschers Nebukadnezar die Hauptstadt Jerusalem ein. Der Tempel Salomos verbrannte, die königliche Familie wurde mit der Oberschicht des Landes nach Babel in die Verbannung geführt. Der Prophet Jeremia, der 40 Jahre lang vor dem Untergang gewarnt hatte, sammelte die versprengten Reste des Volkes und floh mit ihnen nach Ägypten.

Jeremia wurden traditionell auch die alttestamentarischen Klagelieder zugeschrieben (heute geht man von einer späteren Redaktion aus). Das lyrische Ich und das personifizierte Jerusalem besingen in fünf Liedern die Zerstörung der Stadt. In erster Linie gilt die Trauer aber dem Verlust des Tempels, in dessen Ruinen die Totenlieder wohl auch erstmals erklangen. Die christliche Tradition verband diese Texte mit dem Tod Jesu am Kreuz. In der katholischen Liturgie werden die Klagelieder daher an den Abenden der Karwoche gelesen.

Als Rudolf Mauersberger, der Kantor des Dresdner Kreuzchors, am Karfreitag 1945 die Klagelieder liest, steht er noch unter dem Eindruck der Bombardierung: seine Habe verbrannt, seine Wirkungsstätten Kreuzschule und Kreuzkirche vernichtet und elf Schüler im Bombenhagel gestorben. Ausgewählte Verse der Klagelieder über die zerstörte Stadt Jerusalem und ihre toten Kinder fügt Mauersberger zu einem Libretto zusammen und vertont sie, bereits am folgenden Tag ist die Trauermotette vollendet.

Uraufgeführt wird sie vom Kreuzchor in der ausgebrannten Kreuzkirche am 4. August 1945. Die jährliche Aufführung am 13. Februar gehört seit 1946 zum Kern der Dresdner Gedenkkultur.

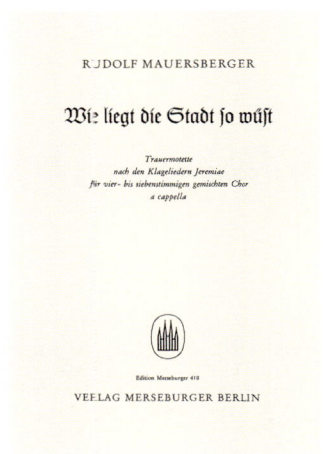

◀ Rudolf Mauersberger, 1955

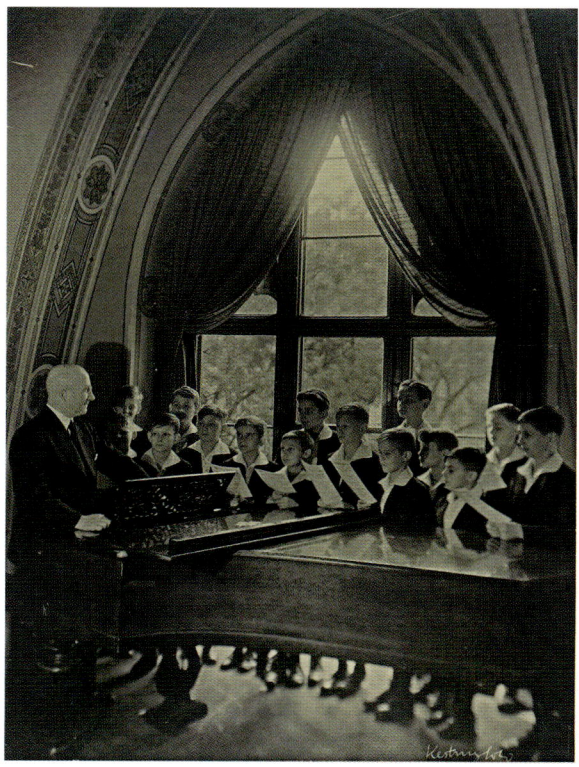

1

1
Rudolf Mauersberger am Flügel und
Mitglieder des Kreuzchors
Fotografie von Edmund Kesting
Dresden, vor 1945
Privatbesitz

2
Modell des 1866 eingeweihten Neubaus
der Kreuzschule (zerstört 1945)
aus dem Besitz von Rudolf Mauersberger, 1935
Mauersberger Museum, Mauersberg

Der Kreuzchor und die Kreuzschule wurden zwischen 1270 und 1300 an der Dresdner Pfarrkirche St. Nikolaus (seit 1388: Kreuzkirche) gegründet. Nach der Reformation 1539 war die Stadt Trägerin der Schule, der Chorleiter wird hingegen von der Kirche eingesetzt. Von 1930 bis zu seinem Tod 1971 hatte Rudolf Mauers-

berger dieses Amt inne. Er konnte den Chor in NS- und SED-Zeiten weitgehend vor politischer Einflussnahme bewahren.

Der Schulbau am Georgplatz brannte infolge des Bombenangriffs auf Dresden aus, im Luftschutzkeller starben drei Alumni (Internatsschüler). Die Ruine wurde 1950 abgetragen. Bereits im Juli 1945 hatte die Kreuzschule in einem Ausweichquartier eröffnet, seit 1959 ist sie in Dresden-Striesen ansässig. Das Kreuzgymnasium wird seit 2004 in Trägerschaft der Evangelischen Kirche geführt.

3
Fragment der Fassade der Kreuzschule
(zerstört 1945)
Dresden, 1866 (Montage nach 1945)
Mauersberger Museum, Mauersberg

In vier Jahrzehnten als Kreuzkantor führte Rudolf Mauersberger den Chor durch schwierige Zeiten. Er trat 1933 in die NSDAP ein, blieb aber »Karteileiche«. Er wehrte sich erfolgreich gegen Auftritte der Kruzianer (Mitglieder des Kreuzchors) in der Uniform der Hitlerjugend. Gegen Widerstände brachte Mauersberger auch Werke jüdischer und als »entartet« geltender Komponisten zur Aufführung und betonte den liturgischen Charakter der Kreuzvespern.

Der Tod von insgesamt elf Kreuzschülern am 13. Februar 1945 traf Mauersberger schwer. Seiner Wirkungsstätte, der alten Kreuzschule, blieb er lebenslang verbunden. Dieses Fragment der Fassade stand als Briefbeschwerer auf seinem Schreibtisch.

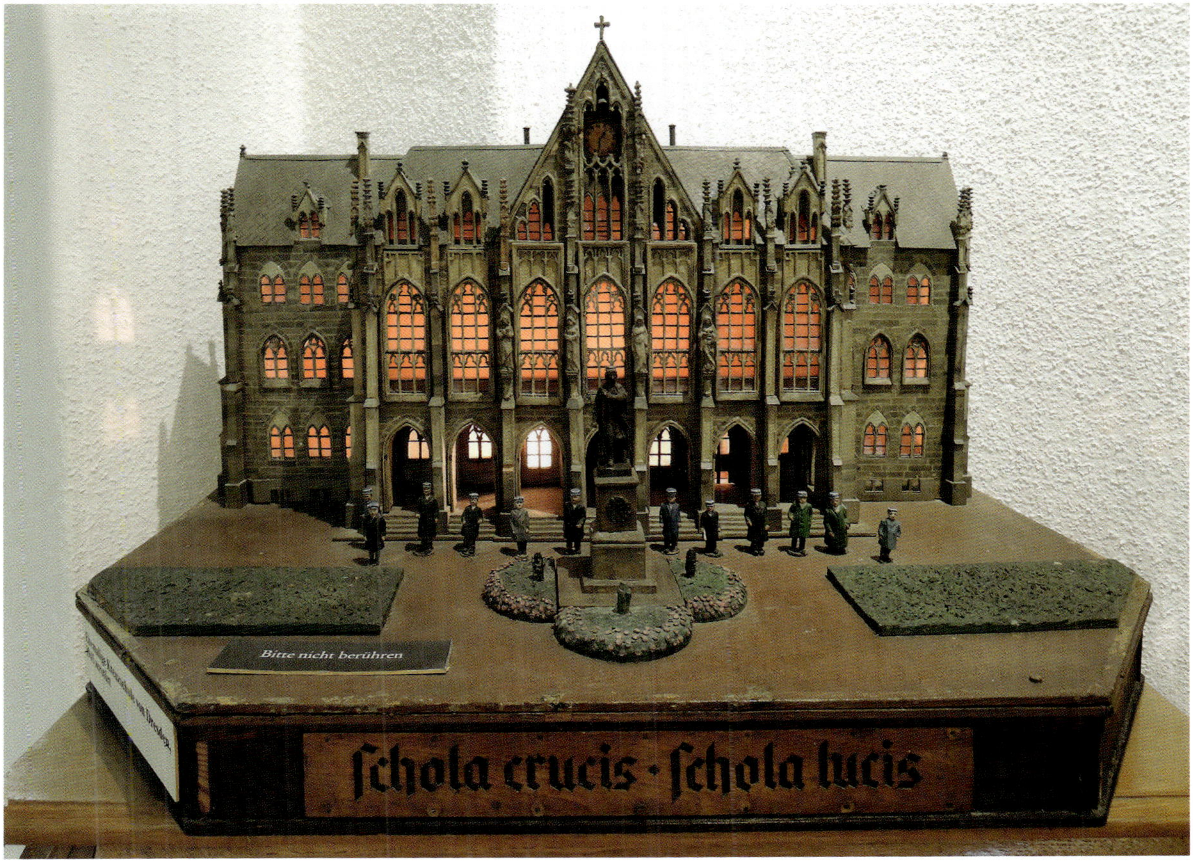

![image](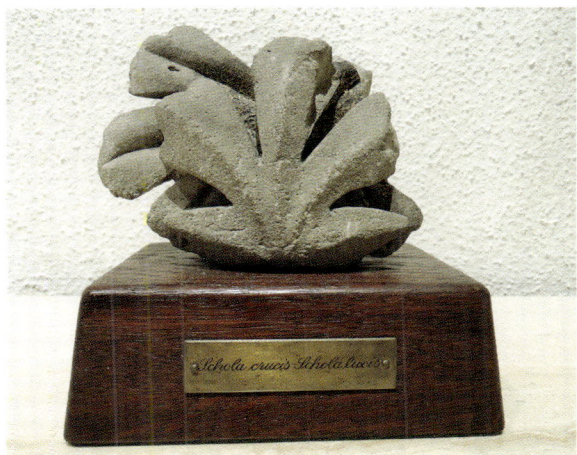)

2

3

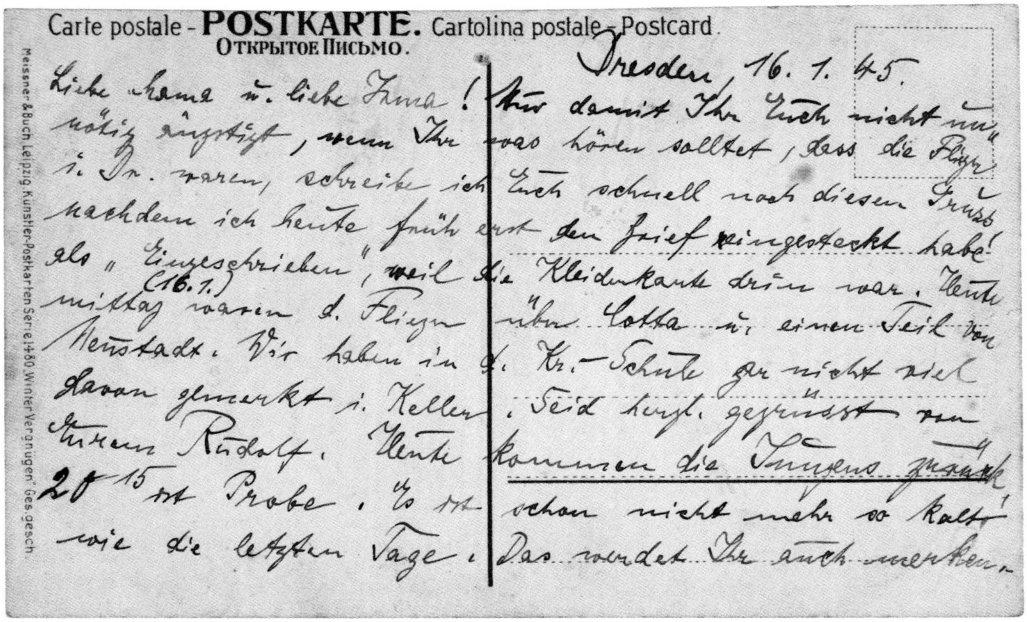

Carte postale - **POSTKARTE.** Cartolina postale - Postcard.
Открытое письмо.

Dresden, 16. 1. 45.

Liebe Mama u. liebe Irma! Nur damit Ihr Euch nicht unnötig ängstigt, wenn Ihr was hören solltet, dass die Flieger i. Dr. waren, schreibe ich Euch schnell noch diesen Gruss nachdem ich heute früh erst den Brief eingesteckt habe! als „Eingeschrieben", weil die Kleiderkarte drin war. Heute (16.1.) mittag waren d. Flieger über Lotta u. einen Teil von Neustadt. Wir haben in d. Kr.-Schule gar nicht viel davon gemerkt i. Keller. Seid herzl. gegrüsst von Eurem Rudolf. Heute kommen die Jungens zurück 20¹⁵ ist Probe. Es ist schon nicht mehr so kalt wie die letzten Tage. Das werdet Ihr auch merken.

4

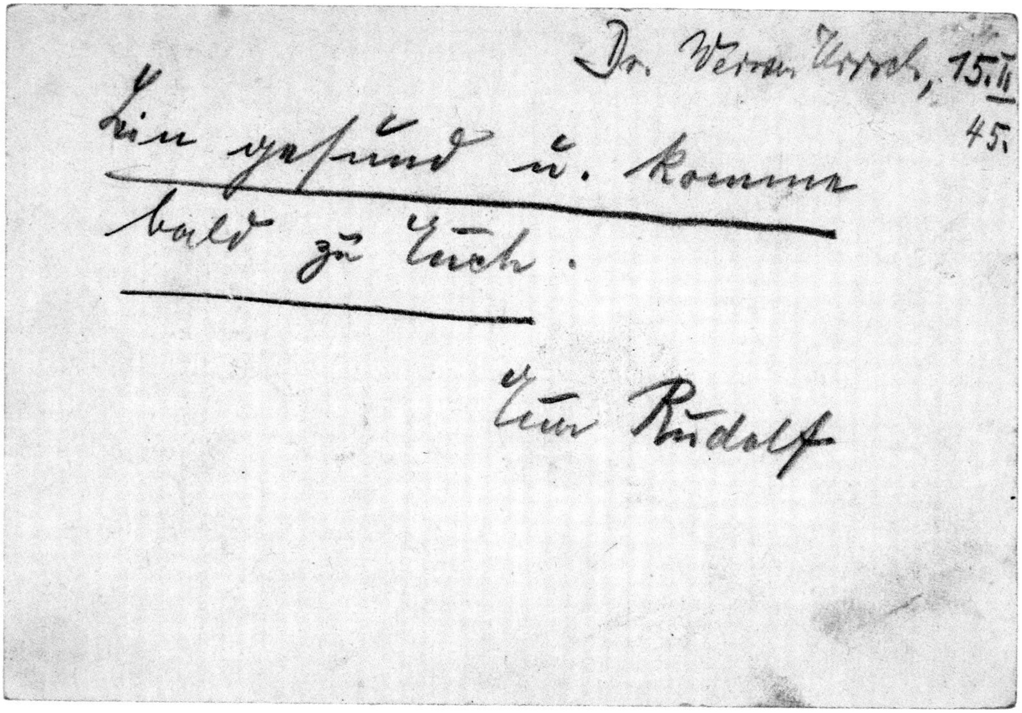

In Vers Urroh, 15. II. 45.

Bin gesund u. komme bald zu Euch.

Euer Rudolf

6

Rudolf Mauersberger

D)

Aufzeichnungen über persönliche Erinnerungen im Zusammenhang
mit der Zerstörung Dresdens 13.Febr.1945

Vom Herbst 1944 an war durch die Maßnahme, die von dem damaligen
Innenminister Goebbels befohlen war, jegliche künstlerische
Arbeit lahmgelegt. Die Dresdner Philharmonie war aufgelöst; die
Mitglieder der Staatstheater wurden teilweise dienstverpflichtet.
Die Arbeit im Kreuzchor konnte nur noch mit Mühe etwas weiter-
getrieben werden, obwohl die wachsende Unsicherheit und die
dauernden Alarme jedes systematische Weiterüben verhinderten.
Große Konzertveranstaltungen waren durchweg verboten. Allein
die kirchlichen Dienste des Kreuzchors, wie z.B. die Christ-
vesper und die Christmette, wurden in allerkleinster Form noch
durchgeführt, ebenso die Kreuzchorvespern, und zwar in der
Sophienkirche am Zwinger, da die große Kreuzkirche nicht zu
heizen (wegen Mangels an Heizmaterial) und auch dem Fernheiz-
werk nicht angeschlossen war. Die Vespern wurden noch im Januar
und Februar 1945 mühsam durchgehalten. Gedruckte Programme gab
es schon eine ganz Zeit nicht mehr. Der Besuch war jedoch über
alles Erwarten gleichbleibend sehr gut. Das traditionelle Fastnachtskonzert des Kreuzchors war von mir gar nicht erst in Aussicht genommen worden, nachdem 77 dieser Veranstaltungen in
ununterbrochener Reihe stattgefunden hatten. Auch nach dem
Wiederaufbau des Kreuzchors habe ich von der Fortsetzung dieser
Art Veranstaltungen trotz wiederholter Anregungen und Aufforderungen Abstand genommen, weil ich der Meinung bin, daß der Zusammenhang zwischen Fastnacht und dem 13.Februar sich durch die
grauenvolle Schreckensnacht zumindest unserer Generation so
tief eingeprägt hat, daß man, obwohl das Datum wechselt, nicht
aufgelegt sein kann, ein Fastnachtskonzert zu veranstalten.
Wohl aber ist bereits seit 4 - 5 Jahren zur Tradition geworden,
das von mir komponierte "Dresdner Requiem", das auf dieses
grauenvolle Geschehen Bezug nimmt, regelmäßig am 13.Februar eines
jeden Jahres aufzuführen.

Ich lasse nun eine kurze Schilderung der Dinge folgen, wie ich
sie in der Nacht des 13.Februar 1945 erlebt habe.

Nach dem ersten Angriff, um 10 Uhr abends, den ich wie alle Bewohner meines Hauses in der Johann-Georgen-Allee verbrachte,
versuchte ich mit einem Schüler, der ebenfalls im Hause wohnte,
noch zu retten, was zu retten war. Alle anderen Hausbewohner
waren nicht mehr zu sehen. Die Häuser in der Johann-Georgen-
Allee brannten lichterloh, und es schien gänzlich überflüssig,
noch etwas dagegen zu unternehmen. Ich wollte durch den Park,
in dem das Hygienemuseum steht, zur Kreuzschule vordringen, um
zu sehen, wie die 33 Alumnen (die geringe Zahl erklärt sich
daraus, daß die älteren Jahrgänge zur Flak abkommandiert waren)
den Angriff überstanden hatten. Auf der Bürgerwiese jedoch kam
mir ein Soldat entgegengerannt und forderte mich auf, mich sofort hinzuwerfen mit den Worten, ob ich denn nicht sähe, daß
alles voller "Christbäume" stünde. In demselben Augenblick begann der zweite viel furchtbarere Angriff. Ich blieb also
auf der Bürgerwiese, etwa 2 - 300 m vor der Kreuzschule auf
offener Straße ohne jede Deckung liegen und hörte das Krachen
der Luftminen, Sprengbomben und das Einstürzen der Häuser. An
ein Weiterkommen zur Kreuzschule war nicht zu denken.

Als der Angriff vorüber war, sah ich überhaupt keine Häuser

-2

und Bäume mehr noch irgendwelche Menschen, konnte aber auch da
nicht zur Kreuzschule durchdringen, weil der dicke Rauch mir den
Atem versetzte. Ich rannte zurück, wiederum durch den Park beim
Hygienemuseum, wo es auch lichterloh brannte, auf die Johann-
Georgen-Allee, wo inzwischen die Tiefflieger mit Maschinengewehren in die dort hockende Menge hineingeschossen hatten. Ein
grauenvolles Bild – und dazu das furchtbare Stöhnen der Verwundeten! Der Junge, mit dem ich zuletzt noch einiges aus dem Hause
zu bergen versucht hatte, stand vor der brennenden Leiche seiner
Mutter.

Als ich endlich zur Kreuzschule kam, war alles menschleer und
wie ausgestorben. Das Gebäude brannte noch. Man konnte sich nicht
aufhalten, weil man dauernd mit schlimmster Atemnot kämpfen mußte,
zumal ich schon beim ersten Angriff eine Rauchvergiftung, an deren
Folgen ich heute noch zu leiden habe, bekommen hatte. So eilte
ich im Laufschritt wieder zurück, auf den Großen Garten zu. Ich
erfuhr dann erst, daß der Alumneninspektor mit den Alumnen aus
dem brennenden Hause in den Großen Garten geflüchtet war. Diese
Maßnahme entsprach den allgemeinen, auch immer wieder durch den
Rundfunk gekommenen Anweisungen und Aufforderungen. Auf der
Tiergartenstr. schossen die Tiefflieger ebenfalls in die Menge,
wobei der Alumneninspektor, Herr Studienrat Gebauer, schwer verwundet wurde, der Hausinspektor und ein dreizehnjähriger Junge
aus dem Kreuzchor, der neben Herrn Gebauer lag, getötet wurden.
Die anderen Jungen sind unterwegs getötet worden, ein kleiner
Zehnjähriger vor der Kreuzschule, drei noch im Hause durch Lungen-
riß und die übrigen, die nicht Alumnen waren, kamen in der elterlichen Wohnung mit ihren Angehörigen ums Leben. Insgesamt hat
der Kreuzchor elf Todesopfer unter den Sängern zu beklagen.

Nachdem der Kreuzchor ca 4 Monate in alle Winde verstreut war,
fand er sich im Juli 1945 wieder zusammen. Der damalige Oberbürgermeister, Dr. Friedrichs, erteilte uns mit Genehmigung der sowjetischen Besatzungsmacht den Auftrag, den Kreuzchor wieder ins Leben
zu rufen. Es wurden uns die Kellerräume der nur zum Teil zerstörten Oberschule zu Dresden-Plauen als Wohn- und Wirtschafts-
räume zur Verfügung gestellt. In den Gesangssaal teilten wir uns
mit den Chören zweier Oberschulen, nachdem wir anfangs nur in
allein unversehrt gebliebenen Zeichensaal proben konnten. Trotz
primitivster Anfänge konnten wir bereits am 8.August in den Mauern
der Kreuzkirchenruine eine Gedächtnis-Vesper für die 11 umgekommenen kleinen Kruzianer und für die Pfarrer der Kreuzkirche,
die sämtlich mit allen ihren Angehörigen dem Angriff zum Opfer
gefallen waren, halten. Die Gedenkvesper nahm unter ungewöhnlich
zahlreicher Beteiligung einen ergreifenden Verlauf. Ebenso er-
schütternd gestaltete sich eine Probe des Kreuzchors in der ebenfalls zerstörten, aber noch zur Not brauchbaren Annenkirche
während eines schweren Gewitters. Ich werde auch nie vergessen,
wie wir, zu Fuß auf dem Wege zu einem unserer ersten provisorischen Konzerte, mitten in der völlig zerstörten Innenstadt einen
primitiven Instrumentenwagen mit einigen Philharmonikern trafen.
Auch sie, die wie wir unermüdlich um den kulturellen Wiederaufbau
bemüht waren, mußten oft stundenweite Wege zurücklegen, um an den
Ort ihres Auftretens zu gelangen.

Im Frühjahr 1947 durften wir unsere primitiven Kellerräume mit
besseren Räumlichkeiten in dem Gebäude des ehemaligen Freimaurer-
institutes in Dresden-Blasewitz vertauschen. Von diesem Zeitpunkt

-3

an ging unser Aufstieg schneller vonstatten. Wir kamen allmählich
dazu, unsere bis auf einen kleinen Rest vernichtete Notenbibliothek
wesentlich zu ergänzen. Es folgten wieder Ur- und Erstaufführungen,
die regelmäßigen großen Oratorienaufführungen und schließlich
wieder die großen Konzertreisen, die uns u.a. bisher zwölfmal
nach Westdeutschland und neunmal ins Ausland führten seit dem
Jahre 1947. Wir haben es bei allen unseren Reisen als unsere
Hauptaufgabe angesehen, durch unsere Konzerte für die Erhaltung
des Friedens zu wirken und überall mit unseren Kräften zu über-
zeugen, daß nur im Frieden der kulturelle Aufbau unserer Nation
gedeihen kann. Daß diese Sprache der Kunst verstandenwird, beweisen westdeutsche und ausländische Zeitungsstimmen, in denen
es u.a. heißt:

"Die Kruzianer gehen wie ehedem wieder auf Reisen,und mehr als
jemals wirken sie nun als kindliche Sendboten der Versöhnung."
                                        (Frankfurt a.M.)

"Und das ist das Ergreifende und zugleich tief Beglückende: daß
aus Not und Tod wieder solcher Glanz des jungen Lebens aufsteigt."
                                        (Remscheid)

"Der Chor beweist, daß im Zentrum Europas die Musikalität so
tiefe Wurzeln hat, daß auch Bombenangriffe sie nicht zu zerstören vermochten."
                        (Aus einer schwedischen Kritik vom Jahre 1951)

"Zwei unvergeßliche Abende deutscher Kunst, voll tröstlicher
Hoffnung auf diese Jugend, die von Glauben und Verheißung sang!
Das gewesene Dresden entsendet einen solchen Chor. Da bedarf es
keiner Worte."
                                        (Bremen, im Frühjahr 1948)

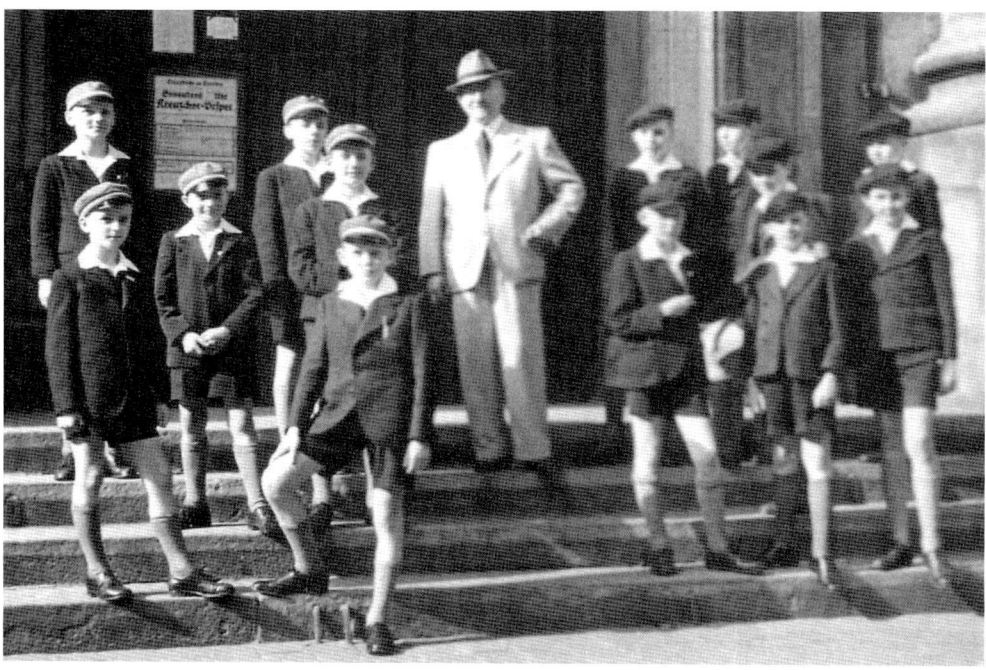

7

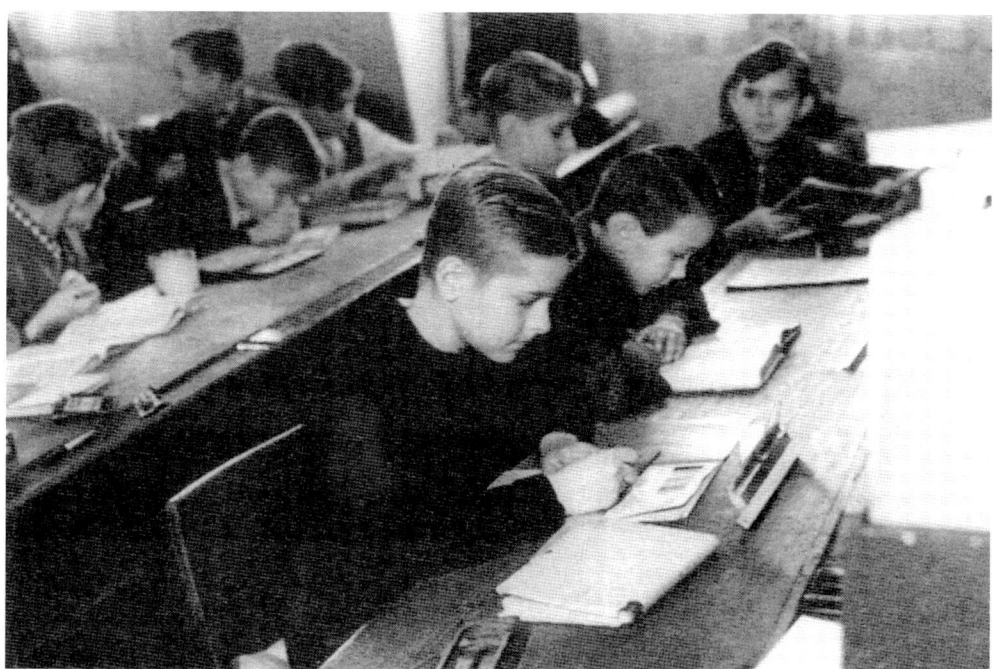

9

4
Postkarte an Lina Mauersberger
geb. Schönherr
von Rudolf Mauersberger | Dresden, 16. Januar 1945
Privatsammlung

Transkription:

»Dresden, 16. 1. 45. Liebe Mama und liebe Irma! Nur damit Ihr Euch nicht unnötig ängstigt, wenn Ihr was hören solltet, dass die Flugz. i. Dr. waren, schreibe ich Euch schnell noch diesen Gruss, nachdem ich heute früh erst den Brief eingesteckt habe! als ›Einschreiben‹, weil die Kleiderkarte drin war. Heute mittag waren d. Flieger über Cotta u. einem Teil von Neustadt. Wir haben in d. Kr.-Schule gar nicht viel davon gemerkt i. Keller. Seid herzl. gegrüsst von Eurem Rudolf. Heute kommen die Jungens zurück, 20:15 ist Probe. Es ist schon nicht mehr so kalt wie die letzten Tage. Das werdet Ihr auch merken.«

5
Persönliche Aufzeichnungen
über die Nacht des 13./14. Februar 1945
von Rudolf Mauersberger | Dresden, nach 1951
Privatsammlung

6
Postkarte an Lina Mauersberger
geb. Schönherr
von Rudolf Mauersberger | Dresden, 15. Februar 1945
Privatsammlung

Transkription:

»Dr. Werner Hirsch, 15. II. 45
Bin gesund u. komme bald zu Euch. Euer Rudolf«

Noch am 16. Januar 1945 hatte Mauersberger seine Mutter angesichts der häufigen Fliegeralarme beruhigt, die auch die Probenarbeit des Chors seit 1944 behinderten. Der Angriff des 13. Februar zerstörte Mauersbergers Wohnung an der Johann-Georgen-Allee (heute Lingnerallee). Auf dem Weg zur Kreuzschule wurde er vom zweiten Nachtangriff überrascht. Als er endlich das Schulgebäude erreicht hatte, fand er es menschenleer und brennend vor. Ein Schüler lag tot im Schuleingang, im Keller waren drei Schüler gestorben, berichtete Mauersberger später.

8

7
Rudolf Mauersberger mit Kruzianern
Fotografie
Dresden, um 1944
Stadtarchiv Dresden / Archiv der Kreuzschule
und des Kreuzchores

8
Lebenslauf Calvin Arthur Peterhänsel
Manuskript von Frau Peterhänsel (Mutter von Calvin)
Dresden, 1945
Stadtarchiv Dresden / Archiv der Kreuzschule
und des Kreuzchores

Calvin Peterhänsel war einer der drei Kruzianer, die infolge der Bombardierung im Keller der Kreuzschule starben. Er war am 23. Februar 1932 als Sohn eines sächsischen Pfarrers in den Vereinigten Staaten geboren worden. Später wurde der Vater Pfarrer in Herold im Erzgebirge. Calvin war seit April 1942 Mitglied des Kreuzchors und wohnte als Alumnus im Internat. Er starb kurz vor seinem 13. Geburtstag.

– 2 –

Kruzianern zu erkundigen. Vorallem, wo sie sich aufhalten.
Als er am Nachmittag zurück kam, konnte er nur Wortbrocken von
sich geben, die ich nicht verstand. Ich hab meine Schreibmaschine
und die Leute stehen lassen und bin von Hellerau in das Stadt-
zentrum gelaufen. Am Albertplatz nahmen mich 2 Offiziere in die
Mitte. Sie sahen, daß ich bald am Ende war und liefen nach einer
kurzen Erklärung mit mir mit. Am Georgplatz angekommen, wurden wie
überall rechts und links die steifen toten Körper mit Mistgabeln
auf LKW und Pferdewagen geladen. Als ich der Kreuzschule näher kam,
mußte ich feststellen, daß auf den Vorstufen mein kleiner Bruder
Helfried und Theo Kühn lagen. Die blonden Haare vom Theo sahen aus
als wären sie weiß geworden. Als ich das Bild der 2 Jungs sah, wurde
mir schlecht und ich mußte gestützt werden. Erst da war ich froh,
daß ich nicht allein gekommen war. Die 2 Männer haben für mich
meinen Bruder ans Körnerdenkmal getragen. Vom Theo K. haben sie
1 Hemd aus den Koffer genommen, meinen Bruder damit zugedeckt und
einen Zettel "Leiche wird abgeholt" angesteckt. Ein Schüler, ich
glaube er stammte aus Laubegast, hat mir später erzählt, er hätte
meinen toten Bruder über die Hand gestrichen. Da hätte er noch
seinen blau/weißen Schülerring am Finger gehabt, der Füllhalter
steckte noch in der Jakett-Tasche und sein Koffer hätte auch noch
dagestanden. Leider waren diese Andenken geklaut worden. Seinen
2. Schuh hatte er sicher bei der Flucht verloren, denn er hatte nur
einen Schuh an. Am nächsten Tag hat mein Vater meinen Bruder abgeholt. Sein Chef hatte ihm sein Auto geborgt. Als mein Vater mit
Helfried auf den Arm zu Hause ankam, brach meine Mutter schreiend
zusammen. Ein kleiner Trost war für uns, daß wir ihn in Wilschdorf
auf den Friedhof beerdigen konnten. Einwohner von Wilschdorf erzählten uns später, daß Prof. Mauersberger am Grab gekniet und
bitterlich geweint hat. Er liebte doch jeden Schüler, als wär es
sein Kind.

9
Helfried Bobe am Schulpult
Fotografie
Dresden, um 1944
Stadtarchiv Dresden / Archiv der Kreuzschule
und des Kreuzchores

10
»Erinnerungen an Helfried Bobe«
Typoskript von Ursula Heine, geb. Bobe
Dresden, nach 1995
Stadtarchiv Dresden / Archiv der Kreuzschule
und des Kreuzchores

Helfried Bobe wurde am 18. Oktober 1932 in Wilschdorf (heute ein Stadtteil von Dresden) geboren. Als Kreuzschüler und Kruzianer wohnte er im Internat am Georgplatz, fuhr aber jedes Wochenende heim. Seinen besorgten Eltern versicherte er, der Keller der Schule sei sicher. Helfrieds ältere Schwester Ursula fand seinen Leichnam am Nachmittag des 14. Februar 1945 auf den Eingangsstufen der Kreuzschule liegend.

11
**»Wie liegt die Stadt so wüst. Trostgesang,
komp. v. Rudolf Mauersberger«**
handschriftliche Partitur von Karl-Heinz Gläser
Dresden, 19. Juli 1945
Stadtarchiv Dresden / Archiv der Kreuzschule
und des Kreuzchores

Während der Passionszeit 1945 befand sich Mauersberger noch im Schockzustand. Am Karfreitag las er die Klagelieder Jeremias. Sie erweckten ihn aus der Lethargie. Aus ihm passend erscheinenden Zeilen fügte Mauersberger einen Text zusammen und komponierte die Trauermotette »Wie liegt die Stadt so wüst« (RMWV 4/1). Sie wurde erstmals am 4. August 1945 in der Ruine der Kreuzkirche aufgeführt. Anlass war ein Vespergottesdienst zum Gedenken an die elf bei der Bombardierung Dresdens getöteten Kreuzschüler. In der unmittelbaren Nachkriegszeit mangelte es an Vervielfältigungsmöglichkeiten. Für die Proben sowie als Schreibübung fertigten Kruzianer Abschriften der Chornoten an. Karl-Heinz Gläser, von dem die vorliegende Abschrift stammt, wurde später Stimmbildner und Lehrer an der Kreuzschule.

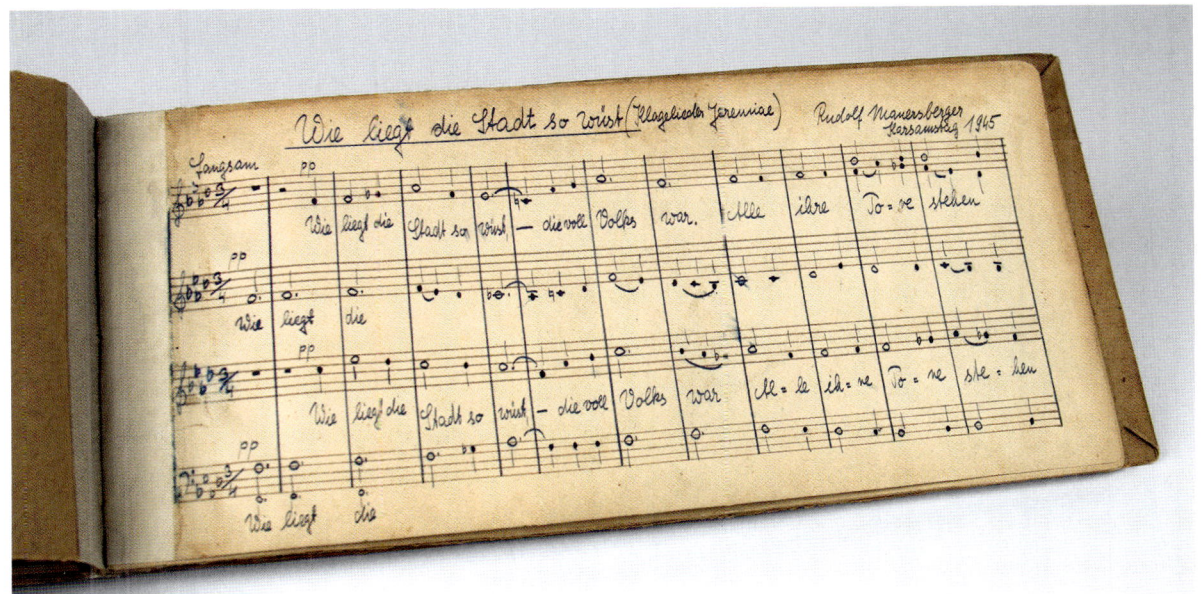

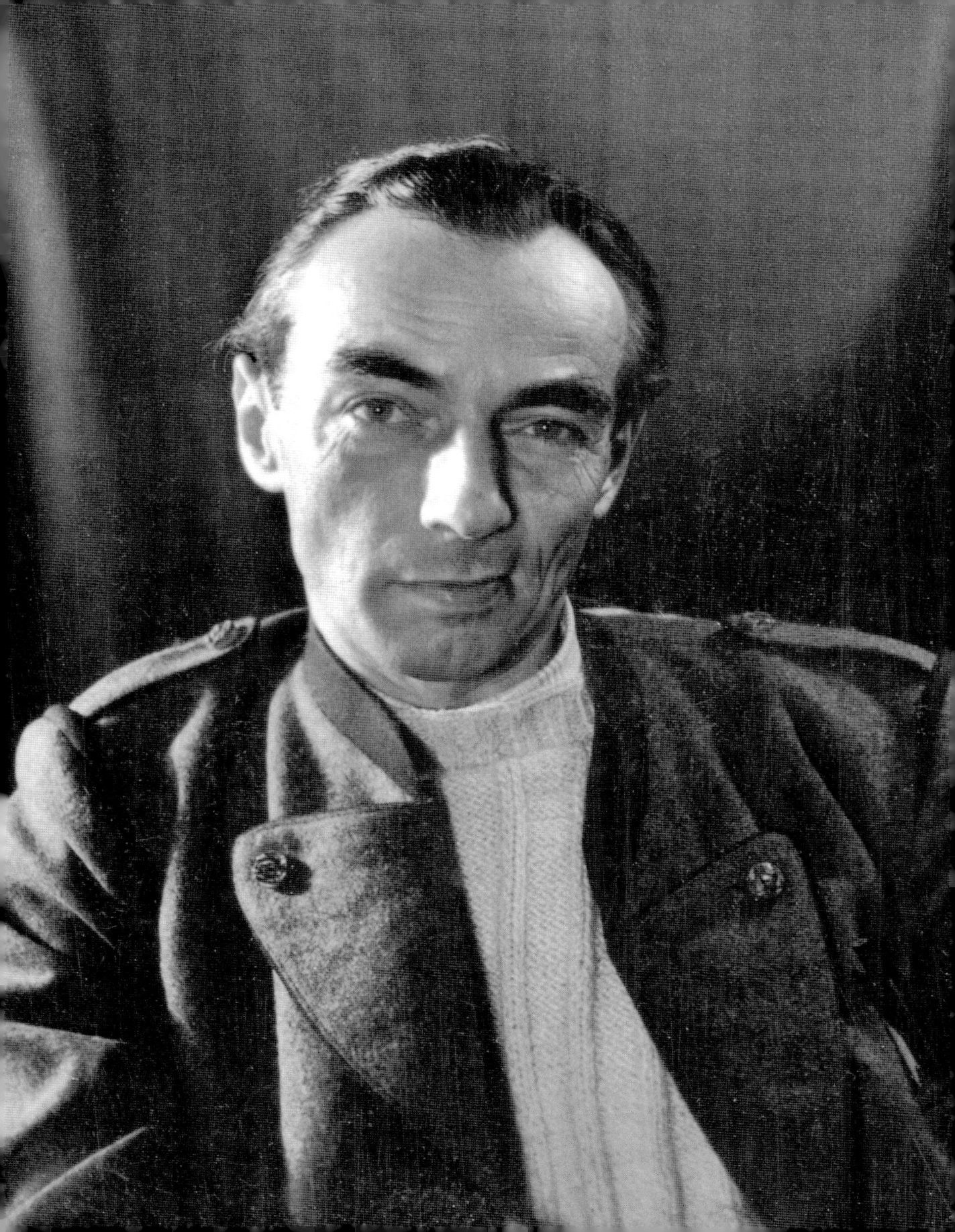

ERICH KÄSTNER

1899–1974

... und dann fuhr ich nach Dresden (1946)

Erich Kästner lebte in Berlin und hielt enge Verbindung zu seinen Eltern in Dresden. In größter Sorge wartete er seit dem 14. Februar 1945 auf Nachricht von ihnen. Sonst schrieb ihm seine Mutter täglich, nun kam gar keine Post. Kästner konnte nicht nach Dresden fahren, denn als Autor verbotener Bücher war er kein Mitglied der Reichsschrifttumskammer, und Reisen waren nur mit Erlaubnis einer Berufsorganisation gestattet. Nach zwei Wochen quälender Ungewissheit kamen alle Sendungen der Mutter gleichzeitig an.

Erstmals werden einige dieser Briefe und Karten hier gezeigt. Sie geben einen unmittelbaren Eindruck vom Leben in Dresden in den Tagen nach der Bombardierung.

Im Oktober 1945 wurde Kästner Feuilletonchef der in München erscheinenden »Neuen Zeitung«. Hier veröffentlichte er im September 1946 seine Eindrücke vom Besuch in seiner Heimatstadt, die er im Zustand der Zerstörung gerade zum ersten Mal gesehen hatte.

Der Text beschreibt Kästners tiefe Erschütterung: »Es ist, als fiele das Herz in eine tiefe Ohnmacht.« Dabei lässt er keinen Zweifel daran, dass Leid und Zerstörung eine Ursache haben. Was ihm in Dresden begegnet, erinnert ihn an die biblische Beschreibung eines Gottesgerichts gegen sündige Städte: »als liefe man im Traum durch Sodom und Gomorrha«. Und doch hegt Kästner die Hoffnung auf einen Neubeginn. Dazu brauche es die äußerste Ehrlichkeit der Deutschen gegenüber sich selbst. »Die zwei Feuer der Schuld und des Leids sollten alles, was unwesentlich in uns ist, zu Asche verbrannt haben. Dann wäre, was geschah, nicht ohne Sinn gewesen.«

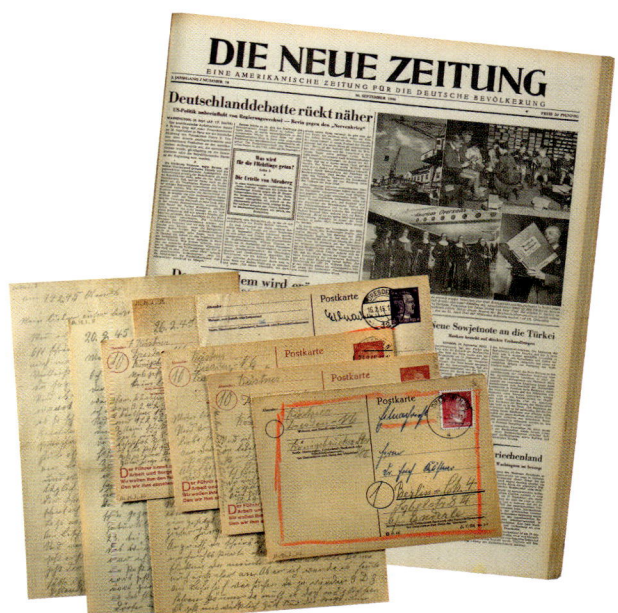

◄ Erich Kästner, 1946

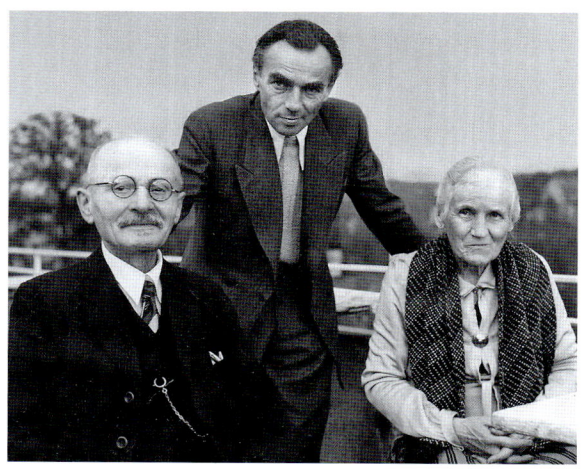

1

1
**Erich Kästner mit seinen Eltern
auf dem Luisenhof**
Fotografie
Reproduktion
Dresden Weißer Hirsch, um 1950
Deutsches Literaturarchiv Marbach

Erich Kästner war zur Zeit der Weimarer Republik als Publizist und Autor von Kinder- und Erwachsenen-Romanen bekannt geworden. Seine Werke im Stil der Neuen Sachlichkeit wurden von den Nationalsozialisten verboten. Kästner emigrierte nicht, sondern schrieb unter Pseudonym Drehbücher und Zeitungsartikel. Nach Kriegsende wurde er Mitherausgeber der »Neuen Zeitung« in München. Zeitlebens bewahrte er eine antimilitaristische, humanistische Haltung.

Seine Eltern Ida und Emil Kästner lebten seit 1895 in Dresden. Besonders zu seiner Mutter hatte Erich Kästner ein sehr enges Verhältnis. Sie ermöglichte ihrem einzigen Kind Ausbildung und Studium. Da ihr Sohn seit 1927 in Berlin lebte, nahm sie per Post an seinem Leben teil. Über 30 Jahre lang bestand zwischen beiden ein fast täglicher Briefwechsel.

2
»... und dann fuhr ich nach Dresden«
Artikel von Erich Kästner
»Die Neue Zeitung«, 2. Jahrgang Nr. 78,
München, 30. September 1946, S. 5
MHM

Kästners Zeitungsbeitrag ist ein typischer Flaneur-Text, wie er vor der NS-Zeit häufig zu finden war. Der Flaneur streift scheinbar ziellos durch die Stadtlandschaft und verknüpft seine Beobachtungen und Reflexionen auf kunstvoll beiläufige Weise zu einem Sittenbild seiner Zeit. Dresden existiert nicht mehr, Kästner flaniert dennoch. Sein Text beschreibt zerstörte Architektur und handelt von Erinnerung, kollektiver Schuld, der Vergeblichkeit von Lebensplanungen, der Bedeutung menschlicher Beziehungen. Kästner stellt das Leid der Deutschen als folgerichtige Konsequenz ihrer Schuld dar, ohne beides gegeneinander aufzurechnen.

3
»... und dann fuhr ich nach Dresden«
Manuskript von Erich Kästner
zum Artikel in »Die Neue Zeitung«, September 1946
Deutsches Literaturarchiv Marbach

»Die Neue Zeitung« erschien seit Oktober 1945 für deutschsprachige Leser in der amerikanischen Besatzungszone. Herausgeber war die amerikanische Militärregierung, Erich Kästner leitete bis 1948 das Feuilleton.

In der handschriftlichen Fassung seines Beitrags formuliert Kästner Zweifel am Sinn der Zerstörung Dresdens: »Und wenn's auch wahr ist, daß wir noch nicht fragen dürfen, – wer könnte dem Sieger verbieten, ungefragt zu antworten?« Im publizierten Text fehlt dieser Satz – es liegt nahe, dafür politische Gründe anzunehmen.

Verantwortung für die Zerstörung sieht Kästner allein auf deutscher Seite, die Bedingungen des Aufbaus schaffen die Alliierten. In einer Zeit der offensichtlichen Ost-West-Konfrontation appelliert der Moralist Kästner an den Willen, »einander kennen und verstehen« zu lernen.

... und dann fuhr ich nach Dresden

Von Erich Kästner

Während Dresden in den Abendstunden des 13. Februars 1945 zerstört wurde, saß ich in einem Berliner Luftschutzkeller, blickte auf die abgegriffene Blaupause einer Planquadratkarte von Deutschland, hörte die Mikrophonhelden des „Gefechtsstands Berlin" von feindlichen Bomberströmen reden und begriff, mittels der von ihm heruntergebeteten Planziffern, daß meine Vaterstadt soeben zugrunde ging. In einem Keller jener Stadt saßen meine Eltern.

Am nächsten Morgen hetzte ich zum Bahnhof. Nein, es herrschte Reisesperre. Ohne die Befürwortung einer amtlichen Stelle dürfe niemand die Reichshauptstadt verlassen. Ich müsse mich an meine Berufsorganisation wenden. Ich sei aber in keiner Organisation, sagte ich. In keiner Fachschaft, in keiner Kammer, nirgends. Warum denn nicht? Weil ich ein verbotener Schriftsteller sei? Ja, dann freilich, dann bekäme ich auch nirgendwo eine Reiseerlaubnis und am Schalter keine Fahrkarte nach Dresden. Und meine Eltern? Sie seien tot, vielleicht verwundet, sicher obdachlos, zwei alte einsame Leute! Man zuckte die Achseln. Der Nächste, bitte. Halten Sie uns nicht unnötig auf.

Es war nicht einmal böser Wille. Es war die Bürokratie, die mir den Weg versperrte und an der ich vorbeikonnte. Die Bürokratie, dieser wasserköpfige, apokalyptische Wechselbalg der Neuzeit. Ich war gefangen. Das Gefängnis hieß Berlin. Ich wartete. Die Gerüchte überschlugen sich. Ich biß die Zähne zusammen. Am zehnten Tage nach dem Angriff fiel eine Postkarte in den Briefkasten. Eine dreckige, zerknitterte Karte mit ein paar zittrigen Zeilen. Die Eltern lebten. Die Wohnung war nur leicht beschädigt. Die Karte kam an meinem Geburtstag.

*

In diesen Septembertagen war ich, seit Weihnachten 1944, zum ersten Male wieder daheim. Ich, wisse nicht genau, wann, und bäte sie deshalb, zu Hause auf mich zu warten. Als ich schließlich, gegen Abend, klingelte, öffnete mir eine freundliche alte Frau. Ich kannte sie nicht. Es war die den Eltern zugewiesene Untermieterin. Ja, die Beiden stünden seit dem frühen Morgen am Neustädter Bahnhof. Die Mutter habe sich nicht halten lassen. Wir hätten uns gewiß verfehlt. Sie, die nette alte Frau, habe ihnen gleich und immer wieder geraten ...

Ich sah die Eltern schon von weitem. Sie kamen die Straße, die den Bahndamm entlangführt, so müde daher, so vielstündig, so klein und gebückt. Der letzte Zug, mit dem ich hätte eintreffen können, war vorüber. Wieder einmal hatten sie umsonst gewartet ... Da begann ich zu rufen. Zu winken. Zu rennen. Und plötzlich, nach einer Sekunde fast tödlichen Erstarrens, begannen auch meine kleinen, müden, gebückten Eltern zu rufen, zu winken und zu rennen!

Es gibt wichtige und unwichtige Dinge im Leben. Die meisten Dinge sind unwichtig. Bis tief ins Herz hinein reichen die für wahr und echt gehaltenen Phrasen. Gerade wir müßten heute wie nie vorher und wie kein anderes Volk die Wahrheit und die Lüge, den Wert und den Unfug unterscheiden können. Die zwei Feuer der Schuld und des Leids sollten alles, was unwesentlich in uns ist, zu Asche verbrannt haben. Dann wäre, was geschah, nicht ohne Sinn gewesen. Wer nichts mehr auf der Welt besitzt, weiß am ehesten, was er wirklich braucht. Wem nichts mehr den Blick verstellt, der blickt weiter als die andern. Bis hinüber zu den Hauptsachen. So ist es. Ist es so?

*

Das, was man früher unter Dresden verstand, existiert nicht mehr. Man geht hindurch, als liefe man im Traum durch Sodom und Gomorra. Durch den Traum fahren mitunter klingelnde Straßenbahnen. In dieser Steinwüste weiß kein Mensch etwas zu suchen, er muß eine freundliche von einem Ufer des Lebens zum anderen. Vom Nürnberger Platz weit hinter dem Hauptbahnhof bis zum Albertplatz in der Neustadt steht kein Haus mehr. Das ist ein Fußmarsch von etwa vierzig Minuten. Rechtwinklig zu dieser Strecke, parallel zur Elbe, dauert die Wüstenwanderung fast das Doppelte. Fünfzehn Quadratkilometer Stadt sind abgemäht und fortgeweht. Wer den Saumpfad entlangläuft, der früher einmal in der ganzen Welt unter dem Namen „Prager Straße" berühmt war, erschrickt vor seinen eigenen Schritten. Kilometerweit kann er nur blicken. Er sieht Hügel und Täler aus Schutt und Steinen. Eine verstaubte Ziegellandschaft. Gleich vereinzelten, in der Steppe verstreuten Bauernhöfen stechen hier und dort bizarre Hausecken und dünne Kamine in die Luft. Die schmalen Gassen, deren gegenüberliegende Häuser ineinandergestürzt sind, als seien sie sich im Tod in die Arme gesunken, hat man durch Ziegelbarrieren abgesperrt ...

Wie von einem Zyklon an Land geschleuderte Wracks riesenhafter Dampfer liegen zerborstene Kirchen umher. Die ausgebrannten Türme der Kreuz- und der Hofkirche, des Rathauses und des Schlosses sehen aus wie gekappte Masten. Der goldene Herkules über dem dürren Stahlgerippe des Rathaushelms erinnert an eine Galionsfigur, die, seltsamerweise und reif zur Legende, den feurigen Taifun, dem Himmel am nächsten, überstand. Die steinernen Wanten und Planken der gestrandeten Kolosse sind im Gluthauch des Orkans wie Blei geschmolzen und gefrittet. Was sonst ganze geologische Zeitalter braucht, nämlich Gestein zu verwandeln, — das hat hier eine einzige Nacht zuwege gebracht.

An den Rändern der stundenweiten Wüste beginnen dann jene Stadtgebiete, deren Trümmer noch ein wenig Leben und Atmen erlauben. Hier sieht es aus wie in anderen zerstörten Städten auch. Doch noch in den Villenvierteln am Großen Garten ist jedes, aber auch jedes Haus ausgebrannt. Sogar das Palais und die Kavaliershäuschen mitten im Park mußten sterben. Als Student hatte ich manchmal von Ruhm und Ehre geträumt. Der Bürgermeister war im Traume vor mich hingetreten und hatte dem wackeren Sohne der Stadt ein kleines, einstöckiges, verwunschenes Barockhäuschen auf Lebenszeit als Wohnung angeboten. Vom Fenster aus hätte ich dann auf den Teich und die Schwäne geschaut, auf die Eichhörnchen und auf die unvergleichlichen Blumenrabatten. Die Blaumeisen wären zu mir ins Zimmer geflogen, um mit mir zu frühstücken ...

Ach, die Träume der Jugend! Im abgelassenen Teich wuchert das Unkraut. Die Schwäne sind wie die Träume verflogen. Sogar die einsame Bank im stillsten Parkwinkel, auf der man zu zweit saß und zu dem über den Wipfeln schwimmenden Monde hinaufsah, sogar die alte Bank liegt halbverschmort im wilden Gras ... Ich lief einen Tag lang kreuz und quer durch die Stadt, hinter meinen Erinnerungen her. Die Schule? Ausgebrannt ... Das Seminar mit den grauen Internatsjahren? Eine leere Fassade ... Die Dreikönigskirche, in der ich getauft und konfirmiert wurde? In deren Bäume die Stare im Herbst, von Übungsflügen erschöpft, wie schrille, schwarze Wolken herabfielen? Der Turm steht wie ein Riesenbleistift im Leeren ... Das Japanische Palais, in dessen Bibliotheksräumen ich als Doktorand büffelte? Zerstört ... Die Frauenkirche, der alte Wunderbau, wo ich manchmal Motetten mitsang? Ein paar kläglich Mauerreste ... Die Oper? Der Europäische Hof? Das Albertheater? Kreuzkamm mit den duftenden Weihnachtsstollen? Das Hotel Bellevue? Der Zwinger? Das Heimatmuseum? Und die anderen Erinnerungsstätten, die nur mir etwas bedeuten hätten? Vorbei. Vorbei.

Freunde hatten gesagt: „Fahre nicht hin. Du erträgst es nicht." Ich habe mich genau geprüft. Ich habe den Schmerz kontrolliert. Er wächst nicht mit der Anzahl der Wunden. Er erreicht seine Grenzen früher. Was dann noch an Schmerz hinzukommen will, löst sich nicht mehr in Empfindung auf. Es ist, als fiele das Herz in eine tiefe Ohnmacht.

Die vielen Kasernen sind natürlich stehen geblieben! Die Pionierkaserne, in der das Ersatzbataillon lag. Die andere, wo wir das Reiten lernten und als Achtzehnjährige, zum Gaudium der Ritt- und Wachtmeister, ohne Gäule, auf Schusters Rappen „zu Einem — errecht brecht aha" traben, galoppieren und durchparieren mußten. Das Linckesche Bad, wo wir am Elbufer, mit vorsintflutlichen Fünfzehnzentimeterhaubitzen exerzierten. Die Tonhalle, wo uns Sergeant Waurich quälte. Hätte statt dessen nicht die Frauenkirche lebenbleiben können? Oder das Dinglingerhaus am Jüdenhof? Oder das Coselpalais? Oder wenigstens einer der frühen Renaissance-Erker in der Schloßstraße? Nein. Es mußten die Kasernen sein! Eine der schönsten Städte der Welt wurde von einer längst besiegten Horde und ihren gewissenlosen militärischen Lakaien unverteidigt dem modernen Materialkrieg ausgeliefert. In einer Nacht wurde die Stadt vom Erdboden vertilgt. Nur die Kasernen, Gott sei Dank, die blieben heil!

*

Was ist in Dresden seit dem Zusammenbruch geschehen? Die Stadt wurde zunächst einmal sauber aufgeräumt. Drei der großen Elbbrücken wurden wieder instandgesetzt. Der Straßenbahnverkehr funktioniert nicht schlechter, sondern eher besser als anderswo. Das Schauspielhaus am Postplatz soll im Januar spielfertig sein. Bei den Aufräumungsarbeiten in dem sechzig Meter hohen Bühnenhaus und beim Reparieren des Dachstuhls halfen die Dresdner Bergsteiger freiwillig mit. Ich bin als Halbwüchsiger mitunter an einigen leichteren Wänden und in etlichen Kaminen der Sächsischen Schweiz herumgeklettert und habe eine entfernte Ahnung davon, was man als den skurrilen Spielzeuggipfeln alles lernen kann. Dachdecken ist das wenigste. Was sonst? Im ehemaligen Heeresmuseum kann man zur Zeit zwei Ausstellungen besuchen. Im Erdgeschoß „Das neue Dresden", wo in vielen Räumen die Ergebnisse eines Ideenwettbewerbs gezeigt werden, an dem sich jeder beteiligen konnte. Und in der ersten Etage die „Allgemeine Deutsche Kunstausstellung", die den ersten größeren Überblick über die deutsche Kunst von heute vermittelt. Dresden hat eine alte Ausstellungstradition. Das merkt man in beiden Fällen. Sonst noch? Es gibt, hat man mir gesagt, keine Arbeitslosigkeit. Die leitenden Männer waren vor einem Jahr Neulinge. Man sieht ihnen den Eifer und das Zielbewußtsein an der Nasenspitze an. Nun, ich war nicht als Reporter dort. Ich sprach mit alten und neuen Bekannten als Dresdner mit Dresdnern.

Ich weiß, wie dilettantisch das ist. Ich weiß, daß man die Fühlungnahme mit Andersgesinnten nicht suchen soll, weil sonst womöglich die menschliche Wertschätzung das Unfrieden stören könne. Ich weiß: Die Köpfe sind, kaum daß sie wieder eingerenkt festsitzen, dazu da, daß man sie sich gegenseitig abreißt. Ich weiß, daß es nicht auf das ankommt, was alle gemeinsam brauchen und wünschen, sondern darauf, was uns voneinander trennt. Ich weiß auch, wie vorteilhaft solche Zwietracht auf die Stimmung zwischen den Vier Mächten auswirken muß.

Ich weiß freilich auch, daß mein Spott ziemlich billig ist. Doch von einem Menschen, der nichts von Parteipolitik versteht, kann man nichts anderes erwarten. Trotzdem und allen Ernstes, — ich glaube, daß es hälfe, wenn wir einander kennen und verstehen lernten. Das hat bereits sein Gutes, wenn vier entfernte Verwandte ein ruiniertes Bauerngut erben. Und kein Mensch wird mir einreden können, daß das zwischen vier Parteien und ihren höchsten Gut, der Heimat, anders zu sein hätte. Is: es so? So ist es.

2

Zephyros

Feuill. S. 1

Von Erich Kästner

[Während] Dresden am 13. Februar 1945, in den Abendstunden, zerstört wurde wie vor... saß ich in einem Berliner Luftschutzkeller, starrte auf eine Planquadratkarte, hörte den Rundfunk von „Bomberströmen" reden und konnte anhand der Planziffern, die ... feststellen daß meine ... Vaterstadt zugrunde ging. In dieser Stadt ... meine Eltern in ihrem Keller ...

[es folgen mehrere gestrichene Zeilen des Entwurfs]

3

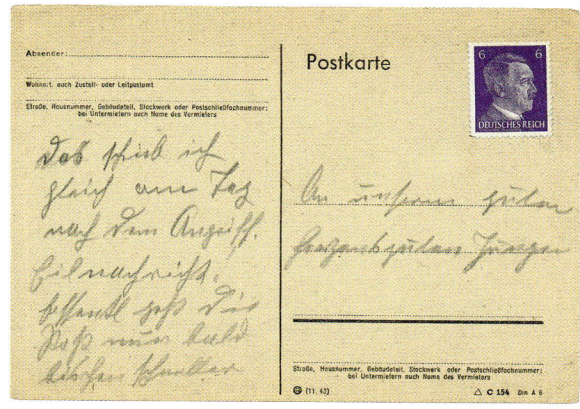

4
Post an Erich Kästner
von Ida Kästner
Dresden, 13. – 27. Februar 1945
Deutsches Literaturarchiv Marbach

Zwischen dem 13. und 27. Februar schrieb Ida Kästner
16 Briefe und Postkarten an ihren Sohn in Berlin. Sie
wusste nicht, ob Erich die Post erhalten würde, deshalb
gibt es Wiederholungen. Die wichtigste Nachricht: Ihr
und dem Vater geht es gut, die Königsbrücker Straße
ist zum großen Teil unversehrt geblieben. Über das
Ausmaß der Zerstörung auf der anderen Elbseite kann
Ida Kästner nur mutmaßen, denn es ist schwierig, in
die Altstadt zu gelangen.

Ihre Briefe machen deutlich, dass die Furcht vor
neuen Angriffen nicht vorüber ist: »Wir leben noch.«
– »Hoffentlich kommen sie nicht wieder.« Die unge-
wisse Lage und die Sorgen um den Sohn dominieren
ihr Denken und Handeln: »Gar keine Lust die Wohnung
fertig zu machen.« Im Radio hat sie gehört, dass »die
Amerikaner« den »Terrorangriff« verübt hätten.

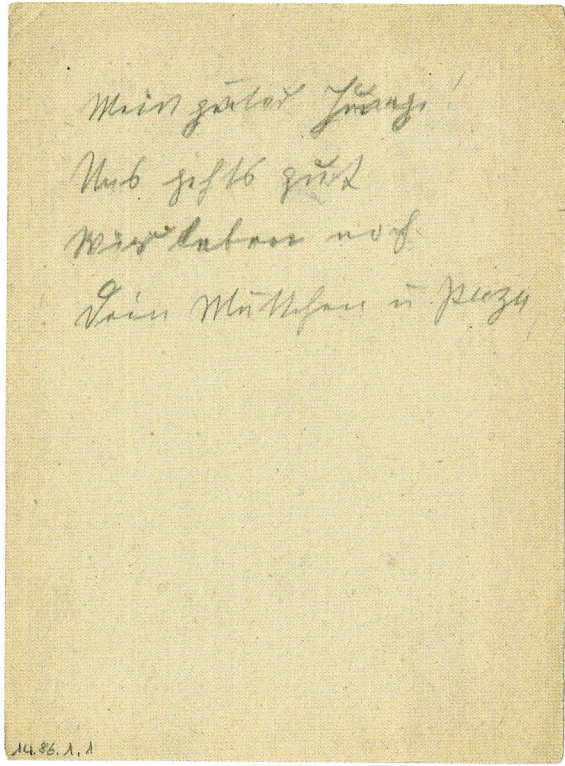

4.1

Signatur: 14.86.1,1

Adressseite
rechts:

An unseren guten herzensguten Jungen

links:

Das schrieb ich
gleich am Tag
nach dem Angriff.
Eilnachricht !
hoffentl geht die
Post nun bald
bißchen schneller

Rückseite:

Mein guter Junge!
Uns gehts gut
Wir leben noch.
Dein Muttchen und Papa

Signatur: 14.86.1,3

Vorderseite:

15. 2. 45

Mein lieber guter herzensguter Junge!
Behüte dich Gott mein herzensguter Junge
heute erst [mal] viele, tausende liebe herzlichste
Grüße von deinem treuen Muttchen & Papa
Vielleicht hast du es im Radio gehört das
Dresden bei dem großen Terrorangriff
von den Nordamerikanern so viel zerstört wurde, das Opernhaus der Zwinger
die Kulturstätten. Eben alles was am
sehenswertesten ist. Eine der größten Kirchen
in der Altstadt. Zeitung haben wir seit dem
13ten nicht bekommen. Denn von der Altstadt
Pragerstr. usw. wird nichts mehr stehen. Das Tantes
Villa vollständig weg ist sagte ich dir. Das
Hochhaus die Deutsche u. Dresdner Bank
die Ecke von der Alaunstr., das Hochhaus
und bis an die Ecke der Lößnitzstr. Das steht
nur noch das Löwenbräu und das große
[stabile][haus] daneben steht auch noch. Auch […]
an der Ecke Lößnitzstr. auch […] Fleischer vollständig ausgebombt sie war heute im Keller.
Auch [Klatz[schens]] Laden ist weg. [Klatz[sch]] fährt
Am rechten Seitenrand: [… Ins] [… Bett] [kommen]
wir die letzten zwei Tage garnicht mehr
Am linken Seitenrand: Und viele viele tausende liebe
herzlichste Grüße u. Küsse
schickt dir dein [… altes?] treues Muttchen und Papa.

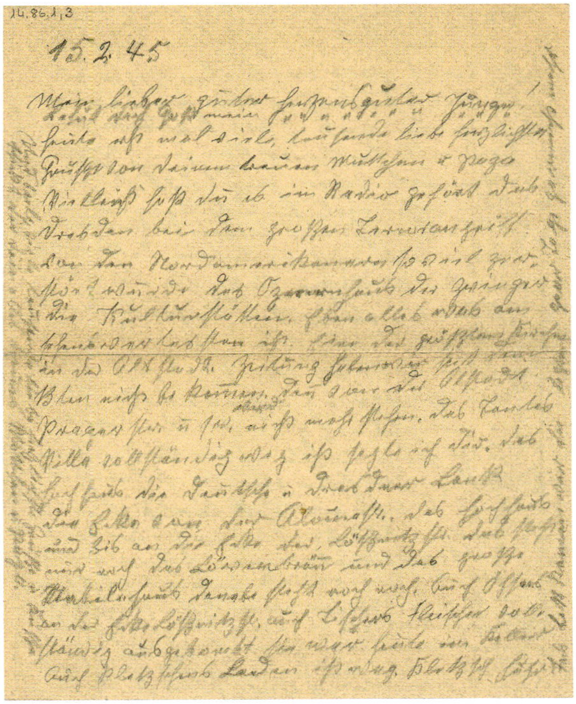

4.2

Signatur: 14.86,1,5

Adressseite:

Herrn
Dr. Erich Kästner
1 Berlin = Charlottenb. 4
[Sybelstraße] 8 III
b/ Enderle

Rückseite:
17. 2. 45

Mein lieber guter herzensguter Junge
Hoffentl geht es dir gut!
Wir haben nur viel Arbeit
mit der Wohnung mit dem
vielen Glas, das liegt ja so
viel in meinem Zimmer noch.
Hoffentl. [kommen] sie nicht wieder,
daß wir die Arbeit nicht doppelt
zu machen denn bischen [...]
sind wir auch. Wenn doch nur
recht bald von dir Nachricht käme.
Hoffentl. steht Lottchens Wohnung
noch! Und der viele Ruß in der
Wohnung wir sehen aus mit
dem [...] schwarz. Hoffentl. gehen
schon die Züge daß du nicht so
lange auf Nachricht warten mußt.

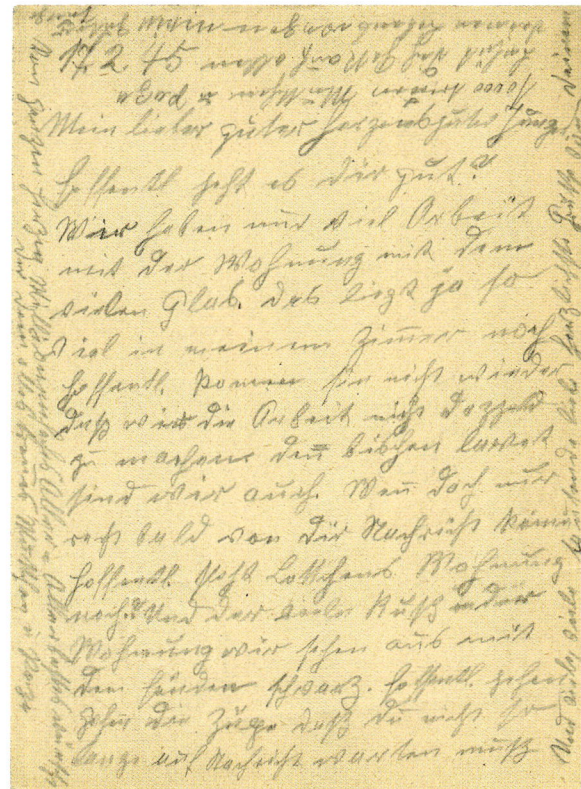

4.3

Am rechten Seitenrand: Und viele, viele tausende
liebe herzlichste Grüße von deinem
Am oberen Rand kopfüber: soooo treuen Muttchen
u. Papa.
Behüt dich Gott auf allen
Deinen Lebenswegen mein guter
Junge.
Am linken Seitenrand: Von ganzen Herzen.
Millionenfaches Aller-Allerbestes wünscht
Dir dein alles treues Muttchen u Papa

Signatur: 14.86.1,6

Adressseite:

Herrn
Dr. Erich Kästner
1 Berlin =Charlottenb. 4
[Sybelstrt. 8 III b/Enderle

Rückseite:
13.2.45
v ele [...] liebe herzlichste Grüße v. d. Muttchen
Behüt Euch Gott immer nur

Mein lieber guter herzensguter
Junge. Nun will ich doch mal
versuchen das Briefchen zu
dir abschicken kann. Denn
ich war schon zweimal dort
und fand niemanden. Vor
paar Tagen steckte ich eine
Karte in den Briefkasten
am Bahnhof. Mein seelens-
guter Junge gestern schrieb ich
dir oder vorgestern den Brief
welches schon oben steht. Du kannst
dir nicht denken wie uns friert.
nicht ein Fenster ist ganz im
ganzen Haus. Ins Bett legen
wir uns ach nein ins Bett
sind wir noch nicht gegangen
ich schlafe auf dem Schlafsopha
Papa auf Stühlen zurecht gemacht
hoffent.. gehen die Züge

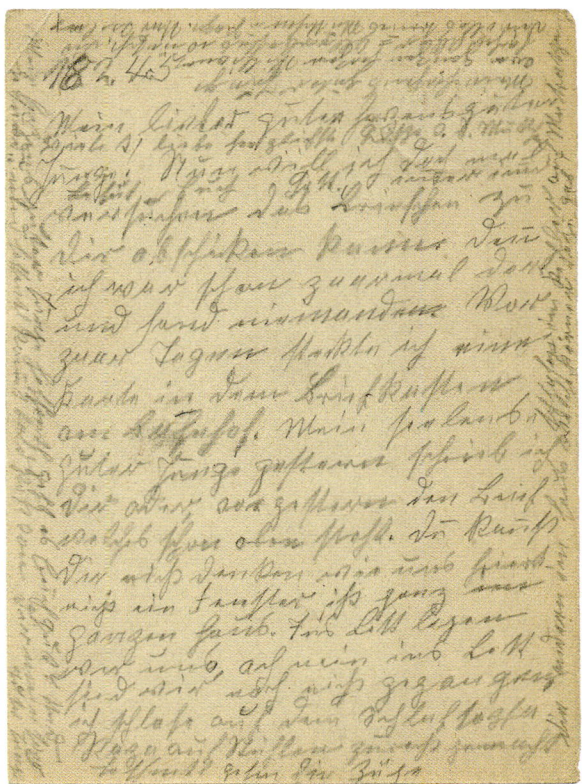

4.4

Am rechten Seitenrand: Die andern im Haus schlafen
im Keller auf Matratzen
[welche] [können] dazu aus
Am linken Seitenrand: Mein herzensguter Junge
hoffentl. geht es Euch gut? Und
[gesund] und hoffentl. kommt bald Post von Dir mein
sooo
guter Junge
Am oberen Rand auf dem Kopf stehend: Mein
herzensguter Junge
von ganzen Herzen. Millionenfaches Aller-Allerbestes wünscht dir
dein alles treues Muttchen u Papa. Und [soo] [lang]

225

Signatur:
14.86.1,10

Adressseite:
Herrn
Dr. Erich Kästner
Berlin = Charlottenb. 4
Sybelstraße 8 III
b/ Enderle

Rückseite:
22.2.45
Und morgen ist dein
Geburtstag bleib immer
mein guter Junge

Mein lieber guter herzensguter Junge
Behüt dich Gott mein herzensguter Junge!
Wenn doch recht bald ein Lebenszeichen von meinem guten Jungen
käme. Eine [Postbeamtin ...] hat
von Berlin gestern vom 16. 2.
bekommen. Deshalb bin ich sehr
in Sorge. Hoffentl. kommt recht
bald welche und wenn nur
paar Worte darauf stehen. Erst
gestern kam das Kärtchen vom
4 Febr. wo Ihr nach Ketzin
wolltet. Ich bin zur Arbeit gar
nicht fähig. Nach Leipzig an Lottes
Eltern schrieb ich auch, noch keine
Antwort. Es ist eine furchtbare
Zeit. Nur Angst und Sorgen. Gar
keine Lust die Wohnung fertig
zu machen. Die Fenster sind
Am rechten Seitenrand: Hoffentlich seid Ihr
gesund u. munter?
Am linken Seitenrand: Von ganzen Herzen.
Millionenfaches Aller-Aller-
bestes wünscht dir dein alles treues
Muttchen u Papa

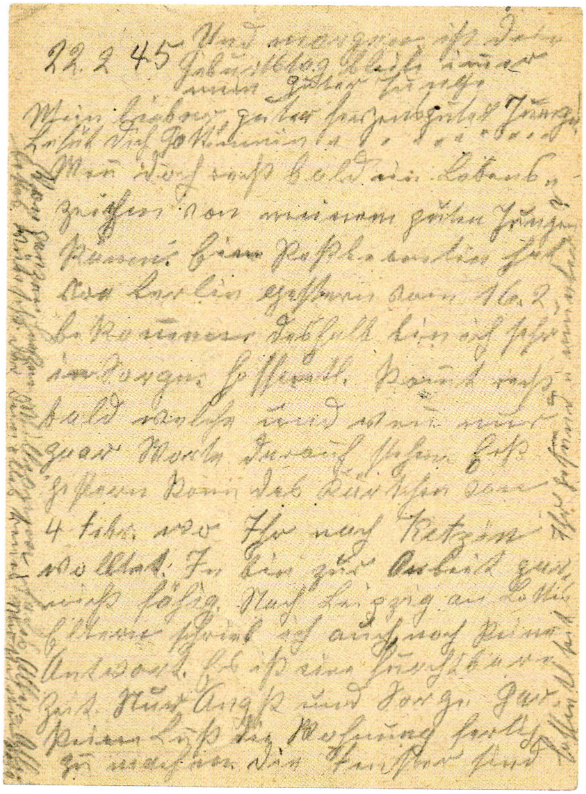

4.5

Signatur:
´4.86.1,12

Vorderseite:
24. 2. 45

Mein lieber guter herzensguter Junge!

Gott sei Dank heute kamen die Kärtchen
vom 9. 2. 10. 2 14. 2 zweites vom 14. 2. u 15. 2
Gestern kam eine Karte von u. [Lo] vom 14. 2.
wo sie schrieb gestern war der Dichter bei mir
seine Kartoffelkarte zu holen demnach
war das am 13. 2. das war für mich ein
Glückstag mein herzensguter Junge. Denn da
wußte ich es geht Dir gut. Gestern Abend
waren wir im Keller da der [Dschlf.] nicht ging
ca waren sie wahrscheinlich wieder drüben
Von ½ 8 – ½ 9 unten. Wenn das doch aufhörn
wollte damit die Menscheit Ruhe bekäme.
Nun mein guter Junge [seit] ja recht vorsichtig
Wie hier im Radio gesagt wurde
wurde in Berlin waren sie in der Innenstadt war mir ganz elend. Aber du gehst doch
jetzt nicht in der Mitte der Nacht. Das Paket
möchte nun bald da sein. Die schöne Wäsche
und die sieben schönen Taschentücher weg
wären wäre ein Jammer. Leichte Oberhemden
sind ja noch hier. Aber Taschentücher nur ein
paar noch. Mein guter Junge ich denke doch sie
lassen Ruhe denn hier ist in der Innenstadt
auch nichts mehr da. Dreikönigskirche ausgebrannt

4.6

227

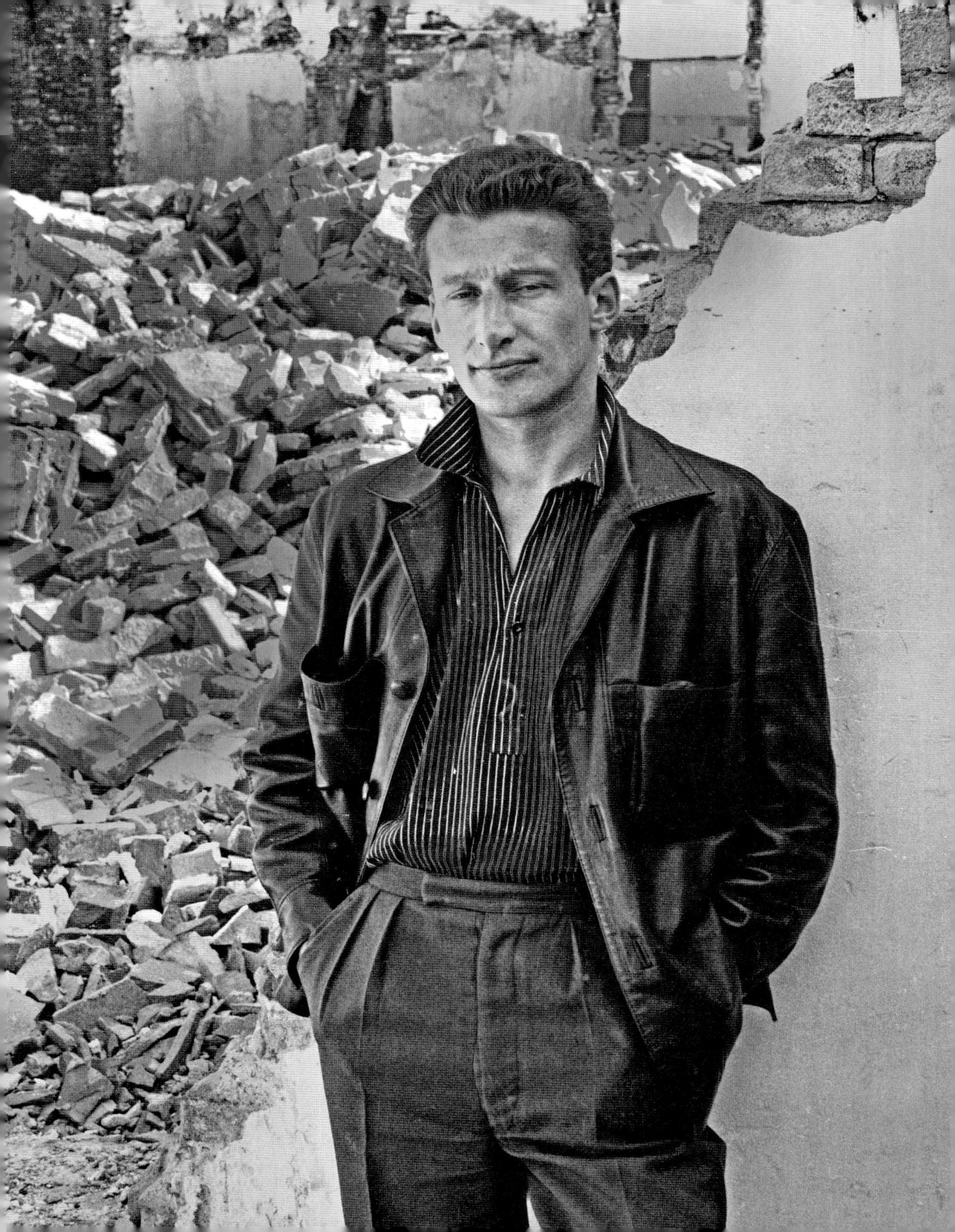

HARRY MULISCH

1927–2010

Das steinerne Brautbett
(Het stenen bruidsbed, 1959)

Harry Mulischs Vater war während der NS-Zeit an der Enteignung von Juden beteiligt, seine Mutter war eine Jüdin mit belgisch-deutschen Wurzeln. »Ich bin der Zweite Weltkrieg«, sagte Mulisch von sich. Seine Romane handeln vom Krieg, von inneren Konflikten und nicht heilenden Wunden.

In »Das steinerne Brautbett« besucht der Amerikaner Norman Corinth 1956 das von der Zerstörung gezeichnete Dresden. Er war einer der Piloten der US-Armee, die im Februar 1945 Dresden bombardierten. Nun nimmt er als Gast an einem internationalen Zahnärztekongress teil.

Auf den Spuren der Vergangenheit erkundet Corinth die Stadt. Er erkennt sich in der von Ruinen entstellten Landschaft wieder. Kurz nach der Bombardierung wurde sein Flugzeug abgeschossen, seine Haut verbrannte. Die vernarbten Gesichtszüge sind kaum mehr fähig, seine Regungen zu zeigen. Corinths äußere Zerstörung ist ein Spiegel seines Innersten. Uneingestandene Schuldgefühle haben ihn nun erneut nach Dresden geführt.

Corinth sucht Erlösung in der Schuld anderer. So vermutet er im westdeutschen Kollegen Schneiderhahn einen früheren KZ-Arzt und bringt ihm umso mehr Aggressionen entgegen, als er begriffen hat, dass dieser Verdacht falsch war. Er beginnt eine Affäre mit der Dolmetscherin Hella, die er, unfähig zur Liebe, bald wieder von sich stößt.

Die Bombardierung Dresdens war ihm ein ähnlicher Rausch, wie es nun die sexuelle Eroberung ist. Corinth stilisiert sich zum griechischen Sagenhelden, der an sein vorherbestimmtes Schicksal gebunden ist. Doch am Ende irrt er mit dem Auto durch die Ruinen und wird durch einen Unfall erneut schwer verletzt. Die alten Narben reißen auf – der Krieg nimmt kein Ende.

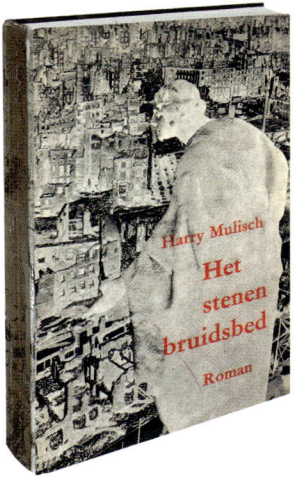

◄ Harry Mulisch, 1959

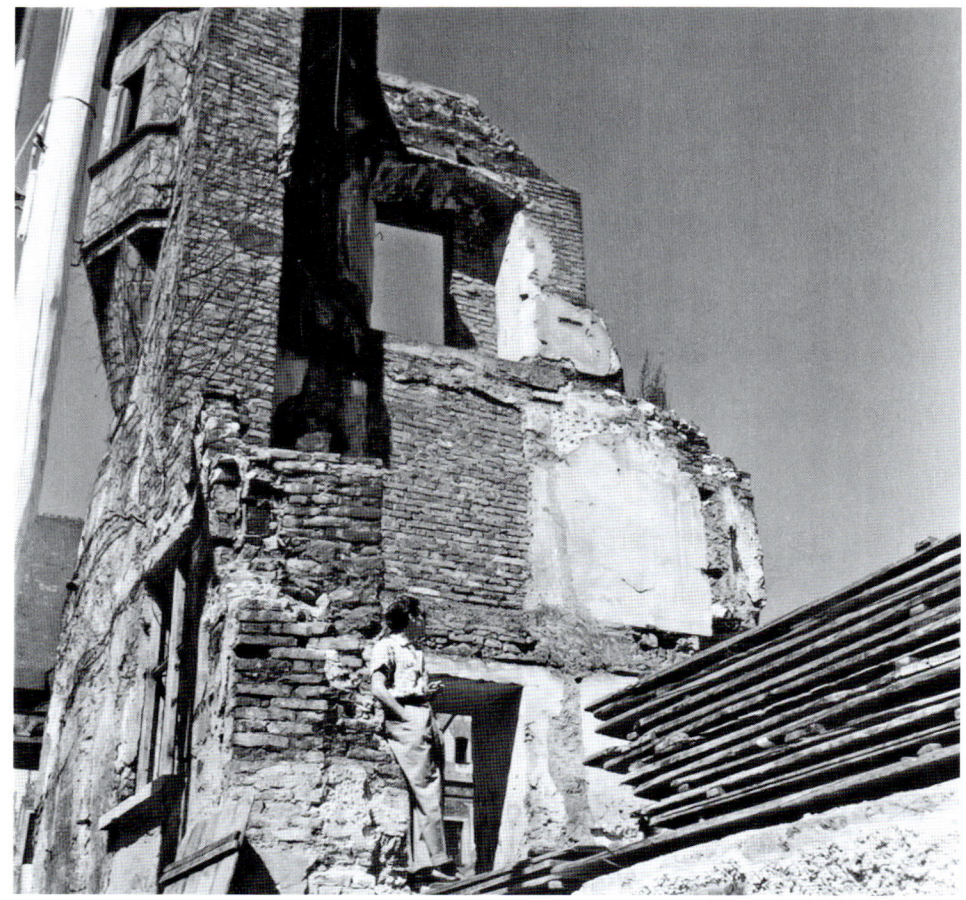

1

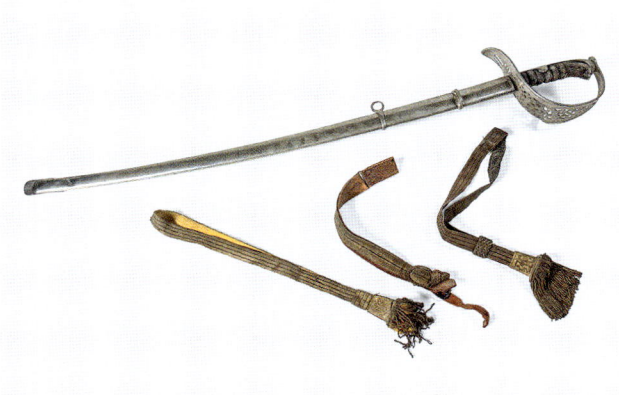

2

1
Harry Mulisch vor Ruinen
Fotografie
Dresden, 1956
Sammlung Harry-Mulisch-Haus Amsterdam

2
Offizierssäbel von Karl Mulisch
Österreich-Ungarn, vor 1914
Sammlung Harry-Mulisch-Haus Amsterdam

3
Karl Mulisch als Soldat
Fotografie
Österreich-Ungarn, 1914–1918
Sammlung Harry-Mulisch-Haus Amsterdam

4
Alice Mulisch, geb. Schwarz
Reproduktion
Niederlande, 1920er Jahre
Sammlung Harry-Mulisch-Haus Amsterdam

5
Persoonsbewijs (Personalausweis) von Harry Mulisch
Niederlande, 1942
Sammlung Harry-Mulisch-Haus Amsterdam

6
Bewijs van Aanmelding (Meldenachweis) von Harry Mulisch
Niederlande, 1941
Sammlung Harry-Mulisch-Haus Amsterdam

Mulischs österreichischer Vater Kurt Victor Karl Mulisch, Rufname Karl, Offizier im Ersten Weltkrieg, arbeitete in den 1930er Jahren als Kaufmann in den Niederlanden. Mulischs Mutter war die Tochter eines aus Deutschland stammenden jüdischen Bankiers in Amsterdam.

Als deutsche Truppen 1940 die Niederlande besetzten, war die Ehe seit vier Jahren geschieden. Ein früherer Kriegskamerad bot Karl Mulisch eine Anstellung als Personalchef einer Bank an, in der niederländische Juden ihr Vermögen verwalten lassen mussten und die auch Enteignungen vollzog. Mulisch, inzwischen niederländischer Staatsbürger, nahm an – und konnte aus dieser Position heraus seine Familie beschützen. Mutter und Großmutter seiner früheren Ehefrau wurden im Konzentrationslager Sobibór ermordet. Nach 1945 wurde Karl Mulisch wegen Kollaboration für drei Jahre interniert.

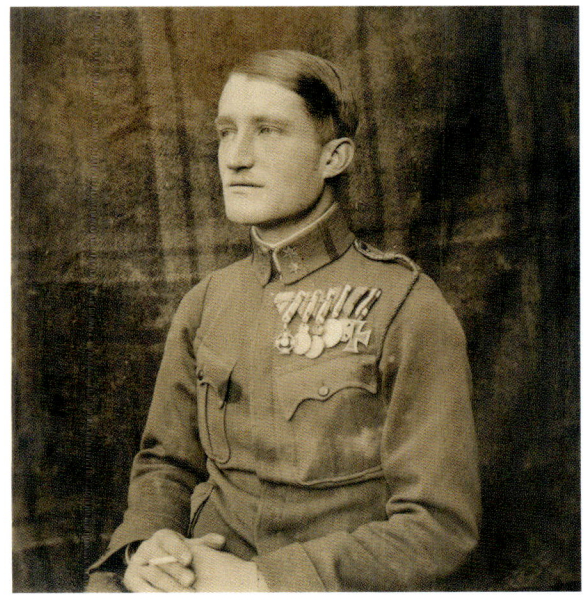

3

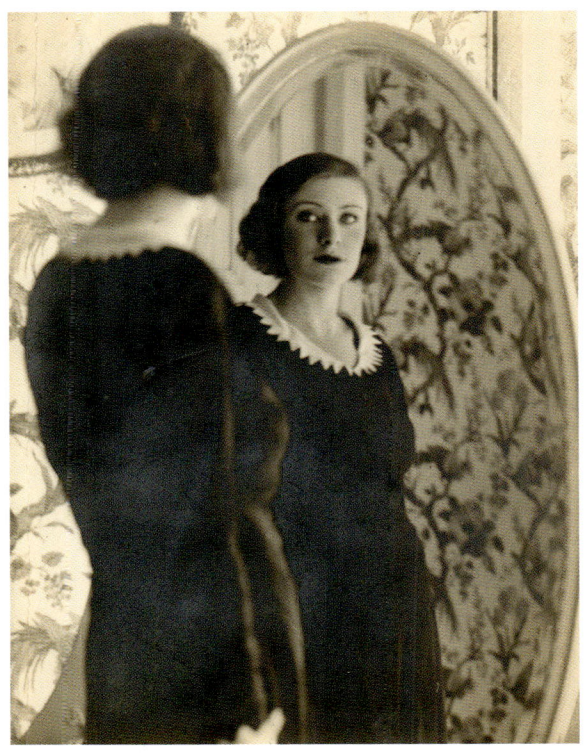

4

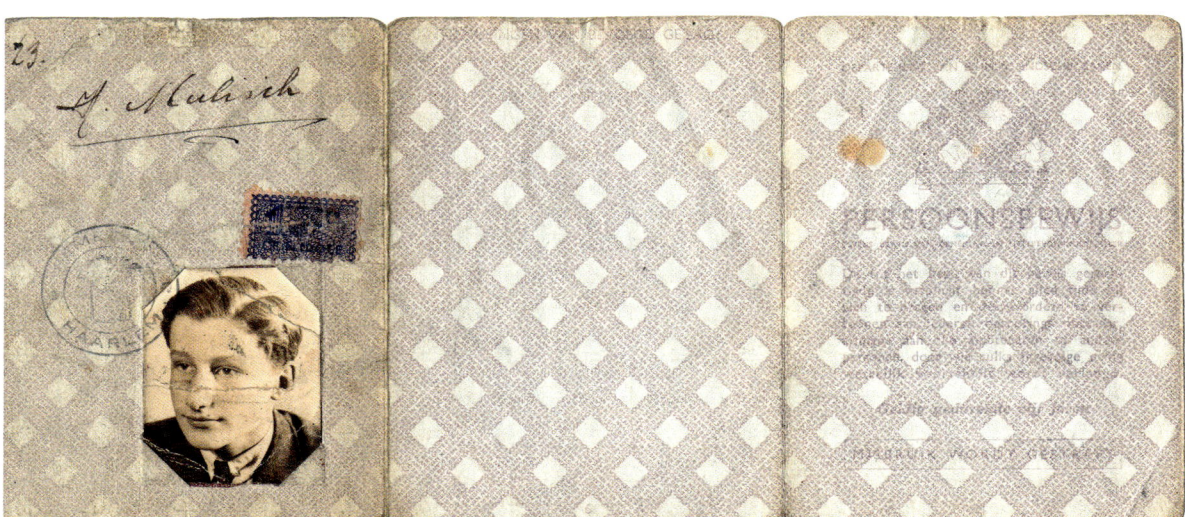

5.1

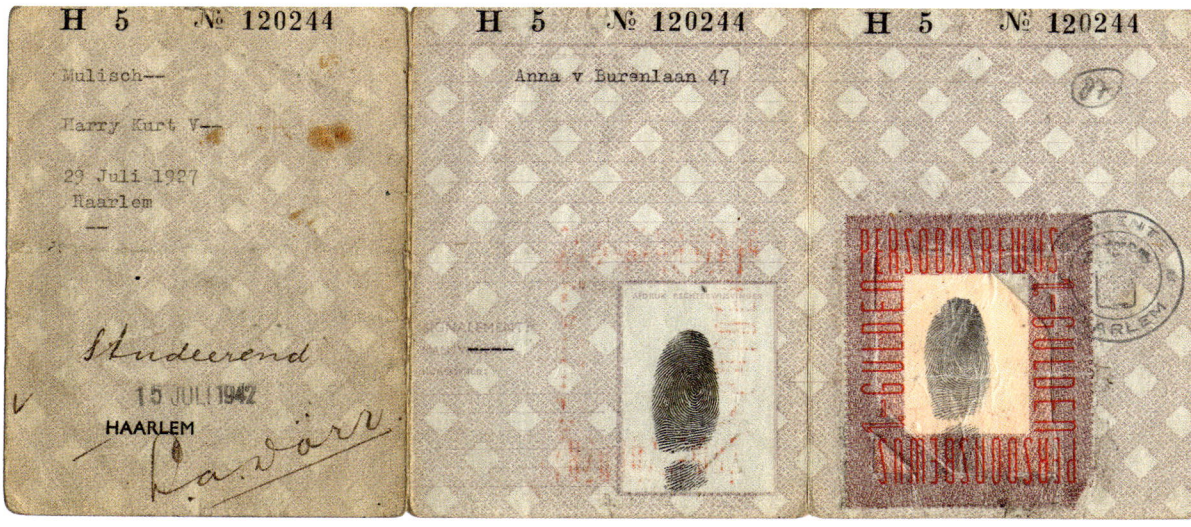

5.2

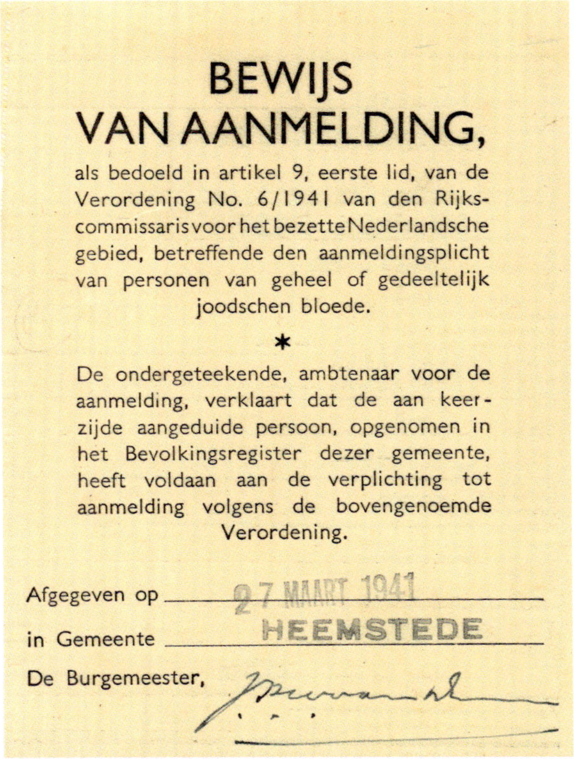

BEWIJS VAN AANMELDING,

als bedoeld in artikel 9, eerste lid, van de Verordening No. 6/1941 van den Rijkscommissaris voor het bezette Nederlandsche gebied, betreffende den aanmeldingsplicht van personen van geheel of gedeeltelijk joodschen bloede.

*

De ondergeteekende, ambtenaar voor de aanmelding, verklaart dat de aan keerzijde aangeduide persoon, opgenomen in het Bevolkingsregister dezer gemeente, heeft voldaan aan de verplichting tot aanmelding volgens de bovengenoemde Verordening.

Afgegeven op ___ 2 7 MAART 1941 ___

in Gemeente ___ HEEMSTEDE ___

De Burgemeester, ___

6.1

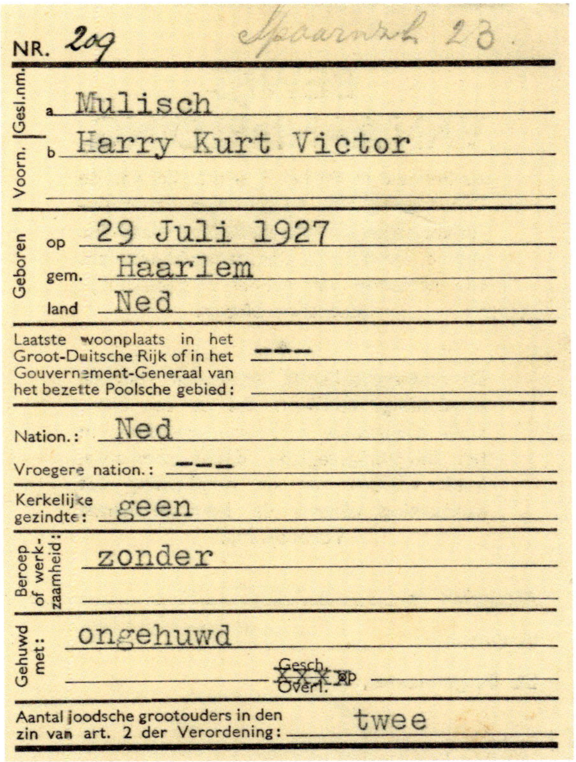

NR. 209   Haarnzl 23.

Voorn. |Gesl.nm.
a Mulisch
b Harry Kurt Victor

Geboren
op 29 Juli 1927
gem. Haarlem
land Ned

Laatste woonplaats in het Groot-Duitsche Rijk of in het Gouvernement-Generaal van het bezette Poolsche gebied: ___

Nation.: Ned

Vroegere nation.: ___

Kerkelijke gezindte: geen

Beroep of werkzaamheid: zonder

Gehuwd met: ongehuwd

Gesch.
Overl.: XP

Aantal joodsche grootouders in den zin van art. 2 der Verordening: twee

6.2

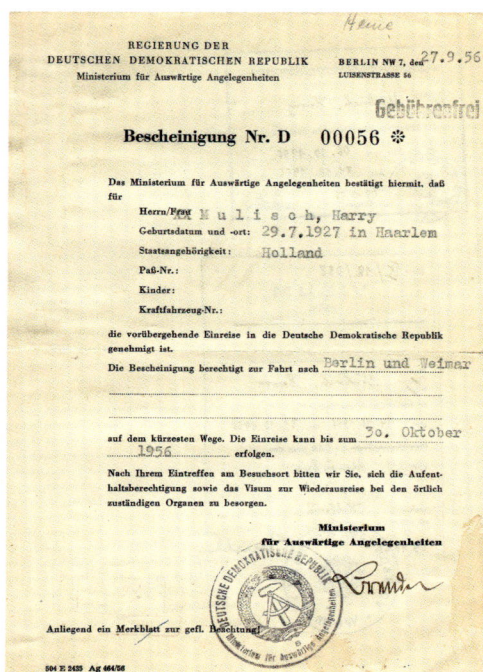

7.1

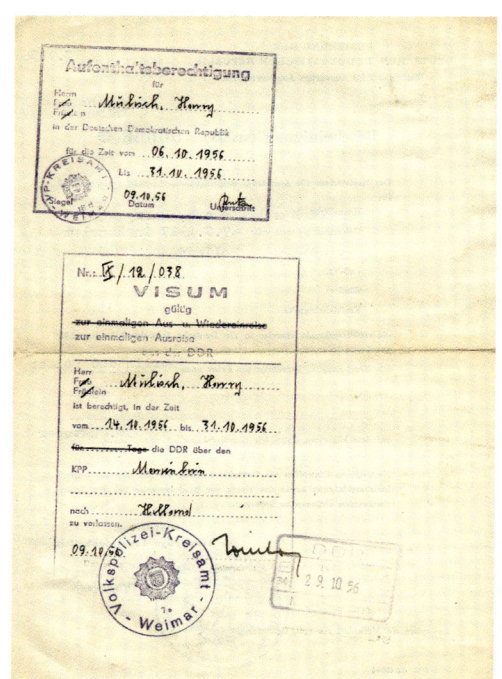

7.2

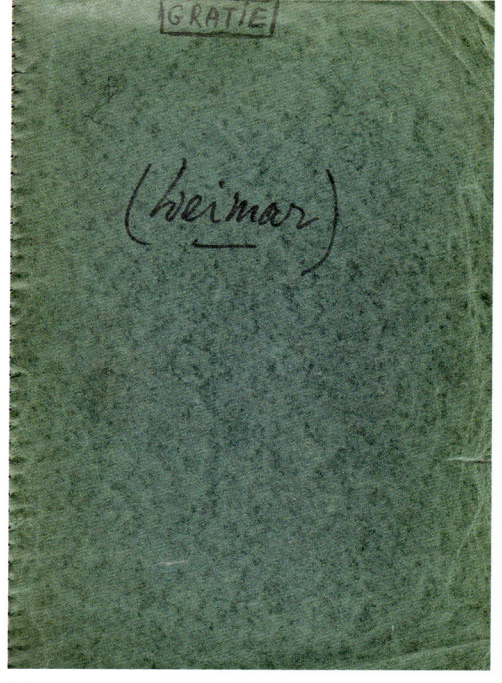

8.1

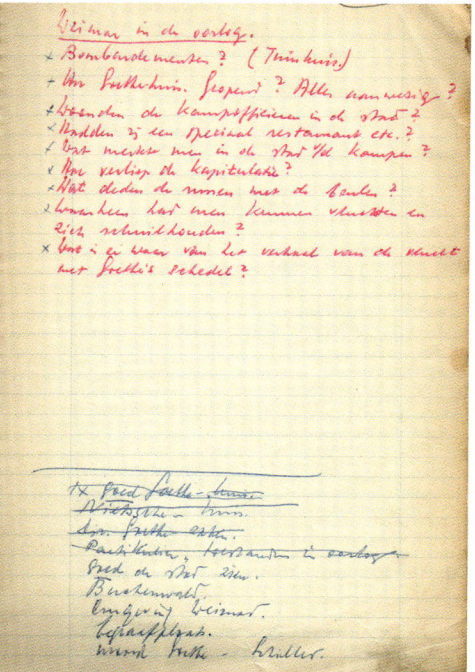

8.2

7
Visum für die DDR
Niederlande, 27. September 1956
Sammlung Harry-Mulisch-Haus Amsterdam

8
Notizbuch »Weimar« von Harry Mulisch
Weimar u. a., 1956
Sammlung Harry-Mulisch-Haus Amsterdam

9
**Zeitungsausschnitt mit Karte Deutschlands
und Anflugrouten alliierter Bomberströme**
Deutsches Reich, vermutlich vor 1945
Sammlung Harry-Mulisch-Haus Amsterdam

Im Oktober 1956 nahm Mulisch an der Internationalen Heine-Konferenz in Weimar teil. Er arbeitete seit einiger Zeit an einem Romanprojekt über einen Kriegsverbrecher im Konzentrationslager Buchenwald, der nach dem Krieg in Weimar untertaucht. Mulisch wollte die Reise auch zur Recherche nutzen. Angesichts des Ausmaßes der Zerstörung in Dresden, das die internationale Delegation im Anschluss besuchte, änderte er seine Pläne: Er schrieb nicht über einen deutschen Kriegsverbrecher, sondern über einen amerikanischen Bomberpiloten, der den Bombenangriff auf Dresden

als Verbrechen und seinen Anteil daran als Unrecht erkennt. Das Beispiel des eigenen Vaters vor Augen, war Mulisch überzeugt, dass niemand ausschließlich gut oder böse sei.

10
»Das steinerne Brautbett«
Erstausgabe | Niederlande, 1959
MHM

Für die Arbeit an »Het stenen bruidsbed« bekam Mulisch ein Stipendium des niederländischen Bildungsministeriums. Der Roman erschien 1959 als erstes Paperback der Niederlande – Mulisch kannte diese handlichen und preisgünstigen Bücher durch seine Mutter, die sie aus den USA schickte. Allein im ersten Jahr erschienen vier Auflagen.

Der Einband zeigt einen Ausschnitt des bekannten Fotos, das der Dresdner Fotograf Richard Peter in seinem Buch »Dresden – eine Kamera klagt an« (1950) veröffentlicht hatte. Doch Hell und Dunkel sind vertauscht. Hell – dunkel, richtig – falsch, oft lässt es sich nicht beurteilen. Ist Corinth ein Verbrecher? War Schneiderhahn Nationalsozialist oder Widerstandskämpfer? War die Dolmetscherin Hella Viebahn inhaftiert im Konzentrationslager oder bewachte sie es?

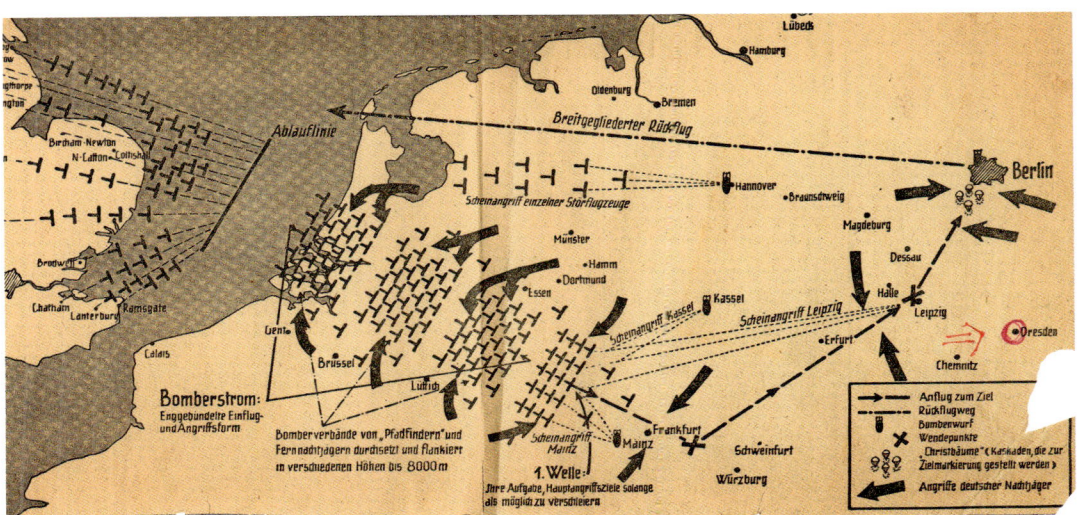

14

De sterren waren in het dal gevallen. Waar het centrum van de stad
moest zijn, was het donkerder dan aan de randen: voorsteden straalden
daar in de mist; door de duisternis in het midden trokken alleen rijen
lantarens van een paar rechte straten. Hij dacht aan Hella. Hij dacht,
zij denkt dat ik denk dat zij denkt, dat mijn gezicht afstotend is. Hij
dacht, daar gaat zij verloren, vanavond nog. Hij zag haar gestalte, hoe
zij op hem af kwam, eerst op het het vliegveld, later op het terras;
met zijn voorhoofd leunde hij tegen het glas. Ingevreten tegen de stad
lag de rivier kronkelend van pijn, zacht licht, levend water (met messen en wapens); xxxxxxxxxx tegen de heuvel, onder het terras, kropen
bomen, ruïnes en wegen donker en bewegend omhoog. Hij deed het licht
aan en xxxxxx kleedde zich uit. Naast de verscheurde man op het bed
stond hij naakt voor de wastafel en sponsde zich af, terwijl hij dacht,
de hele stad kan mij zien met kijkers. Hij kneep de spons leeg boven zijn
nek en gonsde van genoegen; hij dacht, ik ben dronken. 'Je zult je
verbazen,' zei hij hardop en keek naar zijn lichaam in de spiegel. Bij
de begroeting op Tempelhof had zij even geslikt, een beweging in haar
keel,- het was gefotografeerd en doorgegeven. Nadat hij haar gevraagd
had of zij getrouwd was (in de auto; zij was gescheiden) had zij aan
haar ring zitten draaien: zij had evengoed kunnen zeggen, ik verlang
naar je, je krankzinnige bavianensmoel groeit al in mijn buik, het water loopt in mijn mond. Het was gefotografeerd en doorgegeven naar het
ondergronds hoofdkwartier, de centrale staven, de kaartenkamers, het
wolfachtig bunkerarchief.

   'Ik zal je. Ik zal je.'

Ie Zang

Ambrizijn de nacht, ~~goen man~~ Zoals in het ~~donkerxxxxxx.ixxxxxx~~, bre-
kende oog van ~~een~~ de held plotseling nog ~~in~~ strijdlust schittert, zo
zendt een zwarte plek op de heuvels door de ademloze lucht een ~~kett000~~
guirlande ~~van.lichtjes~~ omhoog, een machteloze groet - geest, en welkom in het
bebloede huis de verre gasten: vuurwerk ! de rijke ooms van overzee,
steunend onder de geschenken; - zo in de struiken zit een eenzame
ziel achter zijn machinegeweer. Drie sekonden braakt verschrikkelijk ge-
bulder en vuur uit de aether (vier, vijf schimmen glanzen als de on-
verhoeds oplichtende doodsangst, de gezellin van de liefde) en breken
doet de ketting - stil trekken de laatste lampjes de geurende duisternis in en doven. ~~Ajax~~ lacht, de meccano achter zijn kanon op de rug

     De fiere Frank   *trotse*

11
»Het stenen bruidsbed«
Typoskript von Harry Mulisch, S. 14
Niederlande, 1958
Sammlung Harry-Mulisch-Haus Amsterdam

»Die Sterne waren ins Tal gefallen. Wo sich das Zentrum der Stadt befinden mußte, war es dunkler als an den Rändern: Dort leuchteten Vorstädte im Nebel; durch die Finsternis in der Mitte zogen sich schnurgerade Laternenreihen. Er dachte an Hella. Er dachte, sie denkt, daß ich denke, daß sie denkt, daß mein Gesicht abstoßend ist. Er dachte, sie geht verloren, heute abend noch. Er sah ihre Gestalt, wie sie auf ihn zukam, zuerst auf dem Flugplatz, später auf der Terrasse; er lehnte sich mit der Stirn gegen das Glas. Eingefressen in die Stadt, lag der Fluß, gekrümmt vor Schmerz, sanftes Licht, lebendiges Wasser (mit Messern und Waffen); unter der Terrasse krochen Bäume, Ruinen und Wege, dunkel und sich windend, den Hügel herauf.

Er machte Licht und zog sich aus. Neben dem zerfetzten Mann auf dem Bett stand er nackt vor dem Waschbecken und wusch sich mit einem Schwamm, während er dachte, die ganze Stadt kann mich mit Ferngläsern sehen. Er drückte den Schwamm über seinem Nacken aus und brummte vor Vergnügen; er dachte, ich bin betrunken. ›Du wirst dich wundern‹, sagte er laut und sah seinen Körper im Spiegel an. Bei der Begrüßung in Tempelhof hatte sie kurz geschluckt, eine Bewegung in ihrer Kehle – es wurde photographiert und weitergeleitet. Nachdem er sie gefragt hatte, ob sie verheiratet sei (im Auto: sie war geschieden), hatte sie an ihrem Ring herumgedreht: Sie hätte genausogut sagen können, ich sehne mich nach dir, deine wahnsinnige Pavianfresse wächst schon in meinem Bauch, mir läuft das Wasser im Mund zusammen. Es wurde photographiert und weitergegeben an das unterirdische Hauptquartier, die zentralen Stäbe, die Kartenräume, das wölfische Bunkerarchiv. ›Dich krieg' ich. Dich krieg' ich.‹

I. Gesang
Ambrosisch die Nacht. So wie im brechenden Auge des Helden plötzlich noch Streitlust glänzt, so schickt ein schwarzer Fleck auf den Hügeln durch die atemlose Luft eine Girlande herauf, einen hilflosen Gruß – Fest, und begrüßt im blutigen Haus die weitgereisten Gäste: Feuerwerk! die reichen Onkel aus Übersee, stöhnend unter den Geschenken; – so sitzt in den Sträuchern eine einsame Seele hinter ihrem Maschinengewehr. Drei Sekunden lang fürchterlicher Donner, und Feuer bricht aus dem Aether (vier, fünf Schemen glänzen wie die unerwartet aufleuchtende Todesangst, die Gefährtin der Liebe), es bricht die Kette – leise ziehen die letzten Lichtlein in die duftende Finsternis und verlöschen. Der stolze Frank lacht, der Meccano hinter seiner Kanone auf dem stolzen Rücken [...]«

(Harry Mulisch: Das steinerne Brautbett,
Frankfurt am Main 1995, S. 29–31)

12
Notizen zu Homer
von Harry Mulisch
Niederlande, um 1957
Sammlung Harry-Mulisch-Haus Amsterdam

Beim Blick aus dem Pensionszimmer auf die zerstörte Stadt denkt Corinth an Hella Viebahn, die von der DDR-Regierung gestellte Reisebegleiterin, die er begehrt. Die Sprache ist durchsetzt von Wörtern der Gewalt und der Brutalität. Unvermittelt bricht die Erzählung ab, und es beginnt der erste von drei »Gesängen«. Diese Rückblicke auf den Bombenangriff 1945 erlebt Corinth so unmittelbar, dass sie im Präsens geschildert werden.

Die »Gesänge« hatte Mulisch ursprünglich in der Art einer Reportage schreiben wollen, doch schien ihm dann der pseudo-homerische Stil passender. In blumigen Beschreibungen und mit vielgliedrigen Adjektiven erzählt er, wie Corinth und seine Kameraden wie eine Gruppe griechischer Helden in rauschhafter Euphorie nach Dresden fliegen, in dem Bewusstsein, Großes zu leisten.

12

»Het stenen bruidsbed«
Typoskript von Harry Mulisch, S. 64
Niederlande, 1958
Sammlung Harry-Mulisch-Haus Amsterdam

»›O nein‹, sagte Ludwig mit Nachdruck. ›Täuschen Sie sich nicht: Das ist alles wahr. Lassen Sie sich nichts vormachen. Die Leute, die heute sagen, sie hätten nichts gewußt, lügen alle. Jeder in Deutschland wußte es. Auch ich, das will ich Ihnen gerne gestehen. Ich wußte nicht wie und wo, aber ich wußte, daß es die Massenvernichtung von Menschen gab. Nein, nein. Das war ein unverzeihlicher Fehler von Hitler.‹
Corinth sah ihn eine ganze Weile an. Dann fragte er:
›Haben Sie es gesehen?‹
Ludwig legte die Hand auf die Saiten.
›Die Konzentrationslager?‹
Corinth wies mit einem Kopfnicken auf das Tal.
›Das Bombardement.‹
›Natürlich. Hier von der Terrasse aus.‹
›Was war das für ein Anblick?‹
Ludwig zuckte die Achseln und fing wieder an zu spielen.
›Viel Feuer.‹
Vom Fluß her erklangen zwei heisere Rufe aus einem Signalhorn. Corinth preßte seinen Hinterkopf tiefer ins Kissen und schloß die Augen. Dreizehnter Februar 1945: Ludwig auf der Terrasse, gelassen in die Glut des Ofens sehend, das Gesicht vom Widerschein gerötet, vielleicht schwitzte er wegen der Gluthitze etwas. Vielleicht spielte er sogar auf dem Banjo. ›Viel Feuer‹ ... Er dachte, jedes Wort über das Bombardement muß ich ihm aus der Nase ziehen, und wenn er die Schutthalden im Tal betrachtet, dann denkt er an die Angriffe von Napoleons Kavallerie. Das ist das erste, wovon er mit Phantasie und Wissen dem Fremden erzählt. Als ob das Bombardement nie stattgefunden hätte. Corinth kniff seine geschlossenen Augen fester zu und dachte nach. Er dachte, es hat schließlich auch nicht stattgefunden. Verdammt. Es hat sich nie ereignet, denn es hätte sich auch ebensogut nicht ereignen können: Es war nie, wie die Massakrierung anderer Städte, Bestandteil irgendeiner Strategie des Zweiten Weltkriegs.

Diese Bombenangriffe hatten einen Zweck und nachweisbare Folgen – so wie die Auslöschung Karthagos und Hiroshimas; die wiesen über sich selbst hinaus, wie auch die Schlacht um Troja nicht um Troja geführt wurde, sondern um Helena. Nicht so Dresden. Deshalb werden die Geschichtsbücher weiterhin seitenweise über die Schlacht bei Dresden und ein paar Hundert gefallene Gäule und Grenadiere Napoleons berichten, aber das Massaker wird kleingedruckt in einer Fußnote vermerkt werden, weil es nicht in den Text gehört.

Aber wenn das Bombardement keine Geschichte ist, was ist es dann? Es hat doch Tausende von Toten gegeben. Wozu gehört es?

Er dachte, es gibt zwei Geschichten. In dem Gefühl, etwas entdeckt zu haben [...] «

[Harry Mulisch: Das steinerne Brautbett,
Frankfurt am Main 1995, S. 109 – 111]

Beim Nachdenken über die Zerstörung Dresdens entwirft Corinth sein Geschichtsbild: Manche Kriege und Schlachten »hatten einen Zweck und nachweisbare Folgen«; sie »wiesen über sich selbst hinaus, wie auch die Schlacht um Troja nicht um Troja geführt wurde, sondern um Helena«. Doch die Bombardierung von Dresden geschah – so Corinth – grundlos. Sie war ein Exzess der Gewalt um der Gewalt willen.

Sie gehört zur Anti-Geschichte, in der es keine Ursachen und Folgen, keine Vergangenheit und keine Zukunft gibt. Er habe für das Nichts vernichtet, geht es Corinth durch den Kopf. Und so sei er gleichsam eine Nacht lang selbst ein »Mitglied der Waffen-SS« gewesen. Die antikischen »Gesänge« erhalten so eine zusätzliche Bedeutung: Sie sind Ausdruck der versteinerten Zeit, der ewigen Gegenwart der Gewalt.

13

239

14
»Het stenen bruidsbed«
Typoskript von Harry Mulisch, S. 110
Niederlande, 1958
Sammlung Harry-Mulisch-Haus Amsterdam

»[...] Streichhölzer aus der Tasche hervor; eins war noch drin. Sich auf den Wagen stützend, ging er nach vorn, hielt seinen Kopf über den Motor und schnüffelte; die Motorhaube war geknickt und hatte sich an dem Pfahl hochgebogen. Er zündete das Streichholz an, warf es in den Motor und stolperte rasch rückwärts. Nach einem gewaltigen Fauchen standen fast der ganze Wagen und ein Teil der Straße in Flammen.

Mit dem Rücken zum Feuer setzte er sich, schwindelig im Kopf, hin und las:
›Anmerkung der Redaktion. – Auch im zweiten Kriegsjahr, das unserem Volk unter der mitreißenden Leitung seines Führers Sieg um Sieg bringt, gehen unsere Gedanken manchmal sinnend zurück in die deutsche Geschichte. Aus Anlaß des 50. Todestages unseres großen deutschen Forschers Heinrich Schliemann, der den Ruhm der deutschen Archäologie in der ganzen zivilisierten Welt –‹
Keuchend schloß er die Augen und dachte, Ludwig hat auch gelogen. 1940 war das Haus schon mindestens zehn Jahre alt. Er spreizte die Knie und übergab sich. Prasselnd krochen die Flammen in den Wagen und knabberten an den Sitzen und dem Bodenbelag. Er überschlug einige Absätze und las, die Stirn in eine Hand gestützt, weiter:
›– steht ein schwerer, vornehm gekleideter Mann inmitten seiner Arbeiter auf der sonnenüberfluteten Ebene von Hissarlik. Rundum grünen die Hügel. Noch wartet er.‹
Sein Rücken glühte vor Hitze. Auf Händen und Füßen kroch er einige Meter weiter. Sein Kopf zersprang beinahe vor Schmerzen. Am unteren Rand des Ausschnitts las er einen Satz:
›– fand er neun Trojas übereinander, das dritte, wie Sie gelesen haben, werter Leser, mit Spuren von Feuer, von gewaltsamer Zerstörung und dem ›Schatz des Priamos‹. Dieser heroische Streiter –‹

Er zerknüllte den Ausschnitt und warf ihn ins Feuer, das nun auch in kleinen Strömen zwischen den Pflastersteinen floß. Er wischte das Blut mit einem Ärmel von seinen Narben und sah in das Feuer. Der Wagen existierte nur noch als durchsichtiger Geist in den lodernden Flammen. Einige Meter weiter lag ein Schild quer über die Straße: ›VERBOTEN – AUCH FÜR FUSSGÄNGER‹.

Er stand wieder auf und kroch hinter einen kleinen begrünten Hügel, von wo aus er das Feuer nicht mehr sah und über die ausgestorbene Ebene schauen konnte.

Dresden 1956 / Amsterdam 1958«

(Harry Mulisch: Das steinerne Brautbett,
Frankfurt am Main 1995, S. 182 f.)

Ein Gefühl von Schuld frisst an Corinth seit 1945. Zurück in Dresden findet er nicht die erhoffte Gewissheit, den Unschuldigen geholfen und die Schuldigen bestraft zu haben. Daran verzweifelt er. In den Ruinen der Stadt fährt er ein Auto zu Schrott und zündet das auslaufende Benzin an – eine symbolische Wiederholung des Feuersturms und seines Flugzeugabsturzes.

Aus der Pension hat Corinth einen Zeitungsausschnitt von 1940 mitgebracht und liest ihn im Feuerschein. Die Anspielungen auf das antike Epos »Ilias« werden nun besonders deutlich: Auch Dresden ist Teil des immerwährenden Krieges, der seit Beginn der Menschheitsgeschichte tobt. Am Ende schaut Corinth auf die tote Ebene vor ihm – und gleichzeitig auf alle anderen zerstörten Städte, die Teil dieser Geschichte sind.

110

lucifers uit zijn zak; nog één zat er in. Op de auto steunend liep hij
naar voren, hield zijn hoofd boven de motor en snoof; de kap stond
met een grote knik tegen de paal overeind. Hij streek de lucifer af,
gloeide hem in de motor en strompelde zich achteruit. Met een reusach-
tige floep brandde bijna de hele auto en een stuk van de straat.

Met zijn rug naar het vuur ging hij duizelend zitten en las: '(Opmer-
king van de redaktie. - Ook in dit tweede oorlogsjaar, dat ons Volk
onder de bezielende leiding van zijn Führer overwinning na overwinning
brengt, gaan onze gedachten soms mijmerend terug in onze Duitse Ge-
schiedenis. Ter gelegenheid van de 50e sterfdag van onze grote Duitse
vorser Heinrich Schliemann, die de roem der Duitse archaeologie in de
gehele beschaafde wereld -'

hij braakte.

Hijgend sloot hij zijn ogen en dacht, Ludwig heeft ook gelogen . In
1942 was het huis minstens tien jaar oud. Knetterend kropen de vlammen in de auto en vraten aan de banken en de vloer. Hij sloeg een stuk
over en las met een hand tegen zijn voorhoofd:

'- staat een zware, kostbaar geklede man temidden van zijn arbeiders
in de zonovergoten vlakte van Hissarlik. Rondom groenen de heuvels.
Nog wacht hij.'

Zijn rug gloeide van de hitte. Op handen en voeten kroop hij een paar
meter verder. Zijn hoofd brak van de pijn. Hij las een zin xxxxxxx onder-
aan het knipsel:

'- vond hij negen Troje's onder elkaar, het derde, lieve lezer, gij
hebt het ~~geraden~~ met sporen van brand, geweldddadige verwoesting en
de 'Goudschat van Priamus'. Deze heroïsche strijder U-'

begrepen,

Hij verkreukelde het knipsel en wierp het in het vuur, dat in xxx
xxxxxxxxxxxxxxxxxxxxxxxxxxxxxxxxxx stroompjes tussen de keien *door*
vloeide. Het bloed met een mouw van zijn ~~gezicht~~ *littekens* vegend keek hij in de
vlammen. Een paar meter verder lag een bord dwars over de xxxxxxxxxV
straat: 'VERBODEN - OOK VOOR VOETGANGERS'.

Hij ~~braakte,~~ stond weer op en kroop achter een begroeid heuveltje,
waar hij het vuur niet meer zag en over de uitgestorven vlakte kon
kijken.

*De auto bestond alleen nog als een doorzichtige
geest in de laaiende gloed.*

Dresden 1956
Amsterdam 1958

14

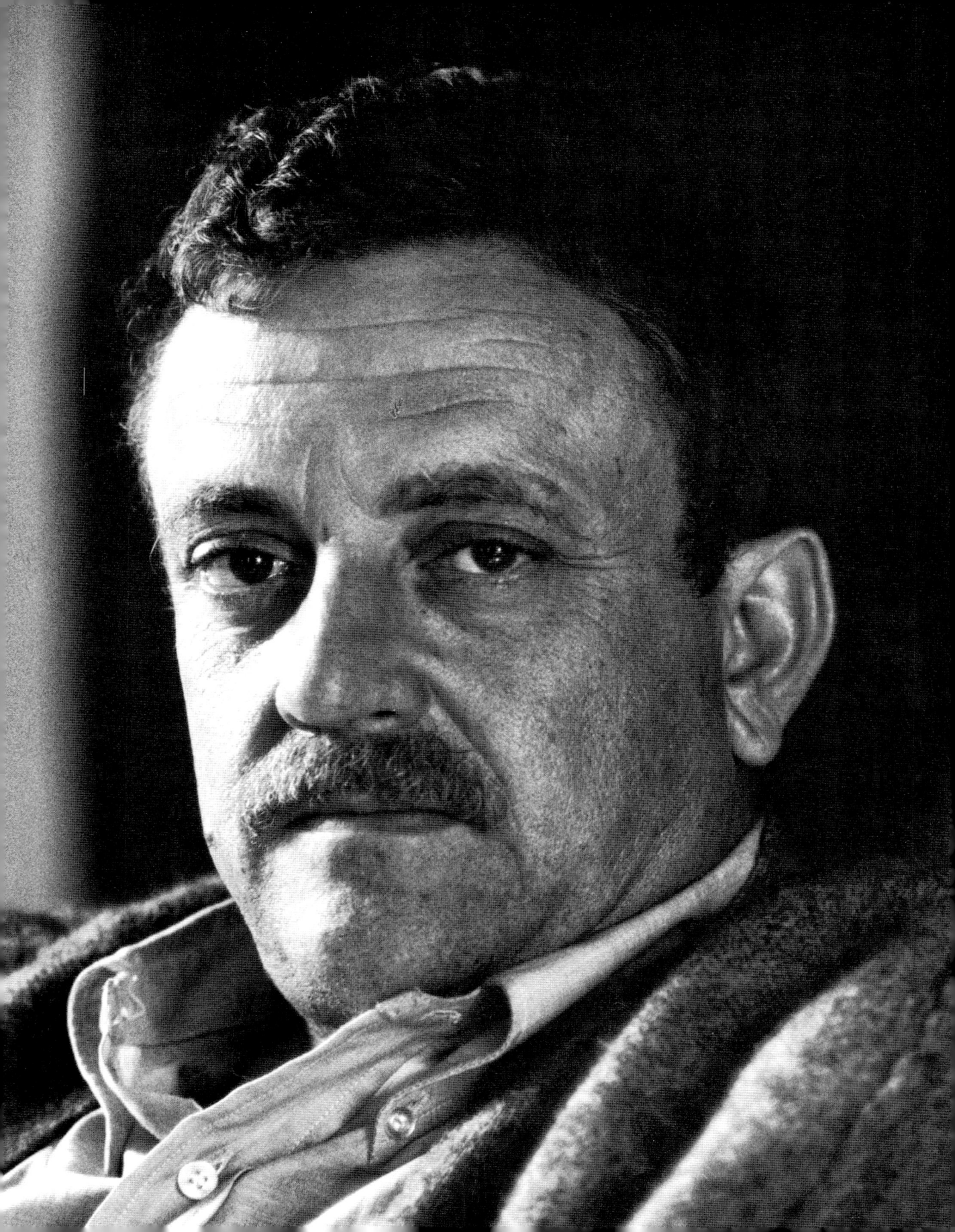

KURT VONNEGUT

1922–2007

Schlachthof 5 oder Der Kinderkreuzzug

(Slaughterhouse-Five or The Children's Crusade:
A Duty-Dance with Death, 1969)

Kurt Vonnegut hat in diesen Roman seine eigene Geschichte einfließen lassen. Er hatte als amerikanischer Kriegsgefangener die Bombardierung von Dresden erlebt. Das einleitende Kapitel ist in der Ich-Form geschrieben. Es kündigt den Anfangs- und Schlusssatz des Romans so an, dass der Leser den Protagonisten Billy Pilgrim für das Alter Ego des Autors halten kann.

Pilgrim ist ein Reisender, ein Pilger durch die Zeit. Er durchlebt die verschiedenen Ereignisse seines Lebens immer wieder; Vergangenheit, Gegenwart und Zukunft sind nur einen Wimpernschlag voneinander entfernt und springen in seiner Wahrnehmung unkontrolliert durcheinander. Pilgrim erlebt die eigene Geburt, seinen Tod, seine Erlebnisse als Soldat und immer wieder die Zeit als Kriegsgefangener in Dresden 1945.

Für die Amerikaner um Billy war die alte, kaum beschädigte Stadt mitten im Krieg zunächst ein Wirklichkeit gewordenes Wunderland »Oz«, in dem sie sich relativ sicher fühlten. Umso stärker erschütterte Billy die Bombardierung am 13. Februar, die er, eingeschlossen mit einigen Kameraden, im Keller des Schlachthofs Nummer 5 überlebte. Am nächsten Tag zeigte sich die Stadt als Mondlandschaft. Es erschien ihnen unvorstellbar, dass irgendjemand diese ungeheure Zerstörung überlebt haben könnte.

Billy wird das Trauma Dresden nicht mehr los. Vor dem Wahnsinn bewahren ihn die Zeitsprünge, durch die er vor der erschütternden Erinnerung flüchtet. In der Zukunft lernt Billy seine eigene Ohnmacht zu akzeptieren: Wann immer die Absurdität des Lebens und die menschliche Inhumanität zu groß werden, flüchtet er sich in die Phrase »So ist das« (»So it goes«).

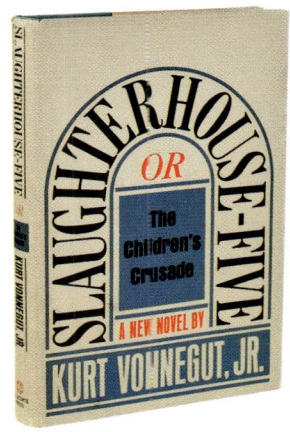

◀ Kurt Vonnegut, 1975

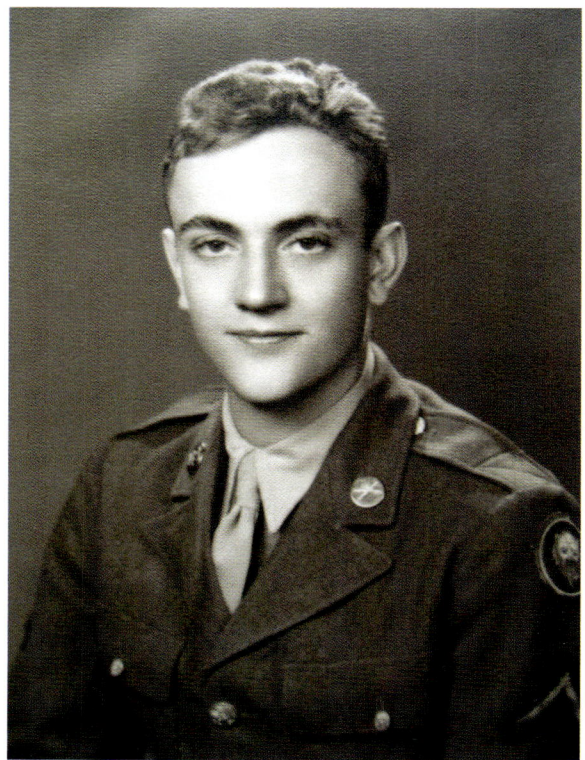

1

Kurt Vonnegut jr. als Soldat
Fotografie
USA, 1945
Mark Vonnegut

Kurt Vonnegut jr. wurde 1922 in Indianapolis geboren. Beide Elternteile kamen aus deutschstämmigen Familien. Obwohl Vonnegut sich schon früh für das Schreiben interessierte, studierte er zunächst Biochemie an der Cornell University in Ithaca. Von dort meldete er sich 1943 freiwillig für den Kriegseinsatz. Er wurde zum Maschinenbauer ausgebildet und im November 1944 mit einem Truppentransport nach Europa geschickt.

Als Mitglied des 423. Infanterie-Regiments nahm Vonnegut im Dezember 1944 an der Ardennenschlacht teil. Dabei wurde seine Einheit versprengt. Vonnegut irrte notdürftig bekleidet durch die Wälder und geriet in deutsche Kriegsgefangenschaft. In Dresden erlebte er den Luftangriff der alliierten Truppen. Erst nach dem Ende des Krieges wurde er zum Corporal (Unteroffizier) befördert.

2

»I had been captured in Germany…«
Erlebnisbericht I
über die Kriegsgefangenschaft, S. 2 von 3
um 1950
The Lilly Library, Indiana University, Bloomington, Indiana

3

»I had been captured in Germany…«
Erlebnisbericht II
über die Kriegsgefangenschaft, S. 2 von 10
um 1950
The Lilly Library, Indiana University, Bloomington, Indiana

Vonnegut war einer von rund 7 500 US-amerikanischen Soldaten, die im Zuge der Ardennenschlacht gefangen genommen und zunächst in das deutsche Kriegsgefangenenlager in Mühlberg an der Elbe gebracht wurden. Er gehörte dann zu einer Gruppe von etwa 150 Kriegsgefangenen, die seit Januar 1945 in Dresden Zwangsarbeit bei der Produktion von Malzsirup leisten mussten. Ihr Quartier lag in einem Nebengebäude des Neuen Schlachthofs im Ostragehege: Schlachthof 5.

Während der Luftangriffe auf Dresden fanden Vonnegut und seine Kameraden Schutz im Keller des Schlachthofs. Als die Soldaten schließlich ihr Gewölbe verließen, war von der faszinierenden Stadt, die sie bei ihrer Ankunft wenige Wochen zuvor begeistert hatte, nichts mehr übrig: »Dresden war jetzt wie der Mond, nichts als Mineralien.« Die Kriegsgefangenen wurden in den kommenden Wochen zum Bergen der Leichen und für Räumarbeiten eingesetzt.

I'll have to admit he had a little something there. We
never ~~never~~ washed or shaved; we were ~~oftenfighting~~ always snarling and scrapping
among ourselves; we stole everything we could lay our hands
on; we smashed up airplane parts we were supposed to be
loading on trucks; and, at the slightest provocation, told
the guards we would beat their stupid brains out when the
war was over. We had to walk six miles to work every day.
This ordeal took about four hours, with everybody swearing,
diving for cigarette butts, disappearing up sidestreets and
into cellars for loot. Our guards were begging to be
sent to the Russian front. The British used to ~~rumble~~ click
past us, going at a great rate. They always gave us
a "cheerio," or a "stiff upper lip, chaps," but they were
a little embarrassed at having us on their side, I think.
Our guards ~~~~ would talk to those of the British.
"Gangster, cowboy," they would say, pointing to us. The
guards of the British would nod and look sympathetic. We
were lucky.-- The British didn't even speak to the Russians.
It is possible that they were a worse looking bunch than
we were, but I can't see how. They had "SU" painted on
their backs in letters a foot high. We ~~~~ couldn't
understand each other but we would hoot and ~~holler~~ holler
and laugh whenever we met. We would yell"Stalin!" and
they would yell "Roosevelt!" back. Then we would make motions
like we were slitting our throats and point to our guards.
They would nod enthusiastically and laugh like hell. ~~~~
These meetings were among the few bright spots in our hungry
P.O.W. lives.

Our job was to clean up after the AAF with picks and
shovels. Dresden had ~~really~~ taken an awful pasting; hardly a building

in criminal morality under the late Machinegun Kelly or Ma
Barker: namely, that a stool-pigeon is the most hateful of
all people, and that the only good squealer is a dead one.

We were lucky, I guess, having the British speak to us,
because they pretty well ignored the Russians.   They were
a worse looking lot than we were.   They had "SU" painted on
their backs in yellow letters a foot high.   All other P.O.W.'s
had just a small red triangle, not much more than two inches
high, painted on their backs and right knees.   Whenever the
Americans and Russians me they would hoot and holler and
shout "Stalin" and "Roosevelt" back and forth.

Our job, and the Russians' job, was to clean up after
the American Air Force with picks and shovels.   Dresden had
taken an awful pasting; almost every building was a floorless
shell or had been toppled into the street.   In order to get
enough to eat we would plunder cellars of bombed-out buildings
for potatoes and preserves.   This was an exciting game in
that we were terribly hungry most of the time and in that the
penalty for getting caught plundering was death.   Red Cross
Food Parcels were not getting through to us and we were only
getting 300 grams of bread and a pint of soup from the German
Government each day.   It was like a crazy nightmare: some
days we would stuff ourselves with potatoes, baked
when the building burned; other days we would find preserved
carrots or cherries or turnips or marmalade.   One guy found
over 100 pounds of fruit cake and two gallons of marshmallow
sauce.   He almost killed himself.   Another got into some
cognac and had to be taken home in a wheelbarrow.   From then
on the guards were careful not to work him too hard as they
thought he was suffering from a heart condition.
Frequently American raiding parties would meet up with
Russians,in which case they would greet each other enthusiastically, join forces, and exchange tips as to the locations
of potato bins.   The universal language among all P.O.W.'s
was a sort of pidgin German, single words taking the place
of sentences: "Goot," for instance, and "Nix goot;" and
                                        Kartofeln,
"Essen," and "Arbeiten;" and "Schwer, Kaput,/Krank"
and "Wasser" for the more advanced pupils. That's how we
talked to the Russians.

The real plunderers in Dresden, the ones that took

4
Offizier-Einheitssäbel
Deutsches Reich, nach 1935
Mark Vonnegut

Nach der Befreiung Dresdens durch die Rote Armee
fuhr Vonnegut in einer Gruppe amerikanischer Soldaten auf einem Pferdewagen den US-Einheiten entgegen. Viele Häuser waren bereits verlassen, die Einwohner geflohen. Wie es auch andere Soldaten taten, nahmen die Männer Wertgegenstände und »Andenken« an
sich: Briefmarkensammlungen, Kameras, eine ausge-
stopfte Eule. Zwei Tage nach Kriegsende suchten sie
noch einmal den Schlachthof auf. Überall lagen Waffen
herum. Vonnegut fand einen Säbel, der seiner Überlie-
ferung zufolge in einem Telefonmast steckte. Er nahm
ihn mit und behielt ihn auch, wie in »Schlachthof 5« zu
lesen ist (in der Übersetzung fälschlicherweise als
»Ehrendolch« bezeichnet).

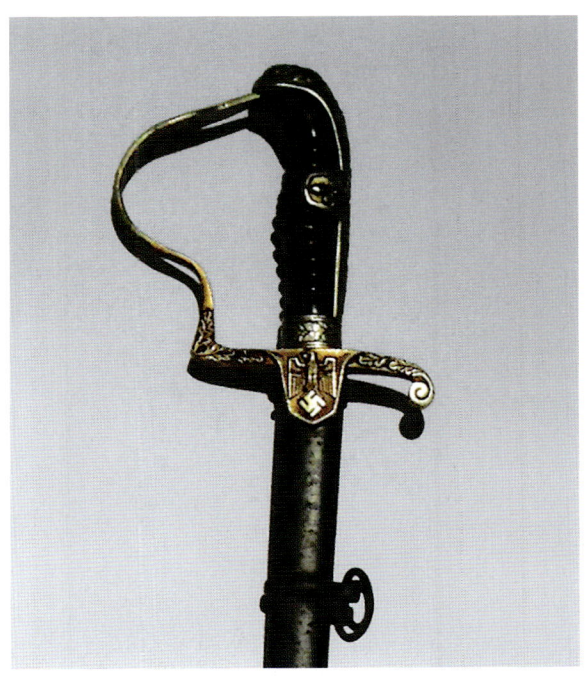

4

5
Auszeichnung »Purple Heart«
mit Schatulle
verliehen am 22. Mai 1945
Mark Vonnegut

Das Verwundetenabzeichen »Purple Heart« ist der älteste bis heute verliehene militärische Orden der USA.
Es wurde 1782 von George Washington gestiftet. Nach
seiner Rückkehr in die USA erhielt Vonnegut das Ab-
zeichen für eine kleine Kriegsverletzung. Vonnegut, der
keinen großen Wert auf staatliche Auszeichnungen
legte, schrieb später, er habe es vor allem für die Frost-
beulen bekommen, die er sich im Winter 1944/45 zu-
gezogen hatte. Neben dem »Purple Heart« erhielt
Vonnegut noch die »Prisoner of War«-Medaille.

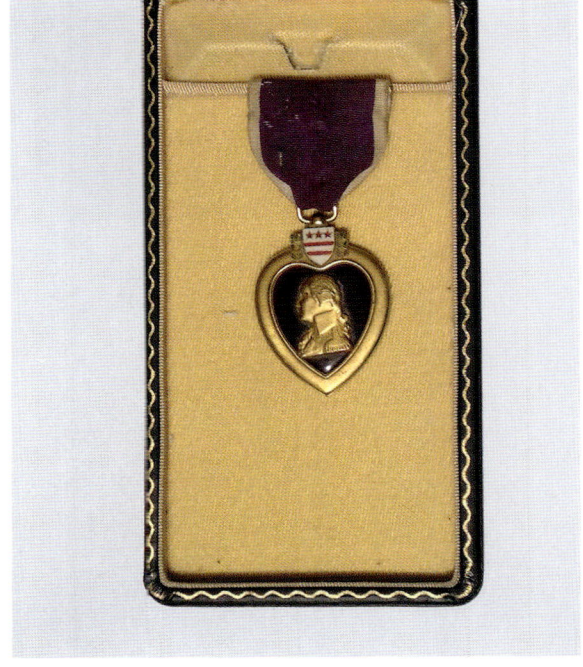

5

247

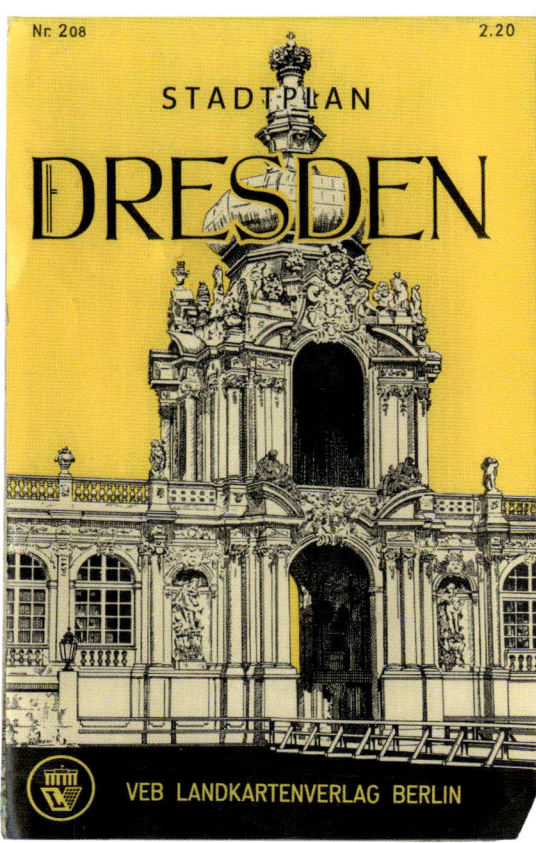

6.3

6.1
Flugschein Berlin–Dresden–Berlin
Interflug, 18.–19. Oktober 1967

6.2
Umtausch-Bescheinigung
ausgestellt in Berlin, 20. Oktober 1967

6.3
Stadtplan Dresden
VEB Landkartenverlag Berlin, um 1960
The Lilly Library, Indiana University, Bloomington, Indiana

Ein Stipendium der Guggenheim-Stiftung ermöglichte Vonnegut im Oktober 1967 eine Europareise. Er kam gemeinsam mit seinem Freund und Kriegskameraden Bernard V. O'Hare. Erstmals seit Kriegsende war Vonnegut wieder in Dresden. Hier hoffte er, Klarheit darüber zu erlangen, wie er Worte finden könnte für das, was ihn seit der Bombardierung der Stadt nicht losließ und was er andererseits zu verdrängen versuchte.

Dresden wirkte auf ihn so gesichts- und geschichtslos wie eine durchschnittliche amerikanische Kleinstadt. Doch nach der Heimkehr schrieb er seinem Verleger, die Arbeit falle ihm leichter, nun, da er mit eigenen Augen gesehen habe, woran er sich erinnern wollte.

»Schlachthof 5«, eingeleitet als die Geschichte von der Zerstörung Dresdens, ist jedoch genau dies nicht. Die Schilderung der Luftangriffe und ihrer Folgen nimmt im Verlauf des Buches nur wenige Seiten ein, Vonneguts Protagonist scheint sie ungerührt vorzutragen wie eine Nacherzählung. Das Buch umkreist ein Thema, das nicht erreichbar ist.

»Es gab nichts Angemessenes zu sagen.« Dabei hat das Unsagbare das Leben dessen, der es erlebte, für immer verändert. »Schlachthof 5« handelt von dieser Veränderung, dem Gefühl von Absurdität und Zufall und von einer unbedingten Sehnsucht nach Frieden.

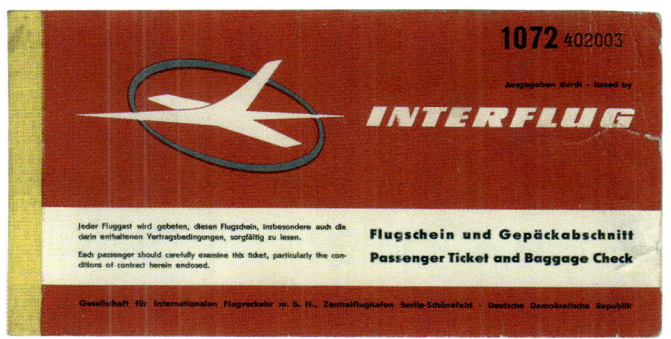

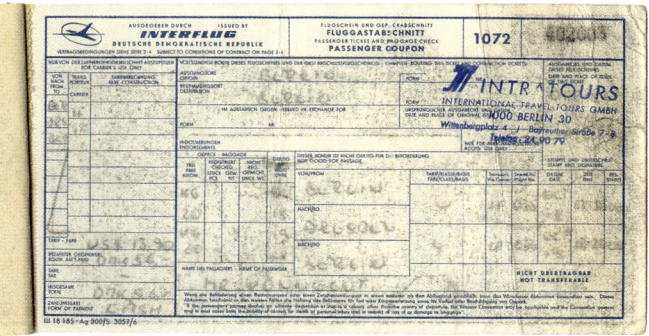

5.1

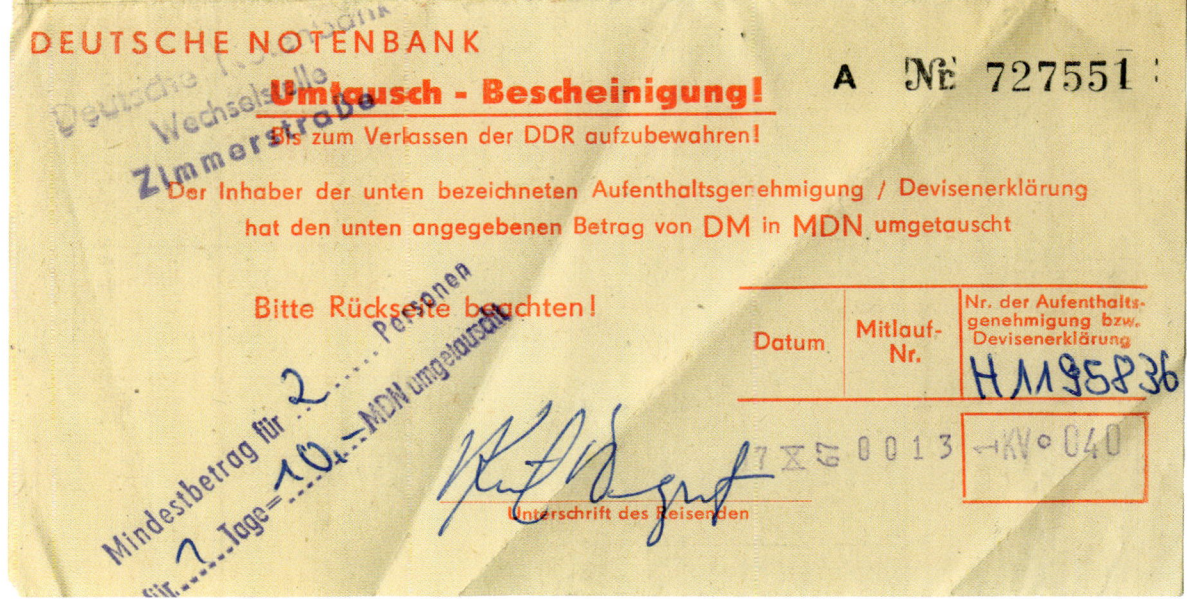

6.2

1.

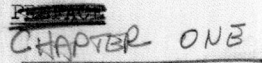

CHAPTER ONE

I have written fiction for fifteen years now. It is too late
for me to write anything else. So, even though this book is about
things that happened around me, I will have to make them up. I
have lived this, dreamed it, changed names and faces, forgotten it,
and dreamed it again. If I give my word of honor that something is
true, then it is true. The sentences after that, though, unless I
repeat the pledge, become more and more fanciful, until some people
will swear I'm insane.

I give my word of honor that I was a prisoner of war in Dresden,
Germany, when it was destroyed in the Second World War.

I promise, too, that one of my fellow-prisoners was arrested for
the crime of plundering, which consists of taking the property of
another in the wake of a catastrophe. It is customarily punished by
death in time of war.

He was guilty. He was tried, convicted, and then shot by a firing
squad consisting of only four riflemen. There couldn't have been a
blank cartridge issued ~~in~~ to a member of a squad that small in a war that old.

Four of us buried him just as he was, a few yards from where he
had fallen. I presume he lies there still -- in Dresden.

God rest his soul. He was twenty years old. ~~I have borrowed his
fate and biases for my story, and have given it to a fictitious person
named David McSwan.~~ Let us call him David McSwan.

****

16.

CHAPTER ONE

I am David McSwan of Hingham, Massachusetts, lying in an un-
marked felon's grave in Dresden, where I was shot to death in 1945.
And I cry out to the world in nightmare muteness, "Let there be an
end to hate and killing!" Not that I care any more. Not that I
ever cared much. I will tell you what scared me more than war over
did, and that was my mother. She went insane several nights out
of the week, always after supper, and I think it was because of
pills she was taking that were supposed to help her through meno-
pause. I got used to the things she said. She said she loved and
hated us at the same time because love and hate were the same thing.
The message xxxxxxxxxxxxxx never changed. What I never got used
to was what she would do at three o'clock in the morning sometimes.
She would go xxxxxxx down the stairway in her bare feet sometimes --
pat, pat, pat, pat. And she would go into the kitchen, with the
lights all still off in the house. She would open a drawer and play
with the knives.

My father, who was a Unitarian minister, said not to worry.
He was right, as usual. She never did kill anybody but herself.
And she didn't use a knife. She used more of those pills.

About my capital crime: I committed it about a month after the
big raid. We were working as corpse-miners, sinking shafts into
cellars, bringing bodies out. The bodies were like baloons. Even
the fingers were fat, and you couldn't see the eyes. We had rubber

7.2

CHAPTER ONE

My name is Miles Vernon. I am forty-one years old. I am
an architect on Cape Cod. I have designed many houses, one
~~One shopping center,~~ armory, and one school. ~~My father, I have~~ I have three children,
the oldest of whom will be in college next year. My father,
Dudley Vernon, was a Boston newspaper man and a fairly well-known
nature poet. He ~~always~~ meant to write a book, but ~~he~~ never did.
It was going to be about a great catastrophe, a hurricane, and
the effects it had on different lives.

It was going to start with a dust-devil on the ~~Sahara~~ Sahara,
an angry swirl drifting west. It would be seen by a lonely Arab smoking
hashish. ~~It~~ would not be sure that he saw it at all. The little
twister would move out over the Atlantic, would grow into a
terrific tropical storm which would eventually smash Cape Cod.

That's all I know about the book my father never wrote. God
bless its ghost, and his ghost, too. We gave him a Christian
funeral, though he had said to me many times, without any self-pity,
"God doesn't even know we're here."

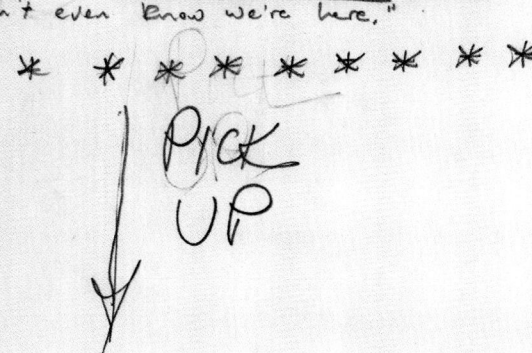

CHAPTER ONE

I was a prisoner of war in Dresden, German*y*, when it was
destroyed ~~during~~ *very late* the Scond World War. One of my fellow-prisoners
was arrested for the crime of plundering soon after the bombing.
~~His~~ ~~The~~ crime ~~consisted consists~~ *consisted* of taking the property of another
in the wake of a catastrophe. ~~It~~ *Such a crime* is customarily punished in all
nations by death in time of war. He was guilty. He confessed.

He was tried, convicted, and then shot by a firing squad of
only four riflemen. There couldn't have been a blank cartridge
issued to a member of a firing squad that small in a war that old.
~~Fourxof~~ We buried him a few yards from where he fell, *wrapped in a blanket.* I presume
he lies there still — in Dresden. He was twenty years old.
Let us call him David McSwan. *De mortuis nil nisi bonum.*
****

Another fellow-prisoner sweetly starved himself to death. He
gave ~~give~~ what little food he had to hungry friends, who took it with
~~many thi~~ *his* thanks. He ~~had~~ lost ~~all~~ appetite, and was supremely happy
on that account. Let us call him Bernard Schoeffler.

He died, staring into the middle distance, about two weeks
after McSwan was shot. The Germans gave him a ~~very~~ fancy funeral,
perhaps to correct the bad impression the execution of McSwan had
made. They dressed him in a snow white civilian suit made of
paper, put him in a coffin, and buried him in a suburban cemetary
with military honors.

The thing I remember most often from World War Two, for some
reason, is that snow white paper suit.
****

7
Entwürfe zu einem Dresden-Roman
vermutlich um 1968
The Lilly Library, Indiana University, Bloomington, Indiana

Bereits kurz nach Kriegsende hatte Vonnegut beschlossen, über den Krieg zu schreiben. Doch es dauerte mehr als 20 Jahre, bis er die richtige Sprache fand. »Ich muss inzwischen fünftausend Seiten geschrieben und sie alle weggeworfen haben.« Kunstvoll verwebt Vonnegut – im ersten Kapitel in der Ich-Form – seine eigenen Erfahrungen mit der skurrilen Lebensgeschichte seiner Romanfigur Billy Pilgrim. Dieser lebt auf dem fiktiven Planeten Tralfamadore, auf dem Zeit unerheblich, jeder Zustand nur eine Übergangsform und der Tod kein Ende ist.

Im ersten Kapitel von »Schlachthof 5« lässt Vonnegut den Leser am Entstehungsprozess des Buches teilhaben. Zunächst kann er keinen rechten Anfang finden – nur das Ende, 1945 im Regen in Deutschland, steht schon fest. Immer wieder nimmt er Anlauf, seinen »Dresden-Roman« zu beginnen.

Als Zeugnis dieses Ringens um die rechte Form dienen auch die beinahe 20 verschiedenen Romananfänge, die sich im literarischen Nachlass Vonneguts befinden. Vonnegut probiert die unterschiedlichsten Erzählperspektiven und Stile aus: vom sachlichen Bericht zur Totenrede, vom Ich-Erzähler zum allwissenden Beobachter. Manche Anfänge gehen über wenige Zeilen nicht hinaus, andere sind bis zu 100 Seiten stark. Erstmals werden einige von ihnen hier präsentiert.

8
Movie Press Kit zu »Slaughterhouse-Five«
Pressemappe zum Film | 1972
The Lilly Library, Indiana University, Bloomington, Indiana

Vonneguts Roman wurde ein großer Erfolg. Die Firma Universal Pictures kaufte die Filmrechte. 1972 wurde der Film gedreht und gewann sowohl den Großen Preis der Jury in Cannes als auch den Hugo Award für den besten Science-Fiction-Film. Obwohl der Film auf dem Roman Vonneguts beruht, unterscheidet er sich erheblich von seiner Vorlage.

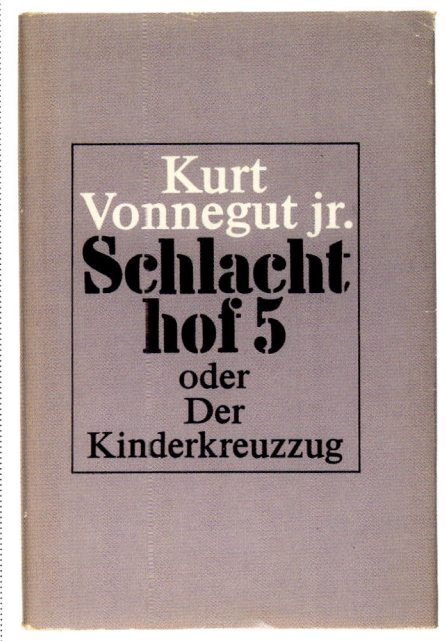

9

9
»Schlachthof 5 oder Der Kinderkreuzzug«
aus dem Englischen von Kurt Wagenseil
Berlin (Ost), 1976
Privatbesitz

»Schlachthof 5« erschien 1970 in deutscher Übersetzung. Erst 1976 wurde das Buch in der DDR veröffentlicht. Ein Exemplar gehörte dem Dresdner Taxifahrer Gerhard Müller, der Vonnegut und seinen Freund O'Hare 1967 zum Schlachthof 5 gefahren hatte. Die Männer waren ins Gespräch gekommen und Müller hatte später geschrieben, er hoffe, sie alle würden einander in Frieden und Freiheit und wenn der Zufall es wolle wiedersehen. Vonnegut widmete seinen Roman Gerhard Müller und O'Hares Ehefrau Mary.

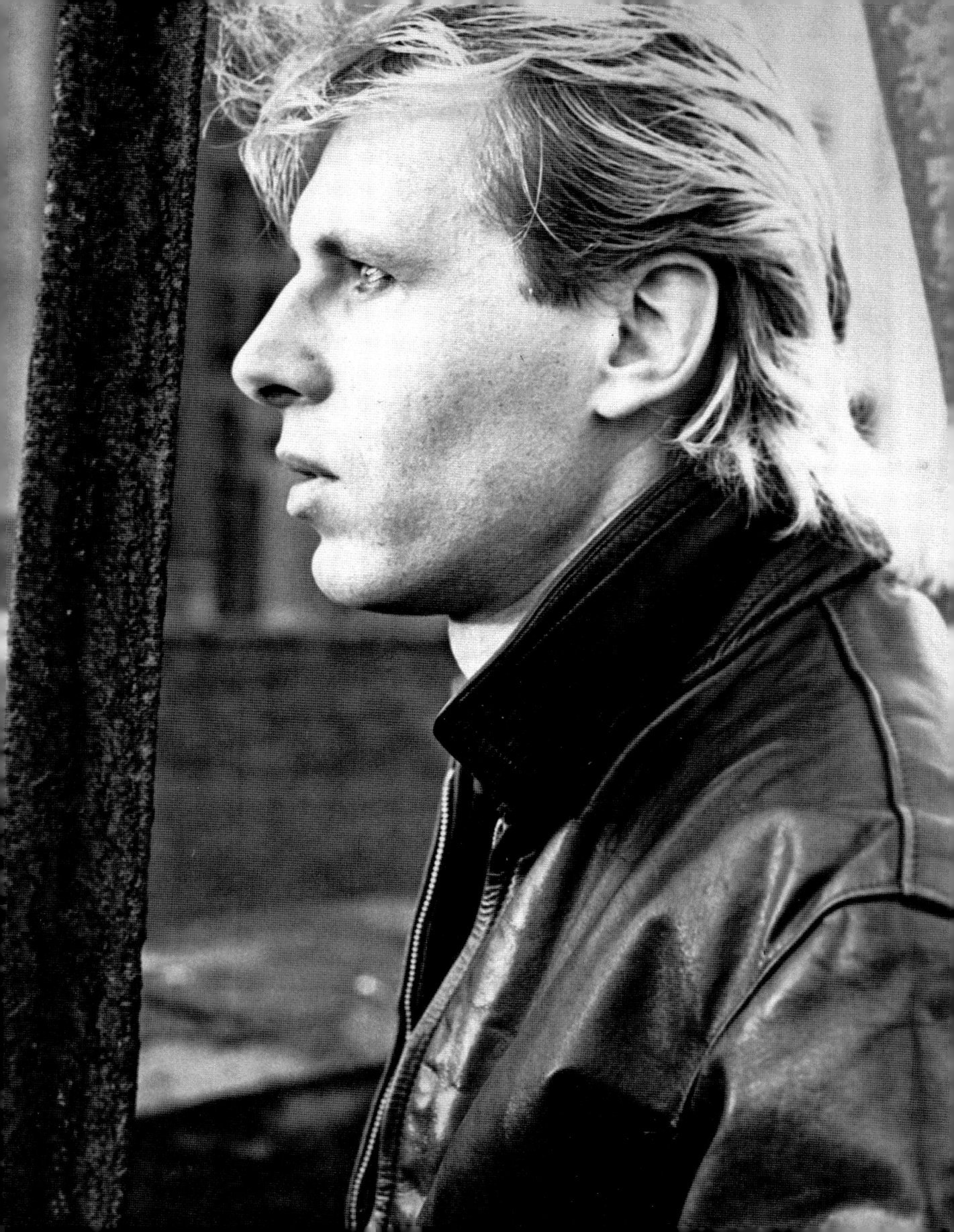

DIETER RUNGE (*1949)
UND DIE NEW YORK NIGGERS (1978 – 1980)

Just Like Dresden '45 (1979)

Die ersten Zeilen von »Just Like Dresden '45« entstanden noch in Deutschland. Geboren 1949 in Hannover, war Dieter Runge in den 1970er Jahren Teil der alternativen Szene seiner Heimatstadt und spielte seit 1977 die Rhythmusgitarre bei Rotzkotz, einer frühen deutschen Punkband. Aber schon 1978 ging er nach New York, wo er den Song im März 1979 als Teil der ersten Single der New York Niggers (Auflage: 1000 Stück) aufnahm. Musikalisch ist »Just like Dresden '45« von Iggy Pops »Lust For Life« inspiriert – rauer Punkrock zwischen Detroit Sound und typischem 70er-Jahre-Punk.

Die Single wurde von den Kritikern positiv besprochen. Der britische Radio-DJ und Popmusik-Experte John Peel spielte das Stück mehrmals in seiner BBC-Sendung. Wegen des anstößigen Bandnamens lief die Single aber in den USA kaum im Radio. Dabei war der Name bewusst gewählt worden: Zwei Afroamerikaner hatten die Band gegründet. Der abwertende Begriff »Nigger« stand auch stellvertretend für alle Unterdrückten (wie auch in »Rock'n'Roll Nigger« von Patti Smith). Nicht zuletzt sollte der Tabubruch – typisch für den Punk – provozieren.

Die New York Niggers hatten in New York City einigen Erfolg, aber die Musikindustrie zeigte sich uninteressiert. Schließlich löste sich die Band 1980 durch den Ausstieg Runges auf. Runge, der in die Kunst- und Musikszene des New Yorker East Village eingetaucht war, zog Ende der 1980er Jahre zunächst auf die Virgin Islands, dann nach Hawai'i und lebt heute dort als freischaffender Künstler, Yoga- und Taiji-Lehrer.

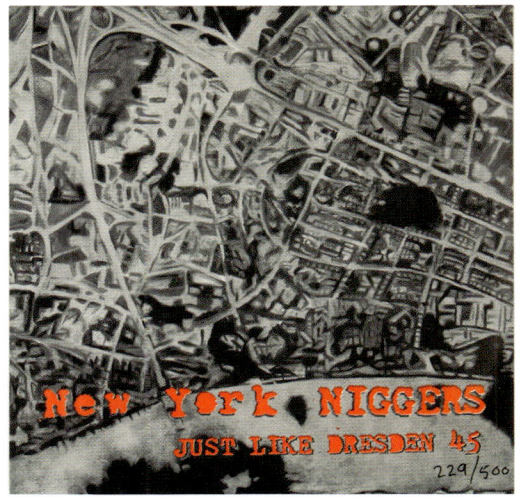

◀ Dieter Runge, 1979

1
»Just Like Dresden '45«
Text zum Lied von Dieter Runge und den New York Niggers
New York, 1979
Dieter Runge, Oʻahu/Hawaiʻi

Übersetzung:

»Ich wurde zufällig in diese Welt geworfen
Jetzt bleibe ich hier
Kein Geld in meinen Taschen, aber ich will Spaß
haben
Also siehst Du mich durch die Innenstadt schleichen
Jede Nacht auf der Straße
Jede Nacht auf der Straße
Liebling, ich fühle mich wie reines Speed
Ich kann nicht einschlafen

Erlöse mich, bitte bitte
Erlöse mich, bitte bitte
Erlöse mich, bitte bitte
Kann's nicht mehr aushalten, bitte bitte
Mein Gehirn fängt an zu brennen, genau wie
Dresden '45
Erlöse mich, bitte bitte
Erlöse mich, bitte bitte

Meine Gefühle waren tot seit meiner Geburt
Keine Liebe, ist das nicht traurig?
Frustration, Verzweiflung, Trostlosigkeit
Aber Du wirst mich nie auf den ausgetretenen Pfaden
finden
Ich sehe diese Welt auseinanderbrechen
Ich bin wütend, aber ich verhalte mich freundlich
Aber es zerstört fast meinen Verstand

Erlöse mich, bitte bitte
Erlöse mich, bitte bitte
Erlöse mich, bitte bitte
Kann's nicht mehr aushalten, bitte bitte
Mein Gehirn fängt an zu brennen, genau wie Dresden '45
Erlöse mich, bitte bitte
Erlöse mich, bitte bitte

Tot oder lebendig, da gibt es keinen Unterschied
mehr
Tot oder lebendig, nichts ändert sich jemals

Es klingt verrückt, aber ich mag es, dass ich Teil
dieses Lebens bin
Vielleicht denkst Du, ich bin verrückt, mir ist das egal
Aber es hinterlässt auf jeden Fall Narben in meinem
Herzen
Ich hoffe, ich sehe Dich in einer anderen Welt wieder,
denn jetzt muss ich gehen
Egal – ich hab Angst, Dir alles zu sagen, was ich weiß

Erlöse mich, bitte bitte
Erlöse mich, bitte bitte
Erlöse mich, bitte bitte
Kann's nicht mehr aushalten, bitte bitte
Mein Gehirn fängt an zu brennen, genau wie
Dresden '45
Erlöse mich, bitte bitte
Erlöse mich, bitte bitte

Tot oder lebendig, da gibt es keinen Unterschied
mehr
Tot oder lebendig, nichts ändert sich jemals
Tot oder lebendig, da gibt es keinen Unterschied
mehr
Tot oder lebendig, nichts ändert sich jemals«

N.Y. NIGGERS

JUST LIKE DRESDEN 45   © Dieter

I was thrown into this world by chance
Now I gotta stick around
No money in my pockets, but I wanna have fun
So you see me sneaking around downtown
Every night in the streets
Every night in the streets
Honey I feel like pure speed
I can't get me no sleep

Give me release, Please, Please
Give me release, Please, Please
Give me release, Please, Please
Can't stand it anymore, Please, Please
My brain catches fire, just like Dresden 45
Give me release, Please, Please
Give me release, Please, Please

My feelings have been dead since I was born
No love, isn't it sad?
Frustration, desperation, desolation
But you never find me on the beaten track
I see this world falling apart
I'm angry but I'm still acting kind
But it almost destroys my mind

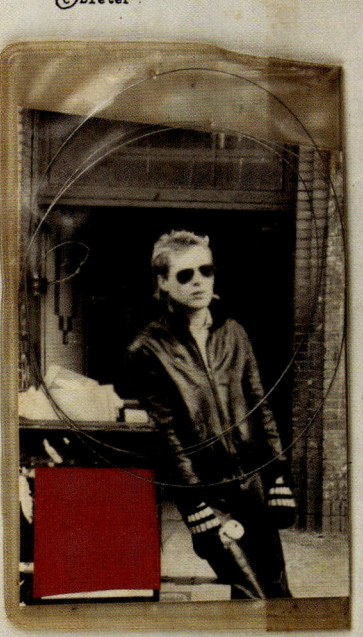

Give me release, Please, Please
Give me release, Please, Please.
Give me release, Please, Please
Can't stand it anymore, Please, Please
My brain catches fire, just like Dresden 45
Give me release, Please, Please
Give me release, Please, Please

Dead or alive it's no difference anymore
Dead or alive nothing changes at all

It sounds crazy but I like the fact that I'm part of this life
You may think I'm insane I don't care
But it sure leaves scars in my heart
Hope to see you in a different world, cause now I gotta go
Anyway, I'm afraid to tell you all I know

Give me release, Please, Please
Give me release, Please, Please
Give me release, Please, Please
Give me release, Please, Please
My brain catches fire, just like Dresden 45
Give me release, Please, Please
Give me release, Please, Please

Dead or alive it's no difference anymore
Dead or alive nothing changes at all
Dead or alive it's no difference anymore
Dead or alive nothing cahnges at all

as recorded and performed
by the New York Niggers

1

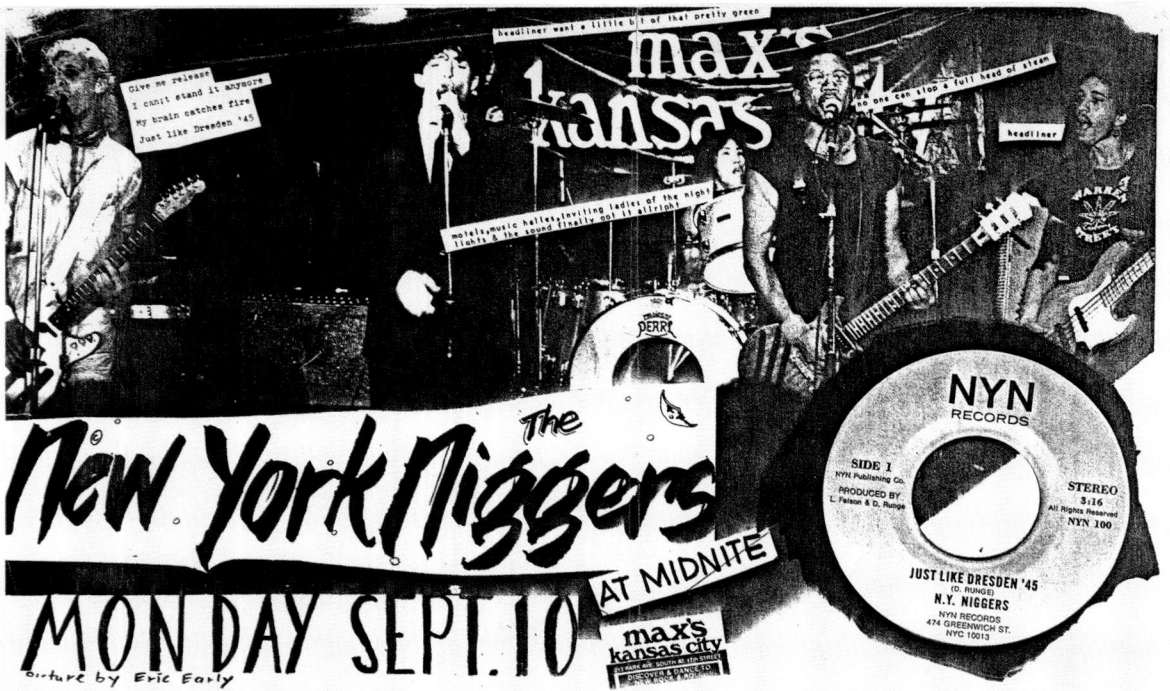

2

2
Konzertplakat der New York Niggers
Dieter Runge
New York, um 1979
Dieter Runge, O'ahu/Hawai'i

3
»Just Like Dresden '45«
Single-Schallplatte
New York Niggers / NYN Records
New York City, 1979
(Re-Release O'ahu/Hawai'i 2008)
Dieter Runge, O'ahu/Hawai'i

Das bekannteste Lied der New York Niggers, »Just Like Dresden '45«, spielt ebenso wie der Bandname mit Provokation und Irreführung. Es geht nicht um die Zerstörung Dresdens 1945, sondern vielmehr um die seelische Verstörung des von der Welt gelangweilten und enttäuschten Individuums. Das Leben ist sinnlos und leer, die Widersprüche des Daseins zerstören den Verstand: »Mein Gehirn beginnt zu brennen wie Dresden '45«. Die Banalisierung von »Dresden '45« dient als Tabubruch.

In den Liedtext flossen auch Runges Erfahrungen in New York ein. Ohne Geld und teilweise ohne festen Wohnsitz konnte der junge Deutsche seine eigenen Gefühle zunächst schwer auf Englisch ausdrücken. Die Partydroge Speed unterdrückt Müdigkeit und kann bei den Konsumenten zu einem kurzzeitigen Energieschub führen, der sie am Ende ausgebrannt zurücklässt. In diesem Lied steht Speed für ein Lebensgefühl der späten 1970er Jahre, das nur mit »Dresden '45« vergleichbar sei.

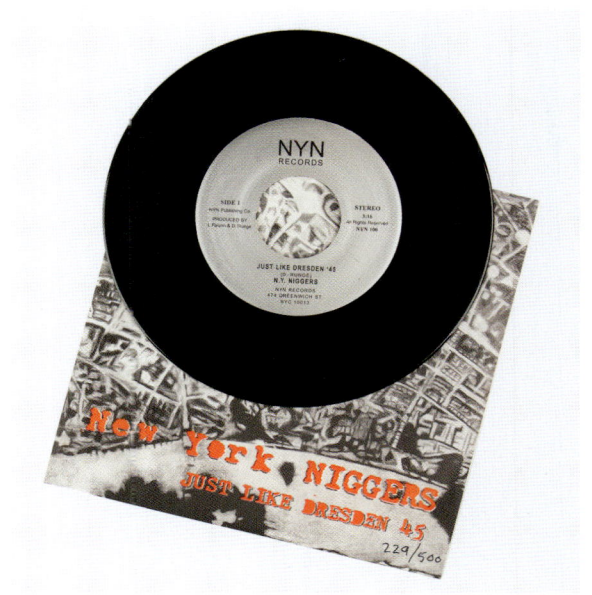

3

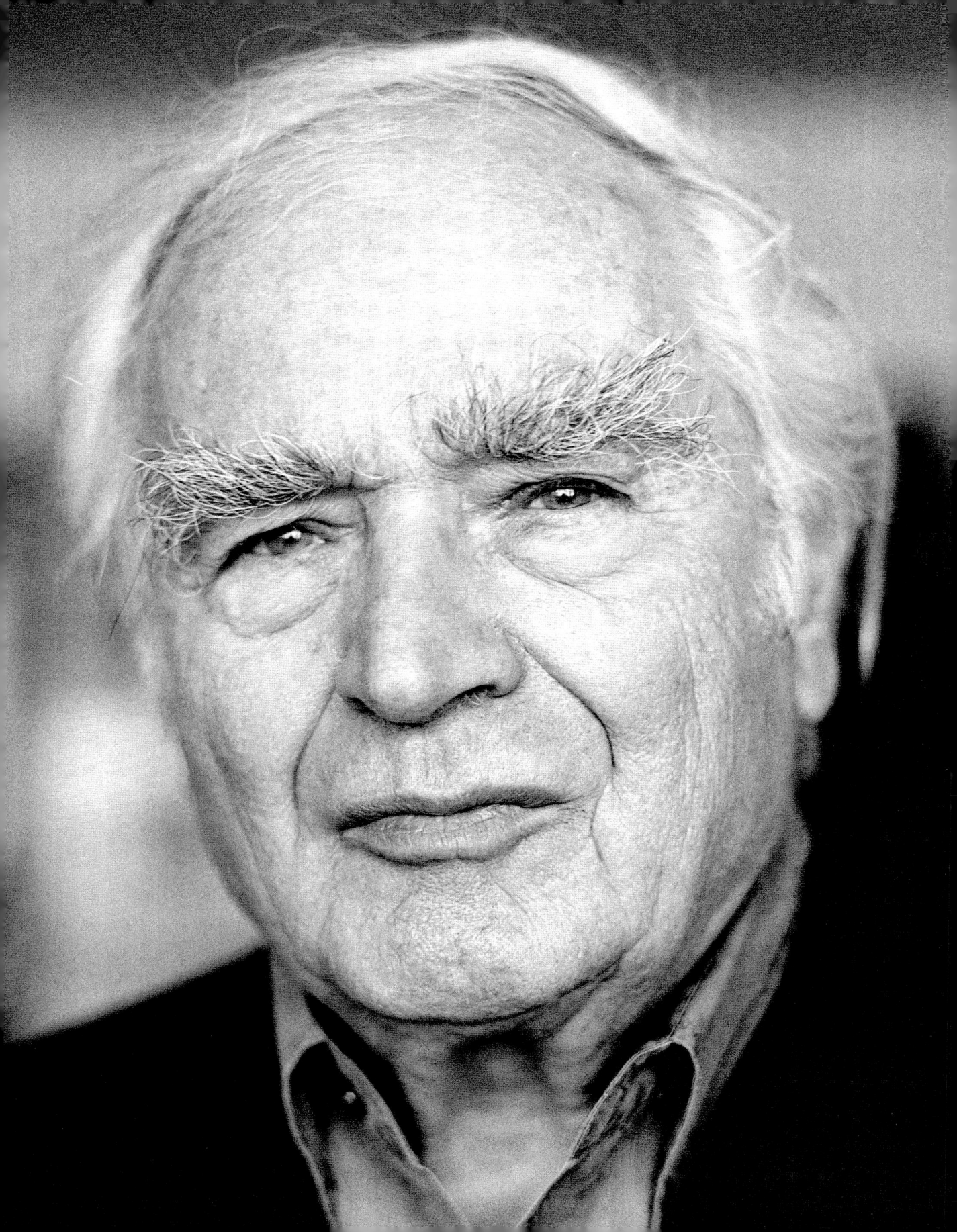

MARTIN WALSER

*1927

Die Verteidigung der Kindheit (1991)

Martin Walser entwickelt in »Die Verteidigung der Kindheit« ein Panorama deutscher Zeitgeschichte anhand eines Einzelschicksals. Aus dem Nachlass eines ihm unbekannten Mannes, des Regierungsdirektors Manfred Ranft, entwirft Walser den Verlauf eines Lebens.

Im Buch trägt Manfred Ranft den Namen Alfred Dorn. Die Dresdner Bombennacht vom 13. auf den 14. Februar 1945 hat ihn geprägt. Sein Zuhause war mit allem verbrannt, was seine Herkunft und Kindheit dokumentieren könnte. Auch seine Großeltern waren in dieser Nacht ums Leben gekommen. Der Verlust bestimmt als traumatische Erfahrung seine gesamte Existenz und Lebensplanung.

Er beginnt als Student mit dem Sammeln von Zeugnissen der Vergangenheit. Das ist die Zeit, in der die Gegenwart für ihn zusehends schwieriger wird, auch weil seine wichtigste Bezugsperson – seine Mutter – erkrankt und stirbt. Er wehrt sich gegen die Welt, indem er sich in seine Kindheit zurückzieht. Dabei verliert er gegen das Leben.

Neben der »Vergangenheitssucht« bleibt ihm die allwöchentliche Flucht in das Kino. »Ein Tempel für Feiglinge, für alle, die vor dem Leben kneifen«, nannte Woody Allen den Kinosaal. Alfred Dorn stirbt an einer Überdosis der Schlaftabletten, an die er sich über die Jahre so gewöhnt hat, dass er ohne sie nicht mehr leben konnte.

Walser findet im Sonderling das Exemplarische einer ganzen Generation von Deutschen, er beschreibt ihren Schmerz und ihre große Sehnsucht nach Verwurzelung.

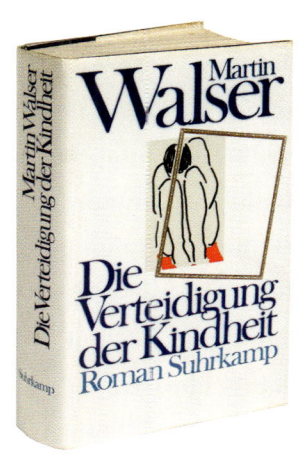

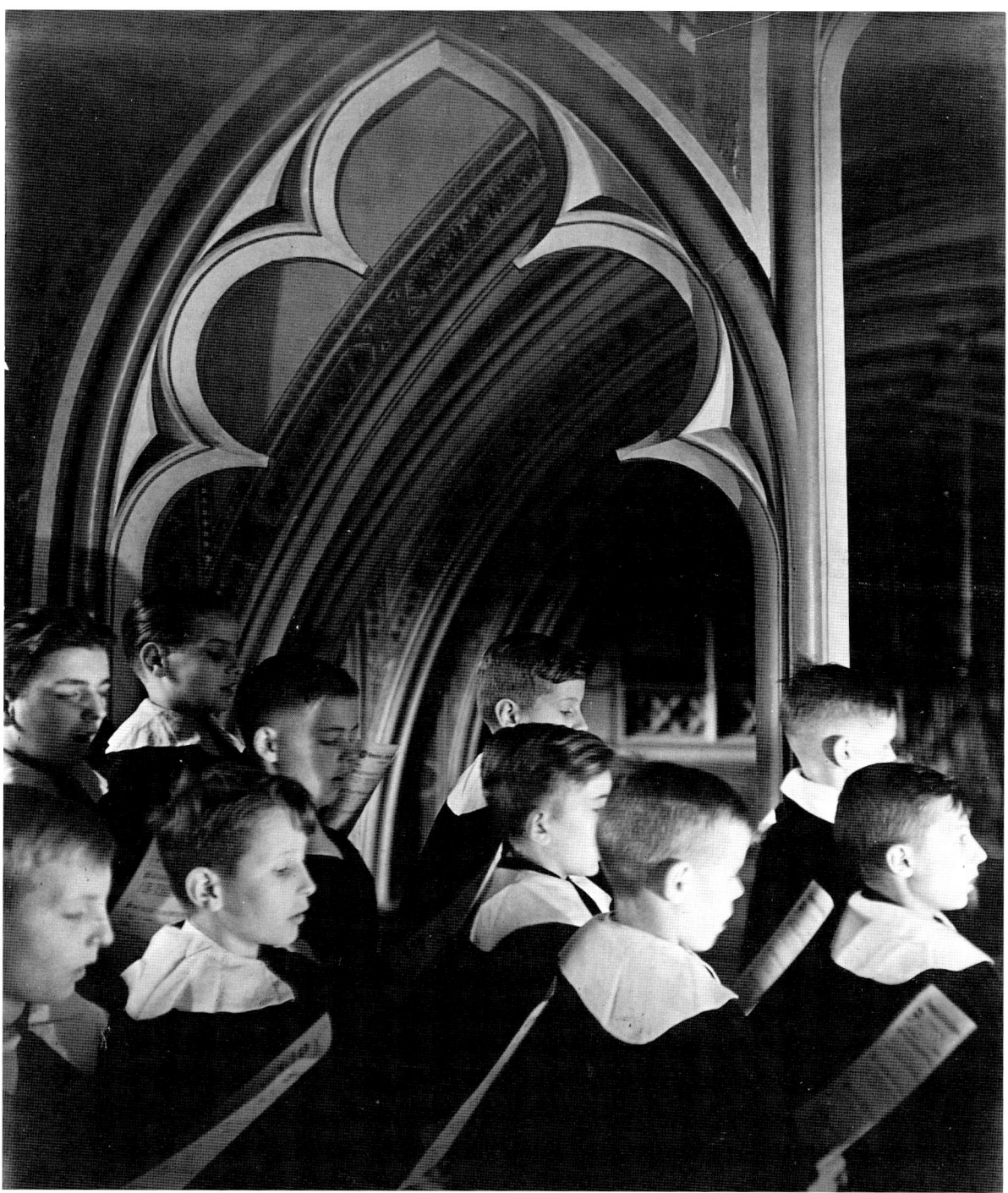

1

1
Kruzianer beim Singen
Fotografie von Edmund Kesting
aus dem Nachlass von Manfred Ranft
Dresden, um 1940
Privatbesitz

2
Manfred Ranft mit seiner
Mutter Hildegard, geb. Weissbrodt
Porträtfotografie von Hildegard Jäckel
aus dem Nachlass von Manfred Ranft
Dresden, um 1958
Privatbesitz

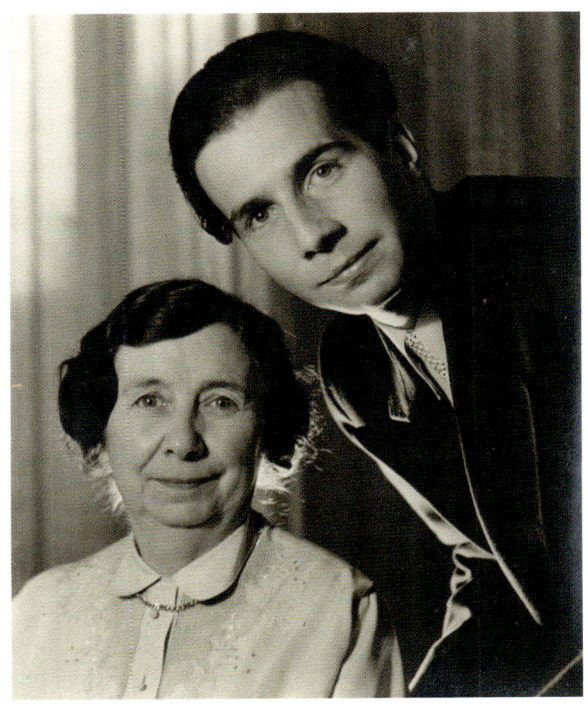

2

Manfred Ranft, das Vorbild der Romanfigur Alfred Dorn, war gebürtiger Dresdner. Er hatte in den 1950er Jahren in Leipzig und West-Berlin Jura studiert und später in Wiesbaden als Verwaltungsjurist gearbeitet. Walser geriet 1988 per Zufall an vier Kartons mit Papieren und Fotografien aus Ranfts Nachlass. Ein Jahr lang las er sich in das Material ein. Der Roman ist zugleich Rekonstruktion und Erdichtung eines Lebens.

Alfred Dorns Verhältnis zur Mutter ist so innig, dass man es auch als Fixierung beschreiben kann. Als Junge war er ein guter Schüler, Sänger im Kreuzchor und ein begabter Klavierspieler, sein impromptu-Konzert zur Silberhochzeit seiner Eltern war auf Schmalfilm festgehalten, Großes wurde von ihm erwartet. Als Erwachsener führt er ein geregeltes Berufsleben, gilt aber vielen als Sonderling.

3
»Die Verteidigung der Kindheit«
Manuskript von Martin Walser, S. 124
Überlingen, um 1991
Deutsches Literaturarchiv Marbach,
Vorlass Martin Walser

Transkription:
»Das Leimer-Gieseking-Buch hatte er Heinz Sauer nicht mehr zurückgeben können, so plötzlich war der verschwunden. Dann war es beim Februarangriff verbrannt. Als er am Morgen des 14. Februar mit der Mutter einen Weg suchte, der nicht von Flammen, Rauch und Trümmern versperrt war, kamen sie in der Struwestraße [sic], die offenbar mehr durch Spreng- als durch Brandbomben zerstört worden war, an den Trümmern des Hauses vorbei, in dem er 1938 Mozarts kleine Sonate für Schüler auf Wachsplatte spielen durfte. Die Platte war in der Eorsbergstraße verbrannt. Wenn die Mutter und Alfred nach dem ersten Angriff nicht den Keller des brennenden Hauses verlassen hätten und, mit nassen Wolldecken umwickelt, in den östlichsten Teil des Großen Gartens gerannt wären, wären sie wie die anderen beim zweiten Angriff dieser Nacht im Keller erstickt.«

(vgl. Martin Walser: Die Verteidigung der Kindheit, Frankfurt am Main 1991, S. 47)

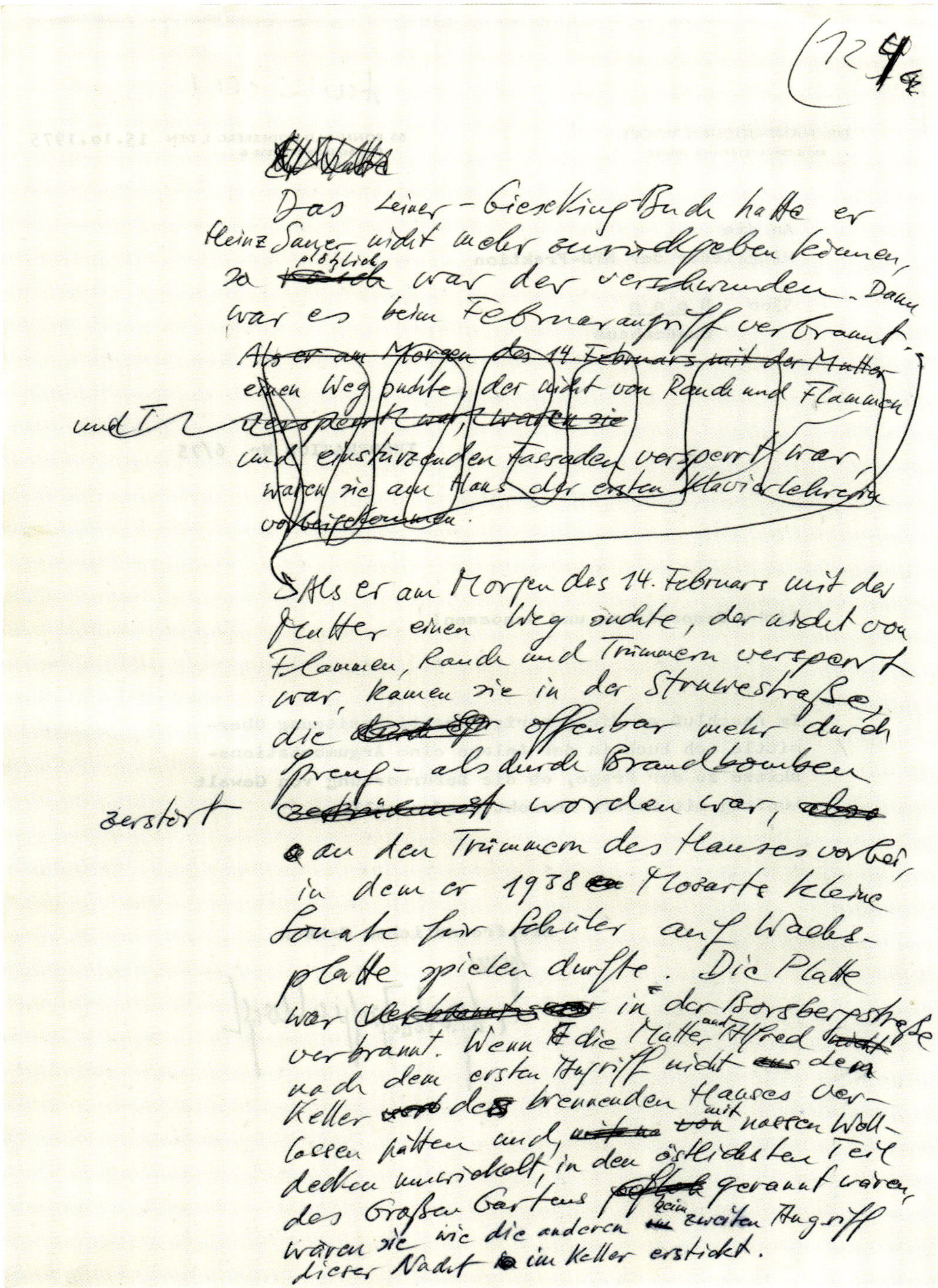

(124

~~Feuer~~

Das Leiner-Gieseking-Buch hatte er
Heinz Sauer nicht mehr zurückgeben können,
~~plötzlich~~ ~~da~~ war der verschwunden. Dann
war es beim Februarangriff verbrannt.
~~Als er am Morgen des 14. Februars mit der Mutter~~
~~einen Weg suchte, der nicht von Rauch und Flammen~~
und ~~versperrt war, waren sie~~
~~und eingestürzten Fassaden versperrt war~~
~~waren sie am Haus der ersten Klavierlehrerin~~
~~vorbeigekommen.~~

Als er am Morgen des 14. Februars mit der
Mutter einen Weg suchte, der nicht von
Flammen, Rauch und Trümmern versperrt
war, kamen sie in der Struvestraße,
die ~~durch~~ offenbar mehr durch
Spreng- als durch Brandbomben
zerstört ~~zerstört ist~~ worden war, ~~das~~
an den Trümmern des Hauses vorbei,
in dem er 1938 Mozarts kleine
Sonate für Schüler auf Wachsplatte spielen durfte. Die Platte
war ~~verbrannt~~ in der Borsbergstraße
verbrannt. Wenn die Mutter ~~und~~ Alfred ~~nicht~~
nach dem ersten Angriff nicht ~~aus dem~~
Keller ~~von~~ des brennenden Hauses verlassen hätten und, ~~nicht~~ mit nassen Wolldecken umwickelt, in den östlichsten Teil
des Großen Gartens ~~Platz~~ gerannt wären,
wären sie wie die anderen ~~im~~ beim zweiten Angriff
dieser Nacht ~~da~~ im Keller erstickt.

3

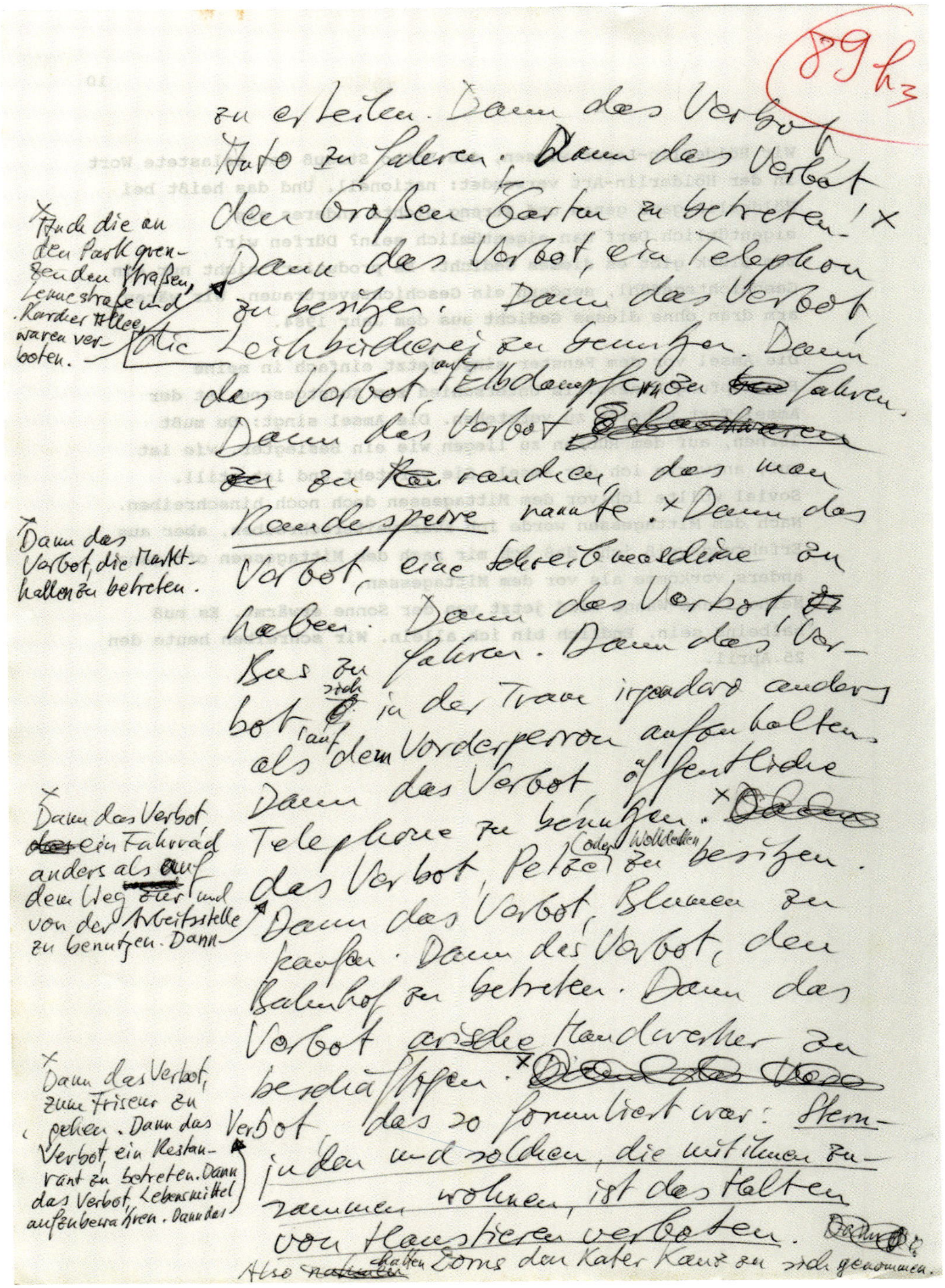

89 h₃

zu erteilen. Dann das Verbot Auto zu fahren. Dann das Verbot den Großen Garten zu betreten! x Dann das Verbot, ein Telephon zu besitzen. Dann das Verbot die Lesebücherei zu benutzen. Dann das Verbot, Elbdampfer zu fahren. Dann das Verbot zu zu Rand wandern, das man Randsperre nannte. x Dann das Verbot, eine Schreibmaschine zu haben. Dann das Verbot Bus zu fahren. Dann das Verbot sich in der Tram irgendwo anders als dem Vorderperron aufzuhalten. Dann das Verbot öffentliche Telephone zu benutzen. x Dann das Verbot, Pelze (oder Wolldecken) zu besitzen. Dann das Verbot, Blumen zu kaufen. Dann das Verbot, den Bahnhof zu betreten. Dann das Verbot ersehe Handwerker zu beschäftigen. x Dann das Verbot das so formuliert war: Sternjuden und solchen, die mit ihnen zusammen wohnen, ist das Halten von Haustieren verboten. Also hatten Doms den Kater Kaux zu sich genommen.

[Marginal notes, left column:]

x Und die an den Park grenzenden Straßen, Lennestraße und Kardier Allee waren verboten.

Dann das Verbot, die Markthallen zu betreten.

Dann das Verbot ein Fahrrad anders als auf dem Weg zur und von der Arbeitsstelle zu benutzen. Dann

x Dann das Verbot, zum Friseur zu gehen. Dann das Verbot ein Restaurant zu betreten. Dann das Verbot, Lebensmittel aufzubewahren. Dann das

Immer wieder wird Alfred Dorn in seinem Alltag von Erinnerungen an die Bombennacht eingeholt. Verbrannt sind der seidene Morgenmantel, das große Porträt Ludwigs II., Fotoalben und Filme, kurz: alle Dinge, die seine Kindheit dokumentierten. Auch die Großeltern verbrannten. Die Traumatisierung wird zur Ursache – oder auch Entschuldigung – für Dorns verhinderte Größe. Er wird weder ein großer Pianist noch ein großer Jurist, und auch der Roman über den Grafen Brühl, für den er so lange recherchiert, bleibt ungeschrieben. Viele seiner Unternehmungen bleiben in der Absichtserklärung stecken. In seiner Kindheit hingegen schien Dorn alles noch möglich zu sein. Sie will er gegen eine Gegenwart verteidigen, die ihn immer weiter von seinen Wurzeln entfernt.

4
»Die Verteidigung der Kindheit«
Manuskript von Martin Walser, S. 89 h 3
Überlingen, um 1991
Deutsches Literaturarchiv Marbach,
Vorlass Martin Walser

Transkription:
»... zu erteilen. Dann das Verbot, Auto zu fahren. Dann das Verbot, den Großen Garten zu betreten. Auch die an den Park grenzenden Straßen, Lennestraße und Karcherallee, waren verboten. Dann das Verbot, ein Telephon zu besitzen. Dann das Verbot, die Leihbücherei zu benutzen. Dann das Verbot, auf Elbdampfern zu fahren. Dann das Verbot, zu rauchen, das man Rauchersperre nannte. Dann das Verbot, die Markthallen zu betreten. Dann das Verbot, eine Schreibmaschine zu haben. Dann das Verbot, Bus zu fahren. Dann das Verbot, sich in der Tram irgendwo anders als auf dem Vorderperron aufzuhalten. Dann das Verbot, öffentliche Telephone zu benutzen. Dann das Verbot, ein Fahrrad anders als auf dem Weg zur und von der Arbeitsstelle zu benutzen. Dann das Verbot, Pelze oder Wolldecken zu besitzen. Dann das Verbot, Blumen zu kaufen. Dann das Verbot, den Bahnhof zu betreten Dann das Verbot, arische Handwerker zu beschäftigen. Dann das Verbot, zum Friseur zu gehen. Dann das Verbot, ein Restaurant

zu betreten. Dann das Verbot, Lebensmittel aufzubewahren. Dann das Verbot, das so formuliert war: Sternjuden und solchen, die mit ihnen zusammen wohnen, ist das Halten von Haustieren verboten. Also hatten Dorns den Kater Kauz zu sich genommen.«

(vgl. Martin Walser: Die Verteidigung der Kindheit, Frankfurt am Main 1991, S. 306 f.)

Familie Dorn ist mit der jüdischen Familie Halbedel befreundet. In den Passagen zu Halbedels verarbeitet Walser den Alltag der Dresdner »Sternjuden«, wie ihn Victor Klemperer beschreibt. Dessen Tagebuchaufzeichnungen aus der NS-Zeit hatte Walser während seiner Recherchen in der Sächsischen Landesbibliothek im September und Oktober 1989 kennengelernt. Sie wurden 1995 unter dem Titel »Ich will Zeugnis ablegen bis zum letzten« publiziert.

Der Erzähler nennt die schrittweise eingeführten Verbote, die für Juden galten. In der Aufzählung wird besonders deutlich, wie demütigend sie waren. Klemperer und seine Frau überstanden die Bombardierung Dresdens, konnten im darauf folgenden Chaos untertauchen und überlebten den Zweiten Weltkrieg. Für einzelne Juden, Kriegsgefangene und Zwangsarbeiter war die Bombardierung der Beginn ihrer Freiheit.

5
Hände von Hildegard Ranft auf dem Totenbett
Fotografie von E. Bieber
aus dem Nachlass von Manfred Ranft
Berlin-Steglitz, 1960
Privatbesitz

6
Grab von Hildegard Ranft
Fotografie von E. Bieber
aus dem Nachlass von Manfred Ranft
Berlin-Steglitz, um 1961
Privatbesitz

Während des Jurastudiums hält Alfred Dorn von Leipzig, später von West-Berlin aus engen Kontakt zu seiner Mutter. Als die Mutter pflegebedürftig wird, holt er sie

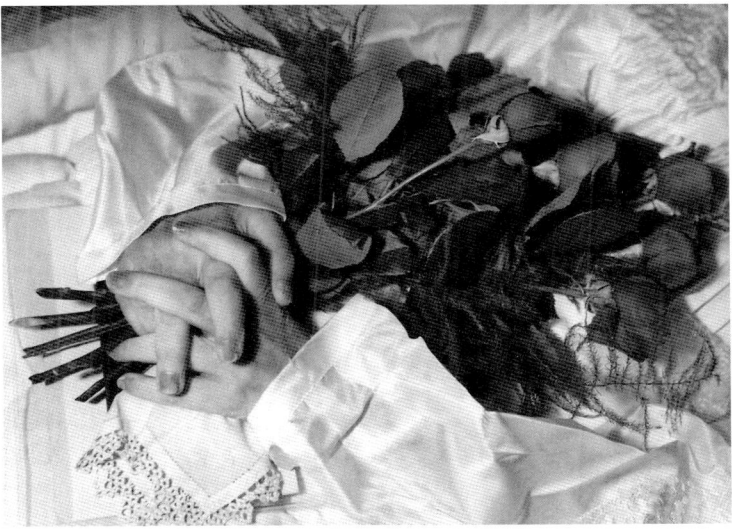

5

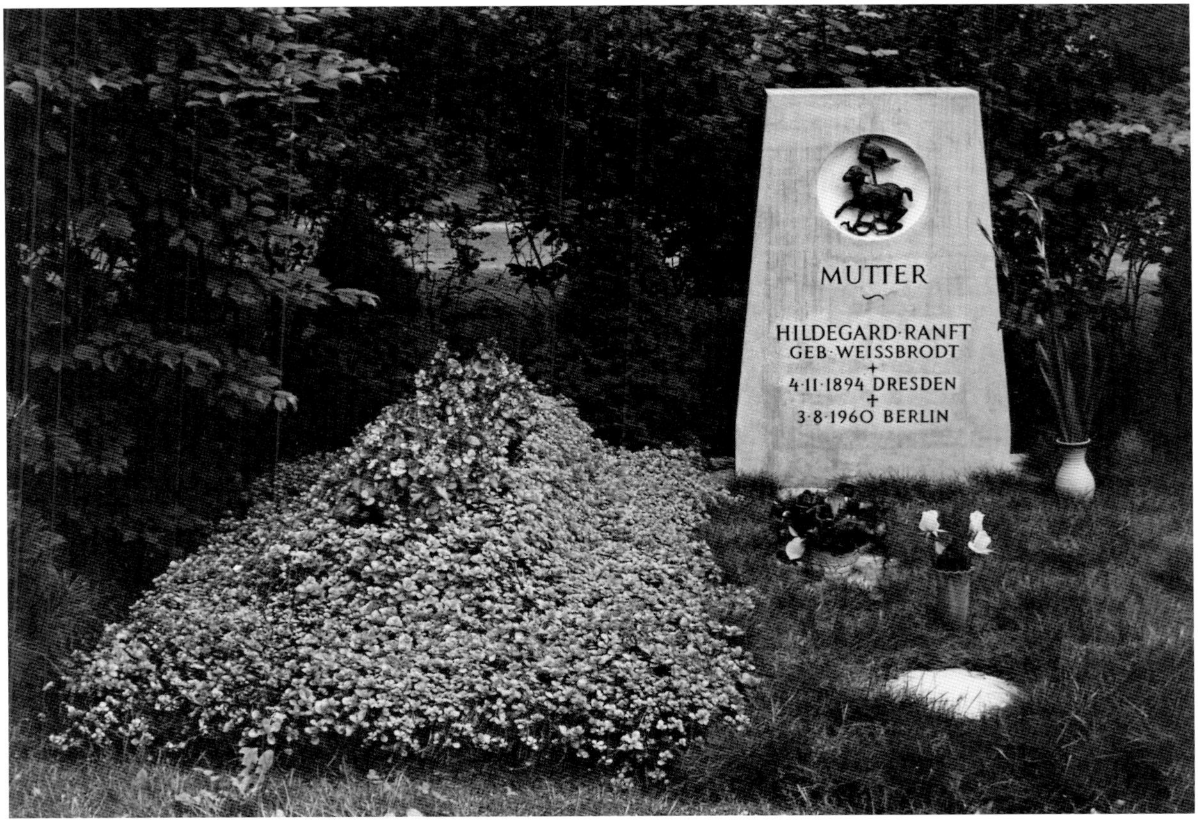

6

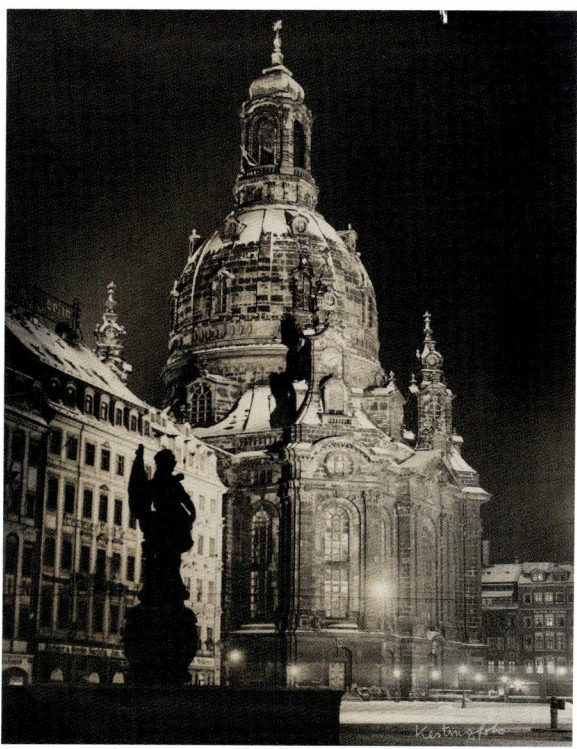

7

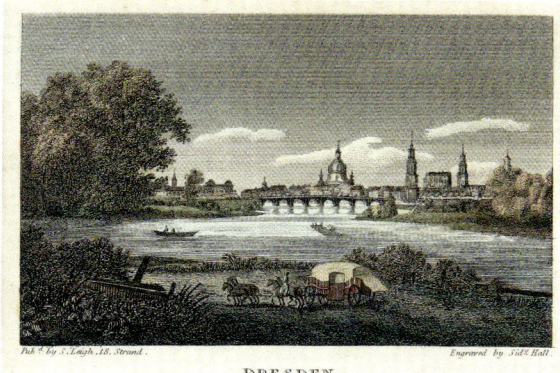

8

in sein Studentenzimmer in Steglitz. Ihr Tod 1960 ist eine Katastrophe für ihn: »Denn nur bei ihr war eine Bleibe. Seine Bleibe.« Nun fühlt er sich vollends heimatlos. Der Grabstein mit der Aufschrift »MUTTER« ist Ausdruck seiner über den Tod hinausgehenden Liebe und der Suche nach einem Ort, der ihm Halt gibt. Von ihren Händen lässt er Gipsabgüsse fertigen und bewahrt sie in einem Glaskasten auf. Seine Mutter zu sehr zu verehren, sagt er einmal, das sei doch gar nicht möglich. Walser entwickelt die Geschichte seines Lebens eng anhand der Fundstücke aus Ranfts Nachlass.

7
Neumarkt und Frauenkirche bei Nacht
Fotografie von Edmund Kesting
aus dem Nachlass von Manfred Ranft
Dresden, um 1936
Privatbesitz

8
»Dresden«
kolorierter Stahlstich von Sidney Hall
aus dem Nachlass von Manfred Ranft
Dresden, um 1850
Privatbesitz

9
Konzert-Programmheft »Arturo Toscanini«
aus dem Nachlass von Manfred Ranft
Dresden, 1930
Privatbesitz

10
Versandtasche und Rechnung
für das Konzert-Programmheft
»Arturo Toscanini«
aus dem Nachlass von Manfred Ranft
New York, 1977
Privatbesitz

11
»Die Verteidigung der Kindheit«
Manuskript von Martin Walser, S. 118
Überlingen, um 1991
Deutsches Literaturarchiv Marbach,
Vorlass Martin Walser

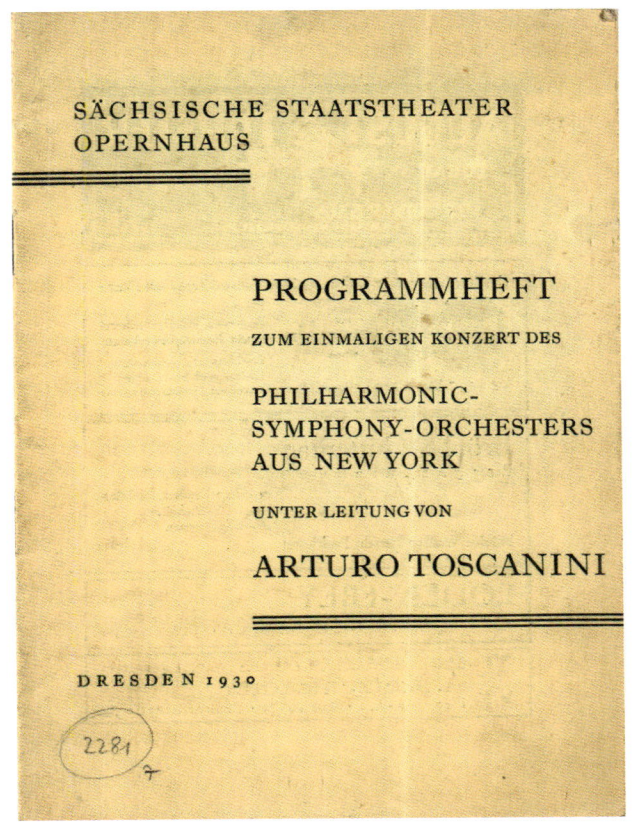

SÄCHSISCHE STAATSTHEATER
OPERNHAUS

PROGRAMMHEFT

ZUM EINMALIGEN KONZERT DES

PHILHARMONIC-
SYMPHONY-ORCHESTERS
AUS NEW YORK

UNTER LEITUNG VON

ARTURO TOSCANINI

DRESDEN 1930

2281

9

LA SCALA AUTOGRAPHS
OPERA-THEATRE-BALLET
P.O.B. 268, PLAINSBORO, N.J. 08536

Date 1/25/   19 77

To   Manfred Ranft
Address   Bert-Brecht-Str. 53
City   D-6200 Wiesbaden

| | Toscanini Program | | $75. | 00 |
| | paid THANK YOU | | | |

Rediform
8S 882   STATEMENT

POLY PAK (50 SETS) BP882

10.1

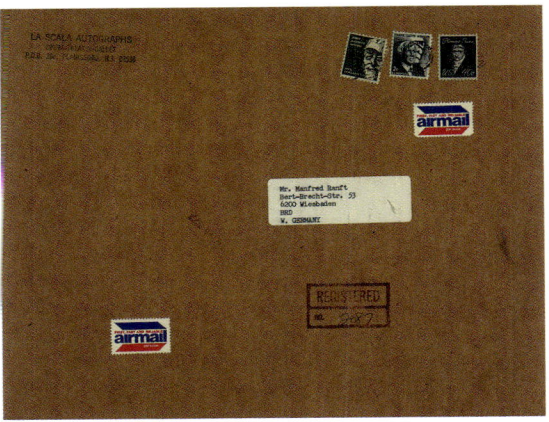

10.2

In der DDR waren mit Hilfe
~~der~~ dichter Pakete ~~trotz~~
~~der oder~~ noch gar nicht
absehbare ~~Erinnerungs~~
Vergangenheitsschätze zu heben. Jetzt
                              Steinhöfel
kam Frau ~~Kesselnacker~~ dran.
                                      hatte die tüchtige
         Die   Adrelle Tante
Schrammskinstraße ~~Die 8. deren~~
                              vor einem
Lotte ~~bloß~~ schon ~~im Juni~~
Jahr ~~seiner~~ beschafft.
~~Lotte~~ Ja, schrieb die ~~Jetzt~~
                ~~schon nach leben~~
~~auch~~ ~~schon~~ ~~Stein Höfel~~

Siebzigjährige, Herr ~~~d~~ Frau Schmiedel
seien im Keller ~~geblieben~~ ~~sie aller~~
gewesen. ~~sei erst beim~~ und ihre Schwieger-
~~tochter Her~~ ~~Die~~ ~~deren im Keller~~
Im Mittel gang. Zuerst ~~auf~~ auf Stuhlen gesessen.
Voll angekleidet. ~~Beim zweiten~~
                                  worden war
Als das Haus getroffen ~~wurde~~, seien
alle auf dem Boden gelegen. Alfreds
Großmutter habe sich an Frau Steinhöfel geklammert. Der Großvater
sei mit zwei Soldaten hinauf, um
          helfen. Als ob da noch etwas zu löschen gewesen wäre.)
beim Löschen zu ~~löschen~~. Die Luft sei knapp
geworden. Alle wollten ihr Gepäck
       Und ein Gedränge.

Transkription:

»In der DDR waren mit Hilfe schlichter Pakete noch gar nicht absehbare Vergangenheitsschätze zu heben. Jetzt kam Frau Steinhöfel dran. Schrammsteinstraße 8. Die Adresse hatte die tüchtige Tante Lotte schon vor einem Jahr beschafft. Ja, schrieb die Siebzigjährige, Herr und Frau Schmiedel seien im Keller gewesen. Im Mittelgang. Zuerst auch auf Stühlen gesessen. Voll angekleidet. Als das Haus getroffen worden war, seien alle auf dem Boden gelegen. Alfreds Großmutter habe sich an Frau Steinhöfel geklammert. Der Großvater sei mit zwei Soldaten hinauf, um beim Löschen zu helfen. Als ob da noch etwas zu löschen gewesen wäre. Die Luft sei knapp geworden. Und ein Gedränge. Alle wollten ihr Gepäck ...«

(vgl. Martin Walser: Die Verteidigung der Kindheit, Frankfurt am Main 1991, S. 321)

Dorn ist Verwaltungsbeamter im Hessischen Kultusministerium in Wiesbaden geworden, mit Zuständigkeit unter anderem für den Denkmalschutz. Es werde einst ein »Alfred-Dorn-Museum« geben, hatten er und seine Mutter früher halb im Scherz gemeint. So arbeitet er auch an seinem eigenen Denkmal weiter: Verwandte, nahe und entfernte Freunde, ja sogar Bekanntschaften aus lange vergangenen Urlauben schreibt er an und bittet um Fotoabzüge und Erinnerungen. Er legt eine Liste der Redensarten seiner Mutter an. Auf Auktionen kauft er Saxonica und Dresden-Ansichten. Seine Bekannten schütteln den Kopf: Für wen trägt der kinderlose Dorn all dies zusammen? Aber längst gibt es keinen rationalen Grund mehr für seine Sammelwut. Das Sammeln ist ihm zum Zwang geworden, mit dessen Hilfe er sich der Gegenwart verweigern kann.

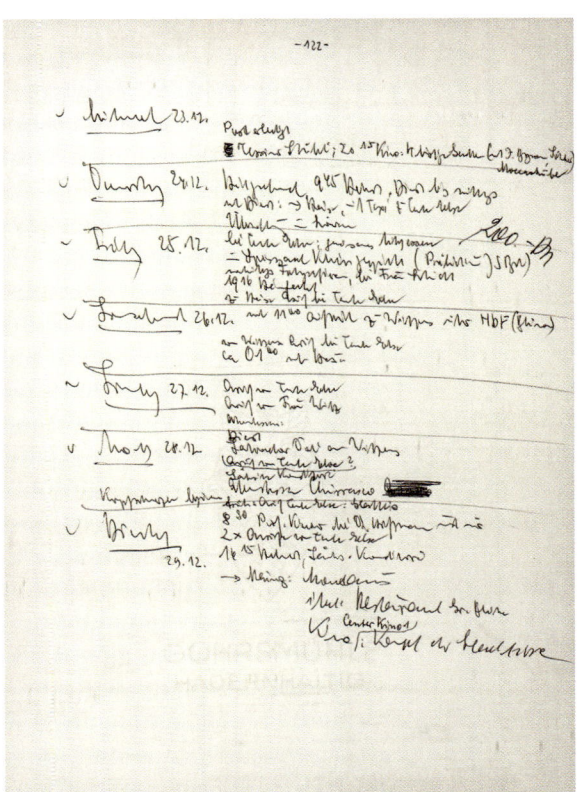

12

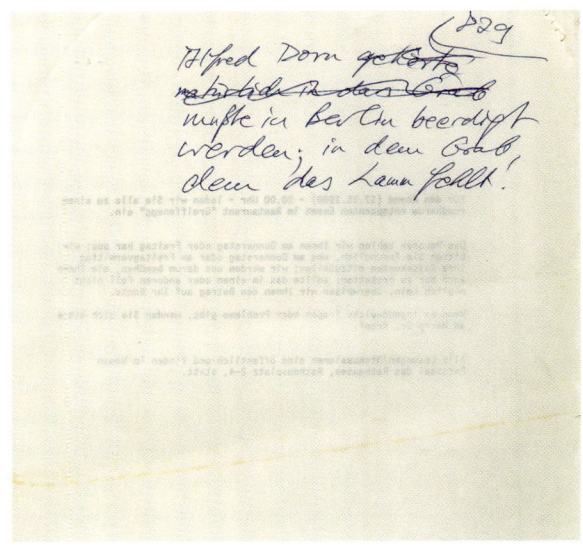

13

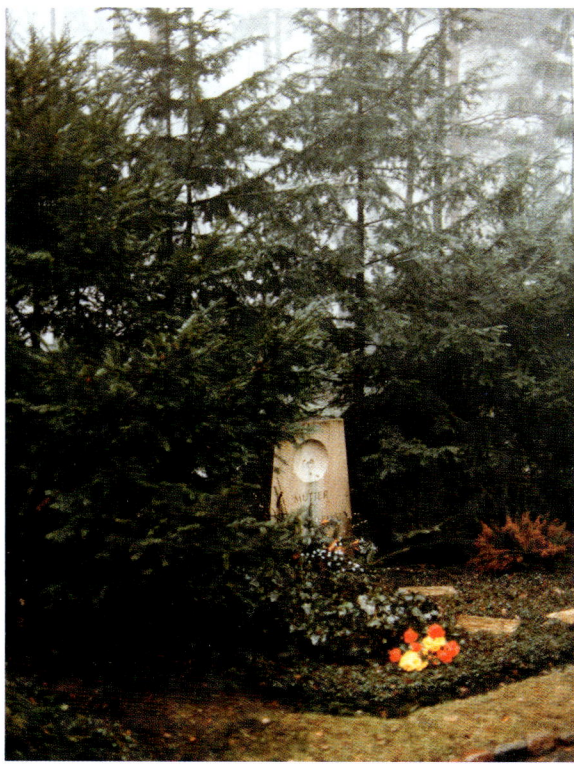

14

14
Grab von Hildegard Ranft
Fotografie von Manfred Ranft
aus dem Nachlass von Manfred Ranft
Berlin, 1982
Privatbesitz

Täglich schreibt Alfred Dorn seine Tätigkeiten nieder – nicht im Sinne eines Tagebuchs, sondern als Protokoll. Jeder Anruf, jeder Geschäftsgang wird eingetragen, jedes Bahnticket eingeklebt. Auch dies ist ein Versuch, das Fortschreiten der Zeit zu bannen. Schon lange ist Dorn von Schlafmitteln abhängig. Mit 57 Jahren nimmt er zu viel davon ein und stirbt allein in seiner Wohnung. Ob es ein Unfall oder Selbstmord war, lässt sich nicht klären. Auf Veranlassung seines Arbeitskollegen und Freundes de Bonnechose wird er im Grab der Mutter in Berlin bestattet, von dem schon vor Jahren das bronzene Opferlamm von Metalldieben gestohlen wurde.

Alfred Dorn alias Manfred Ranft scheint gescheitert zu sein. Aber in Walsers Roman lebt er fort: Das Alfred-Dorn-Museum existiert!

12
Tagebuchseite von Manfred Ranft
aus dem Nachlass von Manfred Ranft
Wiesbaden, 1987
Privatbesitz

13
»Die Verteidigung der Kindheit«
Manuskript von Martin Walser, S. 829
Überlingen, um 1991
Deutsches Literaturarchiv Marbach,
Vorlass Martin Walser

Transkription:
»Alfred Dorn mußte in Berlin beerdigt werden; in dem Grab, dem das Lamm fehlt!«

(vgl. Martin Walser: Die Verteidigung der Kindheit, Frankfurt am Main 1991, S. 520)

15
Urlaubsbilder von Manfred Ranft
Fotografien aus dem Nachlass von Manfred Ranft
1960 – 1987
Privatbesitz

Walser schildert Alfred Dorn als einsamen Menschen. Anlass zu dieser Interpretation gaben ihm auch Manfred Ranfts Urlaubsfotografien, die zwischen 1960 und 1987 entstanden und die sich zu Hunderten in seinem Nachlass befinden. Sie ähneln einander alle insofern, als Ranft auf ihnen immer wieder in ähnlicher Pose auftritt, niemals lächelnd und stets alleine. Wer drückte auf den Auslöser?

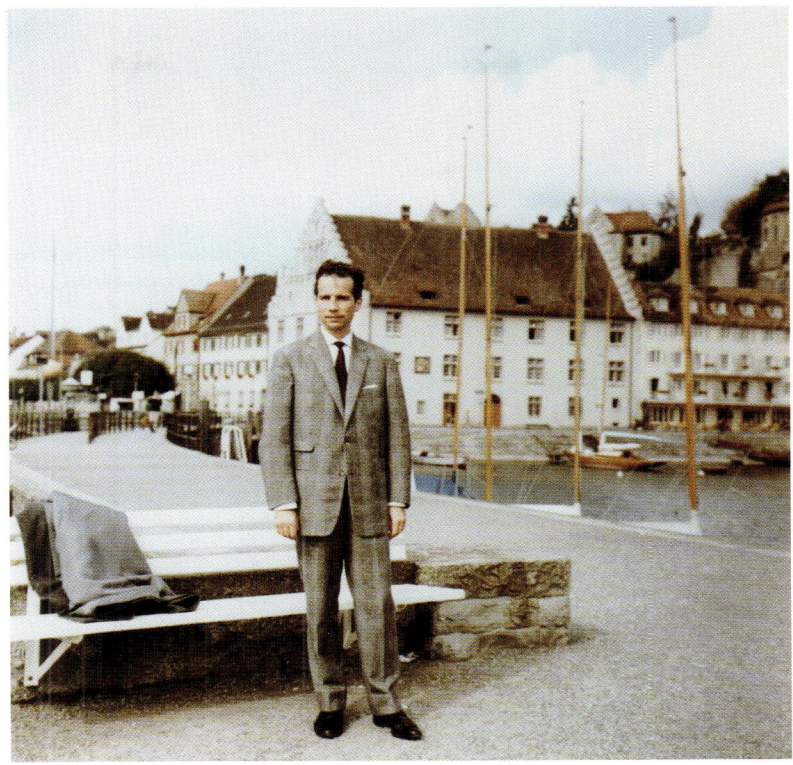

15.1

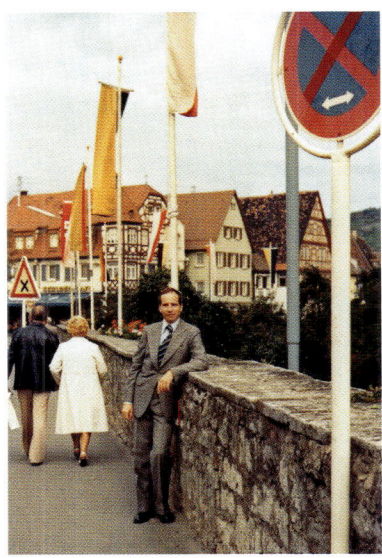

15.2

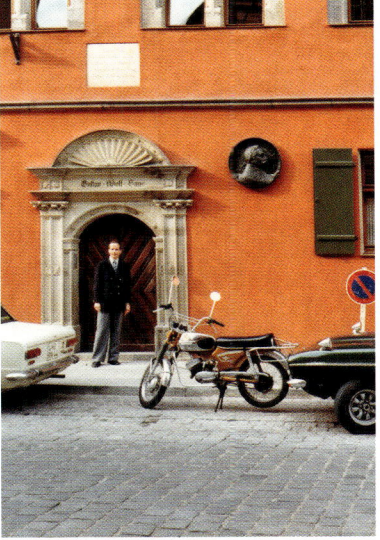

15.3

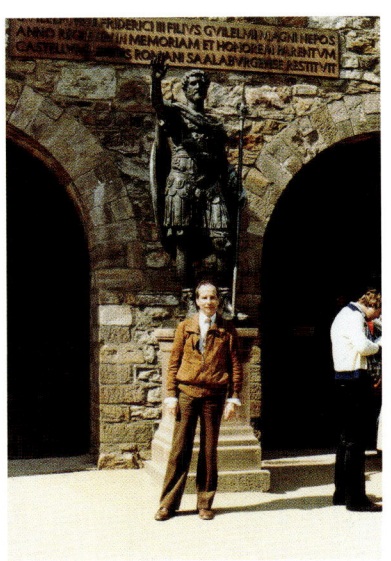

15.4

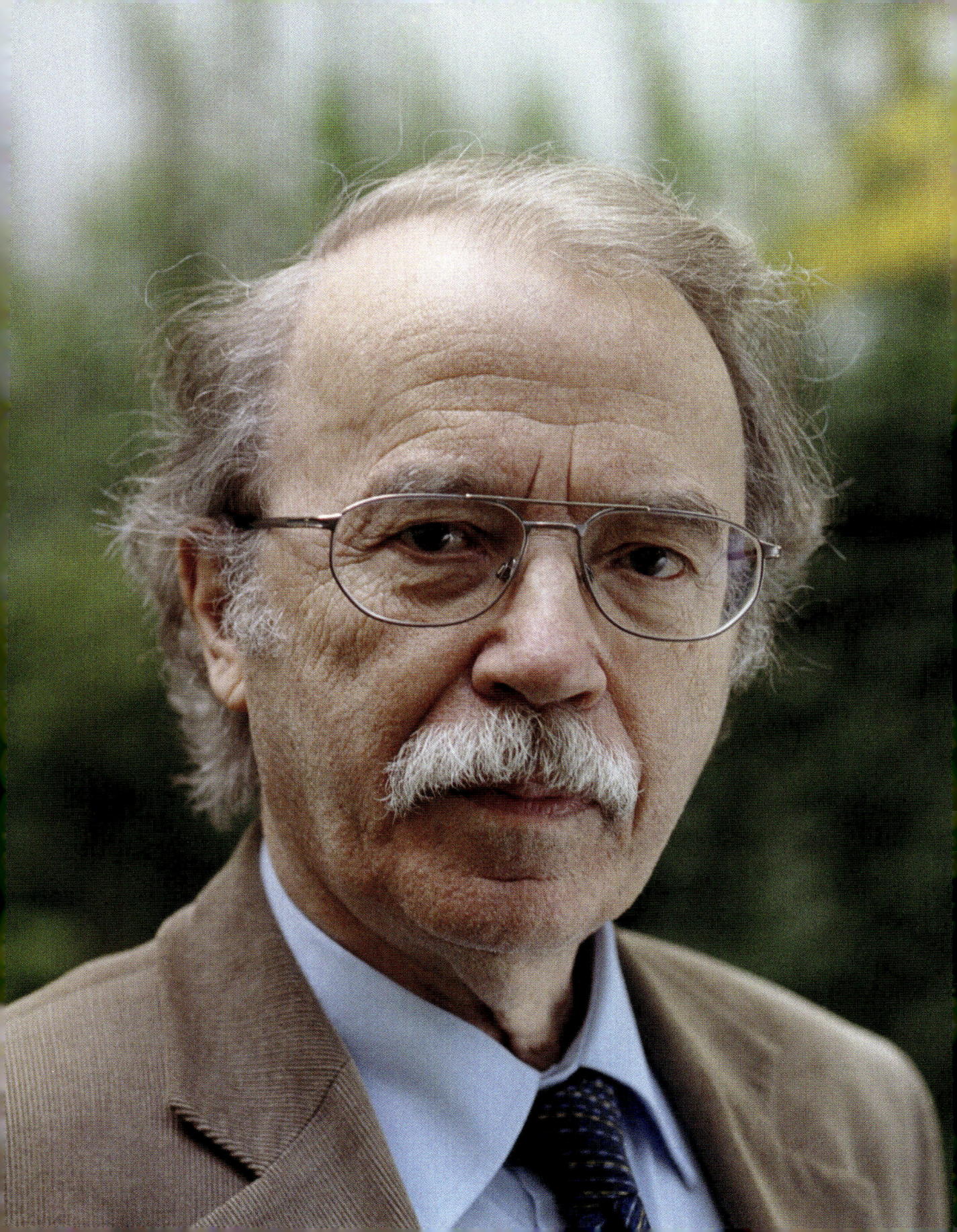

WALTER KEMPOWSKI

1929–2007

Der rote Hahn. Dresden im Februar 1945 (2001)

Es ist Karnevalsdienstag, der 13. Februar 1945: Adolf Hitler diktiert sein politisches Testament, Gerhart Hauptmann genießt die ersten warmen Sonnenstrahlen in Dresden, in den Straßen der Stadt spielen als Harlekine, Räuber und Burgfräulein verkleidete Kinder, Victor Klemperer muss Deportationsbefehle austragen. Gegen 17:30 Uhr starten 244 Lancaster-Bomber von englischen Flugplätzen. Ihr Ziel ist Dresden.

Walter Kempowski hat Briefe, Tagebucheintragungen, DRK-Suchmeldungen und offizielle Verlautbarungen zu einem Bild der Tage vom 13. bis 17. Februar 1945 montiert. Als Titel wählte er das alte Sinnbild für lodernde Flammen, den roten Hahn. Kempowski stellt Augenzeugenberichte aus den Kellern der Stadt, aus den Villen der Vororte, aus den »Judenhäusern« neben Funkmitschnitte aus den Bomber-Cockpits. Die Bombardierung zweier Angriffswellen entfesselt einen unvorstellbaren Großbrand, in dem 25 000 Menschen qualvoll ums Leben kommen. Zur selben Zeit wundert sich ein deutscher Nachtjägerpilot auf dem Flugplatz Dresden-Klotzsche über den ausbleibenden Einsatzbefehl, schreibt ein Soldat von der Front einen liebevollen Brief an seine Frau, werden in einem deutschen Konzentrationslager Häftlinge lebendig verbrannt.

Kempowskis Collage vermittelt durch die Zusammenführung von Einzelheiten Einsichten in das Ganze. Der Totalität des Krieges kann man sich nur nähern, indem man die Vielzahl der Stimmen wahrnimmt. Die zu Wort kommenden Zeitzeugen schildern unterschiedliche Wirklichkeiten, die erst zusammengenommen ein Bild der Bombardierung und des Krieges ergeben, das der historischen Wahrheit nahekommt.

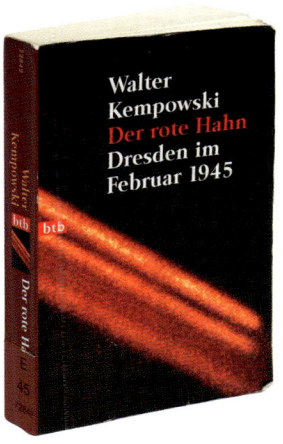

1
Zeitstrahl für die Arbeit an »Tadellöser und Wolff«
Nartum, vor 1971
Kempowski-Archiv-Rostock

In seinem Roman »Tadellöser und Wolff« erzählt Kempowski weitgehend autobiografisch von Kindheit und Jugend in Rostock während der NS-Zeit. Um die zeitlichen Abläufe im Roman besser handhaben zu können, hatte Kempowski wichtige Ereignisse auf einem Zeitstrahl notiert. Für ihn persönlich bedeutsame Be-

gebenheiten sind schwarz angestrichen: so die Bombardierungen von Rostock und Hamburg, die er miterlebt hatte, und von Dresden, das er kurz nach dem 13. Februar als Luftwaffenkurier besucht hatte.

Ereignisse und Lebenserfahrungen in ihrer Gleichzeitigkeit und Verschiedenheit als Bruchstücke zu begreifen, die nur gemeinsam betrachtet einen Gesamteindruck historischen Geschehens ermöglichen – dieser Zeitstrahl deutet bereits an, was Kempowski in seinen folgenden Projekten wichtig war.

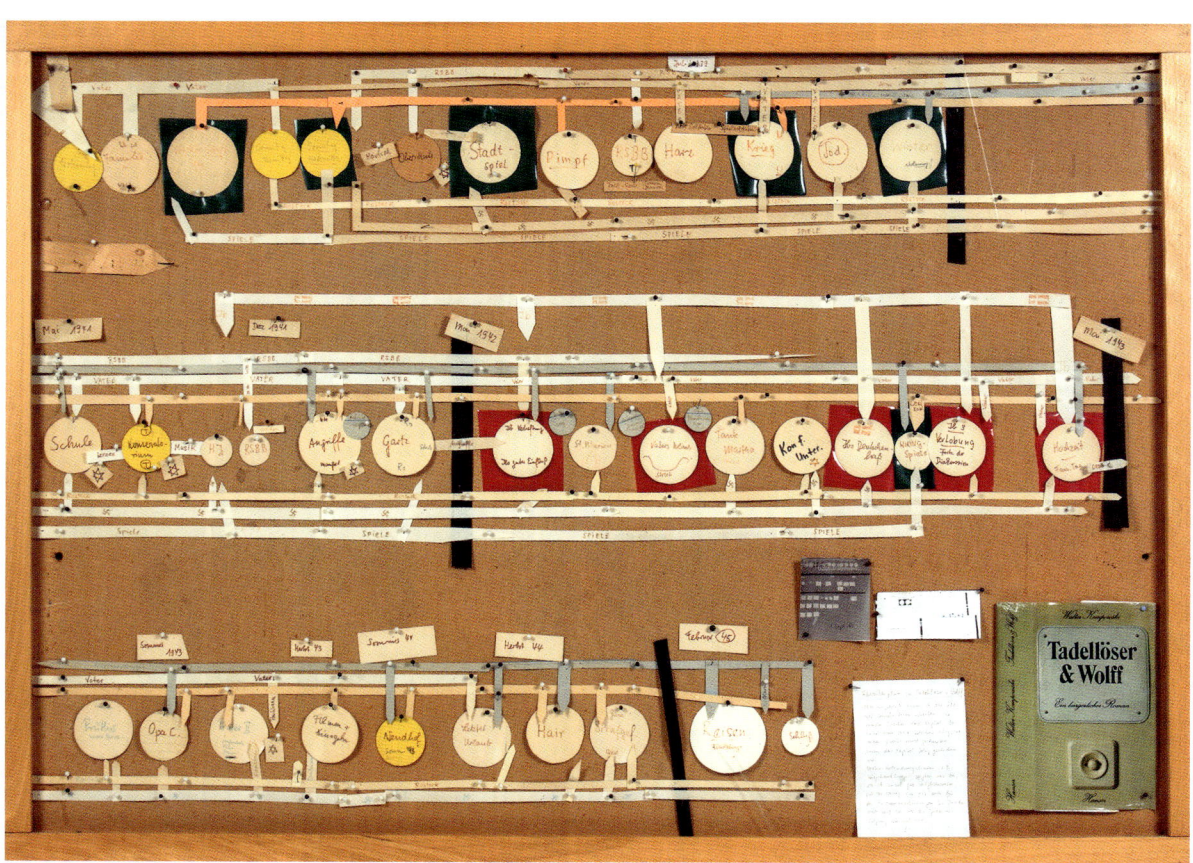

2
Lineol-Soldaten
Deutsches Reich, vor 1945
Kempowski-Archiv-Rostock

Unter dem Vorwurf der Spionage für die USA wurden Walter Kempowski und sein Bruder Robert 1948 verhaftet und zu 25 Jahren Lagerhaft verurteilt. Auch die Mutter kam in Haft; der Vater war in den letzten Kriegstagen gefallen. Als Kempowski 1956 aus Bautzen entlassen wurde, gab es den elterlichen Hausstand nicht mehr – alles war 1948 versteigert worden. Kempowski verließ die DDR, er studierte Pädagogik in Göttingen und wurde Lehrer in Niedersachsen. Seit den späten ´970er Jahren konnte er vom Schreiben leben.

Er trug altes Spielzeug, Bücher und Gebrauchsgegenstände zusammen – Dinge, an die er sich aus seinem Elternhaus erinnerte. Mit Soldaten aus Lineol hatte er in der Kindheit gespielt. Das Streben nach Vollständigkeit, für die das scheinbar Nebensächliche bedeutsam ist, spiegelt sich auch in seinen Büchern.

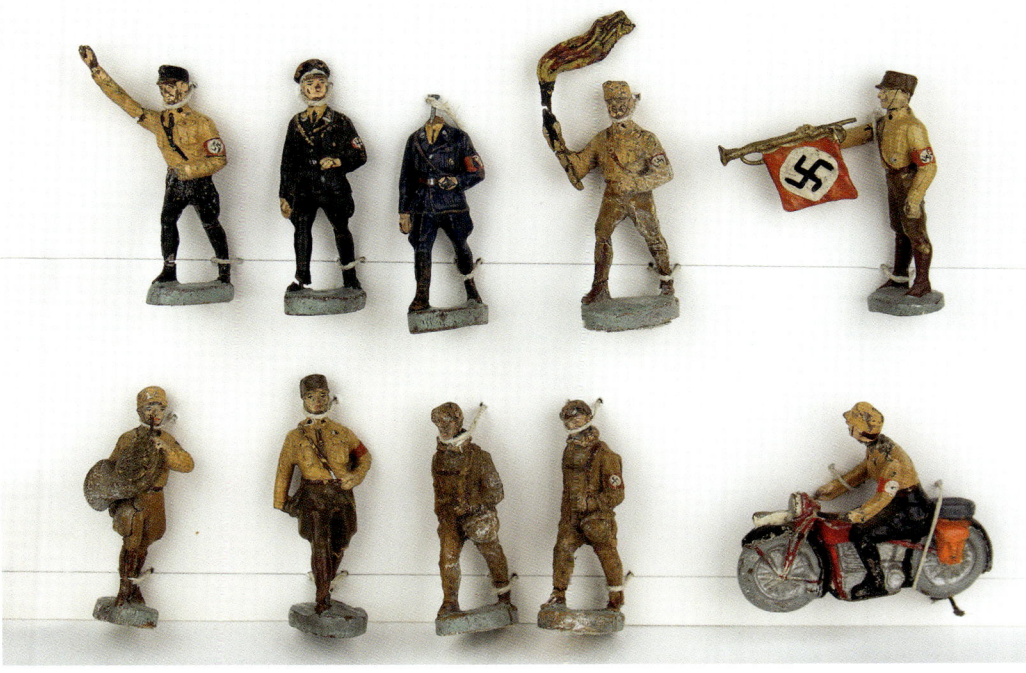

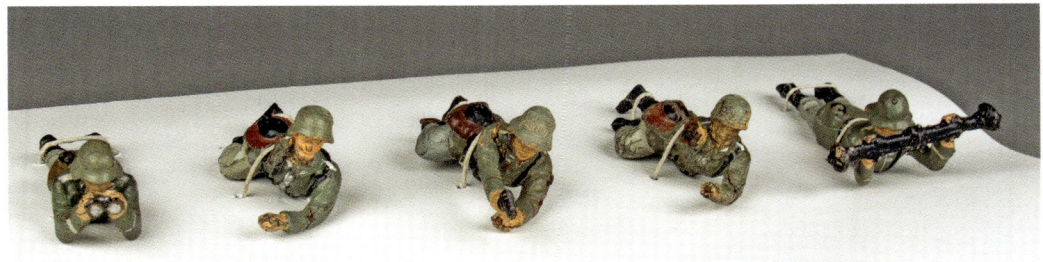

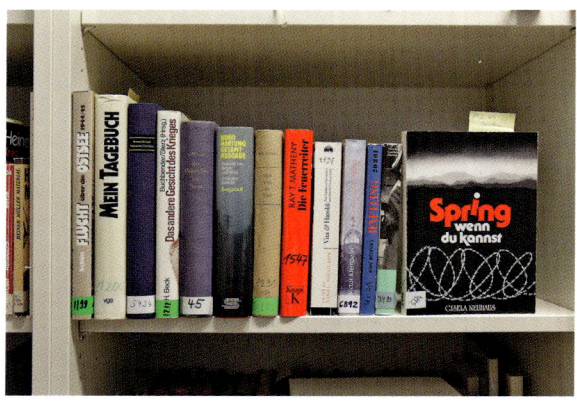

3.1

3

**Bücher und Manuskripte aus dem Biografien-Archiv
von Walter Kempowski**

Archiv der Akademie der Künste, Berlin

»Wir sollten den Alten nicht den Mund zuhalten, wenn sie uns etwas erzählen wollen«, schreibt Kempowski einleitend in »Das Echolot« (1993). Seine »Deutsche Chronik« einzelner Zeitabschnitte des Zweiten Weltkriegs umfasste schließlich zehn Bände, zusammengestellt aus Tagebucheinträgen, Fotografien, Tagesbefehlen, Berichten, Briefen, Buchzitaten prominenter und nichtprominenter Zeitzeugen. »Wie besessen von der Aufgabe zu retten, was zu retten ist«, hatte er seit den späten 1970er Jahren auch per Zeitungsannonce nach dokumentarischem Material gesucht. Die Resonanz war groß, viele Menschen hatten erstmals das Gefühl, dass sich jemand für ihre Geschichte interessierte.

Aus demselben Material stammt auch das Erinnerungswerk »Der rote Hahn«. Kempowski hinterließ mehrere Hundert Regalmeter Archivmaterial.

4

**Royal Air Force Bomber Command Headquarters,
Intelligence Narrative of Operations No. 1007**

in: »Der rote Hahn«, S. 31/32

»Einsatzbefehl an die britischen Bomberbesatzungen: Dresden, die siebtgrößte Stadt Deutschlands – und nicht viel kleiner als Manchester – ist auch die größte bebaute Fläche, die noch nicht bombardiert wurde. Mitten im Winter, mit Flüchtlingsströmen in westlicher Richtung und mit Truppen, die unterzubringen sind, werden Quartiere dringend gebraucht, nicht nur für Arbeiter, Flüchtlinge und Truppen, sondern auch für die aus anderen Landesteilen verlegten Verwaltungsdienststellen. Früher bekannt für sein Porzellan, hat sich Dresden zu einer äußerst wichtigen Industriestadt entwickelt, und wie jede andere Großstadt verfügt es über vielfältige Telefon- und Eisenbahneinrichtungen. Daher ist es besonders geeignet, die Verteidigung jenes Teiles der Front zu steuern, der von einem Durchbruch Marschall Konjews bedroht ist.

Mit dem Angriff ist beabsichtigt, den Feind dort zu treffen, wo er es am meisten spüren wird, hinter einer teilweise schon zusammengebrochenen Front gilt es, die Stadt im Zuge weiteren Vormarsches unbenutzbar zu machen und nebenbei den Russen, wenn sie einmarschieren, zu zeigen, was das Bomberkommando tun kann.«

5

**Victor Klemperer: »Ich will Zeugnis ablegen
bis zum letzten«, Berlin 1995**

in: »Der rote Hahn«, S. 24 und S. 46

»Gestern nachmittag ließ mich Neumark (Dr. Ernst Neumark, Vertrauensmann der Reichsvereinigung der Juden in Deutschland für den Bezirk Dresden) hinüberrufen; ich müßte heute vormittag beim Austragen von Briefen behilflich sein. [...] Wir setzten uns am Dienstag abend gegen halb zehn zum Kaffee, sehr abgekämpft

Einsender: Archivnr.: 49 12

An das Kempowski Archiv
27404 Nartum

betr.:

[X]   Ich bin damit einverstanden, daß meine Einsendung in den Bestand
       des Kempowski-Archivs aufgenommen wird

[X]   daß sie wissenschaftlich ausgewertet wird (Verzettelung und
       Katalogisierung)

[X]   daß sie auch von Wissenschaftlern, die nicht zum Kempowski-
       Archiv gehören, eingesehen werden kann

[X]   daß sie ggf. partiell veröffentlicht wird

[X]   daß sie kopiert und an andere Archive weitergegeben werden darf

[X]   Ich möchte lediglich, daß meine Einsendung in Ihrem Archiv
       aufbewahrt wird.

[X]   Ich werde nach Möglichkeit einen Wohnsitzwechsel dem Archiv
       anzeigen, damit ich jederzeit erreichbar bin.

Datum, Unterschrift

-, 12.9?

Zutreffendes bitte ankreuzen und umgehend an uns zurücksenden!

3.2

Der 13. Februar 1945

Heute ist wieder der 13. Februar. 4 Jahre sind
es nun seit jenem Weltuntergang ! Als wir jung waren, kam
aus weiter Ferne zu uns die Kunde der Katastrophe von
Messina, Jahre später von San Francisco. Zehntausende von
Menschen waren von Erdbeben und Feuer verschlungen worden.
Ein Grausen hat uns damals erfaßt. Es waren Natur-Kata-
strophen. Was w i r erleben sollten, war schlimmer. Es
fraß nicht nur Zehntausende sondern Hunderttausende ! Und
es geschah durch Menschen-Aberwitz ! Es war der Bankrott
der Menschheit überhaupt. Die Weltgschichte weist viel un-
vorstellbare Greueltaten auf, und doch wurde alles übertroffen durch diese Greueltat vom 13. Februar 1945. Sie
ragt einsam und als ewiges Schandmal über alles hinaus,
was je von Menschen verbrochen worden ist. Und wir haben
es mit erlebt.

Der unselige Krieg war längst verloren, der
Feind weit im Lande und in unaufhaltbarem Vormarsch. Die
einzige Sorge war nun noch, wie sich retten. Es war aus-
zurechnen, wann Dresden bedroht sein würde. Nur um Tage
konnte es sich noch handeln. Es war an der Zeit, Vorbe-
reitungen für das zu erwartende Chaos zu treffen. Wir
machten Fluchtgepäck zurecht und berieten Fluchtwege und
Treffpunkte für den Fall, daß die Familie auseinandergerissen werden sollte, woran kaum zu zweifeln war. Und doch
ging inzwischen der Alltag weiter. Dienst am Tage und
aller 3 - 4 Tage Luftschutz in der Nacht. Merkwürdigerweise
fürchteten wir in Dresden keine großen Luftangriffe mehr,
denn die Stadt war militärisch bedeutungslos. Seit kurzem
wurden auch wir Oberzahlmeister bei der Wehrkreisverwaltung
mit der Waffe ausgebildet und mußten damit rechnen, auch
noch zur Verteidigung auf verlorenem Posten eingesetzt zu
werden. Selbst meine Frau, als Bürohilfe bei der Verwaltung
des Reserve-Lazaretts III im Kriegseinsatz, mußte lernen

- 2 -

und bedrückt, denn tagüber war ich als Hiobsbote rumgelaufen, und abends hatte mir Waldmann aufs bestimmteste versichert (aus Erfahrung und neuerdings aufgeschnappten Äußerungen), daß die am Freitag zu Deportierenden in den Tod geschickt (›auf ein Nebengleis geschoben‹) würden und daß wir Zurückbleibenden acht Tage später ebenso beseitigt werden würden – da kam Vollalarm. ›Wenn sie doch alles zerschmissen!‹ sagte erbittert Frau Stühler, die den ganzen Tag herumgejagt war, und offenbar vergeblich, um ihren Jungen freizubekommen.«

6
Giesela Neuhaus: »Spring, wenn Du kannst«, 1993
in: »Der rote Hahn«, S. 194/195

»Es war gegen Mittag des 14. Februar. Unheilverkündendes Dröhnen und Brausen in der Luft. Es kam näher und näher. Keine Sirene warnte. Es gab keine mehr. In rasendem Flug näherten sich die Bomber. Angstschreiend, übereinander stürzend, kriechend und sich gegenseitig tretend versuchten die zu Tode erschreckten Menschen, in unserem Haus den Keller zu erreichen. Panik war ausgebrochen. Der Keller war zu klein, viel zu klein für alle Menschen.

[...] Unaufhörlich erzitterte unser Haus von den schweren Bombeneinschlägen. Wir konnten die Flugzeuge wie Schatten über das Haus fliegen sehen. Nicht hinsehen. Vater, Mutter, Jürgen und ich hielten uns umklammert. Wir zitterten. Jemand fing zu beten an. Wir alle sprachen das ›Vaterunser‹, es wurde vom Bombenhagel übertönt. Ein Brüllen und Tosen erfüllte die Luft. Nahm das denn gar kein Ende? Jetzt eine furchtbare Detonation. Kalk rieselte an den Wänden herunter. Das Haus hielt. Die Flugzeuge bogen ab. Wir waren verschont geblieben.«

7
Der Oberzahlmeister Gerhard Erich Bähr
in: »Der rote Hahn«, S. 119 – 121

»Meine Beine waren verschüttet. Darauf lag ein Sandsteinquader, ein Koffer und ein dicker grauer Sack, der sich naß anfühlte und den ich wegzuschieben versuchte, um herauszukommen. Plötzlich merkte ich, daß es kein Sack war, sondern ein Mann ohne Kopf! [...] In dem Schuttkegel steckte zunächst unser Nachbar, der alte Herr Seltmann. Ihn hatte es erschlagen und er lag auf dem Rücken mit ausgebreiteten Armen und steckte bis zum Leib im Schutt. Unter ihm schrie eine unbekannte Frau grauenhaft um Hilfe. Sie steckte ganz im Schutt und der Tote lag auf ihr, nur ihr Kopf war frei. Noch tiefer und nicht mehr zu sehen wimmerte noch eine Frau. Wir arbeiteten wie rasend, aber wenn Nasdal einen Ziegel wegnahm, rutschen 20 – 30 neue nach. Es wurde immer schlimmer und die Hilferufe wurden schwächer.

Plötzlich rief alles: ›Die Kohlen brennen!‹ und in stinkenden Schwaden kam es heran. [...] Wer kann begreifen, daß man einen um Hilfe schreienden Menschen in Todesangst im Stich läßt? Es kann kaum Schlimmeres geben! Zu helfen war nicht, und in den nächsten Minuten wären wir mit erstickt. So war die Lebensangst der Kreatur stärker und wir stürzten wie irrsinnig dem Rettungsweg nach.«

8
Der Suchdienst des Deutschen Roten Kreuzes 1985
in: »Der rote Hahn«, S. 169/170

»Kindersuchdienst UK – 06123 – männlich
Familienname: unbekannt
Vorname: unbekannt
angenommenes Geburtsdatum: Juli 1943
Fundort: Hauptbahnhof Dresden, nach dem Bombenangriff in der Nacht vom 13. auf 14. 2. 1945. Die Leiche einer alten Frau lag auf dem Kind. Beim Auffinden sagte das Kind stets Mamutschka.«

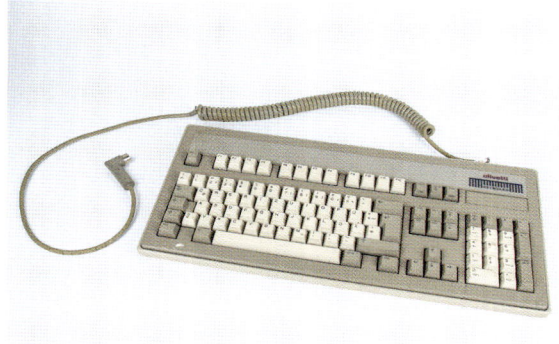

11.1

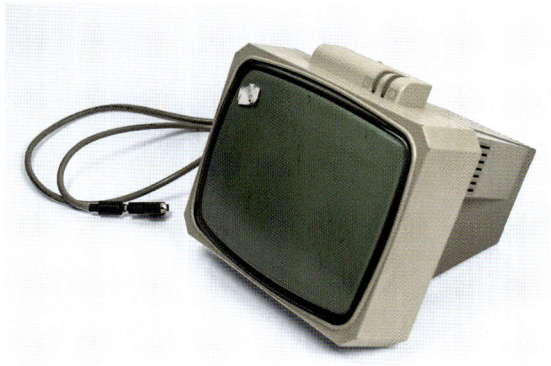

11.2

9
Ein Nachtjägerpilot.
Flugplatz Dresden-Klotzsche
in: »Der rote Hahn«, S. 132

»Großangriff auf Dresden, durch den die Stadt zerhäm-
mert wurde – und wir standen da und sahen zu. Wie
darf so etwas möglich sein? Man glaubt mehr und
mehr an Sabotage, mindestens an eine unverantwort-
liche Kriegsmüdigkeit der ›Herren‹. Gefühl, als ob es
mit Riesenschritten dem Ende zuginge.«

10
Aus dem Wehrmachtsbericht
in: »Der rote Hahn«, S. 154

»London wurde auch gestern durch unsere Vergeltungswaffen beschossen.«

11
Olivetti-Computer, Bildschirm und Tastatur
Italien, um 1987
Kempowski Stiftung Haus Kreienhoop, Nartum

Während eines USA-Aufenthalts begeisterte sich Kempowski für die Computertechnik. Zurück in Deutschland kaufte er 1987 seinen ersten Rechner der Marke
Olivetti. Dies war, wie er später sagte, die »Geburts-
stunde des Echolots« – also der Text-Collage, die auch
sein Buch »Der rote Hahn« ausmacht. Mithilfe des
Computers konnte Kempowski nun seine Archivalien
nach beliebigen Gesichtspunkten ordnen und zusam-
menstellen.

12
»Der rote Hahn. Dresden im Februar 1945«
Typoskript von Walter Kempowski, Titelseite
Nartum, 2001
Archiv der Akademie der Künste, Berlin

Bereits in »Fuga Furiosa«, dem zweiten Teil des »Echolots«, der den Winter 1945 behandelt, steht die Bombardierung Dresdens an zentraler Stelle. Aus den
Quellen seines Archivs wusste Kempowski unmittelbar,
wie tief sich dieses Erlebnis in das Gedächtnis der
Deutschen eingegraben hatte. Als Luftwaffenkurier
hatte er das zerstörte Dresden mit eigenen Augen gesehen. Sein Buch »Der rote Hahn« (2001) widmet sich
ausschließlich der Bombardierung Dresdens; die Passagen, die er dazu bereits im »Echolot« veröffentlicht
hatte, sind durch weitere Materialien ergänzt worden.

1945   13. Februar   1

Walter   Kempowski

~~Das~~ Echolot

Der Rote Hahn
DRESDEN 1945   ⟵

Nartum Mai 2001

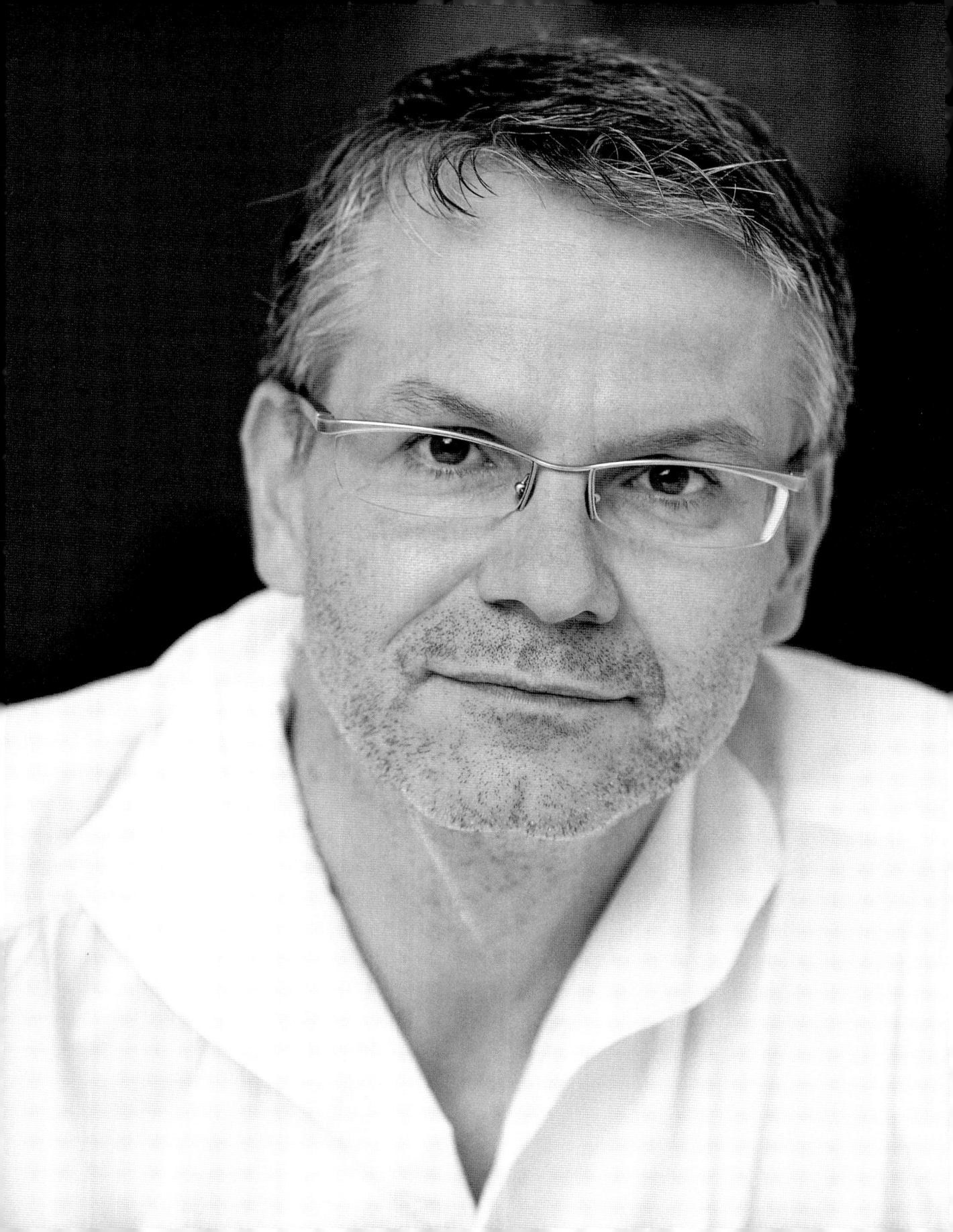

DURS GRÜNBEIN
*1962

Porzellan. Poem vom Untergang meiner Stadt (2005)

Das historische Dresden ist heute ein Mythos – eine Stadt, die es nicht mehr gibt. Im Langgedicht »Porzellan« wird der »spätgeborne« Dresdner Durs Grünbein zum Scherbensammler der Geschichte, in der sich auch die Geschichte seiner Familie spiegelt.

Grünbeins Mutter überlebte die Bombardierung der Stadt als Vierjährige. Ihre und die Erzählungen anderer Familienmitglieder vom alten Dresden haben den Dichter so sehr geprägt, dass er den Verlust auch selbst empfindet. Er erkennt, wie stark sich Erinnerung mit Orten verbindet. Diese Orte, an denen seine Vorfahren Drachen steigen ließen, erste Küsse tauschten oder sich als Teil einer jahrhundertealten Kultur empfinden konnten, sind verloren. Dem Nachfahren bleiben nur Erzählungen. Und doch empfindet er diese untergegangene Stadt als »meine Stadt«. Die Erzählungen von der Vergangenheit und das Nachdenken über das Geschehene sind dabei so mächtig, dass sie die Gegenwart zu überlagern drohen.

Die 49 Strophen des Poems entstanden zwischen 1992 und 2005. Sie erschöpfen sich nicht in einer sentimentalen Beschwörung des Verlusts. Immer wieder wechselt das lyrische Ich die Perspektive, hinterfragt Ursacher und zieht Parallelen zu den mythischen Städten der antiken Kriege, deren Zerstörung aus Selbstüberhebung resultierte und gefolgt war von Tod und gebrochen Erinnerungslinien. »Wozu klagen, Spätgeborner? Lang verschwunden war / Die Geburtsstadt, Freund, als deine Wenigkeit erschien.« So beginnt das Poem. Eine Antwort mag sein: weil sich Scherben, auch wenn sie als Resultat einer kollektiven Schuld oder eines kollektiven Versagens akzeptiert werden, nie wieder zu einem unversehrten Ganzen zusammenfügen lassen.

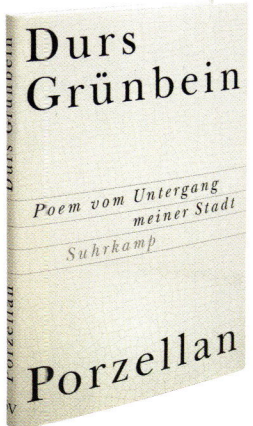

Durs Grünbein, 2009

Porzellan

DREIZEHNTER FEBRUAR

1

Wozu klagen, Spätgeborner? Lang verschwunden war
Die Geburtsstadt, Freund, als deine Wenigkeit erschien.
Feuchte Augen sind was anderes als graues Haar.
Wie dein Name sagt: du bist zu flink dafür, zu grün.
Siebzehn Jahre *genügen* reichten, kaum ein Mädchenalter,
Auszulöschen, was da war. Ein strenges Einheitsgrau
Schloß die Wunden, und von Zauber blieb Verwaltung.
Flechten wuchsen, unverwüstlich, über Sandsteinblüten.
Elegie, das kehrt wie Schluckauf wieder. Wozu brüten?

2

Klar die Frostluft: unterm Flügel, Augenweide,
Lud der Fluß, ein schlankes S, die Bomberstaffeln ein.
Nachts der Stadt blieb keine Zeit, sich anzukleiden.
Besenhexe kocht Metall und Glas und Stein.
Bombe, Bombe – blankpoliert, fiel durch den Schacht
Tonnenweise Schrott in den Mätressenschoß,
Augusts Pracht… "Nie gutzumachen, diese Nacht".
Schwarz vom Phosphorbrand: das sandsteinhelle Schloß.
Spaniens Himmel flammte auf, und Coventry, Guernica.
Von der Bella *ante bellum* – nichts mehr da.

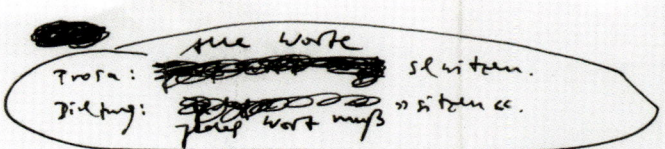

27

38

Was, ihr kennt sie nicht, die Story? Nichts gehört von ihr,
Mutters Puppe, goldnes Flachshaar, das nie wiederkommt?
Dresden brannte, und des Mädchens Rosi (zarte Vier)
Frühe Welt versank mitsamt der Kinderstube. *Ausgebombt*:
Nicht auf Taubenfüßen, ~~sanft~~, schleicht so ein Wort heran.
Nein mit *Guuuu!* & *Huiiii!* & *Rummps!* Was ringsum gellte,
Waren Schreie, nie zuvor gehört. – Haushohe Flammen
Saugten Luft in tiefen Straßenzügen, lichterloh erhellt.
Kein *Tatü-tata* half da. Im Sturm verloren, kleine Boje,
Trieb es hin, das Kind, vieltausendfach vom Tod bedroht.

39

Wie es ausging? Ach, die Puppe überstand den Sturm
~~Ziemlich gut~~, soweit ich weiß. Früh, in den Schlaf gewiegt,
~~Lag in fremden~~ Armen, schnarchend, der verlorne Wurm.
Jemand sang noch, lange: "Flieg, Maikäfer, flieg"
Dort im Keller. Gott sei Dank, das Kind war nicht allein.
Eine Tante gab es, und beherzt im letzten Höllenkreis,
An der Hand der ~~ihren~~ Schwester macht man kein Theater.
Lotte hieß sie, Lotte. ~~Und es konnte wirklich weinen~~,
Dieses Stoffding – wie aus Mitleid mit den Beinah-Waisen.
Mutter lag im Krankenhaus, in Rußlands Weiten Vater.

2

DURS GRÜNBEIN

1
»Porzellan«
Typoskript von Durs Grünbein, S. 1
Berlin, vor 2005
Deutsches Literaturarchiv Marbach

Der Leser versteht sofort, worunter der »Spätgeborne« leidet: Es ist ein Phantomschmerz. Weshalb er wohl klage, fragt sich der »Spätgeborne« leicht verwundert, hat er doch die Stadt, die er betrauert, nie kennengelernt. Doch genau dies scheint seinen Schmerz zu verursachen. Durs Grünbein setzt das Erinnern an seine Heimatstadt in einen historischen Kontext: Noch bevor die Alliierten Dresden zerstörten, hatten die Deutschen Coventry und Guernica zerstört. Doch das Wissen um das Unrecht, das die Vorfahren begingen, mindert nicht das eigene Verlustgefühl.

2
»Porzellan«
Typoskript von Durs Grünbein, S. 27
Berlin, vor 2005
Deutsches Literaturarchiv Marbach

Rosemarie Wachtel lebte mit ihren Eltern und Geschwistern in der Linienstraße, nicht weit vom Postplatz entfernt. Beim ersten Bombenangriff am Abend des 13. Februar 1945 flüchtete die Familie in den Luftschutzkeller; die vierjährige Rosemarie nahm ihre Puppe mit. Nach dem Angriff verließ die Familie das Haus und floh aus der brennenden Innenstadt.

Die Puppe ist mehr als nur ein altes Spielzeug, mit ihr verbindet sich Familiengeschichte. Die kleine Rosemarie Wachtel wurde später Durs Grünbeins Mutter.

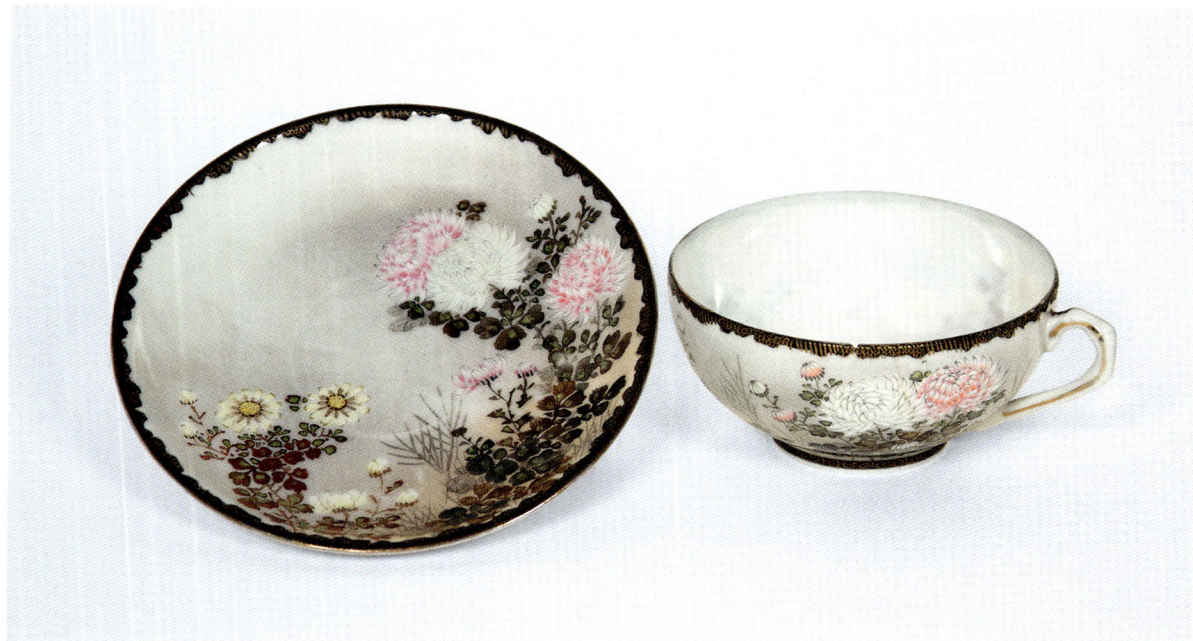

3
Porzellantasse und -untertasse
von Fräulein Musewald
Deutsches Reich, vor 1945
Rosemarie Grünbein

Auf einer Etage mit Familie Wachtel wohnte Fräulein Musewald. Sie war alleinstehend und kümmerte sich oft um die Nachbarskinder. »Tante Musilein« verdiente gut und verwöhnte gern die kleine Rosemarie. Im Gegensatz zu Familie Wachtel erlebte Fräulein Musewald auch den zweiten Angriff im Luftschutzkeller. Vor dem Staub und Rauch, der in die Keller drang, schützte sie sich mit nassen Handtüchern.

Nach dem Krieg blieben die ehemaligen Nachbarn befreundet. Fräulein Musewald hatte ein wenig Gepäck in den Keller mitnehmen können, darunter etwas Schmuck und diese Porzellantasse. Sie vererbte die wenigen Erinnerungsstücke an Frau Wachtel, die sie an ihre Tochter Rosemarie weitergab.

4
»Porzellan«
Typoskript von Durs Grünbein, S. 26
Berlin, vor 2005
Deutsches Literaturarchiv Marbach

Das Dröhnen der nahenden Flugzeuge verkündete das Unheil. Grünbein zieht antike und biblische Vergleiche, um dessen Größe begreifbar zu machen. Als Schicksal (fatum) und höhere Gewalt (vis major) nahm es seinen Lauf, für die Menschen auf der Erde wurde es eine Tragödie, vor der es kein Ausweichen gab.

Die alten Menschheitsmythen finden selbst für die größten Zerstörungen feierliche Worte, die Toten werden von Chören beweint. Grünbeins Klagelied über die Zerstörung Dresdens beschreibt, dass die Wahrheit anders aussieht: Was am Ende bleibt, sind Eisen, Leichen, Stroh.

5
»Porzellan«
Typoskript von Durs Grünbein, S. 15
Berlin, vor 2005
Deutsches Literaturarchiv Marbach

Das lyrische Ich wird von einem wiederkehrenden Albtraum heimgesucht. Er zwingt es dazu, der Zerstörung Dresdens bewegungslos zuzusehen und zuzuhören. Zwar ist es nur ein »wirrer Traum«, doch er macht dem Nachgeborenen immer aufs Neue zu schaffen.

Andere Heutige kann nichts erschüttern. Beim Frühstück nehmen sie aus der sicheren Distanz des Zeitungslesers Sensationen und Katastrophen zur Kenntnis, ohne sich davon berühren zu lassen. Wenn – wie tatsächlich geschehen – junge Leute Arthur Harris öffentlich dafür danken, dass er den Angriff auf Dresden befahl, erkennen diese Zeitungsleser in der Erregung darüber nur Humorlosigkeit. Doch wie steht es um die Überlebenden? Und was macht ein »Tabu« aus, das man brechen kann? Offenbar, so lässt das Gedicht erkennen, gäbe es noch vieles zu bereden.

26

36

Dieses Dröhnen… "Wer dabei war, der vergißt es nie."
In Geschwaderblöcken flog sie hin – die Großfabrik,
~~Unaufhaltsam,~~ ~~~~ Walzwerk, hunderte Maschinen.
Endlich, Dresdens letztes Stündlein, war herangerückt.
Voralarm und Hauptalarm, und dann erschien es selbst,
Seine Majestät: das Fatum. Weiße Lichtkaskaden:
Und das Elbtal lag wie vom Magnesiumblitz erhellt.
Du da, *masterbomber* – unten, den antiken Chor,
Hast du ihn gehört? Die Leute, rochen sie den Braten?
Keine Suchscheinwerfer mehr. Was dann kam? Vis major.

37

»Is that all there is?"
(Amerikanischer Song)

»Donnerschlag«. Das wars. Und von der Stadt am Morgen,
Wie von Troja blieb, Pompeji, nur ein Trümmerfeld.
Gog und Magog torkelnd unterm Blick der Gorgo…
Eingestürzt das meiste, manches schwankt noch, andres fällt
Erst nach Tagen. Niemand singt »Wie liegt die Stadt so wüst«.
Kein Aeneas, Huckepack den Vater, zukunftsfroh…
Schrecklich für die eigne Ohnmacht haben sie gebüßt.
Und fünf Wochen lang, am Altmarkt, schauen Pferde zu,
Wie auf Eisenrosten Leichen brennen, scharren Stroh.
Larmoyanz? Ach, spätes Seelchen du, gib endlich Ruh.

15

21

Wirrer Traum, der zwanghaft wiederkehrt: ich bin dabei,
Anonym, ein stummer Zeuge, in der Bombennacht.
Was, wenn du das warst, der Engel in der Haut aus Stein,
Arme ausgebreitet, die Figur dort auf dem Kirchendach?
Unten sinkt die Stadt in Schutt, nur er bleibt unversehrt,
Von der Glut gehärtet, Asche auf den kalten Lippen.
Diese Ohnmacht: niemand hört dich, in ihn eingesperrt.
Sind das Menschen, prasselnd da wie Eßkastanien
Zwischen Trambahns, ausgeglüht bis aufs Metallgerippe?
Wirrer Traum: nichts dringt heraus aus diesem Cranium.

22

Do it again, Harris!
»Keine Träne for Dresden«

Sachen gibts…Nicht wahr, gebeugter Zeitungsleser? Du
Weißt längst Bescheid. Bist für das Schlimmste präpariert.
Kennst die Pflanze, die den Käfer frißt, und auch die Kuh
Mit zwei Köpfen, und den Kinderschänder froh beim Bier.
Alles Ungeheure winkt dir druckfrisch morgens zu,
Mit dir rechnend, Zeitgenosse. – Wie erst gestern das.
Böse Buben, sprich Studenten, brechen ein Tabu:
»Dank den Bombern« heißt ihr Gruß zum Weltkriegstag.
Ach, die Arme, denkt man bei der Nachricht (ohne Haß)
Dresdnerin, die auf Verhöhnung klagt.

»Thank you Harris!«

5

Die Lehre der Photographie (2015)

Das »Ich« dieses Gedichtes ist ein autobiografisches Ich. Aus Durs Grünbeins Versen spricht die starke Sehnsucht, zu wissen, »wo ich bin / Und woher ich kam«. Grünbein möchte die Vergangenheit kennen. Doch weil seine Heimatstadt zerstört ist, verstärkt sich sein Gefühl, diese Verbindung zur Vergangenheit nicht herstellen zu können.

Fotografien und Postkarten, die Grünbein auf Flohmärkten und in Archiven findet, helfen ihm dabei, ein Bild des Gestern zusammenzusetzen. Die Menschen, die auf ihnen zu sehen sind, wecken mindestens ebenso sein Interesse wie die berühmten Stadtansichten selbst. Jeder dieser Menschen hätte ein ganzes Leben zu erzählen, jede persönliche Geschichte reicht weit über das Individuum hinaus. Grünbein wird klar, dass »Historie sich auflöst / In familiäre Geschichten«.

Das Militärhistorische Museum bedankt sich bei Durs Grünbein für die Erlaubnis des Erstabdrucks seines Gedichtes »Die Lehre der Photographie«.

Die Lehre der Photographie

Die Stadt, in der ich aufwuchs,
War keine westliche Stadt,
Sie war keine östliche Stadt.
Nördlich von Böhmen lag sie, südlich
Von Grönland, unter der Sandsteinschweiz
In einem Flußtal, von Wiesen grün.
Sie war das Nest in der Mitte, der Rest
Einer schönen steinernen Geste –
Eine Suite im Hotel »Alteuropa«.

Unter den Tapeten klebten noch immer
Zeitungen aus der Welt von gestern
Mit Berichten von Zeppelin-Flügen,
Konferenzen des Völkerbundes,
Vermischtes, gepaart mit Annoncen
Für Büstenhalter und Bügeleisen.
Doch war die Aussicht zum Fluß
Mit grauen Baracken verbaut.
Es war der südliche Flügel,
Es war der nördliche Flügel
Kaputt wie das Palais aus dem Barock,
Beim Trödler gelandet das Mobiliar.

Wie gestrandet sah alles dort aus:
Die Dampfer, Kuppeln und Kirchen.
Und es war nicht viel los an der Bar.

Dann aber fand ich ihn dort am Ufer
Einestags unter rostigen Nägeln,
In Haufen von Schrauben und Muttern
Demontierter Maschinen aus längst
Enteigneten, abgerissenen Fabriken,
Fand ihn zwischen den Knochen,
Die Hunde ausgescharrt hatten,
Rippenknochen, Wirbeln und Splittern
Von Tier und Mensch, wie es schien –
Den Schlüssel zu dieser Stadt.

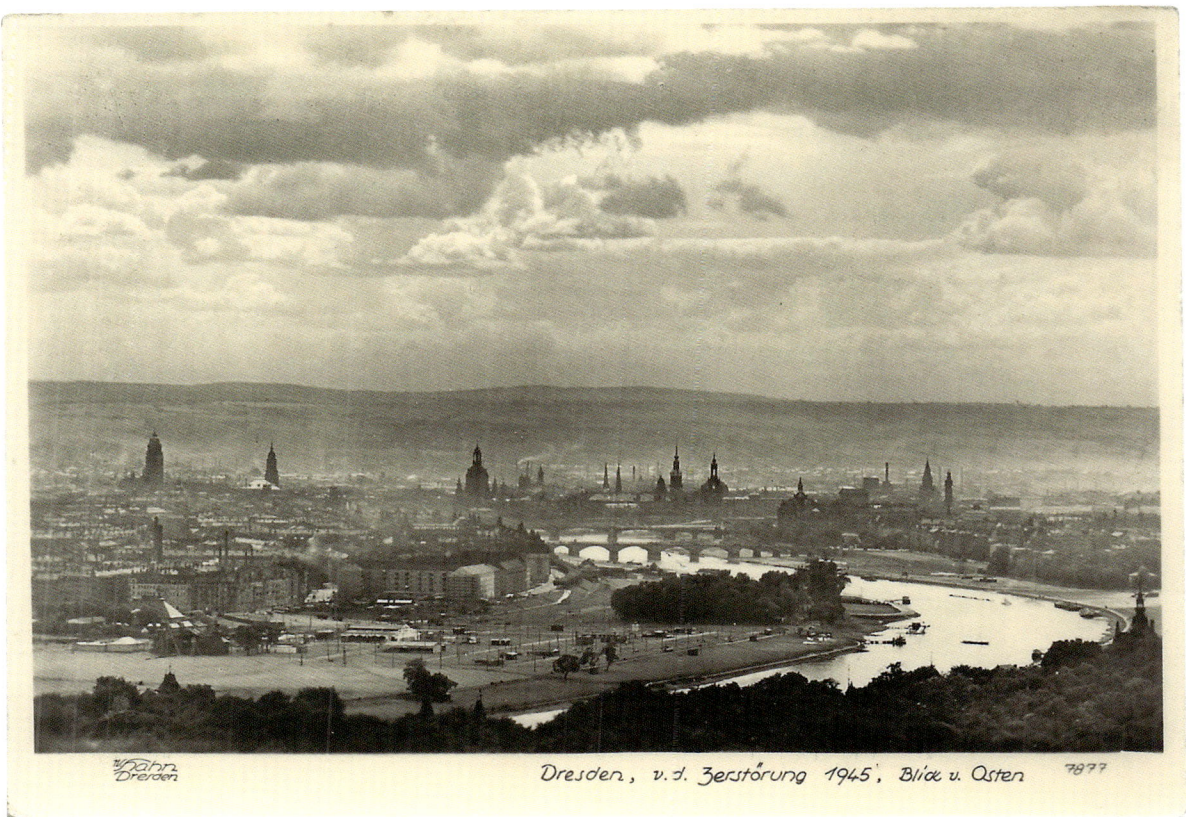

Dresden, v.d. Zerstörung 1945, Blick v. Osten   7877

Und wurde mit einem Mal ruhig.
Und wußte nun, wo ich bin
Und woher ich kam –
Bis ich die Photographien sah,
Nicht im Familienalbum, sondern
Am Stand bei den Flohmarkthändlern.
Archivbilder waren das, Postkarten
Von Straßenszenen, Stadtansichten
Zwischen den Kriegen, Momente
Verschwundenen Lebens,
Manche noch mit dem Stempel
»Originalabzug von Hand«.

Vor den Häusern, noch alle intakt,
Über die Brücken, die weiten Terrassen
Entlang der Elbe am Königsufer
Wandelten Menschen, nun alle tot –
Bis auf die Jüngsten im Kinderwagen.
Mütter in dunklen Mänteln und Hüten
Blieben für alle Zeiten gekettet
An einzelne Herren mit Aktentaschen.
Auf einer Verkehrsinsel starrte
Ein Junge in Lederhosen, der nie mehr
Älter wurde auf die Reklameschrift
Für »Kakao Riquet Schokolade«.
Aus der Straßenbahn, Linie 11, stieg
Die Schöne mit den Perlonstrümpfen,
Auch sie vom Zufall herausgepickt,
Von nun an auf der Stelle gebannt.

Sie alle waren Passanten der Zeit –
Die auf dem Altmarkt am Blumenstand,
Die vor den gestreiften Markisen
Auf der Prager Straße. Am Bahnhof
Zeigte die Uhr für immer Halb Elf.
Ein ewigwährender Vormittag –
Meistens im Frühling, im Sommer
In einer Stadt, die keine östliche war,
Keine westliche. Kaum ein Photo,
Das sie einmal im Tiefschnee zeigte.

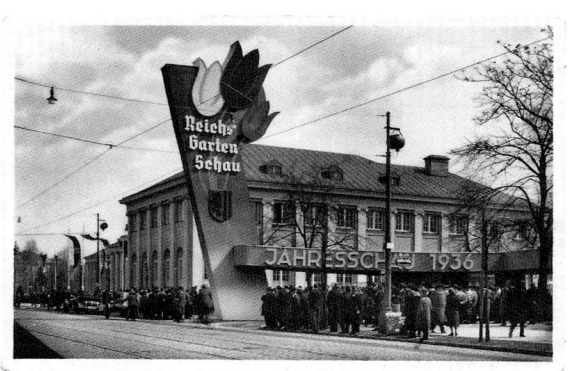

»Dresdner Neueste Nachrichten« stand
Am Geländer der Unterführung.
Bald fehlte ein *r*, ein *n*, dann ein *a*.
Stromausfall, das Benzin wurde knapp,
Man fuhr wieder Fahrrad seit Stalingrad.
Nicht mehr lange, dann war das meiste
Ausgelöscht, eine bloße Phantasmagorie
Wie die Wüstenfestung des Kublai Khan.
Und vor und zurück sprang der Blick
Auf der Suche nach einem Beginn.

Oder das Unwetter im Dreißiger Jahr,
Das an der Vogelwiese die Buden
Des Rummelplatzes zum Einsturz bringt.
Ratlos betrachten Besucher das Chaos,
Gäste der Geisterbahn. *Hau den Lukas,*
Flucht der Herr mit dem Strohhut
Und blinzelt verwegen hinüber
Zu der Dame im weißen Hängekleid.
Ein Sturm hat die Schiffsschaukeln,
Die Zirkuszelte umgeblasen. Nun lag
Die ganze Kartenhausherrlichkeit
Durcheinandergewirbelt in Trümmern
Wie die Scherben im Kaleidoskop.

War es das Hochwasser? Mit ihm fingen
Die schillernden zwanziger Jahre an.
Menschen schauten über die Brüstung
Der Brühlschen Terrasse, bestürzt
Über die Inflationen der Elbe.
Wie eine Trauergemeinde waren sie
Alle in Schwarz gekleidet. Das ganze
Volk trug damals Schwarz. Dabei
Lag das Schlimmste doch hinter ihnen:
Vier Jahre Krieg in Europa, Gemetzel.
Alles Verlierer, Leute, die auf einmal
Viel Zeit hatten sich zu versammeln
In dunklen Haufen. Nur ein Mädchen
Im Matrosenanzug spuckte belustigt
Über das Gitter in den geschwollenen,
Schlammbraunen, gruftkalten Fluß.

Immer war es die Sorge,
Ein Pfeifton des Instabilen, der Ängste,
Die im Kleinen den Alltag bestimmten
Und die Schritte lenkten als Politik –
Ein Zwang, der in alle Häuser kroch
Und unsichtbar jedes Leben peitschte.
Begeisterung weckte der Traum
Von sozialer Sicherheit, der doch nie
In Erfüllung ging auf den Plätzen,
In den Straßen, an denen Wahlplakate
In schreiendem Rot oder Schwarz
Das Blaue vom Himmel versprachen.

Daß aber Bilder Blickwinkel sind,
In denen Historie sich auflöst
In familiäre Geschichten, immer anders
Verlaufend, momentlang fast aufzuhalten,
Wie es schien und doch uneinholbar,
War die Lehre der Photographie.
Vor und zurück sprang der Blick.

Fünf Jahre später bricht ein Spektakel
Des Schreckens alle Besucherrekorde,
Die Deutsche Volksschau »Der Rote Hahn«.
Bei den Arkaden am Altmarkt geht
Ein Großbrandlöschzug in Stellung,
Eine Armada pechschwarzer Wagen.
Als Höhepunkt wird im Dunkel der Nacht
Ein Übungshaus künstlich abgefackelt.
Lichter- und Schaumfontänen geben
Einen Vorgeschmack auf die Zukunft.

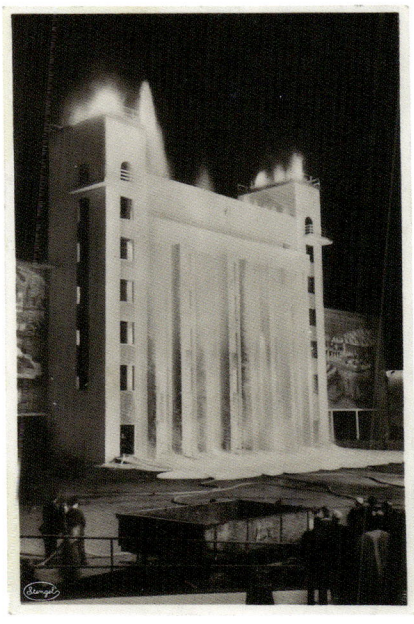

Eine Million Reichsmark kostet
Den Staat der Verlust einer Kleinstadt,
40 000 ein einzelnes Bauernhaus.
Lang vor den Bombern, dem Feuersturm,
In dem die Stadt untergeht, werben
Leuchtschriften für Feuerversicherung.
Und wie fette Würgeschlangen liegen
Die Schläuche auf dem Asphalt,
Von Männern, die das Inferno
Gebändigt haben, erschöpft eingerollt.
Dresden, jubelt die Presse, hat nun
Die modernste Feuerwehr in Europa.
Da hatte der Tod, dies bittere Männlein
Aus den altdeutschen Märchen,
Ein vergnügliches Stündchen.

Noch einmal ist alles gut gegangen.
Rechtsschutz und Rettungswesen
Sind die staatlichen Mythen der Stunde.
Bald gibt es das Kindergeld, Tierschutz
Kommt Hunden und Katzen zugute.
Schreibt das den Lieben daheim.
Und bedenkt auch die neuen Tarife:
»Luftpost bringt Zeitgewinn«.

Stand Großmutter da in der Menge
Am Straßenrand vor der Eingangshalle,
Hinter den uniformierten Ordnern
In der völkischen Warteschlange
Am Blüherpark? Die kleine Frau,
Die ihre Handtasche fest an sich preßt,
Gleicht ihr von hinten aufs Haar.
(Schon bald wird sie schwanger sein,
Ein Mädchen von achtzehn Jahren.
Und dann noch einmal, da ist der Mann,
Ein gelernter Fleischer, längst Soldat
Auf seinem Marsch durch Europa.)

297

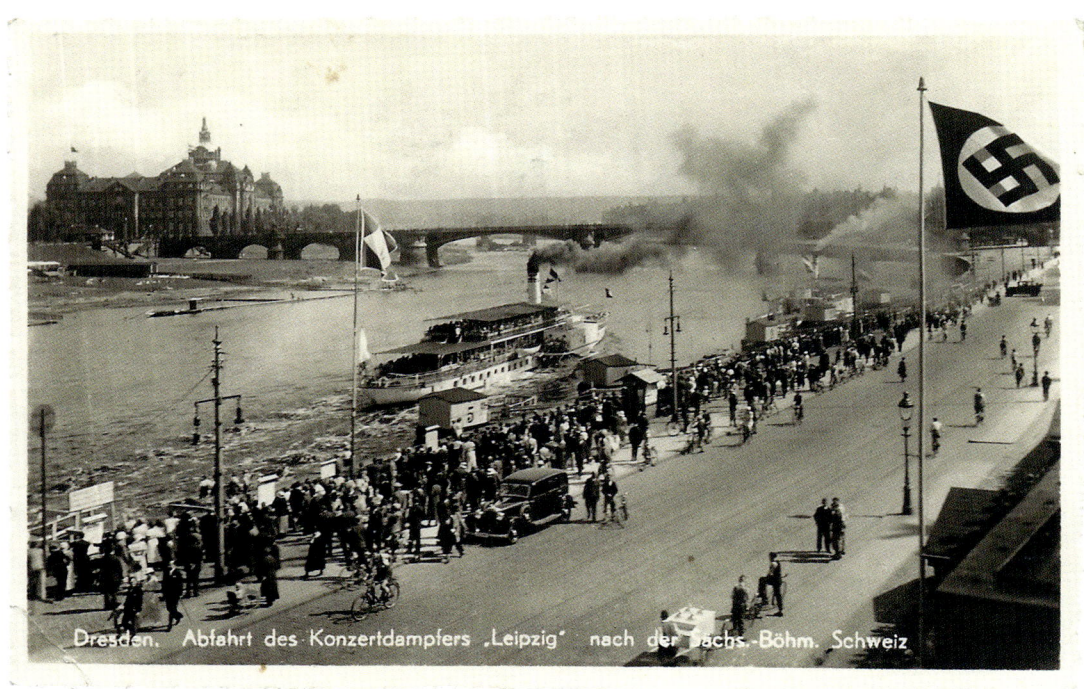

Dresden. Abfahrt des Konzertdampfers „Leipzig" nach der Sächs.-Böhm. Schweiz

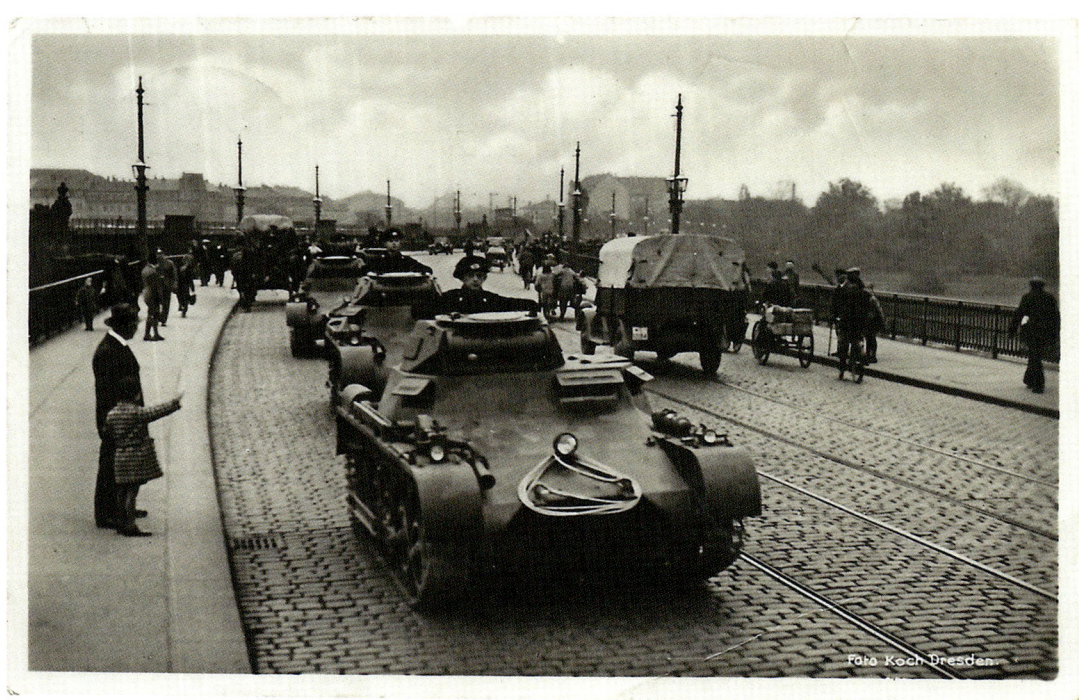

Foto Koch Dresden

Wieder ein Frühling, Reichsgartenschau:
Ein halbes Jahr lang hilft der Zauber
Der Flora über die neuen Zwänge,
Die neuen Gesetze hinweg.
Eine Hymne ans Dasein, eine festliche
Hymne an die Schönheit der Erde,
Schreiben die Berichterstatter
Im schwülstigen Stil der Zeit.
Das war stärker als jede Olympiade,
Dem weiblichen Schönheitssinn näher
Wie Hitlers Hände, eunuchenweich.

Abfahrt des Konzertdampfers »Leipzig«:
Am Terrassenufer wehen am Anlegeplatz
Hakenkreuzfahnen im Sommerwind.
Ein Eisverkäufer hat seinen Palast
Am Bordstein eröffnet und wartet,
Daß Hitlerjugend herüberkommt.
Die Stadt ist die Lichtung. Was ahnte sie
Von den Luftaufnahmen, die ihre Wunde
Zeigten lang vor dem Donnerschlag,
Der immer den Blitzen folgt? Oftmals
Stand dort ein Wald erhobener Arme.
Dann wußte keiner mehr, was es war,

Das den Schwindel erregte, den Kopf
Verdrehte zwölf Jahre lang. Die Zeit
War weitergerückt. Stumme Gewalt
Tauchte alles in ein urtümliches Licht.
Das Pflaster glänzte, und dunkle Wolken
Rollten über die Brücken hinweg
Mit dem Rattern der Flüchtlingsfuhren,
Schützenpanzer und Leiterwagen.

Und da wußte ich, die verfluchte, fatale
Geschichte dieser Leute ließ sich,
Seitdem sie das Zeichen trugen,
Nur von ganz unten erzählen.
Aus den Kellern herauf, den grauen
Mauerecken der Luftschutzkeller,
Wenn die Sirenen heulten, die Kinder
In den Momenten finaler Hilflosigkeit.

Geboren bin ich am Weißen Hirsch –
Ein Villenviertel, vom Krieg verschont.
Und es gibt mich, wie es die Bilder gibt,
Die vom Leben zeugen und nichts
Über die Toten sagen. Mutter
War in Sicherheit, als der Angriff kam.
Sie erinnert sich an die Fensterhöhlen,
Aus denen weiße Gardinen wehten,
An die sengende Hitze der Winternacht.
Eine Nachbarin nahm die Geschwister
In den Keller mit und war ihre Rettung.
Sie suchte, als das Haus getroffen,
Der Eingang verschüttet war,
Mit den Kindern das Weite
An den Elbewiesen stadtauswärts.
Dann rollte die zweite Welle heran
Und entfachte den Feuersturm.

»Wir sitzen in der Lößnitz beim Most«,
Schrieb ein Unbekannter. Die Karte
Zeigt einen strahlenden Sommertag.

© Durs Grünbein

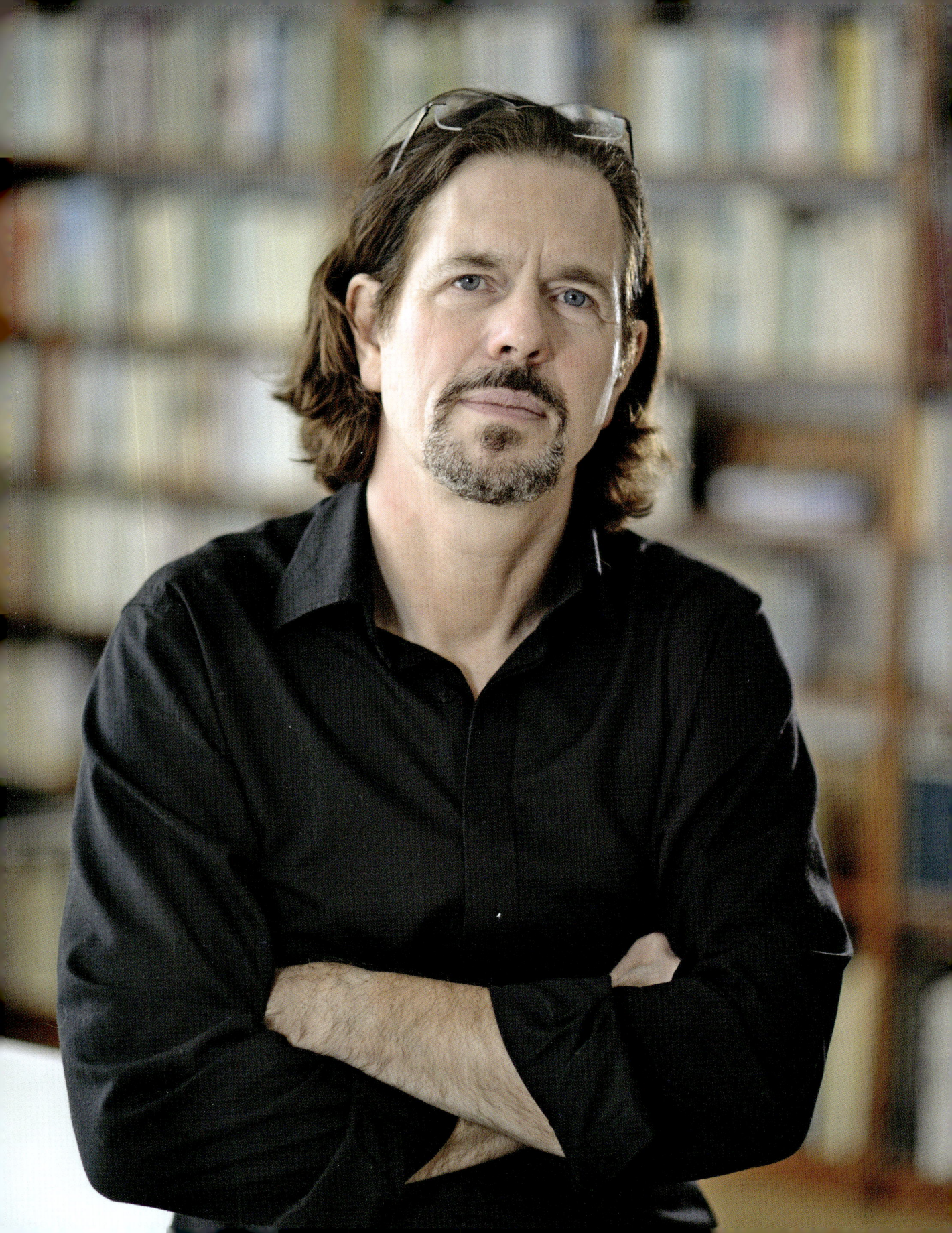

STEFAN KOLDITZ

* 1956

Dresden (2006)

Dresden, Februar 1945: Die Krankenschwester Anna Mauth ist mit dem Oberarzt Alexander Wenninger verlobt. Im Krankenhauskeller findet sie den britischen Bomberpiloten Robert Newman, der sich nach seinem Abschuss schwer verwundet dorthin hat flüchten können. Sie versorgt seine Wunden und beginnt, sich in den Fremden zu verlieben. Es entsteht eine unglückliche Dreiecksbeziehung.

Carl Mauth, Annas Vater, ist Direktor des Krankenhauses und unterschlägt dringend benötigtes Morphium, um es zu verkaufen. Mit dem Erlös erwirbt er eine Privatklinik in der Schweiz – damit will er sich und seiner Familie eine gesicherte Zukunft außerhalb des Deutschen Reiches aufbauen.

Am Abend des 13. Februar soll die Flucht der Familie beginnen, doch der Angriff auf Dresden vereitelt die Pläne. Carl Mauth stirbt im Bombenhagel, die Familie wird auseinandergerissen. Anna, Alexander und Robert erleben den Feuersturm, können dem Inferno aber entkommen.

Das Historiendrama »Dresden« wurde 2006 für das ZDF produziert. Es war der erste Spielfilm, der die Bombardierung der Stadt thematisiert. Die Hauptpersonen des Films sind fiktiv, in der Schilderung der Bombenangriffe und ihrer Folgen ist der Film aber um historische Genauigkeit bemüht. Dabei geht die Visualisierung »an die Grenzen dessen, was dem breiten Publikum um 20:15 Uhr zugemutet werden kann.« Aber: »Alles andere wäre unrealistisch gewesen«, heißt es dazu beim ZDF.

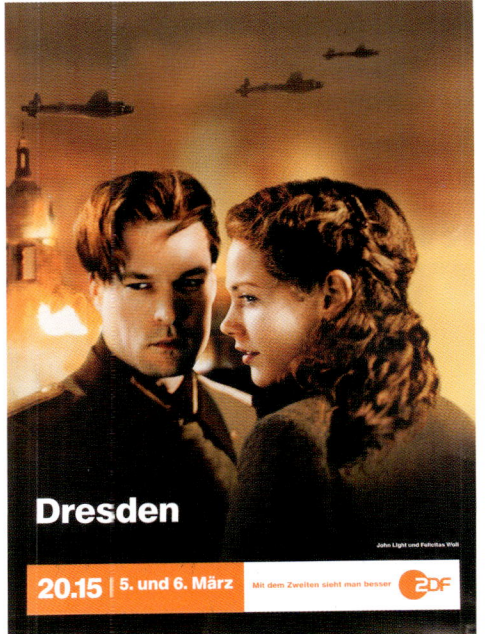

◄ Stefan Kolditz, 2013

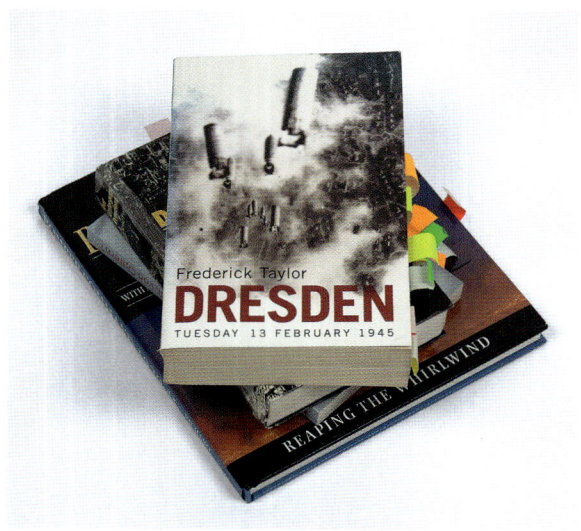

1

1
Bücher mit Anmerkungen
von Stefan Kolditz
eine Auswahl zur Vorarbeit am Drehbuch
zu »Dresden«
Berlin, vor 2006
Stefan Kolditz

2
Konzeptpapier zum Filmprojekt
»Dresden«
von Stefan Kolditz
Berlin, 2004
Stefan Kolditz

3
Stellungnahme zu den britischen
Motiven für den Dresdner Luftangriff
vom 13./14. Februar 1945
vom Leiter der Dresdner Historikerkommission
Rolf-Dieter Müller
Dresden, 13. März 2005
Stefan Kolditz

4
Informationsbroschüre für Pressetermine
zum zweiteiligen Fernsehfilm »Dresden«
ZDF, 2005
MHM

5
Filmplakat zu »Dresden«
ZDF, 2006
MHM

Drehbuchautor Stefan Kolditz (dessen eigener Vater schwer verwundet aus dem Krieg heimkehrte) und Produzent Nico Hofmann wollten mit »Dresden« einen Antikriegsfilm schaffen. Künstlerisches Anliegen war es, mit einer komplexen Erzählung und schonungslosen Bildern auch den Nachkriegsgenerationen einen Eindruck von der Grausamkeit und der Brutalität des Krieges zu vermitteln, der letztlich trotz aller Filmtechnik unvorstellbar bleibt. Um dem historischen Geschehen möglichst gerecht zu werden, berücksichtigte Kolditz die ganze Breite der zum Thema erschienenen Literatur, aber auch zeitgenössische Propaganda und Augenzeugenberichte. Ein internationales Forscherteam stand ihm beratend zur Seite.

Dresden ist eine Jahrhundertkatastrophe, nur übertroffen von Nagasaki und Hiroshima. Es ist weltweit zu einem Synonym der Schrecken und Absurditäten des Krieges geworden. Die militärische Notwendigkeit des Angriffs sowie seine Verhältnismäßigkeit sind heftig umstritten, von den meisten sogar in Frage gestellt. Zu recht. Und doch: in Dresden passierte nur, was jahrelang außerhalb der Grenzen des deutschen Reiches an der Tagesordnung war. Hitler hätte, wenn er die Möglichkeit gehabt hätte, ohne zu zögern gleiches in London oder New York tun lassen, und die deutsche Bevölkerung hätte es fast ausnahmslos begrüßt, so wie sie 4 Jahre vorher mit leuchtenden Augen im Kino die Wochenschauberichte der Bombardierungen anderer Städte bejubelt hatte. Zudem hatten in Dresden die Verantwortlichen die Schutzmöglichkeiten für die Bevölkerung weitgehend vernachlässigt, während zur gleichen Zeit der Gauleiter Sachsens sich mit riesigem Aufwand in seinem Garten einen 100 x 30 Meter langen und breiten Privatbunker bauen ließ.

Deshalb: NICHT MORALISIEREN. Die Frage nach der Moral in einem Krieg ist die falsche. Krieg an sich setzt jede Moral außer Kraft. Es gibt keinen sauberen Krieg. Kriege sind immer schmutzig. Der in und um Dresden sogar sehr. Daher keine vordergründige, billige Wertung. Kein deutsches Selbstmitleid. Verschiedene Haltungen zum und im Krieg erzählen. Englische Piloten nicht dämonisieren, die Deutschen nicht zu Karikaturen machen. Historische Klischees wie in "Der Pianist" so gut es geht vermeiden.

Der Angriff auf Dresden ist eines der meist analysierten und dokumentierten Ereignisse des 2. Weltkrieges. Es ist anzunehmen, daß der Film/Zweiteiler kontrovers diskutiert werden wird, was die öffentliche Aufmerksamkeit nur noch steigern wird. Deshalb müssen wir alles versuchen, bei der Wahl der Momente historisch so genau wie möglich zu sein, damit dem Film

2

Prof. Dr. Rolf-Dieter Müller   Stahnsdorf, 13. März 2005

Stellungnahme zu den britischen Motiven für den Luftangriff auf Dresden am 13./14. Februar 1945

Der aktuelle Forschungsstand ist relativ gut in der neuen Publikation des britischen Schriftstellers Frederick Taylor abgebildet. Darin wird – im vielfachen Gegensatz zu bisherigen Darstellungen – die militärische und rüstungsindustrielle Bedeutung der Stadt betont, was unter deutschen Zeitzeugen meist verdrängt oder bagatellisiert worden ist. Diesen Aspekt arbeitet das Skript sowohl in der Szene High Wycombe als auch bei der Einsatzbesprechung heraus, ohnehin ihn zu absolutieren.

In der neuen Fassung des Textes wird die Gemengelage von militärisch-taktischen, strategischen und politischen Gründen ausreichend beleuchtet. Dabei lassen sich einzelne Nuancen noch stärker herausarbeiten, je nachdem, welche „message" der Film transportieren will. Man wird dabei berücksichtigen können, dass die historischen Akteure und Verantwortlichen, zumal wenn es sich um untergeordnete Befehlshaber bis hin zu den Besatzungen handelt, damals nicht über alle Aspekte und Motive des Angriffs informiert gewesen sind. Selbst Hauptverantwortliche wie Harris und Saundby hatten verschiedene Erwägungen anzustellen und konnten für ihre unterschiedlichen Auffassungen jeweils gute Gründe anführen.

Die Verantwortung trug letztlich natürlich der Premierminister. Dass er sich überhaupt in die Zielplanung einschaltete und den definitiven Befehl zum Angriff erteilte, macht den Sonderfall Dresden aus, denn bei Routineangriffen erledigte die RAF die Zielplanung selbst. Dresden war bekanntlich bis Ende 1944 ein „uninteressantes" Ziel für die alliierte Bombenkriegsführung, gleichwohl im Sinne des damaligen Verständnisses ein legitimes. Es gab keinerlei Gründe, die Stadt womöglich zu verschonen. Die Nutzen-Kosten-Analyse sprach aber erst seit Jahresbeginn 1945 dafür, Dresden in das strategische Bombardement ostdeutscher Städte einzubeziehen. Mit Billigung Churchills hatte der britische Luftwaffenstab daher der sowjetischen Luftwaffe nahegelegt, Dresden zu bombardieren, was von Moskau ignoriert wurde.

Für Churchill stand zweifellos die politische Absicht im Vordergrund, im Zusammenhang mit der Konferenz von Jalta Stalin gegenüber zu demonstrieren, dass die

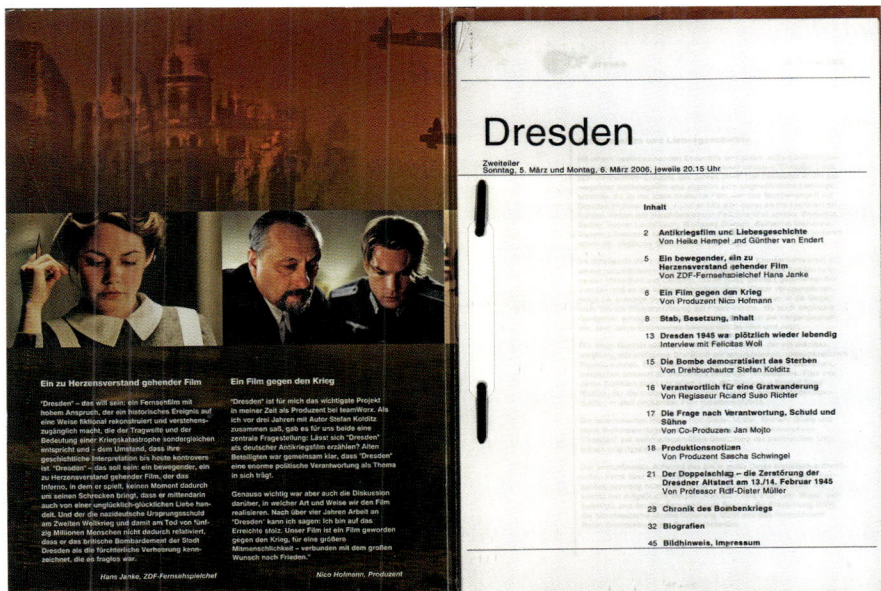

Dresden

Zweiteiler
Sonntag, 5. März und Montag, 6. März 2006, jeweils 20.15 Uhr

Inhalt

Ein zu Herzensverstand gehender Film

'Dresden' – das will sein: ein Fernsehfilm mit hohem Anspruch, der ein historisches Ereignis auf eine Weise fiktional rekonstruiert und verstehenszugänglich macht, die der Tragweite und der Bedeutung einer Kriegskatastrophe sondergleichen entspricht und – dem Umstand, dass ihre geschichtliche Interpretation bis heute kontrovers ist. 'Dresden' – das soll sein: ein bewegender, ein zu Herzensverstand gehender Film, der das Inferno, in dem es spielt, keinen Moment dadurch um seinen Schrecken bringt, dass er mittendrin um einer unglücklich-glücklichen Liebe handelt. Und der die nazideutsche Ursprungsschuld am Zweiten Weltkrieg und damit am Tod von fünfzig Millionen Menschen nicht dadurch relativiert, dass er das britische Bombardement der Stadt Dresden als die fürchterliche Verheerung kennzeichnet, die es fraglos war.

Hans Janke, ZDF-Fernsehspielchef

Ein Film gegen den Krieg

'Dresden' ist für mich das wichtigste Projekt in meiner Zeit als Produzent bei teamWorx. Als ich vor drei Jahren mit Autor Stefan Kolditz zusammen saß, gab es für uns beide eine zentrale Fragestellung: Lässt sich 'Dresden' als deutscher Antikriegsfilm erzählen? Allen Beteiligten war gemeinsam klar, dass 'Dresden' eine enorme politische Verantwortung als Thema in sich trägt.

Genauso wichtig war aber auch die Diskussion darüber, in welcher Art und Weise wir den Film realisieren. Nach über vier Jahren Arbeit an 'Dresden' kann ich sagen: Ich bin auf das Erreichte stolz. Unser Film ist ein Film geworden gegen den Krieg, für eine größere Mitmenschlichkeit – verbunden mit dem großen Wunsch nach Frieden.

Nico Hofmann, Produzent

4

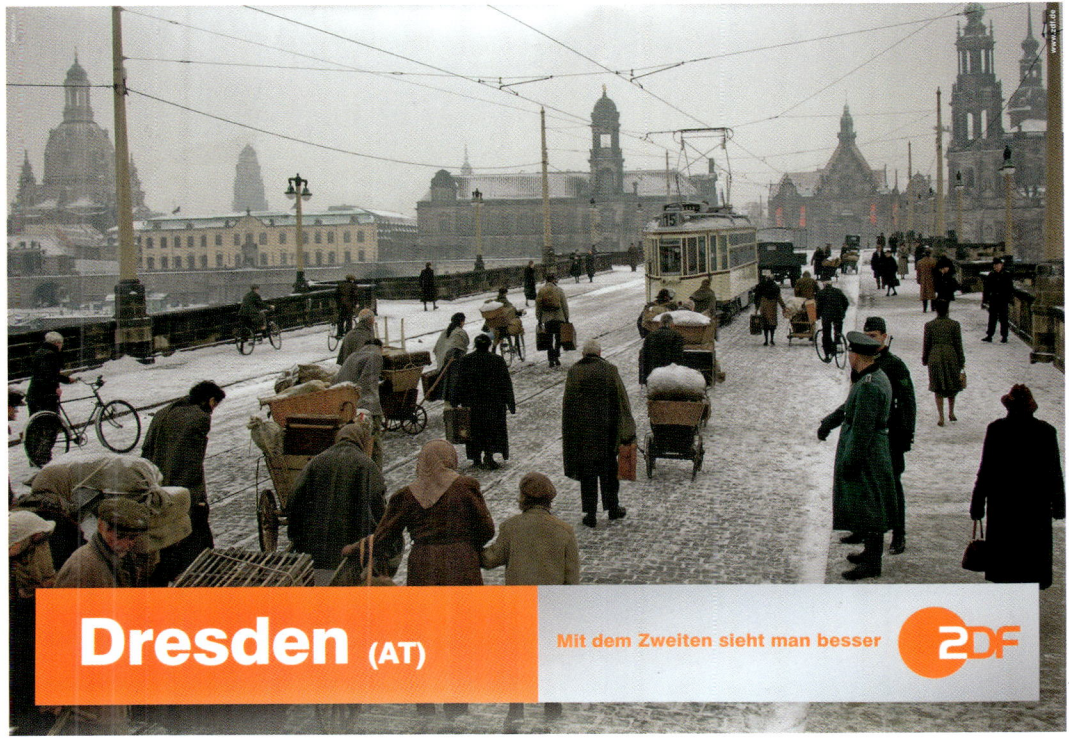

Dresden (AT)   Mit dem Zweiten sieht man besser   ZDF

5

6
Setdesign für »Dresden«
Nordrhein-Westfalen, 2005
Thomas Stammer

Nach vier Jahren Vorbereitungszeit begannen 2005 die Dreharbeiten zu »Dresden«. Drehorte in der Stadt waren unter anderem Straßenzüge in der Neustadt, der Theaterplatz vor der Semperoper sowie die Augustusbrücke. Größte Herausforderung aber war die Nachstellung des Feuersturms. Hierzu wurde in einem Kölner Industriegelände und einer leer stehenden Kaserne in Nordrhein-Westfalen gedreht. Für die Nachstellung entwickelte Production Designer Thomas Stammer das Konzept: Zeitweise brannten mehr als sechs Meter hohe Flammen aus zeitweise 300 Feuerherden. Manche Pläne wurden jedoch nach Einspruch der beratenden Historiker fallen gelassen: Für eine vielfache Beflaggung der Augustusbrücke mit Hakenkreuzfahnen hätte es während der letzten Kriegswochen gar nicht genug Stoff gegeben.

Bei Dreharbeiten in der Stadt stand stets ein Psychologe bereit, um auf Reaktionen von Passanten und Schaulustigen eingehen zu können.

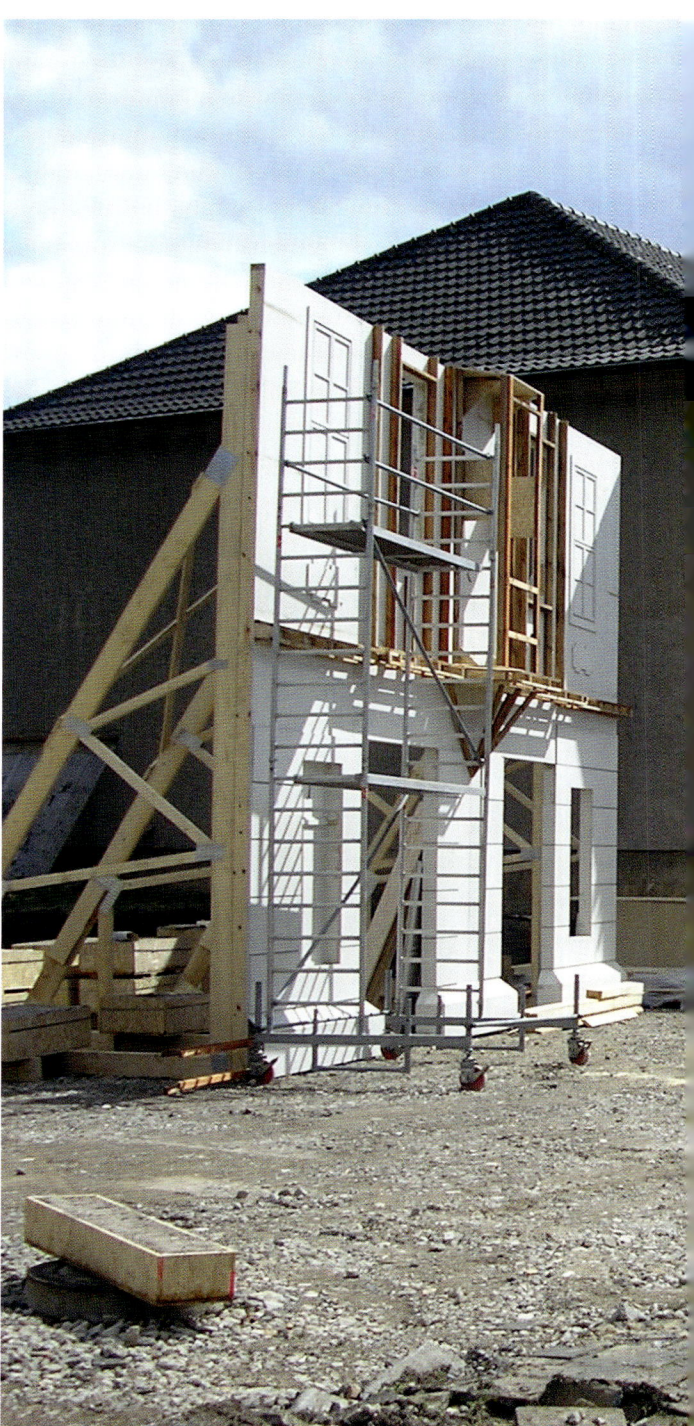

6 ▶

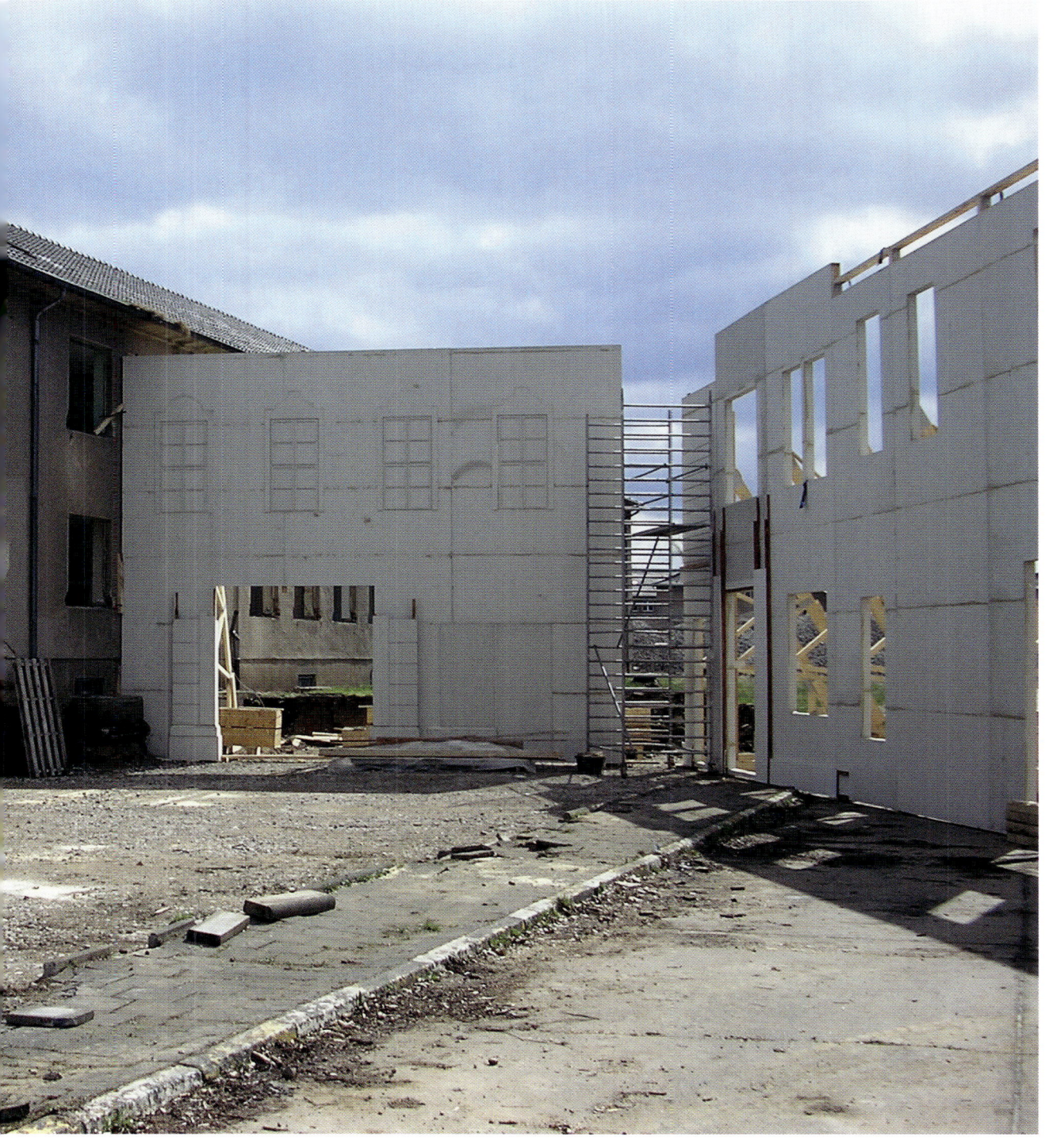

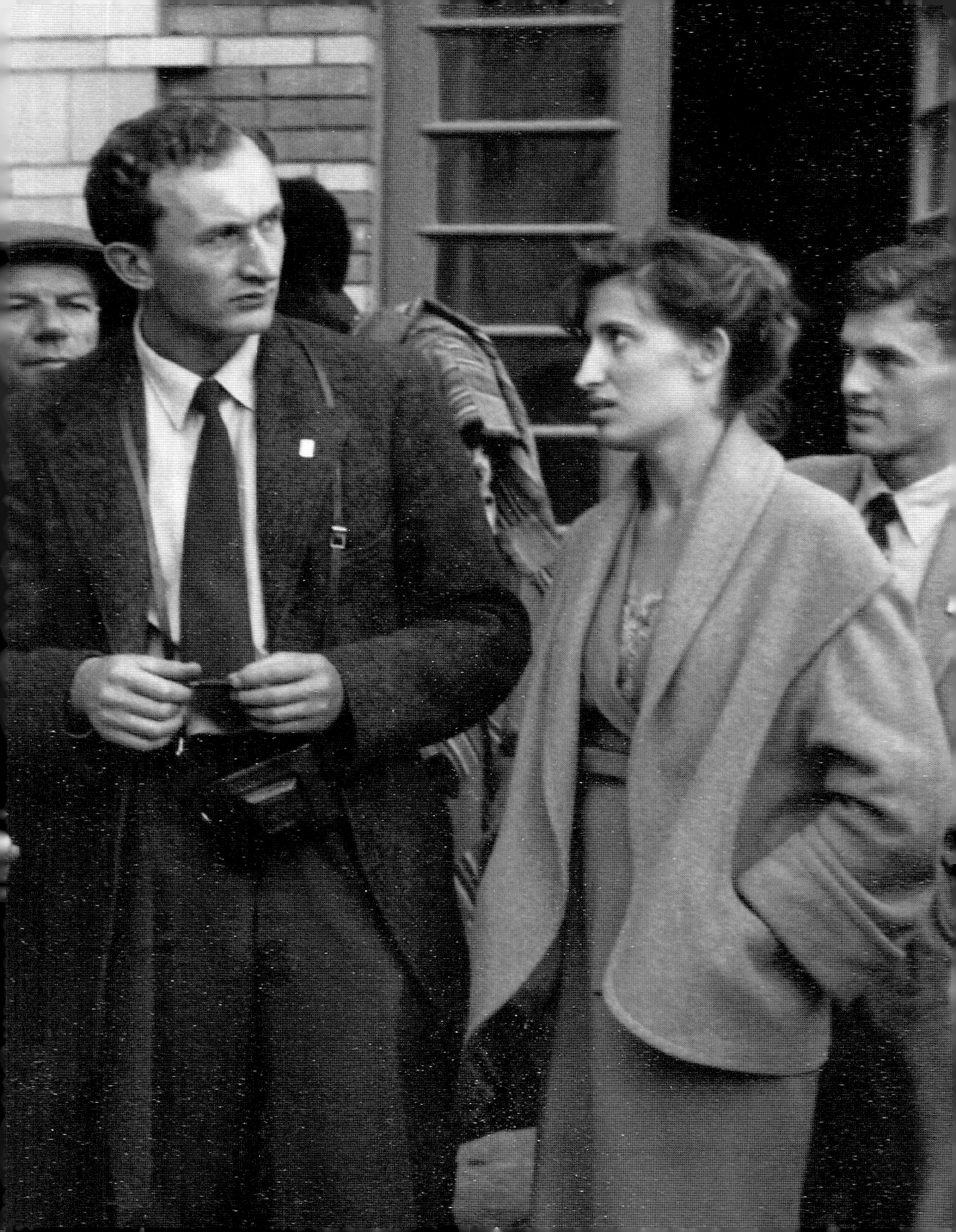

ROMAN HALTER
1927–2012

Romans Reise durch die Nacht. Bericht eines Überlebenden
(Roman's Journey, 2007)

M it fast 50 Jahren beschließt der Londoner Architekt Roman (Romek) Halter, künftig als Maler seine Erinnerungen an den Holocaust festzuhalten. Und er beginnt, seine Lebensgeschichte aufzuschreiben.

Romek Halter erzählt von seiner Kindheit im polnischen Chodecz. Die glückliche Zeit in seiner jüdischen Großfamilie endete im September 1939, als unmittelbar nach dem Einmarsch deutscher Truppen auch in Chodecz Juden ermordet wurden. Im September 1940 deportierer SS und deutsche Zivilisten die noch lebenden Juden von Chodecz in das Ghetto von Łódź. Aus Romeks Familie starben dort sein Neffe, sein Großvater und sein Vater. Seine Mutter sah der Junge im Herbst 1942 zum letzten Mal, als beide in ein Vernichtungslager transportiert werden sollten. Von seiner Mutter ermutigt, sprang Romek in einem günstigen Augenblick vom fahrenden Wagen und tauchte im Ghetto unter.

Später wurde Romek in die Lager von Auschwitz-Birkenau und Stutthof und am 23. November 1944 nach Dresden verschleppt, wo er in einer Munitionsfabrik arbeiten musste.

Mit der Bombardierung Dresdens begann Romek Halters Weg in die Freiheit. Er überlebte die schweren Angriffe und den Feuersturm. Doch Ende März 1945 wurde er auf einen »Todesmarsch« geschickt. Romek konnte fliehen. Gemeinsam mit zwei weiteren entkommenen jüdischen Zwangsarbeitern fand er Unterschlupf bei Herta und Kurt Fuchs in Oberpoyritz, einem Dorf bei Schloss Pillnitz.

Einige Tage nach der deutschen Kapitulation am 8. Mai erschossen im Dorf drei SS-Männer den »Judenretter« Kurt Fuchs und einen der ehemaligen Häftlinge. Romek Halter gründete später in England eine Familie. Bis auf seine Großmutter und eine Tante hatte niemand seiner Angehörigen den Krieg überlebt.

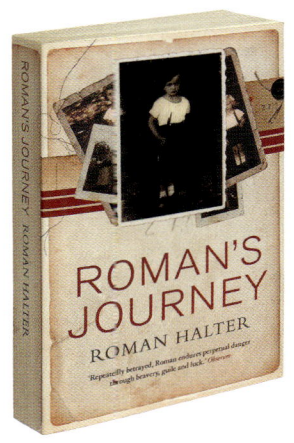

◄ Roman Halter, um 1954

»Traumbilder«
Im Jahr 2000 stellte Roman Halter Veränderungen in seinem Schlafverhalten fest. Wenn er aufwachte, konnte er sich sehr genau an seine Träume erinnern – die häufig Albträume waren mit Szenen aus seiner Kindheit und Jugend. Akribisch notierte er Uhrzeit und Tag und malte das Geträumte mit Wasserfarben und Tinte auf Papier. Unter jede Darstellung schrieb Roman Halter einen erklärenden Kommentar zur Abbildung und zu den biografischen Bezügen. In einigen Träumen vermischten sich polnische und englische Landschaften und persönliche Erlebnisse mit den Schicksalen naher Freunde und Verwandter.

1
»Sandgruben in der Nähe von Chodecz«
Roman Halter
geträumt am Mittwoch, 26. März 2008, 1:50 Uhr
Ardyn Halter

»In der Nähe von Chodecz gab es Gruben aus feinem Sand, in denen wir Kinder damals nach der Schule spielten und auf Metallpfannen die Hänge hinunterrutschten. Noch heute gibt es auf dem Weg nach Huta-Chodecka links eine Grube mit besonders feinem Sand, die wir – Fergal Keane, Fred Scott und ich – im März 2006 entdeckt hatten, als wir verschiedene Orte in Polen besuchten.

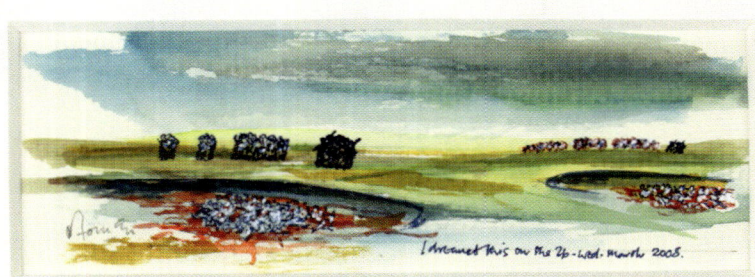

Near Chodecz there were pits of fine sand were we children in my time, played and
slid down slopes on metal pans. after school time. Even today, on the way to Huta-
Chodecka there is, on the left as one leaves Chodecz, an exposed pit of very fine sand.
We, Fergal Keane, Fred Scott & I saw when in march 2006 we visited places in Poland.
On the 26th March Wed. @ 1:50 am. 2008 I dreamt that Jewish mothers and their children
were taken in small groups by local german men newly conscripted into the S.S. and shot
them into the sand pits near Chodecz.

Am Mittwoch, dem 26. März 2008 um 1:50 Uhr träumte ich, dass jüdische Mütter und ihre Kinder von deutschen Männern, die aus der Gegend kamen und Mitglieder der SS waren, in kleinen Gruppen zu den Gruben gebracht und dort erschossen wurden.«

(Übersetzung des Textes im Bild)

Im Sommer 1940 wurde Roman Halter Zeuge eines Massakers an seinen jüdischen Schulkameraden in Chodecz. Junge Volksdeutsche aus dem Ort wurden in einer Sandsenke zu SS-Soldaten ausgebildet, indem sie ihre jüdischen Nachbarn umbrachten. Roman sah, wie ein sechs Jahre älterer Junge, der in die Schulklasse seiner Schwester ging, mit dem Gewehrkolben »wie mit einer Axt« auf den Kopf des jüdischen Jungen Henryk schlug. Zwei andere SS-Rekruten pflanzten ihre Bajonette auf und stellten sich mit gespreizten Beinen über Henryk und seine Schwester Hanka. »Und dann stießen sie immer wieder die Bajonette in Hanka und Henryk. [...] Meine anderen sechs Freunde, die mit dem Gesicht zur Wand aus Sand standen, jammerten und weinten. Den übrigen sechs SS-Männern wurde etwas zugerufen, sie hoben ihre Gewehre und zielten. Dann kam das kurze Bellen eines Befehls. Sie feuerten.«

Roman entging dem Massenmord, weil er an diesem Tag einen Auftrag des kommandierenden Obersts erledigen musste. Die Ermordung seiner Freunde beobachtete er aus einem Versteck, ohne dass ihn jemand sah.

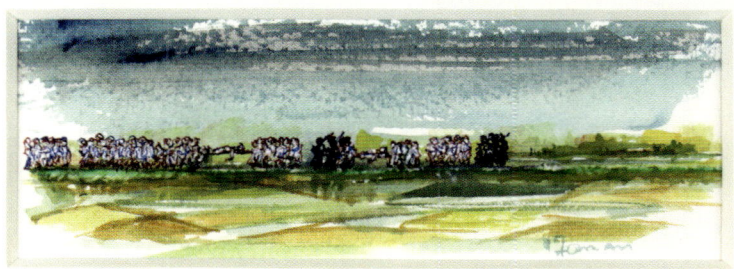

I dreamt on the 24th of Aug. 2008 at 1am Sund. about our 'Death march' from Dresden. in Feb. '45 when category A workers who were too weak to walk were not shot but had to be carried. I was carrying Nusbaum with 3 others & he felt so light. (Nusbaum was actually shot on the second day of our march but in my dream he was alive still.)

Engineer Nusbaum was marked by the S.S. Category A slave. Yet he was shot. Why? After the bombing of Dresden on the 13 Feb '45 many of us contracted diarrhoea from the drinking water. This in addition to our starved state weakened us greatly. Small, starved-looking Mrs. Nusbaum, suffering from diarrhoea trailed behind the column with those who were unable to keep up with the marching pace set by the S.S. Engineer Nusbaum approached the chief S.S. officer and asked whether he would be allowed to help his sick wife. Not only was he not allowed to do so but together with 3 other men he was made to dig a pit in the nearby field. Mrs Nusbaum and those who trailed behind were shot into the pit. When the pit was covered Mr. Nusbaum stood there reciting KADDISH. The order was given for the 4 men to return to the rest of the group. But Mr. Nusbaum had not yet finished saying KADDISH so he ignored the order Then the S.S. man in charge took out his pistol & shot Mr Nusbaum dead.

2
»Todesmarsch von Dresden«
Roman Halter
geträumt am Sonntag, 24. August 2008, 1:00 Uhr
Ardyn Halter

»Ich träumte am 24. August 2008 um 1 Uhr früh, Sonntag, von unserem ›Todesmarsch‹ von Dresden. Im Februar 1945 wurden Kategorie-A-Arbeiter, die zu schwach waren, um zu laufen, nicht erschossen, sondern getragen. Ich trug Nusbaum zusammen mit drei anderen, und er schien so leicht zu sein. (Tatsächlich wurde Nusbaum am zweiten Tag des Marsches erschossen, aber in meinem Traum war er noch am Leben.)

Ingenieur Nusbaum war von der SS als Kategorie-A-Sklave eingestuft worden. Dennoch wurde er erschossen. Warum? Nach der Bombardierung Dresdens am 13. Februar 1945 waren viele von uns durch das Trinkwasser an Durchfall erkrankt. Das schwächte uns sehr, zusätzlich zu unserem halbverhungerten Zustand. Die kleine, verhungert aussehende Frau Nusbaum, die an Durchfall litt, ging zusammen mit denen, die mit der Geschwindigkeit der SS nicht mithalten konnten, hinter der Kolonne her. Ingenieur Nusbaum ging zum obersten SS-Offizier und fragte, ob er seiner kranken Frau helfen dürfe. Nicht nur wurde ihm dies verwehrt: Zusammen mit drei anderen wurde er gezwungen, in einem nahen Feld ein Loch zu graben. Frau Nusbaum und die anderen, die hinterhergegangen waren, wurden in der Grube erschossen. Als die Grube zugeschüttet worden war, stand Herr Nusbaum da und sprach das KADDISCH. Den vier Männern wurde befohlen, zum Rest der Gruppe zurückzukehren. Aber Herr Nusbaum hatte das KADDISCH noch nicht zu Ende gebetet und ignorierte den Befehl. Da nahm der verantwortliche SS-Mann seine Pistole und erschoss Herrn Nusbaum.«

(Übersetzung des Textes im Bild)

Roman Halters Albträume handeln fast immer von Erschießungen und Todesmärschen, die er als Jugendlicher durchlebt hat. Jeden Abend wurden erschöpfte Gefangene erschossen und andere von Wachleuten aus Machtlust zu Tode gequält.

Dabei gab es jedoch Ausnahmen. Einige besser Ausgebildete in der Gruppe wurden als Arbeiter der Kategorie A bezeichnet. Auch noch nach der Bombardierung Dresdens sollte die Munitionsproduktion an einem anderen Ort wieder aufgenommen werden, wobei insbesondere die Arbeiter der Kategorie A benötigt würden. Daher sollten Häftlinge dieser Kategorie, die aufgrund von Schwäche oder Krankheit nicht weiterlaufen konnten, nicht erschossen, sondern getragen werden.

3
»Todesmarsch von Dresden März 1945«
Roman Halter
geträumt am Montag, 27. November 2006, 1:28 Uhr
Ardyn Halter

»Der Todesmarsch unserer Gruppe von Zwangsarbeitern der Metallindustrie aus Dresden im März 1945 taucht wieder und wieder in meinen Träumen auf. Hier träumte ich am 27. November 2006 davon, dass ich dabei half, Ing. Nussbaum [sic] zu tragen. (Tatsächlich hatten wir ihn niemals getragen, da er trotz seiner Kategorie-A-Markierung am zweiten Tag unseres Todesmarschs erschossen wurde.) Wir marschierten durch eine Landschaft, die der von Dorset ähnelte. Nachdem wir wochenlang in der Fabrik in der Schandauer Str. 68 eingepfercht gewesen waren, genoss ich es in meinem Traum, auf unserem Marsch die frische Luft einzuatmen. (Ich schlafe auch im Winter stets bei offenem Fenster.)«

(Übersetzung des Textes im Bild)

Nachdem Roman Halter bei Aufräumarbeiten in der von alliierten Bombern schwer getroffenen Stadt eingesetzt war, wurde er Ende März zusammen mit anderen jüdischen Sklavenarbeitern aus Dresden geführt. Dieser »Todesmarsch« verfolgte ihn sein Leben lang durch unzählige Träume. Bevor der Zug der verhungernden und gequälten Menschen die Stadtgrenze erreichte, kamen Dresdner aus den Häusern und Ruinen, beschimpften und bespuckten sie. Die Zwangsarbeiter hatten den Eindruck, die Menschen am Straßenrand machten sie für die Zerstörung der Stadt verantwortlich. Steine wurden auf den Gefangenenzug geworfen. Aber eine Frau, die vereinzelt stand, warf mit etwas Ungewöhnlichem auf die Gefangenen: mit Brot. Als Eliasch, ein Freund Romans, sich nach einem Brot bückte, schlug ihn ein SS-Mann mit dem Gewehrkolben auf den Kopf. Eliasch wankte, aber ging schwer verletzt weiter. Am nächsten Morgen war er tot. Er war 18 Jahre alt, ein Jahr älter als Roman.

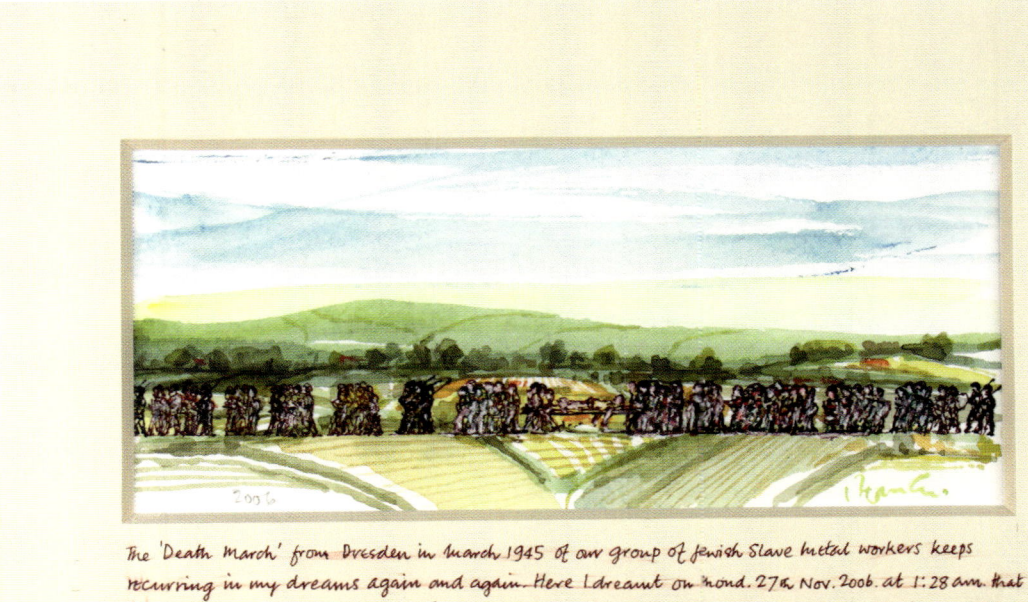

The 'Death March' from Dresden in march 1945 of our group of jewish slave metal workers keeps recurring in my dreams again and again. Here I dreamt on mond. 27th Nov. 2006. at 1:28 am that I helped to carry Ing. Nussbaum. (but we never carried him, although he was marked category A. he was shot on the 2nd day of our 'Death march') we walked in a landscape that resembled the landscape of Dorset. After weeks of being cooped-up. night and day in the factory on 68 Schandauer Str. in my dream I could smell the fresh air of this march and enjoy it. (I sleep with my window open tho' it's winter.)

»Roman's Journey« (Romans Reise)
Mehr als 20 Jahre lang schrieb Roman Halter an seinen Erinnerungen. Mehrere Parallelfassungen entstanden mit bis zu 800 Seiten, die er mit kleinen Aqua-
rell-Miniaturen versah. Romans Tochter Aloma Halter
unterstützte ihn als Hauptlektorin bei der Erarbeitung
des druckfertigen Buches, das mit rund 300 Seiten
2007 in englischer und deutscher Sprache erschien.

4
»Roman's Journey«
Originaltyposkript mit Zeichnung von Roman Halter
vor 2007
Ardyn Halter

Bevor Roman Halter nach Dresden verschleppt wurde,
war er gemeinsam mit anderen Gefangenen vom
Ghetto Łódź in Viehwaggons nach Auschwitz deportiert
worden. Zweieinhalb Tage dauerte die Fahrt. 2 000 Gefangene wurden nach der Ankunft in Auschwitz sofort
ermordet. 500 wurden für Arbeiten in der Rüstungsindustrie ausgewählt und über das Konzentrationslager
Stutthof nach Dresden gebracht.

5
»Roman's Journey«
Originaltyposkript mit Zeichnung von Roman Halter
vor 2007
Ardyn Halter

Den Beginn der Luftangriffe auf Dresden am 13. Feb-
ruar 1945 erlebte Roman Halter mit anderen jüdischen
Zwangsarbeitern, die einer Munitionsfabrik in der
Schandauer Straße 68 zugeteilt waren.

Übersetzung:
»Die SS-Wachen, sonst immer draufgängerisch und
großmäulig, sahen nun blaß und verschreckt aus; sie
liefen hin und her und drängten sich dann unter den
Stützpfeilern der Fabrik zusammen. Es freute uns, unsere Folterer in diesem Zustand zu sehen [...]. Innerhalb weniger Minuten waren wir aus dem Gebäude. Als
wir aus den schmalen Spalten der über unsere Köpfe

she would make herself a drink in the kitchen and smoke a cigarette and
sit on a low stool and just grin. Her eyes had a nice squint.
We had an inspection from Czarnula and the same German civilians who
came to Stutthoff, Concentration Camp with him. They were pleased with
the way in which we did our job. Czarnula recognised me and watched me

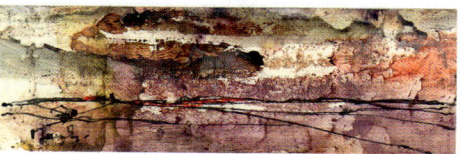

getting amongst the parts and oiling them. Then he spoke to the SS officer
and to Chimowitcz (Alfred)
That afternoon I had to carry two buckets of coal. Walking about 10 paces
behind Czarnula and his party and without an SS escort to a flat. I was
told there to make a fire in the corner oven.One that heats the whole room
and is faced on four sides with white tiles, in fact very similar to the one

4

kept throwing themselves to the ground, they screamed from the burns.
And so did people in some buildings which were only partly standing and

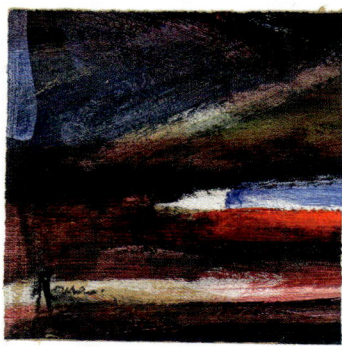

burning. Smoke , fire and dust, screams and continuous explosions met us

5

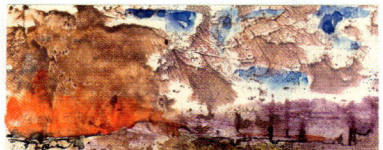

When daylight came the fire and smoke of the burning Dresden kept still
filling the skies.We huddled in small groups, the SS were few and hardly
to be seen. If only we could run away but where to? Mothers and sons and
husbands and wives stood united together under the same blanket .Mr
Nusbaum stood with arm around Mrs Nusbaum waring the blanket like a
cloak Leon Ch. wandered about without a blanket, he had it rolled up and it
hung around his neck like a halter. I had the loaf of bread and felt guilty

6

gezogenen Decken schauten, sahen wir überall Flammen. Flammen waren überall, ganz Dresden brannte. Wir gingen schnell, fast rannten wir. Aus manchen Straßen mussten wir eilig umkehren, so hoch war die Flammenwand, die uns entgegenschlug. Die SS-Wachen ohne Decken über ihren Köpfen warfen sich immer wieder auf den Boden. Verbrennungen ließen sie aufschreien. So wie die Menschen in den Gebäuden, deren Mauern nur noch zum Teil standen und brannten. Rauch, Feuer und Staub, Schreie und ständige Explosionen begleiteten unseren Weg zum Fluss. Doch Dank Alfred Ch. erreichten wir das Ufer. Nicht alle, aber die große Mehrheit von uns.«

6
»Roman's Journey«
Originaltyposkript mit Zeichnung von Roman Halter
vor 2007
Ardyn Halter

Übersetzung:
»Als der Tag anbrach, füllten Feuer und Rauch des brennenden Dresden noch immer den Himmel. [...] Erst allmählich durchbrach die Sonne Nebel, Rauch und ferne Feuer. Mittags standen wir noch immer an derselben Stelle. Und zu diesem Zeitpunkt begannen wieder Flugzeuge aus großer Höhe ihre Bomben abzuwerfen. ›Es sind amerikanische Flugzeuge! Es sind amerikanische Flugzeuge!‹, rief jemand. Die Bomben schlugen nicht weit von uns ein. Aber dort, wo wir standen, gab es nur Gras, Wasser und einige Bäume. ›Sie haben es auf Peezia und Shmekl abgesehen‹, witzelte der Mann aus Auschwitz. Die amerikanischen Flugzeuge warfen ihre Bomben aus großer Höhe ab, drehten und flogen wieder weg. ›Sie wollen nicht zu spät zum Abendessen kommen‹ und Witze dieser Art waren typisch für uns Leute mit den Wolldecken. Wie habe ich mich danach gesehnt, in einem dieser Flugzeuge zu sein und in die Freiheit zu fliegen.«

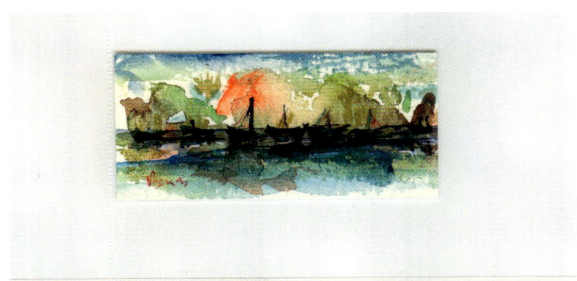

my school in Chodecz we Jewish children could either stand to attention silently whilst all the Christian pupils recited their morning prayers or wait outside the classroom and when the prayers were over come back

7

7
»Roman's Journey«
Originaltyposkript mit Zeichnung von Roman Halter
vor 2007
Ardyn Halter

Einige Tage nach Beginn des »Todesmarschs« konnte Halter in einer kleinen Gruppe Mitgefangener fliehen. Er war der einzige von ihnen, der überlebte. Ein deutscher Angestellter der Munitionsfabrik in der Schandauer Straße half und gab ihm die Adresse von Herta und Kurt Fuchs im Dorf Oberpoyritz an der damaligen Stadtgrenze zu Dresden. Das Ehepaar versteckte ihn bis Kriegsende zusammen mit zwei weiteren geflohenen Zwangsarbeitern.

Einen Tag vor der deutschen Kapitulation machte sich Roman auf den Weg nach Chodecz, um nach überlebenden Familienmitgliedern zu suchen. In Chodecz angekommen, fühlte er sich nicht willkommen, sondern im Gegenteil bedroht, insbesondere von den neuen Bewohnern seines Elternhauses. Er verließ Chodecz und Polen, ohne einen Verwandten wiedergefunden zu haben, und kehrte zurück an den Ort, in dem er sich zuletzt sicher und wohl gefühlt hatte: in das Haus von Herta und Kurt Fuchs in Oberpoyritz. Als Herta Fuchs die Tür öffnete, stand ihm eine schwarz gekleidete und um Jahre gealterte Frau gegenüber. Wenige Tage nach Kriegsende hatten SS-Männer Kurt Fuchs und einen der ehemaligen jüdischen Zwangsarbeiter im Dorf erschossen. Ohne Hilfe der Nachbarn begrub Herta Fuchs ihren Mann im eigenen Garten.

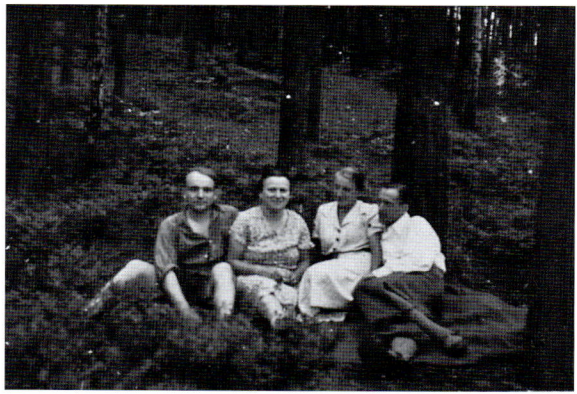

8

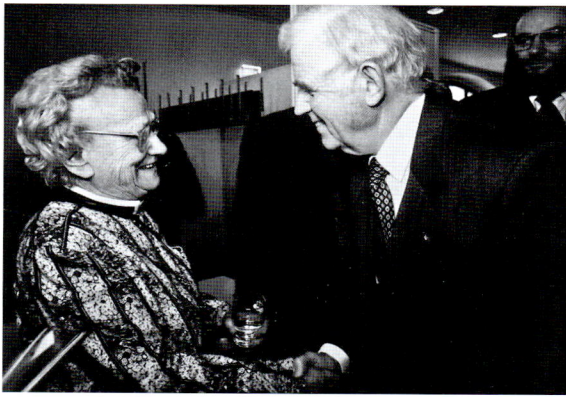

9

Bereits Ende der 1980er Jahre suchte Roman Halter nach Herta Fuchs in Oberpoyritz. Sie hatte den Ort nie verlassen, galt als Außenseiterin und lebte in bescheidenen Verhältnissen. Noch bis in ihr 80. Lebensjahr musste sie als Waschfrau arbeiten. Roman besuchte sie einige Male. Auf seine Frage, warum sie ihm damals geholfen habe, antwortete sie mit einer Gegenfrage: »Hättest Du an meiner Stelle anders gehandelt?« Am 2. April 1995 wurde Herta Fuchs in Israel als »Gerechte unter den Völkern« anerkannt. Die Yad-Vashem-Urkunde des Staates Israel überreichte ihr der israelische Botschafter in Deutschland, Avi Primor. Anschließend gab Ministerpräsident Kurt Biedenkopf zu ihren Ehren einen Empfang im Kulturamt der Stadt Dresden. Im Dezember 2003 starb Herta Fuchs im Alter von 94 Jahren.

10

Fenster zur Vergangenheit und Zukunft
Glasfenster von Aviva und Ardyn Halter
nach einem Entwurf von Roman Halter von 2003
Israel, November 2014
MHM

Im Herbst 1945 wanderte Roman Halter nach Großbritannien aus und wurde Architekt. 1974 begann er seine Arbeit als bildender Künstler. In seinen Gemälden und Glasfenstern, die er für Synagogen, Museen und Gedenkstätten schuf, hielt er die Bilder von den Menschen aus seinem Gedächtnis fest, die den Holocaust nicht überlebt hatten.

In seinen Bildgeschichten drückte Roman Halter Trauer und Verzweiflung aus. Doch er war auch ein Mensch, der das Leben liebte. Im Jahr 2008 nahm er an einem Projekt des Schriftstellers Steve Slack über die »Natur des Glücklichseins« teil. »So wie es keine Grenzen des Leids gibt, gibt es keine Grenzen des Glücks«, sagte Roman Halter.

Als Roman Halter am 30. Januar 2012 starb, hinterließ er seine Ehefrau Susan und seine drei Kinder Aviva, Aloma und Ardyn.

8
Kurt und Herta Fuchs
mit einem befreundeten Paar im Wald
Fotografie, 1930er Jahre
Irene Heidmann

9
Herta Fuchs und Kurt Biedenkopf
beim Empfang zur Verleihung des Titels
»Gerechte unter den Völkern«
an Kurt (postum) und Herta Fuchs
Fotografie, Dresden 1996
Irene Heidmann

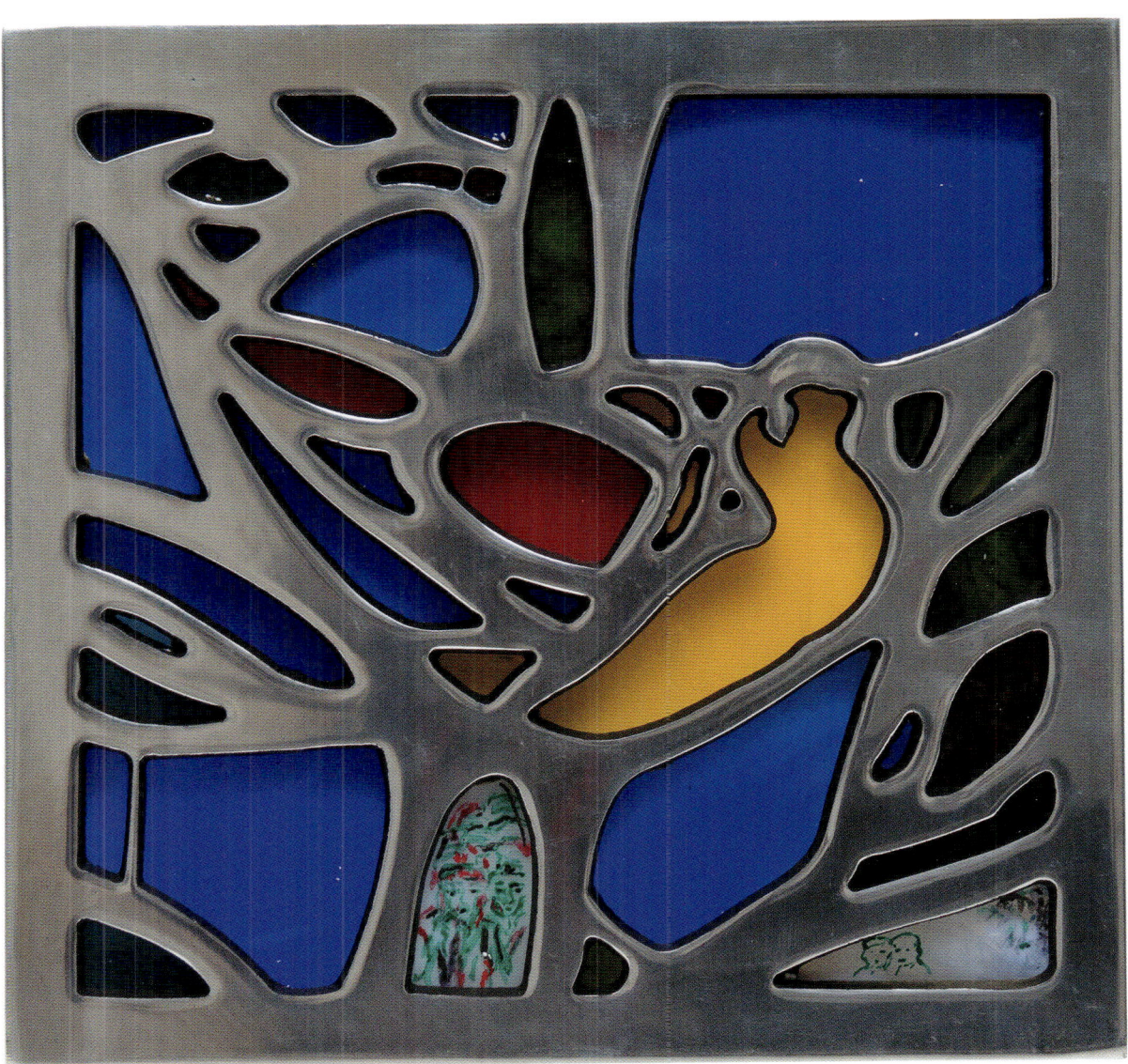

10

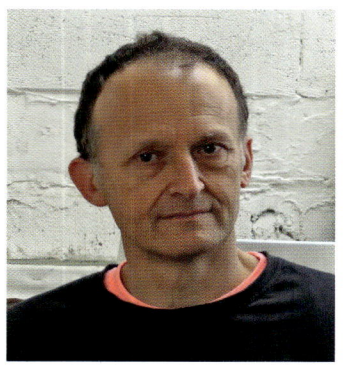

Ardyn Halter, 2014

»The Family I Never Knew«

(»Die Familie, die ich nie kennenlernte«)

Mit seinem Gemäldezyklus »The Family I Never Knew« setzte Roman Halters Sohn Ardyn die Gedenkarbeit seines Vaters fort. Auch hier findet sich eine Verbindung von Wort und Bild.

Ardyn Halter widmete diesen Gemäldezyklus seinen Familienangehörigen, die er nie kennenlernen konnte. Die Geschwister, Eltern und Großeltern seines Vaters Roman Halter waren im Zuge der deutschen Vernichtungspolitik ermordet worden. Als einzige Erinnerungsstücke an die Familien aus dem Städtchen Chodecz in Polen blieben wenige kleinformatige Fotografien aus den 1920er und 1930er Jahren, die sich bei einer Großtante in der Schweiz fanden. Ardyn Halter empfand diese »Stillleben« als »frustrierend flach«, ihre Zweidimensionalität bildete einen starken Kontrast zu den lebendigen Familiengeschichten seines Vaters. Ardyn Halter benutzte die Fotos als Vorlage für seine sehr persönliche künstlerische Annäherung.

»Die Gemälde von der ›Familie, die ich nie kennenlernte‹ zeigen die Shoa aus Sicht der zweiten Generation, die nach dem Krieg geboren wurde. Ich habe die Tötungen, Morde, Erniedrigungen und Gräueltaten nicht selbst erlebt. Diese Erfahrung ist aus zweiter Hand, erlesen, ›geerbt‹, was immer das bedeutet. Meine Erfahrung ist die, Teil einer Familie zu sein und eines Volkes, die nach dem Völkermord leben. Es ist die Erfahrung einer Leere.« | Ardyn Halter

Ardyn Halter wurde 1956 in London geboren und studierte an der Universität von Cambridge. 1977 konnte er im Zuge eines Stipendiums Wand-Mosaik-Design in Iran und Afghanistan studieren. Heute lebt er als Künstler in Pardes Hanna, Israel. Mit seinem Vater Roman Halter schuf er den Bereich Yad LaYeled im Museum Haus der Ghettokämpfer in Westgaliläa, Israel. Für die Gedenkstätte und Museum der gepanzerten Truppen in Latrun, Israel, gestaltete Ardyn Halter die Skulptur »Your Fellow Man« (»Dein Mitmensch«). 2004 entwarf und fertigte er zwei monumentale Glasfenster für das Nationale Völkermorddenkmal in Ruanda. Arbeiten von Ardyn Halter werden in verschiedenen internationalen Sammlungen bewahrt, unter anderem in The British Library, The Israel Museum, The National Library of Ireland, The Victoria and Albert Museum und in der New York Public Library.

12
»The Family I Never Knew«
Tel Aviv, 1981
Ardyn Halter

Über die Köpfe schrieb Ardyn Halter in Hebräisch die Namen der Verwandten und zu ihren Füßen die Umstände ihres Todes. Die hebräischen Inschriften lauten (v. l. n. r.): Shlomo (1940 von den Deutschen gehängt, nachdem er am Widerstand mitgewirkt hatte), Yitzhak (unter Stalin ermordet zwischen 1941 und 1942), Shoshana (ertrunken), Sarah (ermordet in Chełmno) und Pesach (1940 von den Deutschen ermordet).

Die Täter sind in den Bildern durch antisemitische Losungen anwesend. Die großen, schweren gotischen Buchstaben bilden einen Rahmen um die Menschen oder legen sich wie ein Schleier über das Bild. Es ist zwar keine direkte Gewalt sichtbar, aber durch die Sprache der Gewalt deutlich spürbar.

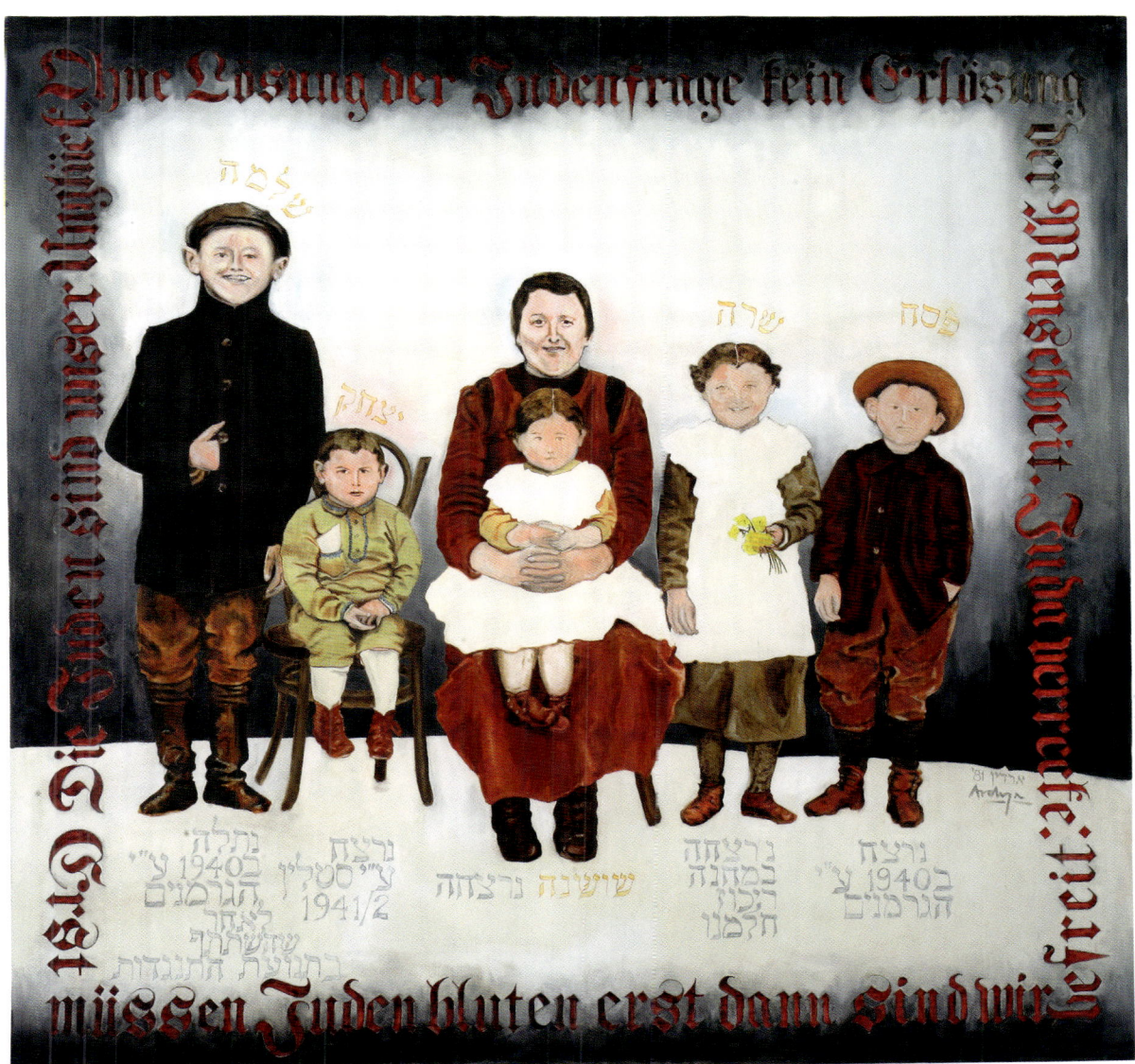

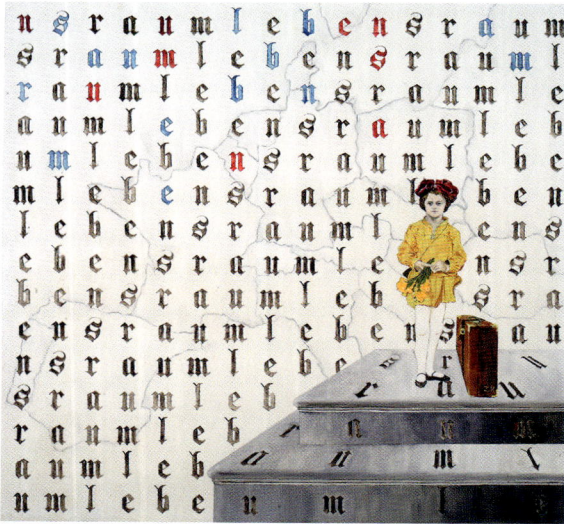

13

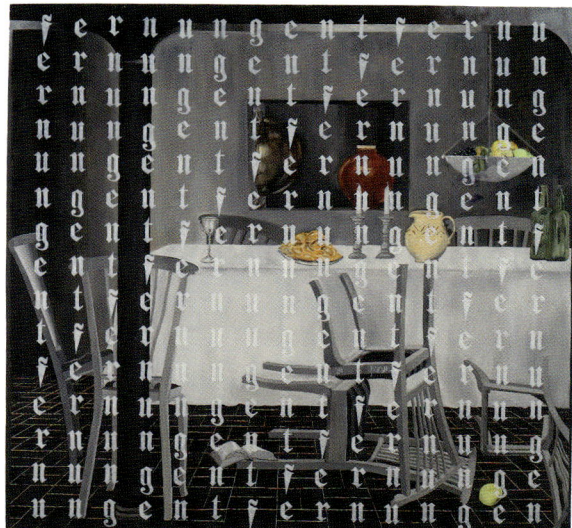

14

13
»Lebensraum«
Tel Aviv, 1981 – 1983
Ardyn Halter

»Ein Mädchen steht vor einem weißen Hintergrund, auf dem sich die Konturen Europas abzeichnen. Sie selbst ist gelb gekleidet und steht neben einem Koffer, der ein wenig zu groß wirkt – nicht wie die Art Gepäckstück, die man einem jungen Mädchen zuordnen würde. Das Mädchen ist jung und wirkt doch auf seltsame Weise gealtert, niedergedrückt. Die Europakarte ist von ihr abgetrennt durch das ständig wiederkehrende, horizontal und vertikal verlaufende Wort ›Lebensraum‹. Warum steht sie dort? Auf einer Plattform, auf Stufen, auf einer Grabkante? Sie wird vertrieben und schaut uns an. Die Blumen, die sie in der Hand hält, wirken ähnlich unpassend wie ihre Anwesenheit auf der Kante. Sie ist meine Tante Zosia. Ihre Initialen stehen auf ihrem Koffer. Das Gemälde ist eine Verschmelzung zweier Fotoschnipsel. Auf dem einen ist sie etwa sieben, auf dem anderen etwa zwölf Jahre alt.« | Ardyn Halter

14
»Entfernung«
Tel Aviv, 1981 | Ardyn Halter

15
»Aufräumung«
Tel Aviv, 1981 – 1983 | Ardyn Halter

»Das Gemälde zeigt eine Gruppe von Hüten mit Köpfen, die eifrig, aktiv und fahrig eine sonderbare Spirale formen. Die verschiedenen Formen und Stile der Hüte kennzeichnen verschiedene orthodoxe Gemeinschaften, rabbinische Gefolgschaften. Die Hüte am Rand der Spirale sind leer. Das Wort ›Aufräumung‹ ist hier ganz wörtlich als ›Säuberung‹ gemeint. Klassifizieren ist ein ganz natürlicher menschlicher Denkprozess und Instinkt, ein Teil des kindlichen Lernfortschritts. Man sortiert Knöpfe, Schuhe, Menschen: Juden, Katholiken, Muslime, Homosexuelle, Zeugen Jehovas, Sinti und Roma, Körperteile, Prothesen, Ideen, Brillen, Dialekte, Nasen, Hüte. Kommt es am Ende zu Asche und Knochen, erscheint das Klassifizieren weniger relevant.« | Ardyn Halter

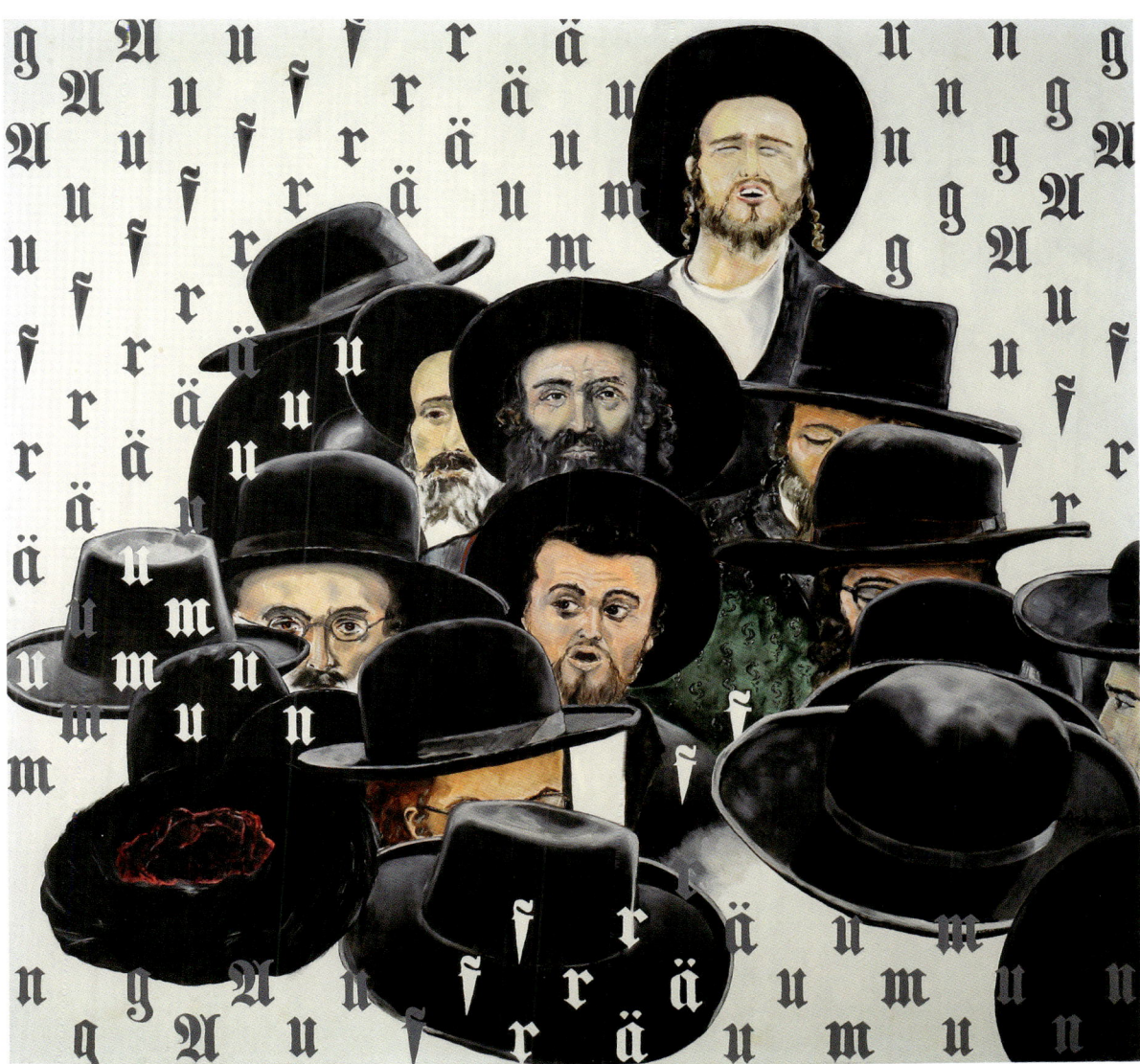

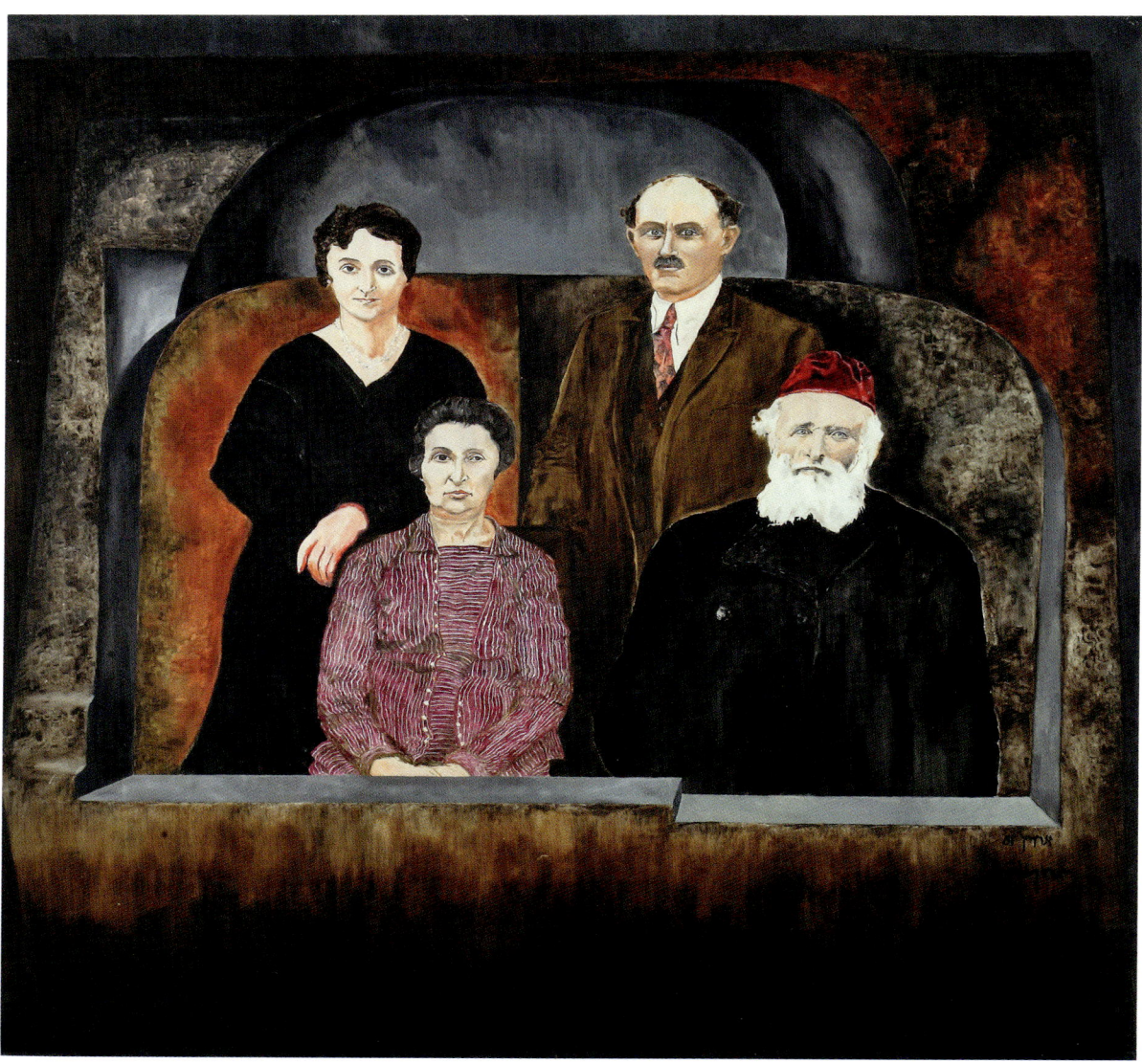

16

16
»Grandparents and Great-grandparents«
(»Großeltern und Ur-Großeltern«)
Tel Aviv, 1981
Ardyn Halter

Roman hatte eine enge Beziehung zu seinem Großvater. Zusammen mit seinen Eltern wurden sie im September 1940 in das Ghetto von Łódź deportiert. Dort verhungerte der Großvater 1941. Der Vater starb am 7. April 1942 vor Entkräftung, Romans Mutter wurde im Herbst in ein Vernichtungslager deportiert und ermordet. Die Großmutter war vor dem Krieg nach Palästina ausgewandert.

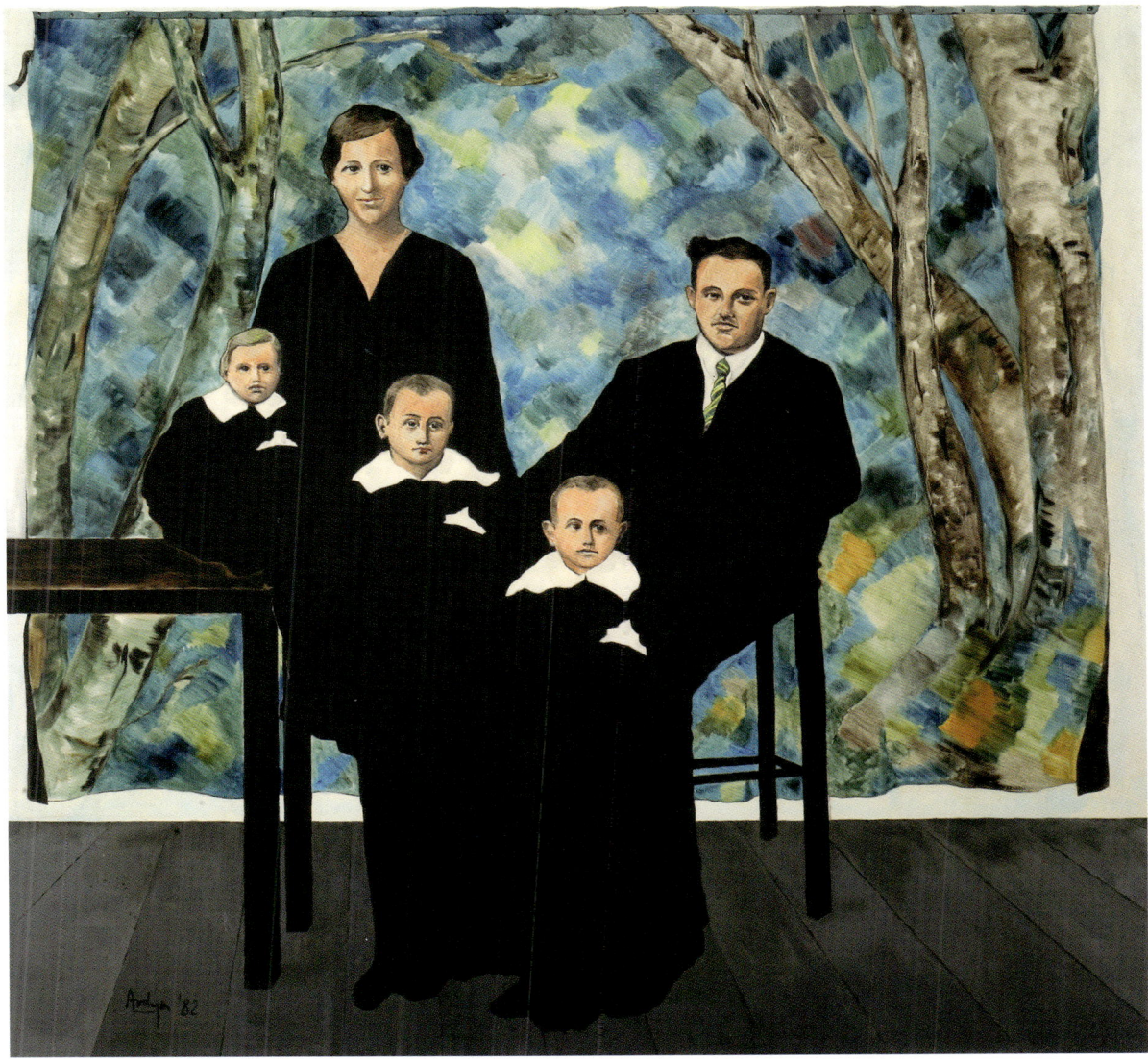

17

17
»Painting no. 9 (family shape)«
(»Gemälde Nr. 9 [Familienbild]«)
Tel Aviv, 1982
Ardyn Halter

Als Vorlage für dieses Gemälde wählte Ardyn Halter eine Fotografie aus der Gedenkstätte Yad Vashem. Es zeigt Menschen, die er ebenso wenig kennt wie seine Verwandten auf den Familienfotos aus Chodecz. »Die Familie, die ich nie kennenlernte« ist ihm so fremd und vertraut wie diese Familie, weshalb er sich ihr sehr verwandt fühlt.

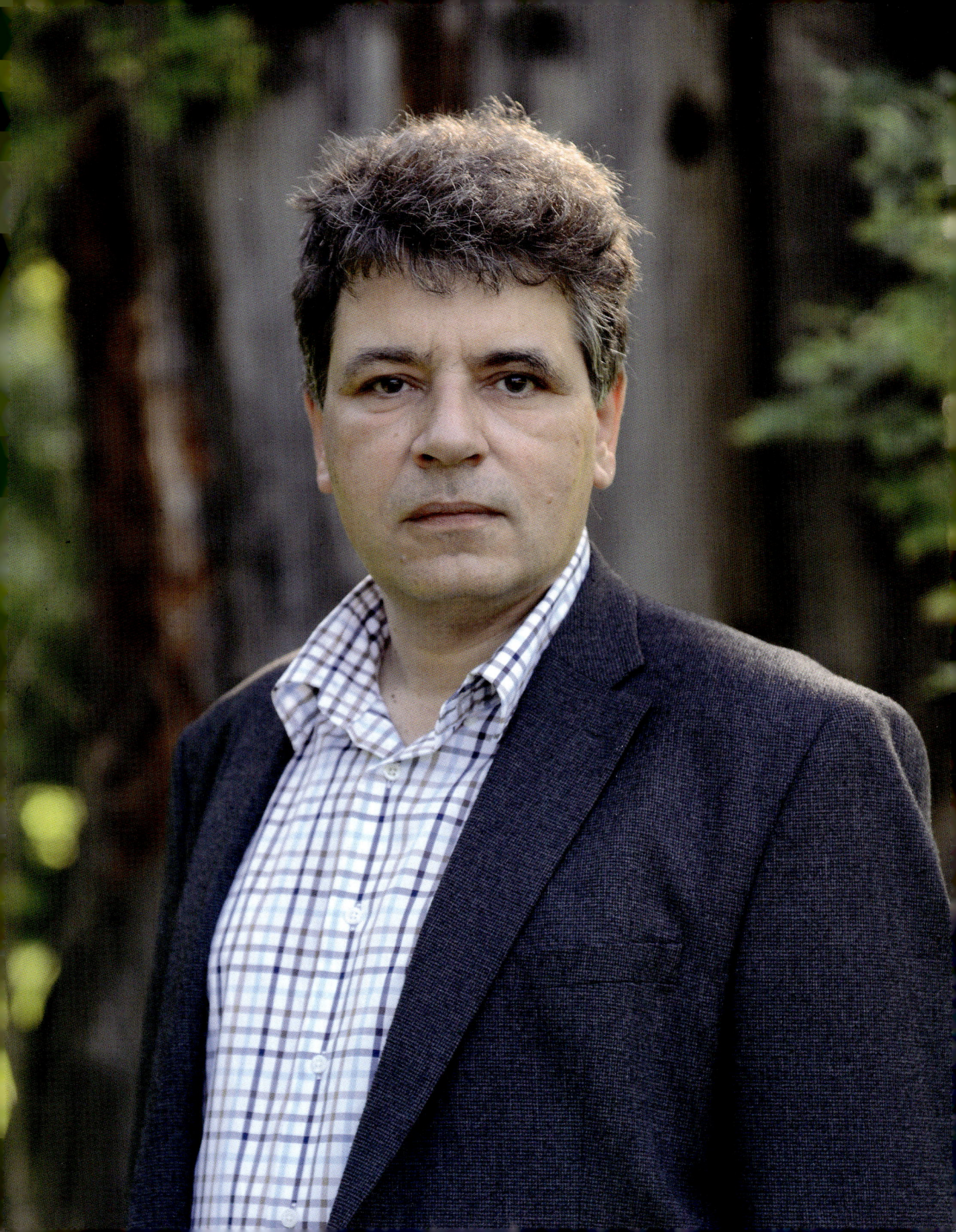

MARCEL BEYER

* 1965

Kaltenburg (2008)

In Marcel Beyers Roman bildet die Zerstörung Dresdens im Februar 1945 den Ausgangspunkt der Handlung, nicht das eigentliche Thema. Hermann Funk, der Ich-Erzähler, verlor während der Bombardierung als Elfjähriger seine Eltern. Im Großen Garten fielen ihm verbrannte Vögel als Klumpen aus Teer und Federn auf den Kopf. Der Feuersturm hat ihn »jeglicher Vorstellung von sich selbst beraubt«, seine Erinnerungsfetzen ergeben kein Bild seiner Herkunft und seines Kinderlebens. Zum Vaterersatz ist ihm der berühmte Ornithologe und Verhaltensforscher Professor Ludwig Kaltenburg geworden, der in Dresden-Loschwitz ein Institut für Verhaltensbiologie unterhält.

Kaltenburg, der in Posen Heerespsychiater war, hatte dort in Funks Elternhaus verkehrt. Nun ist er der einzige Gewährsmann für Funks Kindheit. Für Kaltenburg hingegen ist Funk, der mit elf Jahren zu einem Menschen ohne Vergangenheit wurde, gleichermaßen ein Objekt seiner Verhaltensstudien und ein Subjekt, das er nach seinen Vorstellungen bilden zu können meint. Doch Funk schlägt – zu Kaltenburgs Enttäuschung – keine Universitätskarriere ein. Ihm ist das Ausstopfen und Bewahren von Vogelbälgen zum Beruf, geradezu zum Lebensinhalt geworden.

Erst im Kontakt mit der Dolmetscherin Katharina Fischer entwickelt Funk die Fähigkeit, aus Beobachtungen Schlüsse zu ziehen und Erkenntnisse zu gewinnen. Er fragt sich: Was tat Kaltenburg in Posen? War er an der Selektion von Juden beteiligt? Führte er Experimente an Menschen durch? Kaltenburgs Theorien zur Verhaltensbiologie erscheinen in neuem Licht. Funk kann sich nun auch das Verhalten seiner Eltern gegenüber Kaltenburg erklären, das ihm lange Zeit rätselhaft war.

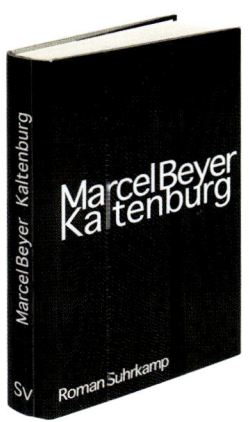

»Breit angelegte Krähenabwehrmaßnahmen – wie das klingt.« Katharina Fischer schüttelte den Kopf. Und so etwas war nicht erlaubt?«

Vielleicht hätte man auch nie von ihnen erfahren, wenn nicht Ornithologen bei ihren Routinegängen auf tote Vögel in ungewöhnlich hoher Zahl gestoßen wären. Ende Februar 1984 wurden an einem Krähenschlafplatz an der ehemaligen Kiesgrube bei Ichtershausen fünfundvierzig Dohlen und fünfundachtzig Saatkrähen gefunden. Die anschließenden Nachforschungen ergaben, daß die LPG Pflanzenproduktion Rudisleben illegalerweise Weizen und Mais mit dem Pflanzenschutzmittel DIMETHOAT getränkt und auf den frisch gepflügten Äckern verstreut hatte, was am Ende über eintausend Vögel das Leben kosten sollte.

»Also fanden Vergiftungsaktionen vornehmlich im Winter statt?«

Ja.

»Nach Ihrer Erzählung aber sind Kaltenburgs Dohlen im Spätsommer umgekommen?«

Das stimmt. In dieser Jahreszeit sind auch gar keine massenhaften Kräheneinfälle zu beobachten. Immer geht es darum, die Wintersaat zu schützen.

»Dann kommen weder Pflanzenschutzmittel noch präpariertes Getreide in Frage, habe ich recht? Vielleicht muß man ganz anders an die Sache herangehen und zunächst überlegen, welche Menschen in näheren Kontakt mit Kaltenburgs Dohlen gekommen sind.«

Zu viele, um den Kreis nach und nach einzugrenzen. Unzählige. Die Institutsmitarbeiter. Besucher. Nachbarn. Und Fremde, die niemand außer den Dohlen selbst je gesehen hat.

»Können Sie sich denn vorstellen, daß die Vögel von einem Unbekannten vergiftet wurden?«

Möglich wäre es. Immerhin sind Dohlen neugierig genug, zeigen sich aufgeschlossen, lassen sich bereitwillig auf neue Menschen und Situationen ein – dennoch glaube ich nicht ganz daran. Ich gehe davon aus, daß sich die Dohlen Ludwig Kaltenburgs von jemandem haben täuschen lassen, der sich täglich in ihrer Nähe bewegte.

-2-

1

1

»Neufassung letzter Teil, Kapitel vier«
Typoskript von Marcel Beyer, S. 2
Dresden, 7. Januar 2008
Marcel Beyer

Hermann Funk wird von der jungen Dolmetscherin Katharina Fischer um Hilfe gebeten: Als Begleiterin eines ausländischen Politikers mit Interesse für Ornithologie will sie die englischen Namen einheimischer Vögel lernen.

Funk, traumatisiert durch die Bombardierung Dresdens und in der DDR aufgewachsen, hat gelernt zu schweigen, seine Gefühle und Gedanken zu verbergen – sogar vor sich selbst. Katharina Fischer gegenüber beginnt er sich zu öffnen. Kurz bevor der Verhaltensbiologe Kaltenburg die DDR verließ, wurden seine Dohlen vergiftet. Funk analysiert erstmals seine damaligen Beobachtungen. In Gesprächen mit der Dolmetscherin wird ihm klar: Krause, Kaltenburgs Chauffeur und Stasi-Spitzel, hat sie vergiftet, um Kaltenburg – der die Gunst der SED-Oberen verloren hat – zum Weggang aus Dresden zu bewegen.

2

Notizblock zu »Kaltenburg«
Deutschland ab 9. November 2007
Marcel Beyer

Mehrere Figuren des Romans sind historischen Persönlichkeiten nachempfunden. So gibt es zahlreiche Parallelen zwischen dem titelgebenden Wissenschaftler Ludwig Kaltenburg und dem Nobelpreisträger Konrad Lorenz – beide sind führende Verhaltensbiologen, beide waren auch Heerespsychiater im Zweiten Weltkrieg. »Kaltenburg« ist insofern ein Schlüsselroman. Aber er ist auch ein Bildungsroman, indem er die Entwicklung vor allem des Protagonisten Hermann Funk erzählt. Sie ist maßgeblich geprägt durch den dominanten Einfluss Kaltenburgs. Funk aber emanzipiert sich im Laufe der Erzählung von der zunächst unangreifbar scheinenden Autorität Kaltenburgs. Einen Angelpunkt im Verhältnis der beiden zueinander und für Funks Leben bildet das zerstörte Dresden.

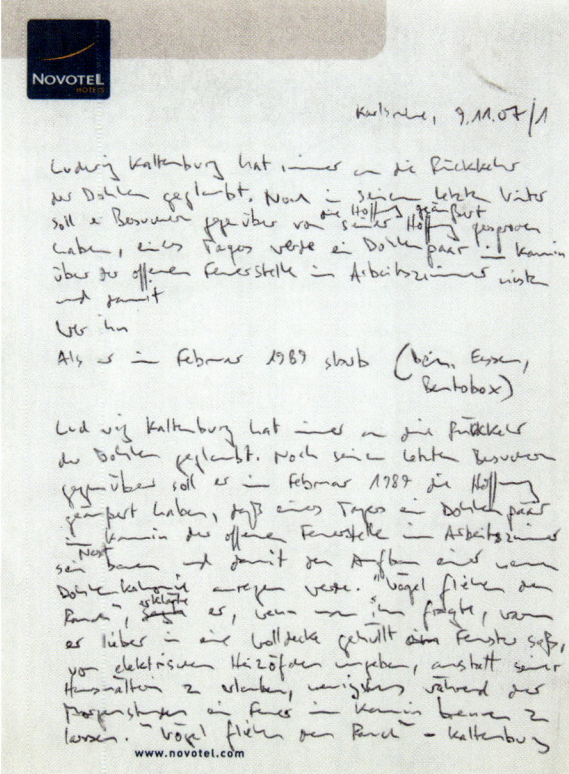

2

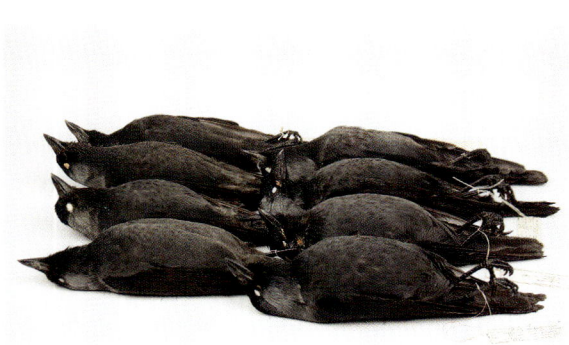

3

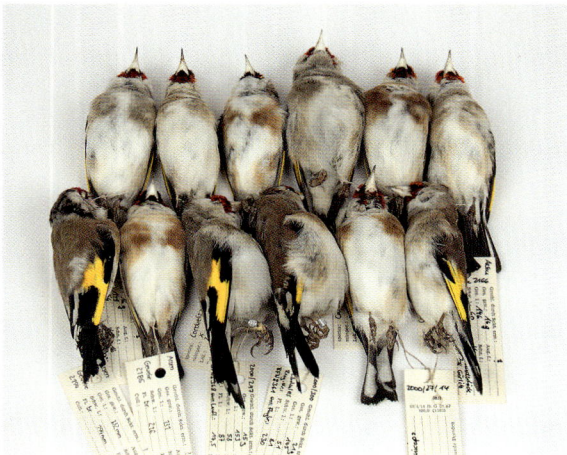

4

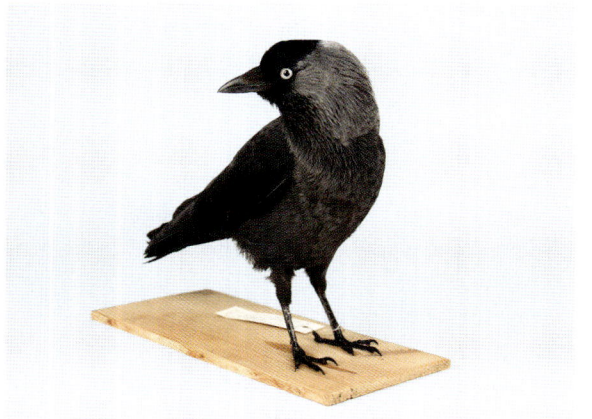

5

Sowohl der Protagonist des Romans, Hermann Funk, als auch sein Ziehvater Ludwig Kaltenburg sind Ornithologen. Während Kaltenburg vor allem das Verhalten lebender Vögel beobachtet und interpretiert, arbeitet Funk als Tierpräparator. Der Autor Beyer hat zur Vorbereitung auf den Roman »eine Art privates Aufbaustudium Ornithologie« an den Naturhistorischen Sammlungen Dresden beim damaligen Kustos, Dr. Siegfried Eck, absolviert. Neben den Dohlen (Corvus monedula), mit denen Kaltenburg experimentiert, beschreibt Beyer ausführlich verschiedene Unterarten des Stieglitz' oder Distelfinks (Carduelis carduelis). Disteln, die Hauptnahrung des Distelfinks, waren als Ruderalpflanzen in der Trümmerlandschaft Dresdens und anderer kriegszerstörter Orte Europas sehr häufig. In der mittelalterlichen Malerei sind Stieglitze ein Symbol für das Leiden Christi.

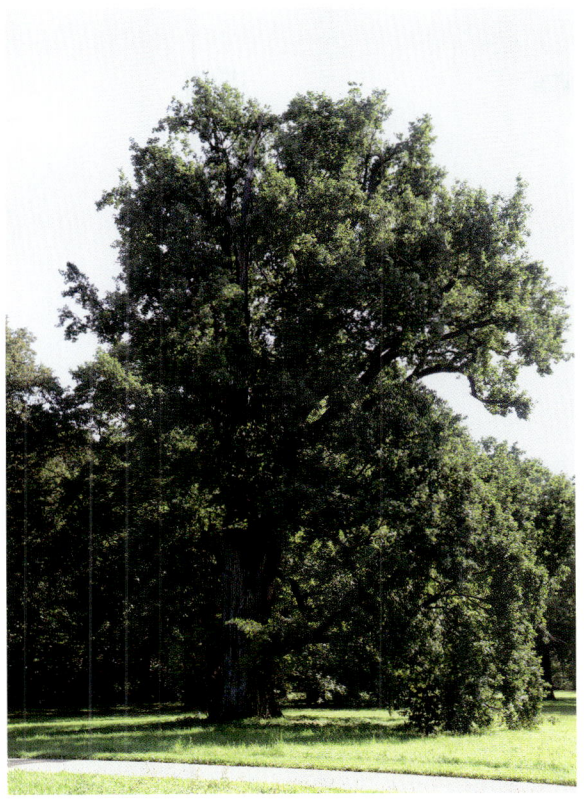

6.1

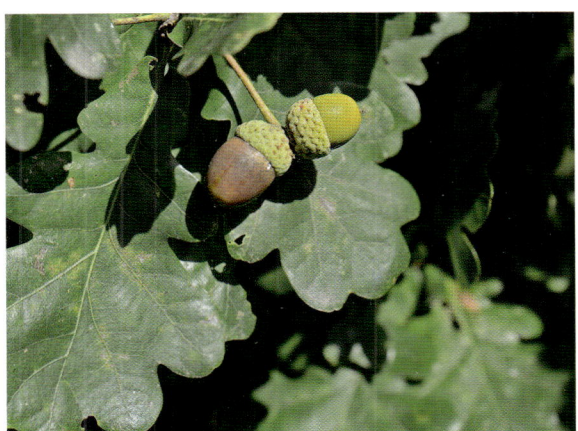

6.2

6

Die »Splittereiche« im Großen Garten
Fotografie
Dresden, September 2014
MHM

7

»Teil eins 25. 10. 07«
Typoskript von Marcel Beyer
mit handschriftlichen Änderungen, S. 16
Dresden, 25. Oktober 2007
Marcel Beyer

Hermann Funk glaubt, seine Eltern am Abend der Zerstörung letztmals im Großen Garten gesehen zu haben. Deswegen ist sein Gedenkort nicht der Heidefriedhof, an dem die jährlichen Kranzniederlegungen stattfinden, auch nicht die Frauenkirche oder ein anderer Ort der Altstadt. Funk sucht die »Splittereiche« auf, eine 300-jährige Stieleiche im Großen Garten, deren Rinde 1945 durch Bombensplitter stark verletzt wurde – die Bomben der zweiten Angriffswelle gingen zum Großteil auf diese innerstädtische Grünfläche nieder.

Marcel Beyer lebt seit 1996 in Dresden und hat sich mit den Gedenkritualen der Dresdner auseinandergesetzt. In seinem Roman wird die »Splittereiche« zu einem weiteren Ort des Gedenkens. Sie steht sinnbildlich für die versehrte und doch weiterlebende Stadt.

8

»Ich spreche von den Vögeln ...«
Typoskript von Marcel Beyer, S. 23
Dresden, um 2007
Marcel Beyer

Beyer ist weder gebürtiger Dresdner noch Zeitzeuge der Zerstörung. Doch er hat intensiv zur Geschichte der Stadt recherchiert. Wenn seine Romanfigur Funk über die Zerstörung spricht, dann erweitert sie als literarische Person die Erzählung vom Chaos des Feuersturms um einen Aspekt, wie man ihn von Zeitzeugen nicht kennt. Beyer beschreibt das Zugrundegehen eines ganzen Kosmos. Über den Menschen und ihre Behausungen hinaus ist es die Natur selbst, die stirbt. Der Leser spürt: Nichts wird anschließend wieder so

Wiesen und Blumen suchte, die auf ihn immer eine beruhigende Wirkung ausgeübt haben, sei es, daß er keinen anderen Beweggrund hatte, als der Menschenmenge auf ihrer Flucht aus dem Feuer der inneren Stadt zu folgen, in der Hoffnung, seine Familie dem sicheren Tod auf wunderbare Weise zu entreißen.

Bis heute bin ich, der Sohn, der überlebt hat, denn auch kein einziges Mal hinauf zum Heidefriedhof gefahren, um dort an einem der Massengräber das Bild meiner Eltern heraufzubeschwören. Statt dessen gehe ich in den Großen Garten, überquere die Wiese am Westrand und stelle mich vor eine Stieleiche, die von den Dresdnern einen eigenen Namen erhalten hat: die Splittereiche. Es muß um die dreihundert Jahre her sein, daß jemand sie an dieser Stelle gesetzt hat, als Grenzbaum, heißt es, von einer Parkanlage war damals noch keine Rede. Nähert man sich vom Zoo her, merkt man nichts weiter: ein hoher, knorriger Baum mit schön gefurchter Rinde. Doch geht man um den Stamm herum, ~~platzt~~ die Baumhaut unvermittelt auf, zeigt sich, umrahmt von dicken, schlecht verwachsenen Wülsten, das blanke, offene, helle Holz. Man blickt nach oben, ~~und ja, wie hat man es von der anderen Seite nicht gleich bemerken können,~~ die schiefen Äste, als wären sie gegen einen quälenden, massiven Luftwiderstand angewachsen, die Bruchstellen, und unterhalb der dicht belaubten Krone ein aufgerissener Bereich, Gesplittertes, Herausgebrochenes, die Schrunden. ~~Hat man sich von diesem Anblick langsam erholt, fallen einem nach und nach~~ gleichmäßig große Ritzungen auf, die sich über den gesamten Stamm erstreckten und ein seltsames Muster bilden: Hier stecken die Bombensplitter in der Rinde, sie stecken immer noch. Auf der Seite hat das Holz eine ungewöhnliche, leuchtend braune Färbung angenommen. Auf dem Boden liegt Totholz, man kann es mit der Fußspitze zerbröseln, morsch: Seit vielen Jahren breitet

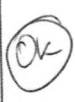

16 / Teil eins 25.10.07

7

sein, wie es war. Die von Amnesie befallene Hauptfigur Funk muss nicht nur ihr eigenes Leben neu finden. Funk präpariert Vögel offenbar auch aus dem Impuls heraus, die Natur so weit zu heilen, wie er es irgend vermag.

9
»Ich spreche von den Vögeln...«
Typoskript von Marcel Beyer, S. 24
Dresden, um 2007
Marcel Beyer

Viele Überlebende der Bombardierung Dresdens sind verstummt. Anders beim jungen Hermann: Seine Reaktion besteht im nahezu ununterbrochenen Reden. Dem apokalyptischen Chaos versucht Funk durch genaue Naturbeobachtung Ordnung zurückzugeben. Dabei blendet er das menschliche Leiden aus. Ähnlich wie Kaltenburg beobachtet er an den Vögeln gleichsam stellvertretend, was mit den Menschen geschieht. Während Kaltenburg aber daraus Theorien zum menschlichen Verhalten ableitet, verharrt Funk im Beobachten. Er bleibt der Elfjährige, dessen Sinne im Großen Garten überwältigt wurden.

10
»Filmprojekt Großer Garten«
Typoskript von Marcel Beyer
zu einer nicht verwendeten Szene, S. 23
Dresden, um 2007
Marcel Beyer

Nach einem frühen, später verworfenen Konzept wollte Beyer in das Buch »Kaltenburg« kurze Szenen vom Dreh eines Films über die Bombardierung Dresdens einflechten. Das »Filmprojekt Großer Garten« wird vom Tierfilmer Knut Sieverding geleitet. Es soll kein »Kammerspiel« und kein billiger Kulissenfilm werden, sondern »eine Art Triumph des Willens auf Sächsisch« – gefilmt am Originalschauplatz. Das Filmprojekt spiegelt Beyers Buchprojekt: ein Dresden-Roman, der sich von den bisherigen Dresden-Romanen abhebt.

Der Tierfilmer Heinz Sielmann, dem Sieverding nachempfunden ist, war während des Krieges in Posen stationiert und studierte dort Biologie und Zoologie. Ein Zusammentreffen von Lorenz und Sielmann in dieser Zeit ist nicht verbürgt, doch seit 1952 arbeiteten beide – in der Bundesrepublik – intensiv zusammen.

11
»Filmprojekt Großer Garten«
Typoskript von Marcel Beyer
zu einer nicht verwendeten Szene, S. 24
Dresden, um 2007
Marcel Beyer

Immer wieder wird berichtet, Raubtiere aus dem am Großen Garten gelegenen Zoo hätten nach der Bombardierung friedlich zwischen den Menschen gelegen. Diese Erzählungen eines post-apokalyptischen paradiesischen Friedens sind vermutlich unwahr. Zoowärter waren geschult, nach einem Bombenangriff alle Großkatzen und andere Raubtiere zu erschießen. Im fiktiven Filmprojekt Sieverdings werden diese Szenen gedreht: »Märchen, trautes Zusammensein im Großen Garten« als ob »die wilden Tiere in Afrika [...] im Dresdner Zoo zu den Grundwerten des Sozialismus bekehrt worden« wären. Die nüchtern-grausame Beschreibung, die Funk als Sachverständiger gibt, bleibt unbeachtet: Niemand will an das wirkliche Ereignis erinnert werden. Lieber hält man sich an die schönen Legenden, die die Erinnerung erträglicher machen. Doch bei der wissenschaftlichen Begutachtung fällt der Film durch und bleibt unvollendet, das Material verschwindet im Archiv.

Ich spreche von den Vögeln, die ich in jener Nacht im Großen Garten sah. Das heißt, im Dunkeln war mir überhaupt nicht deutlich, daß es sich um Vögel handelte, was diese Gegenstände, Dinger, Klumpen noch unheimlicher machte. Ihre Natur begriff ich erst, als die Sonne längst wieder aufgegangen war, blaß, kaum bemerkt, die meiste Zeit hinter schwarzen, schwarzgrauen Rauchwolken verborgen, die sich über den gesamten Horizont hinzogen und weit hinauf in den Himmel ragten.

Nachts, als ich durch die Parkanlage irrte, traf mich auf einmal etwas hart an der Schulter, ohne daß jemand in der Nähe gewesen wäre. Kein Faustschlag, auch keine Berührung durch ein Tier entsprechender Größe, das mir von hinten hätte zusetzen können, und auch kein abgebrochener, durch die Luft gewirbelter Ast, der auf dem Boden aufgetroffen und zerbrochen wäre. Alles hätte ich den entsprechenden Geräuschen erkannt. Dies jedoch klang zugleich dumpf und fest, und als der Gegenstand auf die festgefrorene Erde gefallen war, rollte er noch ein Stückchen weiter. Ich fand ihn, schwarz im hellen Schnee, faßte ihn an, ein wenig klebrig, bröckelig, die Oberfläche aufgerauht und hart, ich hob das Ding vor meine Augen, an die Nase. Und warf es im Reflex so weit wie möglich von mir. Was ich gerochen hatte war: Verbranntes Fleisch.

Der nächste Schlag, diesmal am Kopf. Ich rannte los. Ich rannte zwischen den Bäumen und Kratern und dann den Menschen auf der Lichtung hindurch, doch je länger ich lief, desto unausweichlicher schien mir meine Lage, überall kamen diese Klumpen verbrannten Fleisches herunter, und selbst, wenn ich glaubte, einen Moment lang verschnaufen zu können, unter der umgelegten Wurzel einer alten Platane, im Schatten einer abgebrochenen Mauer, hörte ich sie überall um mich herum auf dem Boden aufschlagen, als kämen sie näher, als kreisten mich die tot aus dem Himmel fallenden Vögel ein.

Spechte, die aus ihrer Höhle im brennenden Baum entkommen waren. Ein Waldkauz, der bei der Jagd durch das hereinbrechende Feuer, den Flugzeuglärm aus seiner sonst stoischen, an Totenstarre gemahnenden Ruhe gerissen worden war und nun panische Luftbewegungen vollführte, um die

Flammen zu löschen, die von der Schwanzdecke her kommend schon an seinen Armschwingen fraßen. Ganze Schwärme von Tauben, die, als der Krach einsetzte, in die Luft hinaufstiegen, um Richtung Elbe zu fliehen, die sich aber unter den ungeheuren Temperaturen auch in den höheren Luftschichten mitten im Flug entzündeten. Die gesamte im Großen Garten nächtigende, gemeinhin als possierlich angesehene Vogelschar ging, schien es mir, nacheinander in Flammen auf und lag, als ich am nächsten Morgen die Reste einiger Tiere trotz ihrer Entstellungen identifizieren konnte, als weitgehend ungestalte Materie im Park herum, die Finken, Stare, Drosselvögel, sofern die Hitze sie nicht zu Asche, zu Nichts hatte werden lassen – alles, was kein Zugvogel war und im vergangenen Herbst das Weite gesucht hatte, als handelte es sich um überlegtes Handeln in weiser Voraussicht auf das, was im Februar hier passieren sollte. Flamingos auch, ja, wenn ich mich richtig erinnere, sah ich ein paar kahle, verkohlte Flamingos aus dem Zoo, die sich in den Großen Garten geflüchtet hatten, um hier wider Erwarten gebrutzelt zu werden.

Ich rannte, und ich redete. Ich muß die ganze Zeit laut vor mich hin geredet haben, während ich am nächsten Tag, dem 14. Februar, durch diese Stadt lief, die ich nicht kannte, die auch keiner ihrer langjährigen Bewohner an diesem Morgen mehr erkennen konnte.

Als Kind durchlebte ich immer wieder längere schweigsame Phasen, das war nichts Besonderes, wenn ich etwa über mehrere Tage hinweg intensiv mit einer Sache beschäftigt war, wenn ich in meiner Phantasiewelt lebte. Meine Eltern kannten das und ließen sich dadurch nicht beunruhigen, sie kamen mir sogar verständnisvoll entgegen, indem sie dann mit mir nur wenig, leise sprachen oder jedes nötige Wort von vornherein in eine Geste zu übersetzen verstanden. Auch am Vortag war ich meist still gewesen, da meine Mutter mich durch die Stadt führte und mir hier ein architektonisches Detail darlegte, dort eine Erinnerung aus ihrer Zeit in Dresden erzählte, und als wir nachmittags im Café saßen, sprach ich genauso wenig, schaute nur staunend auf die Straße und löffelte meinen Kakao.

Jetzt lief ich laut redend durch die Trümmerstadt, und vielleicht wäre ich,

Filmprojekt Großer Garten

Knut in Dresden: der Biber hat bei uns nur an der Elbe überlebt – den sieht er hier – in der Kindheit in Königsberg häufig

darauf kommt er erst nach verunglückter Verschiebung des Treffens am Montag – denke ich in der Klinik?

Hochwasservorgänge (Vogelkundler tatsächlich und Dolmetscherin ima-giniert) und Filmprojekt Großer Garten als kurze (in sich aber zum Teil ge-dehnt wirkende) Kapitel im abrupten Wechsel, zehn mal eine Seite unge-fähr?

Schluß mit der Defa-Pappe, Schluß mit Sperrholzruinen, Studiorauch und abwaschbarer Theatermalerei. Dieses Projekt wird am Originalschauplatz gedreht / Großer Garten vollständig abgesperrt, eine Lichtung ausgesucht, da wird schon umgegraben, werden Schutzgräben ausgehoben und Bom-bentrichter vorbereitet.

den Bestseller des früheren Bürgermeisters Walter Weidauer als Grund-lage? Aber wie wollen Sie das hohle Parteipathos anschaulich auf die Lein-wand bringen? Wie wäre es mit Vonnegut? Ist längst vergeben, außerdem: Bitte nicht ausgerechnet einen Amerikaner. Und was sollten wir mit dem pornographischen Marsmännchenramsch anfangen, der den gesamten Ro-man durchzieht? Man könnte das dem Westen zuschlagen, in den Westen verlegen. Seien Sie nicht albern, der Westen kommt bei uns nicht vor, das heißt: nur aus der Luft

ein Originaldrehbuch muß her – am Ende eine Geschichte, die der mei-nen nicht unähnlich ist – aber ich hatte damit nichts zu tun, lediglich Berater

Dies wird ein historisches Drama, ein Werk, das auch im Westen durch-schlägt, mit diesem Film etablieren wir uns in der ganzen Welt, da ruft sogar Hollywood an. endgültiger, unwiderruflicher Durchbruch, gleichziehen etc., Riesenproduktion, nicht eines dieser Kammerspiele, mit denen wir bisher im Westen reüssiert haben.

−23−

weil auf den Westen ausgerichtet: ein ganz anderer Ton erlaubt während der Planung / den Beratungen – wir wollen uns an den Kriterien unserer härtesten Kritiker messen lassen, wir müssen es selber tun, den Blick des Feindes einnehmen

höchst exklusiv, die notorischen Damen und Herren, die man sonst herangezogen hätte, sind von vornherein kaltgestellt, die erfahren nichts von diesem Projekt, fragen Sie mal Professor Neumeier danach – blankes Gesicht, die Bombardierung ohne Marximus-Lenimus, das kann nicht sein, davon hat keiner was gehört

Zur Vorbereitung der Tieffliegerszenen hat man sich ausgiebig Vietnamfilme angeschaut, wie sich die Helikopter von hinten ihren flüchtenden Opfern nähern, dann aus der offenen Luke der Schuß ins Genick.

wir brauchen Infrarotfilm

Kann sein, das belichtete Material hat noch ein paar Jahre im Giftschrank geschmort, kann sein, man arbeitete daran, die Sache wieder aufzunehmen – dann war es plötzlich zu spät (und Knut hat es, ohne sich dessen bewußt zu sein, zu Fall gebracht)

ein Film, ich als Berater, ganz auf die brennenden Vögel konzentriert. »Keine Sentimentalitäten«, damals war man nicht gerade zimperlich, da fanden sie in keinem Filmabspann den Hinweis / die Versicherung, während der Dreharbeiten sei keinem Tier etwas zuleide getan worden

ich erzähle und korrigiere damit die Eingangsszene des Texts (Tiger gab es nicht hier im Zoo etc.), sie erfährt nie, ob ich dabei gewesen bin oder nur eine Erfindung weiter erzähle

Paradiesische Zustände, es war, wie sich die Menschen das Schlaraffenland vorstellen, wo dir die gebratenen Tauben direkt in den Mund fliegen, nur daß man sich jetzt schleunigst aus dem Weg machte, wenn solch ein Phosphorvögelchen herunterkam ...

Ich habe Ihnen hier, verzeihen Sie, nichts Kuscheliges anzubieten.

Filmprojekt Großer Garten: »eine Art Triumph des Willens auf Sächsisch« / Vorwurf Triumph des Willens von – man würde es ihm gar nicht zutrauen – Knut, er muß es wissen, hat selber mit Riefenstahlveteranen gearbeitet

die größte naturwissenschaftliche Albernheit seit der sozialistischen Um-

-24-

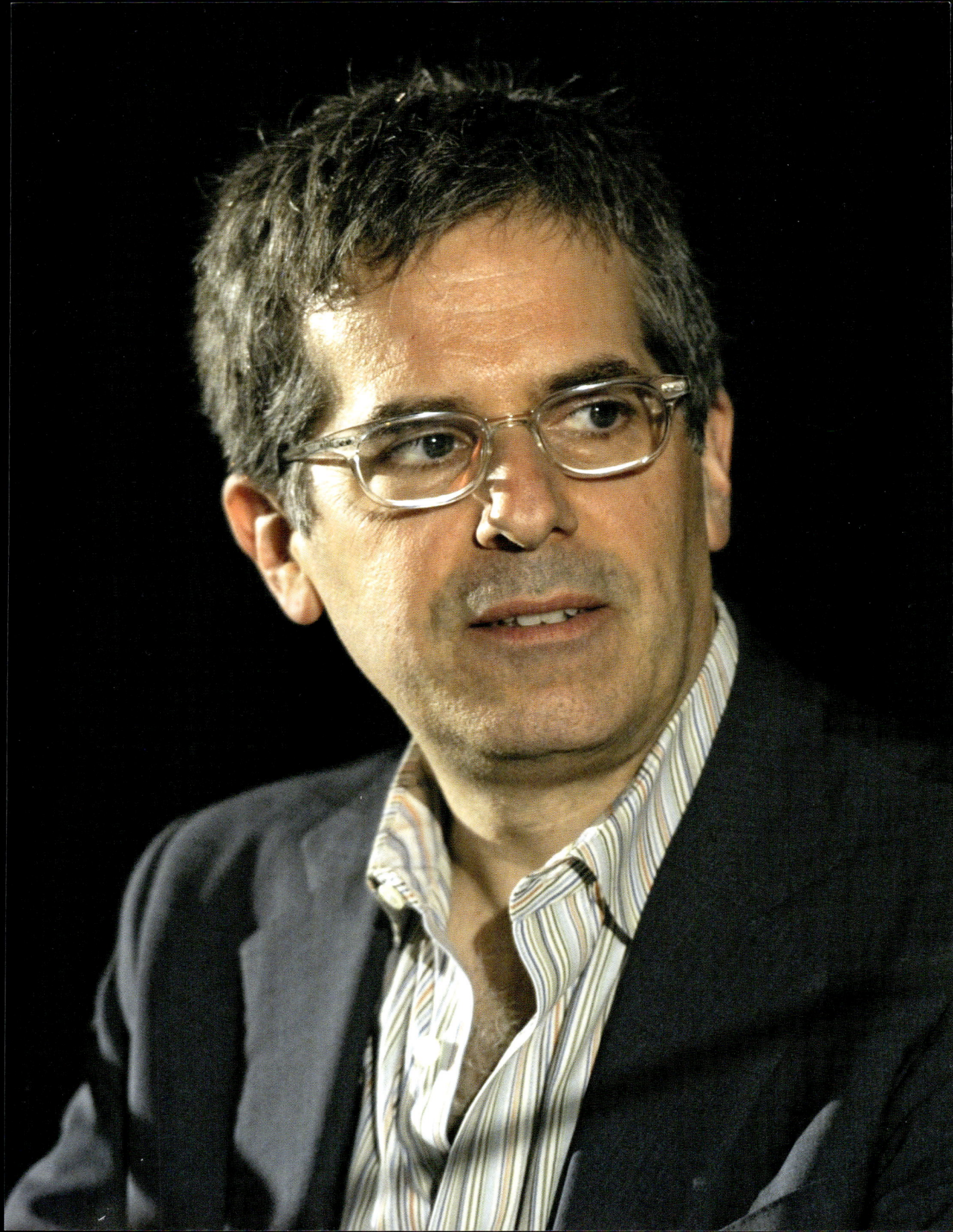

JONATHAN LETHEM

* 1964

Der Garten der Dissidenten
(Dissident Gardens, 2013)

Im Juni 1956 stirbt der amerikanische Kommunismus. Nach Chruschtschows Abrechnung mit dem Stalinismus bricht die Kommunistische Partei der USA zusammen – und mit ihr zerfallen die Ideale ihrer Anhänger. Die Grundüberzeugung von Rose Angrush Zimmer ist jedoch auch von dieser Entwicklung unerschüttert geblieben.

Die Jüdin aus Brooklyn in zweiter Generation »war die von der Partei erschaffene Neue Frau«, bis der Hitler-Stalin-Pakt ihre Illusionen zerstörte. Seit ihr Ehemann 1947 von der Partei nach Dresden geschickt wurde, erzieht sie ihre Tochter Miriam alleine. Die Partei hat sie ausgeschlossen – nun lebt sie den Kommunismus ohne die Partei.

Vor dieser Übermutter flieht Miriam in die Hippie-Bewegung. Sie nimmt Kontakt zu ihrem Vater Albert Zimmer auf. Der 1937 aus Lübeck geflohene Jude wurde 1947 »repatriiert«. Jahre später besucht Miriam ihren Vater in der DDR, entzweit sich aber mit ihm, nachdem es um »Dresden '45« zum Streit gekommen ist.

Die Bombardierung Dresdens, meint er, sei nur mit Hiroshima und Nagasaki vergleichbar; der »Barbarei« der Engländer und Amerikaner stellt er die angeblich militärisch gerechtfertigten deutschen Angriffe auf Guernica, Rotterdam und Coventry gegenüber.

Miriam stellt ihren Vater in Briefen zur Rede – »Leiden ist Leiden«, die Zerstörung von Dresden sei nicht tragischer als die Zerstörung von Guernica. Im Geist des radikalen Pazifismus der Quäker bricht sie auf, um die Revolution der Sandinisten zu unterstützen – und verschwindet mit ihrem Mann Tommy 1978 im Dschungel von Nicaragua.

Jonathan Lethem verarbeitet in verfremdeter Weise seine Familiengeschichte. »Dresden '45« wird zum Marker, an dem politische Haltungen und Ideologien erkennbar werden. Das eigentliche Geschehen vom Februar 1945 spielt in den Diskussionen zwischen Vater und Tochter kaum eine Rolle.

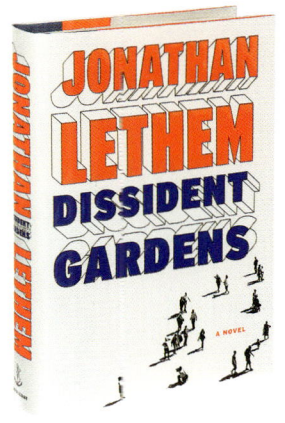

◄ Jonathan Lethem, 2014

337

Generation 1.

Irma Zeller born in 1890s?

Generation 2.

Albert Zeller, born in 1912

Manya Zeller (nee Angrush) born in 1910?

Married 1937 Albert aged 25, Rose aged 27

Generation 3.

Miriam Zeller, born in 1942. (six in '48, sixteen in '58, twenty-six in '68, killed in 7??

X Gogan, of The Gogan Boys, born 1934. (eight in '42, twenty in '54, thirty in '64, forty in '74???

Lenin "Lenny" Angrush, born 1938 (ten in '48, twenty in '58, thirty in '68, killed at thirty-eight in 1975.)

Generation 4.

Cicero Lookins born 1956.

Generation 5.

Sergius Gogan, born 1968.

"Rather than small epiphanies teetering on the pivot of awkward improbabilities, miniature improbabilities flutter elegantly atop a tide — skate on top of a tide — of relentless epiphany."

Daniel Lookins ("His hero was Jackie Robinson, or if he was feeling in a disreputable mood, James Brown ("Louis Jordan's natural heir", he'd claimed once). Well, Robinson endorsed Barry Goldwater; James Brown, Nixon.")

1
Generationen der Familie Angrush Zimmer
Notizblatt zum Roman »Dissident Gardens«
Maine und Kalifornien, 2009 bis 2013
Jonathan Lethem

Protest prägte das Leben von Jonathan Lethems Großmutter Minna und seiner Mutter Judith Theresa. Ihr
Leben spiegelt der Autor in den Hauptfiguren von »Dissident Gardens«, den Frauen der Familie Angrush Zimmer. An ihnen werden exemplarisch die Geschichte und
das Scheitern der linken Bewegung in den USA analysiert: Sie träumen »von einer utopischen Revision des
Status quo« und setzen ihr Leben aufs Spiel, um diese
Träume zu verwirklichen.

   Lethem will nicht seine Familiengeschichte rekon-
struieren, es geht ihm vielmehr »um meine Gefühle
und meine Projektionen, es ist die Legende, die ich
selbst zu meiner Herkunft gestrickt habe«. So ist diese
Geschichte einer Familie auch eigentlich kein Famili-
enroman: Seine Figuren sind eher durch ideologische
Nähe miteinander verbunden, an die Stelle der Familie
tritt die konspirative Zelle.

2
**Minna Rebhun (mit Fahne) bei einer Demonstration
gegen Hitler**
Zeitungsartikel im LIFE Magazine
New York, 2. Mai 1938
Jonathan Lethem

3
Minna Frank, geb. Rebhun
Fotografie
Cobble Hill, Brooklyn, New York, um 1985
Jonathan Lethem

Rose Angrush ist »Amerikas letzte Kommunistin«.
Nach ihrem Parteiausschluss 1956 zieht sie sich – traumatisiert vom Holocaust und enttäuscht vom Scheitern
ihrer politischen Träume – in ihr Stadtviertel zurück:
Als eine Art ehrenamtliche Sozialarbeiterin kontrolliert
(manche sagen: tyrannisiert) sie die Nachbarschaft.

   In Rose hat Lethem seiner Großmutter ein Denkmal
gesetzt. Minna Rebhun war aus einem Schtetl Osteu-

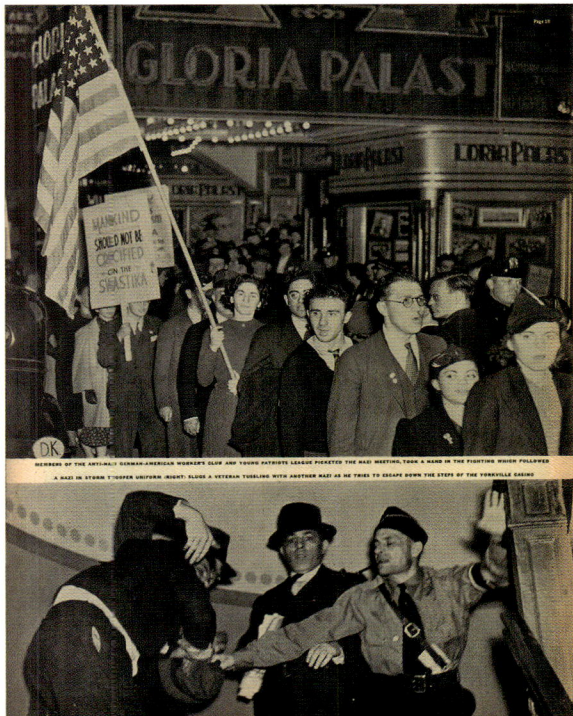

2

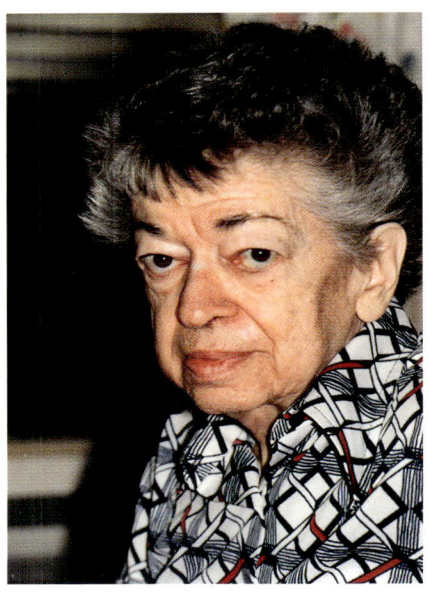

3

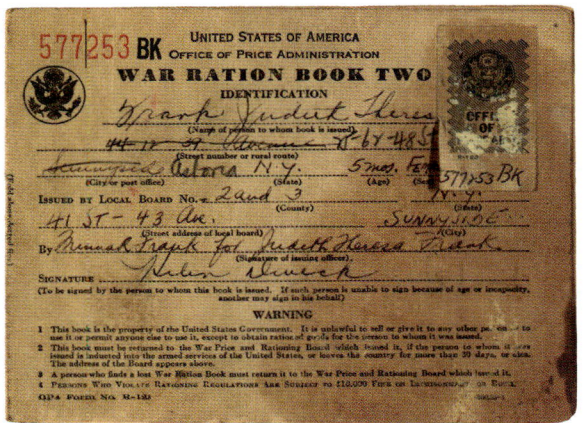

4

ropas in die USA ausgewandert. In ihrem Wohnviertel Sunnyside Gardens, einer sozialistischen Utopie im New Yorker Stadtteil Queens, war sie tatsächlich ein »community organizer«. Ob sie der Kommunistischen Partei angehörte, weiß Lethem nicht, aber »ihre politische Haltung ging in diese Richtung«.

4
**War ration book
(Lebensmittelmarkenbuch)
für Judith Theresa Frank**
New York, 1942
Jonathan Lethem

5
**Judith Theresa Lethem, geb. Frank,
wickelt ihre Tochter
während einer Demonstration**
Fotografie
New York, Department of Education, 1972
Jonathan Lethem

Jonathan Lethem wuchs in einer Hippie-Kommune in New York auf. Seine Eltern waren Teil der »Neuen Linken«, die in Abgrenzung zum klassischen Marxismus nicht mehr nur die Arbeiterklasse als Träger der Revolution sah, sondern die Marx'sche Idee des Klassenkampfes auf andere Felder wie die Gleichberechtigung von Afroamerikanern, Liberalisierung der Abtreibungsgesetze oder Homosexuellenrechte übertrug. Jonathan Lethems Mutter Judith war Pazifistin und beteiligte sich an den Protesten gegen den Vietnamkrieg. Jeder Krieg war für sie Unrecht und jedes Kriegsopfer unschuldig. Sie starb an einem Gehirntumor, als Jonathan 13 Jahre alt war – diesen Verlust verarbeitet er in jedem seiner Bücher. Judiths Verhältnis zu ihrer Mutter Minna war allerdings nicht annähernd so turbulent wie das zwischen Miriam und Rose.

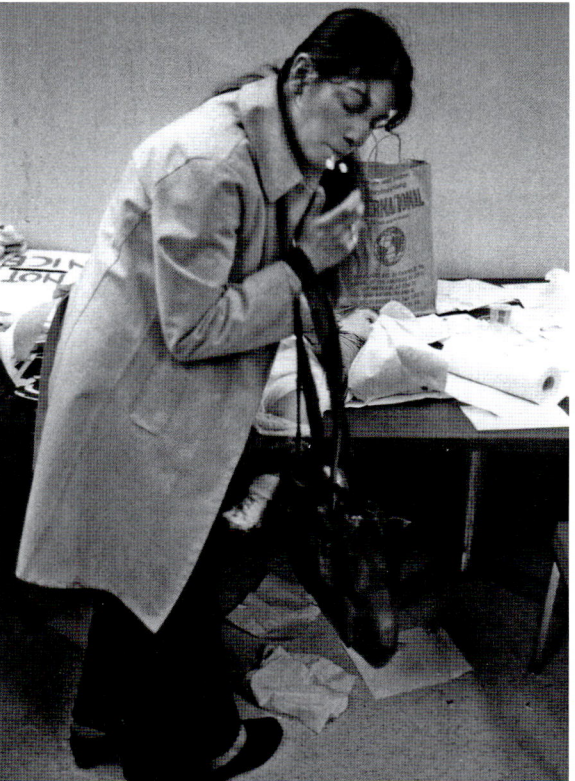

5

6
»Dissident Gardens«
Typoskript von Jonathan Lethem, S. 85
Maine und Kalifornien, 2009 bis 2013
Jonathan Lethem

Übersetzung:

»das war ihr in ihren siebzehn Lebensjahren anscheinend schon jahrhundertelang beschieden gewesen. Miterleben, bestätigen, anerkennen. Also: in die Küche. Audrey Hepburn sah im Kulturteil der Zeitschrift genauso aus wie Jackie auf dem Titelbild; wenn man blinzelte, waren sie dieselbe Frau. Rose drehte das Gas an, riss die Tür vom Herd auf wie ein schwarzes Maul, stützte sich auf seine vorgeschobene Unterlippe und schob den Kopf hinein.

›Ich will nicht leben und zusehen müssen, wie du mit einem Baby sitzengelassen wirst, wie ich von dem Kotzbrocken, der sich deinen Vater schimpfte, sitzengelassen worden bin. Mein Leben war nichts als ein ununterbrochenes Herzensleid, seit er mich zum ersten Mal berührte, und jetzt verlässt du mich, um die Sache zu Ende zu bringen. Aber ich werde sie für dich zu Ende bringen. Das macht nichts, ich habe seit der Zerstörung von allem, was mir mal etwas bedeutet hat, schon viel zu viele Jahre gelebt. Ich ertrage es nicht, die Prüfungen deiner Idiotie und deines Leids mitzuerleben, wie ich meine erleben musste. Als hätte ich dir *gar nichts* beigebracht.‹

›Das ergibt keinen Sinn, Rose, du rührst da zu vieles zusammen.‹ Miriam klemmte die Zeitschrift unter den Arm, weigerte sich aber einzugreifen, nur einen Schritt in Richtung Rose zu machen. ›Mein Vater ist nicht verantwortlich für dein ganzes Leben, dafür war er gar nicht lange genug da. Es war beispielsweise nicht mein Vater, der den Sowjets die Schmach zugefügt hat, das war Chruschtschow.‹ Konnte Miriams Schärfe dafür sorgen, dass Rose ihre Schmierenkomödie peinlich wurde? Rose ruderte mit den Armen, als«

Anmerkung oben links:
»Dieselbe Frage der Chronologie …«

(vgl. Jonathan Lethem: Der Garten der Dissidenten, übers. von Ulrich Blumenbach, Stuttgart 2014, S. 59 f.)

6

Miriam Angrush Zimmer, Tochter einer Kommunistin und eines ostdeutschen Spions, gehört zum »roten Adel«. Aber der Dogmatismus der Mutter drängt sie zur Rebellion: Sie bricht das College ab und taucht in das Nachtleben von Greenwich Village ein. Als sie mit 17 Jahren von ihrer Mutter beim ersten Sex überrascht wird, bricht der Konflikt offen aus.

Nach dem Weggang ihres Mannes ist Rose als alleinerziehende Mutter zurückgeblieben. Sie fürchtet, dass Miriam durch die Geburt eines Kindes wie sie ihre Freiheit verlieren könnte. Im Affekt will Rose zuerst sich selbst und – nachdem diese sie provoziert hat – ihre Tochter im Gasofen ersticken. Rechtzeitig kommt Rose zur Besinnung. Mutter und Tochter einigen sich auf einen Kompromiss: Miriam wird ihr Studium an der progressiven New School fortsetzen. Vorher aber wird sie ihren Vater in Deutschland besuchen.

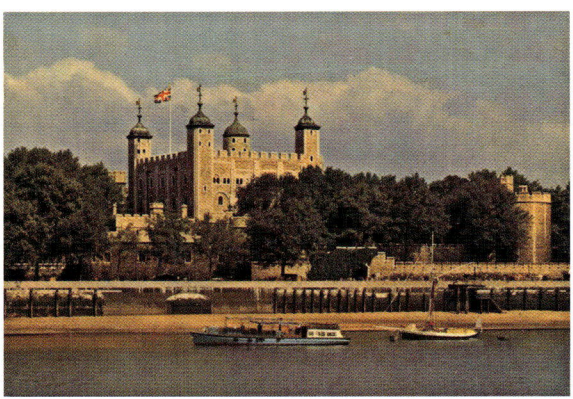

7.1

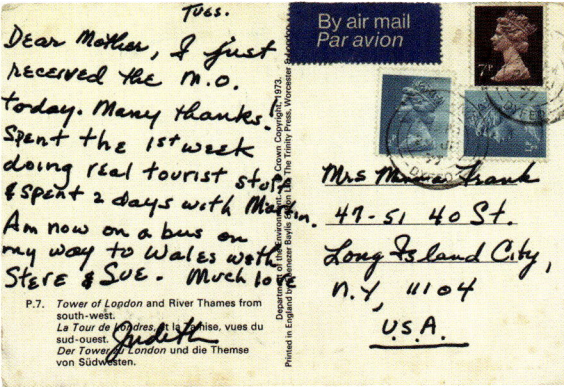

7.2

7
Postkarte von Judith Lethem an ihre
Mutter Minna Frank
England, 29. Juni 1977
Jonathan Lethem

Übersetzung:
»Dienst.
Liebe Mutter, ich habe erst heute die Postanweisung erhalten. Vielen Dank! Hab die erste Woche mit richtigem Touristenzeug verbracht & 2 Tage mit Martin verbracht. Bin jetzt in einem Bus auf dem Weg nach Wales mit Steve & Sue. Hab Dich sehr lieb
Judith«

8
»Dissident Gardens«
Typoskript von Jonathan Lethem, S. 409
Brief von Albert Zimmer an Miriam
vom 12. Dezember 1968
Maine und Kalifornien, 2009 bis 2013
Jonathan Lethem

Übersetzung:
»ein Urlaub am italienischen Gardasee bewilligt, wo ich viel geschwommen bin und ansonsten sehr faul war. Danach sind wir anlässlich meines Geburtstags nach Verona gefahren und haben in dem riesigen alten römischen Amphitheater ›Aida‹ gesehen; die Stimmen der Sänger trugen im Freien ohne Verstärker. Die Italiener lieben ihre Opern, und ich weiß nicht, was ich mehr genossen habe: die Inszenierung oder das Publikum. Beides gehörte zusammen und ergänzte einander; das Leben in Italien scheint nicht so schrecklich ernsthaft und umständlich zu sein wie hier in Deutschland.

Du schreibst, ich solle meinen Besuch in Nordamerika nicht auf die lange Bank schieben, wenn ich meine Mutter noch einmal sehen wolle, und ich gebe zu, dass ich hierfür wahrscheinlich freigestellt werden könnte. Mir würden wahrscheinlich auch diverse triftige Gründe einfallen, warum ich diesmal nicht kommen kann – Michaelas Schwangerschaft, finanzielle Sorgen, der Beruf und was nicht alles –, aber weißt Du was? In Wahrheit möchte ich nicht kommen. Ich glaube, ich möchte Alma aus verschiedenen Gründen nicht wiedersehen. Erstens fällt es mir leichter, sie in einem Brief anzulügen, als vor ihr zu stehen und ihr ins Gesicht zu lügen, wenn es um so viele Einzelheiten meines heutigen Lebens geht, die ihr bislang verborgen geblieben sind. Außerdem habe ich Angst vor der emotionalen Belastung, die es bedeutet, Abschied zu nehmen. Es läge etwas absolut Endgültiges in solch einer »letzten« Begegnung. Außerdem ist mir in Mutters Briefen aufgefallen, dass sie vergleichsweise schnell senil«

(vgl. Jonathan Lethem: Der Garten der Dissidenten, übers. von Ulrich Blumenbach, Stuttgart 2014, S. 301)

Lethem/409

were granted a holiday at Lake Garda in Italy, where I did
a lot of swimming and generally was very lazy. Then, for my
birthday, we went to Verona and saw 'Aida' in the huge old
Roman Amphitheater, the singers' voices carrying in the
open air without amplification. The Italians love their
opera, and I really don't know what I enjoyed more, the
performance or the audience. Both belonged to each other
and complemented each other; life in Italy seems not as
horribly serious and heavy-handed as it is in Germany.

So, when you say I should not delay in making a visit
to North America if I want to see my mother again, it is
not impossible that I would gain this dispensation.
Probably I could find a number of rather valid excuses as
to why I can't come at this time — Michaela's pregnancy,
financial, business, and what not — but, you know
something, I really don't want to come. I don't think I
want to see Alma again, for a variety of reasons. First of
all, I find it easier to lie in a letter than stand before
her and lie to her straight in the face, concerning so many
details of my present life which have been concealed from
her. More, I fear the emotional strain involved in saying
good bye. There would be something so completely final
about a farewell certain to be the 'last'. Then too, I
notice from her letters that mother is approaching senility

*Yes, this
is
heartbreaking
and
gives us
real insight
into Albert —
among the best insights we've had —
he's selfish, fearful, completely self-absorbed —
someone of the "no" in way not totally dissimilar to Rose*

Anmerkung am linken Rand unten:

»Ja, das ist herzzerreißend und gibt uns einen wirklichen Einblick in Albert – mit der beste Einblick, den wir bekommen haben – er ist selbstsüchtig, ängstlich, völlig selbstbezogen – jemand von den ›nein‹s, in mancher Hinsicht nicht so anders als Rose«

9

**Brief von Martin Frank
an Judith Lethem**
Appenweier, 21. Dezember 1977
Jonathan Lethem

Übersetzung:

»etwas so absolut Endgültiges in solch einem Abschied, dass er tatsächlich der ›letzte‹ wäre. Außerdem ist mir in Mutters Briefen aufgefallen, dass sie vergleichsweise schnell senil wird, und ich möchte sie lieber so in Erinnerung behalten, wie sie bei ihrem letzten Besuch hier bei uns vor vier Jahren war, als wir noch zusammen schwimmen gegangen sind, uns über die verschiedensten spannenden Themen unterhalten haben und miteinander Spaß hatten. Das mag schrecklich egoistisch sein, aber so ist es nun einmal, und vielleicht kannst Du es verstehen.

Dieser Brief muss jetzt endlich los. Ich hoffe, dass es bis zum nächsten nicht so lange dauert.

Dir und Deiner Familie sende ich meine besten Wünsche für das Jahr 1978. Vielleicht sehen wir uns doch noch einmal wieder.

Ich umarme Dich als eine neugefundene Freundin.
In Liebe,
Martin«

Martin Frank, Jonathan Lethems Großvater, stammte aus Lübeck. Vor der antisemitischen Verfolgung floh er 1937 aus Deutschland. Er kam nach New York, lernte Minna Rebhun kennen und heiratete sie. Die Ehe hielt nicht lange; um 1956 verließ er die USA und kehrte nach Deutschland zurück. Er wollte in die DDR einreisen, was ihm die dortigen Behörden aber nicht gestatteten. Daher ließ er sich zunächst in Hamburg, später

9

in Süddeutschland nieder und gründete eine neue Familie. Seine Tochter Judith besuchte ihn dort im Sommer 1977.

Aus den Briefen von Martin Frank an seine Tochter zitiert Lethem längere Passagen wörtlich in »Dissident Gardens«. Dass sich Albert Zimmer in Dresden niederlässt, war dagegen Lethems künstlerische Entscheidung – als Jugendlicher hatte er Kurt Vonneguts »Slaughterhouse-Five« gelesen. Er wusste um die Zerstörung der Stadt und um die politischen Diskussionen, die sich seit dem Kriegsende damit verbinden.

10
»Dissident Gardens«
Typoskript von Jonathan Lethem, S. 417
Maine und Kalifornien, 2009 bis 2013
Jonathan Lethem

Übersetzung:

»die Abwehrkraft des Immunsystems stärken soll. Da ich mir die Spritzen selber geben kann, verursacht die ganze Sache keine großen Scherereien. Ich darf sagen, dass ich praktisch keine Schmerzen habe, und bei der letzten Nachsorgeuntersuchung vor zwei Monaten sagte der Arzt, es bestünde nur noch die einprozentige Chance, dass ein neuer Tumor wuchern werde.

Die Erkrankung hat mich naturgemäß wachgerüttelt und erkennen lassen, dass ich mein Leben nicht wie bisher weiterführen kann. Als ich dachte, dass ich bald sterben würde, habe ich das Gefühl bekommen, dass ich die mir verbleibende Zeit bewusst leben und voll ausschöpfen muss und mich und meine Persönlichkeit nicht leugnen darf. Ich habe mich daher noch im Krankenhaus entschieden, mich von Michaela zu trennen, wohne jetzt seit fast einem Jahr in meiner eigenen Wohnung, habe meine Angespanntheit verloren und unterdrücke nicht länger mein eigentliches Ich. Die Entscheidung hat den Prozess des Heilens und der Wiederherstellung sicher unterstützt. Dass ich so lange eine Lüge gelebt habe, hat es mir wahrscheinlich auch erschwert, Dir zu schreiben. Bitte versprich mir, niemals unehrlich und voller Bedauern zu leben.

Vielleicht hast Du Lust, mir von Dir und Deinem Leben zu erzählen. Ich würde mich sehr freuen, von Dir zu hören. Dass ich Dir alles Gute wünsche, muss ich wohl kaum betonen.

Herzliche Grüße
Dad«

(vgl. Jonathan Lethem: Der Garten der Dissidenten, übers. von Ulrich Blumenbach, Stuttgart 2014, S. 307 f.)

Anmerkung links:

»Das ist so großartig – er ist so ein Mistkerl und merkt es dabei gar nicht – seine Rechtfertigung ist so egoistisch, dass wir alle uns damit identifizieren können«

10

Auf Anordnung der Partei ist Albert Zimmer 1947 nach Ostdeutschland zurückgekehrt. Er wohnt in Dresden in einer Institution für »Repatriierte« aus dem westlichen Ausland und genießt die Privilegien, die ihm als Teil der Nomenklatura gewährt werden. Hier besucht ihn Miriam im Sommer 1959. In den folgenden Jahren führen sie eine lockere Korrespondenz.

Albert hat inzwischen mit seiner zweiten Frau Michaela eine neue Familie gegründet. Nach einem längeren Krankenhausaufenthalt entscheidet er sich jedoch »sich nicht mehr zu verleugnen« und verlässt seine Frau und den siebenjährigen Sohn. In der Rechtfertigung seines egoistischen Handelns entlarvt er sich als Opportunist und Mann ohne feste Haltung – so wie auch sein Kommunismus nur Fassade ist.

continue to live in the same way any longer. Especially when I thought that I had but a short time to live I felt that whatever time I had left I should live consciously and fully and not negate myself and my own personality. I then decided already in hospital that I had to separate from Hanna and for almost a year now I have my own place and am free of tensions and have stopped suppressing my real self. This decision has probably materially helped the process of healing and regeneration and Hanna too seems to live a better life. Her father, who will be 90 next month, still lives with her and I visit him regularly as we are very fond of each other. — I trust you will not tell my mother about all this, because she probably would be terribly shocked + it seems unnecessary to give her trouble and pain at her age. — But I am glad that I can talk to you about this and that I have stopped pretending + can be honest at last. Living a lie for so long probably also made it so difficult for me to write to you. — But that's enough about me for the time being. — The boys are still struggling to find themselves and still have growing pains. Stephan decided definitely (?) on becoming a sculptor + is now taking his apprenticeship in bronze + iron casting

11
Brief von Martin Frank an seine
Tochter Judith Lethem
Offenburg, 14. Juni 1976
Jonathan Lethem

Übersetzung:

»dass ich mein Leben nicht wie bisher weiterführen kann. Insbesondere als ich dachte, dass ich bald sterben würde, habe ich das Gefühl bekommen, dass ich die mir verbleibende Zeit bewusst leben und voll ausschöpfen muss und mich und meine Persönlichkeit nicht leugnen darf. Ich habe mich dann noch im Krankenhaus entschieden, mich von Hanna zu trennen, wohne jetzt seit fast einem Jahr in meiner eigenen Wohnung, habe meine Angespanntheit verloren und unterdrücke nicht länger mein eigentliches Ich. Die Entscheidung hat den Prozess des Heilens und der Wiederherstellung sicher wesentlich unterstützt, und auch Hanna scheint jetzt ein besseres Leben zu haben. Ihr Vater, der nächsten Monat 90 Jahre alt wird, lebt weiter bei ihr, und ich besuche ihn regelmäßig, denn wir sind gute Freunde. – Ich verlasse mich darauf, dass Du meiner Mutter nichts davon sagst, sie wäre wahrscheinlich schrecklich schockiert und es scheint mir unnötig, ihr in ihrem Alter Schmerz und Sorge zu bereiten. – Aber ich bin froh, dass ich mit Dir darüber sprechen kann, dass ich aufgehört habe, mich zu verstellen, und über all dies ehrlich sein kann. Dass ich so lange eine Lüge gelebt habe, hat es mir wahrscheinlich auch erschwert, Dir zu schreiben. – Aber das ist erst einmal genug von mir. – Die Jungs haben immer noch Schwierigkeiten, sich selbst zu finden, und werden langsam erwachsen. Stephan hat sich jetzt endgültig (?) entschieden, ein Bildhauer zu werden, und hat jetzt eine Lehre als Bronze- und Messinggießer«

Lethem/413

detail of so many families roasted while huddling together ir bunkers into which they entered docilely or were enticed by promises of safety.

There is no precedent for Dresden. Coventry was the centre of the U.K. arms manufacture. To overlook this is to overlook the essential facts. The civilian death toll in Coventry, while horrendous, was byproduct of a valid military target. Inquiry into the circumstances at Rotterdam, equally, reveal an episode in 'military history' – rather than, as in Dresden, the annals of 'terror'. A division of the Dutch army was encamped in the city, and indeed, the bombing resulted in the surrender of the Dutch military forces. The Luftwaffe even attempted to call off the attack when they learned of peace talks. Their failure is evidence of the chaos of war.

This leaves your postcard's face. Would it astonish you too much to learn that Von Richthofen's fliers aimed their bombs almost exclusively at Guernica's bridges and arterial roads? Again, a military episode. "Suffering is Suffering", but the special exaggeration of the tragedies in Spain is a fetish of those who, thanks to artists like Picasso and George Orwell and Rose Angrush, accord a special sacred moral value to the minor episode of the 'Lincoln Brigade'. I was once quite under the spell of such

12

12
»Dissident Gardens«
Typoskript von Jonathan Lethem, S. 413
Maine und Kalifornien, 2009 bis 2013
Jonathan Lethem

Übersetzung:

»Detail, dass viele Familien dicht zusammengedrängt verbrannten, nachdem sie sanftmütig in Bunker gegangen oder von dem Versprechen hineingelockt worden waren, dort wären sie in Sicherheit.

Für Dresden gibt es keinen Präzedenzfall. Coventry war das Zentrum der britischen Rüstungsindustrie. Wenn man das übersieht, übersieht man das eigentlich Wesentliche. Die Zahl der zivilen Todesopfer in Coventry war grauenhaft, sie waren aber das Nebenprodukt eines wertvollen militärischen Ziels. Auch wenn man den Angriffen auf Rotterdam nachgeht, stößt man auf eine Episode der ›Militärgeschichte‹ – nicht, wie in

Dresden, auf ein Kapitel in den Annalen des ›Terrors‹. Eine Division der niederländischen Armee hatte in der Stadt Quartier bezogen, und die Bombardierung führte dann auch zur Kapitulation der niederländischen Streitkräfte. Die Luftwaffe versuchte sogar noch, den Angriffsbefehl zurückzunehmen, als sie von den Friedensverhandlungen erfuhr. Dass sie darin versagte, belegt nur das Chaos des Krieges.

Was bleibt, ist das Motiv Deiner Postkarten. Überrascht es Dich sehr zu erfahren, dass von Richthofens Kampfflieger Befehl hatten, nahezu ausschließlich die Brücken und Hauptstraßen von Guernica zu bombardieren? Auch dies war eine rein militärische Angelegenheit. ›Leiden ist Leiden‹, aber die Übertreibung speziell der Tragödien in Spanien ist zum Fetisch derer geworden, die den läppischen Scharmützeln der ›Lincoln Brigade‹ dank Künstlern wie Picasso, George Orwell und Rose Angrush einen besonderen, geheiligten moralischen Wert beimessen. Ich stand einst ebenfalls unter dem Bann solcher«

(vgl. Jonathan Lethem: Der Garten der Dissidenten, übers. von Ulrich Blumenbach, Stuttgart 2014 , S. 304 f.)

Die historischen Forschungen, die Albert betreibt, sollen den Nachweis erbringen, dass die Bombardierung Dresdens ein Akt des Terrorismus war, »nur zu vergleichen mit den beiden über japanischen Städten abgeworfenen Atombomben«. Dresden ist in dieser Sichtweise das erste Opfer des imperialistischen Westens, der den Frieden in Europa gefährde – im Gegensatz zum Friedensstaat DDR. Hierüber kommt es mit Miriam zum Konflikt.

Lethem lässt Albert in Dresden wohnen. Er sieht die Stadt als Symbol für das Leid an sich, das immer wieder von unterschiedlichen Ideologien für die jeweils eigenen Zwecke vereinnahmt wurde. Er lässt Albert hier die Argumente der DDR-Geschichtsschreibung vertreten, die bis heute – allerdings inzwischen vor allem von Rechtsradikalen – verwendet werden.

13

»Dissident Gardens«
Typoskript von Jonathan Lethem, S. 429
Maine und Kalifornien, 2009 bis 2013
Jonathan Lethem

Übersetzung:

»war, und konnte endlich verstehen, warum ich wollen sollte, keine zu sein. Ich habe die nötigen Informationen in umgekehrter Reihenfolge bekommen. Da hast Du's: Ich brauchte eine Mutter, und ich brauchte einen Vater, um meine Erziehung abzuschließen.

Ihr gleicht Euch darin, dass Ihr beide noch immer den Zweiten Weltkrieg auskämpft. Um die verbrannten Leichen trauert, die einen hier, die anderen dort. Und beide seht Ihr die Welt von heute nicht, wie sie ist. Ich würde keinem von Euch ein Kind anvertrauen – aber ich bin das Kind, das Euch anvertraut wurde. Wahrscheinlich hätte ich dieselbe Entscheidung getroffen wie Du und das Kind bei Rose in der Neuen Welt gelassen, trotz einiger Greuel, von denen ich Dir erzählen könnte, keine Greuel wie in Dresden, aber um Öfen ging es auch, da tragen wir dieselben Altlasten mit uns herum. Aber wirklich, Gott sei Dank bin ich bei Rose in der Neuen Welt geblieben, wobei ich nicht davon ausgehe, Du hättest je überlegt, mich mitzunehmen. Dem Himmel sei Dank. Dem Schützen sei Dank und meinem Mond in den Zwillingen. Danke, Uncle Sam, dass Du alles so eingerichtet hast, dass du dem ostdeutschen Spion verboten hast, je wieder unsere Grenze zu überqueren. Ich lese diesen Brief des Wahnsinns, und er wirkt wie Kindergekrakel, ich habe keine Ahnung, ob Du je soweit lesen wirst, aber in gewisser Weise hat ihn ja auch ein Kind geschrieben, also macht das nichts. Es ist mir nicht entgangen, dass Du auch den armen Errol im Stich gelassen hast, meinen Halbbruder des Kalten Krieges, dessen Name in Deinem Brief kein einziges Mal fällt, mit sieben Jahren, im selben Alter, in dem Du mich im Stich gelassen hast. Bitte behalte die Geheimnisse für Dich, die ich Dir hier anvertraut habe. Stella liest gerade die ersten Seiten dieses Briefs, und jetzt weiß auch sie Bescheid. Sie«

(vgl. Jonathan Lethem: Der Garten der Dissidenten, übers. von Ulrich Blumenbach, Stuttgart 2014, S. 316 f.)

was, and so to want not to be at last made sense. I got the
information in reverse order. So, there you go: it took a
mother and it took a father to complete my education.

You two are so alike, both still fighting the war.
Grieving over those charred bodies, some here, some there.
Meanwhile not seeing the present world for what it is. I

yes

wouldn't entrust a kid to either one of you — but I am the
kid who was entrusted to both. I suppose I would have
chosen as you did, to leave the kid with Rose, in the New
World, despite some particular horrors I could tell you of,
not Dresden horrors but involving ovens, a great legacy we
share. But really, thank god I remained in the New World
with Rose, not that I imagine you entertained any notion of
taking me with you. Thank Christ. Thank Sagittarius and my
Moon in Gemini. Thanks Uncle Sam for forbidding the East
German spy reentry across our border. I'm reading this
crazy letter and it looks like the scrawl of a child, I
have no idea if you'll get this far, but in a way it is
written by a child, so that's okay. It didn't escape my
notice that you've arranged to abandon poor Errol, my cold
war half-brother, whose name is completely missing from
your letter, at the same age of seven that you abandoned

if 1947 was the Year of the first trial (if M born in 1940)

me. Please keep the secrets I shared here. Stella's reading
the earlier pages of this letter and now she knows. She

Anmerkung oben links:
»Ja«

Anmerkung unten links:
»wenn 1947 das Jahr der ersten Verurteilung war (und wenn sie 1940 geboren wurde)«

Miriam, die in einer Hippie-Kommune lebt, rechnet in einem letzten Brief mit ihren Eltern ab. »Bitte schreib mir nicht mehr«, sind ihre letzten Worte an ihren Vater. Albert hat sich aus den kommunistenfeindlichen USA in den Osten abgesetzt. Seine »Forschungen« setzen die Bombenopfer sogar mit dem Holocaust gleich. Damit schreibt er die Opferrolle Dresdens fest; erst jetzt kann er guten Gewissens um die Zerstörung Dresdens trauern. Rose dagegen verteidigt als »wandelnde Inquisition« das kommunistische Dogma in ihrem Stadtviertel – und vergisst dabei die wahren Anliegen der Arbeiterschaft. Beide sind rückwärtsgewandt und sehen nicht die wirklichen Probleme, in die Miriam als Aktivistin täglich involviert ist.

Doch eigentlich ist Miriam genauso blind und rücksichtslos: Ihr Ende im Dschungel von Nicaragua hat keinerlei erkennbaren politischen Nutzen und macht ihren Sohn zur Vollwaise.

Anhang

LEIHGEBER

| Ardyn Halter

| Akademie der Künste, Berlin,
Walter-Kempowski-Archiv/Walter-
Kempowski-Biographienarchiv

| Deutsches Literaturarchiv Marbach

| Dieter Runge, Oʻahu/Hawaiʻi

| Gerhard Richter Archiv der Staatlichen
Kunstsammlungen Dresden

| IG Feuerwehrhistorik Dresden

| Irene Heidmann

| Jonathan Lethem

| Katharina Förster-Noble

| Kempowski-Archiv-Rostock

| Kempowski Stiftung
Haus Kreienhoop

| Marcel Beyer

| Mark Vonnegut

| Matthias Griebel

| Mauersberger-Museum,
Großrückerswalde, OT Mauersberg

| Museum der bildenden
Künste Leipzig

| Neue Sächsische Galerie
Chemnitz

| Rosemarie Grünbein

| Sammlung Durs Grünbein

| Sammlung Harry-Mulisch-Haus
Amsterdam

| Senckenberg Naturhistorische
Sammlungen Dresden

| Staatsbibliothek zu Berlin –
Preußischer Kulturbesitz,
Handschriftenabteilung

| Stadtarchiv Dresden

| Stadtarchiv Dresden/Archiv der
Kreuzschule und des Kreuzchores

| Städtische Galerie Dresden – Kunst-
sammlung/Museen der Stadt Dresden

| Stefan Kolditz

| Stiftung Deutsches Historisches
Museum, Berlin

| Technische Sammlungen Dresden

| The Lilly Library, Indiana University,
Bloomington, Indiana

und weitere private Leihgeber

Marcel Beyer
geb. 1965

lebte über 20 Jahre im Rheinland und entschied 1996 – als bereits erfolgreicher Schriftsteller –, in den Osten Deutschlands zu ziehen. Hier interessierte ihn vor allem der rasante gesellschaftliche Wandel, den er wachsam verfolgte und auch in seinen Werken festhielt. Ebenso reizte ihn aber auch die regionale sprachliche Vielfalt, die er, beispielsweise in Dresden, zwischen sächsisch-höfischem Sprachgebrauch über die naheliegenden slawischen Einflüsse bis hin zur DDR-Sprache verortet. Bisher erschienene Romane: »Das Menschenfleisch« (1991), »Flughunde« (1995), »Spione« (2000), »Kaltenburg« (2008); Gedichte: unter anderem »Falsches Futter« (1997) und »Erdkunde« (2002) der Essay »Nonfiction« (2003); Übertragungen aus dem Englischen, Libretti: für Enno Poppe: »Interzone« (2004), »Arbeit Nahrung Wohnung« (2008), »IQ« (2012) und für Manos Tsangaris: »Karl May, Raum der Wahrheit« (2014). Zuletzt erschienen: »Putins Briefkasten. Acht Recherchen« (2012) sowie »Graphit.Gedichte« (2014), wofür er den Literaturpreis der Stadt Bremen erhielt.

Maria Funke
M. A., geb. 1984

studierte Germanistik, Anglistik und Soziologie an der Technischen Universität Dresden und der University of Warwick, England. Sie verfasste 2012 ihre Magisterarbeit über »Aspekte faschistoider Ästhetik innerhalb der Populärkultur«. Nach Betätigung im redaktionellen Bereich arbeitet sie seit 2014 als freie Wissenschaftlerin für das Militärhistorische Museum der Bundeswehr in Dresden.

Sheldon Garon
Prof. Dr., geb. 1951

lehrt an der Universität Princeton mit dem Schwerpunkt Ostasienwissenschaften. In seiner Forschung beschäftigt er sich vor allem mit der modernen Geschichte Japans unter Berücksichtigung globaler Perspektiven. Aktuell widmet er sich transnationalen Untersuchungen zu den Heimatfronten von Japan, Deutschland, dem Vereinigten Königreich sowie den Vereinigten Staaten von Amerika im Zweiten Weltkrieg. Im Wintersemester 2013/14 lehrte er als Gastprofessor an der Freien Universität Berlin.

Otto Griebel
1895 – 1972

gehört neben seinen Dresdner Studienkollegen Otto Dix und George Grosz zu den bedeutendsten Vertretern des deutschen Verismus. Als Mitglied der kommunistischen Asso (Assoziation revolutionärer bildender Künstler, 1928 – 1933) konnte er in der NS-Zeit nicht mehr ausstellen. Das Trauma von Krieg und der Zerstörung Dresdens mit dem Verlust von Wohnsitz und Lebenswerk verarbeitete er in einem zehnteiligen Zyklus: »Der Tod von Dresden«. Nach 1945 war Griebel an der Kunsthochschule Dresden als Dozent tätig. In der 2012 bekannt gewordenen Sammlung Gurlitt befinden sich seiner zwei Werke.

Durs Grünbein
geb. 1962

studierte einige Semester Theaterwissenschaft in Berlin, debütierte jedoch 1988 als Schriftsteller mit dem Band »Grauzone morgens«. 1991 folgte »Schädelbasislektion«, 1994 veröffentlichte er die Lyrikbände »Falten und Fallen« (Peter-Huchel-Preis) und »Den Teuren Toten. 33 Epitaphe« sowie »Von der üblen Seite«. 1995 erhielt er den Georg-Büchner-Preis. Er war Gast verschiedener Institute im Ausland (unter anderem German Departments, New York University; Dartmouth College; Villa Aurora, Los Angeles). Er ist Mitglied der Akademie der Künste (Berlin),

der Deutschen Akademie für Sprache und Dichtung, der Freien Akademie der Künste in Hamburg, der Freien Akademie der Künste zu Leipzig und der Sächsischen Akademie der Künste. Seit 2005 ist Grünbein Professor für Poetik an der Kunstakademie Düsseldorf und seit 2008 Mitglied des Ordens »Pour le mérite« für Wissenschaft und Künste in Berlin. Immer wieder kommt der gebürtige Dresdner auf sein Verhältnis zur Heimatstadt, die er seit Studienbeginn nur noch als Gast besucht, zurück, unter anderem in »Porzellan« (2005) und »Die Lehre der Photographie« (2015).

Roman Halter
1927 – 2012

war ein jüdischer Künstler und Architekt und überlebte als einziger seiner Geschwister den Holocaust. Geboren und aufgewachsen im polnischen Chodecz wurde Halter nach dem Einmarsch der Wehrmacht als Jugendlicher in das Ghetto nach Łódź verbracht. 1942 wurde er – inzwischen waren seine Eltern und sein Großvater ermordet worden – weiter nach Auschwitz, von da nach Stutthof und später nach Dresden verschleppt, wo er als Zwangsarbeiter eingesetzt war. Von der ehemals rund 440 Personen umfassenden jüdischen Gemeinde seines Heimatortes lebten 1946 nur noch sieben in Chodecz.

Heidrun Hannusch
geb. 1954

ist Diplom-Kulturwissenschaftlerin. Sie arbeitete als Theaterdramaturgin (1987 – 1991) und war Journalistin bei den Dresdner Neuesten Nachrichten (1991 – 2009). 2005 wurde sie mit dem Sächsischen Journalistenpreis ausgezeichnet. Hannusch lebt als freie Journalistin und Autorin in Dresden. 2011 erschien ihr Buch »Todesstrafe für die Selbstmörderin. Ein historischer Kriminalfall«.

Erich Kästner
Dr., 1899 – 1974

war ein deutscher Schriftsteller, Publizist, Drehbuchautor sowie Verfasser von Kabaretttexten. Nach dem Studium der Geschichte, Philosophie, Germanistik und Theaterwissenschaften promovierte er und lebte fortan als Kritiker und Schriftsteller in Berlin. Zu NS-Zeiten erhielt Kästner Publikationsverbot, seine Bücher wurden verbrannt, aber er konnte unter Pseudonym veröffentlichen. Nach Kriegsende ging Kästner nach München und konnte an seinen schriftstellerischen Erfolg anknüpfen. Zu seiner Heimatstadt Dresden hatte er ein ambivalentes Verhältnis: Lediglich als Ort seiner Kindheit war es ihm vertraut und lieb, die zerstörte Nachkriegsstadt besuchte er nur noch selten.

Stefan Kolditz
Dr. phil., geb. 1956

studierte Theaterwissenschaften und promovierte an der Humboldt-Universität zu Berlin. Kolditz arbeitet als Schriftsteller, Dramatiker und Drehbuchautor. Zuletzt erschienen: »Dresden« (2006), »An die Grenze« (2007), »Schatten der Gerechtigkeit« (2009), »Polizeiruf 110« (2012), »Unsere Mütter, unsere Väter« (Trilogie, 2013), »Die Frau von früher« (2013) und »Der letzte Kronzeuge« (2014). Kolditz erhielt 2012 den Deutschen Drehbuchpreis für das beste unverfilmte Drehbuch (»Es war einmal«).

Günter Kunert
geb. 1929

durfte in seiner Jugend aufgrund der NS-Rassengesetze nicht auf eine höhere Schule, da seine Mutter Jüdin war. In Berlin aufgewachsen, erlebte er dort die Bombardierung der Stadt. Die Familie wurde ausgebombt und ab 1944 gehörte der Anblick von toten Menschen zum Alltag des Schülers Günter Kunert. Im Frühjahr 1945 wurde er Augenzeuge der Schlacht um Berlin und durchlebte gefährliche Situationen. Ein Großteil seiner Familie (mütterlicherseits) war in deutschen Konzentrations- und Vernichtungslagern ermordet worden. Nach Kriegsende studierte er einige Semester Grafik, wurde 1948 SED-Mitglied, lernte in dieser Zeit Johannes R. Becher und Bertolt Brecht kennen, welche ihn förderten, und widmete sich zunehmend der Schriftstellerei. Sein vielseitiges künstlerisches wie auch kritisch-politisches Engagement und sein literarischer Erfolg verschafften Kunert bereits in den 1960er Jahren internationale Anerkennung. 1979 – drei Jahre, nachdem er sich gegen die Ausbürgerung des Liedermachers Wolf Biermann ausgesprochen hatte, woraufhin seine Arbeits- und Lebensmöglichkeiten erheblich eingeschränkt wurden – verließ Kunert mit seiner Frau Ost-Berlin und siedelte in die Bundesrepublik über. Er zählt zu den bedeutendsten deutschen Schriftstellern der Gegenwart und sein Œuvre umfasst eine große Anzahl an Werken und Themen. Dazu zählen Veröffentlichungen aus den Genres und Sparten Lyrik, Kurzgeschichte, Erzählung, Essay, autobiografische Aufzeichnung, Aphorismus, Glosse und Satire, Märchen und Science-Fiction, Hörspiel, Reden, Reiseskizze, Drehbuch, Libretto, Kinderbuch und Roman. Neben einer Vielzahl an Ehrungen und Auszeichnungen erhielt Kunert auch verschiedene in- und ausländische Ehrendoktorwürden und unter anderem 2011 den Preis der Frankfurter Anthologie. Kunert ist Vorstandspräsident des P.E.N.-Zentrums deutschsprachiger Autoren im Ausland.

Jonathan Lethem
Prof., geb. 1964

ist Autor zahlreicher Romane, darunter die New-York-Romane »Die Festung der Einsamkeit« (2004), »Chronic City«(2011) und »Der Garten der Dissidenten« (2014). Er erhielt zahlreiche Preise und Auszeichnungen. Lethem hat am Pomona College in Südkalifornien die Professur für Kreatives Schreiben inne. 2014 war er Fellow der American Academy in Berlin. Die Lektüre von Vonneguts »Slaughterhouse-Five« als Jugendlicher hat ihn nach eigener Aussage nachhaltig geprägt. Jonathan Lethem lebt und arbeitet in Kalifornien.

Marita Mathijsen
Prof., geb. 1944

ist emeritierte Professorin für moderne niederländische Literatur an der Universität von Amsterdam; ihr Schwerpunkt ist die »klassische« Periode der niederländischen Romantik im 19. Jahrhundert. Zentrales Thema ihrer wissenschaftlichen Arbeit ist die Rolle der Geschichtsbetrachtung in der Literatur. Sie gab die maßgebliche Mulisch-Bibliografie heraus und wurde bei Mulischs Hausverlag De Bezige Bij als »Mulischberater« geführt. Mulisch ernannte sie (gemeinsam mit Arnold Heumakers und Robbert Ammerlaan) zu seiner Nachlassverwalterin. Sie schrieb unter anderem die Mulisch-Biografie »Twee vrouwen en meer« (2008) und gab postum Mulischs letzte Werke heraus. Sie ist Mitbegründerin und Vorsitzende der Stiftung »Vrienden van het Harry Mulisch Huis«.

Rudolf Mauersberger
1889 – 1971

leitete nach seiner Berufung zum Kreuzkantor von 1930 bis 1971 den Dresdner Kreuzchor und führte dort unter anderem erzgebirgische Traditionen ein, so etwa die Christ- und Ostermette. 1944 entstand der »Weihnachtszyklus der Kruzianer« nach Texten von Kurt Arnold Findeisen. Mauersberger verarbeitete das Schicksal der Musikstadt Dresden im Trauerhymnus »Wie liegt die Stadt so wüst«, im »Dresdner Requiem«, im »Dresdner Te Deum« und im »Zyklus Dresden«. Die Aufführung von »Wie liegt die Stadt so wüst« durch den Kreuzchor ist fester Programmpunkt der Gedenkveranstaltungen zum 13. Februar.

Harry Mulisch
1927 – 2010

zählt zu den bedeutendsten niederländischen Schriftstellern der Nachkriegszeit. Zu seinem umfangreichen Werk gehören Erzählungen, Romane, Theaterstücke, Gedichte, Essays, Studien, Reportagen, Libretti und Drehbücher, in denen der Zweite Weltkrieg und dessen Folge, der Kalte Krieg, eine wichtige Rolle spielen. Harry Mulisch erhielt zahlreiche Literaturpreise, unter anderem den Niederländischen Staatspreis für Literatur. Sein erster Erfolg, »Das steinerne Brautbett« (1959), thematisiert die Vieldeutigkeit von Krieg und Gewalt am Beispiel der Bombardierung Dresdens.

Kateri V. O'Neil
B. A.

studierte Studio Art and Music Production in London und Mixed Media Arts in Boston und betätigt sich seitdem als Autorin, Filmemacherin und Künstlerin. Sie wuchs als Kind eines UN-Diplomaten in Genf auf und setzt sich bis heute politisch aktiv für soziale Gerechtigkeit auf der Welt ein.

Gorch Pieken
Dr. phil., geb. 1961

studierte Geschichte, Kunstgeschichte und niederländische Philologie an der Universität zu Köln. Von 1995 bis 2005 arbeitete er als Wissenschaftlicher Mitarbeiter und Kurator am Deutschen Historischen Museum in Berlin. Seit 1999 produzierte er zahlreiche Dokumentarfilme zu Themen aus der Geschichte und der Welt der Museen für ZDF/arte, ARD/arte und 3sat. Von 2006 bis 2011 war er als Projektleiter für die grundlegende Neukonzeption und Neuausrichtung des Militärhistorischen Museums der Bundeswehr verantwortlich. Seit 2011 ist Gorch Pieken dort Wissenschaftlicher Direktor und Wissenschaftlicher Leiter Ausstellungen, Sammlung und Forschung. 2013 wurde er als Projektleiter mit der Neukonzeption der Dauerausstellung im Neuen Zeughaus auf der Festung Königstein betraut.

Thoralf Rauchfuß
M. A., geb. 1978

studierte Neuere und Neueste Geschichte und Politikwissenschaften an der Technischen Universität Dresden. Seit 2008 arbeitet er als freier wissenschaftlicher Mitarbeiter (Ausstellungskonzeption/Recherche/Forschung) für das Militärhistorische Museum der Bundeswehr in Dresden.

Matthias Rogg
Prof. Dr. phil., geb. 1963

absolvierte nach dem Abitur eine Ausbildung zum Offizier (Panzertruppe) und wurde anschließend in wechselnden Truppen- und Stabsverwendungen eingesetzt. Er studierte Kunstgeschichte sowie Neuere, Neueste und Mittlere Geschichte in Freiburg. 1998 promovierte er mit einer Studie zur bildlichen Darstellung von Kriegsleuten im 16. Jahrhundert und erhielt hierfür im Jahr 2000 den Werner-Hahlweg-Preis für Militärgeschichte. Seine Habilitation (2008) schrieb er über Militär und Gesellschaft in der DDR. Nach verschiedenen Verwendungen im Militärgeschichtlichen Forschungsamt in Potsdam war er zwischenzeitlich als Referent und Redenschreiber im Planungsstab des Bundesministers der Verteidigung tätig. Rogg ist seit 2010 Direktor des Militärhistorischen Museums der Bundeswehr in Dresden und wurde 2011 zum Oberst ernannt, seit 2013 lehrt er an der Helmut-Schmidt-Universität der Bundeswehr.

Dieter Runge
geb. 1949

war mit Anfang 20 Teil der alternativen Szene seiner Heimatstadt Hannover und spielte seit 1977 die Rhythmusgitarre bei Rotzkotz, einer der ersten deutschen Punkbands. 1978 ging er nach New York, wo er mit seiner neuen Band, den New York Niggers, die Single »Just Like Dresden '45« veröffentlichte. Nachdem sich die Band 1980 auflöste, gründete Runge weitere Bands und nahm mehrere Platten und Videos auf, bis er New York 1988 verließ. Runge lebt heute auf Hawai'i und arbeitet als freischaffender Künstler, Yoga- und Taiji-Lehrer.

Maryvelma Smith O'Neil
Dr. phil., geb. 1949

ist Fakultätsmitglied an der Webster University (Campus Genf), wo sie Kunstgeschichte lehrt. Ihre Schwerpunkte sind islamische Kunst, Kulturpolitik und Denkmalpflege in Europa, Nordamerika und Südostasien. Kurt Vonneguts Bücher und die Bekanntschaft mit Ramsey Clark hatten großen Einfluss auf O'Neils philosophische Ansichten als Anti-Kriegs-Aktivistin. Sie hat unter anderem über italienische und asiatische Kunst sowie die Geschichte der Stadt Bangkok publiziert. In Vorbereitung ist ein Buch über die Kulturgeschichten des »Himmels« in verschiedenen Religionen und Kulturen.

Ansgar Snethlage
Mag., geb. 1978

studierte Kunstgeschichte und Geschichte in Eichstätt und Wien, im Anschluss schrieb er seine Magisterarbeit über die spätbarocke St.-Georgs-Kathedrale in L'viv/Lemberg, Ukraine. Seit 2012 arbeitet Snethlage als Kunsthistoriker am Militärhistorischen Museum der Bundeswehr in Dresden im Sachgebiet Kunst mit Verantwortungsbereich Graphische Sammlung.

Susanne Vees-Gulani
Ph. D., geb. 1970

ist außerordentliche Professorin für Deutsche und Vergleichende Literaturwissenschaft an der Case Western Reserve University, Cleveland, USA. Sie ist Co-Direktorin des Max Kade Center for German Studies. Ihre Forschung konzentriert sich auf den Zweiten Weltkrieg und die deutsche Erinnerungskultur, mit einem Schwerpunkt auf Dresden. Sie veröffentlichte zahlreiche Werke zur Nachkriegsliteratur, dem Bombenkrieg in der Literatur und zur Erinnerungskultur in Dresden, unter anderem »Trauma and Guilt: Literature of Wartime Bombing in Germany« (2003), »Generational Shifts in Contemporary German Culture« (Hrsg.) sowie »Representations of War Experiences from the Eighteenth Century to the Present« (Hrsg.).

Kurt Vonnegut
1922 – 2007

studierte zunächst Biochemie und meldete sich Anfang 1943 freiwillig zum Militärdienst. Als Angehöriger der US-Armee geriet er in Kriegsgefangenschaft und wurde 1945 Zeuge des Luftangriffs auf Dresden. Diese Eindrücke verarbeitete in seinem Roman »Slaughterhouse-Five«, der 1969 erschien. Nach dem Anthropologie-Studium in Chicago (1945 – 1947) arbeitete Vonnegut als Polizeireporter, Werbefachmann, Autoverkäufer und Aushilfslehrer. Seit den 1950er Jahren lebte er als freier Schriftsteller in New York und Cape Cod, verfasste über 100 Kurzgeschichten und mehrere Romane.

Martin Walser
geb. 1927

lebt in Überlingen am Bodensee. In seinem Roman »Die Verteidigung der Kindheit« von 1991 erzählt Martin Walser das Schicksal des gebürtigen Dresdners Manfred Ranft – im Buch heißt er Alfred Dorn. Walser hat für sein literarisches Schaffen zahlreiche Preise erhalten, darunter 1981 den Georg-Büchner-Preis und 1998 den Friedenspreis des Deutschen Buchhandels. Außerdem wurde er mit dem »Orden Pour le Mérite« ausgezeichnet und 2006 zum Offizier des französischen »Ordre des Arts et des Lettres« ernannt.

Jens Wehner
M. A., geb. 1978

ist Historiker und arbeitet seit 2006 als Kurator am Militärhistorischen Museum der Bundeswehr in Dresden, seit 2011 als Sachgebietsleiter Bildgut. Schwerpunkt seiner Tätigkeiten ist der Zweite Weltkrieg, 2012/13 war er Leitender Kurator der Sonderausstellung »Stalingrad«. Wehner beschäftigt sich unter anderem mit den Ursachen, Dimensionen und Folgen von Kriegstechnik, Taktiken und den Menschenverlusten beider Weltkriege. Er forscht zum Luftkrieg.

Abb.	Abbildung	**f.**	folgende [Seite]	**SLUB**	Sächsische Landes-
a. D.	außer Dienst	**ff.**	folgende [Seiten]		bibliothek – Staats- und
Anm. d. Verf.	Anmerkung des Verfas-	**F**	Frankreich		Universitätsbibliothek
	sers/der Verfasserin	**Flak**	Flugabwehrkanone		Dresden
ASCAP	American Society of	**GB**	Großbritannien	**St.**	Sankt
	Composers, Authors	**geb.**	geboren	**Stalag**	Stammlager
	and Publishers	**Gestapo**	Geheime Staatspolizei	**SED**	Sozialistische Einheits-
Asso	Assoziation revolutio-	**H**	Ungarn		partei Deutschlands
	närer bildender Künstler	**hrsg.**	herausgegeben	**sen.**	senior
Aufl.	Auflage	**Hrsg.**	Herausgeber	**SS**	Schutzstaffel
Ausg.	Ausgabe	**IWM**	Imperial War Museum	**u.**	und
B-17	Boeing Bomber 17	**jr.**	junior	**u. a.**	und andere/
	(B-17) Flying Fortress	**KPD**	Kommunistische Partei		unter anderem
B-29	Boeing Bomber 29		Deutschlands	**UK**	Vereinigtes Königreich
	(B-29) Superfortress	**KZ**	Konzentrationslager	**UdSSR**	Union der Sozialistischen
BArch	Bundesarchiv	**l.**	links		Sowjetrepubliken
BBC	British Broadcasting	**M. A.**	Magister Artium/	**USA**	Vereinigte Staaten
	Corporation		Master of Arts		von Amerika
Bd./Bde.	Band/Bände	**MHM**	Militärhistorisches	**USAAF**	United States Army
bearb.	bearbeitet		Museum der Bundeswehr		Air Forces
bes.	besonders	**MSNBC**	Microsoft/National	**usw.**	und so weiter
Bf 109	Jagdflugzeug Messer-		Broadcasting Company	**UNESCO**	United Nations Educatio-
	schmitt Bayerische Flug-	**NATO**	North Atlantic Treaty		nal, Scientific and
	zeugwerke 109 (Bf 109)		Organization		Cultural Organization
Bf 110	Zerstörer Messerschmitt	**Nr.**	Nummer	**v.**	von
	Bayerische Flugzeug-	**NS**	Nationalsozialismus	**V1**	Marschflugkörper
	werke 110 (Bf 110)		nationalsozialistisch		Fieseler Fi 103,
bpk	Bildarchiv Preußischer	**NSDAP**	Nationalsozialistische		»Vergeltungswaffe 1«
	Kulturbesitz		Deutsche Arbeiterpartei	**V2**	Rakete Aggregat 4,
BRD	Bundesrepublik	**OKW**	Oberkommando		»Vergeltungswaffe 2«
	Deutschland		der Wehrmacht	**vgl.**	vergleiche
bzw.	beziehungsweise	**P-51**	Jagdflugzeug North	**z. B.**	zum Beispiel
D	Deutschland		American Pursuit 51	**ZDF**	Zweites Deutsches
DDR	Deutsche Demo-		(P-51) Mustang		Fernsehen
	kratische Republik	**phil.**	philosophisch	**zit. bei/**	zitiert bei/
ders.	derselbe		[der Philosophie]	**in/n./v.**	in/nach/von
dpa	Deutsche Presse-Agentur	**Prof.**	Professor		
Dr.	Doktor	**RAF**	Royal Air Force		
durchges.	durchgesehene	**RAD**	Reichsarbeitsdienst		
ebd.	ebenda	**r.**	rechts		
etc.	et cetera	**S.**	Seite		
e. V.	eingetragener Verein	**SCG**	Serbien und Montenegro		

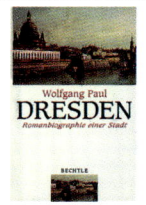
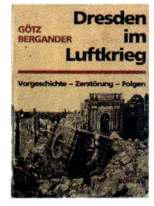
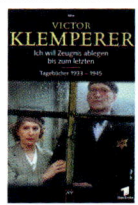
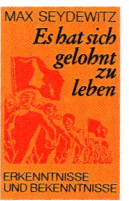
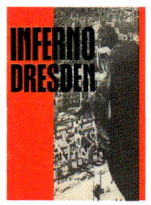
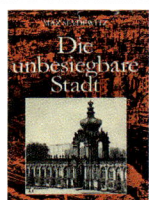
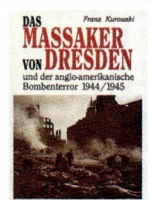

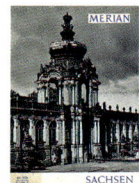
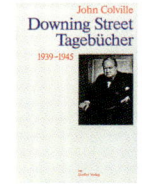
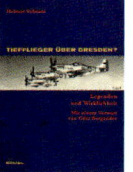
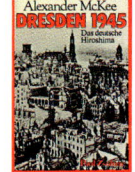
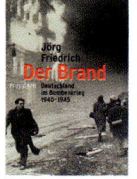
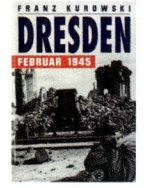
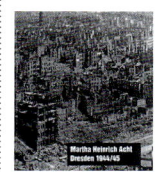

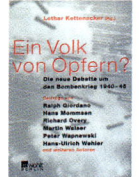
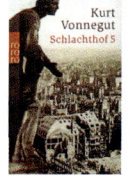
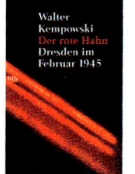
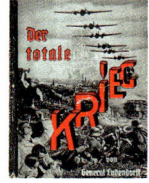
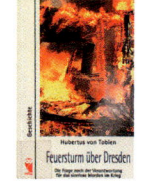
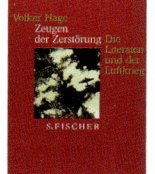
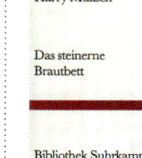

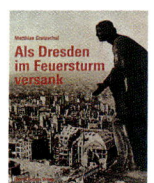
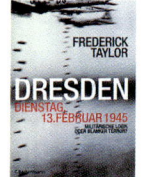
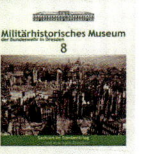
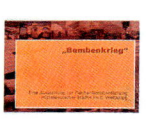
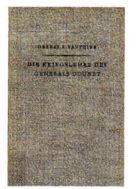
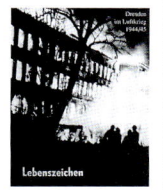
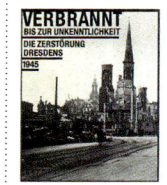

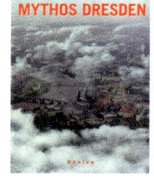
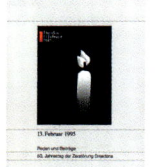
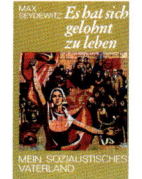
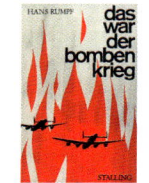
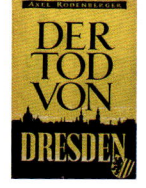
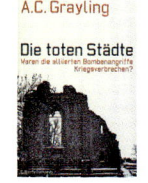
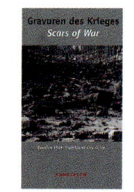

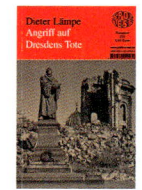
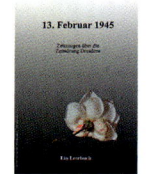
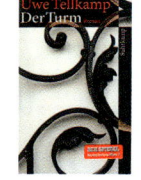
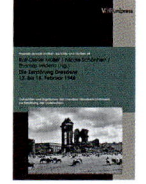
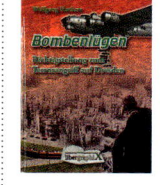
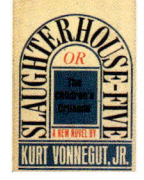
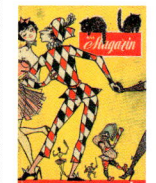

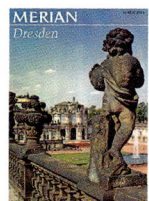
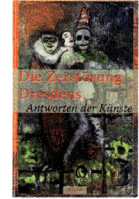
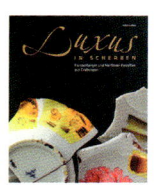
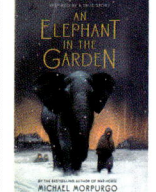
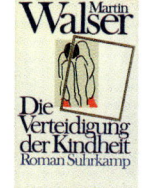
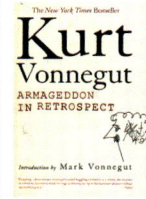
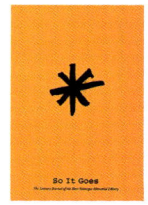

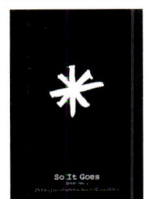 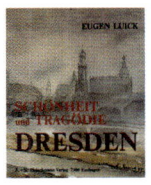 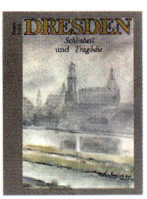 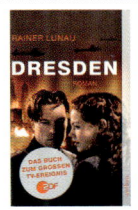 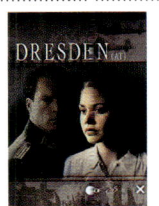 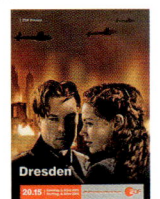 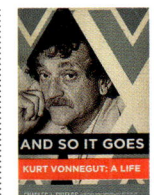

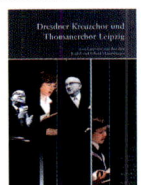 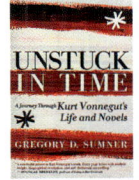 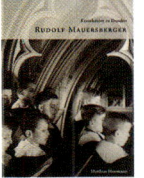 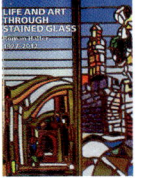 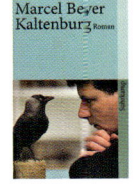 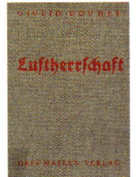 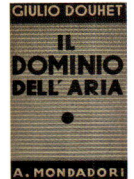

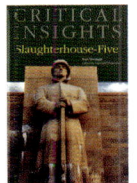 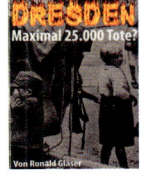 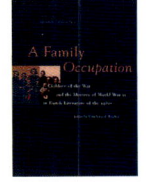 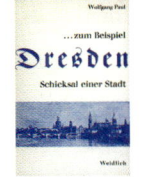 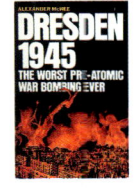 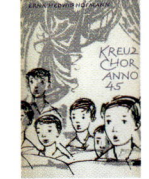 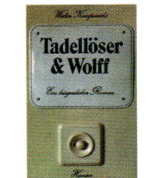

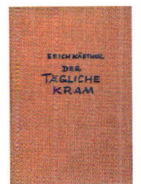 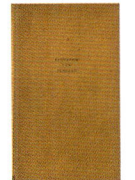 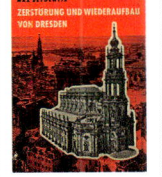 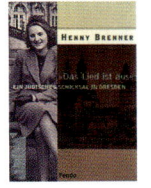 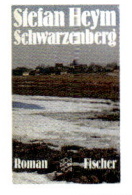 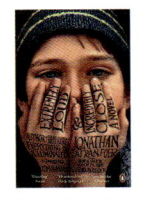 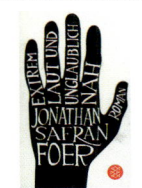

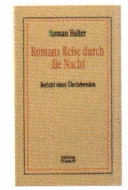 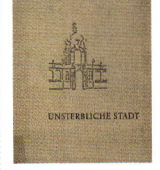 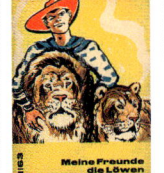 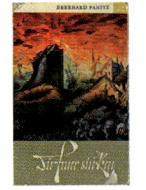 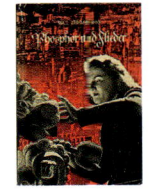 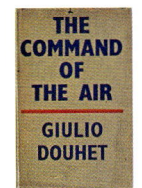 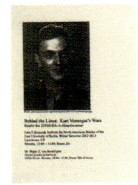

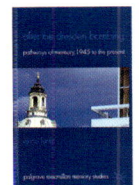 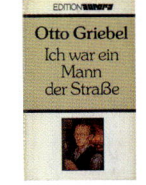 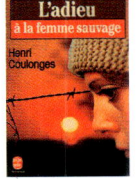 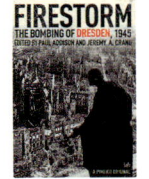 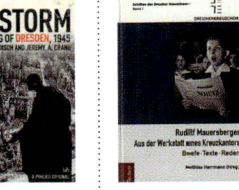 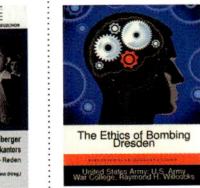 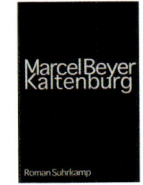

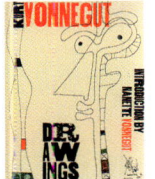 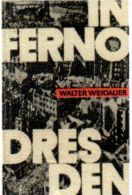 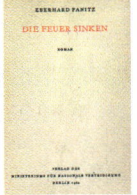 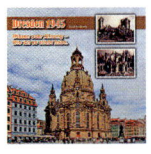 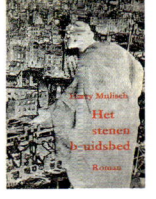 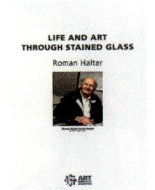 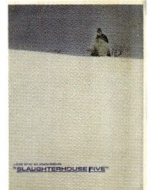